Francis Fukuyama, 1952 in Chicago geboren, promovierte an der Harvard University über die sowjetische Politik im Nahen Osten. Er ist Berater der RAND Corporation und des Planungsstabes des US-Außenministeriums. Fukuyama lebt in Washington, D.C.

Vollständige Taschenbuchausgabe Dezember 1997
Droemersche Verlagsanstalt Th. Knaur Nachf., München

Titel der Originalausgabe:
»Trust. The Social Virtues and the Creation of Prosperity«

Originalverlag: The Free Press, New York
Reproduktion, Druck und Bindung Elsnerdruck, Berlin
Printed in Germany
ISBN 3-426-77314-7

2 4 5 3 1

FRANCIS FUKUYAMA

DER KONFLIKT DER KULTUREN

WER GEWINNT DEN KAMPF UM DIE WIRTSCHAFTLICHE ZUKUNFT?

Aus dem Amerikanischen von
Karlheinz Dürr, Ute Mihr und Thomas Pfeiffer

Knaur

Für Laura, die einzigartige

Eine [illegible] zusammengesetzt [illegible] ist [illegible] viel [illegible] als daß [illegible] Nation [illegible] Bürgern [illegible] Individuen [illegible] Wir haben gezeigt [illegible] füllen, und daß [illegible]

Emile Durkheim [illegible] zweiten Auflage

Die [illegible] der [illegible] habe [illegible] Mutter [illegible]

Alexis de Tocqueville [illegible] 2. Band

Eine Gesellschaft, die aus einer Unmasse von unorganisierten Individuen zusammengesetzt ist und die sich ein Überstaat bemüht einzugrenzen, ist ein wahres soziologisches Monstrum … Im übrigen steht der Staat viel zu weit von den Individuen; er hat mit ihnen nur äußerliche Beziehungen, als daß es ihm möglich wäre, in das individuelle Bewußtsein einzudringen und die Einzelperson von innen her zu sozialisieren … Eine Nation kann sich nur dann erhalten, wenn sich zwischen Staat und den Bürgern eine ganze Serie von sekundären Gruppen einschiebt, die den Individuen genügend nahe sind, um sie in ihren Wirkungsradius einzufangen und sie im allgemeinen Strom des sozialen Lebens mitzureißen. Wir haben gezeigt, daß die Berufsgruppen fähig sind, diese Rolle zu erfüllen, und daß sogar alles sie dafür bestimmt.

Emile Durkheim, *Über die Teilung der sozialen Arbeit,* Vorwort zur zweiten Auflage.

Die Kunst der Assoziation wird demnach, wie ich bereits zuvor gesagt habe, zur Mutter allen Handelns, von allen studiert und angewandt.

Alexis de Tocqueville, *Über die Demokratie in Amerika,* aus dem 2. Band.

Inhalt

Vorwort

Alexander Kojève, der bedeutendste Hegel-Forscher des 20. Jahrhunderts, erklärte um die Mitte des Jahrhunderts, Hegel habe recht mit der Feststellung, daß die Geschichte an ihrem Ende angekommen sei. Er zog sogleich die Konsequenz daraus und verkündete, die Philosophie habe ausgedient. Seine philosophischen Studien beschränkte er fortan auf die Wochenenden und trat als Vollzeitbeamter in den Dienst der neugegründeten Europäischen Wirtschaftsgemeinschaft ein, für die er bis zu seinem Tod im Jahr 1968 arbeitete. Angesichts des Weges, den Kojève einschlug, erscheint es nur natürlich, daß ich meinem letzten Werk über *Das Ende der Geschichte* ein Buch über die Wirtschaft folgen lasse.

Daß sich der Blick nun auf die Wirtschaft konzentriert, ist meines Erachtens unausweichlich. Auf den Zusammenbruch des Kommunismus folgte eine Sturm-und-Drang-Periode, die in der Alten Welt zu einiger Instabilität führte und Anlaß zu pessimistischen Gedanken über die politische Zukunft des Kontinents gab. Heutzutage sind so gut wie alle politischen Fragen im Kern wirtschaftliche Fragen. Im Osten wie im Westen werden Sicherheitsprobleme von Themen bestimmt, die ihren Ursprung in der fragilen Natur der bürgerlichen Gesellschaft haben. Doch auch die Ökonomie ist nicht das, was sie zu sein scheint: Da jede Wirtschaft auf der Gesellschaft basiert, kann die Wirtschaft nicht unabhängig von der umfassenderen Frage nach der Selbstorganisation moderner Gesellschaften verstanden werden. Die Wirtschaft ist, wie im letzten Kapitel erklärt wird, die Arena, in der heute die Kämpfe um Anerkennung ausgetragen werden. Das vorliegende Buch ist kein weiteres »Rezeptbuch« aus der umfangreichen Reihe »Wie erhalten wir unsere internationale Wettbewerbsfähigkeit?« mit einer präzisen Anleitung für die Errichtung einer erfolgreichen Gesellschaft und auch kein Ratgeber, wie die Amerikaner am besten den Japanern und den Deutschen nacheifern. Es handelt vielmehr davon, wie die Wirtschaft das moderne Leben insgesamt widerspiegelt, es formt und untermauert.

Da dieses Buch in mehreren Ländern gleichzeitig erscheint, möchte ich mich vorab bei den Lesern in jenen Ländern entschuldigen, die nicht explizit erwähnt werden. Ich habe mich zwar auf relativ erfolgreiche Volkswirtschaften konzentriert, doch unterlag die Auswahl der Länder einer gewissen Willkür. Die Untersuchung erstreckt sich über ein so breites Feld, daß es kaum zu bewältigen war, und ich hoffe, daß die Leser die leider notwendig gewordenen Auslassungen verzeihen.

Ein Wissenschaftler, der in aller Ernsthaftigkeit versucht, unterschiedliche Kulturen nach ihrer wirtschaftlichen Leistungsfähigkeit zu vergleichen, macht sich zur potentiellen Zielscheibe all jener, über die er sich ausläßt. Ich habe mich mit einer gewaltigen Fülle von Themen beschäftigt, und ich bin sicher, daß es viele Menschen gibt, die mehr über die behandelten Gesellschaften wissen und ohne weiteres zahllose Einwände, Ausnahmen und Fakten vorbringen könnten, die den in meinem Buch enthaltenen Verallgemeinerungen widersprechen. Deshalb möchte ich mich bei allen, die der Ansicht sind, daß ich *ihre* Kultur falsch verstanden oder, schlimmer noch, herabsetzend oder karikierend dargestellt habe, ebenfalls bereits im voraus entschuldigen.

Ich schulde vielen Menschen Dank. Drei Lektoren hatten großen Einfluß auf dieses Buch: Erwin Glikes, der das Projekt bis zu seinem allzu frühen Tod 1994 begleitete, Adam Bellow von Free Press, der es bis zur Fertigstellung betreute, und Peter Dougherty von der Princeton University Press, der lange Stunden damit zubrachte, dem Manuskript seine endgültige Form zu verleihen. Darüber hinaus möchte ich folgenden Personen für ihre Hilfe auf dem Weg von der Idee bis zum fertigen Buch danken: Michael Novak, Peter Berger, Seymour Martin Lipset, Amitai Etzioni, Ezra Vogel, Atsushi Seike, Chie Nakane, Takeshi Ishida, Noritake Kobayashi, Saburo Shiroyama, Steven Rhoads, Reiko Kinoshita, Mancur Olson, Michael Kennedy, Henry S. Rowen, Clare Wolfowitz, Robert D. Putnam, George Holmgren, Lawrence Harrison, David Hale, Wellington K. K. Chan, Kongdan Oh, Richard Rosecrance, Bruce Porter, Mark Cordover und Michael Mochizuki. Abram Shulsky hatte, wie üblich, großen Anteil an der Ausarbeitung des Konzepts.

Einmal mehr bin ich James Thomson und der Rand Corporation, die meine Anwesenheit während der Arbeit an diesem Buch geduldig ertrugen, zu großem Dank verpflichtet. Seit langem stehe ich in der Schuld meiner Literaturagentinnen Esther Newberg und Heather Schroder, die sowohl dieses Buch als auch das vorhergehende überhaupt erst möglich gemacht haben. Ein großer Teil des im vorliegenden Buch behandelten Materials ist mir nur dank der harten, unermüdlichen Arbeit meiner Forschungsassistenten Denise Quigley, Tenzing Donyo und insbesondere Chris Swenson, der mir in allen Phasen ein unersetzlicher Helfer war, zur Kenntnis gelangt.

Meine Frau Laura, der dieses Buch gewidmet ist, war mir als stets aufmerksame und kritische Leserin eine unschätzbare Hilfe. Während der ganzen Zeit, die ich an diesem Buch schrieb, unterstützte sie mich, wo immer es ging. Mein Vater, ein Religionssoziologe, hat das Manuskript gelesen und mir seine Sammlung von Klassikern der Sozialwissenschaft überlassen. Nachdem ich mich lange Jahre gegen die soziologische Sicht gesträubt habe, glaube ich, daß ich mittlerweile sein Interesse an dieser Disziplin besser verstehe.

Wie bereits bei meinem letzten Buch gilt mein Dank für die Hilfe bei der Schreibarbeit nicht einer emsigen Sekretärin, sondern jenen stets neugierigen und erfindungsreichen Technikzauberern und Designern – viele von ihnen Immigranten –, die all die Software, Computer und Netzwerke entwickelt und gebaut haben, die für die Herstellung dieses Buches unerläßlich waren.

Teil 1

Vertrauen:
Der unterschätzte Einfluß der Kultur auf die Entwicklung der Wirtschaft

Kapitel 1

Über die Situation des Menschen am Ende der Geschichte

Während wir uns dem 21. Jahrhundert nähern, ist weltweit eine bemerkenswerte Konvergenz der politischen und ökonomischen Institutionen zu beobachten. In früheren Jahrzehnten des 20. Jahrhunderts klafften tiefe ideologische Gräben zwischen unterschiedlichen Gesellschaftssystemen: In der politischen Sphäre standen sich traditionell monarchistische, faschistische, liberaldemokratische und kommunistische Staaten in erbitterter Feindschaft gegenüber. Ökonomisch gesehen gab es Länder, die eine nationalistische Wirtschaftspolitik verfolgten, andere setzten auf die freie Marktwirtschaft und wieder andere auf zentrale Planung. Heute haben praktisch alle entwickelten Länder demokratische Institutionen oder versuchen sie einzuführen, und immer mehr Länder schreiten in Richtung auf eine marktbestimmte Wirtschaft und Integration in die globale kapitalistische Arbeitsteilung voran.

Diese Entwicklung bedeutet, wie ich in einem früheren Buch dargelegt habe, das »Ende der Geschichte«: Ein Ende in dem Sinne, daß die Geschichte als umfassende Evolution der menschlichen Gesellschaft an ihrem Endziel angelangt ist.[1] Der technische Fortschritt hat zur Folge, daß nationale Volkswirtschaften auf sich überschneidenden Märkten konkurrieren, zugleich erschweren die wachsende Komplexität und Informationsdichte des modernen Lebens jede Form zentraler Planung außerordentlich. Der vom technischen Fortschritt beförderte Kapitalismus hat enormen Wohlstand geschaffen und dient als eine Art Inkubator für die Entwicklung liberaler politischer Systeme auf der Grundlage universeller, gleicher Menschenrechte, in welchen der Kampf um die Anerkennung der menschlichen Würde seinen Höhepunkt findet. Viele Länder hatten Probleme, demokratische Regierungsformen und freie Märkte durchzusetzen; andere Länder, vor allem in der ehemals kommunistischen Welt, sind in einen Zustand des Faschismus oder der blanken Anarchie zurückgefallen. Doch für die wirtschaftlich fortgeschrittensten Länder gibt es kein erfolgversprechendes alternatives Modell der politischen und wirtschaftlichen Organisation.

Trotz der Konvergenz der Institutionen entlang dem Modell eines demokratischen Kapitalismus werden die modernen Gesellschaften auch künftig vor Herausforderungen stehen. Innerhalb des gegebenen institutionellen Rahmens existieren reiche und arme Gesellschaften, führen die Menschen ein mehr oder weniger befriedigendes soziales und geistiges Leben. Doch eine Konsequenz der Konvergenz der Institutionen am »Ende der Geschichte« ist die allgemeine Überzeugung, daß sich in den postindustriellen Gesellschaften keine weiteren Verbesserungen durch ehrgeizige Reformen und Sozialtechnik mehr erzielen lassen. Wir haben die Hoffnung verloren, durch Gesellschaftspolitik das Leben neu ordnen zu können. Die Probleme der Regierung Clinton bei der Reform des amerikanischen Gesundheitswesens zeigen, daß die meisten US-Bürger die Erfolgsaussichten grundlegender, von der Regierung initiierter Reformen in wichtigen Sektoren der Wirtschaft skeptisch beurteilen. Auch in Europa glaubt heute kaum noch jemand, daß sich die tiefgreifenden sozialen Probleme der Alten Welt wie die anhaltend hohe Arbeitslosigkeit oder die zunehmende Zahl von Einwanderern durch eine Ausweitung des Sozialstaates lösen lassen. Ganz oben auf der Reformagenda rangiert mittlerweile die Beschneidung des Wohlfahrtsstaates, um die weltweite Konkurrenzfähigkeit der europäischen Industrie zu schützen. Selbst die keynesianische Defizitfinanzierung, die nach der Weltwirtschaftskrise von vielen westlichen Industrieländern praktiziert wurde, um Wirtschaftszyklen zu »managen«, betrachten die meisten Wirtschaftswissenschaftler inzwischen als ein Steuerungsinstrument, das sich langfristig ad absurdum führt. Heute beschränkt sich der wirtschaftspolitische Ehrgeiz der meisten Regierungen darauf, durch Sicherung der Geldwertstabilität und Vermeidung exzessiver Haushaltsdefizite Schaden von der Wirtschaft fernzuhalten.

Nachdem sich die auf Planung und Sozialtechnologie gesetzten Hoffnungen zerschlagen haben, sind sich praktisch alle Experten einig, daß die Stabilität der demokratischen politischen und wirtschaftlichen Institutionen vom Zustand der Gesellschaft abhängt. Die »Zivilgesellschaft«, die aus einer komplexen Vielfalt intermediärer Institutionen wie Unternehmen, Vereinigungen und Verbänden, Erziehungseinrichtungen, Klubs, Gewerkschaften, Medien, Wohltätigkeitsorganisationen, Kirchen und so weiter besteht, baut wiederum auf der Familie auf, dem Ort der primären Sozialisation, wo Menschen in ihre Kultur hineinwachsen und ihnen die Fähigkeit vermittelt wird, am allgemeinen gesellschaftlichen

Leben teilzunehmen, wo das Wissen und die Werte einer Gesellschaft von einer Generation an die nächsιe weitergegeben werden.

Starke und stabile Familienstrukturen und dauerhafte gesellschaftliche Institutionen können nicht wie eine Zentralbank oder eine Armee per Regierungsbeschluß ins Leben gerufen werden. Eine lebendige, dynamische Zivilgesellschaft steht und fällt mit den Gewohnheiten, Sitten und Normen ihrer Mitglieder – Attribute, die sich durch politische Entscheidungen nur indirekt formen lassen, die aber durch eine bewußte, respektvolle Einbeziehung kultureller Traditionen erhalten werden müssen.

Jenseits der Grenzen des Nationalstaates dehnt sich der Einfluß der Kultur immer weiter aus bis in den Bereich der Weltwirtschaft und der internationalen Ordnung. Ironischerweise haben die Konvergenz der Institutionen seit dem Ende des Kalten Krieges und der eingeengte Spielraum der Politik das Bewußtsein der verschiedenen Völker für ihre kulturellen und sozialen Differenzen geschärft. So wurde den Amerikanern im Laufe der letzten zehn Jahre immer mehr klar, daß in Japan, während des Kalten Krieges Mitglied der »freien Welt«, die Begriffe Demokratie und Kapitalismus ganz anders interpretiert werden als in den USA. Kulturelle Unterschiede führen immer wieder zu erheblichen Spannungen, etwa wenn die Mitglieder eines japanischen Wirtschaftsnetzwerks (bekannt unter der Bezeichnung *keiretsu*) nur voneinander kaufen und die Produkte ausländischer Konkurrenten ignorieren, selbst wenn sie billiger oder qualitativ besser sind. Andererseits sind viele typische Merkmale der amerikanischen Gesellschaft, die Asiaten mit Befremden registrieren, etwa die verbreitete Neigung, Streitigkeiten vor Gericht auszutragen oder für die Rechte des einzelnen zu kämpfen, tief in der amerikanischen Kultur verwurzelt. Vor diesem Hintergrund betonen die asiatischen Länder immer stärker ihr kulturelles Erbe wie ein ausgeprägtes Arbeitsethos und starke Familienbande als Quelle der Vitalität ihrer Gesellschaften.[2] Samuel Huntington hat kürzlich die Ansicht geäußert, die Weltpolitik steuere auf einen »Zusammenprall der Zivilisationen« zu. Künftig würden sich die Völker der Erde nicht wie im Kalten Krieg durch die Ideologie abgrenzen, sondern durch die Kultur.[3] Konflikte würden nicht zwischen faschistischen, sozialistischen und demokratischen Staaten ausgetragen, sondern zwischen den sieben oder acht großen Kulturgruppen – der westlichen, islamischen, konfuzianischen, japanischen, hinduistischen Kultur und so weiter.

Huntington hat sicherlich recht, wenn er sagt, daß kulturelle Differenzen in Zukunft eine größere Rolle spielen werden und wir ihnen beim Umgang mit Angehörigen anderer Kulturkreise mehr Beachtung schenken müssen. Seine Schlußfolgerung indes, daß kulturelle Differenzen notwendigerweise zur Quelle von Konflikten werden, ist weniger überzeugend. Die Spannungen, die sich aus dem Aufeinandertreffen unterschiedlicher Kulturen ergeben, können auch Anstoß zu kreativen Veränderungen sein, und wir kennen viele Beispiele für wechselseitige Stimulation über kulturelle Grenzen hinweg. Die gewaltsame Öffnung Japans gegenüber dem Westen nach Ankunft der »Schwarzen Schiffe« von Kommodore Perry im Jahre 1853 bereitete der Meiji-Restauration und der anschließenden Industrialisierung des Landes den Boden. In jüngster Zeit übernahmen die Vereinigten Staaten japanische Verfahren wie die »schlanke Produktion« und profitierten davon. Unabhängig von der Frage, ob die Konfrontation der Kulturen Konflikte oder aber Anpassung und Wandel auslöst, ist es heute von zentraler Bedeutung, daß wir verstehen, worin sich die Kulturen unterscheiden. Der internationale Wettbewerb, sei es auf politischer oder auf wirtschaftlicher Ebene, wird in Zukunft nämlich zunehmend von kulturellen Faktoren bestimmt.

Der vielleicht wichtigste Bereich des modernen Lebens, in dem die Kultur einen direkten Einfluß auf die nationale Wohlfahrt und die internationale Ordnung hat, ist die Wirtschaft. Obwohl wirtschaftliches Handeln unentwirrbar mit dem sozialen und politischen Leben verbunden ist, fördert die gegenwärtige wirtschaftswissenschaftliche Debatte die irrige Neigung, die Wirtschaft als einen vom Rest der Gesellschaft abgetrennten Bereich mit eigenen Gesetzen zu betrachten. Dieser Auffassung zufolge ist die Wirtschaft ein Sektor, innerhalb dessen Individuen nur interagieren, um ihre eigennützigen Ziele und Bedürfnisse zu befriedigen, bevor sie sich wieder in ihr »eigentliches« gesellschaftliches Leben zurückziehen. Doch in modernen Gesellschaften ist die Wirtschaft eine zentrale, dynamische Arena, in der die Soziabilität des Menschen die entscheidende Rolle spielt. Es gibt so gut wie keine Form wirtschaftlicher Betätigung, vom Betrieb einer Kleiderreinigung bis zur Massenfertigung von integrierten Schaltkreisen, die nicht auf die eine oder andere Weise die Zusammenarbeit von Menschen voraussetzt. Menschen arbeiten zwar vornehmlich in Organisationen, um ihre individuellen Ziele zu befriedigen, gleichzeitig aber treten sie an ihrem Arbeitsplatz auch aus ihrem privaten Leben heraus und in Kontakt mit einer erweiterten sozialen Umgebung. Der Kontakt ist nicht nur ein Mittel zum ökonomischen Zweck »Lohntüte« oder »Gehaltsscheck«, sondern für sich ein wichtiges Ziel des menschlichen Lebens. Denn so selbstsüchtig Menschen sind, so sehr sehnen sie sich auch danach, einer größeren Gemeinschaft anzugehören. Wenn uns keine Normen und Regeln an andere Menschen binden, überkommt uns große Unsicherheit – ein Phänomen, das Emile Durkheim als *Anomie* bezeichnet hat und das zu lindern und überwinden uns unsere berufliche Tätigkeit hilft.[4]

Wir schöpfen Befriedigung daraus, am Arbeitsplatz mit anderen Menschen verbunden zu sein, weil damit das menschliche Grundbedürfnis nach *Anerkennung* erfüllt wird. Wie ich in meinem früheren Buch *Das Ende der Geschichte* geschrieben habe, strebt jeder Mensch danach, daß seine Würde von anderen Menschen anerkannt (das heißt in ihrem wahren Wert erkannt) wird. Dieser Trieb ist so stark und grundlegend, daß er als eine der wichtigsten dynamischen Kräfte der Geschichte gelten muß. In früheren Zeiten suchten die Menschen Anerkennung auf den Schlachtfeldern, wo Könige und Fürsten in blutigen Kämpfen um die Vorherrschaft rangen. Im Laufe der Zeit verlagerte sich der Kampf um Anerkennung vom militärischen Feld auf das wirtschaftliche, was den gesellschaftlichen Vorteil mit sich brachte, daß dadurch Wohlstand erzeugt und nicht vernichtet wurde. Jenseits der reinen Subsistenzwirtschaft dient wirtschaftliche Betätigung weniger der Befriedigung materieller Bedürfnisse als vielmehr der sozialen Anerkennung.[5] Schon Adam Smith hat darauf hingewiesen, daß wir nur wenige materielle Bedürfnisse haben und diese leicht befriedigt werden können. Arbeit und Geld sind heutzutage nicht so sehr Mittel zur Befriedigung materieller Wünsche, sondern in erster Linie Quellen von Identität, Status und Würde, unabhängig davon, ob jemand ein multinationales Medienimperium aufgebaut hat oder zum Vorarbeiter ernannt wurde. Entscheidend ist, daß man Anerkennung nicht allein erreichen kann, sondern nur in einem größeren gesellschaftlichen Kontext.

Wirtschaftliche Betätigung stellt mithin einen entscheidenden Aspekt des gesellschaftlichen Lebens dar und unterliegt einer Vielzahl von Normen, Regeln, moralischen Verpflichtungen und anderen Gewohnheiten, die in ihrer Gesamtheit die Gesellschaft formen. Eine der wichtigsten Lektionen, die wir aus der Betrachtung des Wirtschaftslebens ziehen können, lautet – das wird dieses Buch zeigen –, daß sowohl die Wohlfahrt einer Nation als auch ihre Wettbewerbsfähigkeit von einem die gesamte Gesellschaft prägenden kulturellen Merkmal bestimmt werden: dem einer Gesellschaft innewohnenden Grad des *Vertrauens*.

Betrachten wir einige Vignetten aus dem Wirtschaftsleben im 20. Jahrhundert:

Während der Ölkrise in den siebziger Jahren wurden zwei Automobilhersteller in entgegengesetzten Ecken der Welt, Mazda in Japan und Daimler-Benz in Deutschland, von drastisch sinkenden Absätzen hart getroffen. Beide wurden von einer Koalition von Unternehmen gerettet, mit denen sie seit langem in engen Geschäftsverbindungen standen. Die Rettungsaktion für Mazda wurde von der Großbank Sumitomo Trust geleitet, bei Daimler-Benz war es die Deutsche Bank. Hier wie dort verzichtete man im Interesse des langfristigen Überlebens – bei Daimler-Benz galt es, die drohende Übernahme durch eine arabische Investorengruppe zu verhindern – auf kurzfristige Profite.

Die Rezession von 1983/1984, die Amerikas industrielles Zentrum in eine tiefe Depression stürzte, bedrohte auch die Nucor Corporation. Nucor hatte erst kurz zuvor begonnen, sich in der Stahlproduktion zu engagieren. Dabei setzte das Unternehmen auf Mini-Stahlwerke, die mit einer neuen, in Deutschland entwickelten Strangguß-Technologie arbeiteten. In den neuen Produktionsanlagen wurden ausschließlich nicht gewerkschaftlich organisierte Arbeiter beschäftigt, viele waren ehemalige Farmer, und die Anlagen wurden in ländlichen Gegenden außerhalb des traditionellen Rußgürtels errichtet, zum Beispiel in Crawfordsville im Bundesstaat Indiana. Um den Ertragsrückgang während der Rezession aufzufangen, führte Nucor für alle Beschäftigten vom Geschäftsführer bis zum Hilfsarbeiter die Zwei- oder Dreitagewoche mit entsprechender Lohnkürzung ein. Kein einziger Arbeiter wurde entlassen. Diese Erfahrung schweißte die Belegschaft so zusammen, daß Nucor, nachdem die Wirtschaft sich erholt hatte und es auch dem Unternehmen wieder besserging, eine Spitzenposition in der amerikanischen Stahlindustrie eroberte.[6]

In der Montagehalle der Toyota Motor Corporation in Takaoka hängt an jedem Arbeitsplatz entlang der Montagefließbänder eine Schnur. Mit einem Zug kann jeder einzelne Arbeiter die gesamte Anlage zum Stillstand bringen – was aber nur sehr selten vorkommt. Die Arbeiter in den großen Automobilwerken von Ford wie Highland Park oder River Rouge – Werke, die drei Generationen lang als Inbegriff moderner industrieller Massenfertigung galten – hatten niemals solch weitreichende Kompetenzen. Heute ist das anders. Ford hat japanische Verfahrensweisen übernommen und seinen Arbeitern vergleichbare Kompetenzen und mehr Kontrolle über ihre Arbeitsumgebung und die Maschinen zugestanden.

In Deutschland wissen die Meister in einem normalen Betrieb genau über die Tätigkeiten der Arbeiter Bescheid und können sie notfalls übernehmen. Der Meister kann seine Leute je nach Bedarf von einem Arbeitsplatz zum anderen versetzen und ihre Leistung auf der Basis des persönlichen Kontakts bewerten. Beförderungen werden flexibel gehandhabt: Ein einfacher Arbeiter kann, unterstützt von einem umfassenden innerbetrieblichen Ausbildungssystem, zum Techniker aufsteigen, ohne eine Universität besuchen zu müssen.

Auf den ersten Blick stehen die vier Beispiele unverbunden nebeneinander, tatsächlich jedoch gibt es einen gemeinsamen roten Faden: In jedem Fall unterstützten die beteiligten wirtschaftlichen Akteure einander, weil sie überzeugt waren, eine *auf wechselseitigem Vertrauen ruhende Gemeinschaft* zu bilden. Die Banken und Zulieferer, die die Rettungsaktionen für Mazda und Daimler-Benz organisierten, fühlten sich zur Hilfeleistung verpflichtet, weil die Autohersteller ihnen in der Vergangenheit ebenfalls geholfen hatten und das auch in Zukunft wieder tun würden. Bei Daimler-Benz gesellte sich dazu noch ein nationalistisch motiviertes Gefühl, ein so bedeutendes deutsches Unternehmen dürfe nicht in ausländische Hände fallen. Die Arbeiter bei Nucor akzeptierten Lohneinbußen, weil sie wußten, daß auch die Manager nicht ungeschoren davonkamen und sich verpflichtet hatten, niemanden zu entlassen. Den Arbeitern am Toyota-Fließband in Takaoka wurden weitreichende Vollmachten zum Eingriff in den Produktionsprozeß gegeben, weil das Management darauf vertraute, daß sie die Macht nicht mißbrauchen würden. Sie erwiderten dieses Vertrauen, indem sie die ihnen übertragene Verantwortung dazu gebrauchten, die Produktivität zu steigern. Die Belegschaft in deutschen Unternehmen schließlich ist flexibler und weniger hierarchisch eingestellt, weil die Arbeiter ihren Managern und Kollegen mehr vertrauen als in anderen europäischen Ländern.

Jedesmal haben wir es mit einer moralischen Gemeinschaft zu tun, die nicht auf expliziten Regeln und Vorschriften beruht, sondern auf einer Reihe von ethischen Konventionen und gegenseitigen Verpflichtungen, die alle Mitglieder internalisiert haben. Auf den Regeln und Konventionen gründet das wechselseitige Vertrauen. Die Entscheidung, die Gemeinschaft zu unterstützen, wird nicht aufgrund eng gefaßter wirtschaftlicher Eigeninteressen getroffen. Das Management von Nucor hätte auch beschließen können, sich selbst Prämien zu genehmigen und gleichzeitig Arbeitsplätze abzubauen, wie es zur selben Zeit viele andere amerikanische Unternehmen taten. Ebenso hätten Sumitomo Trust und die Deutsche Bank ihren Profit maximieren und ihre schwindsüchtigen Anteile an den bedrängten Automobilbauern veräußern können. Die Solidarität innerhalb der jeweiligen wirtschaftlichen Gemeinschaft brachte unter dem Strich langfristig gesehen positive Effekte – die Arbeiter bei Nucor waren nach der Rezession ohne Zweifel hoch motiviert, ebenso der deutsche Vorarbeiter, dessen Unternehmen ihm geholfen hatte, zum Techniker aufzusteigen. Aber die Akteure handelten nicht deshalb so, wie in den Beispielen gezeigt, weil jeder von ihnen im voraus die wirtschaftlichen Konsequenzen seines Tuns kalkuliert hätte. Vielmehr war die Solidarität innerhalb der ökonomischen Gemeinschaft zu einem Selbstzweck geworden. Mit anderen Worten: Jeder einzelne war durch etwas Umfassenderes motiviert als das individuelle Eigeninteresse. Wie wir sehen werden, basieren solche Gemeinschaften in allen wirtschaftlich erfolgreichen Gesellschaften auf Vertrauen.

Werfen wir zum Vergleich einen Blick auf die folgenden Fälle, die illustrieren, daß unzureichende wirtschaftliche Leistung und die daraus resultierenden sozialen Folgen vor allem von einem Mangel an Vertrauen herrühren:

Edward Banfield, der in den fünfziger Jahren ein kleines Dorf in Süditalien untersuchte, stellte fest, daß die wohlhabenderen Einwohner trotz eines Überflusses an Arbeitskräften und Kapital weder den Bau einer dringend benötigten Schule und eines ebenso dringend benötigten Krankenhauses unterstützen wollten noch dazu bereit waren, eine Fabrik zu gründen. Sie glaubten, so etwas sei Aufgabe des Staates.

Im Gegensatz zu der gängigen Praxis in deutschen Unternehmen werden die Beziehungen zwischen Vorarbeitern und Untergebenen in Frankreich durch ein Gewirr von Regeln bestimmt, die in Paris erlassen werden. Dahinter steht ein ausgeprägtes Mißtrauen der Franzosen, die Vorgesetzten nicht zutrauen, daß sie die Leistungen ihrer Untergebenen ehrlich beurteilen. Vorarbeitern ist es zum Beispiel nicht erlaubt, Arbeiter an einen anderen Platz zu versetzen. Auf lange Sicht verhindern solche Regeln die Herausbildung eines Gefühls von Solidarität und gemeinsamer Verantwortung am Arbeitsplatz, und das behindert die Einführung von Innovationen wie der schlanken Produktion sehr stark.

Im Innenstadtbereich amerikanischer Städte gibt es kaum Kleinbetriebe im Besitz von Schwarzen; die meisten gehören Mitgliedern anderer ethnischer Gruppen, zu Anfang des Jahrhunderts meist Juden, heute oft Koreanern. Einer der Hauptgründe dafür ist das Fehlen eines ausgeprägten Gemeinschaftsgefühls und wechselseitigen Vertrauens in der schwarzen Unterschicht. Im Kontrast zu den Unternehmen koreanischer Immigranten, die um stabile Familien herum entstehen und von einem gut funktionierenden Kreditsystem innerhalb der Gemeinschaft profitieren, sind die schwarzen Familien in den Innenstädten zersplittert, Kreditvereine gibt es so gut wie nicht.

In allen diesen drei Beispielen macht es die mangelnde Neigung zur Bildung von Gemeinschaften den Menschen schwer, die ihnen offenstehenden wirtschaftlichen Möglichkeiten zu nutzen. Ihnen fehlt ein ganz spezifisches kulturelles Merkmal, das der Soziologe James Coleman als »soziales Kapital« bezeichnet hat: die Bereitschaft, zur Erlangung allgemeiner Güter in Gruppen und Organisationen zusammenzuarbeiten, welche die Zivilgesellschaft konstituieren.[7] Viele Wirtschaftswissenschaftler arbeiten heute mit dem Konzept des »Humankapitals«, dem die Prämisse zugrunde liegt, daß in der zunehmend komplexen und technisierten modernen Welt Kapital nicht nur aus Boden, Fabriken, Werkzeugen und Maschinen besteht, sondern daß das Wissen und die Qualifikationen der Menschen eine immer größere Rolle spielen.[8] Nach Coleman gehört zum Humankapital außer Wissen und Können auch die Fähigkeit zur Kooperation, die nicht nur für die wirtschaftliche Leistungsfähigkeit, sondern für jeden Aspekt des sozialen Lebens von zentraler Bedeutung ist. Die Fähigkeit des einzelnen, mit anderen zusammenzuarbeiten, hängt wiederum davon ab, in welchem Grad eine Gemeinschaft Normen und Werte teilt und dazu in der Lage ist, individuelle Wünsche den Interessen größerer Gruppen unterzuordnen. Auf der Basis solcher gemeinsamer Werte erwächst Vertrauen, und Vertrauen besitzt, wie noch zu zeigen sein wird, einen erheblichen, meßbaren wirtschaftlichen Wert.

Im Hinblick auf die Fähigkeit, spontane Gemeinschaften zu formen, haben die Vereinigten Staaten mehr mit Japan und Deutschland gemein als jedes dieser drei Länder mit chinesischen Gesellschaften wie Hongkong oder Taiwan einerseits und Italien oder Frankreich andererseits. Wie Japan und Deutschland waren die Vereinigten Staaten – entgegen der Neigung der Amerikaner, sich selbst als überzeugte Individualisten zu sehen – historisch betrachtet eine gruppenorientierte Gesellschaft mit einem hohen Grad an Vertrauen.

Doch in den letzten zwei Generationen hat die Fähigkeit der amerikanischen Gesellschaft zur spontanen Assoziation dramatisch abgenommen. In vielerlei Hinsicht entwickeln sich die USA heute erst zu der individualistischen Gesellschaft, die sie angeblich schon immer waren: Die Tendenz des auf Freiheitsrechten beruhenden Liberalismus, den Gültigkeitsbereich der Rechte immer weiter auszudehnen und immer neue Rechte in Anspruch zu nehmen, damit die Autorität praktisch aller bestehender Gruppen in Frage zu stellen, wird bis zum Äußersten vorangetrieben. Der Schwund von Vertrauen und Soziabilität läßt sich an einer Fülle von Veränderungen innerhalb der US-Gesellschaft festmachen. Die Beispiele reichen von der Zunahme von Gewaltverbrechen und Zivilprozessen, dem Zusammenbruch der Familien, dem Niedergang zahlreicher intermediärer sozialer Strukturen wie der Nachbarschaftsverbände, Kirchen, Gewerkschaften, Vereine und Wohltätigkeitsorganisationen bis zu dem unter Amerikanern weit verbreiteten Empfinden, daß gemeinsame Werte und ein Gefühl der Verbundenheit mit den Menschen der nächsten Umgebung verlorengegangen seien.

Der Niedergang der Soziabilität hat schwerwiegende Konsequenzen für die amerikanische Demokratie, schwerwiegendere vielleicht noch als für die Wirtschaft. Bereits heute müssen die Vereinigten Staaten deutlich mehr als andere Industrieländer für den Polizeiapparat aufwenden, und sie halten über ein Prozent ihrer gesamten Bevölkerung hinter Schloß und Riegel gefangen. Die Ausgaben für Rechtsanwälte liegen in den USA weit höher als in Japan oder in Europa, eine Folge der ausgeprägten Bereitschaft der US-Bürger, jeden Streit vor dem Kadi auszufechten. Die Kosten für diese »Exzesse« summieren sich über das Jahr hinweg auf mehrere Prozent des Bruttoinlandsprodukts; sie sind eine direkte Steuer, die der Vertrauensschwund in der US-Gesellschaft erforderlich gemacht hat. Die wirtschaftlichen Folgen könnten in Zukunft unter Umständen noch viel gravierender sein: Die Fähigkeit der Amerikaner, neue Organisationen zu gründen und darin zusammenzuarbeiten, könnte zurückgehen, eben weil ihre Vielfalt dem gesellschaftlichen Vertrauen abträglich ist und neue Barrieren für die Kooperation errichtet. Die Vereinigten Staaten haben in den letzten Jahrzehnten nicht nur auf Kosten ihres finanziellen Kapitals, sondern auch ihres in der Vergangenheit angesparten sozialen Kapitals gelebt. So wie die Sparquote zu niedrig lag, um die materielle Infrastruktur der amerikanischen Wirtschaft und Gesellschaft angemessen zu erneuern, so blieb auch die Auffrischung des sozialen Kapitals hinter dem Verbrauch zurück. Die Akkumulation sozialen Kapitals ist jedoch ein komplizierter und in vieler Hinsicht geheimnisvoller gesellschaftlicher Prozeß. Eine Regierung kann ohne weiteres Maßnahmen beschließen, die dazu führen, daß das soziale Kapital aufgezehrt wird, aber der Aufbau von sozialem Kapital läßt sich nicht einfach per Gesetz anordnen.

Die liberale Demokratie, die am Ende der Geschichte auf den Plan tritt, ist demnach nicht durch und durch »modern«. Die demokratischen und kapitalistischen Institutionen müssen mit bestimmten vormodernen kulturellen Gewohnheiten koexistieren, sonst können sie nicht reibungslos funktionieren. Gesetze, Verträge und ökonomische Rationalität stellen eine zwar notwendige, nicht jedoch eine hinreichende Basis für den Erwerb von Wohlstand und die Stabilität von postindustriellen Gesellschaften dar; sie müssen durch wechselseitige Loyalität, einen Moralkodex, Pflichtgefühl gegenüber der Gemeinschaft und Vertrauen ergänzt werden – Eigenschaften also, die mehr auf Gewohnheiten als auf rationalem Kalkül basieren. Diese Eigenschaften sind keineswegs Anachronismen innerhalb einer modernen Gesellschaft, sondern vielmehr die *conditio sine qua non* ihres Erfolgs.

Die Wurzel der Probleme der Vereinigten Staaten liegt in der Unfähigkeit der Bürger, ihre Gesellschaft und deren geschichtlich betrachtet kommunitaristische Ausrichtung korrekt wahrzunehmen. In Teil 1 werde ich versuchen, diese Fehlwahrnehmung zu korrigieren. Zuerst werde ich untersuchen, inwiefern die Thesen bestimmter zeitgenössischer Denker einen zentralen Aspekt der kulturellen Dimension des wirtschaftlichen Lebens vernachlässigen. Im weiteren werde ich die Bedeutung der Begriffe Kultur, Vertrauen und soziales Kapital näher erläutern. Im Anschluß daran werde ich zeigen, wie Vertrauen mit der wirtschaftlichen Struktur und der Fähigkeit zur Gründung großer Organisationen zusammenhängt, die von eminenter Bedeutung für die wirtschaftliche Wohlfahrt und Wettbewerbsfähigkeit einer Volkswirtschaft sind. Wie wir sehen werden, ähneln sich Japan und die Vereinigten Staaten in dieser Hinsicht weit mehr, als die populäre Literatur über die Wettbewerbsfähigkeit vermuten läßt.

Die Teile 2 und 3 beschäftigen sich mit den beiden wichtigsten »Brücken« zur Soziabilität, der Familie einerseits und den nicht auf Verwandtschaftsbeziehungen fußenden Gemeinschaften andererseits. In Teil 2 werden vier »familistische« Gesellschaften näher untersucht: China, Frankreich, Italien und Südkorea. In jeder dieser Gesellschaften ist die Familie die grundlegende Einheit der wirtschaftlichen Organisation; jede hat Schwierigkeiten, große, über die Familie hinausgehende Organisationen zu formen, und folglich fällt es dort in den Aufgabenbereich des Staates, große, auf dem Weltmarkt konkurrenzfähige Unternehmen zu fördern. In Teil 3 geht es um Japan und Deutschland, zwei Gesellschaften mit einem hohen Grad an Vertrauen, denen es im Vergleich zu familistischen Gesellschaften viel leichter fiel, große, familienunabhängige Unternehmen herauszubilden. In Japan und Deutschland verlief nicht nur der Übergang zu einem modernen, professionellen Management reibungsloser, sondern es gelang auch, in den Unternehmen effizientere und befriedigendere Arbeitsbeziehungen aufzubauen. Das bei Toyota entwickelte Modell der »schlanken Produktion« mag in diesem Zusammenhang beispielhaft für jene organisatorischen Innovationen stehen, die in Gesellschaften mit einem hohen Vertrauensgrad möglich sind.

In Teil 4 ziehe ich einige allgemeine Schlußfolgerungen aus dem in den vorangegangenen Kapiteln vorgelegten Material und befasse mich dann mit der Stellung der Vereinigten Staaten in dem Spektrum, das von Gesellschaften mit einem niedrigen und bis zu Gesellschaften mit einem hohen Vertrauensniveau reicht. Dabei geht es vor allem um die Ursprünge der Soziabilität in den Vereinigten Staaten und die Gründe für ihr Schwinden. Im abschließenden Teil 5 untersuche ich die Konsequenzen der in diesem Buch entwickelten Thesen für die Zukunft der Weltgesellschaft und die Rolle des Wirtschaftslebens für das menschliche Dasein auf unserem Planeten.

Kapitel 2

Die Zwanzig-Prozent-Lösung

Das ökonomische Denken der letzten 25 Jahre wurde von der »Neoklassik« dominiert, der Lehre von der freien Marktwirtschaft, die mit Namen wie Milton Friedman, Gary Becker und George Stigler verbunden ist. Der neoklassische Ansatz enthält deutliche Verbesserungen gegenüber den zuvor populären Ansätzen des Marxismus und Keynesianismus. Die neoklassische Wirtschaftstheorie ist, so könnte man sagen, zu 80 Prozent korrekt, weil das ihr zugrundeliegende Modell rationalen, auf die Maximierung des Eigennutzes ausgerichteten menschlichen Handelns zu 80 Prozent korrekt ist, und wir verdanken ihr wichtige Einsichten in die Natur des Geldes und der Märkte. Doch es bleiben 20 Prozent übrig, über die uns die neoklassischen Wirtschaftswissenschaftler wenig oder gar nichts sagen können. Schon Adam Smith war sich bewußt, daß wirtschaftliches Handeln eingebettet ist in einen gesellschaftlichen Rahmen und unabhängig vom sittlichen, moralischen und kulturellen Kontext der Gesellschaft nicht verstanden werden kann. Kurz gesagt: Die wirtschaftliche Sphäre kann nicht von der kulturellen Sphäre getrennt werden.[1]

Eben weil die gegenwärtig in den Wirtschaftswissenschaften geführten Diskussionen kulturelle Faktoren weitgehend ignorieren, sind sie zur Fruchtlosigkeit verurteilt. Ein Beispiel dafür ist die Auseinandersetzung, die seit einem Jahrzehnt in den Vereinigten Staaten zwischen den Neoklassikern und den sogenannten Neomerkantilisten tobt. Letztere – darunter Wissenschaftler wie Chalmers Johnson, James Fallows, Clyde Prestowitz, John Zysman, Karel van Wolferen, Alice Amsden und Laura Tyson – argumentieren, daß der Erfolg der dynamischen, rasant wachsenden Volkswirtschaften Südostasiens von der Mißachtung und gerade nicht von der Beachtung der neoklassischen Lehre herrühre.[2] Die Boom-Länder Asiens verdankten ihre atemberaubenden Wachstumsraten nicht dem ungehinderten Spiel freier Marktkräfte, sondern ausnahmslos ihren Regierungen, die durch eine interventionistische Wirtschaftspolitik die Entwicklung bestimmter Industrien gefördert hätten.

Zwar beschreiben die Neomerkantilisten viele Besonderheiten der asiatischen Wirtschaftspolitik durchaus zutreffend, doch sie fassen ihre Politikempfehlungen in dieselben abstrakten und allgemeinen Begriffe wie ihre neoklassischen Opponenten und versäumen in ihre Überlegungen einzubeziehen, in welchem Ausmaß die Effektivität wirtschaftspolitischer Maßnahmen und staatlicher Interventionen von der jeweiligen Kultur abhängig ist.

Mit seinem Buch *Looking into the Sun*[3] hat James Fallows den vielleicht umfassendsten Angriff auf die neoklassische Wirtschaftstheorie geführt. Darin beklagt er, daß die angloamerikanische Fixiertheit auf eine marktorientierte Wirtschaftspolitik die USA blind gemacht habe für die entscheidend wichtige Rolle des Staates und für die Erkenntnis, daß der Großteil der Welt außerhalb der USA nach Regeln funktioniere, die sich von den Annahmen der Neoklassiker drastisch unterschieden. Die wirtschaftspolitischen Fördermaßnahmen der asiatischen Regierungen beinhalten, so Fallows, den Schutz nationaler Industrien durch hohe Zölle, die Beschränkung ausländischer Investitionen, Exportförderung durch billige Kredite oder direkte Subventionen, selektive Vergabe von Lizenzen an bevorzugte Unternehmen, die Organisation von Kartellen zur Verteilung der Kosten für Forschung und Entwicklung sowie zur Allokation von Marktanteilen oder der direkten Finanzierung von Forschung & Entwicklung (F&E).[4] Chalmers Johnson vertrat als einer der ersten die Ansicht, daß nicht der Markt, sondern das japanische Ministerium für Internationalen Handel und Industrie (MITI) für den raschen Aufstieg der japanischen Nachkriegswirtschaft verantwortlich sei. Praktisch alle Neomerkantilisten teilen die Auffassung, daß die Vereinigten Staaten im Wettstreit mit Japan und anderen asiatischen Ländern vor allem deswegen ins Hintertreffen geraten sind, weil gleich mehrere aufeinanderfolgende, auf die Marktwirtschaft eingeschworene US-Regierungen es zugelassen haben, daß amerikanische Schlüsselindustrien ausländischer Konkurrenz zum Opfer gefallen sind. Konsequenterweise fordern die Neomerkantilisten zum einen die Einrichtung eines amerikanischen Gegenstücks zum MITI, das die Position amerikanischer High-Tech-Industrien im globalen Wettbewerb durch Steuerungs-, Subventions- und andere geeignete Maßnahmen stärken solle, zum anderen klagen sie eine aggressivere Handelspolitik zum Schutz der US-Industrie gegen »unfaire« Konkurrenz aus dem Ausland ein.

Die durch die Neomerkantilisten ausgelöste Debatte kreist hauptsächlich um die Frage, ob für das hohe Wachstum der asiatischen Boom-Länder tatsächlich die staatliche Wirtschaftspolitik verantwortlich ist und ob Regierungen besser als der Markt in der Lage sind, die wirtschaftliche Entwicklung zu steuern.[5] Allerdings haben die Neomerkantilisten den Einfluß kultureller Faktoren auf die Gestaltung der Wirtschaftspolitik ignoriert. Denn selbst wenn wir die These von der technokratischen Steuerung des Aufschwungs in den asiatischen Wirtschaftswunderländern akzeptieren, ist unbestreitbar, daß die relativen Fähigkeiten verschiedener Staaten, was die Planung und Durchführung einer bestimmten Wirtschaftspolitik betrifft, stark voneinander abweichen. Und diese Abweichungen beruhen auf unterschiedlichen kulturellen Faktoren, politischen Institutionen und historischen Voraussetzungen. Frankreich und Japan blicken auf eine lange dirigistische Tradition zurück, die USA auf eine ebenso lange Tradition des Antidirigismus; daß diese Traditionen die Form und die Arbeitsweise der jeweiligen nationalen Bürokratien – natürlich auch die Qualität der Politik und ihrer Umsetzung – prägen, liegt auf der Hand.

Besonders augenfällig werden kulturelle Unterschiede bei der Korruption. Es ist eines der größten Probleme der Wirtschaftspolitik, daß sie zur Bestechung von Beamten geradezu einlädt mit der Gefahr, daß potentielle positive Effekte geschmälert werden. Diese Gefahr ist natürlich in Gesellschaften mit einem traditionell ehrlichen und kompetenten Beamtenapparat geringer. Während sich in Japan die Bestechlichkeit von Politikern zu einem landesweiten Skandal entwickelt hat, wurde von ähnlichen Vorwürfen gegenüber Beamten im MITI oder im Finanzministerium kaum etwas bekannt. Vollkommen anders verhält es sich in Lateinamerika, ganz zu schweigen von anderen Teilen der Dritten Welt.

Noch andere kulturelle Aspekte beeinflussen den Erfolg wirtschaftspolitischer Maßnahmen. Die positive Einstellung gegenüber Autorität in Asien hat den Ländern dort geholfen, Maßnahmen umzusetzen, die anderswo auf der Welt zum Scheitern verurteilt wären. Nehmen wir zum Beispiel die Frage staatlicher Hilfe für junge Industrien im Gegensatz zu alten, sterbenden Industrien (*Sunrise-* und *Sunset-*Industrien). Theoretisch könnten technologisch rückständige Länder zukunftsträchtige junge Industrien zwar gezielt fördern, doch in der Mehrzahl der Fälle sind die mit den alten Industrien verbundenen Interessen so stark, daß die staatliche Hilfe in die falsche Richtung gelenkt wird. Definitionsgemäß sind junge Industrien noch im Aufbau begriffen, verfügen mithin über keine Lobby, während viele traditionelle Industrien von großen Unternehmen dominiert werden, die lautstark und wirkungsvoll ihre Interessen vorbringen. Ein bezeichnendes Merkmal der Wirtschaftspolitik asiatischer Regierungen ist ihre Fähigkeit, alte Industrien mit zahllosen Beschäftigten ohne größere Reibungen abzuwickeln. In Japan beispielsweise fiel die Beschäftigtenzahl in der Textilindustrie von Anfang der sechziger Jahre bis 1981 von 1,2 Millionen auf 655000, die Zahl der Arbeiter im Kohlebergbau ging zwischen 1950 und 1981 von 407000 auf nur noch 31000 zurück, und in den siebziger Jahren machte die Schiffbauindustrie einen ähnlich dramatischen Schrumpfungsprozeß durch.[6] In jedem einzelnen Fall intervenierte der Staat, aber *nicht,* um den notleidenden Industrien unter die Arme zu greifen, sondern um ihren Abbau in geregelte Bahnen zu lenken. Auch die Regierungen Taiwans und Südkoreas haben erheblichen Personalabbau in alten, arbeitsintensiven Industrien erfolgreich gemanagt.

Im Gegensatz dazu waren die meisten Regierungen in Europa und Lateinamerika aufgrund politischen Widerstandes nicht in der Lage, alte, nicht konkurrenzfähige Industrien abzubauen. Statt sich aus sterbenden Branchen wie Bergbau, Stahl und Automobilproduktion zurückzuziehen, subventionieren Regierungen sie massiv oder verstaatlichen sie gleich ganz in der Hoffnung, sie damit wieder international konkurrenzfähig zu machen. An Lippenbekenntnissen zur Verlagerung von Ressourcen in modernere Sektoren hat es zwar auch in Europa nicht gefehlt, doch weil die europäischen Regierungen demokratisch gewählt sind, beugten sie sich dem politischen Druck und pumpten ohne Ende Subventionen in alte Industrien, oft mit gewaltigen Kosten für die Steuerzahler. Nicht viel anders würde es in den USA aussehen, wenn Washington anfinge, »Wettbewerbsfähigkeits«-Subventionen zu verteilen. Man könnte sich darauf verlassen, daß der Kongreß unter dem Druck der allgegenwärtigen Interessengruppen viel eher die Schuh- und Textilindustrie als die Luftfahrt- oder Halbleiterindustrie zu »strategischen« und demnach subventionswürdigen Sektoren erklären würde. Selbst im High-Tech-Bereich verfügen ältere Technologien tendenziell über mehr politischen Einfluß als solche, die noch in der Entwicklung stehen. Das zwingendste Argument, warum die Vereinigten Staaten keine den asiatischen Wirtschaftswunderländern vergleichbare Wirtschaftspolitik betreiben können, ist folglich nicht wirtschaftlicher Natur, sondern hängt mit dem Charakter der amerikanischen Demokratie zusammen.

Wie dieses Buch zeigen wird, ist die Bedeutung des staatlichen Sektors für die Wirtschaft je nach Kultur höchst unterschiedlich. In familistischen Gesellschaften wie China oder Italien stellt die staatliche Intervention oft die einzige Möglichkeit zum Aufbau großer Unternehmen dar und ist damit unerläßlich, will das Land in den von Großunternehmen beherrschten globalen Wirtschaftssektoren eine Rolle spielen. Gesellschaften mit einem hohen Grad an Vertrauen und sozialem Kapital dagegen, beispielsweise Deutschland oder Japan, können große Organisationen auch ohne staatliche Unterstützung bilden. Mit anderen Worten: Wenn Ökonomen komparative Wettbewerbsvorteile berechnen wollen, müssen sie neben den herkömmlichen Formen von Kapital und Ressourcen auch die relative Ausstattung an sozialem Kapital berücksichtigen. In Gesellschaften mit einem Mangel an sozialem Kapital kann dieser oft vom Staat wettgemacht werden, vergleichbar der staatlichen Förderung des Humankapitals durch den Bau von Schulen und Universitäten. Doch die Notwendigkeit staatlicher Interventionen wird stark von der jeweiligen Kultur und sozialen Struktur der betreffenden Gesellschaft abhängen.

Das andere Extrem der gegenwärtigen wirtschaftspolitischen Debatte ist die neoklassische Lehre, die heute vorherrschende Theorie der Wirtschaft. Im Vergleich zum Neomerkantilismus ist die neoklassische Ökonomie sehr viel ernstzunehmender und inhaltlich fundierter. Es gibt einen umfangreichen Fundus empirischer Daten, die belegen, daß Märkte in der Tat effiziente Instrumente zur Allokation knapper Ressourcen sind und das freie Spiel eigennütziger Akteure zu Wachstum führt. Das von den Protagonisten der freien Marktwirtschaft errichtete Gedankengebäude ist, wie bereits weiter oben gesagt, zu 80 Prozent korrekt, was für eine Sozialwissenschaft ein beachtliches Ergebnis ist und in jedem Fall eine bessere Grundlage für die öffentliche Politik liefert als konkurrierende Ansätze.

Doch die Überlegenheit der neoklassischen Theorie geht mit einer gehörigen Portion Überheblichkeit einher. Statt sich auf ihren Lorbeeren auszuruhen, glaubten viele Neoklassiker auf einmal, sie hätten mit dem von ihnen entwickelten ökonomischen Ansatz ein Werkzeug zur Konstruktion von so etwas wie einer universellen Wissenschaft der Menschheit in der Hand. Die Gesetze der Ökonomie, so argumentieren sie, gelten überall: in Rußland ebenso wie in den Vereinigten Staaten, in Japan, Burundi oder im Hochland von Papua-Neuguinea; kulturelle Unterschiede hätten keinen Einfluß auf ihre Anwendung. Darüber hinaus sind sie davon überzeugt, daß sie auch in einem tieferen, wissenschaftstheoretischen Sinn recht haben: Mit Hilfe der von ihnen entwickelten ökonomischen Methodologie glauben sie eine fundamentale Wahrheit über die menschliche Natur herausgefunden zu haben, die es ihnen vermeintlich ermöglicht, praktisch alle Facetten des menschlichen Verhaltens zu erklären. Zwei besonders produktive und geachtete zeitgenössische Vertreter der neoklassischen Ökonomie, Gary Becker von der University of Chicago und James Buchanan von der George Mason University (beide haben für ihre Arbeit den Nobelpreis erhalten), sind dadurch zu Berühmtheit gelangt, daß sie die neoklassische Methodologie auf außerhalb der Wirtschaft gelegene Themen wie Politik, Bürokratie, Rassismus, Familie und Fruchtbarkeit ausgeweitet haben.[7] Selbst in den politikwissenschaftlichen Instituten vieler großer Universitäten tummeln sich heute zahlreich die Anhänger der sogenannten »Rational Choice«-Schule und versuchen, Politik unter Rückgriff auf eine weitgehend ökonomische Methodologie zu erklären.[8]

Das Problem der Neoklassiker ist, daß sie bestimmte Prinzipien vergessen haben, auf denen die klassische Nationalökonomie basiert. Adam Smith, der Vater der klassischen Ökonomie, glaubte zwar, daß die Menschen von dem selbstsüchtigen Wunsch, ihr Los zu verbessern, angetrieben würden, aber er hätte niemals der Auffassung zugestimmt, daß sich wirtschaftliches Handeln allein auf die rationale Nutzenmaximierung reduzieren ließe. In seinem zweiten wichtigen Werk neben *Der Wohlstand der Nationen. Eine Untersuchung seiner Natur und seiner Ursachen,* der *Theorie der Gefühle,* stellt er wirtschaftliche Motive als äußerst komplex und eingebettet in allgemeinere gesellschaftliche Gepflogenheiten und Sitten dar. Allein der Namenswechsel der Disziplin von »politischer Ökonomie« zu »Ökonomie« im Verlaufe des 18. bis zum ausgehenden 19. Jahrhundert spiegelt die Verengung des zugrundeliegenden Modells vom menschlichen Verhalten wider. Indem ich in diesem Buch darlege, wie Kultur jeden Aspekt menschlichen Handelns prägt, auch wirtschaftliches Handeln, versuche ich, einen Teil des Reichtums der klassischen im Gegensatz zur neoklassischen Ökonomie wiederzubeleben. Die neoklassische Ökonomie versagt nicht nur darin, das politische Leben zu erklären, in dem Emotionen wie Stolz, Scham und Würde eine so große Rolle spielen, sondern erweist sich auch als ungeeignet, die Gesamtheit des wirtschaftlichen Lebens zu erklären.[9] Denn nicht jede wirtschaftliche Handlung entsteht auf der Grundlage von Motiven, die gemeinhin als wirtschaftliche Motive gelten.

Dem Gedankengebäude der zeitgenössischen neoklassischen Wirtschaftstheorie liegt ein relativ simples Modell der menschlichen Natur zugrunde: der Mensch als »rationaler Nutzenmaximierer«. Grob gesagt heißt das, daß Menschen danach streben, die größtmögliche Menge an Dingen, die sie für nützlich halten, zu erwerben. Sie tun dies auf rationale Weise und stellen ihre Kalkulationen als *Individuen* an, was wiederum bedeutet, daß sie danach streben, ihren *Eigennutz* zu maximieren, bevor sie an den Nutzen einer größeren Gruppe denken, der sie angehören. Kurz gesagt postuliert die neoklassische Ökonomie, daß der Mensch ein rationales, aber auch *selbstsüchtiges* Individuum sei, das bemüht ist, seine materielle Wohlfahrt zu maximieren.[10] Die Ökonomen predigen sehr viel nachdrücklicher als Philosophen, Dichter, Kleriker und Politiker die Vorzüge der Verfolgung des eigenen, eng definierten Selbstinteresses, weil sie der Überzeugung sind, daß dadurch gleichzeitig auch der Nutzen für die Gesellschaft insgesamt maximiert wird. In einem Feldversuch an einer US-Universität händigten Sozialforscher einer großen Gruppe von Studenten Wertmarken aus, die gegen Geld eingetauscht werden konnten, das sie entweder persönlich bekamen oder mit der Gruppe teilen konnten. Wie sich zeigte, verhielten sich zwischen 40 und 60 Prozent aller Versuchsteilnehmer altruistisch und teilten ihr Geld mit der Gruppe – mit einer einzigen Ausnahme: einer Gruppe Wirtschaftsstudenten im ersten Jahr der Graduate School.[11]

Die Aussagekraft der neoklassischen Theorie beruht auf der Tatsache, daß ihr Modell des Menschen für die überwiegende Zahl der Fälle zutreffend ist: Man kann sich darauf verlassen, daß die Menschen öfter ihre eigenen, selbstsüchtigen Ziele verfolgen als ein wie immer geartetes gemeinsames Interesse. Das Prinzip der rationalen, eigennützigen Kalkulation ist grenzüberschreitend gültig: Jeder Studienanfänger in den Wirtschaftswissenschaften liest Untersuchungen, die belegen, daß Bauern, wenn der Preis für Weizen im Verhältnis zum Preis für Mais steigt, ihre Produktion von Mais auf Weizen umstellen, egal ob sie in China, Frankreich, Indien oder im Iran leben.

Doch jeder einzelne Begriff der neoklassischen Prämisse, daß Menschen »rationale, nutzenmaximierende Individuen« sind, ist nur mit Einschränkungen gültig oder muß genauer unter die Lupe genommen werden.[12] Beginnen wir mit der These, daß Menschen nach »Nutzen« streben. Die grundlegende Definition des Nutzens ist die Aussage des »Utilitaristen« Jeremy Bentham aus dem 19. Jahrhundert, Nutzen bedeute das Streben nach Lust und das Vermeiden von Unlust. Das ist eine unmißverständliche Definition, die dem alltäglichen Verständnis ökonomischer Motivation entspricht: Menschen möchten die größtmögliche Menge der Güter konsumieren, die das Leben angenehm machen.

Doch wir alle kennen zahllose Gelegenheiten, bei denen Menschen andere Ziele als ihren Eigennutz verfolgen.[13] Menschen stürzen in brennende Häuser, um Leben zu retten, sie sterben im Krieg, oder sie geben eine vielversprechende Karriere auf, um irgendwo in den Bergen eins mit der Natur zu werden. Wir richten uns nicht immer nur nach dem Geldbeutel; wir haben eine Vorstellung davon, daß bestimmte Dinge gerecht und andere ungerecht sind, und treffen danach wichtige Entscheidungen.[14] Es gäbe nicht annähernd so viele Kriege, wenn nur um wirtschaftliche Ressourcen gekämpft würde; leider geht es in den meisten Kriegen um nichtutilitaristische Ziele wie Anerkennung, Prestige, Ehre oder auch Gerechtigkeit.

Manche Wirtschaftswissenschaftler versuchen dieses Problem zu umgehen, indem sie die Definitionen des Nutzens nicht auf Genuß oder Geld beschränken, sondern um andere Motive erweitern wie beispielsweise die »seelische Lust«, die man erfährt, wenn man »richtig handelt«, oder die »Befriedigung«, die man angesichts des Wohlergehens anderer Menschen empfindet.[15] Diesem Ansatz zufolge kann man nur anhand der von Menschen getroffenen Nutzenentscheidung erkennen, was nützlich ist – weshalb sie auch mit dem Konzept der »bekundeten Präferenzen« arbeiten.[16] Beide, der Gegner der Sklaverei, der im Kampf für seine Sache stirbt, und der Investmentbanker, der mit Zinssätzen spekuliert, streben nach »Nutzen«. Der einzige Unterschied besteht darin, daß der Nutzen im ersten Beispiel immaterieller Natur ist. Treibt man das bis ins Extrem, dann wird »Nutzen« zu einem rein formalen Konzept, das ausnahmslos alle Ziele oder Präferenzen umfaßt, die Menschen verfolgen.

Doch eine solche formale Definition des Nutzenbegriffs reduziert die grundlegende Prämisse der neoklassischen Theorie auf die banale Feststellung, daß Menschen das maximieren, was sie sich zu maximieren entscheiden, und diese Tautologie raubt dem Modell jegliche Erklärungskraft. Dagegen ist die Feststellung, daß wir unseren selbstsüchtigen materiellen Interessen Priorität vor anderen Zielen einräumen, eine eindeutige Aussage über die menschliche Natur. Der Wirtschaftswissenschaftler F. Y. Edgeworth hat das folgendermaßen formuliert: »Der erste Hauptsatz der Ökonomie lautet, daß jeder Akteur ausschließlich auf der Grundlage seines Selbstinteresses handelt.«[17]

Ganz offensichtlich verfolgen Individuen Nutzen, wie man ihn auch definieren mag, nicht immer auf eine rationale Weise, wenn man darunter die Abwägung zur Verfügung stehender Alternativen und die Auswahl derjenigen Handlungsweise versteht, die auf lange Sicht den größten Vorteil verspricht. Man könnte sogar sagen, daß Individuen *in der Regel* nicht in diesem Sinne rational handeln.[18] Die in China, Südkorea und Italien vorherrschende Familienbindung, die japanische Einstellung zur Adoption Außenstehender, die in Frankreich verbreitete Abneigung gegen direkte persönliche Beziehungen, die starke Betonung, die in Deutschland auf die berufliche Bildung gelegt wird, und die sektiererische Natur des gesellschaftlichen Lebens in den Vereinigten Staaten – dies alles ist nicht das Ergebnis rationalen Kalküls, sondern ruht auf ererbten ethischen Gewohnheiten.

Die meisten Ökonomen würden diese Beispiele nicht auf irrationales Verhalten zurückführen, sondern mit unvollständiger Information erklären. Informationen über relative Preise und Produktqualität sind oft nicht erhältlich oder können nur mit einem erheblichen Einsatz an Zeit und Aufwand in Erfahrung gebracht werden. Menschen treffen scheinbar irrationale Entscheidungen, weil die Kosten der Informationsbeschaffung den erwarteten Nutzenzuwachs übersteigen. Es wäre irrational, jede einzelne alltägliche Entscheidung auf der Grundlage rationalen Kalküls zu treffen – würden wir so handeln, dann wäre unser Leben nichts als ein dauernder Entscheidungsfindungsprozeß.[19] Angehörige traditioneller Kulturen folgen den Vorgaben der Tradition und handeln dementsprechend auch ganz anders als Angehörige industrialisierter Gesellschaften. Ihr Verhalten mag uns irrational erscheinen, tatsächlich jedoch enthält ihre traditionelle Kultur Verhaltensmaßregeln, die *im Kontext dieser Kultur* rational sind.[20]

Zwar können Gewohnheiten ökonomisch rational sein oder auf ursprünglich rationalem Kalkül beruhen, doch in der Mehrzahl der Fälle sind sie das nicht, oder aber sie entwickeln in Situationen, in denen sie nicht länger angemessen sind, ein Eigenleben. So mag es im Kontext der traditionellen chinesischen Bauerngesellschaft rational gewesen sein, viele Söhne zu zeugen, da Söhne die einzige Garantie für eine gesicherte Altersversorgung darstellten. Aber warum bleibt die Wertschätzung von Söhnen erhalten, wenn Chinesen nach Kanada oder in die Vereinigten Staaten auswandern, wo es ein staatlich finanziertes Sozialversicherungssystem gibt? Die französische Präferenz für eine zentralistische Bürokratie war eine vernünftige Reaktion auf den zentralistischen Absolutismus, aber das erklärt nicht, warum die Franzosen heute immer noch so große Schwierigkeiten mit der Selbstorganisation haben, obwohl Paris bewußt versucht, die Macht zu dezentralisieren. Für alleinerziehende Mütter, die von Sozialhilfe leben, ist es im Hinblick auf die ihnen zustehenden Leistungen oft rational, den Vater ihres Kindes nicht zu heiraten. Warum aber ändert sich an dieser Entscheidung nichts, wenn die Leistungen gekürzt werden und langfristig die wirtschaftlichen Nachteile von Alleinerziehenden eindeutig überwiegen? Nicht alle Regeln sind unter allen Umständen rational. Allein schon die Vielzahl der auf der Erde bestehenden Kulturen und die enorme Bandbreite der kulturellen Adaptationen an vergleichbare ökonomische Umstände spricht dafür, daß nicht alle Regeln gleichermaßen rational sind.

Schließlich bleibt es auch fraglich, ob wir als *individuelle* Nutzenmaximierer agieren oder uns nicht vielmehr als Teil umfassender sozialer Gruppen wahrnehmen. Wir leben, um eine Formulierung von Mark Granovetter aufzugreifen, *eingebettet* in eine Vielzahl sozialer Gruppen – Familie, Nachbarschaft, Netzwerke, Betrieb, Kirche, Nation –, und mit deren Interessen müssen wir unsere individuellen Interessen ausbalancieren.[21] Das Pflichtgefühl gegenüber der eigenen Familie entspringt keiner simplen Kosten-Nutzen-Kalkulation. Das gilt auch, wenn es um die Mitarbeit in einem Familienunternehmen geht. Vielmehr wird die Natur des Betriebes von den vorgängig existierenden familiären Beziehungen geprägt. Arbeiter sind mehr als nur Rädchen im großen Getriebe eines Unternehmens; sie entwickeln Solidaritätsgefühle, Loyalitäten und Abneigungen, und diese beeinflussen die Natur der wirtschaftlichen Aktivität. Mit anderen Worten: *Soziales* und damit auch *moralisches* Verhalten existiert auf mehreren Ebenen parallel zu eigennützigem, auf Nutzenmaximierung ausgerichtetem Verhalten. Die größtmögliche wirtschaftliche Effizienz erzielen nicht notwendigerweise rationale, ihren Eigennutz maximierende Individuen, sondern Gruppen von Individuen, die, weil sie einer bereits bestehenden moralischen Gemeinschaft angehören, effektiv kooperieren können.

Die Aussage, die menschliche Persönlichkeit entspreche nicht perfekt dem neoklassischen Modell des »rationalen Nutzenmaximieres«, rührt keineswegs an die Grundfesten des neoklassischen Theoriegebäudes. Wir verhalten uns oft genug als selbstsüchtige Individuen, um die ökonomischen »Gesetze« zur Vorhersage sozialer Entwicklungen und zur Politikformulierung heranziehen zu können. Wenn wir das neoklassische Modell anzweifeln, brauchen wir nicht auf die marxistische Sicht vom Menschen als einem »Gattungswesen« zurückzugreifen, welche die Priorität der Gesellschaft gegenüber dem Eigeninteresse postuliert. Daß Menschen häufig in einer arationalen, gruppenorientierten Weise nichtutilitaristische Ziele verfolgen, deutet jedoch darauf hin, daß das neoklassische Modell ein unzureichendes Bild des Menschen präsentiert.

In dem seit langem tobenden Streit zwischen marktwirtschaftlichen Ökonomen und Neomerkantilisten, ob und wie der Staat in der Wirtschaft intervenieren sollte, wird somit ein wichtiger Aspekt ignoriert. Es liegt zwar auf der Hand, daß auf eine makroökonomische Steuerungspolitik nicht verzichtet werden kann, doch sie kann nur in einem ganz bestimmten politischen, historischen und kulturellen Kontext angewandt werden. Politische Maßnahmen sind kein Allheilmittel in jeder Situation: Die gleiche Wirtschaftspolitik, die in Lateinamerika ein Chaos heraufbeschwört, funktioniert unter Umständen in Asien gut oder richtet zumindest keinen Schaden an. Manche Regierungen können dem öffentlichen Druck, Fabrik X zu erhalten oder Industrie Y zu subventionieren, besser standhalten als andere.[22] Die dabei ausschlaggebende Variable ist nicht die Wirtschaftspolitik *per se,* sondern die Kultur.

Kapitel 3

Größe und Vertrauen

Seit Anfang der neunziger Jahre ergießt sich eine Flut von Artikeln und Büchern über uns, die von der Informationsrevolution handeln, der »Datenautobahn« und den damit einhergehenden Umwälzungen, die auch vor unseren Wohnzimmern nicht haltmachen. Besonders hartnäckig verbreiten die Futurologen des Informationszeitalters die Botschaften, daß die vor der Tür stehende technologische Revolution das Ende aller Hierarchien bedeuten werde – seien es politische, wirtschaftliche oder soziale. Information sei Macht, und die Dominanz der Eliten an der Spitze der traditionellen Hierarchien basiere darauf, daß sie den Zugang zu den Informationen kontrollierten. Doch die modernen Kommunikationstechnologien, angefangen von Telefonen über Faxgeräte, Kopierer, Cassetten- und Videorecorder bis hin zum vernetzten Personalcomputer hätten den Mächtigen die Kontrolle über die Informationen entrissen. Am Ende dieser Entwicklung kommt es nach Ansicht der Gurus des heraufdämmernden Informationszeitalters – von Alvin und Heidi Toffler und George Gilder über US-Vizepräsident Al Gore bis hin zum Sprecher des Repräsentantenhauses Newt Gingrich – zu einem Übergang der Macht auf das Volk, zur Befreiung aller von den Beschränkungen der zentralistischen, tyrannischen Organisationen, in denen sie einst arbeiteten.[1]

Die Informationstechnologie hat in der Tat großen Anteil an den dezentralistischen und demokratischen Tendenzen der letzten 25 Jahre. Nicht umsonst wurde in der öffentlichen Diskussion wiederholt die bedeutende Rolle elektronischer Medien beim Sturz tyrannischer Regime hervorgehoben – von der Vertreibung des philippinischen Präsidenten Marcos bis hin zum Sturz der kommunistischen Machthaber in Ostdeutschland und der Sowjetunion.[2]

Doch die Theoretiker des Informationszeitalters prophezeien, daß der technologische Fortschritt *allen* Formen von Hierarchie den Todesstoß versetzen werde, auch den gigantischen Unternehmen, die der großen Mehrheit der amerikanischen Arbeiter Lohn und Brot geben. Daß es

Senkrechtstartern wie Sun Microsystems und Compaq in den achtziger Jahren gelang, IBM seine einst legendäre Führungsposition in der Computerindustrie streitig zu machen, wird oft als Moralität präsentiert, in der eine kleine, flexible und innovative Unternehmerschaft große, zentralisierte und im Korsett der Bürokratie erstickende Platzhirsche herausfordert und dafür überreich belohnt wird. Eine Vielzahl von Autoren erwartet, daß wir alle aufgrund der Telekommunikations-Revolution eines Tages in kleinen, vernetzten »virtuellen« Unternehmen arbeiten werden. Das heißt, daß Betriebe sich gnadenlos verkleinern und alles bis auf ihren »Kernbereich« auslagern. Von der Lagerverwaltung über Rohstoffeinkauf bis zu Buchhaltung und Marketing wird alles von anderen kleinen Betrieben abgewickelt, mit denen sie durch Telefon und Datenübertragung verbunden sind.[3] Manche Experten meinen auch, daß sich, angetrieben von dem unaufhaltsamen Fortschritt der Informations- und Elektrotechnologie, auf den Märkten der Zukunft Netzwerke kleiner Organisationen breitmachen, wo zuvor große Konzerne den Ton angegeben oder schlichtweg chaotische Zustände geherrscht haben.

Peter Huber hat im Rückgriff auf den Freihandelstheoretiker Friedrich von Hayek argumentiert, daß in einer Gesellschaft spontane Gemeinschaften im Gegensatz zu Anarchie und Chaos nur dann auf einer breiten Basis entstehen können, wenn sie sich von der zentralistischen Autorität großer Organisationen, seien es staatliche Institutionen oder Großkonzerne wie IBM oder AT & T, befreien kann. In einer von der Technologie befähigten Kommunikationsgesellschaft werden demnach gute Informationen schlechten den Rang ablaufen, werden Ehrlichkeit und Fleiß über Betrug und Parasitentum triumphieren und die Menschen im Interesse des gemeinsamen Nutzens freiwillig kooperieren.[4]

Die Informationsrevolution wird zweifellos große Veränderungen mit sich bringen. Dennoch wäre es verfrüht, daraus auf das Ende des Zeitalters großer, hierarchisch strukturierter Organisationen zu schließen. Viele Propheten der schönen neuen Informationswelt neigen dazu, Trends aus der Computerindustrie, wo der rasche technologische Wandel in der Tat kleine und flexible Unternehmen bevorteilt, allzu unreflektiert auf die gesamte Gesellschaft zu übertragen. Zahllose Branchen, von der Luftfahrt- und Automobilindustrie bis hin zur Halbleiterindustrie, verlangen den Einsatz von immer größeren Mengen an Kapital, Technologie und Arbeitskräften. Selbst in der Kommunikationsindustrie favorisiert die Datenübertragung per Glasfaserkabel die Monopolbildung auf dem Fernsprechsektor, und es ist alles andere als ein Zufall, daß AT & T 1995 wieder genauso groß war wie 1984, dem Jahr, in dem 85 Prozent des Unternehmens auf lokale Telefonunternehmen aufgeteilt wurden.[5] Die Fortschritte in der Informationstechnologie werden zwar einigen kleinen Firmen helfen, große Aufträge besser abwickeln zu können, aber sie werden große Unternehmen nicht überflüssig machen.

Noch wichtiger ist aber, daß die Enthusiasten des Informationszeitalters in ihrer Begeisterung über den Niedergang von Hierarchie und Autorität einen ganz entscheidenden Faktor vernachlässigen: Vertrauen und die gemeinsamen ethischen Normen, auf denen es basiert. Gemeinschaften hängen vom Vorhandensein gegenseitigen Vertrauens ab, ohne Vertrauen können sie nicht spontan entstehen. Hierarchien sind gerade deshalb erforderlich, weil man sich nicht darauf verlassen kann, daß alle Angehörigen einer Gemeinschaft strikt nach den geltenden ethischen Normen leben. Einige Menschen handeln bewußt antisozial, weil sie die Gemeinschaft zu zerstören oder auszubeuten trachten oder einfach nur, weil es ihnen Spaß macht. Eine weit größere Gruppe jedoch wird versuchen, als »Trittbrettfahrer« mit einem möglichst geringen Eigenbeitrag zum Allgemeinwohl von der Mitgliedschaft in der Gemeinschaft zu profitieren. Und eben weil man nicht immer und überall darauf vertrauen kann, daß die Menschen nach internalisierten ethischen Normen handeln und ihren Beitrag zum Allgemeinwohl leisten, sind Hierarchien unerläßlich. Die Einhaltung ethischer Normen muß letzten Endes durch explizite Regeln und die Drohung mit Sanktionen für den Fall des Verstoßes erzwungen werden. Das gilt für die Wirtschaft ebenso wie für die Gesellschaft insgesamt: Große Organisationen haben ihren Ursprung in der Tatsache, daß es sehr teuer sein kann, Aufträge an Menschen oder Unternehmen zu vergeben, die man nicht gut kennt oder denen man nicht vertraut. Vor diesem Hintergrund ist es sicherer und wirtschaftlicher, externe Auftragnehmer in die eigene Organisation hereinzuholen und dadurch direkt zu überwachen.

Vertrauen lebt nicht in integrierten Schaltkreisen und Glasfaserkabeln. Vertrauen entsteht vielmehr aus vertrauenswürdigem Verhalten, und dessen Vorhandensein oder Nichtvorhandensein in einer Gesellschaft wird von den jeweiligen Gewohnheiten, Sitten und Normen bestimmt – kurz gesagt von der Kultur. Vertrauen setzt zwar den Austausch von Information voraus, kann aber nicht auf Information reduziert werden. Ein »virtuelles« Unternehmen kann über sein Netzwerk Unmengen von Informationen über seine Lieferanten und Auftragnehmer erhalten. Aber wenn sie alle Gauner oder Betrüger sind, bleiben die Geschäftsbeziehungen eine kostspielige Angelegenheit, die komplexe Verträge und zeitraubende Erzwingungsmaßnahmen erfordern. Ohne Vertrauen besteht ein starker Anreiz, diese Bereiche in das Unternehmen einzugliedern und die alten Hierarchien wieder aufzubauen.

Es ist demnach zweifelhaft, ob die Informationsrevolution große, hierarchische Organisationen überflüssig machen wird oder ob spontane Gemeinschaften entstehen werden, wenn die traditionellen Hierarchien erst einmal verschwunden sind. Aus der Tatsache, daß eine Gemeinschaft Vertrauen voraussetzt und das Vorhandensein von Vertrauen kulturell bedingt ist, folgt, daß spontane Gemeinschaften in unterschiedlichen Kulturen in unterschiedlichem Maße entstehen werden. Mit anderen Worten: Die Fähigkeit von Unternehmen, Hierarchien abzubauen und sich in flexible Netzwerke kleinerer Firmen umzuformen, hängt von der Ausstattung einer Gesellschaft mit Vertrauen und sozialem Kapital ab. In Gesellschaften mit einem hohen Grad an Vertrauen wie Japan entstanden Netzwerke, lange bevor die Informationsrevolution begann. Gesellschaften mit einem niedrigen Vertrauensgrad werden vielleicht niemals in der Lage sein, die potentiellen Effizienzvorteile der neuen Informationstechnologien für sich zu nutzen.

Das vorliegende Buch befaßt sich mit dem Einfluß der Kultur auf das wirtschaftliche Leben und die Gesellschaft. Insbesondere konzentriert es sich auf die miteinander verknüpften Faktoren Vertrauen und soziales Kapital. Vertrauen bezeichnet die innerhalb einer Gesellschaft entstehende Erwartung eines ehrlichen und den Regeln entsprechenden Verhaltens, basierend auf gemeinsamen Normen, die von allen Mitgliedern der Gemeinschaft respektiert werden.[6] Die Normen können grundsätzliche »Wertfragen« wie die Natur Gottes oder der Gerechtigkeit betreffen, sie können aber auch säkulare Normen wie Berufsstandards oder Verhaltenskodizes umfassen. Wir haben *Vertrauen* zu einem Arzt und glauben, daß er uns nicht vorsätzlich Schaden zufügen wird, weil wir von ihm erwarten, daß er die Normen des ärztlichen Berufsethos erfüllt.

Soziales Kapital ist eine soziale Fähigkeit, die entstehen kann, weil in einer Gesellschaft oder mindestens in Teilen der Gesellschaft Vertrauen vorherrscht. Diese Fähigkeit kann ebenso in der kleinsten und grundlegenden sozialen Gruppe, der Familie, vorliegen wie in der größten sozialen Gruppe, der Nation, und allen dazwischenliegenden Gruppen. Soziales Kapital unterscheidet sich von anderen Formen des Humankapitals insofern, als es üblicherweise durch kulturelle Erscheinungen wie Religion, Traditionen und überkommene Gewohnheiten erzeugt und vermittelt wird. Wie bereits gesagt, erklären Ökonomen die Entstehung von Gruppen gemeinhin als Resultat freiwilliger Kontrakte zwischen Individuen, die aufgrund rationaler Überlegungen zu dem Schluß gelangt sind, daß ihnen auf lange Sicht die Kooperation Vorteile bringt. Demnach wäre Vertrauen keine notwendige Voraussetzung für Kooperation. Ein »aufgeklärter« Egoismus könnte zusammen mit juristischen Mitteln wie Verträgen Vertrauen ersetzen und dadurch die Voraussetzung schaffen, daß Individuen zur Verfolgung eines gemeinsamen Zieles Organisationen bilden. Gruppen könnten demnach jederzeit auf der Basis von Eigeninteresse gegründet werden; die Entstehung von Gruppen wäre unabhängig von kulturellen Gegebenheiten.

Verträge und Eingeninteresse spielen zwar eine gewichtige Rolle bei der Entstehung von Gruppen, die effektivsten Organisationen aber sind Gemeinschaften, deren Mitglieder dieselben ethischen Werte teilen. Solche Gemeinschaften brauchen keine Verträge oder juristischen Mittel zur Regelung ihrer Binnenbeziehungen, da der von vornherein gegebene moralische Konsens eine ausreichende Vertrauensgrundlage darstellt.

Das soziale Kapital, auf dem solche Gemeinschaften beruhen, kann nicht wie andere Formen des Humankapitals durch rationale Investitionsentscheidungen erworben werden. Ein Individuum kann zwar beschließen, in das übliche Humankapital zu »investieren«, und eine Hochschule besuchen oder sich zum Mechaniker oder Programmierer ausbilden lassen. Der Erwerb von sozialem Kapital hingegen setzt die Übernahme der in einer Gemeinschaft geltenden moralischen Normen und Tugenden wie Loyalität, Aufrichtigkeit und Zuverlässigkeit voraus. Darüber hinaus muß die Gruppe *als Einheit* bestimmte Normen annehmen, bevor zwischen den Mitgliedern Vertrauen entstehen kann: Soziales Kapital kann nicht durch das unabhängige Handeln einzelner Menschen erworben werden. Die Fähigkeit zur Soziabilität läßt sich demnach sehr viel schwerer erwerben als andere Formen des Humankapitals. Da sie jedoch auf einer ethischen Grundlage ruht, kann sie, wenn sie erst einmal vorhanden ist, auch nur sehr viel schwerer verändert oder zerstört werden.

Ein weiterer Begriff, der in diesem Buch immer wieder auftaucht, ist die »spontane Soziabilität«, eine Teilmenge des sozialen Kapitals. In allen modernen Gesellschaften werden unablässig Organisationen gegründet, verändert und aufgelöst. Die sozial nützlichste Fähigkeit ist oft nicht die, unter der Autorität einer traditionellen Gemeinschaft oder Gruppe *als solcher* zu arbeiten, sondern in der Lage zu sein, *neue* Zusammenschlüsse einzugehen und im Rahmen eines neuen Beziehungsgeflechts zu kooperieren. Dieser Typus von Gruppen, Produkt der komplexen Arbeitsteilung in industriellen Gesellschaften und eher auf gemeinsamen Werten denn auf Kontrakten basierend, fällt unter jene allgemeine Rubrik, die Durkheim mit dem Begriff »organische Solidarität« bezeichnet hat.[7] »Spontane« Soziabilität bezieht sich außerdem auf Gemeinschaften, die grundlegend verschieden sind von staatlich organisierten oder reglementierten Organisationen. Wenn ein Defizit an spontaner Soziabilität vorliegt, muß zwar oft der Staat eingreifen. Allerdings stellen staatliche Interventionen ein nicht zu unterschätzendes Risiko dar, da dadurch sehr leicht die in einer Gesellschaft bestehenden spontanen Gemeinschaften geschwächt werden können.

Die relative Ausstattung an sozialem Kapital bestimmt entscheidend über die Natur der industriellen Wirtschaft mit, die eine Gesellschaft entwickeln kann. Wenn Menschen, die in einem Unternehmen zusammenarbeiten müssen, einander vertrauen, weil sie sich an denselben ethischen Normen orientieren, sinken die Betriebskosten. Da ein hoher Vertrauensgrad eine große Bandbreite an gesellschaftlichen Beziehungen ermöglicht, kann eine solche Gesellschaft leichter organisatorische Neuerungen durchführen. So wurde in der von einer hohen Soziabilität gekennzeichneten amerikanischen Gesellschaft im späten 19. und frühen 20. Jahrhundert die Entwicklung der modernen Unternehmen vorangetrieben, und die Japaner haben im 20. Jahrhundert das Potential von Netzwerkorganisationen ausgeschöpft.

Wenn jedoch Vertrauen fehlt, ist Kooperation nur in einem System formaler Regeln und Vorschriften möglich, die verhandelt, beschlossen, verteidigt und – oftmals mit Zwangsmaßnahmen – durchgesetzt werden müssen. Der juristische Apparat, der anstelle von Vertrauen tritt, verursacht Kosten, sogenannte Transaktionskosten, die unter Umständen beträchtlich sein können. Mit anderen Worten: Mißtrauen in einer Gesellschaft belegt alle Erscheinungsformen wirtschaftlichen Handelns mit einer Art Steuer, die in Gesellschaften mit einem hohen Maß an sozialem Vertrauen entfällt.

Die Verteilung von sozialem Kapital ist von Gesellschaft zu Gesellschaft unterschiedlich. In manchen Gesellschaften ist die Fähigkeit zur spontanen Assoziation deutlich stärker ausgeprägt als in anderen, und auch die bevorzugten Assoziationsformen differieren. In manchen Gesellschaften sind Familie und Verwandtschaft die primären Assoziationsformen, in anderen spielen freiwillige Assoziationen eine größere Rolle und tragen dazu bei, Individuen aus der Familie herauszulösen. In den Vereinigten Staaten etwa war der Eintritt in eine neue religiöse Sekte oft der Anlaß dafür, die Familie zu verlassen, oder brachte zumindest neue Pflichten mit sich, die in Konkurrenz zu den familiären Pflichten standen. Auf der anderen Seite gelang es den buddhistischen Priestern in China seltener, Kinder aus ihren Familien wegzulocken (und wenn, dann wurden sie häufig scharf angegriffen). Eine Gesellschaft kann aber auch im Laufe der Zeit soziales Kapital erwerben oder verlieren. Frankreich beispielsweise verfügte noch gegen Ende des Mittelalters über ein dichtgeknüpftes Netz bürgerlicher Assoziationen. Doch im Verlaufe des 16. und 17. Jahrhunderts wurde durch den Sieg der zentralistischen Monarchie die spontane Soziabilität der französischen Gesellschaft weitgehend zerstört.

Nach allgemeiner Überzeugung sind Deutschland und Japan gruppenorientierte Gesellschaften, in denen Obrigkeitshörigkeit eine große Rolle spielt. Seit jeher praktizieren sie das, was Lester Thurow als »kommunitaristischen Kapitalismus«[8] bezeichnet hat. In einem Großteil der in den letzten zehn Jahren erschienenen Literatur zur Konkurrenzfähigkeit steht gleichfalls zu lesen, Japan sei eine gruppenorientierte Gesellschaft, während die Vereinigten Staaten als der Inbegriff einer individualistisch geprägten Gesellschaft gelten, wo die Menschen nicht so ohne weiteres bereit seien, im Interesse des Allgemeinwohls zu kooperieren. Dem Japanologen Ronald Dore zufolge kann man alle Gesellschaften auf einem Kontinuum abbilden, an dessen einem Ende die individualistischen angelsächsischen Länder wie die Vereinigten Staaten und Großbritannien und an dessen anderem Ende die gruppenorientierten Gesellschaften wie Japan stehen.[9]

Doch diese Gegenüberstellung produziert ein Zerrbild der Verteilung von sozialem Kapital in den einzelnen Gesellschaften, und sie spiegelt ein profundes Mißverständnis der japanischen und vor allem der US-amerikanischen Gesellschaft wider. Natürlich gibt es individualistische Gesellschaften mit einem sehr niedrigen Assoziationspotential. In solchen Gesellschaften sind sowohl Familienbande als auch freiwillige Assoziationen schwach ausgeprägt, oft sind die vorherrschenden Organisationsformen kriminelle Banden. Beispiele dafür bieten Rußland und andere ehemalige kommunistische Länder sowie bestimmte Stadtviertel in den Vereinigten Staaten.

Auf einem höheren Soziabilitätsniveau als das gegenwärtige Rußland befinden sich »familistische« Gesellschaften, in denen die Familie und auf entfernteren Verwandtschaftsbeziehungen basierende Organisationsformen wie Klans oder Stämme den primären (und oft einzigen) Weg zur Soziabilität bilden. In familistischen Gesellschaften sind freiwillige Assoziationen oft nur schwach ausgeprägt, da Vertrauen vor allem auf Verwandtschaftsbeziehungen basiert. Chinesische Gesellschaften wie Taiwan, Hongkong oder die Volksrepublik China sind gute Beispiele dafür; der chinesische Konfuzianismus setzt Familienbande vor alle anderen gesellschaftlichen Loyalitäten. Das gilt auch für Frankreich und Italien. Zwar ist in diesen Ländern der Familismus lange nicht so dominant wie in China, aber das Vertrauen zwischen nicht miteinander verwandten Menschen ist relativ gering, und entsprechend gering ist die Neigung, freiwillige Assoziationen einzugehen.

Neben den familistischen Gesellschaften gibt es Gesellschaften mit einem hohen Grad an generalisiertem gesellschaftlichem Vertrauen und folglich einer starken Neigung zu spontaner Soziabilität. In diese Kategorie fallen Japan und Deutschland. Die Vereinigten Staaten waren von Anbeginn an niemals die individualistische Gesellschaft, die sie nach Überzeugung der meisten Amerikaner sind. In den USA gab es schon immer eine Vielzahl von freiwilligen Assoziationen und kommunitaristischen Strukturen, denen der einzelne seine Interessen und Bedürfnisse untergeordnet hat. Es stimmt zwar, daß Amerikaner im Vergleich zu Deutschen oder Japanern dem Staat seit jeher sehr viel ablehnender gegenüberstehen, aber starke Gemeinschaften können durchaus ohne einen starken Staat existieren.

Soziales Kapital oder die Neigung zu spontaner Soziabilität hat wichtige wirtschaftliche Konsequenzen. Vergleicht man in einer Reihe von Volkswirtschaften die jeweils größten Unternehmen (unter Ausschluß von Staatsunternehmen und stark subventionierten Unternehmen sowie von Unternehmen in ausländischem Besitz), so kommt man zu interessanten Ergebnissen.[10] In den westlichen Staaten sind Privatunternehmen in Deutschland und den Vereinigten Staaten im Durchschnitt erheblich größer als in Italien oder Frankreich. In Asien ist der Unterschied noch ausgeprägter zwischen Japan und Südkorea auf der einen Seite, für deren Volkswirtschaften große Firmen und stark konzentrierte Industrien charakteristisch sind, sowie Taiwan und Hongkong auf der anderen Seite, wo kleinere Unternehmen dominieren.

Nach flüchtiger Betrachtung könnte man zwar der Auffassung zuneigen, die Fähigkeit, große Unternehmen zu bilden, hänge schlicht und einfach mit der absoluten Größe einer Volkswirtschaft zusammen. Ganz offensichtlich ist es sehr unwahrscheinlich, daß in Liechtenstein oder Andorra multinationale Riesenkonzerne wie Shell oder General Motors entstehen können. Andererseits findet sich für den überwiegenden Teil der Industriestaaten keine zwingende Korrelation zwischen dem absoluten Wert des Bruttoinlandsprodukts und der Existenz großer Konzerne. Die Niederlande, Schweden und die Schweiz, die nicht gerade zu den größten Volkswirtschaften Europas zählen, sind Sitz riesiger multinationaler Unternehmen; nach fast allen Maßstäben, die es gibt, sind die Niederlande das Land mit der weltweit höchsten volkswirtschaftlichen Konzentrationsquote. Entsprechendes gilt für Südkorea: Das Bruttoinlandsprodukt von Taiwan entsprach über die letzten fünfundzwanzig Jahre hinweg zwar ungefähr dem von Südkorea, doch sind die südkoreanischen Unternehmen im Schnitt weit größer als die taiwanesischen.

Die Firmengröße in einer Volkswirtschaft wird zwar auch noch von anderen Faktoren beeinflußt wie der Steuerpolitik, Kartellgesetzen und ähnlichen Regelungen.[11] Im vorliegenden Buch werde ich jedoch ausführen, daß eine Beziehung besteht zwischen der Neigung zu spontaner Soziabilität und der Fähigkeit, große Privatunternehmen zu bilden. In den Ländern mit der stärksten Neigung zu spontaner Soziabilität – Deutschland, Japan und den Vereinigten Staaten – finden wir auch die größten Privatunternehmen. Diese drei Gesellschaften waren die ersten, und zwar sowohl absolut als auch relativ zu ihrer eigenen Entwicklungsgeschichte gesehen, die große, moderne, professionell organisierte und hierarchisch strukturierte Privatunternehmen hervorbrachten. In Gesellschaften mit einem relativ niedrigen Vertrauensniveau wie etwa Hongkong, Taiwan, Frankreich oder Italien standen traditionell Familienbetriebe im Vordergrund. In diesen Ländern verzögerte das mangelnde Vertrauen zwischen nicht miteinander verwandten Individuen die Herausbildung von modernen, professionell geführten Unternehmen oder verhinderte sie sogar ganz.

In einer familistischen Gesellschaft mit einem niedrigen Grad an sozialem Vertrauen können Großunternehmen nur durch staatliche Interventionen in Form von Subventionen, Leitung oder direktem Staatsbesitz entstehen. Das führt zu einer sattelförmigen Verteilung von Unternehmen mit einer großen Anzahl von relativ kleinen Familienbetrieben auf der einen Seite und einigen großen Staatsunternehmen auf der anderen Seite sowie einer schwach besetzten Mitte. Dies hatte zum Beispiel in Frankreich zur Folge, daß große, kapitalintensive Sektoren entstanden, allerdings zu beträchtlichen Kosten: Staatsbetriebe arbeiten im Normalfall weniger effizient und werden schlechter verwaltet als Privatunternehmen.

Das Vorhandensein von Vertrauen erleichtert nicht nur die Entstehung großer Organisationen, sondern auch die durch die moderne Informationstechnologie erst ermöglichte Evolution von großen Hierarchien in ein Netzwerk kleinerer Unternehmen. Gesellschaften mit einem hohen Maß an sozialem Kapital werden im Zuge des radikalen Wandels der Technologie und der Märkte aufkommende neue Organisationsformen schneller umsetzen können.

Zumindest in der Frühphase der wirtschaftlichen Entwicklung hat die Firmengröße allem Anschein nach keinen wesentlichen Einfluß darauf, ob eine Gesellschaft wächst und prosperiert. Der Mangel an sozialem Vertrauen führt zwar dazu, daß überwiegend kleinere Unternehmen entstehen und wirtschaftliches Handeln mit einer Steuer belegt wird, aber diese Nachteile werden durch die Vorteile, die kleinere Betriebe im Vergleich zu Großunternehmen oft besitzen, in vielen Fällen mehr als wettgemacht. Kleinunternehmen können leichter gegründet werden, sind flexibler und passen sich rascher an veränderte Marktbedingungen an. In den letzten Jahren konnten denn auch Länder mit einem hohen Anteil an kleinen Unternehmen – in der Europäischen Union beispielsweise Italien, in Asien Taiwan und Hongkong – höhere Wachstumsraten verzeichnen als ihre Nachbarn mit einem vergleichsweise hohen Anteil an großen Unternehmen.

Doch die Unternehmensgröße ist ausschlaggebend dafür, auf welchen Märkten eine Volkswirtschaft im weltwirtschaftlichen Rahmen operieren kann, und beeinflußt so auf lange Sicht die Konkurrenzfähigkeit. Kleine Unternehmen stellen vorwiegend arbeitsintensive Güter für begrenzte, sich schnell verändernde Märkte her, etwa Bekleidung, Textilien, Kunststoffe oder Möbel. Komplexe, kapitalintensive Herstellungsprozesse, beispielsweise in der Luftfahrt-, Halbleiter- oder Automobilindustrie, können nur von Großunternehmen bewältigt werden. Nur Großunternehmen können sich Marketingabteilungen leisten, die in der Lage sind, Markennamen zu etablieren. Es ist kein Zufall, daß die weltweit bekanntesten Markennamen – Kodak, Ford, Siemens, AEG, Mitsubishi oder Hitachi – aus Ländern kommen, die erfolgreich große Organisationen hervorbringen. Hingegen werden sich nur wenige Menschen an die Markennamen kleiner chinesischer Firmen erinnern.

In der klassischen Freihandelstheorie wird die globale Arbeitsteilung aus den komparativen Kostenvorteilen hergeleitet, die durch die relative Ausstattung einer Volkswirtschaft mit Kapital, Arbeit und Rohstoffen bestimmt sind. Nach den im vorliegenden Buch präsentierten Fakten muß das soziale Kapital in diese Rechnung mit einbezogen werden. Die ungleiche globale Verteilung von sozialem Kapital birgt für die internationale Arbeitsteilung potentiell enorme Konsequenzen: Allein die Tatsache, daß China eine konfuzianisch geprägte Gesellschaft ist, legt die Vermutung nahe, daß das Reich der Mitte nicht in der Lage sein wird, den Erfolg Japans zu wiederholen, und sich in Zukunft auf ganz anderen wirtschaftlichen Sektoren betätigen wird.

Wie stark die Unfähigkeit, große Organisationen herauszubilden, das künftige Wachstumspotential einer Volkswirtschaft beeinträchtigt, hängt von unwägbaren Faktoren wie der Entwicklung neuer Technologien oder neuer Märkte ab. Doch unter bestimmten Bedingungen könnte sich diese Einschränkung als schädlich für die langfristigen Wachstumschancen von Ländern wie China oder Italien erweisen.

Eine ausgeprägte Neigung zu spontaner Soziabilität bringt außer wirtschaftlichen auch eine Reihe nichtwirtschaftlicher Vorteile mit sich. In einer Gesellschaft mit einem hohen Maß an sozialem Vertrauen kann die Arbeitsumgebung flexibler und gruppenorientierter gestaltet sein, mehr Verantwortung kann auf niedrigere Hierachiestufen verlagert werden. Im Gegensatz dazu müssen Gesellschaften mit einem geringeren Grad an sozialem Vertrauen Arbeit durch bürokratische Vorschriften reglementieren und kontrollieren. Arbeiter sind mit ihrer Tätigkeit im allgemeinen zufriedener, wenn sie nicht wie ein Rädchen in einem großen Getriebe behandelt werden, sondern wenn man sie ernst nimmt und ihnen zutraut, sinnvolle Beiträge zur Verbesserung ihrer Arbeitsumgebung zu leisten. Das von Toyota entwickelte Konzept der »schlanken Produktion« mit gemeinschaftlich verwalteten Arbeitsplätzen hat dramatische

Produktivitätssteigerungen bewirkt. Gemeinschaft und Produktivität schließen sich ganz und gar nicht aus. Daraus kann die Lehre gezogen werden, daß der moderne, vom technologischen Fortschritt angetriebene Kapitalismus keine bestimmte, allgemeingültige Form der industriellen Organisation verlangt. Die Manager haben viel mehr Spielraum, als sie gemeinhin annehmen, um bei der Organisation ihrer Unternehmen soziale Komponenten und Eigenheiten der menschlichen Natur zu berücksichtigen. Anders ausgedrückt: Es handelt sich um kein Nullsummenspiel zwischen Gemeinschaftlichkeit und Effizienz. Vielmehr könnte es am Ende so sein, daß diejenigen, die sozialen Faktoren Aufmerksamkeit schenken, am effizientesten wirtschaften.

Kapitel 4

Die Sprache von Gut und Böse

Das kulturell bedingte soziale Kapital ist die Wiege des Vertrauens und entscheidend für den Zustand einer Volkswirtschaft. Auf den ersten Blick mutet es paradox an, daß Kultur etwas mit wirtschaftlicher Leistungsfähigkeit zu tun haben soll, denn Kultur ist ihrem Wesen nach und nach der Art und Weise ihrer Vermittlung durch und durch arational. Als Gegenstand wissenschaftlicher Erforschung erscheint sie oft sehr vage. Insofern ist es nicht verwunderlich, daß sich die Wirtschaftswissenschaftler – ihrer Selbsteinschätzung nach die Sozialwissenschaftler, die das Attribut »Wissenschaftler« am ehesten verdienen – nur ungern mit dem Begriff »Kultur« befassen: Er sperrt sich gegen eine einfache Definition und taugt daher nicht als Grundlage für ein wissenschaftlich eindeutiges Modell menschlichen Verhaltens, wie es etwa im Konzept vom Menschen als einem »rationalen Nutzenmaximierer« vorliegt. Ein in den USA weit verbreitetes Lehrbuch der Anthropologie beispielsweise listet nicht weniger als elf Definitionen von »Kultur« auf;[1] ein anderer Autor zählte gar 160 unterschiedliche Definitionen, die in der Anthropologie, Soziologie, Psychologie und verwandten Fächern in Gebrauch waren.[2] Nach Ansicht von Kulturanthropologen gibt es so gut wie keine universellen, allen menschlichen Gesellschaften gemeinsamen kulturellen Werte.[3] Kulturelle Faktoren können demnach nicht in allgemeingültige Gesetze gefaßt werden; sie können nur vermittels einer, wie Clifford Geertz sie nennt, »dichten Deskription« interpretiert werden, einer ethnographischen Methode, die alle Eigenarten und komplexen Erscheinungsformen jeder individuellen Kultur in Betracht zieht. In den Augen vieler Ökonomen ist Kultur eine Residualkategorie, eine Art Wühltisch, auf dem man alles findet, um Dinge zu erklären, die sich durch allgemeine Theorien des menschlichen Handelns nicht erklären lassen.

Doch Kultur kann eine eigene, adaptive Rationalität besitzen, selbst wenn diese auf den ersten Blick nicht offenbar ist. Allerdings muß zunächst geklärt werden, wie der Begriff Kultur in diesem Zusammenhang benutzt wird.

Kulturanthropologen und Soziologen unterscheiden zwischen Kultur auf der einen und, wie sie es bezeichnen, »Struktur« auf der anderen Seite. »Kultur« in diesem Sinne beschränkt sich auf Bedeutungen, Symbole, Werte und Ideen, worunter auch Phänomene wie Religion oder Ideologie fallen. Nach Geertz' Definition ist Kultur »ein geschichtlich überliefertes Muster von in Symbolen verkörperten Bedeutungen, ein System ererbter Vorstellungen, ausgedrückt in symbolischer Formensprache, vermittels derer Menschen ihr Wissen über und ihre Einstellung zum Leben entwickeln, mitteilen und festschreiben«.[4] Im Gegensatz dazu bezeichnet »soziale Struktur« konkrete soziale Einrichtungen wie Familien, Klans, Rechtssysteme oder Nationen. So gesehen fallen konfuzianische Grundsätze über die Beziehungen zwischen Vätern und Söhnen in den Bereich der Kultur, während die tatsächliche patrilineale chinesische Familie kein kultureller, sondern ein struktureller Tatbestand ist.

Ich werde im folgenden von der Unterscheidung zwischen Kultur und Struktur keinen Gebrauch machen. Es ist oft sehr schwierig, beides auseinanderzuhalten, da Werte und Vorstellungen konkrete soziale Beziehungen formen und umgekehrt. Die chinesische Familie besitzt vor allem deswegen eine patrilineale Struktur, *weil* der Konfuzianismus Männer bevorzugt und Kinder lehrt, ihre Väter zu achten. Umgekehrt erscheint die konfuzianische Lehre all denen als vernünftig, die in chinesischen Familien aufgewachsen sind.

Die Definition, die ich benutzen werde, umfaßt sowohl Kultur als auch Struktur und deckt sich weitgehend mit der landläufigen Verwendung des Wortes »Kultur«: Mit Kultur meine ich *ererbte ethische Gewohnheiten.* Eine ethische Gewohnheit kann eine Vorstellung oder ein Wert sein, etwa die Vorstellung, daß Schweinefleisch unrein ist oder daß Kühe heilig sind. Sie kann aber auch eine tatsächliche soziale Beziehung wie die traditionelle Erbfolgeregelung in Japan bezeichnen, wonach der gesamte väterliche Besitz auf den ältesten Sohn übergeht.

Kultur in diesem Sinne läßt sich vielleicht besser dadurch eingrenzen, daß man versucht zu verstehen, was sie nicht ist: Kultur ist nicht »rationale Entscheidung«, die Grundkategorie der Ökonomen in ihrem Modell vom Menschen als »rationalem Nutzenmaximierer«. Mit »rationaler Entscheidung« meine ich hier vor allem rationale Mittel und weniger rationale Zielsetzungen – mit anderen Worten die Erwägung unterschiedlicher Methoden, ein bestimmtes Ziel zu erreichen, und die Auswahl der optimalen Methode auf der Grundlage aller zur Verfügung stehenden Informationen. Im Gegensatz dazu basieren kulturell beeinflußte Entscheidungen auf *Gewohnheiten:* Ein Chinese ißt nicht deshalb mit Stäbchen, weil er Stäbchen mit Messer und Gabel verglichen hat und zu dem Ergebnis gekommen ist, daß Stäbchen besser geeignet sind, sich die landesüblichen Nahrungsmittel zuzuführen. Er ißt deshalb mit Stäbchen, weil sie die Utensilien sind, die alle Chinesen üblicherweise zur Nahrungsaufnahme verwenden. Daß Hindus Kühe als heilig verehren, hat herzlich wenig mit einer »rationalen Entscheidung« zu tun, ganz im Gegenteil: Die Verehrung der Kühe schützt einen ökonomisch unproduktiven Bestand von fast einer halben Milliarde Rindern, rund halb so viele, wie Menschen auf dem indischen Subkontinent leben. Selbst die Hungersnöte im Land hindern die Hindus nicht daran, das Schlachten einer heiligen Kuh als Sakrileg zu bestrafen.[5]

Die wichtigsten Gewohnheiten, die unterschiedliche Kulturen ausmachen, betreffen nicht die Art, wie ihre Mitglieder Nahrung aufnehmen oder ihr Haupthaar frisieren, sondern die ethischen Regeln für ihr Verhalten – das, was Friedrich Nietzsche die »Sprache von Gut und Böse« eines Volkes nannte. Trotz ihrer Unterschiede versuchen alle Kulturen, die ungezügelte Selbstsucht der menschlichen Natur durch die Aufstellung von ungeschriebenen moralischen Regeln auf die eine oder andere Weise einzuschränken. Zwar ist es denkbar, einen ethischen Kodex als rationale Entscheidung zu vermitteln, doch die überwältigende Mehrheit der Völker auf der Erde tut das nicht. Wir lernen die in unserer Gesellschaft gültigen moralischen Normen durch simple Gewöhnung – in der Familie, durch Freunde, Nachbarn und in der Schule.

In einem amerikanischen Fernsehwerbespot für ein Auto sieht man ein Mädchen in einem tristen Schulzimmer, das von einem strengen Lehrer immer wieder mit monotoner Stimme angewiesen wird: »Schreibe auf den Linien.« Dann folgt ein Schnitt, und man sieht dasselbe Mädchen als junge Frau, nicht mehr wie zuvor in Schwarzweiß, sondern jetzt in Farbe. Sie sitzt am Steuer eines Geländewagens mit offenem Verdeck, ihr Haar flattert im Wind. Unbekümmert überfährt sie die Mittellinie. Schließlich biegt sie sogar von der Straße ab und fährt querfeldein. Die Kamera fängt ihr lachendes, glückliches Gesicht ein. Die Produzenten des Werbefilms haben zwar darauf verzichtet, aber sie hätten ohne weiteres einen Aufkleber mit der Aufschrift »Autorität? – Nein danke!« hinten auf das Auto kleben können. Wäre der gleiche Werbespot in Asien gedreht worden, hätte man den Lehrer als einen sympathischen Menschen dargestellt, der dem Mädchen zeigt, wie man beim Schreiben auf der Linie bleibt. Nach geduldigem Üben würde das Mädchen die Aufgabe endlich mit größter Präzision erledigen und erst dann mit einem neuen Auto belohnt werden, auf dessen Kofferraum höchstwahrscheinlich ein Aufkleber mit den Worten »Respektiere die Autorität« prangen würde. In beiden Fällen wird die moralische Lektion nicht offen formuliert, sondern durch Bilder, Gewohnheiten und Meinungen transportiert.

Die enge Beziehung zwischen Wohlverhalten und Gewohnheiten wird besonders am Begriff »Charakter« deutlich: In einer gegebenen Situation fällt es allgemein leicht zu erkennen, welche Handlungsweise »richtig« ist, aber nur Menschen mit »Charakter« werden auch unter widrigen oder herausfordernden Bedingungen entsprechend handeln. Nach Aristoteles sind »Vorzüge des Charakters« [ηθικη] im Gegensatz zu Vorzügen des Verstandes »das Ergebnis von Gewöhnung« [εθοσ]. Daher leitet sich auch der Begriff »ethisch« mit einer leichten Veränderung von dem Begriff für Gewöhnung (ethos) her.

Aristoteles erklärt weiter, daß »aus denselben Ursachen und durch dieselben Mittel [...] jeweils die sittliche Tüchtigkeit [entsteht] ... Ob wir also gleich von Jugend auf in dieser oder jener Richtung uns formen – darauf kommt nicht wenig an, sondern sehr viel, ja alles.«[6]

Traditionelle religiöse oder ethische Systeme (zum Beispiel der Konfuzianismus) sind die wichtigsten institutionalisierten Quellen von kulturell bedingtem Verhalten. Ethische Systeme erzeugen moralische Gemeinschaften, weil die gemeinsame »Sprache von Gut und Böse« ihren Mitgliedern gemeinsame Wertvorstellungen vermittelt. Jede moralische Gemeinschaft erzeugt unabhängig von der Art der jeweiligen Regeln Vertrauen zwischen den Mitgliedern. Allerdings schaffen bestimmte ethische Kodizes einen größeren Rahmen für Vertrauen als andere, und zwar solche, die Ehrlichkeit, Mitgefühl und Großzügigkeit allen Mitmenschen gegenüber verlangen. Max Weber zufolge war dies eine zentrale Folge der puritanischen Lehre von der Gnade, die vertrauenswürdiges Verhalten auch weit jenseits der Grenzen der Familie verlangte. Das für das wirtschaftliche Leben so entscheidende Vertrauen ist geschichtlich betrachtet häufiger aus Gewohnheiten entstanden als durch rationale Entscheidungen.

Wenn Kultur eher mit Gewohnheit als mit rationaler Entscheidung gleichgesetzt wird, heißt das nicht, daß »Kultur« irrational sei. Vielmehr ist sie »a-rational« im Hinblick auf die zur Entscheidungsfindung eingesetzten Mittel. Eine bestimmte Kultur kann durchaus einen hohen Grad an Rationalität aufweisen. Der Gebrauch von Höflichkeits- und Ehrentiteln in einer Sprache hilft sehr dabei, den sozialen Status des Gesprächspartners zu bestimmen. Ohne Kultur im Sinne von arationalen, gewohnheitsbedingten Handlungen könnten wir im alltäglichen Leben nicht bestehen. Niemand hat die Zeit oder auch nur den Wunsch, bei der Mehrzahl der Probleme, mit denen wir im Alltag konfrontiert werden, eine »rationale Entscheidung« zu treffen – zum Beispiel ob man sich aus einem Restaurant hinausschleichen oder doch lieber die Zeche bezahlen soll, ob man einem Fremden höflich begegnet, ob man den an einen Nachbarn adressierten Brief öffnet, der versehentlich im eigenen Briefkasten gelandet ist, weil man hofft, Geld darin zu finden. Die meisten Menschen verfügen *gewohnheitsmäßig* über ein Mindestmaß an Redlichkeit. Die notwendigen Informationen zu sammeln und die möglichen Alternativen abzuwägen ist ein kostspieliger und zeitraubender Vorgang, der sich durch Gewohnheit und Gepflogenheit umgehen läßt.[7] Der inzwischen verstorbene Politikwissenschaftler Aaron Wildavsky hat darauf hingewiesen, daß dies sogar für scheinbar komplexe politische Entscheidungen von Mitgliedern fortschrittlicher Gesellschaften gilt. Bestimmte Urteile – zum Beispiel über die Risiken der Kernenergienutzung oder des Kontakts mit Aidsinfizierten – werden nicht auf der Grundlage einer rationalen Analyse der jeweiligen Risiken getroffen, sondern in Abhängigkeit von der politisch eher liberalen oder eher konservativen Grundeinstellung.[8]

Moderne Wirtschaftswissenschaftler setzen Rationalität gern mit Nutzenmaximierung gleich, worunter üblicherweise die Maximierung der Wohlfahrt von Konsumenten verstanden wird. So gesehen sind viele traditionelle Kulturen (auch die westliche) im Hinblick auf ihre Zweckorientierung »arational« oder schlichtweg »irrational«, da sie der wirtschaftlichen Wohlfahrt eine geringere Priorität einräumen als anderen Zielsetzungen. Der Buddhismus beispielsweise lehrt, der Sinn des Lebens sei nicht die Anhäufung von materiellen Gütern, sondern im Gegenteil die Überwindung des Wunsches nach Besitztümern und die Auflösung der individuellen Persönlichkeit in einem alles umfassenden Nichts. Die Überzeugung, nur wirtschaftliche Ziele im engeren Sinne könnten als rational gelten, ist Ausdruck einer bemerkenswerten intellektuellen Hybris; ein Großteil der abendländischen Tradition mit ihren verschiedenen religiösen, ethischen und philosophischen Strömungen müßte demnach als »irrational« abgetan werden.

Viele Menschen aus dem westlichen Kulturkreis neigen dazu, fremde Kulturen als irrational zu verurteilen. Der Iran beispielsweise wurde nach der Revolution von 1978, als das Land mit dem Westen brach und sich einem religiös motivierten Expansionsprogramm verschrieb, häufig als irrational bezeichnet. Wenn man die damaligen Vorgänge jedoch einer genaueren Betrachtung unterzieht, so stellt man fest, daß die maßgeblichen Männer im Iran ein Verhalten an den Tag legten, welches im Hinblick darauf, wie die Mittel zur Erreichung der Ziele kalkuliert wurden, sowohl »rational« als auch »nutzenmaximierend« war. Westlichen Besuchern erschien das Verhalten »irrational«, weil die Ziele nicht wirtschaftlicher, sondern religiöser Natur waren.

Umgekehrt ist es genauso möglich, daß »arationale« kulturelle Traditionen, die aus Gewohnheit und um nicht weltlicher Ziele willen praktiziert werden, dazu beitragen, Nutzen im enggefaßten materialistischen Sinne zu maximieren. Das ist beispielsweise Max Webers zentrale Aussage in seiner Schrift *Die protestantische Ethik und der Geist des Kapitalismus.* Darin führt er aus, daß die frühen Puritaner, die ausschließlich danach trachteten, in einer Gott wohlgefälligen Weise zu leben, und die Anhäufung von materiellen Gütern als eigenständiges Ziel ablehnten, bestimmte Tugenden wie Aufrichtigkeit und Sparsamkeit entwickelten, die sich als überaus förderlich bei der Anhäufung von Kapital erwiesen.[9] Eine der zentralen Hypothesen, die ich in diesem Buch vertrete, ist Max Webers Gedankengang eng verwandt: *Es gibt ethische Gewohnheiten wie etwa die Fähigkeit zur spontanen Assoziation, die entscheidend für die Fähigkeit zur organisatorischen Innovation und damit zur Schaffung von Reichtum sind.* Verschiedene Typen ethischer Gewohnheiten fördern unterschiedliche Formen der wirtschaftlichen Organisation und bedingen dadurch starke Variationen in der ökonomischen Struktur. Anders ausgedrückt: Rationale Individuen sind nicht notwendigerweise die besten »Nutzenmaximierer«. Völker, die bestimmte arationale traditionelle moralische und soziale Tugenden pflegen und nichtökonomische Zielsetzungen verfolgen, sind unter Umständen weniger benachteiligt, als uns die moderne Ökonomie glauben machen will.

Die Definition von Kultur als ethische oder moralische Gewohnheit kann Probleme bei der Erfassung kultureller Variablen aufwerfen. Eine in der Soziologie sehr gebräuchliche Untersuchungsmethode sind Meinungsumfragen. Einer repräsentativen Stichprobe aus einer bestimmten Population werden eine Reihe von Fragen gestellt, von denen man sich Aufschlüsse beispielsweise über tieferliegende »Werte« erhofft. Abgesehen von den üblichen methodologischen Problemen (wie der Repräsentativität der Stichprobe oder der Neigung von Befragten, Antworten zu geben, die ihrer Ansicht nach den Erwartungen der Interviewer entsprechen) ist das Hauptproblem dieses Ansatzes, daß Meinungen mit Verhaltensweisen verwechselt werden. So liegen beispielsweise zahllose Umfragen vor, die darauf hindeuten, daß arme Amerikaner die Einstellung von Angehörigen der Mittelschicht zu Arbeit, Sparsamkeit und Verläßlichkeit weitgehend teilen.[10] Aber der Meinung sein, es sei wichtig, hart zu arbeiten, ist etwas anderes, als ein *Arbeitsethos* zu besitzen, das heißt jeden Morgen aufzustehen, einer eintönigen und unerfreulichen Arbeit nachzugehen und zugunsten zukünftiger Vorteile auf kurzfristigen Konsum zu verzichten. Die meisten Sozialhilfeempfänger wünschen sich zweifellos, nicht mehr vom Staat abhängig zu sein, ob sie jedoch über die erforderlichen *Gewohnheiten* verfügen, geht aus den verfügbaren Daten nicht hervor. Die in den USA in den letzten fünfundzwanzig Jahren geführte Debatte über Armut kreiste vorwiegend um die Frage, ob die städtische Unterschicht arm ist, weil es ihr an ökonomischen Möglichkeiten fehlt, oder ob es so etwas wie eine »Kultur der Armut« gibt – dysfunktionale soziale Gewohnheiten wie frühe Schwangerschaften oder Anfälligkeit für Drogenabhängigkeit –, die selbst dann weiterbestehen würden, wenn die wirtschaftlichen Möglichkeiten zum Aufstieg vorhanden wären.[11]

Auch wenn wir Kultur als Gewohnheiten, insbesondere ethische Gewohnheiten definieren, ist die Trennlinie zwischen »rationaler Entscheidung« und »Kultur« nicht immer deutlich erkennbar. Anfänglich rationale Entscheidungen können im Laufe der Zeit zu kulturellen Artefakten werden. Es ist beispielsweise zutreffender, die Präferenz der US-Bürger für Demokratie und freie Marktwirtschaft als ideologisch und nicht als kulturell bedingt zu bezeichnen. Viele Amerikaner könnten aufgrund eigener Erfahrungen oder allgemeiner politischer und wirtschaftlicher Überzeugungen, die sie im Laufe ihrer Erziehung erworben haben, durchaus schlüssig erklären, warum die Demokratie der Tyrannei vorzuziehen ist oder warum private Unternehmer effektiver wirtschaften als der Staat.

Andererseits trifft es sicher zu, daß die meisten Amerikaner solche Positionen einnehmen, ohne viel darüber nachzudenken, und sie sozusagen zusammen mit den Benimmregeln an ihre Kinder weitergeben. Die in der amerikanischen Unabhängigkeitserklärung festgelegten Prinzipien beruhen auf einer höchst bewußten, rationalen Entscheidung, aber die späteren Generationen haben diese Prinzipien nicht deshalb übernommen, weil sie dieselben bewußten Erwägungen wie die Gründerväter angestellt hatten, sondern weil die Prinzipien traditionell Gültigkeit besaßen. Wenn manche Menschen die amerikanische Kultur als »demokratisch« und »marktwirtschaftlich« beschreiben, dann meinen sie damit, daß die Amerikaner dazu neigen, der Regierung in Washington im besonderen und jeglicher Autorität im allgemeinen zu mißtrauen, daß sie den Individualismus schätzen und eine soziale Offenheit besitzen, die auf dem Gleichheitsgrundsatz basiert – ebenjene nationalen Eigenarten, die Tocqueville in seinem Buch *Über die Demokratie in Amerika* so scharfsichtig beschrieben hat. Die Amerikaner verhalten sich so, ohne daß sie sich Gedanken über das Warum machen oder darüber, ob es nicht bessere Alternativen gäbe, die Dinge zu sehen und zu tun. Die Amerikaner besitzen demnach eine demokratische *Ideologie* und handeln aus ideologischen Motiven. Gleichzeitig haben sie jedoch auch eine *Kultur* der Gleichheit, die sich (in Kombination mit anderen Faktoren) im Laufe der Zeit aus dieser Ideologie heraus entwickelt hat.

Es ist nicht selten, daß etwas, das als politischer Akt begann, sich schließlich in ein kulturelles Attribut verwandelt. Im 16. und im 17. Jahrhundert wurden sowohl Frankreich als auch England von etlichen Kriegen zwischen der Monarchie und dem Adel, unabhängigen Städten und kirchlichen Autoritäten erschüttert, das heißt zwischen den Mächten, unter denen damals die Souveränität aufgeteilt war. In England verlor die Monarchie den Kampf und wurde schließlich gezwungen, konstitutionelle Beschneidungen ihrer Macht zu akzeptieren; diese Reformen bildeten die Grundlage für die Entstehung der parlamentarischen Demokratie. In Frankreich jedoch behielt das Königshaus die Oberhand und sorgte in einem langdauernden Prozeß dafür, daß die Fäden der Macht beim zentralistischen, absolutistischen Staat zusammenliefen. Mir ist kein tieferer historischer Grund bekannt, warum die Monarchie in England unterlag und in Frankreich triumphierte, das Ergebnis hätte ebensogut umgekehrt sein können.[12] Doch die Tatsache, daß die Geschichte so verlief, hatte weitreichende Konsequenzen für die »politische Kultur«, die sich in der Folgezeit in beiden Ländern herausbildete. Die Zentralisation der politischen Macht in Frankreich untergrub die Autonomie freiwilliger Assoziationen und machte die Franzosen in wachsendem Maße abhängig von der zentralen Staatsmacht, gleichgültig ob die Macht in den Händen von Königen oder Republikanern lag. In England hingegen entstand eine sehr viel stärker »sich selbst organisierende« Gesellschaft, da die Menschen zur Regelung von Streitigkeiten nicht von einer zentralen Autorität abhängig waren. Diese Eigenschaft brachten die englischen Siedler in die Neue Welt mit.[13]

Gelegentlich gehen aber auch scheinbar rein politische Präferenzen auf kulturelle Ursachen zurück. Die französische Neigung zum Zentralismus, die ursprünglich politisch bedingt war und sich im Laufe der Zeit in ein kulturelles Attribut verwandelte, beeinflußte spätere politische Entscheidungen. Die Verabschiedung der zentralistischen, ganz auf den Präsidenten zugeschnittenen Verfassung von de Gaulles Fünfter Republik im Jahre 1958 war zunächst einmal eine ausschließlich politische Antwort auf die Algerienkrise, lag aber voll und ganz auf der Linie der politisch-kulturellen Traditionen Frankreichs. Es war eine typisch französische Lösung zur Bereinigung des politischen Chaos in der Vierten Republik, und sie hatte zahlreiche Vorläufer in der französischen Geschichte.

Da Kultur von ethischen Gewohnheiten bestimmt wird, wandelt sie sich offensichtlich nur sehr langsam – langsamer noch als Ideologien. Als 1989/90 die Berliner Mauer und mit ihr der osteuropäische Kommunismus in Trümmer fiel, wurde der Marxismus-Leninismus als bestimmende Ideologie in Osteuropa und der Sowjetunion praktisch über Nacht durch freie Marktwirtschaft und Demokratie abgelöst. In manchen lateinamerikanischen Ländern dauerte es nicht einmal zehn Jahre, bis ein neuer Präsident oder Finanzminister die alten staatlichen oder nationalistischen Wirtschaftsideologien beiseite gefegt hatte. Nicht annähernd so rasch läßt sich die dahinterstehende Kultur ändern. Die Erfahrung zahlreicher ehemals kommunistischer Länder zeigt, daß der Kommunismus viele *Gewohnheiten* hervorgebracht hat – eine exzessive Abhängigkeit vom Staat, die zu einem Mangel an unternehmerischem Elan führte, die Unfähigkeit, Kompromisse einzugehen und sich auf halbem Wege zu einigen, und eine fehlende Bereitschaft, freiwillig in Gruppen, seien es Unternehmen oder politische Parteien, zusammenzuarbeiten –, welche die Konsolidierung der Demokratie und der Marktwirtschaft stark behinderten. Die Bevölkerung in jenen Staaten mag die Ablösung des Kommunismus durch Demokratie und Kapitalismus mit der Wahl demokratischer Reformer gebilligt haben, doch den Menschen fehlen die sozialen Gewohnheiten, ohne die weder das eine noch das andere funktionieren kann.

Allerdings trifft auch die gegenteilige Annahme nicht zu, daß Kultur statisch sei und durch politische Entscheidungen nicht beeinflußt werden könne. Wir brauchen nur die Augen aufzumachen, dann sehen wir überall um uns herum Anzeichen für kulturellen Wandel. Dem Katholizismus hat man beispielsweise oft vorgeworfen, er sei sowohl kapitalismus- als auch demokratiefeindlich. Max Weber schreibt in der *Protestantischen Ethik*, die Reformation sei in gewisser Hinsicht eine Voraussetzung für die Industrielle Revolution gewesen. Auch später noch kritisierte die katholische Kirche die Wirkungen des Kapitalismus, und in katholischen Ländern erfolgte die Industrialisierung später als in protestantisch geprägten Ländern.[14] In den Kämpfen zwischen autoritären und demokratischen Systemen in der ersten Hälfte des 20. Jahrhunderts wie dem Spanischen Bürgerkrieg bildeten Thron und Altar meist enge Allianzen.

Doch seit Mitte des 20. Jahrhunderts hat sich eine tiefgreifende Transformation der katholischen Kultur vollzogen. Die katholische Kirche hat sich in ihren offiziellen Verlautbarungen mit der Demokratie ausgesöhnt und, mit gewissen Einschränkungen, auch mit dem Kapitalismus.[15] Noch wichtiger jedoch ist, daß die große Mehrheit der neuen Demokratien zwischen 1974 und 1989 in katholischen Ländern entstanden ist und die katholische Kirche oft eine Schlüsselrolle im Kampf gegen die autoritäre Staatsmacht spielte.[16] Darüber hinaus übertraf das Wirtschaftswachstum in katholischen Ländern wie Spanien, Italien, Chile und Argentinien während bestimmter Perioden in den sechziger, siebziger und achtziger Jahren die Wachstumsraten protestantischer Länder wie Großbritannien oder der Vereinigten Staaten. Die Aussöhnung der katholischen Kultur mit Demokratie und Kapitalismus ist zwar noch lange nicht abgeschlossen,[17] aber die katholische Kultur erlebte eine »Protestantisierung«, und die Unterschiede zwischen protestantischen und katholischen Gesellschaften erscheinen heute weniger scharf als in der Vergangenheit.

Es kann kein Zweifel daran bestehen, daß die Menschen, wie die Ökonomen sagen, zutiefst selbstsüchtig sind und ihre selbstsüchtigen

Interessen rational verfolgen. Aber Menschen besitzen auch eine Moral, die sie Verpflichtungen anderen gegenüber fühlen läßt und die häufig den selbstsüchtigen Trieben entgegensteht.[18] Doch wie das Wort »Kultur« bereits andeutet, werden höher entwickelte moralische Regeln, die das Zusammenleben von Menschen bestimmen, erst durch Wiederholung, Tradition und Vorbilder geformt. Solche Regeln können eine tiefere, adaptive Rationalität widerspiegeln, sie können als im ökonomischen Sinne rationale Ziele dienen, und sie können für manche Menschen sogar das Ergebnis einer rationalen Entscheidung sein. Doch im Normalfall werden sie als arationale soziale Gewohnheiten von einer Generation auf die nächste übertragen. Die Gewohnheiten wiederum garantieren, daß Menschen niemals so ausschließlich selbstsüchtige »Nutzenmaximierer« sind, wie es die Ökonomen behaupten.

Kapitel 5

Über die adaptive Rationalität von Kultur

Heute bemüht man sich tunlichst, Werteinschätzungen zu vermeiden, wenn man unterschiedliche Kulturen miteinander vergleicht. Doch von einem ökonomischen Standpunkt aus betrachtet, ist es unbestreitbar, daß bestimmte ethische Gewohnheiten Tugenden sind, andere hingegen Laster. Von den kulturellen Gewohnheiten, die wir als Tugenden qualifizieren können, trägt nur ein Teil zur Bildung von sozialem Kapital bei: Manche können Menschen unabhängig von der Interaktion mit anderen an den Tag legen, andere – insbesondere wechselseitiges Vertrauen – können nur im gesellschaftlichen Kontext entstehen. Soziale Tugenden, darunter Aufrichtigkeit, Verläßlichkeit, Kooperationsbereitschaft und Pflichtgefühl anderen gegenüber, sind zwar von entscheidender Bedeutung für die Ausbildung individueller Tugenden. Trotzdem wurde ihnen in der bisherigen Diskussion des Themas weit weniger Aufmerksamkeit geschenkt. Nicht zuletzt deshalb werde ich mich hier vor allem auf soziale Tugenden konzentrieren.

Über den Einfluß kultureller Faktoren auf die Wirtschaft ist viel geschrieben worden, und der Großteil der Literatur beschäftigt sich mit einem einzigen Werk, Max Webers *Die Protestantische Ethik und der Geist des Kapitalismus.* Weber vertritt die These, daß nicht, wie Marx angenommen hatte, ökonomische Kräfte den kulturellen »Überbau« erzeugten, bestehend aus Institutionen wie Religion oder Ideologie, sondern im Gegenteil die Kultur bestimmte Formen wirtschaftlichen Verhaltens hervorbringe. Der Kapitalismus in Europa entstand demnach nicht einfach deshalb, weil die technologischen Bedingungen günstig waren. Vielmehr herrschte ein »Geist« vor, eine spezifische seelische Gestimmtheit, die technologische Veränderungen möglich machte. Dieser Geist war, so Weber, ein Produkt des Puritanismus, des fundamentalistischen Protestantismus, der weltliche Betätigungen guthieß und die Möglichkeit der individuellen Erlösung ohne Vermittlung traditioneller Hierarchien wie der katholischen Kirche betonte.[1]

Bis zum heutigen Tag scheiden sich an Webers Werk die Geister, stößt es bei den einen auf vorbehaltlose Zustimmung, bei den anderen auf erbitterte Ablehnung.[2] Die Kritiker führen ins Feld, die empirischen Befunde zeigten keineswegs eine perfekte Korrelation zwischen Protestantismus und Kapitalismus. Gegenbeispiele seien etwa der rasante wirtschaftliche Aufschwung der norditalienischen Stadtstaaten im 14. und 15. Jahrhundert oder die Tatsache, daß die calvinistischen Afrikaaner in Südafrika erst im letzten Viertel des 20. Jahrhunderts eine blühende kapitalistische Ordnung entwickelt hätten.[3]

Andererseits ist die Korrelation zwischen Protestantismus und Kapitalismus so offensichtlich, daß kaum jemand die kausale Verbindung prinzipiell in Abrede stellen wird.[4] Darüber hinaus ist es unbestreitbar, daß die katholische Lehre dem modernen Kapitalismus bis weit ins 20. Jahrhundert ablehnender gegenüberstand als die großen protestantischen Kirchen.[5] Insofern verwundert es nicht, daß viele Wissenschaftler in dieser Debatte eine vorsichtige Mittelposition einnehmen. Sie räumen ein, daß Max Weber sich über die *Natur* der kausalen Verknüpfung von Kapitalismus und Protestantismus im Irrtum befunden haben könnte und daß einige der seiner These zugrundeliegenden empirischen Daten unzutreffend sind. Eine moderne Theorie besagt, daß im Gegensatz zu Webers These der Katholizismus der wirtschaftlichen Modernisierung nicht im Weg stand, daß aber die Gegenreformation, die durch den Erfolg des Protestantismus provoziert wurde, die ökonomische Innovation in den Ländern behinderte, in denen sie triumphierte.[6]

Der Großteil der empirischen Fallstudien im Gefolge von Webers Arbeit stützt seine Hypothesen. Die wohl überzeugendsten Beispiele stammen aus Lateinamerika, wo nordamerikanische Protestanten seit zwei bis drei Generationen aktive Missionsarbeit betreiben. In vielen traditionell katholischen Ländern Lateinamerikas finden sich heute ansehnliche protestantische Bevölkerungsgruppen, und an ihrem Beispiel lassen sich gewissermaßen unter Laborbedingungen die Auswirkungen des kulturellen Wandels hervorragend studieren. Die nordamerikanischen Missionare gehören überwiegend der protestantischen Pfingstbewegung an, der nach Auffassung des Soziologen David Martin dritten großen fundamentalistisch-religiösen Erneuerungswelle im Christentum (nach dem Puritanismus der Reformationszeit und der methodistischen Wiederbelebung im 18. und 19. Jahrhundert). Heute gehören schätzungsweise 20 Prozent der brasilianischen Bevölkerung einer protestantischen Glaubensgemeinschaft an, rund zwölf Millionen der evangelischen Kirche. Ähnlich hoch wird der Anteil der Prostestanten in Chile und in Nicaragua (15–20 beziehungsweise 20 Prozent) geschätzt, in Guatemala beträgt der protestantische Bevölkerungsanteil sogar über 30 Prozent.[7] Die meisten der empirischen Untersuchungen zu dieser Frage, darunter Martins umfassende Studie, bestätigen Webers These. In Lateinamerika ging die Verbreitung des Protestantismus mit signifikanten Verbesserungen der Hygiene, einer Erhöhung der Sparquote und des Ausbildungsstandes sowie schließlich einem Anstieg des Pro-Kopf-Einkommens einher.[8]

Genau betrachtet ist der Begriff »Arbeitsethos«, ob nun protestantischer oder anderer Natur, eine unzutreffende Bezeichnung für ein Konglomerat miteinander verbundener Eigenschaften, die in der Literatur, die nach Webers Aufsatz entstanden ist, unter diesem Begriff zusammengefaßt werden. Wenn wir mit Arbeitsethos die Bereitschaft der arbeitenden Bevölkerung meinen, frühmorgens aufzustehen und viele Stunden lang eine körperlich oder geistig anstrengende Tätigkeit auszuüben, dann ist das bloße Vorhandensein eines Arbeitsethos keine hinreichende Voraussetzung für die Entstehung einer modernen kapitalistischen Wirtschaft.[9] Der durchschnittliche Bauer im China des 15. Jahrhunderts arbeitete bedeutend länger und härter als heutzutage ein Fließbandarbeiter in Detroit oder Nagoya,[10] seine Produktivität betrug allerdings nur einen Bruchteil der Produktivität eines Fließbandarbeiters. Unser Wohlstand basiert auf Humankapital (Wissen und Ausbildung), Technologie, Innovation, Organisation und einer ganzen Reihe weiterer Faktoren, die mehr mit qualitativen als mit quantitativen Aspekten der Arbeit zu tun haben.[11]

Max Webers »Geist des Kapitalismus« meint demnach nicht nur das Arbeitsethos im engeren Sinne, sondern auch andere Tugenden wie Genügsamkeit (Sparsamkeit), rationales Problemlösungsverhalten und die Konzentration auf das Hier und Jetzt, die Menschen veranlassen, die Umwelt durch Innovation und Arbeit ihren Bedürfnissen anzupassen – Eigenschaften, die sich gemeinhin eher bei Unternehmern und Kapitaleignern finden als bei den Arbeitnehmern, die sie beschäftigen.

Im Sinne unternehmerischer Eigenschaften verstanden, kommt Webers »Geist des Kapitalismus« eine reale Bedeutung zu, und zwar insbesondere für Gesellschaften in einer frühen Phase der wirtschaftlichen Entwicklung. Entwicklungsökonomen, die im Gegensatz zu ihren im universitären Elfenbeinturm gefangenen Akademikerkollegen über direkte Erfahrungen mit den Realitäten in vorindustriellen Gesellschaften verfügen, wissen genau, was Weber gemeint hat. Wenn »moderne« Einstellungen fehlen, kann auch eine von der Theorie her richtige Stabilitätspolitik, wie sie beispielsweise der Internationale Währungsfonds fordert, wenig bewirken.[12] In vielen vorindustriellen Ländern kann man sich nicht darauf verlassen, daß ein Geschäftspartner zu einem vereinbarten Termin auch erscheint, daß Gewinne nicht sofort abgezogen und für Konsumzwecke mißbraucht anstatt reinvestiert werden oder daß staatliche Mittel für Infrastrukturmaßnahmen nicht in den Taschen der für ihre Verteilung zuständigen Beamten verschwinden.

Sparsamkeit, die Bereitschaft zu harter Arbeit, Rationalität sowie Innovations- und Risikofreudigkeit sind individuelle unternehmerische Tugenden, über die auch der auf einer menschenleeren Insel gestrandete Robinson Crusoe verfügen kann. Darüber hinaus jedoch gibt es Tugenden wie Aufrichtigkeit, Verläßlichkeit, Kooperationsbereitschaft und Pflichtgefühl, die essentiell sozialer Natur sind. *Die protestantische Ethik* handelt vornehmlich von den erstgenannten Tugenden. In einem späteren, viel weniger bekannten Werk mit dem Titel *Protestantische Sekten und der Geist des Kapitalismus* beschäftigte sich Weber auch mit den sozialen Tugenden.[13] Dort schreibt er, ein *weiterer* wichtiger Effekt des Protestantismus – oder, genauer gesagt, des sektiererischen Protestantismus, wie er in Teilen Großbritanniens, Deutschlands und in den gesamten Vereinigten Staaten existiert – bestehe darin, daß er die Fähigkeit seiner Anhänger zur Bildung neuer Gemeinschaften vergrößere.

Sektiererische religiöse Gemeinschaften wie die Baptisten, Methodisten oder Quäker schufen kleine, festgefügte Gruppen, deren Mitglieder durch die gemeinsame Festlegung auf Werte wie Tugendhaftigkeit und Hilfsbereitschaft miteinander verbunden waren. Das kam ihnen im Geschäftsleben zugute, denn kommerzielle Transaktionen hängen zu einem guten Teil von gegenseitigem Vertrauen ab. Auf seiner Reise durch die Vereinigten Staaten fiel Weber auf, daß viele Geschäftsleute als Ausweis ihrer Ehrbarkeit und Vertrauenswürdigkeit ihre Zugehörigkeit zu dieser oder jener christlichen Glaubensgemeinschaft anführten:

> Der Schreiber dieser Zeilen fuhr im (damaligen) Indian Territory eine lange Fahrt mit einem Handlungsreisenden in »Undertaker's Hardware« (eisernen Leichensteinaufschriften) zusammen im Abteil und erhielt, als er (beiläufig) die Tatsache der immer noch auffällig star-

ken Kirchlichkeit erwähnte, von jenem die Bemerkung gemacht: »Herr, meinethalben mag jedermann glauben oder nicht glauben, was immer ihm paßt; aber: Wenn ich einen Farmer oder Kaufmann sehe, der überhaupt keiner Kirche angehört, so ist er mir nicht für 50 Cts gut: – was kann ihn veranlassen, mich zu bezahlen, wenn er an gar nichts glaubt? (why pay me, if he doesn't believe in anything?)«[14]

Weber merkt an, daß die zahlreichen kleinen Sektengemeinschaften eine Art natürliches Netzwerk bildeten, durch das Unternehmer Arbeitskräfte, Kunden, Kreditgeber und so weiter finden konnten. Gerade weil sie Mitglieder von nichtetablierten Kirchen waren, hielten die Anhänger protestantischer Sekten überzeugter an ihren religiösen Werten fest und entwickelten festere Bande untereinander. Statt erzwungenen Gehorsam zu leisten, hatten sie die in ihrer jeweiligen Sekte gültigen moralischen Werte verinnerlicht.

Die Bedeutung dieser Form des Protestantismus und sein Einfluß auf die spontane Soziabilität und das allgemeine wirtschaftliche Leben tritt besonders klar zutage, wenn man Kanada und die Vereinigten Staaten vergleicht. Die meisten Amerikaner wären überfordert, würde man sie bitten, soziale Unterschiede zwischen ihnen und ihren Nachbarn im Norden zu benennen. Trotzdem ist der Unterschied der sozialen Orientierung in beiden Ländern augenfällig, und würde man an Kanadier dieselbe Bitte richten, würde das Ergebnis wohl anders ausfallen. In Kanada gibt es zwei etablierte Kirchen, eine katholische und eine evangelische, und trotz aller oberflächlichen Gemeinsamkeiten mit den USA blieb Kanada immer weit mehr als die USA der Alten Welt verbunden. Es wurde häufig darauf hingewiesen, daß kanadische Unternehmen sehr viel weniger aggressiv auftreten als US-Unternehmen. Selbst der angebliche ökonomische Determinist Friedrich Engels stellte nach einem Besuch in Kanada fest, daß »man hier das Gefühl hat, wieder in Europa zu sein … Hier erkennt man, wie notwendig der fieberhaft spekulative Geist der Amerikaner für die Entwicklung eines neuen Landes ist.«[15] Der amerikanische Politikwissenschaftler Seymour Lipset hat ausgeführt, daß statistisch gesehen signifikante Unterschiede in der Art und Weise bestehen, wie Anglokanadier und Amerikaner Geschäfte betreiben, und daß sich darin die Unterschiede zwischen Protestanten und Katholiken in Kanada widerspiegeln. Kanadier sind weniger risikofreudig, investieren weniger Vermögen in Aktien, ziehen eine breite humanistische Bildung einer wirtschaftlich ausgerichteten Ausbildung vor und nehmen weniger Kredite auf als Amerikaner.[16] Zwischen der US-amerikanischen und der kanadischen Wirtschaft bestehen zwar strukturelle Differenzen, mit denen man die Unterschiede im wirtschaftlichen Verhalten erklären könnte, doch Lipset führt diese Unterschiede auf die Organisation des amerikanischen Protestantismus in Sekten zurück.

Die Bedeutung der spontanen Soziabilität für das Wirtschaftsleben ist deshalb so groß, weil wirtschaftliches Handeln fast immer von Gruppen getragen wird und nur selten von Individuen. Bevor Wohlstand geschaffen werden kann, müssen die Menschen lernen zusammenzuarbeiten, und wenn weitere Fortschritte erzielt werden sollen, müssen neue Organisationsformen entwickelt werden. Obwohl wir üblicherweise wirtschaftliches Wachstum mit technologischer Entwicklung in Verbindung bringen, spielten organisatorische Innovationen seit Beginn der Industriellen Revolution eine gleichwertige, wenn nicht sogar noch größere Rolle. Die Wirtschaftshistoriker Douglass North und Robert Thomas prägten dafür die Formel: »Effiziente ökonomische Organisation ist der Schlüssel zum Wachstum; die Entwicklung einer effizienten wirtschaftlichen Organisation in Westeuropa erklärt den Erfolg des Westens.«[17]

Die Entwicklung des Seehandels im 15. Jahrhundert kam erst in Gang, nachdem man Karavellen gebaut hatte, die das offene Meer außerhalb der sicheren Küstengewässer befahren konnten. Genauso entscheidend aber war die Entstehung von Handelsgesellschaften, die es ermöglichten, daß mehrere Investoren ihre Ressourcen zusammenlegen und das beträchtliche Risiko langer Handelsreisen auf mehrere Schultern verteilen konnten. Der Bau und der Betrieb von Eisenbahnlinien in Nordamerika ab Mitte des 19. Jahrhunderts setzte große, hierarchisch organisierte Unternehmen mit über den ganzen Kontinent verstreuten Niederlassungen voraus. Familienbetriebe, die bislang vorherrschende Unternehmensform, waren damit überfordert. Sie konnten den pünktlichen Zugverkehr nicht garantieren, manchmal konnten sie noch nicht einmal verhindern, daß gleichzeitig zwei Züge auf einer Strecke – und zwar in entgegengesetzter Richtung – unterwegs waren. Im Jahre 1841 beispielsweise führte dies zu einem schrecklichen Zugunglück auf einer Bahnlinie zwischen Massachusetts und New York.[18] Anfang des 20. Jahrhunderts läutete Henry Ford das Zeitalter der industriellen Massenproduktion ein, als er eine Autokarosserie auf ein sich bewegendes Band setzte und die Arbeit in leicht erlernbare, gleichförmige Schritte unterteilte. Damit konnten auch bei der Herstellung von so aufwendigen Produkten wie Automobilen gelernte Handwerker durch Hilfskräfte ohne Ausbildung und Vorkenntnisse ersetzt werden. In den letzten zwanzig Jahren gelang Toyota der Aufstieg in die erste Riege der internationalen Automobilhersteller, weil Fords Fertigungsprinzipien umgekrempelt wurden und die Arbeiter in den Produktionshallen mehr Verantwortung für die Betriebsabläufe erhielten. Begriffe wie »Downsizing« und »Restrukturierung« kennzeichnen die massiven Veränderungen, die sich seit Anfang der neunziger Jahre in der amerikanischen Wirtschaft abspielen. Immer mehr Unternehmen entdecken, daß sie, um mit weniger Personal genauso viel wie bisher produzieren zu können, nicht unbedingt neue Technologien einführen müssen, sondern daß es oft ausreicht, die Art und Weise zu ändern, wie ihre Mitarbeiter zusammenarbeiten.

Im Gegensatz zum Arbeitsethos und den damit verbundenen individuellen Tugenden, die in der Literatur ausgiebig diskutiert worden sind,[19] hat man die sozialen Tugenden, die spontane Soziabilität und organisatorische Innovation fördern, im Hinblick auf ihre Bedeutung für das wirtschaftliche Leben bislang noch kaum systematisch untersucht. Vieles spricht dafür, daß soziale Tugenden entwicklungsgeschichtlich und von der logischen Abfolge her betrachtet vorhanden sein müssen, bevor individuelle Tugenden wie Arbeitsethos entstehen können. Individuelle Tugenden bilden sich nämlich am besten in Rahmen stabiler Gruppen – Familien, Schulen, Arbeitsumgebungen – heraus, die in Gesellschaften mit einem hohen Grad an sozialer Solidarität eingebettet sind.

Die meisten Wirtschaftswissenschaftler gehen davon aus, daß die Gruppenbildung unabhängig von ethischen Gewohnheiten ist und daß Gruppen nach der Etablierung juristischer Institutionen wie Eigentums- und Vertragsrecht quasi natürlich entstehen. Wenn wir überprüfen wollen, ob das zutrifft, müssen wir die Neigung zu spontaner Soziabilität in verschiedenen Kulturen vergleichen und dabei darauf achten, daß externe Faktoren wie wirtschaftliche Institutionen und Rahmenbedingungen möglichst wenig variieren.

Kapitel 6

Die Kunst der Assoziation

Die wirtschaftliche Struktur eines Landes verrät überraschend viel über seine Kultur. In Gesellschaften mit starken Familienbanden und schwach ausgeprägten Bindungen zwischen nicht miteinander verwandten Personen dominieren im allgemeinen kleine Familienbetriebe. In Ländern mit einem ausgeprägten nichtstaatlichen Wohlfahrtssektor (Schulen, Hospitäler, Kirchen, Wohltätigkeitsorganisationen und dergleichen in privater Hand) ist die Wahrscheinlichkeit sehr viel größer, daß starke wirtschaftliche Organisationen jenseits der Familie entstehen.

Japan gilt, wie weiter oben bereits erwähnt, allgemein als der Modellfall einer gruppenorientierten, dirigistisch-»kommunitaristischen« Gesellschaft, die Vereinigten Staaten hingegen als Inbegriff einer individualistischen Gesellschaft. In der in den letzten Jahren so populären Literatur über die internationale Wettbewerbsfähigkeit finden wir denn auch immer wieder die Aussage, die US-Bürger lebten nach den Prinzipien des angelsächsischen Liberalismus, in dem die Menschen individuelle Ziele verfolgen und sich kaum für die Kooperation in größeren Gemeinschaften begeistern können. Im Hinblick auf die Soziabilität wäre die amerikanische Gesellschaft demnach das genaue Gegenteil der japanischen.

Doch wenn wir die wirtschaftliche Struktur Japans und der Vereinigten Staaten miteinander vergleichen, entdecken wir eine Reihe von interessanten Übereinstimmungen. In beiden Volkswirtschaften dominieren große Konzerne, von denen sich nur wenige in Staatsbesitz befinden oder von der Regierung subventioniert werden. Hier wie dort hat relativ früh der Übergang von Familienunternehmen zu professionell geführten, nach rationellen Kriterien organisierten Betrieben stattgefunden – in den Vereinigten Staaten ab den vierziger Jahren des letzten Jahrhunderts, in Japan seit dem ausgehenden 19. Jahrhundert. Obwohl in Japan und den Vereinigten Staaten auch heute in bestimmten Sektoren der Volkswirtschaft Familienunternehmen vorherrschen, arbeitet die große Mehrzahl der Beschäftigten in großen Aktiengesellschaften mit einer Vielzahl an Anteilseignern. Hinsichtlich ihrer wirtschaftlichen Struktur stehen Japan und die Vereinigten Staaten einander näher als chinesisch geprägte Gesellschaften wie Taiwan und Hongkong einerseits oder Italien, Frankreich und Spanien andererseits.

Wenn Japan und die Vereinigten Staaten, was die Neigung zur Bildung von Gemeinschaften angeht, tatsächlich an entgegengesetzten Enden des Spektrums liegen, dann stellt sich die Frage, warum die Strukturen ihrer Volkswirtschaften so auffallende Ähnlichkeiten aufweisen und sich von der anderer industrialisierter Länder auf einem vergleichbaren Entwicklungsstadium unterscheiden.

Der Grund ist einfach: Die japanische und die amerikanische Gesellschaft bilden keine zwei entgegengesetzten Pole. Die Vereinigten Staaten sind nicht annähernd so individualistisch, und Japan ist nicht annähernd so dirigistisch, wie allgemein angenommen wird. Hinsichtlich der Neigung zu spontaner Soziabilität stehen die beiden Gesellschaften einander näher als römisch-katholischen Ländern wie Italien und Frankreich oder chinesisch geprägten Gesellschaften. Die Literatur über die Wettbewerbsfähigkeit konzentriert sich einseitig auf den Aspekt staatliche Industriepolitik versus freie Märkte und übersieht damit einen für eine starke Wirtschaft und Gesellschaft entscheidenden Faktor.

Betrachten wir zunächst die USA. Die Mehrzahl der Amerikaner beschreibt sich selbst zwar als Individualisten, doch schon in der Vergangenheit haben die meisten ernstzunehmenden Beobachter darauf hingewiesen, daß die Vereinigten Staaten stabile und ausgeprägte kommunitaristische Strukturen besitzen, die der Zivilgesellschaft Dynamik und Widerstandskraft verleihen. Die Vereinigten Staaten verfügen von jeher über ein dichteres Netz freiwilliger Assoziationen als die meisten anderen westlichen Gesellschaften: religiöse Sekten, Berufsorganisationen, Wohlfahrtseinrichtungen, private Schulen, Universitäten und Krankenhäuser sowie natürlich einen starken privaten Wirtschaftssektor. Diesen Aspekt hat zuerst ein französischer Besucher beschrieben, nämlich Alexis de Tocqueville, als er in den dreißiger Jahren des 19. Jahrhunderts Amerika bereiste.[1] Ende des Jahrhunderts brachte Max Weber von einer Amerikareise ähnliche Eindrücke mit: »In der Vergangenheit und bis in die Gegenwart hinein war es ein Merkmal gerade der spezifisch amerikanischen Demokratie: daß sie nicht ein formloser Sandhaufen von Individuen, sondern ein Gewirr streng exklusiver, aber voluntaristischer Verbände war.«[2]

Es stimmt, daß die US-Bürger traditionell staatlichen Eingriffen sehr ablehnend gegenüberstehen. Das kommt zum Beispiel darin zum Ausdruck, daß der öffentliche Sektor in den USA im Vergleich zu Japan und praktisch allen europäischen Ländern klein ist.[3] Und das belegen auch Meinungsumfragen, aus denen hervorgeht, daß die Amerikaner deutlich weniger Vertrauen in und Achtung vor ihrer Regierung haben als die Bürger anderer Industrienationen.[4] Doch eine solche antidirigistische Einstellung darf auf keinen Fall mit einer prinzipiellen Abneigung gegen Gemeinschaften gleichgesetzt werden. Dieselben Amerikaner, die staatliche Regulierung, Besteuerung, Überwachung und Staatsbesitz an Produktionsmitteln so vehement ablehnen, legen in Unternehmen, Wohltätigkeitsverbänden, Kirchen, bei Zeitungen, in Universitäten und so weiter ein außerordentlich kooperatives und soziales Verhalten an den Tag. Die amerikanischen Bürger hegen zwar großes Mißtrauen gegenüber dem »starken Staat«,[5] gleichzeitig sind sie jedoch Meister darin, starke und stabile *private* Organisationen zu bilden: In den USA entstanden die ersten modernen hierarchischen (und später multinationalen) privaten Konzerne und mit ihnen die ersten Massengewerkschaften.

Die Neigung der Amerikaner, sich in freiwilligen Vereinigungen zusammenzuschließen, besteht zwar bis in die Gegenwart fort, hat sich aber in den letzten fünfzig Jahren in Schlüsselbereichen abgeschwächt. Die Familie, die kleinste, grundlegendste Form einer freiwilligen Assoziation, hat seit den sechziger Jahren deutlich an Bedeutung verloren, wie der dramatische Anstieg der Scheidungsraten und die wachsende Zahl von Ein-Eltern-Familien zeigen. Der Trend ist auch außerhalb der Familien zu beobachten: Traditionelle Gemeinschaftsformen wie Nachbarschaftsverbände, Kirchen oder Arbeitervereine verlieren an Bedeutung. Gleichzeitig greift innerhalb der amerikanischen Gesellschaft zunehmendes Mißtrauen um sich: Die US-Bürger trauen einander vor allem wegen der drastisch gestiegenen Kriminalität immer weniger über den Weg, und immer öfter werden Streitigkeiten vor den Gerichten ausgefochten. In den letzten Jahren hat der amerikanische Staat, und zwar oft über das Gerichtssystem, immer mehr Individualrechte legitimiert und dadurch die Fähigkeit größerer Gemeinschaften beschränkt, eigene Regeln für das Verhalten ihrer Mitglieder aufzustellen. Heute geben die Vereinigten Staaten ein widersprüchliches Bild ab. Auf der einen Seite zehrt die amerikanische Gesellschaft von ihrem umfangreichen, in der

Vergangenheit angesparten sozialen Kapital, das die Grundlage für ein immer noch lebendiges und starkes Gemeinschaftsleben bildet. Gleichzeitig ist die amerikanische Gesellschaft aber durch verbreitetes Mißtrauen und um sich greifenden asozialen Individualismus gekennzeichnet, die der Zersplitterung der Gesellschaft und der Isolation des einzelnen Vorschub leisten. Der Individualismus war latent zwar schon seit der Gründung der Vereinigten Staaten vorhanden, wurde aber die meiste Zeit durch sehr starke gemeinschaftsorientierte Strömungen überdeckt.[6]

Die USA werden fälschlicherweise als ausschließlich individualistische Gesellschaft beschrieben und Japan ebenso falsch als der entgegengesetzte Extremfall einer dirigistisch-kommunitaristischen Gesellschaft. Zu den bekannten Wissenschaftlern, die über die Jahre hinweg immer wieder die herausragende Rolle des Staates bei der Entwicklung der japanischen Wirtschaft betont haben, zählen der Wirtschaftshistoriker Alexander Gerschenkron und der Japanologe Chalmers Johnson.[7]

Wie die Aussage, die Amerikaner seien samt und sonders Individualisten, enthält auch die Aussage, Japan sei eine dirigistische Gesellschaft, ein Stück Wahrheit. Aber ein entscheidender Aspekt der japanischen Gesellschaft bleibt dabei unberücksichtigt. Zweifellos spielt der Staat in der japanischen Gesellschaft seit jeher eine weit größere Rolle als in den USA. In Japan wollen die begabtesten und ehrgeizigsten Studenten Beamte werden, nicht Manager, und um die besten Posten in der staatlichen Bürokratie wird erbittert gekämpft. In Japan reguliert der Staat die Wirtschaft und die Gesellschaft in einem weit größeren Ausmaß, und japanische Unternehmen und Individuen ordnen sich der staatlichen Autorität viel bereitwilliger unter als in den Vereinigten Staaten. Seit der Meiji-Restauration nahm die Regierung eine Schlüsselposition in der wirtschaftlichen Entwicklung des Landes ein, lenkte die Kreditvergabe, schützte Industrien vor ausländischer Konkurrenz, förderte Forschung und Entwicklung und dergleichen. Das Ministerium für Außenhandel und Entwicklung (MITI) wurde weltweit berühmt als der Motor des japanischen Wirtschaftswunders in der Nachkriegszeit. Im Gegensatz zu Japan betrieben die USA, wo man der Bürokratie traditionell mißtraut und das Gefühl vorherrscht, daß die Privatwirtschaft alles, was der Staat tut, besser kann, niemals eine explizite Industriepolitik.[8]

Doch verglichen mit stark dirigistischen Gesellschaften wie Frankreich, Mexiko oder Brasilien (ganz zu schweigen von sozialistischen Ländern wie der ehemaligen Sowjetunion oder China) war der direkte Einfluß des japanischen Staates auf die Wirtschaft immer schon begrenzter. Das gilt ebenso im Vergleich mit anderen asiatischen Boom-Ländern wie Taiwan (wo Staatsunternehmen in manchen Perioden bis zu einem Drittel des Bruttoinlandsproduktes erwirtschafteten) oder Südkorea (wo der Staat sehr viel aktiver den Aufbau von Industriekonglomeraten förderte als das große Vorbild Japan).[9] Bis heute spielt die Regierung in Tokio keine starke direkte Rolle in der japanischen Wirtschaft; der Anteil des öffentlichen Sektors am Bruttosozialprodukt ist in Japan so niedrig wie in keinem anderen Mitgliedsland der OECD einschließlich der Vereinigten Staaten.[10]

Die Beobachter, die eine dirigistische Interpretation der japanischen Wirtschaftsentwicklung favorisieren, meinen natürlich nicht direkte Interventionen des Staates, sondern die subtilen Beziehungen zwischen der Regierung in Tokio und den großen Industrieunternehmen – was oft als »Japan GmbH« bezeichnet wird. Die Zusammenarbeit zwischen Behörden und Privatunternehmen geht in Japan viel weiter als in den Vereinigten Staaten; manchmal ist es fast unmöglich zu sagen, wo der öffentliche Bereich aufhört und der private anfängt. Im wirtschaftlichen Leben Japans, so heißt es oft, sei ein nationalistisches Element im Spiel, das in westlichen Volkswirtschaften fehle. Ein japanischer Manager arbeitet nicht nur für sich selbst, seine Familie und sein Unternehmen, sondern eben auch zum Ruhme der japanischen Nation.[11]

Da es wegen der engen Verzahnung zwischen Wirtschaft und Staat und der nationalistischen Denkweise in Japan schwierig ist, eine klare Grenze zwischen öffentlichem und privatem Sektor zu ziehen, folgern viele Beobachter, daß es keine Grenze gebe. Solche Verschwörungstheorien werden durch die Abgeschlossenheit der japanischen Kultur noch verstärkt. Doch die Hauptantriebskräfte des japanischen Wirtschaftswachstums – in der Vorkriegsära die *Zaibatsu*, die großen Industriekonglomerate, in der Nachkriegszeit die multinationalen Konzerne mit ihren *Keiretsu*-Netzwerken und die in ihrer Bedeutung oft unterschätzten zahllosen Kleinbetriebe im überraschend starken zweiten Glied der japanischen Wirtschaft[12] – befanden sich (mit Ausnahme der ersten beiden Jahrzehnte der Meiji-Restauration) ausnahmslos in privater Hand. Die japanischen Unternehmer sahen ihre Interessen zwar im Gleichklang mit denen des Staates, aber sie und nicht der Staat stellten das Kapital, die technologischen Innovationen und die organisatorischen Fähigkeiten für den Aufbau der japanischen Volkswirtschaft bereit. William Lockwood, ein auf Japan spezialisierter Wirtschaftshistoriker, der die Frühgeschichte der japanischen Industrialisierung untersucht hat, schreibt dazu folgendes: »Die vorhergehenden Anmerkungen … lassen es selbst im Falle Japans fraglich erscheinen, daß der Staat ›das wichtigste Element bei der wirtschaftlichen Entwicklung‹ ist oder die Politiker ›die wichtigsten Akteure‹ sind … Die Energien, Fertigkeiten und Ambitionen, die den eigentlichen Motor der japanischen Industrialisierung darstellten, waren zu allgegenwärtig und zu vielfältig, als daß sie auf eine so einfache Formel reduziert werden könnten.«[13] Seit dem Ende des Zweiten Weltkriegs mehrten sich die Konflikte zwischen der japanischen Regierung und dem privaten Sektor, und man könnte sagen, daß die Wirtschaft eher *trotz* denn wegen der Politik des MITI prosperierte. Wie dem auch sei, den Privatsektor in Japan als bloßen Fortsatz des Staates zu betrachten verschleiert die bemerkenswerte Fähigkeit der japanischen Gesellschaft zur Selbstorganisation.

Wie in den USA finden wir auch in Japan ein enges Geflecht von freiwilligen Vereinigungen. Viele gehören zu den sogenannten *iemoto*-Gruppen, in denen traditionelle Künste wie das Kabuki-Theater, Ikebana oder die klassische Teezeremonie gepflegt werden. Diese Gruppen sind mit ihren starken vertikalen Bindungen zwischen Meistern und Schülern zwar ebenso hierarchisch strukturiert wie die japanische Familie, doch Familienzugehörigkeit spielt bei der Mitgliedschaft keine Rolle. In China existieren keine vergleichbaren Vereinigungen. In der japanischen Gesellschaft sind nach dem *iemoto*-Prinzip strukturierte Gruppen allgegenwärtig und nicht auf die traditionellen Künste beschränkt, sie umfassen auch religiöse, politische und Berufsorganisationen. Die Japaner sind, anders als die Chinesen, aber ähnlich wie die Amerikaner, sehr religiös.[14] Viele gehören buddhistischen, schintoistischen oder sogar christlichen Kirchen an und unterstützen mit ihren Beiträgen eine bunte Vielfalt religiöser Vereinigungen. Auch der sektiererische Charakter der japanischen Religionen erinnert mehr an die USA als an China: In der Geschichte Japans gab es immer wieder Mönche und Prediger, die große Gefolgschaften um sich scharten und in Konflikt mit der Obrigkeit oder konkurrierenden Sekten gerieten. Schließlich bleibt noch anzumerken, daß Japan das einzige asiatische Land mit einem gut ausgebildeten System privater Hochschulen ist. Universitäten wie Wasead, Keio, Sophia oder Doshisha wurden, wie Harvard, Yale und Stanford in den USA, von reichen Unternehmern oder religiösen Organisationen gegründet.

Man kann die japanische Kultur somit weit zutreffender als eine gruppenorientierte und nicht als eine staatsorientierte Kultur bezeichnen.[15] Obwohl die meisten Japaner den Staat achten, gelten ihre primären emotionalen Bindungen – die Loyalitäten, die sie bis spät in die Nacht und am Wochenende an ihren Schreibtischen festhalten – *privaten* Organisationen, in der Regel der Firma oder der Universität, bei der sie beschäftigt sind. In der Zeit vor dem Zweiten Weltkrieg galt die Loyalität zwar vornehmlich dem Staat, und die Japaner waren sich der nationalen Ziele, denen zu dienen sie hofften, auch sehr viel bewußter. Doch außer auf der extremen Rechten hat die Niederlage im Zweiten Weltkrieg diese Art des Nationalismus diskreditiert.

Noch in einem weiteren Punkt gleicht Japan den Vereinigten Staaten: In beiden Gesellschaften existiert eine starke Schicht intermediärer gesellschaftlicher Organisationen. In Japan mögen diese Gruppen zwar stärker und stabiler sein als in den USA, und ohne Zweifel übt der japanische Staat mehr Einfluß auf sie aus. Doch *Japan hat mit den Vereinigten Staaten die Fähigkeit gemeinsam, spontan starke soziale Gruppen auf der mittleren Ebene zu bilden,* das heißt in dem sozialen Raum zwischen der Familie einerseits und dem Staat andererseits. Die Bedeutung dieser Fähigkeit wird besonders offensichtlich, wenn wir die USA und Japan mit sozialistischen oder katholischen Ländern oder mit China vergleichen.

Zu den schlimmsten Folgen des Sozialismus, wie er in der Sowjetunion und in Osteuropa praktiziert wurde, gehört die Auslöschung der bürgerlichen Gesellschaft. Dies behindert gegenwärtig die Herausbildung funktionsfähiger Marktwirtschaften und stabiler Demokratien in einem erheblichem Ausmaß. Der leninistische Staat war bestrebt, potentielle Konkurrenten auf allen gesellschaftlichen Ebenen auszuschalten, von den »Kommandohöhen« der Wirtschaft über die Gewerkschaften, Kirchen und Medien bis hinunter zu den zahllosen Kolchosen, Kleinbetrieben, Zeitungen, Vereinen und in die Familien hinein.

Den totalitären Bestrebungen war in den einzelnen Ländern in unterschiedlichem Ausmaß Erfolg beschieden. Am vollständigsten vernichtet wurde die bürgerliche Gesellschaft wohl in der Sowjetunion. Ausgezehrt durch Jahrhunderte absolutistischer Herrschaft, war die russische bürgerliche Gesellschaft freilich auch schon vor der Revolution der Bolschewiken nicht stark. Bestehende Einrichtungen wie ein kleiner privater Sektor und soziale Strukturen wie die Dorfgemeinden oder *mir* wurden gnadenlos beseitigt. Als Stalin Mitte der dreißiger Jahre seine Macht konsolidierte, war die Sowjetunion eine Gesellschaft ohne »Mittelbau«, ohne starke und stabile intermediäre Organisationen. Zwischen dem übermächtigen Staat auf der einen und den isolierten Individuen und Familien auf der anderen Seite gähnte ein soziales Vakuum. Ironischerweise verlieh gerade die auf die Überwindung der menschlichen Selbstsüchtigkeit zielende Doktrin dem Egoismus der Menschen Auftrieb: Nach allgemeiner Beobachtung sind beispielsweise die sowjetischen Immigranten in Israel viel materialistischer eingestellt und konzentrieren sich viel stärker auf ihr privates Leben als jüdische Immigranten aus bürgerlichen Gesellschaften. Da die Sowjetbürger ständig gezwungen waren, zugunsten Kubas oder Vietnams oder einer anderen weltrevolutionären Sache »freiwillig« ihre Wochenenden zu opfern, entwickelten sie mit der Zeit einen ausgeprägten Zynismus, was soziale Hilfsbereitschaft anging.

Schwache intermediäre Organisationen sind nicht nur typisch für die ehemaligen sozialistischen Länder. Viele römisch-katholische Länder wie Frankreich, Spanien, Italien und eine Reihe lateinamerikanischer Länder weisen eine sattelartige Verteilung von Organisationen mit starken Familien auf der einen Seite, einem starken Staat auf der anderen Seite und einer schwach besetzten Mitte auf. Es muß nicht eigens betont werden, daß sich diese Gesellschaften von sozialistischen Gesellschaften in fast allen wichtigen Belangen grundlegend unterscheiden, insbesondere in der größeren Wertschätzung der Familie. Doch wie in den sozialistischen Ländern fehlen auch in den römisch-katholischen Ländern Vereinigungen in dem Bereich zwischen der Familie und den großen, zentralistischen Organisationen wie Kirche und Staat.

Dieser Aspekt wurde mit Bezug auf Frankreich in der wissenschaftlichen Literatur seit langem betont. Schon Tocqueville schrieb in seiner Abhandlung *Der alte Staat und die Revolution:* »Als die Revolution ausbrach, würde man im größten Teil Frankreichs vergebens zehn Männer gesucht haben, die gewohnt waren, gemeinschaftlich in einer geregelten Weise zu handeln und selber auf ihre eigene Verteidigung bedacht zu sein; die Zentralgewalt allein sollte sich damit befassen.«[16] Diesem Mangel der französischen Gesellschaft hielt er als positives Gegenbild den ausgeprägten Hang der Amerikaner vor, bei jeder Gelegenheit Vereinigungen zu gründen. Edward Banfield, um ein weiteres Beispiel zu zitieren, führt in seinem Buch *The Moral Basis of a Backward Society*, in dem er das Leben in einem süditalienischen Bauerndorf nach dem Zweiten Weltkrieg untersucht, den Begriff des »amoralischen Familismus« ein. Banfield stellte fest, daß soziale Beziehungen und moralische Verpflichtungen in dem Dorf ausschließlich innerhalb der Kernfamilie existierten. Außerhalb davon gab es kein Vertrauen, und konsequenterweise fehlte ein Gefühl der Verantwortung für umfassendere soziale Einheiten, seien es die Nachbarschaft, das Dorf, die Kirche oder die Nation.[17] Banfields Ergebnisse wurden, zumindest im Hinblick auf Süditalien, durch Robert Putnams Studie über die bürgerlichen Traditionen in Italien weitgehend bestätigt. Und Lawrence Harrison zufolge ist auch für die spanische Gesellschaft seit langem ein exzessiver Individualismus typisch, »ein enger Vertrauensradius und die zentrale Stellung der Familie auf Kosten der Gesellschaft im allgemeinen«.[18]

Die »fehlende Mitte« zwischen der Familie und dem Staat beschränkt sich jedoch nicht auf römisch-katholische Gesellschaften. In einer noch reineren Spielart finden wir sie in chinesischen Gesellschaften – in Taiwan, Hongkong, Singapur und auch in der Volksrepublik China. In dieser Hinsicht gleichen sich chinesische und katholische Gesellschaften mehr als katholische und protestantische Gesellschaften in Europa oder chinesische und japanische in Asien.[19]

Wie ich in den folgenden Kapiteln zeigen werde, ist der Konfuzianismus eine im Kern familistische Philosophie: Der Konfuzianismus zielt darauf ab, die Familienbande durch moralische Erziehung zu festigen, und erhebt die Beziehungen innerhalb der Familie über alle anderen sozialen Bindungen. Die chinesische Familie ist denn auch sehr viel stärker und stabiler als die japanische Familie. Wie in katholischen Gesellschaften impliziert die Stärke der Familienbande eine gewisse Schwäche der Beziehungen außerhalb der Verwandtschaft; jenseits der Familie besteht in der chinesischen Gesellschaft ein relativ niedriger Grad an Vertrauen. Insofern gleicht die Verteilung von Organisationen in chinesischen Gesellschaften der in Frankreich. Doch der Familismus chinesischer Spielart unterscheidet sich vom französischen in mehrfacher Hinsicht: Die Familienbande in chinesischen Gesellschaften sind nicht nur stärker und verbindlicher, die Familie selbst ist weiter gefaßt. Großfamilien und umfassendere Verwandtschaftsverbände wie Sippen und Klans spielen in China eine größere Rolle, als das in Frankreich jemals der Fall war (aber mit Parallelen zu Mittel- und Süditalien). Allerdings fällt der Mangel an intermediären Gruppen in China drastischer ins Auge als in Frankreich.

Die wirtschaftliche Struktur chinesischer und römisch-katholischer Gesellschaften weist denn auch verblüffende Parallelen auf: Die meisten Unternehmen befinden sich in Familienbesitz und sind deshalb nicht sonderlich groß. Man holt nicht gerne Manager von außerhalb der Familie in den Betrieb, da man sich damit in Bereiche begeben würde, wo das Vertrauen gering ist. Unpersönliche Unternehmensstrukturen, die für große Institutionen unerläßlich sind, werden darum nur sehr zögerlich übernommen. Familienbetriebe sind zweifellos oft sehr dynamisch und erfolgreich. Doch es fällt ihnen schwer, sich zu »institutionalisieren« und dauerhafte Strukturen zu entwickeln, die unabhängig von der physischen Leistungsfähigkeit und Kompetenz der Gründerfamilie funktionieren.

Sowohl in römisch-katholischen als auch in chinesischen Kulturen hängt die Existenz größerer wirtschaftlicher Organisationen, die sich nicht in der Hand von Familien befinden, weitgehend von der Rolle des Staates und – in geringerem Ausmaß – von ausländischen Investitionen ab. Die öffentlichen Sektoren in Frankreich und Italien gehören traditionell zu den größten in Europa. In der Volksrepublik China befinden sich praktisch alle Großbetriebe – fast ausnahmslos Überbleibsel aus den Tagen des orthodoxen Kommunismus – in staatlicher Hand. Aber auch in Taiwan kontrolliert der Staat viele Großunternehmen im produzierenden Gewerbe, insbesondere im Rüstungs- und Verteidigungsbereich. In Hongkong dagegen hält sich die entschieden antiinterventionistische britische Regierung weitgehend aus der Wirtschaft heraus, entsprechend wenige sehr große Unternehmen gibt es dort.

Betrachtet man die Verteilung sozialer Gruppen, so weisen Japan und China erhebliche Unterschiede auf. Zwar sind beide Gesellschaften vom Konfuzianismus geprägt und teilen ein reiches kulturelles Erbe. Chinesen und Japaner fühlen sich in der jeweils anderen Kultur viel mehr zu Hause als in Europa oder in den Vereinigten Staaten. Andererseits bestehen zwischen beiden Gesellschaften augenfällige Unterschiede, die in jedem Bereich des gesellschaftlichen Lebens erkennbar werden. Die ökonomischen Konsequenzen liegen auf der Hand: In einem weit größeren Ausmaß als jede chinesische Gesellschaft neigt die japanische Gesellschaft dazu, große privatwirtschaftliche Organisationen hervorzubringen. Da chinesischen Gesellschaften diese »natürliche« Neigung fehlt, muß der Staat an ihre Stelle treten und die Bildung von großen, modernen Organisationen fördern.

Im Vergleich zu chinesischen oder auch römisch-katholischen Kulturen mit einer familistisch-dirigistischen Verteilung sozialer Gruppen und einer schwachen Mitte treten die Ähnlichkeiten zwischen Japan und den Vereinigten Staaten deutlicher hervor. Es ist beileibe kein Zufall, daß die Vereinigten Staaten, Japan und – wie wir sehen werden – Deutschland die ersten Länder waren, in denen große, rational organisierte und professionell geführte Organisationen entstanden. Jede dieser Kulturen ermöglichte es dank bestimmter Eigenschaften wirtschaftlichen Organisationen, relativ rasch über den familiären Bereich hinauszuwachsen, und es entstand eine Vielzahl von neuen, freiwilligen Assoziationen, die nicht in Verwandtschaftsbeziehungen wurzelten. Voraussetzung dafür war, wie wir noch sehen werden, daß in jeder Gesellschaft ein hoher Grad an *Vertrauen* zwischen nicht miteinander verwandten Individuen bestand.

Teil 2

Vertrauensarme Gesellschaften und das Paradox der Familienwerte

[illegible]

[illegible]

[illegible]

[illegible]

[illegible]

Kapitel 7

Wege und Umwege zur Soziabilität

Während des amerikanischen Präsidentschaftswahlkampfes 1992 warf der damalige Vizepräsident Dan Quayle den Demokraten vor, »Familienwerte« würden für sie zuwenig zählen. Als Beleg führte er an, durch TV-Charaktere wie Murphy Brown glorifiziere die Linke die Ein-Eltern-Familie. Und buchstäblich über Nacht stand die Frage, was denn Familienleben sei, im Mittelpunkt des politischen Interesses. Die Linke beschuldigte die Republikaner der engstirnigen Schwulenhetze und der Verleumdung alleinerziehender Mütter, die Rechte entgegnete, daß Feminismus, die Anerkennung der Rechte von Homosexuellen und das Sozialversicherungssystem mit am dramatischen Niedergang der amerikanischen Familien schuld seien.

Nachdem sich der Rauch der Wahlkampfschlachten verzogen hatte, blieb als Erkenntnis zurück, daß die amerikanische Familie in der Tat in einer ernsthaften Krise steckte, und diesem Thema hat sich auch der demokratische Präsident Bill Clinton seitdem wiederholt gewidmet. Seit Ende der sechziger Jahre zerfällt in der gesamten industrialisierten Welt die Kernfamilie zusehends, und in den Vereinigten Staaten verlief die Entwicklung besonders dramatisch.[1] Heute liegt der Anteil alleinerziehender Mütter und Väter in der weißen Bevölkerung bei fast 30 Prozent, in der schwarzen Bevölkerungsschicht war dieses Niveau bereits in den sechziger Jahren erreicht und hatte damals den demokratischen Politiker Daniel Patrick Moynihan stark beunruhigt. Heute liegt in manchen schwarzen Innenstadtbezirken der Anteil der Alleinerziehenden bei über 70 Prozent. Die Zahlen des US-Statistikbüros sprechen eine deutliche Sprache: Mit dem Anstieg der Zahl alleinerziehender Eltern in den siebziger und achtziger Jahren kam es zu einem signifikanten Anstieg der Armut und der damit verbundenen sozialen Probleme.[2] Dem allgemeinen Trend nicht gefolgt sind vor allem verschiedene Einwanderergruppen, die in den Vereinigten Staaten erfolgreich Fuß fassen konnten. Diese Tatsache wird zu einem wesentlichen Teil darauf zurückgeführt, daß sie die stabilen Familienstrukturen aus ihrer Heimat beibehalten haben,

Strukturen, die noch nicht von den zerstörerischen Einflüssen der amerikanischen Massenkultur untergraben sind.[3]

Die Wirksamkeit der Familie als Institution der Sozialisation wird in den Vereinigten Staaten heute generell positiv gesehen. Man hat erkannt, daß die Familie in dieser Funktion nur schwer durch größere Gruppen ersetzt werden kann, geschweige denn durch Regierungsprogramme.

Doch wenn wir die gegenwärtigen Debatten über Familienwerte in den USA mit etwas mehr Distanz betrachten, zeigt sich, daß die Familie paradoxerweise nicht immer einen positiven Einfluß auf das wirtschaftliche Wachstum hat. Die frühen Sozialtheoretiker, die starke Familienstrukturen als ein Hindernis für die wirtschaftliche Entwicklung betrachteten, hatten eben doch nicht ganz unrecht. In manchen Kulturen wie der chinesischen und in bestimmten Regionen Italiens dominiert immer noch die Familie über alle anderen Formen der sozialen Bindung, und dieser Umstand hat weitreichende Auswirkungen auf das Wirtschaftsleben. Die außergewöhnlich rasche Entwicklung der chinesisch geprägten und der italienischen Volkswirtschaft in den letzten Jahren ist ein Hinweis darauf, daß der Familismus weder eine Barriere für die Industrialisierung noch für ein rasches Wirtschaftswachstum darstellt. Aber der Familismus beeinflußt den Charakter des Wachstums – welche Arten von wirtschaftlichen Organisationen möglich sind und in welchen Sektoren der Weltwirtschaft eine bestimmte Volkswirtschaft erfolgreich sein kann. Familistische Gesellschaften haben mehr Schwierigkeiten, große wirtschaftliche Organisationen zu formen, und dadurch ist die Zahl der Sektoren eingeschränkt, in denen solche Unternehmen weltweit konkurrenzfähig agieren können.

Soziabilität entsteht auf drei Wegen: erstens durch Familien- und Verwandtschaftsbeziehungen, zweitens durch freiwillige Assoziationen jenseits von Verwandtschaftsbeziehungen wie Schulen, Vereinen, Berufsverbänden und dergleichen und drittens durch den Staat. Jedem der drei Pfade entspricht eine bestimmte Form der wirtschaftlichen Organisation: Familienunternehmen, professionell gemanagte Unternehmen und staatlich unterstützte oder Staatsbetriebe. Der erste und der dritte Weg sind, wie wir sehen werden, eng miteinander verbunden: Kulturen, in denen spontane Soziabilität hauptsächlich auf Familien- und Verwandtschaftsverbänden beruht, tun sich schwer, spontan große und dauerhafte wirtschaftliche Institutionen hervorzubringen. In solchen Kulturen übernimmt der Staat die Aufgabe, die Bildung von Institutionen anzuregen und ihr Fortbestehen abzusichern. In Kulturen, die mehr Neigung zu freiwilliger Assoziation zeigen, entstehen auch große wirtschaftliche Institutionen häufig spontan und nicht durch staatliche Eingriffe.

Im zweiten Teil werde ich vier Gesellschaften – China, Italien, Frankreich und Südkorea – untersuchen, in denen die Familie eine zentrale Rolle spielt und freiwillige Assoziationen relativ schwach ausgebildet sind. Im dritten Teil geht es um Japan und Deutschland, die zahlreiche und starke familienunabhängige Vereinigungen aufweisen.

Praktisch alle wirtschaftlichen Unternehmungen fangen als Familienbetriebe an, das heißt, sie befinden sich im Besitz von Familien und werden von diesen umgetrieben. Die kleinste Einheit der Gesellschaft ist demnach auch die kleinste Einheit des Wirtschaftslebens: Arbeit wird zwischen Ehepartnern, Kindern, Geschwistern und (je nach Kultur) einem mehr oder weniger weit gefaßten Kreis von Verwandten aufgeteilt.[4] Auch die in vorindustriellen Gesellschaften allgegenwärtigen bäuerlichen Haushalte waren Familienunternehmen, sie bildeten das Rückgrat der ersten Industriellen Revolution in England und den Vereinigten Staaten.

Neue Unternehmen in reifen Volkswirtschaften fangen normalerweise als kleine Familienbetriebe an und entwickeln erst später eine unpersönlichere Unternehmensstruktur. Da der Zusammenhalt von Familienunternehmen auf den moralischen und emotionalen Bindungen einer zuvor existierenden sozialen Gemeinschaft gründet, können sie auch wirtschaften, wenn es kein Handelsrecht und keine kodifizierten Eigentumsrechte gibt.

Doch Familienunternehmen sind nur der Ausgangspunkt für die Entwicklung von wirtschaftlichen Organisationen. Manche Gesellschaften haben schon früh Brücken zu anderen Formen der Soziabilität jenseits der Familie geschlagen. Anfang des 16. Jahrhunderts beispielsweise schufen England und die Niederlande die gesetzlichen Voraussetzungen, um die Übertragung von Eigentumsrechten in größere Zusammenschlüsse wie Teilhaber-, Aktien- und Kapitalgesellschaften zu ermöglichen. Abgesehen davon, daß solche juristischen Konstruktionen es den Eigentümern erlaubten, Renditen aus ihren Investitionen abzuschöpfen, konnten auf dieser Grundlage auch nicht miteinander verwandte Personen gemeinsame Unternehmen aufbauen. Das Vertragsrecht und das dazu gehörende System von Verpflichtungen und Strafen, denen durch ein Rechtssystem Geltung verschafft wurde, füllten den Bereich aus, wo das auf Familien beschränkte Vertrauen fehlte. Insbesondere Aktiengesellschaften, in denen eine große Anzahl von Investoren ihre Ressourcen vereinten, bildeten die Basis für die Entstehung von Unternehmen, die von ihrer schieren Größe her die Mittel einzelner Familien überstiegen.

Wirtschaftshistoriker wie Douglass North und Robert Thomas, die sich schwerpunktmäßig mit Institutionen und Strukturen befassen, betrachten die Herausbildung stabiler Eigentumsrechte als Grundvoraussetzung für die erfolgreiche Industrialisierung.[5] In einigen Ländern, beispielsweise den Vereinigten Staaten, entstand relativ früh ein umfassendes System von Eigentumsrechten, unter dem auch Familienunternehmen als juristische Einheiten verfaßt wurden. In Ländern wie China mit nur schwach gesicherten Eigentumsrechten entwickelten sich ohne gesetzlichen Schutz relativ große Familienunternehmen.

Juristische Institutionen wie Aktien- und Kapitalgesellschaften versetzten zwar einander fremde Menschen in die Lage, miteinander zu kooperieren, doch führten sie keineswegs automatisch zu diesem Ergebnis. In vielen Fällen wurden Familienunternehmen zwar entsprechend solcher Gesetze verfaßt und genossen den Schutz der Eigentumsrechte, wirtschafteten aber weiter wie gehabt. Bis in die dreißiger Jahre des letzten Jahrhunderts hinein waren trotz eines vergleichsweise fortschrittlichen Handelsrechts und eines entstehenden Aktienmarktes noch so gut wie alle amerikanischen Unternehmen Familienbetriebe. Familienbetriebe können sehr groß werden, Zehntausende von Arbeitern beschäftigen und modernste Technologien einsetzen. Und auch heute noch gibt es in den USA große Konzerne – etwa die jedem amerikanischen Verbraucher vertraute Campbell Soup Company –, die sich in Familienbesitz befinden.[6]

Doch je größer ein Unternehmen wird, desto eher überfordert seine Führung die Fähigkeiten einer einzelnen Familie. Das erste Opfer des Wachstumsprozesses ist in der Regel das Familienmanagement: Eine einzelne Familie, und sei sie noch so groß, hat nun einmal nur eine begrenzte Anzahl von zur Unternehmensführung fähigen Söhnen, Töchtern, Ehepartnern und Geschwistern. Mit zunehmender Größe und Verzweigung des Unternehmens ist zwangsläufig irgendwann einmal der Moment gekommen, da geeignete Führungspersönlichkeiten fehlen und die Leitung in andere Hände abgegeben werden muß. Oft bleibt das Unternehmen zwar in Familienbesitz, doch damit es wachsen kann, muß mehr Kapital eingesetzt werden, als eine einzelne Familie üblicherweise aufbringen kann. Die Kontrolle der Familie über das Unternehmen wird zuerst durch Bankkredite eingeschränkt, da die kreditgebende Bank sich oft ein gewisses unternehmerisches Mitspracherecht vorbehält, und später durch die Ausgabe von stimmberechtigten Aktien weiter beschnitten. Wenn externe Investoren anfangen, den Familienbetrieb aufzukaufen, steigt in vielen Fällen die Familie aus dem Unternehmen aus, das sie einst gegründet hat – oder wird hinausgedrängt. Nicht selten zerfällt auch die Gründerfamilie, zerrissen durch Eifersüchteleien, Streitereien oder schlicht wegen Unfähigkeit – wie es in den USA bei zahllosen irischen Bars, italienischen Restaurants und chinesischen Wäschereien passiert ist.

An diesem Punkt stehen Familienunternehmen vor einer folgenreichen Entscheidung: Entweder versuchen sie die Kontrolle über ihre Unternehmen innerhalb der Familie zu halten, was oft gleichbedeutend damit ist, auf weiteres Wachstum zu verzichten, oder sie geben die Zügel aus der Hand und bescheiden sich mit der Rolle passiver Anteilseigner. Wird der zweite Weg eingeschlagen, verwandeln sich Familienunternehmen in moderne Wirtschaftsorganisationen. An die Stelle der Familie, die das Unternehmen aufgebaut hat, treten professionelle Manager, die nicht wegen verwandtschaftlicher Beziehungen, sondern wegen ihrer Kompetenz berufen werden. Das Unternehmen wird institutionalisiert, entwickelt ein Eigenleben jenseits der Kontrolle eines einzelnen Individuums. Die oft durch Ad-hoc-Entscheidungen gekennzeichnete Struktur eines Unternehmens in Familienbesitz wird durch eine formalisierte Organisation mit klar strukturierten Autoritätsebenen ersetzt. Unterstand zuvor jeder direkt dem Patriarchen an der Unternehmensspitze, wird jetzt eine Hierarchie von Managern auf der mittleren Ebene aufgebaut, deren Aufgabe es ist, die Topmanager gegen die Informationsflut aus den unteren Ebenen abzuschirmen. Irgendwann führt die schiere Komplexität der Führung eines Großunternehmens zwangsläufig zur Dezentralisierung der Entscheidungsinstanzen in getrennte Abteilungen, die vom Topmanagement als unabhängige Profitcenter behandelt werden.[7]

Diese Unternehmensform tauchte erstmals Mitte des 19. Jahrhunderts auf, zuerst in den Vereinigten Staaten und kurz darauf in Deutschland. In den zwanziger Jahren unseres Jahrhunderts hatte sie sich in den USA zur vorherrschenden wirtschaftlichen Organisationsform entwickelt. Die klassische Beschreibung des Siegeszuges der Manager in der amerikanischen Geschäftswelt legten Adolph Berle und Gardner Means mit ihrem 1932 erschienenen Buch *The Modern Corporation and Private Property* vor. Die neue Organisationsform der Unternehmen, so schrieben sie, löse die alte Identität von Eigentümer und Manager auf und schaffe damit das Potential für Konflikte zwischen Eigentümern und professionellen Managern.[8] Der Unternehmenshistoriker Alfred Chandler hat den Aufstieg moderner, in Abteilungen gegliederter hierarchischer Unternehmen innerhalb und außerhalb der USA sehr detailliert nachgezeichnet.[9] Viele der heute in Amerika bekannten großen Konzerne – Du Pont, Eastman Kodak, Sears, Roebuck, Pitney-Bowes oder Kellogs – fingen Ende des letzten Jahrhunderts als kleine Familienbetriebe an.

Lange Zeit glaubten die Sozialwissenschaftler, ein »natürlicher« Entwicklungspfad führe von Familienunternehmen, die auf traditioneller wechselseitiger moralischer Verpflichtung gründeten, zu modernen, unpersönlichen und professionell gemanagten Konzernen, deren Fundament ein ausgebildetes Vertrags- und Eigentumsrecht sei. Daraus schlossen viele Soziologen, eine allzu einseitige Konzentration auf familiäre Bindungen auf Kosten anderer sozialer Beziehungen – was gemeinhin als Familismus bezeichnet wird – sei der wirtschaftlichen Entwicklung abträglich. Max Weber schrieb in seinem Aufsatz *Konfuzianismus und Taoismus*, die »Sippenbande« innerhalb chinesischer Familien behinderten die Entwicklung der für die Entstehung moderner Wirtschaftsorganisationen notwendigen universellen Werte und unpersönlichen sozialen Beziehungen.

Mit Blick auf westliche Volkswirtschaften vertraten zahlreiche Historiker sogar die Auffassung, daß es *ohne* den Bedeutungsverlust der Familie keinen wirtschaftlichen Fortschritt gegeben hätte. Die folgende Passage aus einem Standardwerk über die wirtschaftliche Entwicklung illustriert die für die »Modernisierungs«-Theorie der frühen Nachkriegszeit typische Einschätzung der Auflösung von familiären Bindungen:

> [Die Großfamilie] stellt allen Mitgliedern, ungeachtet ihres individuellen Beitrags, Wohnung und Unterhalt zur Verfügung und sorgt so mit einer Art »sozialer Sicherheit« gleicherweise für den Bedürftigen

wie für den Faulen. Von den arbeitenden Familienangehörigen wird erwartet, daß sie ihren Verdienst zugunsten aller Mitglieder der Großfamilie zusammenlegen; individuelles Sparen ist nicht erwünscht. Über Verhalten und Lebensweg (einschließlich Heirat) der Familienmitglieder entscheiden ausschließlich die Älteren in der Großfamilie. Loyalität und Verpflichtungen der Familie gegenüber haben Vorrang vor allem anderen. So schwächt tendenziell die Großfamilie oder der Familienverband die individuelle Motivation, zu arbeiten, zu sparen und zu investieren.[10]

Aber nicht nur westliche Sozialwissenschaftler und Managementexperten beurteilten die Rolle der Familie im Wirtschaftsleben negativ. Auch die chinesischen Kommunisten, die hofften, den Einfluß der traditionellen chinesischen Familie durch die Propagierung anderer Formen der Loyalität – gegenüber der Kommune, der Partei und dem Staat – zu brechen, teilten diese Sicht.[11]

Die Sozialwissenschaftler betrachteten den Familismus als ein Hindernis bei der wirtschaftlichen Entwicklung, nahmen aber auch an, daß der sozioökonomische Wandel die traditionellen Familienstrukturen auflösen werde. Allgemein ging man davon aus, daß in vormodernen, bäuerlichen Gesellschaften eine wie auch immer geartete Form der Großfamilie die Norm darstellt und daß im Zuge der Industrialisierung an die Stelle der Großfamilie Kleinfamilien treten. Die vor der Industriellen Revolution noch erheblichen interkulturellen Unterschiede in der Familienstruktur würden, so die weitverbreitete Sicht, mit der Zeit verschwinden, und auch in Gesellschaften mit stark traditionell geprägten Familienstrukturen würde sich nach und nach die für Nordamerika und Europa typische Kleinfamilienstruktur herausbilden.

In jüngerer Zeit hat die Vorstellung, es gebe einen für alle Gesellschaften gleichermaßen richtigen Pfad der wirtschaftlichen Entwicklung, viel an Überzeugungskraft eingebüßt. Der Wirtschaftshistoriker Alexander Gerschenkron beispielsweise merkte an, daß späte Modernisierer wie Deutschland und Japan im Gegensatz zu frühen Modernisierern wie Großbritannien und den Vereinigten Staaten eine gänzlich andere Politik verfolgten und ihre Regierungen die Industrialisierung sehr viel direkter und aktiver unterstützten.[12] Doch große, vertikal integrierte Unternehmen, wie sie Chandler beschrieben hat, stellen nicht die einzige Antwort auf die mit der wachsenden Unternehmensgröße verbundenen Herausforderungen dar. Das japanische Keiretsu-Konzept ist eine alternative Form der Unternehmensorganisation, die auf Netzwerken statt auf Hierarchien basiert und die Größenvorteile der vertikalen Integration mit einer sehr viel flexibleren Organisation vereint. Genauso aber können auch hochentwickelte Volkswirtschaften, wie die Beispiele Taiwan und Italien belegen, von modernen Familienunternehmen dominiert werden. Und selbst in den fortschrittlichsten Volkswirtschaften existieren heute noch Handwerksbetriebe und Kleinunternehmen neben großen Massenfertigern.[13]

Neuere Studien über die Entwicklungsgeschichte der Familie deuten zudem darauf hin, daß die eingleisige Sicht, wonach die »moderne« Kleinfamilie aus einer kontinuierlichen Verengung der ursprünglichen Großfamilie heraus entstanden ist, nicht unbedingt zutrifft. Untersuchungen haben gezeigt, daß Kleinfamilien in vorindustriellen Gesellschaften sehr viel verbreiteter waren als bislang angenommen. In manchen Fällen lösten sich Großfamilien zu Beginn der Industrialisierung zwar auf, rekonstituierten sich aber in späteren Phasen wieder.[14] Vom kulturellen Standpunkt her weit wichtiger ist indes der Umstand, daß wir es hier nicht mit einer einseitigen Kausalbeziehung zu tun haben: Der wirtschaftliche Wandel veränderte zwar die Natur der Familie, aber die Familienstruktur beeinflußte auch die Art und Weise der Industrialisierung. Wie wir sehen werden, sind die Volkswirtschaften Chinas und Japans sehr unterschiedlich strukturiert, und die Unterschiede lassen sich auf die traditionelle Familienstruktur zurückführen.

In den letzten zwei Jahrzehnten büßte in den Vereinigten Staaten die Auffassung, daß die Familie ein Hindernis für die wirtschaftliche Entwicklung darstelle, an Popularität ein. Heute beurteilt man, wie die von Dan Quayle vom Zaun gebrochene Debatte über »Familienwerte« belegt, den Einfluß stabiler Familienstrukturen auf die wirtschaftliche Prosperität positiver. Im Rückblick erscheint es klar, daß die Modernisierungstheoretiker der fünfziger und sechziger Jahre mit ihrer Annahme falsch lagen, der Zusammenbruch der Familienstrukturen werde auf der Ebene der ihrer Auffassung nach stabilen und starken Kleinfamilie haltmachen. Wie sich herausstellte, lösten sich auch die Kleinfamilien mit einer alarmierenden Geschwindigkeit in Ein-Eltern-Familien auf – mit weit fataleren gesellschaftlichen Konsequenzen, als sie der Zusammenbruch der Großfamilien eine Generation zuvor mit sich gebracht hatte.

Der Einfluß, den »Familienwerte« auf das wirtschaftliche Leben haben, ist also komplex und zum Teil sogar widersprüchlich: In manchen Gesellschaften sind die Familienbande so stark, daß sie die Bildung von modernen wirtschaftlichen Organisationsformen behindern, in anderen Kulturen hingegen zu schwach, als daß sie zur Sozialisation beitragen könnten. Warum beides möglich ist, werde ich in den folgenden Kapiteln zeigen.

Kapitel 8

Ein lockerer Sandhügel

An Wang wurde in Shanghai geboren und wanderte mit 25 Jahren in die Vereinigten Staaten aus. Dort gründete der umtriebige Chinese 1951 aus kleinsten Anfängen das Computerunternehmen Wang Laboratories und legte damit den Grundstock für eine der faszinierendsten Erfolgsstories der jungen Computerbranche. Ende der fünfziger Jahre ging Wang an die Börse, und 1984, 33 Jahre nach der Gründung, erzielte das in Lowell, Massachusetts, ansässige Unternehmen einen Umsatz von 2,28 Milliarden Dollar. In ihrer Blütezeit hatten die Wang Laboratories 24 800 Angestellte und waren damit einer der größten Arbeitgeber im Gebiet von Boston.[1] Als sich An Wang Mitte der achtziger Jahre zurückzog, bestand er darauf, daß sein in Amerika geborener Sohn Fred Wang an die Unternehmensspitze nachrückte. So wurde Fred Wang über die Köpfe mehrerer verdienter und fähiger Top-Manager hinweg, darunter auch John Cunningham, der Insidern bereits als designierter Nachfolger des alten Wang gegolten hatte, auf den Chefsessel gehievt. Irritiert und erzürnt über diesen offensichtlichen Fall von Vetternwirtschaft, nahmen gleich mehrere amerikanische Wang-Manager ihren Hut.[2]

Der anschließende Sturz der Wang Laboratories war selbst für ein Unternehmen in der nicht gerade für ihre Stabilität bekannten Computerindustrie dramatisch. Nach nur einem Jahr unter der Führung von Fred Wang wiesen die Wang Laboratories erstmals in ihrer Geschichte einen Verlust aus. Innerhalb von vier Jahren verlor das Unternehmen 90 Prozent seines Börsenwertes, und 1992 mußten die Wang Laboratories Konkurs anmelden. Erst jetzt räumte An Wang ein, daß sein Sohn als Manager wohl überfordert sei, und entließ ihn. Ob der einzige chinesische Markenname, der amerikanischen Ohren geläufig ist, das Ende des Jahrzehnts noch erlebt, ist fraglich.

Die Geschichte der Wang Laboratories vermittelt einige grundlegende Erkenntnisse über chinesische Unternehmen, auch wenn das Unternehmen in den USA und nicht in Ostasien beheimatet ist: Trotz der weltweit explosionsartigen Vermehrung chinesischer Unternehmen in den letzten beiden Jahrzehnten und der glitzernden High-Tech-Fassade vieler dieser Gesellschaften ruhen sie nach wie vor auf traditionellen Familienbanden. Die Familien stellen das soziale Kapital zur Unternehmensgründung bereit, gleichzeitig aber verkörpern sie ein wichtiges strukturelles Hindernis, das in vielen Fällen die Evolution der Familienunternehmen in stabile Großunternehmen unmöglich macht.

Der Aufstieg und Fall der Wang Laboratories illustriert aber noch einige andere unternehmenspolitisch zentralen Aspekte der chinesischen Kultur. Manche Beobachter verweisen darauf, daß ein Großteil der Probleme, die nach Fred Wangs Übernahme des Unternehmens auftauchten, nicht ihm, sondern dem Managementstil seines Vaters angelastet werden müssen. An Wang hatte die ganze Zeit einen absolut autokratischen Führungsstil gepflegt und sich sehr schwer damit getan, Führungsaufgaben zu delegieren. 1972, als die Wang Laboratories immerhin schon 2000 Angestellte hatten, unterstanden nicht weniger als 136 Mitarbeiter direkt An Wang.[3] An Wang war kompetent und durchsetzungsfähig genug, dieses typisch chinesische Nabe-Speichen-Führungssystem am Laufen zu halten, und auf eine gewisse Weise stärkte das sogar das Zusammengehörigkeitsgefühl auf allen Ebenen des Unternehmens. Doch ein solches auf eine Person ausgerichtetes Managementsystem läßt sich kaum institutionalisieren, und als der alte Wang seinem Sohn Platz machte, beschleunigte es den Niedergang des Unternehmens. Wie wir sehen werden, ist Wang kein Einzelfall, sondern die Regel. Die Wurzeln der chinesischen Familie sind ebenso stark wie tief.

Die Chinesen bilden die zahlenmäßig stärkste rassische, sprachliche und kulturelle Gruppe auf der Erde. Sie besiedeln einen geographisch weiten Raum und leben in einer Vielzahl unterschiedlicher Nationen, von der kommunistischen Volksrepublik China über die überseeischen Kolonien in Südostasien bis hin zu industrialisierten Demokratien wie den Vereinigten Staaten, Kanada und Großbritannien.

Trotz unterschiedlicher politischer Umgebungen können wir von einer relativ homogenen chinesischen »Wirtschaftskultur« sprechen, die sich deutlich von der japanischen oder der koreanischen unterscheidet. In ihrer reinsten Form finden wir die chinesische Wirtschaftskultur in Taiwan, Hongkong und Singapur, wo die Chinesen die ethnische Majorität stellen und wo der Staat, im Gegensatz zur Volksrepublik China, die wirtschaftliche Entwicklung nicht in das Prokrustesbett ideologischer Vorgaben gezwängt hat. Auch in Ländern mit starken chinesischen Minderheiten wie Malaysia, Thailand, Indonesien und den Philippinen scheint diese Kultur im wirtschaftlichen Leben durch, ebenso wie in dem seit den Reformen Deng Xiaopings Ende der siebziger Jahre florierenden privaten Wirtschaftssektor der Volksrepublik China. Und wie der Fall An Wang zeigt, ist diese Kultur selbst unter den Chinesen in den Vereinigten Staaten lebendig, obgleich die Chinesen dort stärker kulturell assimiliert sind als die Chinesen im südostasiatischen Raum. Die Tatsache, daß chinesische Gemeinschaften, wo immer es die Regierungen zulassen, ein ähnliches Muster wirtschaftlichen Verhaltens entwickeln, spricht dafür, daß dieses Verhalten in einem gewissen Sinne ein »natürliches« Element der chinesischen Kultur ist.

Wenn man die industrielle Struktur chinesischer Gesellschaften wie Taiwan, Hongkong und Singapur untersucht, fällt als erstes die geringe Größe der Unternehmen ins Auge.[4] Im Westen, in Japan und in Südkorea basierte die wirtschaftliche Entwicklung vor allem auf dem raschen Wachstum und weniger auf einer Zunahme der Unternehmen. In chinesischen Gesellschaften ist genau das Gegenteil der Fall: Von den 44054 produzierenden Unternehmen, die es 1971 in Taiwan gab, waren 68 Prozent Kleinbetriebe und 23 Prozent mittelgroße Unternehmen mit bis zu 50 Angestellten.[5] Zwischen 1966 und 1976 wuchs die Zahl kleiner und mittlerer Betriebe um das Eineinhalbfache, die durchschnittliche Unternehmensgröße gemessen an der Zahl der Beschäftigten erhöhte sich in derselben Zeit jedoch nur um 29 Prozent. In Südkorea, das eher einen Japan und den Vereinigten Staaten vergleichbaren Entwicklungspfad verfolgte, verlief das Wachstum mit umgekehrten Vorzeichen: Die Zahl der Betriebe wuchs in denselben zehn Jahren nur um 10 Prozent, die der Beschäftigten pro Unternehmen jedoch um 176 Prozent.[6] Zwar gibt es auch in Taiwan einige große Privatunternehmen, doch verglichen mit denen in Südkorea sind sie Zwerge. Dieser Unterschied hängt eindeutig nicht mit dem relativen Entwicklungsstand der Volkswirtschaften zusammen; nach allgemeiner Einschätzung hinkt nämlich Südkorea in dieser Beziehung etwas hinter Taiwan her. 1983 erzielte das größte taiwanesische Privatunternehmen, Formosa Plastics, mit 31211 Angestellten einen Umsatz von 1,6 Milliarden US-Dollar. Im gleichen Jahr setzten die beiden südkoreanischen Konglomerate Hyundai und Samsung mit 137000 beziehungsweise 97384 Beschäftigten 8 beziehungsweise 5,9 Milliarden US-Dollar um. 1976 war das durchschnittliche taiwanesische Unternehmen gerade einmal halb so groß wie das durchschnittliche koreanische Unternehmen.[7]

Besonders typisch sind kleine Unternehmen für Hongkong, das seit langer Zeit geradezu als Musterbeispiel eines aus zahllosen Kleinstunternehmen bestehenden, stark wettbewerbsorientierten Marktes gilt. Zwischen 1947 und 1984 nahm die durchschnittliche Unternehmensgröße in der britischen Kronkolonie sogar ab: 1947 gab es in Hongkong 961 Firmen mit insgesamt 47356 Beschäftigten, im Schnitt also 49,3 Beschäftigte pro Unternehmen. 1984 dagegen arbeiteten in 48992 Firmen 904709 Menschen, im Schnitt also nur noch 18,4 Beschäftigte pro Unternehmen.[8] Selbst in der Industrievorstadt Kwun Tung, die speziell für größere Unternehmen eingerichtet wurde, arbeiteten in rund 72 Prozent der Betriebe weniger als 50 Arbeiter und nur in 7 Prozent mehr als 200 Beschäftigte.[9] Der Rückgang der Firmengrößen hing zum Teil mit der in den achtziger Jahren erfolgten Öffnung der chinesischen Sonderwirtschaftszone Guangdong gegenüber Hongkong zusammen; viele große Betriebe verlagerten die Produktion in die Volksrepublik China, weil dort die Lohnkosten sehr viel niedriger waren. Auf der anderen Seite floß Kapital aus der Volksrepublik nach Hongkong und wurde dort zum Aufbau einiger großer Unternehmen eingesetzt. Daten aus anderen Ländern mit starken chinesischen Kolonien sprechen eine ähnliche Sprache: Der Vermögenswert eines durchschnittlichen chinesischen Unternehmens auf den Philippinen beträgt lediglich ein Drittel des Wertes eines typischen nichtchinesischen Unternehmens.[10] Unter den vom amerikanischen Magazin *Fortune* 1990 aufgeführten 150 größten Unternehmen der Pazifikanrainerstaaten fand sich gerade ein chinesisches Unternehmen – und das war bezeichnenderweise eine staatliche Ölgesellschaft.[11]

Die geringe Unternehmensgröße in Taiwan hängt mit einer weiteren Besonderheit der dortigen Industriestruktur zusammen: der Tatsache, daß ein relativ großer Anteil der Produktionsbetriebe außerhalb der großen städtischen Siedlungsgebiete liegt. Noch Mitte der sechziger Jahre arbeitete mehr als die Hälfte aller in der Produktion Beschäftigten außerhalb der sieben größten Städte und neun größten Kleinstädte.[12] Ebenso wie in der Volksrepublik nach der Dekollektivierung wurde ein erheblicher Anteil der Produktionsanlagen von Nebenerwerbslandwirten in Hütten und Scheunen betrieben. Diese Firmen, die fast ausschließlich aus privat angespartem Kapital finanziert wurden und nur mit Hilfe der gesamten Familie umgetrieben werden konnten, produzierten vor allem einfache Plastikteile, Papierwaren und andere technologisch anspruchslose Produkte.[13]

In Taiwan gab es schon immer eine Anzahl großer Staatsunternehmen in der Petrochemie, im Schiffbau, der Stahl- und Aluminiumindustrie und in jüngster Zeit in der Halbleiter- und Luftfahrtindustrie. Einige dieser Unternehmen gehen noch auf die japanische Kolonialzeit zurück und wurden nach der Machtübernahme 1949 von der nationalistischen Regierung weitergeführt. Alice Amsden hat zwar behauptet, der Staatssektor werde in den meisten Untersuchungen über die wirtschaftliche Entwicklung Taiwans vernachlässigt,[14] und in der Tat spielten Staatsunternehmen eine wichtige Rolle in der Frühphase der Industrialisierung des Landes. Allerdings übersieht sie dabei, daß die großen Staatsunternehmen von jeher zu dem am wenigsten dynamischen Sektor der Wirtschaft der Insel zählen und ihr Anteil am Bruttoinlandsprodukt kontinuierlich zurückgegangen ist. Viele Staatsunternehmen arbeiten mit Verlust und werden von Taipeh aus Gründen der nationalen Sicherheit am Leben erhalten oder (wie wir weiter unten sehen werden) ganz einfach deswegen, weil Staatsbesitz die einzige Methode für eine Gesellschaft wie Taiwan ist, große Unternehmen zu entwickeln und zu bewahren.[15] Für das beeindruckende Wachstum der taiwanesischen Volkswirtschaft seit Ende der fünfziger Jahre ist vor allem der von kleinen und mittleren Unternehmen dominierte private Sektor verantwortlich.

In allen asiatischen Gesellschaften, auch den chinesischen, liegt über den individuellen Unternehmen eine Ebene wirtschaftlicher Organisationen, die man als »Netzwerk-Organisationen« bezeichnen könnte.[16] Die berühmtesten sind die japanischen Keiretsu (die Nachfolgeorganisationen der Zaibatsu vor dem Zweiten Weltkrieg) wie die Sumitomo- und die Mitsubishi-Gruppe: Unternehmensbündnisse (oft um eine Bank herum gruppiert), die gegenseitig Anteile halten und bevorzugt sowie zu Vorzugsbedingungen Geschäfte miteinander abwickeln. Die koreanische Spielart der Netzwerk-Organisationen wird als *chaebol* bezeichnet, dazu zählen so bekannte Unternehmen wie Samsung und Hyundai. Wie ich in den Kapiteln über Japan und Südkorea zeigen werde, erschließen die Netzwerk-Organisationen die Vorteile der Größendegression und Diversifikation innerhalb einer offeneren organisatorischen

Form, die eine höhere Flexibilität als die vertikale Organisationsform amerikanischer Unternehmen vergleichbarer Größenordnung zuläßt.

Netzwerk-Organisationen gibt es auch in Taiwan, allerdings in einer ganz anderen Ausprägung. Erstens sind sie viel kleiner als die japanischen und südkoreanischen: Die sechs größten japanischen Keiretsu umfassen im Durchschnitt einunddreißig[17] und die südkoreanischen Chaebol elf Unternehmen, die sechs größten taiwanesischen Netzwerk-Organisationen jedoch nur sieben Unternehmen pro Gruppe. Außerdem sind die in Netzwerken organisierten taiwanesischen Unternehmen im Schnitt kleiner und spielen eine geringere Rolle in der Wirtschaft. In Japan und Südkorea gehören die größten und wichtigsten Unternehmen einem Netzwerk an, in Taiwan hingegen nur 40 Prozent der 500 größten Unternehmen.[18] Zweitens sind die taiwanesischen Netzwerke nicht wie die japanischen um eine Bank oder eine andere Finanzeinrichtung gruppiert. Die meisten taiwanesischen Unternehmen unterhalten Beziehungen zu mehreren Banken, und die Banken befinden sich größtenteils in Staatsbesitz.[19] Schließlich unterscheiden sich auch die Beziehungen zwischen den Netzwerk-Mitgliedern in Taiwan von denen in Japan und ähneln mehr den für die südkoreanischen Chaebol typischen Binnenbeziehungen. Während in Taiwan und Südkorea Verwandtschaftsbeziehungen im Vordergrund stehen, beruhen die Beziehungen zwischen den meist als Publikumsgesellschaften verfaßten japanischen Unternehmen auf wechselseitigem Aktienbesitz.[20]

Der Grund für die geringe Unternehmensgröße in chinesischen Gesellschaften ist, daß sich praktisch alle Privatunternehmen in Familienbesitz befinden und von Familien geleitet werden.[21] Es ist zwar schwierig, an genaue Angaben über die tatsächlichen Besitzverhältnisse heranzukommen, doch die zugänglichen Daten deuten stark darauf hin, daß die große Mehrheit der Kleinunternehmen, die das wirtschaftliche Leben Hongkongs, Taiwans und Singapurs dominieren, in Familienbesitz ist.[22] Große, hierarchisch aufgebaute und professionell geführte Publikumsgesellschaften, seit langem die vorherrschende Unternehmensform in Japan und den Vereinigten Staaten, existieren in chinesisch geprägten Gesellschaften im eigentlichen Sinn des Wortes nicht.

Das soll nicht heißen, daß es in der Volksrepublik China, Taiwan, Hongkong oder Singapur keine Großunternehmen und keine Manager gäbe. Die World Wide Shipping Company in Hongkong unter dem verstorbenen Sir Yue-Kong Pao war eine Zeitlang die größte asiatische Reederei und unterhielt Niederlassungen auf der ganzen Welt.[23] Das gleichfalls in Hongkong ansässige Li-Ka-Sheng-Imperium hat mit großem Erfolg zahlreiche professionelle Manager integriert. In Taiwan gibt es ein gutes Dutzend milliardenschwerer Familien, die riesige Unternehmen kontrollieren, und in Hongkong sieht es ähnlich aus. 54 Prozent der Hongkonger Börsenwerte werden von nur zehn Familiengruppen kontrolliert (sieben chinesischen, einer jüdisch-britischen und zwei britischen Familien).[24]

Von außen betrachtet unterscheidet diese Familienunternehmen mit ihrem weltweiten Netz an Niederlassungen nichts von modernen, multinationalen Konzernen. Doch das Top-Management liegt in den Händen der Familie, und oft werden die Regionalbüros von einem Bruder, einem Cousin oder Schwiegersohn des Familienoberhauptes in Hongkong oder Taipeh geleitet.[25] Die Trennung zwischen Familienbesitz und Top-Management vollzieht sich in diesen Fällen sehr viel langsamer als beispielsweise in Japan oder den Vereinigten Staaten. Li Ka-Shengs Imperium wird von dem älteren seiner beiden in Stanford ausgebildeten Söhne fortgeführt, Y.-K. Paos Unternehmensgruppe wurde von seinen vier Schwiegersöhnen geleitet, und kurz vor Paos Tod wurde die World Wide Shipping Company zwischen den vier Familienzweigen aufgeteilt.[26]

Die Tatsache, daß viele dieser Unternehmen an den lokalen Börsen notiert sind, heißt nicht, daß die Familien weniger Macht über sie ausüben als in nicht börsennotierten Familienunternehmen. Normalerweise behalten sich die Familien einen Aktienanteil von 35 bis 40 Prozent vor, mehr als genug, um ein gewichtiges Wort im Management mitzureden.[27] Dazu kommt, daß ein erheblicher Teil der Aktien oft von einer Bank oder einem Finanzinstitut gehalten wird, die von dem ausgebenden Unternehmen selbst kontrolliert werden.[28] Solche verworrenen Anteilsverhältnisse tragen mit dazu bei, die Tatsache zu verschleiern, daß alle Fäden in den Händen einer einzigen Familie zusammenlaufen.

Wie schon weiter oben betont wurde, sind Familienunternehmen natürlich kein ausschließlich chinesisches Phänomen; auch im Westen fingen so gut wie alle großen Konzerne als Familienbetriebe an und entwickelten erst in einer späteren Phase moderne Managementstrukturen. Auffällig bei der Industrialisierung Chinas sind jedoch *die großen Schwierigkeiten, die chinesische Familienunternehmen anscheinend mit dem Übergang von einem familiendominierten zu einem professionellen*

Management haben. Wenn dieser Schritt indes nicht erfolgt, kann sich das Unternehmen nicht institutionalisieren und über die Lebenszeit der Gründerfamilie hinaus bestehen.

Die Ursache für dieses Phänomen liegt in der Besonderheit der chinesischen Familienstruktur.[29] In chinesischen Gesellschaften ist die Neigung sehr stark ausgeprägt, nur Verwandten zu vertrauen; entsprechend groß ist das Mißtrauen, welches Menschen außerhalb der eigenen Familie oder des eigenen Klans entgegengebracht wird.[30] Gordon Redding schreibt in seiner Untersuchung über Unternehmen in Hongkong:

> Der entscheidende Punkt ist demnach, daß man seiner Familie absolut vertraut, Freunden und Bekannten jedoch nur bis zu dem Punkt, wo eine wechselseitige Abhängigkeit erreicht ist, die nicht ohne Gesichtsverlust ignoriert werden kann. Bei allen anderen rechnet man nicht mit Gefälligkeiten. Man hat zwar das Recht zu erwarten, daß sie die Regeln der Höflichkeit und des gesellschaftlichen Anstandes befolgen, doch jenseits davon muß man davon ausgehen, daß sie, wie man selbst auch, zunächst und vor allem ihre eigenen Interessen oder vielmehr die ihrer Familie verfolgen. Die eigenen Motive gut zu kennen bedeutet für Chinesen mehr als für die meisten anderen Menschen eine Warnung, sich vor anderen in acht zu nehmen.[31]

Dieser Mangel an Vertrauen außerhalb der Grenzen der eigenen Familie macht es nicht miteinander verwandten Menschen sehr schwer, Gruppen und Organisationen einschließlich großer Wirtschaftsunternehmen zu bilden. In scharfem Gegensatz zu Japan ist die chinesische Gesellschaft *nicht* gruppenorientiert. Diesen Unterschied hat der chinesische Schriftsteller Lin Yutang in einem Gleichnis zum Ausdruck gebracht, in dem er die japanische Gesellschaft mit einem Stück Granit verglich, die chinesische dagegen mit einem lockeren Sandhügel, bei dem jedes Sandkorn eine Familie repräsentiert.[32] Genau aus diesem Grund erscheint die chinesische Gesellschaft dem westlichen Beobachter immer wieder sehr stark individualistisch geprägt.

Im traditionellen chinesischen Wirtschaftsleben gibt es keine dem japanischen *banto* vergleichbare Figur, dem professionellen Manager, der von außen geholt wird und die Geschäfte des Familienunternehmens führt.[33] Natürlich kommen auch in chinesischen Gesellschaften selbst kleine Familienbetriebe nicht ohne die Arbeitskraft von nicht mit der

Familie verwandten Beschäftigten aus. Doch die Beziehungen zwischen den Arbeitern und der Unternehmerfamilie respektive den Familienmanagern sind von großer Distanz geprägt. Die in Japan vorherrschende Sichtweise des Unternehmens als einer Ersatzfamilie fehlt in China völlig: Kein Chinese arbeitet gerne für Menschen, mit denen er nicht verwandt ist, und wer es dennoch tut, träumt nicht von einer Anstellung auf Lebenszeit, sondern wünscht sich, daß er eines Tages den Absprung schaffen und ein eigenes Unternehmen gründen kann.[34] Vergleichende Managementstudien haben gezeigt, daß chinesische Manager überdurchschnittlich viel Wert darauf legen, daß zwischen ihnen und ihren Untergebenen eine soziale Distanz besteht.[35] Jene spontane, egalitäre Kumpelhaftigkeit, die zwischen einem japanischen Manager und seinen Angestellten aufkommt, wenn sie abends zusammen ein Glas trinken gehen, ist in chinesischen Gesellschaften so gut wie unbekannt. Von Unternehmen gesponserte mehrtägige Ausflüge, bei denen ganze Abteilungen für ein paar Tage irgendwohin aufs Land fahren, sind im Gegensatz zu Japan in China, Taiwan und Hongkong genausowenig die Regel wie im Westen. In Hongkong oder Taiwan beschränken sich solche Ausflüge oder Urlaubsreisen auf die Unternehmerfamilie, und wenn sie im größeren Rahmen stattfinden, dann höchstens mit Angehörigen der erweiterten Familie.[36] In chinesischen Gesellschaften sind nicht zur Familie gehörende Manager vom Erwerb größerer Anteile an dem Unternehmen, für das sie arbeiten, ausgeschlossen und beklagen oft die mangelnde Offenheit der Familienmanager im Umgang mit ihnen. Außerdem sind ihrc Aufstiegsmöglichkeiten unweigerlich beschränkt, denn wichtige Posten werden bevorzugt mit Familienmitgliedern besetzt.

Mit anderen Worten, der Nepotismus, den Weber und andere Sozialwissenschaftler als ein Hindernis auf dem Weg zur Modernisierung beschrieben, ist trotz des bemerkenswerten Wachstums der Volkswirtschaften in chinesisch geprägten Ländern in den vergangenen Jahrzehnten keineswegs verschwunden. Diese Zählebigkeit geht wenigstens zum Teil darauf zurück, daß die Familie in der chinesischen viel stärker als in anderen Kulturen eine zentrale Rolle spielt und die Chinesen vielleicht auch besser als andere gelernt haben, sich damit zu arrangieren. Mit anderen Worten: Das Problem der Vetternwirtschaft, in den Augen von Max Weber und anderen ein ernstes Hindernis bei der Modernisierung, spielt ungeachtet der Tatsache, daß die chinesischen

Gesellschaften in den letzten Jahrzehnten ein beachtliches Wirtschaftswachstum zu verzeichnen hatten, immer noch eine große Rolle. Es ist in diesem Kulturkreis zum einen so besonders hartnäckig, weil die Familie von so großer Wichtigkeit ist, zum anderen, weil die Chinesen Mittel und Wege gefunden haben, damit umzugehen. Die Gründergeneration zahlreicher großer chinesischer Unternehmen beispielsweise versucht, das Problem inkompetenter Nachfolger dadurch zu lösen, daß sie ihre Kinder an den besten Schulen der Welt wie Stanford, Yale oder am MIT zu Managern oder Ingenieuren ausbilden läßt. Eine andere beliebte Methode ist es, Töchter geschickt zu verheiraten und auf diesem Wege frisches Managerblut in die Familie zu bringen. Doch solche Strategien können nur begrenzt erfolgreich sein, insbesondere wenn das Unternehmen wächst und die familiäre »Personaldecke« zusehends dünner wird.

Die dominante Rolle der Familie im wirtschaftlichen Leben chinesischer Kulturen treibt auch kuriose Blüten, die in anderen Gesellschaften so nicht vorstellbar sind. Vor welches Dilemma das beispielsweise Konsumenten in Hongkong stellen kann, verdeutlicht das folgende Zitat:

> Von Einzelhändlern wird erwartet, daß sie engen Verwandten einen niedrigeren Preis berechnen. Andererseits wird von den Verwandten wiederum erwartet, daß sie ohne langes Herumfeilschen kaufen ... Eine ältere Frau beispielsweise vermied es sorgsam, in dem Gemischtwarenladen ihres Neffen einzukaufen, da sie sich, wenn sie den Laden betrat, auch verpflichtet fühlte, etwas zu erstehen. Angenommen, sie würde blaue Kerzen suchen, ihr Neffe hätte aber nur rote auf Lager, dann müßte sie eben rote Kerzen nehmen. Deswegen kaufte sie nur in anderen Geschäften ein, wo sie sich so lange umschauen konnte, bis sie genau das entdeckte, was ihrem Geschmack entsprach, wieder gehen konnte, wenn das Gesuchte nicht vorrätig war, und nach Herzenslust feilschen konnte, wenn sie das Passende gefunden hatte.[37]

Das starke Mißtrauen Fremden gegenüber und die Präferenz für Familienmanagement in chinesischen Gesellschaften führen zu einem besonderen dreistufigen Entwicklungsmodell für chinesische Unternehmen.[38] Am Anfang eines chinesischen Familienunternehmens steht üblicherweise ein dominanter Patriarch, der das Unternehmen aufbaut, einen autoritären Führungsstil pflegt und später, wenn es gewachsen ist, seine

Verwandten in Leitungspositionen plaziert. Die Solidarität innerhalb chinesischer Familien schließt Spannungen zwar nicht aus, doch gegenüber der Außenwelt hält die Familie unbedingt zusammen; kommt es zu Konflikten, hat der Unternehmensgründer das letzte Wort. Da sich die meisten chinesischen Unternehmer aus kleinsten Anfängen heraus nach oben arbeiten, sind alle Familienangehörigen der ersten Generation »hungrig« und bereit, außerordentlich hart zu arbeiten. Es werden zwar oft nicht mit der Familie verwandte Arbeiter eingestellt, doch zwischen dem Vermögen des Unternehmens und dem der Familie wird kaum unterschieden.

Selbst wenn das Unternehmen wächst und prosperiert, bemühen sich die Unternehmer der ersten Generation selten darum, ein modernes Managementsystem mit einer geregelten Arbeitsteilung, einer Führungshierarchie und einer dezentralisierten, nach Abteilungen untergliederten Organisationsstruktur einzuführen. Die übliche Organisationsform ist die eines Nabe-und-Speichen-Systems, bei dem alle Unternehmensbereiche direkt dem Unternehmensgründer unterstehen.[39] Der chinesische Managementstil wird häufig als »personalistisch« beschrieben: Personalentscheidungen werden weniger auf der Grundlage objektiver Leistungskriterien getroffen als auf der Basis der persönlichen Beziehungen zwischen dem Chef und den Untergebenen, auch wenn sie nicht mit ihm verwandt sind.[40]

Die zweite Entwicklungsstufe ist erreicht – vorausgesetzt, das Unternehmen konnte sich behaupten –, wenn der Gründer stirbt. Das Prinzip der anteiligen Vererbung entlang der männlichen Linie ist tief in der chinesischen Kultur verwurzelt. Konsequenterweise erben alle Söhne des Gründers nach seinem Tod einen gleich großen Anteil an dem Familienunternehmen.[41] Trotz des beträchtlichen Drucks auf alle Söhne, sich in dem Familienbetrieb zu engagieren, gibt es immer wieder »Aussteiger«. Wie auch in anderen Kulturen provoziert der Konformitätsdruck der Väter Rebellionsgelüste bei den Söhnen, und es gibt zahlreiche Beispiele von jungen Chinesen, die zum MBA-Studium in die USA oder nach Kanada geschickt wurden und nach ein paar Semestern beschlossen, zu Kunst oder etwas ähnlich »Abwegigem« überzuwechseln. Die Beziehung zwischen den Söhnen, die im väterlichen Unternehmen verbleiben, ist sehr anfällig für Spannungen. Zwar beginnen alle mit dem gleichen Anteil, doch nicht alle sind gleichermaßen kompetent und ehrgeizig. Die besten Überlebenschancen hat das Unternehmen, wenn einer der Söhne die Führungsrolle übernimmt und die Autorität auf seine Person konzentriert. Wenn es nicht gelingt, die Autorität wieder in einer Person zu zentralisieren, kommt es häufig zu Konflikten, die sich unter Umständen nur durch eine formale, vertragliche Abgrenzung der Kompetenzen entschärfen lassen. Können die Probleme nicht einvernehmlich gelöst werden, entbrennt zwischen den Erben oftmals ein erbitterter Kampf um die Kontrolle über das Unternehmen, und nicht selten endet der Kampf damit, daß das ursprüngliche Unternehmen in mehrere Einzelunternehmen zerschlagen wird.

Die nächste – und besonders kritische – Phase markiert der Übergang des Unternehmens auf die Generation der Enkel. Da die Söhne oft eine unterschiedliche Anzahl von Kindern haben, sind die Anteile der Enkelkinder meistens unterschiedlich groß. War die Familie sehr erfolgreich, wachsen die Enkel in einer luxuriösen Umgebung auf, und anders als ihr Großvater betrachten sie den Wohlstand als selbstverständlich. Dann sind sie oft entweder nicht hinreichend motiviert, die für die Erhaltung der Konkurrenzfähigkeit des Unternehmens nötigen Opfer zu bringen, oder sie wenden sich gänzlich anderen Interessen zu.

Der schrittweise Niedergang des unternehmerischen Talents und Ehrgeizes von der ersten bis zur dritten Generation ist keineswegs auf China beschränkt, sondern kennzeichnet die Entwicklung von Familienunternehmen in allen Gesellschaften. Es gibt sogar einen Namen dafür: das »Buddenbrooks«-Phänomen. Nach einer Schätzung der amerikanischen Small Business Administration sind 80 Prozent aller Unternehmen in den USA Familienbetriebe, und nur ein Drittel davon wird bis in die zweite Unternehmergeneration Bestand haben.[42] Viele der großen amerikanischen Unternehmerfamilien – die Du Ponts, die Rockefellers, die Carnegies – haben solche Niedergänge erlebt. Ihre Kinder und Kindeskinder vollbringen zwar oft große Leistungen auf anderen Gebieten, etwa den Künsten oder in der Politik (man denke nur an Nelson und Jay Rockefeller), aber kaum einer ist in der Lage, die Unternehmungen seines Vaters und Großvaters erfolgreich weiterzuführen.

Der große Unterschied zwischen amerikanischen und chinesischen Unternehmerfamilien ist, daß sich auch in der dritten Generation kaum ein chinesisches Familienunternehmen institutionalisiert hat. Im Gegensatz dazu berufen die meisten amerikanischen Unternehmerfamilien relativ früh professionelle Manager in die Firmenleitung, insbesondere nach dem Tod oder Ausscheiden des Unternehmensgründers. Bis zur dritten Generation werden die meisten US-Familienunternehmen von einem professionellen Management geführt. Die Enkel halten zwar oft noch die Aktienmehrheit, aber kaum einer ist im Management des Unternehmens aktiv.

In chinesischen Gesellschaften verhindert das verbreitete Mißtrauen gegenüber Fremden in der überwiegenden Zahl der Fälle eine Institutionalisierung des Familienunternehmens. Die Besitzerfamilie wird eher dulden, daß das Unternehmen aufgeteilt oder ganz aufgelöst wird, als die Leitung in fremde Hände zu übertragen. Bezeichnend ist das Beispiel eines der erfolgreichsten Unternehmer im China vor der Revolution, Sheng Hsuan-huai. Statt seine Profite in das Unternehmen zu reinvestieren, steckte er 60 Prozent seines Vermögens in eine Stiftung zugunsten seiner Söhne und Enkelkinder – und die verpraßten das Geld innerhalb einer Generation nach seinem Tod.[43] Natürlich darf man die schwierigen politischen Bedingungen nicht vergessen, die damals in China herrschten, doch ändert dies nichts daran, daß Shengs Entscheidung in erster Linie von der speziellen chinesischen Einstellung zur Familie motiviert war.

Die Probleme, denen sich chinesische Unternehmen bei der Institutionalisierung gegenübersehen, und das Prinzip der gleichmäßigen Erbteilung erklären die geringe durchschnittliche Unternehmensgröße in chinesischen Gesellschaften. Darüber hinaus bestimmt die chinesische Familienorientierung auch die industrielle Organisation der Gesamtwirtschaft: Ständig entstehen neue Unternehmen, wachsen und lösen sich wieder auf. In den Vereinigten Staaten, Westeuropa und Japan sind zahlreiche Sektoren der Wirtschaft (besonders die kapitalintensiveren) oligopolistisch organisiert, werden also von einer relativ geringen Zahl sehr großer Unternehmen beherrscht. In Taiwan, Hongkong und Singapur ist das Gegenteil der Fall: Die Volkswirtschaften dieser Länder, in denen Hunderttausende von kleinen Unternehmen erbittert um Marktanteile kämpfen, kommen dem neoklassischen Ideal des vollkommenen Wettbewerbs relativ nahe. Während die kartellartige Organisation der japanischen Wirtschaft wettbewerbsfeindlich erscheint, leiden die chinesischen Märkte mit ihrer unüberschaubaren Anzahl ständig neu entstehender und sich wandelnder Familienunternehmen unter einem exzessiven Wettbewerb.

Eine weitere Folge der Unwilligkeit der Chinesen, ihre Unternehmen zu institutionalisieren, ist das fast vollständige Fehlen chinesischer Markennamen.[44] Das Aufkommen von Markenartikeln in Europa und den Vereinigten Staaten gegen Ende des 19. Jahrhunderts im Konsumgüterbereich, vor allem aber in der Tabakwaren-, Nahrungsmittel- und Bekleidungsindustrie, spiegelte das Bestreben der Hersteller wider, die Nachfrage auf den entstehenden Massenmärkten durch aggressive Vorwärtsintegration unter Kontrolle zu bringen. Doch nur Unternehmen, die die Vorteile der Kostendegression und der Diversifikation auch im Marketingbereich für sich nutzen können, sind in der Lage, Markennamen zu etablieren. Die dahinter stehenden Unternehmen müssen relativ groß und lange genug am Markt präsent sein, damit sich bei den Konsumenten ein Bewußtsein der Qualität und Besonderheit des Produkts entwickeln kann. Viele große Markennamen, zum Beispiel Kodak, Pitney-Bowes, Courtney's und Sears, um nur einige wenige zu nennen, wurden im späten 19. Jahrhundert etabliert. Japanische Markennamen wie Sanyo, Panasonic oder Shiseido sind zwar um einiges jünger, doch hinter ihnen stehen sehr große, gut institutionalisierte Konzerne.

Im chinesischen Geschäftsleben dagegen spielen Markennamen so gut wie keine Rolle. Der einzige im Westen einigermaßen geläufige chinesische Markenname – Wang – ist, wie wir gesehen haben, die Ausnahme, die die Regel bestätigt. Chinesische Unternehmen in Taiwan und Hongkong produzieren zwar Textilien für amerikanische und europäische Markenartikler wie Spaulding, Lacoste, Adidas, Nike oder Arnold Palmer, aber so gut wie nie etablieren chinesische Unternehmen eigene Markennamen. Die Gründe dafür sind im typischen Evolutionspfad chinesischer Familienunternehmen zu suchen. Wegen ihres Widerstands gegen den Aufbau eines professionellen Managements haben sie Schwierigkeiten bei der Vorwärtsintegration, vor allem auf ausländischen Märkten, wo es erforderlich ist, daß man sich die jeweiligen Marketingtechniken aneignet. Es ist schwierig für ein kleines chinesisches Familienunternehmen, zu einer Größe heranzuwachsen, die es ihm erlaubt, ein Massenprodukt mit einem unverwechselbaren Charakter zu produzieren und zu vermarkten, oder lange genug zu überleben, um im Bewußtsein der Konsumenten präsent zu sein. Deshalb suchen chinesische Firmen üblicherweise westliche Geschäftspartner, die für sie das Marketing übernehmen, statt wie große japanische Unternehmen eigene Marketingorganisationen aufzubauen. Für den westlichen Partner ist das eine überaus vorteilhafte Konstellation, da die Wahrscheinlichkeit, daß der chinesische Partner das Marketing in einem bestimmten Sektor nach japanischem Vorbild zu dominieren versucht, sehr viel geringer ist.[45] In anderen Fällen, etwa dem Textilmarkenartikler Bugle Boy, wurde die Marketingorganisation von einem Amerikaner chinesischer Abstammung übernommen, der mit dem US-Bekleidungsmarkt vertraut war.

Daß chinesische Unternehmen in der Regel klein und unter Familienkontrolle bleiben, ist nicht notwendigerweise ein Nachteil. Auf manchen Märkten kann dies sogar vorteilhaft sein. Chinesische Unternehmen konnten sich am besten in relativ arbeitsintensiven oder sich rasch wandelnden, stark segmentierten und deshalb auch relativ überschaubaren Branchen behaupten, etwa auf dem Textil- und Bekleidungsmarkt, in der Holz- und anderen Rohstoffbranchen, in der Herstellung von Spielzeug, Ledererzeugnissen, Möbeln, von Plastik-, Papier- sowie in einem gewissen Umfang Metallwaren, bei Dienstleistungen im Finanzbereich und so weiter. Kleine, familiengeführte Unternehmen sind sehr flexibel und können vergleichsweise schnell Entscheidungen fällen. Im Gegensatz zu den großen, hierarchisch organisierten japanischen Konzernen mit ihren schwerfälligen, konsensabhängigen Entscheidungsfindungsstrukturen können die kleinen chinesischen Familienunternehmen sehr viel rascher auf kurzfristige Nachfrageschwankungen reagieren. Weniger erfolgreich agieren sie dagegen in kapitalintensiven Branchen oder in Sparten, in denen aufgrund der komplexen Fertigungsprozesse Gewinne erst bei sehr großen Produktionszahlen realisiert werden können, beispielsweise in der Halbleiter-, Luftfahrt-, Automobil- und petrochemischen Industrie und vergleichbaren Branchen. Während japanische High-Tech-Konzerne wie Hitachi und NEC bei der Entwicklung und Produktion der neuesten Mikroprozessorgeneration den US-Giganten Intel und Motorola dicht auf den Fersen sind,[46] hinkt die private taiwanesische Industrie auf diesem Feld hoffnungslos hinterher. Um so erfolgreicher agieren die taiwanesischen Familienunternehmen dagegen im PC-Endverbrauchermarkt, den sie mit fließbandgefertigten Noname-PCs überschwemmen.

Einer chinesischen Gesellschaft stehen drei Wege offen, wie sie die Unfähigkeit, große Unternehmen zu bilden, überwinden kann. Erstens können Unternehmensnetzwerke auf der Basis familiärer oder persönlicher Kontakte aufgebaut werden, durch die auch kleine Familienunternehmen in den Genuß von Größenvorteilen kommen. Viele Unternehmen in Hongkong und Taiwan haben dies offensichtlich erkannt, und im gesamten pazifischen Wirtschaftsraum bestehen mittlerweile zahlreiche, sich immer stärker überlappende und weiter verzweigende chinesische Unternehmensnetzwerke. Der beispiellose Wirtschaftsboom in den chinesischen Provinzen Fujian und Guangdong etwa wird durch die rasante Ausbreitung von Hongkonger Familiennetzwerken in der Region bestimmt. Familienbande sind von ausschlaggebender Bedeutung für solche Netzwerk-Organisationen und, wenngleich weniger stark, für die einzelnen Unternehmen. Viele Netzwerke nutzen darüber hinaus die im südlichen China jenseits der engeren Familienstrukturen existierenden umfassenden Klanorganisationen. (Andererseits kommen einige Netzwerk-Beziehungen ohne jegliche Verwandtschaftsbeziehungen aus und beruhen lediglich auf persönlichem Vertrauen und Kontakten.)

Des weiteren können Länder mit einer traditionell geringen spontanen Soziabilität dadurch große Organisationen bilden, daß sie ausländische Investoren ins Land holen. Doch chinesische Gesellschaften haben seit jeher davor zurückgescheut, Ausländern eine allzu einflußreiche Rolle in ihrer Wirtschaft einzuräumen. Taiwan und die Volksrepublik China mit ihren rigiden Investitionsbeschränkungen bilden da keine Ausnahme.

Die dritte Möglichkeit, die Kostenvorteile der Massenproduktion zu realisieren, ist die staatliche Förderung von oder der Staatsbesitz an großen Unternehmen. Ein atomistischer, stark wettbewerbsgeprägter Markt, der sich aus zahllosen kleinen, privaten Unternehmen zusammensetzt, ist keine neue Erscheinung, vielmehr seit mehreren Jahrhunderten charakteristisch für die chinesische Wirtschaft sowohl auf dem Land wie in den Städten. Das traditionelle China verfügte zu Beginn der Neuzeit verglichen mit Europa über sehr fortschrittliche Produktionsverfahren und eine höher entwickelte Technologie, doch all dies war ausschließlich mit dem staatlichen Sektor verbunden. In der Porzellanmetropole Jingdezhen beispielsweise lebten mehrere hunderttausend Menschen, und es heißt, ein einzelnes Porzellanteil sei bei der Fertigung durch die Hände von mindestens siebzig Menschen gegangen. Die Porzellanherstellung gehörte von jeher zum staatlichen Sektor; es gibt keine Aufzeichnungen, daß jemals private Betriebe von vergleichbarer Größe existierten.[47] Auch die Regierungen gegen Ende der Qing-Dynastie – der letzten chinesischen Kaiserdynastie – gründeten eine Reihe sogenannter *kuan-tu shang-pan*-Unternehmen, darunter ein Salzmonopolunternehmen und eine Reihe von Rüstungsbetrieben, die als unerläßlich für die nationale Sicherheit galten. Die Regierung ernannte offizielle Aufsichtsbeamte und veräußerte das Herstellungsprivileg an private Unternehmer, die der Regierung steuerpflichtig waren.[48] Nachdem die Kommunisten 1949 den Bürgerkrieg gewonnen hatten, machten sie sich sofort daran, die chinesische Industrie entsprechend ihren marxistischen Prinzipien zu verstaatlichen. In bester sozialistischer Tradition gibt es in der Volksrepublik bis heute eine ganze Reihe von riesigen (und absolut ineffizienten) Staatsunternehmen. Die nach Taiwan geflüchteten Nationalisten erbten von den japanischen Besatzern mehrere große Staatsbetriebe und haben bis in die jüngste Zeit hinein keine besondere Eile an den Tag gelegt, sie zu privatisieren – wohl mit gutem Grund, denn die einzige Möglichkeit für Taiwan, auch in Sektoren wie der Luftfahrt und der Chipproduktion zu einer globalen Wirtschaftsmacht aufzusteigen, ist die staatliche Wirtschaftsförderung (sei es durch direkten Besitz an Produktionsmitteln oder durch Subventionen).

Der im chinesischen Wirtschaftsleben so offensichtliche Familismus wurzelt tief in der chinesischen Kultur, und mit ihr müssen wir uns beschäftigen, wenn wir seine Besonderheiten verstehen wollen.

Kapitel 9

Das »Buddenbrooks«-Phänomen

Als die chinesischen Kommunisten 1949 die Herrschaft übernahmen, waren sie entschlossen, die Macht des Familismus über die chinesische Gesellschaft zu brechen. Sie glaubten fälschlicherweise, die traditionelle patrilineale chinesische Familie stelle eine Bedrohung für die wirtschaftliche Modernisierung dar. Hingegen durchaus zutreffend erkannten sie, daß die Familie in der politischen Arena ein ernstzunehmender Konkurrent war, der den Einfluß von Ideologie und Nationalismus auf das riesige Land zu schwächen drohte. Aus diesen beiden Beweggründen heraus versuchten die Kommunisten mit einer Reihe von politischen Maßnahmen, die traditionelle chinesische Familie zu zerstören. Sie erließen ein »fortschrittliches« Familiengesetz, das unter anderem die Polygamie unter Strafe stellte und die Rechte der Frauen stärkte. Den bäuerlichen Haushalten wurde durch die Kollektivierung der Landwirtschaft die Basis entzogen, Familienunternehmen wurden verstaatlicht oder auf andere Weise enteignet, den Kindern wurde beigebracht, daß sie die Partei und nicht die Familie als höchste Autorität anzusehen hatten. Den wohl schärfsten Angriff auf den traditionellen Konfuzianismus, der seit Jahrtausenden predigte, möglichst viele Söhne zu zeugen, führten die Kommunisten jedoch mit der rigorosen Familienplanungspolitik: Um Chinas explosives Bevölkerungswachstum einzudämmen, wurde die Ein-Kind-Familie vorgeschrieben.[1]

Doch die neuen Herren unterschätzten das Beharrungsvermögen der konfuzianischen Kultur und insbesondere der chinesischen Familie, deren Stellung heute nach fünfzig Jahren politischer Unruhe stärker ist als jemals zuvor. Ohne ein klares Verständnis der Rolle der Familie in der chinesischen Kultur ist die chinesische Wirtschaftskultur nicht zu verstehen; das gleiche gilt für andere familistische Gesellschaften.

Der Konfuzianismus hat den Charakter der sozialen Beziehungen innerhalb der chinesischen Gesellschaft in den letzten zweieinhalb Jahrtausenden sehr viel stärker beeinflußt als beispielsweise der Buddhismus oder der Taoismus. Die konfuzianische Lehre besteht aus einer

Reihe ethischer Prinzipien, die das Fundament einer harmonischen Gesellschaft bilden.[2] Die konfuzianische Gesellschaft wird nicht von einer Verfassung und einem darauf aufbauenden Gesetzestext geregelt, sondern über die im Verlaufe ihrer Sozialisation von allen Individuen internalisierten ethischen Prinzipien des Konfuzianismus. Sie definieren eine Vielzahl von sozialen Beziehungen, die fünf wichtigsten sind die zwischen Herrscher und Minister, Vater und Sohn, Ehemann und Ehefrau, älterem und jüngerem Bruder sowie zwischen Freunden.

Viel wurde geschrieben über den von Tu Wei-ming so bezeichneten »politischen Konfuzianismus«, das heißt die Präferenz des Konfuzianismus für ein hierarchisches System sozialer Beziehungen mit einem Kaiser an der Spitze, der über einer Schicht gelehrter Edelleute steht, aus der sich das Personal einer komplexen, zentralisierten Bürokratie rekrutiert. Diese politische Struktur wurde als eine Art »Überfamilie« des chinesischen Volkes gesehen, und die Beziehung zwischen Kaiser und Volk entsprach der zwischen einem Vater und seinen Kindern. Innerhalb dieses Systems ermöglichte eine Reihe von kaiserlichen Prüfungen die Aufnahme in die Bürokratie und damit den sozialen Aufstieg durch Leistung. Das soziale Ideal, welches die Prüflinge anstrebten, war das eines in den traditionellen konfuzianischen Texten kundigen Gelehrten. Ein hochgestellter Mann besaß *li,* die Fähigkeit, sich in vollkommener Übereinstimmung mit den vielfältigen und komplizierten Schicklichkeitsregeln zu verhalten,[3] und unterschied sich damit radikal von einem modernen Unternehmer. Er strebte nach Muße, nicht nach harter Arbeit, bezog sein Einkommen aus Rentenzahlungen und betrachtete sich nicht als Erneuerer oder Reformer, sondern als Hüter der konfuzianischen Tradition. In der traditionellen Schichtenhierarchie der konfuzianischen Gesellschaft galt der Händler wenig. Wenn er es zu Reichtum brachte, hofften seine Söhne nicht darauf, den väterlichen Betrieb fortzuführen, sondern die kaiserlichen Prüfungen zu bestehen und in die Bürokratie aufgenommen zu werden. Da Landbesitz sehr viel angesehener war als der Handel, investierten viele Händler ihre Gewinne nicht in ihr Unternehmen, sondern erwarben Land.[4]

Viele der negativen Urteile über die Wirkungen des Konfuzianismus auf die Entwicklung der chinesischen Wirtschaft in der ersten Hälfte des 20. Jahrhunderts beruhen zumindest teilweise darauf, daß die politischen Aspekte des Konfuzianismus als Kernelemente des gesamten kulturellen Systems verstanden wurden. Doch heute spielt der politische

Konfuzianismus im öffentlichen Leben Chinas praktisch keine Rolle mehr. 1911 wurde der letzte chinesische Kaiser gestürzt und die kaiserliche Bürokratie aufgelöst. Später wurden zwar immer wieder einzelne Generäle oder Kommissare mit den alten Kaisern gleichgesetzt, doch bestand zu keiner Zeit die ernsthafte Gefahr, daß das überkommene Herrschaftssystem der Kaiserzeit wiederbelebt werden könnte. Auch die vom politischen Konfuzianismus gestützte gesellschaftliche Stratifikation ist weitgehend Geschichte: In der Volksrepublik wurde die alte Klassenstruktur nach der Revolution gewaltsam zerschlagen, in Taiwan wurde sie von der erfolgreichen Industrialisierung aufgelöst. In überseeischen chinesischen Kolonien konnte sich das traditionelle Klassensystem des Mutterlandes in den von Anfang an relativ homogenen Händler- und Kleinunternehmergemeinschaften nie richtig entfalten.[5] Einige chinesische Gesellschaften, darunter auch Singapur, versuchen zwar, den politischen Konfuzianismus als Instrument zur Legitimierung ihrer jeweiligen Spielart des »sanften Autoritarismus« wiederzubeleben, doch diesen Bemühungen haftet etwas Künstliches an.

Im Kern war der chinesische Konfuzianismus niemals eine politische Religion, sondern vielmehr, um noch einmal Tu Wei-ming zu zitieren, eine »konfuzianische persönliche Ethik«. Die Essenz der ethischen Lehren des Konfuzianismus ist die Apotheose der Familie – chinesisch *jia* – als die soziale Bindung, der alle anderen untergeordnet sind. Die Loyalität gegenüber der Familie kommt vor allen anderen Loyalitäten, selbst der gegenüber dem Kaiser, dem Himmel und jeder beliebigen anderen Form weltlicher oder göttlicher Autorität.

Von den fünf zentralen konfuzianischen Beziehungen ist die zwischen Vater und Sohn die wichtigste, denn auf ihr beruht die moralische Verpflichtung von *xiao,* der kindlichen Ehrfurcht, die den zentralen moralischen Imperativ des Konfuzianismus darstellt.[6] Kinder lernen in allen Kulturen, daß sie ihre Eltern achten sollen, doch in China wird dieses Prinzip bis zum Extrem geführt. Selbst wenn sie erwachsen sind, schulden Söhne ihren Eltern absoluten Gehorsam, müssen sie im Alter wirtschaftlich unterstützen, nach ihrem Tod ihre Geister verehren und die Linie am Leben erhalten, die über viele Generationen zurückverfolgt werden kann. In westlichen Gesellschaften stand die Autorität des Vaters seit jeher im Konflikt mit anderen Autoritäten, wie der von Lehrern, Arbeitgebern, des Staates und letztlich Gottes.[7] In Ländern wie den Vereinigten Staaten gilt die Rebellion gegen die elterliche Autorität als eine

Art Ritual oder Reifeprüfung und ist fast schon institutionalisiert. Im traditionell geprägten China wäre Vergleichbares undenkbar. Hier gibt es kein Gegenstück zur jüdisch-christlichen Vorstellung einer Autorität göttlichen Ursprungs oder eines »höheren Gesetzes«, das die Auflehnung eines Kindes gegen das Diktat der Familie rechtfertigen könnte. In der chinesischen Gesellschaft ist der Gehorsam gegenüber der väterlichen Autorität gleichbedeutend mit einem göttlichen Akt, und es existiert kein Konzept eines individuellen Bewußtseins, aus dem sich ein Widerstand dagegen ableiten ließe.

Die zentrale Stellung der Familie in der traditionellen chinesischen Gesellschaft wird vor allem dann offensichtlich, wenn es zu einem Konflikt zwischen den Loyalitäten gegenüber der Familie und jenen gegenüber politischen Autoritäten wie dem Kaiser oder, in der Volksrepublik, dem politischen Kommissar kommt. Die Grundsätze des orthodoxen Konfuzianismus schließen einen solchen Konflikt zwar von vorneherein aus; eine harmonische Gesellschaft ist eine Gesellschaft, in der alle sozialen Beziehungen miteinander in Einklang stehen. Doch in der Praxis gibt es natürlich Konflikte, insbesondere wenn die kindliche Ehrfurcht und die Loyalität dem Staat gegenüber in Widerstreit geraten, etwa wenn der Vater ein Verbrechen begangen hat und die Polizei ins Haus kommt. Das moralische Dilemma des Sohnes, der gezwungen ist, zwischen der Loyalität gegenüber dem Staat und gegenüber der Familie zu entscheiden, ist ein klassischer Topos des chinesischen Dramas. Daß am Ende die Familie siegt, steht unweigerlich fest: Man liefert seinen Vater nicht der Polizei aus. Im XIII. Buch der »Gespräche« wird die Unterhaltung zwischen Konfuzius und dem Herrscher eines Nachbarreiches, dem Grafen von She, wiedergegeben. Der Graf sagt: »Unter uns gibt es durchaus Menschen, deren Haltung man als aufrecht bezeichnen könnte. Als ihr Vater ein Schaf gestohlen hatte, traten sie gegen ihn als Zeugen auf.« Konfuzius erwidert: »In unserem Teil des Landes verhalten sich die Aufrechten völlig anders. Ein Vater deckt seinen Sohn, und ein Sohn deckt seinen Vater. Darin liegt aufrechtes Verhalten begründet.«[8] Die Kommunisten hatten richtig erkannt, daß die Autorität der Familie ihre Macht bedrohte, und setzten folglich alles daran, die Familie dem Staat unterzuordnen: Der tugendhafte kommunistische Sohn zeigt seinen kriminellen Vater bei der Polizei an. Vieles spricht jedoch dafür, daß es den Kommunisten nicht gelungen ist, die alten Familienbindungen vollständig auszumerzen. Der Vorrang der Familie vor dem Staat und vor jeder anderen Beziehung außerhalb der Familie unterscheidet, wie wir noch sehen werden, den orthodoxen chinesischen Konfuzianismus radikal von der japanischen Variante, und dieser Unterschied hat weitreichende Konsequenzen für die wirtschaftliche Organisation.

Obgleich die Konkurrenz *zwischen* Familien chinesischen Gesellschaften einen individualistischen Anstrich verleiht, ist Konkurrenz in einem westlichen Sinne zwischen einem Individuum und seiner Familie unbekannt. Das Selbstwertgefühl des einzelnen wird hier in einem weit größeren Ausmaß *durch* die Familie definiert. Die Anthropologin Margery Wolf schreibt in ihrer Studie über ein taiwanesisches Dorf folgendes:

> Einem Mann, der nicht fest in einer Verwandtschaftsgruppe verankert ist, kann man niemals voll und ganz vertrauen, da ihm gegenüber die normalen Verhaltensregeln keine Anwendung finden können. Wenn er sich ungebührlich benimmt, ist es unmöglich, sein Verhalten mit seinem Bruder zu besprechen oder Wiedergutmachung von seinen Eltern zu verlangen. Wenn man sich ihm in einer heiklen Sache annähern möchte, kann man nicht seinen Onkel als Vermittler einschalten, der ein Treffen arrangiert. Reichtum kann diesen Mangel ebensowenig ausgleichen wie den Verlust eines Armes oder eines Beines. Geld kennt keine Vergangenheit, keine Zukunft und kein Pflichtgefühl, Verwandte schon.[9]

Der im traditionellen China bestehende Mangel an Pflichtgefühl gegenüber allen Personen und Institutionen außerhalb der Familie manifestierte sich auch in der Autarkie der bäuerlichen Haushalte.[10] Zwar halfen Bauern einander in der Hochphase der Erntezeit gelegentlich aus, doch im Normalfall nahmen sie keinerlei Hilfe von den Nachbarn an. Im Gegensatz zur Grundherrschaft im europäischen Mittelalter, wo die Bauern eng mit den Haushaltungen ihrer Herren verbunden und hinsichtlich Land, Krediten, Saatgut und anderem von ihnen abhängig waren, besaß der chinesische Bauer das Land, das er bestellte, und hatte mit Ausnahme der Steuerzahlung kaum Kontakt zu sozial Höherstehenden. Der bäuerliche Haushalt im traditionellen China war eine unabhängige Produktions- und Konsumeinheit. Arbeitsteilung war so gut wie unbekannt; die meisten der im Alltagsleben benötigten nichtlandwirtschaftlichen Produkte kauften die Bauern nicht auf Märkten ein, sondern stellten sie selbst her. Die ländlichen »Bauernhüttenindustrien«, die in der Volksrepublik vom Staat gefördert wurden und in Taiwan von selbst entstanden, sind tief in der chinesischen Kultur verwurzelt.[11]

Die Oberschicht war zwar weniger autark, doch Autarkie blieb auch dort das soziale Ideal. Vornehme Familien verfügten über ausreichende Mittel, um größere Haushalte und mehrere Frauen unterhalten zu können. Die Familienmitglieder selbst arbeiteten nicht, sondern beschränkten sich auf die Verwaltung und waren abhängig von der Arbeit ihrer Untergebenen. Darüber hinaus bot sich ihnen im kaiserlichen Prüfungssystem ein Weg zum sozialen Aufstieg jenseits der Familie. Oft lebten die Angehörigen der Oberschicht in Städten, wo es Ablenkungen und Chancen zum Aufbau sozialer Beziehungen außerhalb der Familie gab. Dennoch erhielt sich die chinesische Aristokratie einen höheren Grad an Autarkie als europäische Adelsfamilien.[12]

Historisch betrachtet steht außer Frage, daß sich hinter dem chinesischen Familismus eine gehörige Portion wirtschaftlicher Rationalität verbirgt. Im traditionellen China gab es keine geregelten Eigentumsrechte. Fast zu allen Zeiten war die Besteuerung in höchstem Maße willkürlich. Der Staat verkaufte das Recht zur Besteuerung an lokale Beamte oder Steuerpächter, die den Steuersatz nach Belieben festlegen konnten.[13] Darüber hinaus konnten Bauern auch jederzeit zum Militärdienst eingezogen oder zu öffentlichen Arbeiten verpflichtet werden. Die sozialen Dienstleistungen jedoch, die der Staat im Gegenzug anbot, waren mehr als dürftig. Ein Gefühl der paternalistischen Verantwortung, das, wie unsicher und heuchlerisch es im Einzelfall auch gewesen sein mag, im europäischen Mittelalter zwischen Grundherr und Bauer bestand, kannte man in China in diesem Sinne nie. Das traditionelle China litt an einer chronischen Überbevölkerung und einem ebenso chronischen Mangel an Boden mit der Folge, daß zwischen den Familien stets ein harter Konkurrenzkampf herrschte. Natürlich gab es auch kein institutionalisiertes System der sozialen Absicherung; das trifft noch heute für die meisten konfuzianischen Gesellschaften zu.

Die starken Familienbande in der traditionellen chinesischen Gesellschaft können demnach als Puffer gegen eine feindliche und unberechenbare Umgebung verstanden werden. Ein Bauer konnte nur den Mitgliedern seiner Familie vertrauen, da alle Außenstehenden – Beamte, Bürokraten, lokale Autoritäten und die Aristokratie – weder irgendeine Form der Verpflichtung ihm gegenüber empfanden noch sich durch irgend etwas daran gehindert fühlten, ihn bis aufs Blut auszubeuten. Die meisten Bauern lebten ständig am Rande des Hungertodes, Überschüsse, die es ihnen erlaubt hätten, sich gegenüber Freunden oder Nachbarn großzügig zu zeigen, gab es kaum. Solange die Ehefrau im gebärfähigen Alter war, galt es, so viele Söhne wie möglich zu zeugen, denn Söhne waren die einzige Möglichkeit, die Versorgung im Alter sicherzustellen.[14] Die sich selbst versorgende Familie war die einzige rationale Antwort auf die harten Lebensbedingungen.

Weil in der chinesischen Kultur das Erbe traditionell gleichmäßig auf die männlichen Nachkommen aufgeteilt wurde, kam es zu keiner Konzentration des Reichtums, mit dem der Aufbau einer Industrie hätte finanziert werden können.[15] Die chinesische Familie ist strikt patrilineal. Vererbt wird ausschließlich an die direkten männlichen Nachkommen, und zwar zu gleichen Teilen. Je mehr die Bevölkerung wuchs, in desto kleinere Parzellen wurde das Land aufgeteilt. Das führte über kurz oder lang zwangsläufig dazu, daß die Äcker einer Familie zu klein wurden, um eine ausreichende Ernährung zu gewährleisten. Diese Entwicklung hat sich bis weit ins 20. Jahrhundert hinein fortgesetzt.[16]

Bei reichen Familien bedeutete dieses Erbteilungsprinzip, daß das Familienvermögen innerhalb von ein, zwei Generationen in alle Winde verstreut war. Eine Konsequenz ist, daß es in China im Gegensatz zu Europa nur sehr wenige herrschaftliche Häuser und Landsitze gibt – große Familiensitze, die über Generationen hinweg von derselben Adelsfamilie bewohnt werden. Die Häuser reicher Familien waren meist einstöckige Wohnkomplexe, die einen gemeinsamen Innenhof umschlossen und die Familien der Söhne des Patriarchen beherbergten. Anders als in Gesellschaften mit Erstgeburtsrecht wie Japan oder Großbritannien kam es in China nicht vor, daß jüngere Söhne bei der Aufteilung des Erbes leer ausgingen, in die Stadt zogen und ihr Glück im Handel, den Künsten oder beim Militär versuchten. Das hatte zur Folge, daß die Arbeitskraft in China in einem weit höheren Maße auf dem Land konzentriert blieb als in Ländern mit Erstgeburtsrecht.

Söhne waren sowohl zur sozialen Absicherung wie zur Erhaltung des Stammbaums wichtig. Gleichzeitig war es nahezu unmöglich, einen Außenstehenden in die Familie aufzunehmen, wenn ein Mann keine Söhne hatte, die Söhne früh gestorben oder schlicht unfähig waren.[17] Obwohl es in der traditionellen chinesischen Kultur theoretisch möglich war, einen nicht blutsverwandten Sohn in die Familie aufzunehmen (üblicherweise indem man ihn mit einer Tochter verheiratete), versuchte man das unter allen Umständen zu vermeiden. Ein adoptierter Sohn würde seiner neuen Familie niemals dieselbe Ehrfurcht entgegenbringen wie ein biologischer Sohn. Zudem mußte der Vater stets damit rechnen, daß der Adoptivsohn zusammen mit seinen Kindern die Familie verlassen würde, beispielsweise wenn er das Gefühl haben sollte, bei der Erbteilung übervorteilt worden zu sein. Wegen der Gefahr der Illoyalität adoptierte man allenfalls Säuglinge und achtete streng darauf, die Identität der biologischen Eltern geheimzuhalten. Soweit möglich wurden Adoptionen innerhalb eines Klans organisiert.[18] Die Adoption eines gänzlich Außenstehenden, der nicht wenigstens über ein paar Ecken mit der Familie verwandt war, war ein höchst ungewöhnlicher Schritt und eine öffentliche Erniedrigung für den sohnlosen Adoptivvater.[19] In chinesischen Kulturen ist die Grenze zwischen Familienmitgliedern und Außenstehenden sehr klar definiert. Auch was die Adoptionspraxis angeht, unterscheidet sich Japan, wie wir noch sehen werden, denkbar stark von China.

Die ausgeprägte Familienorientierung, das Prinzip der gleichmäßigen Erbteilung, die fehlende Möglichkeit, Außenstehende in die Familie aufzunehmen, und das Mißtrauen gegenüber allen Personen und Institutionen außerhalb der Familie haben im traditionellen China ein Muster des wirtschaftlichen Verhaltens entstehen lassen, das in vielem die Wirtschaftskultur Taiwans und Hongkongs vorweggenommen hat. Auf dem Land gab es keine großen Grundbesitzer, sondern nur Kleinbauern, deren Äcker von Generation zu Generation immer kleiner wurden. Familien stiegen auf und fielen wieder zurück ins gesellschaftliche Nichts. Fleißige, sparsame und kompetente Familien akkumulierten Kapital und erklommen die Stufen der sozialen Leiter.[20] Doch bereits in der zweiten Generation wurde das Familienvermögen – und zwar nicht nur das Land, sondern auch das Haus und alle Haushaltsgegenstände – wieder verstreut, da es zu gleichen Teilen unter allen Söhnen aufgeteilt wurde. Weil die Kompetenz und moralische Tugendhaftigkeit der nachfolgenden Generation niemals garantiert war, drohte selbst wohlhabenden Familien das Schicksal, auf lange Sicht wieder in Armut zurückzufallen. Der Anthropologe Hugh Baker hat dies in einer Untersuchung über das chinesische Dorfleben anschaulich beschrieben: »Es fällt auf, daß es keiner Familie in unserem Dorf gelang, ihr Land über eine Zeitspanne von drei oder vier Generationen zusammenzuhalten. Der konstante Prozeß des

Aufstiegs und Falls von Familien brachte eine Gesellschaft hervor, die man am besten mit einem Kessel siedenden Wassers vergleichen kann: Familien werden nach oben getragen, zerplatzen und sinken zurück auf den Boden. Wenn die Familien zerfallen, wird auch ihr Landbesitz zerstreut. Das flickenteppichhafte Aussehen, Folge der konstanten Fragmentierung und erneuten Agglomeration des Landes, ist charakteristisch für die chinesische Landschaft.«[21] Familien konnten weder zu reich werden, zumindest nicht unter den gegebenen technologischen Voraussetzungen in der traditionellen chinesischen Landwirtschaft, noch konnten sie in absoluter Armut versinken, denn unterhalb eines bestimmten Einkommensniveaus konnten es sich Männer nicht mehr leisten, zu heiraten und Nachkommen zu zeugen.[22] Die einzige Möglichkeit, aus diesem Kreislauf auszubrechen, bestand darin, die kaiserlichen Prüfungen zu absolvieren, doch das kam nur äußerst selten vor und betraf nur einzelne Menschen.

Bislang habe ich den Begriff »Familie« so benutzt, als wäre die chinesische Familie mit der Familie, wie wir sie im Westen kennen, identisch. Doch dem ist nicht so.[23] In China waren Familien sowohl vor wie nach der Industrialisierung im Durchschnitt stets größer als in Europa, und sie konnten deshalb auch etwas größere wirtschaftliche Einheiten unterstützen. Die ideale konfuzianische Familie besteht aus einem fünf Generationen umfassenden Haushalt, in dem Ururgroßväter mit ihren Ururenkeln Seite an Seite leben. Doch das blieb – aus naheliegenden Gründen – die Ausnahme. Häufiger war die sogenannte »Mehrgenerationenfamilie« mit Vater, Mutter, den Familien der erwachsenen Söhne sowie oft auch noch den Familien der Brüder väterlicherseits.[24] Allerdings haben historische Untersuchungen über die chinesische Familie ergeben, daß selbst dieser Typus der Großfamilie mehr Ideal als Realität war. Kleinfamilien waren in China seit jeher sehr viel verbreiteter, als es die Chinesen selbst glauben, auch innerhalb der traditionellen Bauernschicht.[25] Die Mehrgenerationenfamilie blieb in vielerlei Hinsicht ein Privileg der Bessergestellten: Nur wer vermögend war, konnte sich viele Söhne (und deren Frauen) leisten und eine so große Anzahl von Familienmitgliedern in einem einzigen Haushalt unterhalten. Reiche Familien durchschritten eine zyklische Entwicklung von der Klein- über die Stamm- bis zur Mehrgenerationenfamilie und zurück zur Kleinfamilie.

Es wäre verfehlt, sich die traditionelle chinesische Familie als jene harmonische und festgefügte Einheit vorzustellen, als die sie gelegentlich nach außen hin erscheint. Tatsächlich litt die *jia* an einer Reihe von inhärenten Spannungen. Die traditionelle chinesische Familie war sowohl patrilineal als auch patriarchalisch: Wenn eine Frau in eine Familie einheiratete, wurde von ihr erwartet, daß sie die Beziehung zu ihrer eigenen Familie abbrach. Sie unterstand in allem ihrer Schwiegermutter (ganz zu schweigen von den männlichen Familienmitgliedern), bis sie selbst in die Stellung der Schwiegermutter aufrückte.[26] Reiche Männer nahmen sich oft so viele Frauen und/oder Konkubinen, wie sie sich leisten konnten.[27] In armen Bauernfamilien trugen die Frauen einen größeren Anteil an der Arbeit als in reichen und hatten deshalb auch mehr Macht. Das ist auch der Grund, warum es in armen Familien häufiger zu Trennungen kam. Die Stärke und Stabilität der traditionellen chinesischen Familie basierte somit auf ihrer Fähigkeit, die weiblichen Familienmitglieder zu kontrollieren und zu beherrschen; war diese Fähigkeit eingeschränkt, litt die Stabilität der Familie.

Eine weitere Quelle erheblicher Spannungen war der gleichrangige Status der Söhne, und die Geschichten über Konflikte und Eifersüchteleien zwischen den Frauen von Brüdern sind Legion. In der Tat war die für wohlhabende Familien traditionelle Form des Zusammenlebens – bei der die Familien der Brüder entweder unter ein und demselben Dach oder in separaten Häusern mit einem gemeinsamen Innenhof zusammenlebten – eine oftmals explosive Rezeptur, und es kam oft vor, daß eine Großfamilie, wenn die Spannungen unerträglich wurden, zerbrach und sich in mehrere Kleinfamilien auflöste. Die Fünf-Generationen-Familie blieb zwar das Ideal, doch es bestand ein erheblicher Druck hin zur Auflösung in kleinere Einheiten.[28]

Jenseits der *jia,* der Klein- oder der Großfamilie, existierten weitere, konzentrisch verlaufende Verwandtschaftszirkel, die wirtschaftlich gesehen eine große Rolle spielten. Die wichtigste Form der erweiterten Familie war die Abstammungsgruppe, definiert als »eine *gemeinsame Gruppe*, die eine *rituelle Einheit* zelebriert und auf der *nachgewiesenen Abstammung* von einem gemeinsamen Ahnen beruht«.[29] Alternativ kann sie auch als eine Familie von Familien verstanden werden, die eine gemeinsame Abstammung teilen.[30] Abstammungsgruppen sind vor allem in den südchinesischen Küstenprovinzen Guangdong und Fujian sehr verbreitet, im Norden hingegen eher selten. Chinesische Abstammungsgruppen, oft auch als Klans beschrieben, können sehr groß sein und ganze Dörfer umfassen, wo dann alle Familien denselben Nachnamen tragen. Jenseits der Abstammungsgruppe existieren noch sogenannte »Abstammungsgruppen höherer Ordnung«, die eigenständige Abstammungsgruppen auf der Grundlage einer weit in die Vergangenheit zurückreichenden gemeinsamen Herkunft zu riesigen Klans zusammenfassen. In den New Territories von Hongkong beispielsweise gibt es mehrere Dörfer, in denen zahlreiche Abstammungsgruppen mit dem Familiennamen Deng leben. Sie führen ihre Herkunft ausnahmslos auf ein und denselben Mann zurück, der vor rund tausend Jahren in dieser Gegend lebte.[31] Abstammungsgruppen verfügen üblicherweise über irgendeinen gemeinsamen Besitz, etwa einen Schrein, in dem das Andenken an die Vorfahren gepflegt wird. Manche unterhalten auch ein hochentwickeltes System von Regeln und genealogischen Aufzeichnungen, die oft über mehrere Jahrhunderte zurückreichen.[32]

Vom wirtschaftlichen Gesichtspunkt aus betrachtet, weiten Abstammungsgruppen den Kreis der Verwandtschaft aus und damit auch die Zahl derer, denen man bei wirtschaftlichen Unternehmungen vertrauen kann. Allerdings rangieren die Verpflichtungen gegenüber Mitgliedern der Abstammungsgruppe weit hinter denen gegenüber Angehörigen der eigenen Familie. Eine Abstammungsgruppe kann sehr reiche und sehr arme Familien einschließen, ohne daß die reicheren Mitglieder eine besondere Verpflichtung haben, ihren ärmeren Verwandten unter die Arme zu greifen.[33] Abstammungsgruppen können oft auch rein fiktiver Natur sein: Menschen mit den gleichen Nachnamen, sagen wir Chang oder Li, die aus derselben Gegend kommen, nehmen oft an, daß sie einer gemeinsamen Abstammungsgruppe angehören, obwohl möglicherweise gar keine Verwandtschaftsbeziehungen bestehen.[34] Nichtsdestoweniger stellen die Klanbeziehungen, wie weit gefaßt sie auch sind, die Grundlage für ein gewisses Vertrauensverhältnis und ein Gefühl der gegenseitigen Verpflichtung dar, das zwischen einander absolut fremden Individuen nicht vorliegt und die Zahl derjenigen, die ohne Gefahr in ein Familienunternehmen aufgenommen werden können, erheblich vergrößert.[35]

Die Beziehungen innerhalb von Abstammungsgruppen sind für das Verständnis der gegenwärtigen wirtschaftlichen Entwicklung in China sehr wichtig. Viele *nanyang*, das heißt im Ausland lebende Chinesen, vor allem in den boomenden Gemeinschaften rund um den Pazifik – in Singapur, Malaysia, Indonesien, Hongkong, Taiwan und so weiter –, stammen aus den beiden südchinesischen Provinzen Fujian und Guangdong. Auch wenn sie in vielen Fällen bereits vor drei oder vier Generationen ausgewandert sind, haben die *nanyang* den Kontakt zu ihren in China zurückgebliebenen Verwandten aufrechterhalten. Der Wirtschaftsboom, der in den letzten zehn Jahren Fujian und Guangdong zweistellige Wachstumsraten bescherte, wurde zu einem erheblichen Teil mit dem Kapital von Auslandschinesen finanziert, das über weitverzweigte Familien- und Klannetzwerke bis ins Hinterland floß. Das gilt vor allem für Hongkong und die New Territories, die direkt an Guangdong angrenzen und deren Abstammungsgruppen sich bis zu einem gewissen Grade überlappen. In zahlreichen Fällen wurden *nanyang*-Unternehmer von lokalen Behördenvertretern eingeladen, in ihren Heimatdörfern oder -regionen zu investieren, und kamen aufgrund ihrer Verwandtschaftsbeziehungen – ob nun tatsächlich existent oder nur angenommen – in den Genuß einer bevorzugten Behandlung. Die Verwandtschaftsbeziehungen sind der Grund dafür, daß die Auslandschinesen es trotz fehlender Eigentumsrechte und der instabilen politischen Lage wagten, in ihrer alten Heimat zu investieren. Außerdem erklärt das, warum sie über einen quasi »natürlichen« Vorsprung vor anderen ausländischen Investoren, seien sie nun Japaner, Amerikaner oder Europäer, verfügen.

Die Priorität der Familie und, zu einem geringeren Grad, der Abstammungsgruppen in der chinesischen Kultur verleiht den Begriffen Nationalgefühl und Staatsbürgerschaft in China eine von unserer gängigen Auffassung grundlegend verschiedene Bedeutung. Über die Jahre hinweg haben Beobachter immer wieder darauf hingewiesen, daß in China im Gegensatz zu Nachbarländern wie Vietnam und Japan das Gefühl einer nationalen Identität ebenso wie das staatsbürgerliche Bewußtsein und Gemeinsinn schwächer ausgeprägt sind. Natürlich haben die Chinesen ein hochentwickeltes Gefühl nationaler Identität, doch das gründet auf ihrer alten, reichen gemeinsamen Kultur. Wie wir gesehen haben, beruhte die nationale Identität im traditionellen China auf dem politischen Konfuzianismus, der eine Reihe von Verpflichtungen gegenüber einer Hierarchie politischer Autoritäten mit dem Kaiser an der Spitze festlegte. Im späten 19. und frühen 20. Jahrhundert entstand als Reaktion auf die Besetzung Chinas zuerst durch die europäischen Kolonialmächte und später durch Japan eine negative, von einer ausländerfeindlichen Stimmung gekennzeichnete nationale Identität. Im 20. Jahrhundert versuchte sich die chinesische KP gewissermaßen an die Stelle des Kaisers zu setzen und erwarb sich im Kampf gegen die japanischen Besatzer die Aura der nationalistischen Legitimität.

Doch seit den Zeiten der kaiserlichen Dynastien bis zum Sieg der Kommunisten im Jahre 1949 galt die primäre Loyalität der Chinesen stets nicht der politischen Autorität, die gerade an der Macht war, sondern der Familie. Für die Chinesen besaß der Begriff »China« niemals dieselbe emotionale Bedeutung einer Gemeinschaft mit gemeinsamen Werten, Interessen und Erfahrungen, wie der Begriff »Japan« für die Japaner. Der chinesische Konfuzianismus kennt nichts, was jener universellen moralischen Verpflichtung gegenüber allen Menschen vergleichbar wäre, die es in den christlichen Religionen gibt.[36] Mit zunehmender Entfernung von der Kernfamilie sinkt der Grad der Verbindlichkeit von Verpflichtungen.[37] Barrington Moore hat das so ausgedrückt: »Betrachtet man das chinesische Dorf, die fundamentale Einheit der ländlichen Gesellschaft, dann fällt einem im Vergleich zu Dörfern in Indien, Japan und selbst im Vergleich zu vielen Gegenden Europas auf, daß ein innerer Zusammenhalt fehlt. Es ist weit seltener, daß mehrere Dorfbewohner eine Arbeit auf eine Art und Weise gemeinsam verrichten, die ein Gefühl der Solidarität und solidarische Gewohnheiten hervorbringt. Das chinesische Dorf ist eher ein Ort, wo viele bäuerliche Haushalte beheimatet sind, als eine lebendige, funktionierende Gemeinschaft ...«[38] Chinesische Gesellschaften konnten zwar vermittels autoritärer Macht eine Art von staatsbürgerlichem Bewußtsein durchsetzen, beispielsweise in der Volksrepublik, in Taiwan und in Singapur. Und es waren die Regierungen jener Länder, die beim Aufbau großer Unternehmen Erfolg hatten. Doch wie viele Chinesen selbst sagen, kranken chinesische Gesellschaften an einem geringen Grad »spontanen« Bürgerbewußtseins, wenn man dies an der Bereitschaft der Bevölkerung festmacht, gemeinsame Einrichtungen nicht zu mißbrauchen, Beiträge für wohltätige Zwecke zu leisten, öffentliche Anlagen sauberzuhalten, sich für gemeinschaftliche Ziele zu engagieren oder für ihr Land zu sterben.[39]

Trotzdem haben die allgegenwärtigen Kräfte des sozioökonomischen Wandels die traditionelle chinesische Familie und die Abstammungsgruppen verändert, und zwar sowohl in China selbst wie auch unter den Auslandschinesen.[40] Der Trend zur Urbanisierung und die wachsende geographische Mobilität, die immer mehr Menschen veranlassen, die

Siedlungsgebiete ihrer Vorfahren zu verlassen, schwächen die traditionellen Abstammungsgruppen. Aber auch große Mehrgenerationenfamilien und erweiterte Familien lassen sich in einer urbanen Umgebung schlechter zusammenhalten und werden zunehmend durch Gattenfamilien ersetzt.[41] Mit dem steigenden Bildungsgrad der Frauen sinkt ihre Bereitschaft, sich mit der untergeordneten Position in einer traditionellen Familie abzufinden.[42] Da die traditionelle kleinbäuerliche Landwirtschaft und die ländliche Industrialisierung allem Anschein nach keine Spielräume für weitere Produktivitätszuwächse bieten, kann die chinesische Wirtschaft nur weiter wachsen, wenn mehr Landbewohner in die Städte ziehen oder eine neue Art der wirtschaftlichen Organisation auf dem Land entwickelt wird. Beides wird nicht ohne Einfluß auf den traditionellen Lebensstil der Bauern bleiben. Was China bevorsteht, wird deutlich, wenn man einen Blick auf nichtkommunistische chinesische Gesellschaften wie Taiwan und Hongkong wirft, wo diese Entwicklung bereits relativ weit vorangeschritten ist.

Dennoch wäre es verfrüht, vom Tod oder auch nur von der Erosion der *jia* zu sprechen. Allem Anschein nach ist der Wandel der familiären Strukturen in China weniger dramatisch als bislang angenommen.[43] So haben sich in modernen urbanen Umgebungen die Familienbeziehungen wieder rekonstituiert, und der Kreuzzug des chinesischen Kommunismus gegen die traditionelle Familie ist eindeutig gescheitert. Auch der australische Sinologe W. J. F. Jenner hat im Chaos der chinesischen Geschichte im 20. Jahrhundert eine Institution ausgemacht, die alle Wirren vergleichsweise gut überstanden hat: die patrilineale Familie.[44] Die Familie war schon immer ein Zufluchtsort, der Schutz bot vor den Unwägbarkeiten des politischen Lebens, und die chinesischen Bauern wußten seit jeher, daß auf lange Sicht die einzigen vertrauenswürdigen Menschen die Mitglieder der eigenen Familie sind. Der Verlauf der chinesischen Geschichte in unserem Jahrhundert hat sie in dieser Überzeugung nur noch bestärkt. Zwei Revolutionen, Bürgerkriege, wiederholte ausländische Besatzung, Zwangskollektivierung, die Exzesse der Kulturrevolution und der Kurswechsel nach Maos Tod haben die chinesischen Bauern gelehrt, daß in der Politik nichts sicher und von Dauer ist. Wer heute an der Macht ist, kann morgen schon wieder vom Thron stürzen. Im Gegensatz dazu bietet die Familie ein Mindestmaß an Sicherheit: Wer für das Alter vorsorgen will, ist besser beraten, auf seine Söhne zu setzen als auf das Gesetz oder ständig wechselnde politische Autoritäten.

Seit dem Beginn von Deng Xiaopings Reformpolitik Ende der siebziger Jahre und der anschließenden Einführung marktwirtschaftlicher Prinzipien in weiten Bereichen der chinesischen Wirtschaft hat sich das Antlitz Chinas von Grund auf gewandelt. Doch in einem gewissen Sinne bedeuteten Dengs Reformen nichts anderes als die Rückbesinnung auf die traditionellen sozialen Beziehungen. Wie sich herausstellte, war der autarke bäuerliche Haushalt vom Kommunismus nicht ausgemerzt worden und trat mit Macht wieder in Erscheinung, als das neue System den Bauern wieder mehr Entscheidungsfreiheit einräumte. Anfang der achtziger Jahre reiste der Anthropologe Victor Nee nach China, um Belege für seine Hypothese zu sammeln, daß die durch die kommunistischen Kommunen geschaffenen sozialen Bande nach zwei Jahrzehnten kollektiver Landwirtschaft nicht nur intakt seien, sondern sogar stärker als jemals zuvor. Doch was er fand (und zahlreichen anderen Autoren erging es ähnlich), war der allgegenwärtige Individualismus der bäuerlichen Haushalte.[45] Und Jenner verweist darauf, daß zahlreiche kommunistische Spitzenfunktionäre unbeschadet ihrer noch immer marxistischen Einstellung als Vorsichtsmaßnahme für den Tag ihrer Entmachtung Devisenkonten im Ausland einrichten und ihre Kinder zur Ausbildung in den Westen schicken. Für sie gilt ebenso wie für den einfachen Bauern der Grundsatz: Der einzige sichere Hafen ist die Familie.[46]

Im letzten Kapitel war von der geringen Größe chinesischer Unternehmen die Rede und davon, daß sie sich überwiegend in Familienbesitz befinden. Daß die chinesischen Familienunternehmen nicht wachsen, kann weder auf die Entwicklungsstufe der zeitgenössischen chinesischen Gesellschaften noch auf das Fehlen eines modernen Rechtssystems und moderner Finanzinstitutionen zurückgeführt werden. Andere Gesellschaften haben es trotz einer vergleichsweise niedrigeren wirtschaftlichen Entwicklungsstufe und trotz schwächer ausgebildeter Institutionen geschafft, die Familie als dominante Form der wirtschaftlichen Organisation abzulösen.

Andererseits spricht viel dafür, daß die Struktur der modernen chinesischen Wirtschaft in der einzigartigen Stellung der Familie in der chinesischen Kultur wurzelt. Das Muster des wirtschaftlichen Lebens ist im modernen China dasselbe wie im traditionellen: Der konstante Aufstieg und Fall atomistischer, familiengeführter Unternehmen, die Unfähigkeit der Unternehmen, sich zu institutionalisieren und mehr als zwei oder drei Generationen zu überleben, das allgegenwärtige Mißtrauen gegenüber Fremden und die Abneigung, Nichtfamilienmitglieder in die Familie (oder das Unternehmen) aufzunehmen, die gesellschaftlichen Hürden, namentlich die Erbfolgeregelung, die der Akkumulation großer Vermögen entgegenstehen – all dies sind Merkmale, die lange vor der Industrialisierung Taiwans, Hongkongs und Festlandschinas in allen chinesischen Gesellschaften präsent waren.

Kapitel 10

Italienischer Konfuzianismus

Eines der interessantesten wirtschaftlichen Phänomene, das Wirtschaftswissenschaftler und Managementexperten in den letzten fünfzehn Jahren untersucht haben, ist die Kleinindustrie in Mittelitalien. In Italien setzte die Industrielle Revolution relativ spät ein, und das Land galt traditionell als der wirtschaftliche Hinterhof Europas. Doch in den siebziger und achtziger Jahren verzeichneten bestimmte Regionen mit dem Aufkommen von Netzwerken mittelständischer Unternehmen, die von Textilien und Designerbekleidung bis hin zu Werkzeugmaschinen und Industrierobotern alles mögliche produzierten, explosionsartige Wachstumsraten. Das veranlaßte einige Wirtschaftswissenschaftler zu der euphorischen Feststellung, daß das italienische Modell ein vollständig neues Paradigma der industriellen Produktion repräsentiere und auch auf andere Länder übertragen werden könne. Fragt man nach den Gründen dieser wirtschaftlichen Renaissance im Miniaturformat, erweisen sich die relative Ausstattung an sozialem Kapital und kulturelle Faktoren als sehr aufschlußreich.

Auf den ersten Blick mag es zwar verblüffen, wenn Italien in einem Atemzug mit konfuzianischen Gesellschaften wie Hongkong oder Taiwan genannt wird, doch die Natur des sozialen Kapitals gleicht sich hier und dort in bestimmten Aspekten. In chinesischen Kulturen wie auch in Teilen Italiens dominieren die innerfamiliären Beziehungen alle anderen, nicht auf Verwandtschaft basierenden sozialen Beziehungen. Gleichzeitig gibt es, eine Folge des starken Mißtrauens gegenüber Menschen außerhalb der eigenen Familie, nur wenige und nur schwach ausgeprägte intermediäre Organisationen zwischen dem Staat einerseits und den Individuen andererseits. Für die wirtschaftliche Struktur hat das in beiden Kulturen ähnliche Konsequenzen: Der Privatsektor wird von relativ kleinen, in Familienbesitz befindlichen Unternehmen beherrscht, während Großunternehmen von staatlicher Unterstützung abhängig sind. Der Mangel an spontaner Soziabilität hat in chinesischen und römisch-katholischen Gesellschaften die gleiche Ursache: die Dominanz eines zentralistischen und willkürlichen Staates in einer früheren Phase der historischen Entwicklung, der intermediäre Gruppen in die Bedeutungslosigkeit drängte und die Kontrolle über das gesellschaftliche Leben übernahm. Natürlich bedürfen diese wie alle Verallgemeinerungen im konkreten Fall der Modifizierung, damit man an verschiedenen Orten und zu verschiedenen Zeiten zu gültigen Aussagen gelangt. Dennoch sind die Übereinstimmungen verblüffend.

Bei meinen Ausführungen über die chinesische Gesellschaft im letzten Kapitel habe ich darauf hingewiesen, daß der einzelne strikt der Familie untergeordnet ist und außerhalb der Familie praktisch keine Identität besitzt, während gleichzeitig zwischen den Familien ein intensiver Wettbewerb herrscht. Aufgrund des allgemeinen Vertrauensdefizits in der Gesellschaft ist die Kooperation von Gruppen außerhalb von Familien und Abstammungsgruppen stark eingeschränkt. Die Parallelen zum gesellschaftlichen Leben in dem kleinen süditalienischen Städtchen »Montegrano«,[1] das Edward Banfield in seiner klassischen Studie *The Moral Basis of a Backward Society* beschrieben hat, sind augenfällig:

> Ausgangspunkt jeder Beschreibung des sozialen Lebens in Montegrano muß die Bindung des Individuums an seine Familie sein. Von einem Erwachsenen kann man sogar kaum sagen, daß er unabhängig von der Familie Individualität besitzt: Er existiert nicht als »Ego«, sondern lediglich als »Teil der Familie« ...[2]
> Jeder Vorteil, der einem Außenstehenden gewährt wird, geht notwendigerweise auf Kosten der eigenen Familie. Deswegen kann man sich den Luxus einer Großzügigkeit, die anderen mehr als das ihnen Zustehende gewährt, nicht leisten, ja noch nicht einmal den der Gerechtigkeit, anderen das ihnen Zustehende zu gewähren. So wie die Bewohner Montegranos ihre Welt sehen, sind alle Menschen außerhalb der eigenen Familie potentielle Konkurrenten und damit auch potentielle Feinde. Die einzig vernünftige Haltung gegenüber Außenstehenden ist demnach das Mißtrauen. Ein Vater weiß, daß andere Familien jeden Erfolg seiner Familie fürchten und neiden und nicht davor zurückschrecken, ihr Schaden zuzufügen. Deshalb muß er sie fürchten und bereit sein, ihnen zuvorzukommen.[3]

Banfield, der in den fünfziger Jahren längere Zeit in dem verarmten Dorf lebte, bezeichnete das fast vollständige Fehlen von Vereinigungen als das bemerkenswerteste Phänomen. Kurz zuvor hatte er eine Studie über die Kleinstadt St. George im US-Bundesstaat Utah durchgeführt und dort ein dichtgespanntes Netz bürgerlicher Vereinigungen vorgefunden. Um so deutlicher fiel ihm der Kontrast zu dem italienischen Dorf auf. Die einzigen moralischen Verpflichtungen der Bewohner von Montegrano galten den Angehörigen ihrer Kernfamilie. Die Familie war die einzige Form der sozialen Absicherung; entsprechend groß war die Angst der Familienmitglieder, nach dem frühen Tod des Vaters schutz- und mittellos dazustehen. Die Dorfbewohner waren unfähig, gemeinsam Schulen, Krankenhäuser, Betriebe oder Wohltätigkeitsorganisationen aufzubauen oder irgendeine andere Form kooperativer Tätigkeit zu unternehmen. Das gesamte organisierte soziale Leben in dem Dorf hing von zwei externen, zentralistischen Autoritäten ab: der Kirche und dem Staat. Banfield faßte den in Montegrano gültigen Moralkodex folgendermaßen zusammen: »Maximiere den kurzfristigen materiellen Vorteil der Kernfamilie und gehe davon aus, daß alle anderen genauso handeln.« Diese Art der Isolation von Familien bezeichnete er als »amoralischen Familismus«. Dieser Begriff, der später Eingang in den sozialwissenschaftlichen Sprachgebrauch fand,[4] könnte mit einigen Abwandlungen auch auf die chinesische Gesellschaft angewendet werden.

Banfield interessierte sich mehr für die politischen und weniger für die wirtschaftlichen Konsequenzen des amoralischen Familismus. Ihm fiel beispielsweise auf, daß die Menschen in einer solchen Gesellschaft den Staat fürchten und ihm mißtrauen, gleichzeitig aber einen starken Staat als Mittel zur Kontrolle ihrer Mitbürger für notwendig erachten. Wie in nichtkommunistischen chinesischen Gesellschaften sind Gemeinsinn und die Identifikation mit übergreifenden Institutionen schwach ausgeprägt. Aber auch die wirtschaftlichen Auswirkungen des amoralischen Familismus sind unübersehbar: »Der Mangel an solchen Vereinigungen [jenseits der Familie] stellt in den meisten Teilen der Welt für die wirtschaftliche Entwicklung einen sehr wichtigen begrenzenden Faktor dar. Völker, die keine Firmenorganisationen schaffen und erhalten können, können keine moderne Volkswirtschaft hervorbringen.«[5] Die meisten Bewohner Montegranos waren Bauern, die knapp über dem Existenzminimum lebten. In einer solchen Gemeinde konnte eine Industrie nur auf Initiative von außen entstehen, vornehmlich in Form staatlicher geführter Unternehmen. Zwar hätten die regionalen Großgrundbesitzer Banfield zufolge gewinnbringende Firmen aufbauen können, doch da sie der Überzeugung waren, daß der Staat verpflichtet sei, das Risiko auf sich zu nehmen, zogen sie es vor, untätig zu bleiben.[6]

Obwohl Banfields Studie ein Klassiker ist, müssen die darin vorgetragenen Argumente heute in mehrfacher Hinsicht neu bewertet werden. Als erster Einwand ist vorzubringen, daß der atomistische Individualismus der Montegraner wohl für Süditalien, nicht aber für ganz Italien typisch ist. Banfield hat selbst auf die ausgeprägten Unterschiede zwischen Nord- und Süditalien hingewiesen. Der Norden ähnelt mit seinem dichten Gewebe intermediärer sozialer Organisationen und seiner traditionell bürgerlichen Gesellschaft Mitteleuropa sehr viel mehr als der Mezzogiorno. In den letzten fünfzehn Jahren wurde immer häufiger nicht nur von zwei, sondern von drei Regionen gesprochen: dem verarmten Süden einschließlich Sizilien und Sardinien, dem industrialisierten Dreieck zwischen Mailand, Genua und Turin im Norden sowie der sogenannten *Terza Italia*, dem »Dritten Italien« dazwischen (bestehend aus der Emilia-Romagna, der Toskana, Umbrien, den Marken und im Nordosten Venedig, Friaul sowie Triest). Dieses »Dritte Italien« weist bestimmte Merkmale auf, durch die es sich deutlich von den beiden anderen traditionell unterschiedenen Regionen Italiens abhebt.

Robert Putnam hat Banfields Ansatz weitergeführt und in ganz Italien die Ausprägung dessen untersucht, was er »bürgerlichen Gemeinsinn« nennt. Bürgerlicher Gemeinsinn ist die Neigung eines Volkes, nicht auf Verwandtschaftsbeziehungen beruhende Organisationen zu bilden, entspricht damit also dem Begriff des sozialen Kapitals. In Süditalien stellte Putnam einen auffälligen Mangel an bürgerlichem Gemeinsinn fest, was sich in der geringeren Anzahl von Vereinigungen wie literarischen Zirkeln, Sport- und Jagdvereinen, Lokalzeitungen, Musikgruppen, Gewerkschaften und dergleichen niederschlug.[7] Süditaliener lasen weniger Zeitung, gehörten seltener einer Gewerkschaft an, gingen seltener zur Wahl und nahmen auch sonst weniger am lokalen politischen Leben teil als der Durchschnitt der Italiener.[8] Darüber hinaus konstatierte Putnam bei den Italienern im Süden ein schwächer ausgeprägtes soziales Vertrauen und weniger Zutrauen zur Gesetzestreue ihrer Mitbürger.[9] Putnam zufolge korreliert der italienische Katholizismus negativ mit dem bürgerlichen Gemeinsinn: Wird Religiosität anhand von Kirchenbesuchen, kirchlichen Heiraten, der Häufigkeit von Scheidungen und so weiter gemessen, nimmt sie an Intensität zu, je weiter man nach

Süden kommt, während parallel dazu der bürgerliche Gemeinsinn abnimmt.[10]

Putnam kam zu dem Schluß, daß Banfields »amoralischer Familismus« im Süden auch heute noch lebendig sei. Zwar hat sich mit dem wirtschaftlichen Wachstum in der Nachkriegszeit der Konkurrenzdruck etwas abgeschwächt, der das Leben am Rande des Existenzminimums im traditionellen Mezzogiorno prägte. Doch die Isolation der Familien und das seit Generationen zwischen ihnen herrschende Mißtrauen sind bis in die Gegenwart erhalten geblieben. In einem Bericht aus dem Jahre 1863 heißt es beispielsweise über Kalabrien: »[Es gibt] keine Vereinigungen, keine gegenseitige Hilfe, alles ist isoliert voneinander. Die Gesellschaft wird allein durch die natürlichen bürgerlichen und religiösen Beziehungen aufrechterhalten. Abgesehen von wirtschaftlichen Beziehungen besteht nichts, findet sich keinerlei Solidarität zwischen Familien oder zwischen einzelnen oder zwischen ihnen und dem Staat.«[11] Ein anderer italienischer Historiker gab um die Jahrhundertwende folgende Beschreibung der ländlichen Gesellschaft: »Die bäuerlichen Klassen führten mehr Krieg untereinander als gegen die anderen Schichten der ländlichen Gesellschaft ... Daß solche Einstellungen triumphieren konnten, ist nur im Kontext einer von Mißtrauen beherrschten Gesellschaft zu verstehen ...«[12] Ganz ähnlich wird das bäuerliche Leben in China beschrieben.

In Süditalien begegnet uns ein weiteres Phänomen, das für atomisierte Gesellschaften mit relativ schwach ausgeprägten intermediären Organisationen charakteristisch ist: Die stärksten »bürgerlichen« Gruppen sind »kriminelle Gemeinschaften«.[13] In Italien sind das berühmt-berüchtigte Verbrecherorganisationen wie die Mafia, die 'Ndrangheta und die Camorra. Vergleichbar den Tongs, den chinesischen Geheimbünden in den USA, bilden die italienischen Verbrecherbanden eine Art »Familie«, allerdings nicht im wörtlichen Sinne. In einer Gesellschaft mit einem niedrigen Vertrauensniveau außerhalb der Familie ersetzen Blutsschwüre, wie sie etwa die Mitglieder der Cosa Nostra ablegen, die Verwandtschaftsbeziehung und ermöglichen es Bandenmitgliedern, einander auch in Situationen zu vertrauen, wo ein Verrat sehr lukrativ und demnach auch sehr verlockend wäre.[14] Straff organisierte kriminelle Banden sind charakteristisch für Gesellschaften mit einem niedrigen Vertrauensniveau und schwachen intermediären Institutionen wie beispielsweise Rußland und die Innenstadtbezirke amerikanischer Großstädte. Nach dem oben Gesagten überrascht es auch nicht, daß die Korruption unter den politischen und wirtschaftlichen Eliten im Süden Italiens weiter verbreitet ist als im Norden.

Die Regionen Italiens mit dem höchsten Grad an sozialem Kapital liegen im Norden (Piemont, die Lombardei, das Trentino) und vor allem in bestimmten Regionen des »Dritten Italien«, namentlich der Toskana und der Emilia-Romagna.[15]

Nach der im vorliegenden Buch vertretenen These, daß das soziale Kapital die Vitalität und die Größe wirtschaftlicher Organisationen maßgeblich beeinflußt, müßte die Art der wirtschaftlichen Organisationen in den verschiedenen Regionen Italiens deutliche Unterschiede aufweisen. In der Tat wird diese These bestätigt, wenn man den Norden des Landes mit dem Süden vergleicht. In Italien gibt es weit weniger große Unternehmen als in europäischen Ländern mit einem vergleichbaren Bruttoinlandsprodukt, etwa Großbritannien oder Deutschland. Selbst Länder wie Schweden, die Niederlande und die Schweiz, deren Wirtschaftsleistung sich lediglich auf rund ein Fünftel derjenigen Italiens beläuft, besitzen eine vergleichbare Anzahl ähnlich großer Unternehmen.[16] Läßt man die Staatsunternehmen außer acht, öffnet sich die Schere noch weiter. Wie in Taiwan und Hongkong bestehen in Italien nur sehr wenige große, von einem professionellen Management geleitete multinationale Konzerne. Die wenigen vorhandenen, beispielsweise Olivetti oder der Fiat-Konzern der Familie Agnelli, konzentrieren sich im norditalienischen Industriedreieck. Süditalien dagegen bietet ein hervorragendes Beispiel jener sattelförmigen Verteilung von Organisationen, wie sie auch für Taiwan typisch ist. Private Betriebe sind durchweg klein und befinden sich in Familienbesitz, was den Staat, will er eine aktive Beschäftigungspolitik betreiben, dazu zwingt, große, ineffiziente öffentliche Unternehmen zu subventionieren.

Häufig hört und liest man die Meinung, der italienische Staat sei schwach oder gar nicht existent. Doch wer so denkt, verwechselt Schwäche mit Wirkungslosigkeit. Gemessen an der formalen Macht ist der italienische Staat ebenso stark wie der französische, der bei der Einigung Italiens in der zweiten Hälfte des 19. Jahrhunderts als Vorbild diente. Bis zu den Anfang der siebziger Jahre unseres Jahrhunderts beschlossenen Reformprogrammen zur Dezentralisierung wurde die Politik in den Regionen von Rom aus diktiert. In einem noch größeren Ausmaß als in Frankreich befinden sich in Italien wichtige Großunternehmen in Staatsbesitz, darunter Finmeccania, ENEL, die Banca Nazionale Del Lavoro, die Banca Commerciale Italia und Enichem. Seit der Wahl der kurzlebigen rechtsgerichteten Regierung unter Silvio Berlusconi im April 1994 wurde immer wieder davon gesprochen, einen großen Teil der Staatsunternehmen zu privatisieren, und auch in Frankreich spielt das Thema seit der Machtübernahme der konservativen Regierung unter Edouard Balladur eine Rolle. Es bleibt abzuwarten, ob beide Länder in der Lage sein werden, ihre jeweiligen Privatisierungsprogramme erfolgreich in die Tat umzusetzen.

Die in den letzten fünfzehn Jahren wirtschaftlich dynamischste und im Hinblick auf das soziale Kapital rätselhafteste Region Italiens weist die meisten Ähnlichkeiten mit Taiwan und Hongkong auf: die *Terza Italia.* Die italienischen Soziologen, die sich als erste mit dem Phänomen des »Dritten Italien« befaßten,[17] stellten fest, daß die Wirtschaft der Region weitgehend von kleinen Familienunternehmen bestimmt wird. Während der Süden noch immer von einem bäuerlichen Familismus geprägt ist, sind die Familienunternehmen in der Terza Italia innovativ, exportorientiert und oft im Hochtechnologiebereich tätig. In dieser Region sitzen zahllose kleine Hersteller von numerisch gesteuerten Werkzeugmaschinen, die Italien Ende der siebziger Jahre hinter Deutschland zum zweitgrößten Werkzeugmaschinenhersteller in Europa machten.[18] Diese Unternehmen sind so erfolgreich, daß sie es sogar geschafft haben, im hart umkämpften deutschen Automobilsektor Fuß zu fassen. Trotz des hohen Gesamtproduktionsvolumens sind ihre Produktserien relativ klein, oft wird nur eine einzelne, für einen Kunden maßgeschneiderte Maschine produziert.[19]

Auf dem Weltmarkt erfolgreich sind die Unternehmen der Terza Italia auch mit Textilien und Bekleidung, landwirtschaftlichen Maschinen, anderen hochentwickelten Anlagegütern wie Maschinen für die Schuhindustrie, Industrierobotern, hochwertigen Keramikprodukten und Keramikziegeln. Dieser Umstand belegt, daß eine von kleinen und mittelständischen Unternehmen dominierte Industriestruktur und technologische Rückständigkeit nicht notwendigerweise Hand in Hand gehen. Italien ist der weltweit drittgrößte Hersteller von Industrierobotern, und ein Drittel des Umsatzes in diesem Sektor wird von Unternehmen mit weniger als 50 Beschäftigten erzielt.[20] Das Land hat sich vor allem nach dem Exodus vieler Markenhersteller aus Frankreich in den sechziger und siebziger Jahren in vielerlei Hinsicht zum Zentrum der europäischen Modeindustrie entwickelt. 1993 erwirtschaftete der Textil- und Bekleidungssektor einen Handelsüberschuß von 18 Milliarden US-Dollar, was dem Defizit im Nahrungsmittel- und Energiebereich entsprach. Wie stark auch die italienische Bekleidungsindustrie von Kleinbetrieben beherrscht wird, ist daran ablesbar, daß es mit Benetton und Simint nur zwei große börsennotierte Textilproduzenten gibt, während 68 Prozent der Beschäftigten in Unternehmen mit weniger als zehn Angestellten arbeiten.[21]

Eine bereits im letzten Jahrhundert von Alfred Marshall beschriebene auffällige Eigenheit der kleinen Familienunternehmen in der Terza Italia ist ihre Neigung, sich in Industriedistrikten zu konzentrieren. Die lokale Konzentration ermöglicht es ihnen, vor Ort vorhandenes Wissen und entsprechende Qualifikationen besser auszunutzen. Diese Industriedistrikte gelten heute als die italienische Variante des kalifornischen Silicon Valley oder Bostons Route 128. In manchen Fällen wurden die Industriedistrikte ganz bewußt von den lokalen Behörden gefördert, die Ausbildungseinrichtungen, Finanzierungsprogramme und andere Dienstleistungen bereitstellten. In anderen Fällen haben kleine Familienunternehmen von sich aus mit anderen gleichgesinnten Unternehmen Netzwerke aufgebaut, die es ihnen ermöglichen, sich zu Einkaufsgemeinschaften zusammenzuschließen oder beispielsweise im Marketing zusammenzuarbeiten. Diese Netzwerke ähneln den asiatischen Netzwerk-Organisationen, allerdings mehr den Familiennetzwerken Taiwans und anderer chinesischer Gesellschaften als den gigantischen Keiretsu-Strukturen in Japan. Auch ihre ökonomische Funktion ist der asiatischer Netzwerke vergleichbar. Einerseits erschließen sie den beteiligten Betrieben bis zu einem gewissen Grad Größenvorteile und dienen der vertikalen Integration, andererseits erlauben sie ihnen weitgehend, die für kleine Familienunternehmen typische Flexibilität zu erhalten.

Die Dynamik und der Erfolg ihrer Kleinindustrie haben die Terza Italia zum Gegenstand regen wissenschaftlichen Interesses gemacht. Dieses Beispiel eines von kleinen, handwerklich geprägten High-Tech-Firmen beherrschten Industriedistrikts diente Michael Piore und Charles Sabel zur Illustration ihres Paradigmas der »flexiblen Spezialisierung«.[22] Piore und Sabel argumentieren, daß die Massenproduktion in Großunternehmen keine zwingende Folge der Industriellen Revolution sei. Kleine, auf handwerkliches Können bauende Unternehmen konnten sich durchaus neben Riesenkonzernen behaupten, und mit der Entstehung von stark segmentierten, differenzierten und sich rasch wandelnden Konsumgütermärkten bedeutet die Flexibilität und Anpassungsfähigkeit, die nur kleine Unternehmen leisten können, einen möglicherweise entscheidenden Vorteil. Sabel und Piore sehen in der Zusammenballung kleiner Familienunternehmen nicht nur eine interessante Besonderheit der italienischen Entwicklung, sondern sie sind darüber hinaus der Meinung, daß dies auch für andere Länder ein möglicher Entwicklungspfad sein könnte – ein Pfad, der die mit der traditionellen Massenproduktion einhergehende Entfremdung zumindest in ihrer extremen Ausprägung vermeidet. Ob Sabel und Piore mit ihrer Einschätzung richtig liegen, hängt, wie wir noch sehen werden, entscheidend davon ab, ob die kulturelle Basis für eine solche »Kleinindustrialisierung« vorhanden ist.

Viele außenstehende Beobachter der Industrialisierung im »Dritten Italien« hegten die Hoffnung, der italienische Weg sei ein auf andere Länder übertragbares industrielles Entwicklungsmodell. So propagierte die Europäische Kommission in den letzten Jahren die italienischen Industriedistrikte als positives Beispiel einer kleinindustriellen Entwicklung, die zahlreiche Arbeitsplätze geschaffen habe. Während die großen europäischen Unternehmen in der Nachkriegszeit im Rahmen von Produktivitätssteigerungen einen kontinuierlichen Arbeitsplatzabbau betrieben, stieg im selben Zeitraum der Anteil der in kleineren und mittleren Betrieben Beschäftigten.[23] Allerdings verlief dieses Wachstum nicht in allen Teilen Europas gleichmäßig und blieb insgesamt weit hinter dem in den Vereinigten Staaten zurück.[24] Viele Propagandisten des italienischen Entwicklungsmodells halten die Kleinindustrialisierung als solche für eine gute Sache und richten ihre Aufmerksamkeit vor allem auf jene Aspekte, die politisch beeinflußt werden können, wie beispielsweise der Aufbau von Bildungs- und Qualifikationsinfrastrukturen durch lokale und regionale Behörden.

Zweifellos ist der hohe Grad des sozialen Kapitals in Nord- und Mittelitalien mit ausschlaggebend für die im Vergleich zum Mezzogiorno höhere wirtschaftliche Prosperität. Und man muß Robert Putnam darin zustimmen, daß die wirtschaftliche Leistungsfähigkeit primär nichts über den Grad der spontanen Soziabilität (oder, in seiner Terminologie, des bürgerlichen Gemeinsinns) in einer Gesellschaft aussagt. Es gilt eher das Umgekehrte: Der Grad der spontanen Soziabilität läßt Schlüsse auf die wirtschaftliche Leistungsfähigkeit zu, und zwar noch eher als wirtschaftliche Faktoren im engeren Sinn.[25] Bei der Einigung Italiens im Jahre 1870 waren weder der Norden noch der Süden industrialisiert, im Norden arbeitete sogar ein geringfügig höherer Anteil der Bevölkerung in der Landwirtschaft als im Süden. In der Folgezeit setzte im Norden eine rapide Industrialisierung ein, während die Industralisierungsquote und der Anteil der Stadtbevölkerung im Süden zwischen 1871 und 1911 leicht zurückgingen. Das Pro-Kopf-Einkommen im Norden stieg im Vergleich zum Süden kontinuierlich an, und noch heute besteht ein großes Einkommensgefälle zwischen den beiden Regionen. Solche Differenzen lassen sich nicht mit Hinweis auf regionale politische Unterschiede erklären, da die politische Kontrolle über die Regionen seit der Entstehung des zentralistischen italienischen Nationalstaates fast ausschließlich in den Händen Roms lag. Dagegen korreliert der Grad des bürgerlichen Gemeinsinns (oder der spontanen Soziabilität) sehr stark mit den vor Ort bestehenden wirtschaftlichen Strukturen.[26] Familienunternehmen gibt es in ganz Italien, aber die Unternehmen im an sozialem Kapital reichen Mittelitalien sind weitaus dynamischer, innovativer und erfolgreicher als die im von einem starken sozialen Mißtrauen geprägten Süden.

Allerdings stellen die kleinen Familienunternehmen Mittelitaliens eine Art Anomalie in der von mir postulierten Beziehung zwischen Unternehmensgröße und Ausstattung an sozialem Kapital dar. In Anbetracht des höheren sozialen Kapitals in Norditalien überrascht es nicht, daß die durchschnittliche Unternehmensgröße dort über der im Mezzogiorno liegt. Doch warum dominieren in Mittelitalien, das Putnams Untersuchungen zufolge unter allen italienischen Regionen den höchsten Grad an sozialem Kapital aufweist, kleine Familienunternehmen? Das hohe soziale Vertrauensniveau hätte es den Unternehmen dort doch ermöglichen müssen, professionelle, familienunabhängige Organisationsformen auszubilden, so wie auch das politische Leben in Mittelitalien weniger auf Familismus und persönlicher Patronage basiert als im Süden.

Es wäre natürlich denkbar, daß externe Faktoren, die nichts mit sozialem Kapital zu tun haben – politische, rechtliche oder wirtschaftliche Faktoren –, die Entstehung von Großunternehmen im Norden gefördert und in Mittelitalien behindert haben. Schließt man solche Faktoren jedoch aus, bieten sich zwei mögliche Antworten an. Zum einen könnte man bei der Bewertung der wirtschaftlichen Struktur Mittelitaliens mehr Aufmerksamkeit auf die Netzwerke als auf die einzelnen Unternehmen legen. Wie die asiatischen Netzwerk-Organisationen erschließen die mittelitalienischen Netzwerke den Kleinbetrieben die Vorteile der Größendegression, ohne daß große, integrierte Unternehmen gebaut werden. Im Gegensatz zu chinesischen Netzwerken basieren die italienischen Netzwerke nicht auf Familienbeziehungen, sondern auf der Kooperation nicht miteinander verwandter Individuen auf einer professionellen, funktionalen Ebene. Bis zu einem gewissen Grad ist die Organisationsform des vernetzten Kleinbetriebs eine Sache der bewußten Entscheidung von Unternehmern mit einer relativ stark ausgebildeten spontanen Soziabilität, die, wenn sie es wollten, auch für Größe optieren könnten.

Andererseits spricht auch einiges dafür, daß die geringe Größe der mittelitalienischen Familienunternehmen und die Netzwerkstruktur in manchen Fällen das Ergebnis ihrer Schwäche und der Unfähigkeit zur Institutionalisierung sind und nicht auf eine bewußte Entscheidung zurückgehen. Die Dominanz von Kleinbetrieben könnte dann damit erklärt werden, daß in Mittelitalien starke Familienbande zwar nach wie vor eine zentrale Rolle spielen und dem wirtschaftlichen Leben einen unverkennbaren Stempel aufdrücken, jedoch im politischen Bereich keine negativen Folgen für den bürgerlichen Gemeinsinn haben. Das würde heißen, daß sich in der Terza Italia starke Familien einerseits und starke freiwillige Assoziationen andererseits nicht gegenseitig ausschließen. Während in den meisten Gesellschaften starke Familien schwache intermediäre Institutionen (oder umgekehrt) zur Folge haben, ist es in manchen Fällen offensichtlich möglich, daß beide gleichzeitig stark ausgeprägt sind.

Tatsächlich gibt es einige Hinweise, die diese These stützen. Die Familienorientierung ist in Italien immer noch wichtiger als in anderen europäischen Ländern, wenn auch von Region zu Region in unterschiedlichem Maße. In den vergangenen Jahren haben mehrere Beobachter auf aufschlußreiche Unterschiede in den italienischen Familienstrukturen hingewiesen. Neuere Forschungsergebnisse belegen, daß wie in China die Kernfamilie in Europa mindestens seit dem 14. Jahrhundert viel weiter verbreitet war, als bislang angenommen wurde.[27] Allerdings mit einer Ausnahme: Mittelitalien. Dort blieb die weitverzweigte italienische Familienstruktur seit dem Mittelalter in einer relativ starken und intakten Form erhalten.[28] Diese Familienform ähnelt der weiter oben beschriebenen chinesischen Großfamilie, in der die Eltern gemeinsam mit oder in nächster Nähe zu ihren verheirateten Söhnen und deren Familien leben. Diese Form der erweiterten Familie ist im »Dritten Italien« auch heute noch vorherrschend: Die Hälfte der Mittelitaliener leben in Großfamilien, aber nur 27 Prozent der Italiener im nördlichen Industriedreieck (der Lombardei, dem Piemont und Ligurien) und 20 Prozent im Süden. Umgekehrt liegt der Anteil derjenigen, die in Kernfamilien leben, mit 64,6 Prozent im Norden und 74,3 Prozent im Mezzogiorno deutlich höher als in Mittelitalien.[29] Die letztgenannten Zahlen untermauern Banfields These, daß die Kernfamilie in Süditalien die primäre soziale Einheit darstellt, der sich der einzelne moralisch verpflichtet fühlt.

Das bisher Gesagte könnte zu der Annahme verleiten, daß die Region Italiens, die am ehesten mit China verglichen werden kann, der Süden ist, da dort der Vertrauensradius nicht über die Kernfamilie hinausreicht und es kaum zur Kooperation zwischen nicht miteinander verwandten Menschen kommt. Überraschenderweise ist es nicht der Mezzogiorno, sondern die Terza Italia, deren Familienstruktur der chinesischer Gesellschaften am ehesten entspricht.[30] Die von Banfield beschriebenen Bauernfamilien in Montegrano sind viel atomisierter und isolierter als die typischen chinesischen Bauernfamilien oder als die erweiterten Familien in Mittelitalien. In diesem Zusammenhang ist Banfields Darstellung der innerfamiliären Spannungen in Montegrano sehr aufschlußreich:

> Wenn eine neue Familie entsteht, werden die Bindungen an die alten Familien schwächer. Die Hochzeitsvorbereitungen bieten Braut und Bräutigam Gelegenheiten, sich mit ihren angeheirateten Verwandten anzulegen … Mißgunst und Neid erfüllen die nützliche Funktion, die neue Familie gegen Forderungen zu schützen, die womöglich aus den Reihen der alten Familien gegen sie erhoben werden könnten. Allerdings verhindern sie auch die Zusammenarbeit der Familienmitglieder. Die Aufteilung der Felder in winzige, weit auseinander liegende Parzellen beruht zumindest teilweise auf innerfamiliären Streitigkeiten. Pratos Halbschwester etwa besitzt einen Streifen Land neben seinem. Doch obwohl sie es selbst nicht bearbeiten kann, weigert sie sich, es ihm zu verpachten oder zu verkaufen. Also liegt es brach.

Würden die Bauern auf gutem Fuß mit ihren Geschwistern stehen, könnte das Land durch eine Reihe von Tauschgeschäften viel rationaler aufgeteilt werden … Doch selbst wenn es zu keinem Zwist kommt, bricht die Bindung eines Sohnes an seine Eltern nach seiner Heirat fast vollständig ab. Sobald er eine Frau und Kinder hat, wird von ihm nicht mehr erwartet, daß er sich um das Wohlergehen seiner Eltern kümmert, es sei denn, sie wären am Verhungern.[31]

Die Gesellschaft, die Banfield da beschreibt, hat nichts mit einer chinesischen Gesellschaft gemein, wo die Beziehung zu den Eltern und insbesondere zum Vater über allem anderen steht. Die süditalienischen Familien sind viel zu klein, zu atomisiert und zu schwach, um die Basis für wirtschaftliche Unternehmen abgeben zu können. Chinesische Familien können auf ihre Söhne, Töchter, Onkel, Großeltern und durch die Abstammungsgruppe auch auf weiter entfernte Verwandte als Mitarbeiter für ihre Familienunternehmen zurückgreifen. Genau dieselbe Familienstruktur existiert auch im »Dritten Italien«, und darauf bauen die modernen italienischen Familienunternehmen auf.

Eine weitere Erklärung, die manche Soziologen für die fortdauernde Dominanz von Familienunternehmen in Mittelitalien anführen, ist die Praxis der Hofpacht.[32] Die Pacht basierte auf einem langfristigen Pachtvertrag zwischen einem Landbesitzer und einem Familienoberhaupt, das den Vertrag im Namen aller Familienmitglieder abschloß. Der Landbesitzer besaß ein vitales Interesse daran, daß die Pächterfamilie ausreichend groß blieb, da sie nur so seine Ländereien wirtschaftlich bestellen konnte. Der Pachtvertrag räumte dem Grundbesitzer weitgehende Entscheidungsbefugnisse darüber ein, ob Angehörige der Pächterfamilie wegziehen oder auch nur heiraten duften. Da in vielen Fällen die gepachteten Äcker zu groß waren, um von einer Kernfamilie allein bestellt zu werden, bestand ein wirtschaftlicher Anreiz zugunsten von Großfamilien. Im Gegensatz dazu war in Süditalien der *bracciante* die Regel, der Tagelöhner, der seine Arbeitskraft auf dem Markt verkaufte und nicht längerfristig an das Land gebunden war, das er bearbeitete. Der *bracciante* wurde als Individuum angeheuert, und die meisten Tagelöhner lebten nicht auf einem Bauernhof, sondern in Dörfern. Die Pächterfamilien in Mittelitalien dagegen verdingten sich als Gruppe, und das, was sie besaßen – Arbeitsgeräte und Vieh – gehörte allen gemeinsam. Die Strukturen, in die sie eingebunden waren, belohnten

Sparsamkeit und unternehmerisches Handeln, alles Anreize, die den landwirtschaftlichen Lohnarbeitern im Süden fehlten.[33] Die erweiterte Pächterfamilie in Mittelitalien stellte eine der traditionellen chinesischen Bauernfamilie sehr ähnliche stabile wirtschaftliche Einheit dar. Die durch die Zwänge des Pachtsystems bereits vor der Industrialisierung entstandenen Großfamilien dienten später als eine Art natürlicher Grundstein für die Familienunternehmen.

Warum aber sind die Unterschiede im Grad der spontanen Soziabilität zwischen den verschiedenen Regionen Italiens so kraß? Viel hängt wohl davon ab, ob in der Vergangenheit, lange vor dem Beginn der Industrialisierung, der politische Zentralismus in einer Region mehr oder weniger stark ausgeprägt war. Der »amoralische« Familismus im Süden hat seine Wurzeln in den normannischen Königreichen in Neapel und auf Sizilien und insbesondere in der Regierungszeit Friedrichs II., der einen modernen, zentralisierten Staat schuf und rigoros gegen die nach Autonomie strebenden Städte vorging. Auf dem Land entstand eine stark abgestufte gesellschaftliche Hierarchie mit dem Landadel an der Spitze, der fast nach Belieben mit den am Existenzminimum dahinvegetierenden Bauern umspringen konnte.

In manchen Gesellschaften kann die Religion zwar unter Umständen die intermediären Institutionen und die Neigung zur spontanen Selbstorganisation stärken, doch die katholische Kirche Süditaliens sah ihre Aufgabe vor allem darin, die Monarchie zu stützen. Die Bauern betrachteten die Kirche nicht als Gemeinschaft, in die man freiwillig eintrat und die von den Gläubigen kontrolliert wurde, sondern als eine fremde Macht und Bürde.

Die zentralistischen Königreiche von Neapel und Sizilien hoben sich scharf von Nord- und Mittelitalien ab, wo gegen Ende des Mittelalters eine Reihe von mächtigen, unabhängigen Stadtstaaten wie Venedig, Genua und Florenz entstanden. Diese Handelsstädte waren nicht nur politisch autonom, sondern experimentierten auch immer wieder mit republikanischen Regierungsformen, die von ihren Bürgern ein hohes Maß an politischer Partizipation verlangten. In diesem Rahmen entfaltete sich ein reiches Gemeinschaftsleben mit zahlreichen bürgerlichen Assoziationen wie Zünften, Nachbarschaftsvereinigungen, Kirchengemeinden und Bruderschaften. Die katholische Kirche war in Nord- und Mittelitalien nur eine gesellschaftliche Organisation unter vielen. »Zu Anfang des 14. Jahrhunderts«, heißt es bei Putnam, »hatte Italien nicht eine, sondern zwei neuartige Regierungsformen mit unterschiedlichen gesellschaftlichen und kulturellen Eigenarten hervorgebracht: im Süden die normannische Feudalaristokratie und im Norden den dynamischen, gemeinschaftsorientierten Republikanismus ...«[34] In späteren Zeiten wurde der Norden zwar wieder »refeudalisiert« und geriet unter die Kontrolle wechselnder zentralistischer, oft ausländischer Mächte. Doch die in der Renaissance erblühten republikanischen Traditionen blieben in der Kultur lebendig. Das ist auch der Grund dafür, warum in Nord- und Mittelitalien die spontane Soziabilität heute soviel stärker ausgeprägt ist als im Süden.

Wie der Name schon andeutet, nimmt das »Dritte Italien« eine Mittelposition zwischen dem Norden und dem Süden ein. Auf der einen Seite ist es von einem in bestimmter Hinsicht weiter entwickelten und intensiveren Familismus als der Süden geprägt. Der Familismus macht das Familienunternehmen zum (quasi) natürlichen Grundbaustein der regionalen Wirtschaft, auch wenn er der Transformation von Familienunternehmen in größere Organisationen im Wege steht. Andererseits stößt man in Zentral- und Nordostitalien auf denselben republikanischen Kommunalismus, der für den Norden typisch ist und sich scharf vom atomistischen Familismus im Süden abhebt. So gesehen sind die vernetzten Familienunternehmen der Emilia-Romagna und der Marken eine Zwischenstufe zwischen den kleinen bäuerlichen Betrieben im Süden und den großen, professionell gemanagten Unternehmen im Norden.

Die Propagandisten der »flexiblen Spezialisierung« stellen die italienische Form der Industrialisierung »im kleinen Rahmen« gern als die ideale Form der industriellen Organisation dar. Ihrer Auffassung nach vereint das italienische Familienunternehmen in reinster Form die Vorteile von geringer Größe, handwerklichem Können und Achtung vor Familientraditionen mit Effizienz, technologischer Fortschrittlichkeit und anderen positiven Eigenschaften, die üblicherweise eher mit Großunternehmen assoziiert werden. Robert Putnam geht sogar so weit, daß er die wirtschaftlichen Aktivitäten in diesen Regionen als Ausdruck einer staatsbürgerlichen Gemeinschaftlichkeit darstellt, in der privatwirtschaftliche Netzwerke Hand in Hand mit lokalen Behörden zur Arbeitszufriedenheit und zum Wohlstand aller beitragen.[35]

Die Frage lautet nun, ob die Vernetzung von Kleinbetrieben einen neuen Trend ankündigt, gewissermaßen eine New-Age-Form der industriellen Organisation, die Größenvorteile mit den für Kleinunternehmen typischen kurzen Entscheidungswegen verbindet und die Wiedervereinigung von Eigentum und Management mit sich bringt.[36] Wirtschaftlich gesehen hat die relativ geringe durchschnittliche Unternehmensgröße Italien nicht geschadet: Bis zur Rezession der Jahre 1992–1994 hatte die italienische Volkswirtschaft innerhalb der Europäischen Union mit die höchsten Wachstumsraten vorzuweisen, und zwar im wesentlichen dank der hohen Dynamik des kleinindustriellen Sektors. Die geringe Unternehmensgröße war in Italien ebensowenig ein Hemmnis für das Wachstum des Bruttoinlandsprodukts wie in Taiwan und Hongkong. In einem Sektor wie der Bekleidungsindustrie, die sich der Aussage eines führenden italienischen Designers zufolge »etwa alle sechs Monate … mit einer außerordentlichen Geschwindigkeit neu erfindet«[37], verfügen Kleinunternehmen zweifelsohne über erhebliche Vorteile.

Das heißt aber nicht, daß diese Form der Industrialisierung keine Schattenseiten hat. Ebenso wie chinesische Familienunternehmen sind die italienischen oft sehr kurzlebig und versäumen es häufig, rechtzeitig effiziente Managementstrukturen einzuführen. Auch das Silicon Valley und die Route 128, die legendären Hochtechnologieregionen in den USA, wurden anfangs von kleinen, eigentümergeführten Betrieben dominiert. Einige dieser neuen Unternehmen, etwa Intel und Hewlett-Packard, wuchsen rasch zu riesigen, bürokratisch organisierten Gesellschaften heran und wurden Marktführer in ihrem Bereich – was ihnen nur mit Hilfe professioneller Organisationsstrukturen möglich war. Diese Entwicklung verlief in Mittelitalien sehr viel schleppender, obwohl es Ausnahmen wie Benetton oder Versace gibt. Michael Blim, der sich intensiv mit der mittelständischen Industrialisierung in den Marken befaßt hat, schreibt zu diesem Punkt:

> So gut wie alle Unternehmer in San Lorenzo haben die einer Institutionalisierung ihrer Firmen gleichkommende Einführung einer Managementstruktur abgelehnt und darauf vertraut, daß es ihnen gelingen würde, mit ihrem Einfallsreichtum – und wenn nötig mit allerlei Tricks und Schlichen – zu überleben. Doch zuletzt ermüden auch die Anpassungsfähigsten und ziehen sich zurück oder geben ihr Geschäft auf, bevor sie bankrott gehen. Da die Anfangsinvestitionen gering sind, finden sich glücklicherweise immer wieder neue Männer mit

demselben einzigartigen Unternehmergeist, die an ihre Stelle treten. Allzuoft jedoch läßt die zweite Generation die eiserne Sparsamkeit vermissen, die das Wachstum des Unternehmens möglich machte. Statt dessen werden die Gewinne alsbald für einen aufwendigen Lebensstil und Statussymbole verpraßt.[38]

Wie ihre Pendants in Taiwan konkurrieren die italienischen Familienunternehmen heftig miteinander und sind trotz ihrer Vernetzung viel atomisierter und weit mehr von gegenseitigem Mißtrauen geprägt, als manche Propagandisten außerhalb Italiens es darstellen. Der Gemeinschaftsgeist, der in den Beziehungen zwischen Familienunternehmern und ihren Angestellten und Geschäftspartnern zum Ausdruck kommt, wird zweifelhaft angesichts der weitverbreiteten Unsitte des *lavoro negro*, der Schwarzarbeit. Der Begriff deckt eine Vielzahl von illegalen Praktiken ab, von der Weigerung, Sozialleistungen für Arbeitnehmer abzuführen oder Einkommen auszuweisen, bis zu dem Verfahren, Lieferungen »aus den Büchern zu streichen« und dergleichen mehr.[39] In vielen Fällen verdanken die mittelitalienischen Kleinbetriebe ihren Erfolg zudem nur dem Umstand, daß ihre Angestellten im Gegensatz zu den Arbeitern im norditalienischen Industriedreieck nicht gewerkschaftlich organisiert sind und deshalb auch mit niedrigeren Löhnen abgespeist werden können.[40]

Größer ist nicht in jedem Fall gleichbedeutend mit besser, doch in manchen Industriezweigen trifft diese Faustregel unzweifelhaft zu. So ist es vor allem der familistischen Natur der mittelitalienischen Unternehmen zuzuschreiben, daß sie große Schwierigkeiten haben, in neuen Märkten Fuß zu fassen und Größenvorteile zu realisieren. Trotz des in einigen Konsumgüterbereichen offensichtlichen Trends zu verstärkter Segmentierung und Produktdifferenzierung sind die Tage der Massenproduktion noch lange nicht gezählt, und in zahlreichen Branchen entscheidet noch immer die Fähigkeit, die Vorteile der Größendegression zu nutzen, über Erfolg oder Mißerfolg. Wie in Taiwan und Hongkong kann man auch mit Blick auf die mittelitalienischen Betriebe nicht definitiv entscheiden, ob die Familienorientierung ein Nachteil oder ein Vorteil ist. Auf jeden Fall schränkt sie die Fähigkeit der italienischen Wirtschaft ein, sich in jenen Sektoren der Weltwirtschaft zu etablieren, in der die schiere Größe für den Erfolg am Markt ausschlaggebend ist. Womöglich sind die Netzwerke der kleinen und mittleren Unternehmen in Italien weniger Ausdruck einer zukunftsweisenden Innovativkraft, sondern spiegeln vielmehr ihre Unfähigkeit wider, zu einer Größe heranzuwachsen, die erst ein effizienteres Wirtschaften und vertikale Integration ermöglicht – zwei Grundvoraussetzungen, um in neue Märkte vorstoßen und neue Technologien nutzen zu können. Es ist gewiß kein Zufall, daß diese Unternehmen sich genau wie die taiwanesischen Familienunternehmen auf Werkzeugmaschinen, Keramik, Textilien, Design und ähnliches konzentrieren, alles Märkte, wo die Unternehmensgröße keine zentrale Rolle spielt. Andererseits ist es mehr als fraglich, ob ein Netzwerk aus noch so vielen Kleinunternehmen beispielsweise dazu in der Lage wäre, eine italienische Halbleiterindustrie aufzubauen.

Viele Experten haben Italien zwar immer wieder mit dem übrigen Westeuropa verglichen, doch ich kenne keinen, der es unternommen hätte, Italien und China einander gegenüberzustellen. Obwohl sich beide Länder hinsichtlich ihrer Geschichte, Religion und Kultur stark voneinander unterscheiden, gleichen sie einander in einigen zentralen Aspekten doch auffallend. Sowohl in der italienischen wie auch in der chinesischen Gesellschaft spielt die Familie eine zentrale Rolle, was hier wie dort die Entstehung starker intermediärer Organisationen behindert hat. In beiden Ländern wird die Industriestruktur durch relativ kleine Familienunternehmen geprägt, die in vielfältiger Weise vernetzt sind. Und die Gemeinsamkeiten gehen noch weiter: Wegen ihrer geringen Größe und den kurzen Entscheidungswegen sind die Familienunternehmen in der Terza Italia ebenso wie in Taiwan und Hongkong hervorragend dafür gerüstet, kurzlebige, stark segmentierte Konsumgütermärkte sowie Märkte für Investitionsgüter, die – wie der Werkzeugmaschinensektor – keine Größendegression voraussetzen, zu bedienen. In beiden Gesellschaften erzielen die Familienunternehmen eine Größendegression vornehmlich durch den Aufbau von Unternehmensnetzwerken. Dennoch haben es die mittelitalienischen Familienunternehmen ebensowenig wie die chinesischen verstanden, aus den Märkten auszubrechen, auf die sie durch ihre Größe beschränkt sind, und operieren in vergleichbaren weltwirtschaftlichen Nischen. Im Hinblick auf die Wirtschaftsstruktur ist das »Dritte Italien« somit essentiell konfuzianistisch, und es wird bei dem Versuch, sich an veränderte wirtschaftliche Gegebenheiten anzupassen, mit vergleichbaren Problemen wie chinesische Volkswirtschaften zu kämpfen haben.

Kapitel 11

Frankreich: Von Angesicht zu Angesicht

In den letzten Jahrzehnten hat Frankreich alles darangesetzt, in einer Reihe von Hochtechnologiemärkten wie der Luft- und Raumfahrttechnik, der Elektronik und im Computersektor zu einer führenden Wirtschaftsmacht zu werden. Die Strategie war die gleiche, die alle französischen Regierungen seit mindestens fünf Jahrhunderten verfolgt haben: Eine Gruppe von Pariser Bürokraten entwarf einen Plan zur Förderung einer bestimmten Branche und versuchte ihn mittels Protektion der heimischen Industrie, großzügigen Subventionen, Regierungsaufträgen sowie (nach dem Wahlsieg der Sozialisten im Jahr 1981) durch die Nationalisierung von High-Tech-Unternehmen, darunter dem gesamten Elektroniksektor, umzusetzen. Die Politik des *dirigisme*, des staatlichen Dirigismus, blieb nicht ohne Erfolge: Frankreich verfügt heute über eine international konkurrenzfähige Luft- und Raumfahrtindustrie, die unter anderem das Überschall-Passagierflugzeug *Concorde*, eine Reihe von exportfähigen Militärflugzeugen und – mit Hilfe mehrerer europäischer Konsortiumspartner – die Airbus-Flugzeugfamilie und das Raumfahrtprogramm Ariane hervorgebracht hat.[1]

Abgesehen von diesen Einzelerfolgen jedoch hat die französische Industriepolitik im High-Tech-Bereich kläglich versagt. Ende der sechziger Jahre prophezeite die französische Regierung in einem *Plan Calcul*, daß sich die Computerrechenleistung der Zukunft auf einige wenige Mammut-Mainframecomputer konzentrieren würde, und auf der Basis dieser Fehleinschätzung trieb sie am Vorabend der Mikrocomputerrevolution mit umfangreichen Subventionsleistungen den Ausbau der Computerindustrie in Richtung Großrechner voran.[2] Der Ausbau der Computerindustrie Anfang der achtziger Jahre verschlang enorme Mittel, was das Staatsdefizit weiter aufblähte und den Kurs des Franc nach unten drückte. Dennoch gelang es keinem einzigen französischen Computerhersteller, zur Weltspitze aufzuschließen und sich – mit Ausnahme des heimischen Telekommunikationsmarktes, dem keine andere Wahl blieb – als ein führender Anbieter von Hard- oder Software zu etablieren. Ebenso niederschmetternd fielen die Versuche Frankreichs aus, mit staatlicher Lenkung eine auf dem Weltmarkt konkurrenzfähige Halbleiter-, Biotechnologie- und Automobilindustrie aufzubauen.

Die klägliche Bilanz der französischen Industriepolitik wird von den Vertretern der reinen Marktwirtschaftslehre oft als Beweis für die Unfähigkeit staatlicher Industriepolitik *per se* interpretiert. Und in der Tat lehrt uns das Beispiel Frankreichs eine ernüchternde Lektion über die beschränkten Fähigkeiten eines Staates, zukunftsträchtige Industrien zu erkennen. Doch viele Kritiker übersehen, daß sich die französischen Regierungen vorrangig wegen der mangelnden Dynamik, Innovationskraft und Risikobereitschaft des französischen Privatsektors immer wieder dazu gezwungen fühlten, lenkend in das Wirtschaftsleben einzugreifen. Der ehemalige französische Industrieminister und einstige Chef des Renault-Konzerns, Pierre Dreyfus, kam zu dem nicht eben positiven Urteil: »... französische Privatunternehmen gehen keine Risiken ein; sie sind schreckhaft, furchtsam und scheu ...«[3] Das ist keine Entwicklung unserer Tage: Zu keiner Zeit in den letzten hundertfünfzig Jahren erwies sich die französische Privatindustrie als sonderlich befähigt, neue Organisationsformen zu entwickeln, große Unternehmen herauszubilden und neuartige, komplexe Fertigungsprozesse zu meistern. Die – abgesehen von Staatsunternehmen oder staatlich subventionierten Betrieben – erfolgreichsten Firmen waren fast ausschließlich Familienunternehmen, die relativ kleine, hochspezialisierte Konsum- oder Investitionsgütermärkte bedienten.

Dieses Muster wird dem Leser zu Recht vertraut vorkommen: Wenn es auch anmaßend erscheinen mag, eine so komplexe und hochentwickelte Gesellschaft wie die des modernen Frankreich mit den kleinen, relativ jungen chinesischen Gesellschaften Ostasiens zu vergleichen, so fallen doch bei der Ausstattung mit sozialem Kapital eine Reihe von verblüffenden Parallelen ins Auge. Wie eine typische chinesische Gesellschaft hat Frankreich schwache intermediäre Institutionen zwischen Familien und Staat, und dies beeinträchtigt die Fähigkeit des französischen Privatsektors, große, stabile und dynamische Unternehmen zu entwickeln. Als Folge davon konzentrierten sich die wirtschaftlichen Aktivitäten in Frankreich auf Familienunternehmen einerseits und gigantische Staatskonglomerate andererseits, die immer dann entstanden, wenn die französische Regierung eingriff, um große Privatunternehmen vor dem Zusammenbruch zu retten. Der Mangel an intermediären Organisationen hat nicht nur die allgemeine französische Wirtschaftsstruktur geprägt, sondern auch die Art und Weise, wie französische Arbeiter und Manager im Alltag miteinander umgehen.

Um Mißverständnissen vorzubeugen, sei gleich von vornherein auf die Merkmale hingewiesen, die Frankreich von einer konfuzianischen Gesellschaft unterscheiden. Es wäre zum Beispiel falsch, zu behaupten, Frankreich sei auch nur im entferntesten Sinne eine *familistische* Gesellschaft chinesischer oder auch nur mittelitalienischer Spielart. Abgesehen von der eher allgemeinen Sanktionierung der Familie durch die katholische Kirche und die romanische Tradition der *familia*, existierte in Frankreich zu keiner Zeit eine Ideologie, die der Familie einen besonders herausgehobenen Platz eingeräumt hätte. Selbst in vormodernen Zeiten spielten Verwandtschaftsbeziehungen nie dieselbe tragende Rolle wie in China. Im Mittelalter verfügte Frankreich über eine Vielzahl unterschiedlicher intermediärer Organisationen – Zünfte, religiöse Orden, städtische Selbstverwaltungen –, in denen Verwandtschaftsbeziehungen keine oder nur eine geringe Rolle spielten. Wie kein anderes Land propagierte Frankreich in späteren Zeiten das Prinzip Aufstieg nach Begabung und Leistung – »la carrière ouverte aux talents« –, und die Chancen des einzelnen hingen sehr viel mehr von objektiven Leistungskriterien ab als von seiner Herkunft und dem ererbten sozialen Status. Unabhängig vom sozialen Stand entwickelte sich die französische Familie niemals zu einer selbständigen wirtschaftlichen Einheit und bildete auch niemals die strikte Patrilinealität der chinesischen *jia* heraus. Allein schon die große Anzahl von Nachnamen mit Bindestrich in der französischen Aristokratie und *haute bourgeoisie* belegt die Bedeutung der matrilinealen Erbfolge in Frankreich.

Darüber hinaus besaß der französische Staat zumindest seit der frühen Neuzeit eine Legitimität und *gloire*, die ihn stark vom chinesischen Staat unterschieden. Der chinesische Kaiser, sein Hof und die kaiserliche Bürokratie standen, theoretisch gesehen, zwar an der Spitze der chinesischen Gesellschaft und wurden durch die konfuzianische Ideologie legitimiert. Doch parallel dazu gab es eine Tradition des Mißtrauens gegenüber dem Staat, die familiären Vorrechte wurden eifersüchtig gegen alle Übergriffe verteidigt. Im Gegensatz dazu drängen in Frankreich auch heute noch die Besten und Intelligentesten in den Staatsdienst und setzen alles daran, in die *École Nationale d'Administration* (ENA) oder eine andere *grande école* aufgenommen zu werden – Gewähr für eine

Anstellung in den höheren Rängen der Verwaltung oder einem der großen Staatsbetriebe. Auch wenn sich dies in China allem Anschein nach allmählich ändert, haben bislang relativ wenige ehrgeizige Chinesen den Staatsdienst dem Aufbau eines eigenen Unternehmens oder der Mitarbeit im Familienbetrieb vorgezogen, sei es nun in der Volksrepublik selbst, in Taiwan, in Hongkong oder in Singapur.

Die eigentliche Bedeutung der französischen Familie liegt nicht so sehr in einer besonderen Stärke oder in einem besonders engen Zusammenhalt. Ihre Stellung als zentraler Pol der gesellschaftlichen Organisation rührt vielmehr von dem Mangel an intermediären Organisationen zwischen der Familie und dem Staat her, die individuelle Loyalitäten an sich binden könnten. Das betrifft, vor allem anderen, das wirtschaftliche Leben.

In einem klassischen, Ende der vierziger Jahre verfaßten Artikel führte der Wirtschaftshistoriker David Landes die relative Rückständigkeit der französischen Wirtschaft im Vergleich zu der Großbritanniens, Deutschlands und der Vereinigten Staaten auf die andauernde Dominanz der traditionellen Familienunternehmen zurück.[4] Landes beschrieb den typischen französischen Familienunternehmer als durch und durch konservativ mit einer tiefen Abneigung gegen alles Neue und Unbekannte. Sein vorrangiges Interesse gelte in erster Linie dem Überleben und der Unabhängigkeit seines Unternehmens, was auch erkläre, warum er den Gang an die Börse oder den Rückgriff auf Finanzierungsquellen scheue, die seine Kontrolle über das eigene Unternehmen schwächen könnten. Französische Fabrikanten, stark protektionistisch eingestellt und viel weniger exportorientiert als deutsche Produzenten, sähen sich selbst eher als Funktionäre denn als Unternehmer und »betrachten die Regierung als eine Art Vater, in dessen Armen sie stets Zuflucht und Trost finden können«.[5]

Landes' These wurde in den sechziger Jahren durch Jesse Pitts weiterverfolgt, der schrieb, die französische Bourgeoisie halte die Moral und die Werte der Aristokratie hoch. Die Aristokratie habe den Kapitalismus verachtet und den edlen, individuellen Akt der *prouesse*, der Heldentat, weit über die stetige, beharrliche und rationale Akkumulation erhoben.[6] Die französische großbürgerliche Familie strebte nicht danach, den Status quo durch Wachstum und Innovation umzustürzen, sondern suchte den althergebrachten Rentierstatus des landbesitzenden Adels zu imitieren. Nur wenige Unternehmerfamilien brachten es zu großem Reichtum, zum Teil weil sie vor Risiken zurückscheuten, zum Teil aber auch wegen bestimmter Eigenheiten der Familienstruktur. Zum einen wurde das Erstgeburtsrecht während der Französischen Revolution als undemokratisch abgeschafft, zum anderen führte die Matrilinealität der französischen Familien oftmals zu Brüchen und der Aufteilung des Familienvermögens. Pitts hätte noch hinzufügen können, daß der konservative Antikapitalismus des französischen Adels im 20. Jahrhundert durch den nicht weniger antikapitalistischen Snobismus der marxistischen Intelligenz abgelöst wurde. Beides wirkte sich auf das Selbstbild des französischen Unternehmers aus.

Landes' Ansatz, die Rückständigkeit der französischen Wirtschaft mit der familistischen Tradition zu erklären, wurde in der Folgezeit aus einer ganzen Reihe von Gründen heftig attackiert. Der wichtigste Grund von ihnen war, daß die französische Wirtschaft in den fünfziger Jahren rapide wuchs und das Land ein ähnlich beeindruckendes »Wirtschaftswunder« erlebte wie der Nachbar auf der anderen Seite des Rheins. Angesichts dieser Entwicklung war die These von der Rückständigkeit oder relativen Unterentwicklung der französischen Wirtschaft nicht mehr haltbar.[7] Wenn man die Kaufkraft und nicht das absolute Einkommen in Dollar als Maßstab anlegt, haben die Franzosen heute eines der höchsten Pro-Kopf-Einkommen der industrialisierten Welt. Landes wurde aber auch immer wieder von Wirtschaftswissenschaftlern angegriffen, die argumentierten, daß erstens die französischen Wachstumsraten zu keiner Zeit weit unter denen angeblich höher entwickelter Länder wie Deutschland oder Großbritannien gelegen hätten[8] und daß zweitens Familienunternehmen keineswegs weniger als professionell gemanagte Unternehmen dazu in der Lage seien, Innovationen durchzuführen und neues Vermögen zu schaffen.[9] Der Automobilproduzent Renault und vor allem die Großhandelskette Bon Marché, Erfinder des modernen Supermarktes, sind Beispiele für überaus dynamische und innovative französische Familienunternehmen, die zu erheblicher Größe heranwuchsen.[10]

Trotz dieser Kritik herrscht weitgehend Übereinstimmung darüber, daß die französische Wirtschaft bis weit in die zweite Hälfte des 20. Jahrhunderts hinein familistisch geprägt war, daß in Frankreich im Vergleich zu Deutschland und den Vereinigten Staaten der Übergang von Familienfirmen zu professionell geleiteten Gesellschaften relativ spät erfolgte und daß der französische Staat diese Entwicklung kräftig gefördert hat. Deutsche Betriebe fingen bereits in den siebziger Jahren des letzten Jahrhunderts an, familienunabhängige Unternehmensstrukturen auszubilden. In Frankreich dagegen blieb die Legitimität der Familienführung unangetastet, und die Dominanz der Familienunternehmen bestand bis in die Zwischenkriegszeit.[11] Erst Mitte der dreißiger Jahre wurde die Macht der Unternehmerfamilien durch eine Reihe von Gesetzen beschränkt, mit denen unter anderem die Stimmrechte der Anteilseigner denen der Besitzer gleichgestellt wurden. Allerdings dauerte es auch nach dem Zweiten Weltkrieg noch eine ganze Zeit, bis der Übergang zu modernen Managementstrukturen auf breiter Front vollzogen war.[12] Es stimmt zwar, daß die französischen Wachstumsziffern pro Kopf gerechnet mit denen Großbritanniens mithalten konnten, doch kaum ein Wirtschaftshistoriker wird bestreiten wollen, daß die Franzosen neue Technologien, und zwar insbesondere solche der »zweiten« Industriellen Revolution (Chemie, Elektrotechnik, Kohle, Stahl und so weiter) zögernder aufgegriffen haben als beispielsweise die Deutschen oder die Amerikaner. Im Vergleich zu Deutschland waren in Frankreich Berufsorganisationen, die eine äußerst wichtige Rolle bei der Festlegung von Standards, der Erschließung von Märkten, der Berufsausbildung und ähnlichem spielen, immer schon relativ schwach. Obwohl sie in der Zwischenzeit stärker geworden sind, sehen französische Industrieverbände ihre Aufgabe vor allem darin, etablierte Industrien durch Zölle und Subventionen vor ausländischer Konkurrenz zu schützen.[13] Allgemeiner Konsens besteht auch darüber, daß sich die französische Industrie des 19. Jahrhunderts weitgehend auf die handwerkliche Herstellung hochwertiger Konsumgüter beschränkte, ein Markt, der von Kleinbetrieben besonders gut bedient werden konnte.[14]

Zahlreiche charakteristische Eigenheiten der französischen Wirtschaft rühren von der französischen Spielart des Familismus her. So haben beispielsweise einige Historiker darauf hingewiesen, daß die französische Industrie an einer »Malthusschen« Marktorganisation krankte, die eine große Anzahl kleiner Firmen einem »exzessiven« Wettbewerb aussetzte, was entweder zu schrumpfenden Gewinnen oder zur Kartellbildung zum Schutz der Marktanteile führte.[15] Eine solche Marktstruktur ist Folge, nicht Ursache von Firmen, die versuchen, sich Größenvorteile zu sichern. Daß die französischen Familienunternehmen dabei nicht den gewünschten Erfolg hatten, lag wohl weniger am Markt selbst als vielmehr an dem Umstand, daß die Eigentümer der Familienunternehmen sich gegen eine Expansion und die damit verbundene Einschränkung ihrer Handlungsfreiheit sträubten. Ähnlich wurde von anderer Seite argumentiert, die französische Konzentration auf die Produktion von kleinen Serien traditioneller, hochwertiger Güter habe sich aus der Begrenztheit und Segmentiertheit dieser Märkte ergeben. Es ist unbestreitbar, daß fortbestehendes Klassenbewußtsein und gewisse aristokratische Traditionen einen wichtigen Einfluß auf den französischen Verbrauchergeschmack ausgeübt haben. Genauso unzweifelhaft ist aber auch, daß moderne Marketingorganisationen neue, von Traditionen unabhängige Bedürfnisse erzeugen. Nach dem Zweiten Weltkrieg entstand auch in Frankreich ein Markt für Massenkonsumgüter. Die relative Verspätung im Vergleich zu Deutschland und den Vereinigten Staaten läßt sich auch mit der fortschreitenden Erosion der Familienunternehmen erklären.[16]

Der starke Zusammenhalt der traditionellen französischen großbürgerlichen Familien, ihre Selbstzentriertheit und die überragende Bedeutung, die sie Status- und Traditionsfragen zumaßen, sind seit jeher ein beliebter Gegenstand der französischen sozialwissenschaftlichen Literatur. Wie andere familistische Gesellschaften zeichnet sich auch die französische durch eine traditionelle Abneigung gegen Adoptionen aus. Man findet sie bereits in den Debatten im Staatsrat, als das unter Napoleon eingeführte erste Adoptionsgesetz erörtert wurde.[17] Dennoch ist der Familismus in Frankreich nicht annähernd so stark ausgeprägt wie in chinesischen Gesellschaften oder in Mittelitalien. Warum also vollzog sich in Frankreich der Übergang von Familienunternehmen zu professionellem Management und modernen Unternehmensstrukturen ebenso zaghaft wie in China und Italien?

Die Antwort hängt mit den traditionellen Problemen der Franzosen zusammen, spontan in Gruppen zu kooperieren. Viele Beobachter haben immer wieder auf den relativen Mangel intermediärer Organisationen zwischen Familie und Staat in Frankreich hingewiesen. Der erste und wichtigste war Alexis de Tocqueville, der in seinem Buch *Der alte Staat und die Revolution* darlegte, daß die französische Gesellschaft am Vorabend der Revolution von tiefen Klassenunterschieden durchdrungen war und innerhalb der einzelnen Klassen kleinste Hierarchieabstufungen bestanden, die verhinderten, daß die Menschen kooperierten, selbst wenn sie wichtige Interessen teilten.

Auf dasselbe Muster stieß der französische Soziologe Michel Crozier, als er den Klerus und die Industriemonopole im Nachkriegsfrankreich untersuchte: In keiner Organisation fand er Gruppen oder Teams, gleich welcher Art, und nirgendwo gab es Vereinigungen, sei es am Arbeitsplatz oder in der Freizeit. Angestellte unterhielten nur selten Freundschaften innerhalb der Organisation, in der sie arbeiteten, die gegenseitigen Beziehungen wurden vor allem durch die jeweils gültigen formalen, hierarchischen Regeln bestimmt.[18] Crozier zitiert in seiner Untersuchung eine Vielzahl anderer Studien, die in der französischen Gesellschaft einen Mangel an informellen Gruppen ausmachten: Eine Studie über das Gemeinschaftsleben in einem Dorf etwa kam zu dem Ergebnis, daß die Kinder keine Gruppen oder Cliquen bildeten und untereinander keine Beziehungen aufbauten, die bis in das Erwachsenenalter hielten.[19] In einem anderen Dorf taten sich die Erwachsenen schwer damit, für das allgemeine Interesse zusammenzuarbeiten, da das die Autonomie der Dorfbewohner in Frage gestellt hätte.[20]

Die französische Gesellschaft zeichnet demnach eine ausgeprägte kulturelle Abneigung gegen informelle persönliche Beziehungen der Art aus, wie sie für die Bildung neuer Assoziationen notwendig sind. Das spiegelt sich auch in der Vorliebe für eine zentralisierte, hierarchische, juristisch definierte Autorität wider. Anders ausgedrückt: Franzosen, die derselben sozialen Stufe angehören, haben große Schwierigkeiten, zwischen ihnen bestehende Probleme ohne Rückgriff auf eine höhere, zentralisierte Autorität zu lösen.[21] Crozier schreibt dazu:

> Direkte persönliche Abhängigkeitsverhältnisse werden in der französischen Gesellschaft in der Tat als schwer erträglich empfunden. Autorität gilt nach wie vor als etwas Universelles und Absolutes; in dieser Sicht ist noch immer etwas von der durch eine Mischung aus Rationalität und *bon plaisir* geprägten politischen Theorie des 17. Jahrhunderts lebendig. Die beiden Einstellungen sind zwar widersprüchlich, doch sie lassen sich innerhalb eines bürokratischen Systems miteinander versöhnen, da unpersönliche Regeln und der Zentralismus es erlauben, ein absolutistisches Autoritätsbild und die Beseitigung direkter persönlicher Abhängigkeitsverhältnisse miteinander in Einklang zu bringen. Mit anderen Worten: Das französische System der bürokratischen Organisation ist die perfekte Antwort auf das Autoritätsdilemma der Franzosen.[22]

Die Abneigung gegen direkte persönliche Beziehungen kann man auch im französischen Wirtschaftsleben beobachten. Arbeiter in den Betrieben bilden kaum spontan neue Teams; sie ziehen es vor, ihre Zusammenarbeit auf der Grundlage formaler, vom Management zentral festgelegter oder mit den Gewerkschaften ausgehandelter Regeln zu organisieren. Das gleiche gilt für die Arbeitsbeziehungen auf einer höheren Ebene: Die Gewerkschaften versuchen nicht, Konflikte mit Arbeitgebern vor Ort zu lösen, sondern reichen das Problem so lange nach oben weiter, bis es schließlich auf dem Tisch der Regierung in Paris landet.

Die Ursprünge der französischen Neigung zum Zentralismus und der damit verbundenen Schwäche des Verbandslebens gehen zurück auf den Sieg der Monarchie über die Aristokratie im 16. und 17. Jahrhundert und die systematische Unterdrückung und Unterwerfung aller konkurrierenden Machtzentren. In dieser Hinsicht glich Frankreich sowohl dem chinesischen Kaiserstaat wie auch dem normannischen Königtum in Süditalien.[23] Die Zentralisation Frankreichs wurde anfänglich nicht aus wirtschaftlichen, sondern aus politischen Interessen heraus betrieben – zunächst und vor allem wegen der Notwendigkeit, eine ausreichend große Armee zum Schutz und zur Vergrößerung der Kronlande zu unterhalten.[24] Die Lokalverwaltungen wurden durch von Paris ernannte *intendants* ersetzt, die dem immer mehr Machtfülle auf sich vereinigenden Königlichen Rat unterstanden. Tocqueville zufolge führte die politische Zentralisierung dazu, daß es »in Frankreich weder Stadt, Flecken noch Dorf, nicht den kleinsten Weiler, weder Hospital noch Fabrik, Kloster oder Schulanstalt [gab], die in ihren besonderen Angelegenheiten einen unabhängigen Willen haben oder nach Belieben ihr eigenes Vermögen verwalten durften«.[25]

Unter der Herrschaft Karls VII. (1422–1461) verschaffte sich das Königshaus die absolute Kontrolle über die Steuererhebung und dehnte sie – wie der mehr oder weniger kontinuierlich steigende Steuersatz belegt – unter den nachfolgenden Regierungen Ludwigs XI., Ludwigs XII. und Franz' I. Ende des 15. bis Anfang des 16. Jahrhunderts immer weiter aus. Als die »verderblichste« Eigenschaft des Steuersystems im absolutistischen Frankreich bezeichnete Tocqueville die »Ungleichheit in der Besteuerung«, die den Menschen die sozialen Unterschiede am deutlichsten vor Augen führte und den Neid auf die Privilegien der jeweils anderen schürte.[26] Neben der Steuererhebung erschloß sich die Krone neue Einnahmen, indem sie Ämter in der expandierenden königlichen Verwaltung verkaufte. Die Inhaber der Ämter übten meist keine offizielle Funktion aus oder zumindest keine Funktion, die der Gesellschaft von Nutzen gewesen wäre.[27] Sie waren jedoch von einer Reihe von Steuern befreit und erhielten einen Titel, der erhebliches soziales Prestige bedeutete. Wie in China stellte auch in Frankreich die Verwaltung im Prinzip ein riesiges schwarzes Loch dar, das die Energien aller Ehrgeizigen, Talentierten und Vermögenden in sich aufsaugte: »Der Eifer der Bürger«, schreibt Tocqueville über den Ämterhandel, »diese Stellen zu erjagen, war wirklich ohnegleichen. Sobald sich einer im Besitz eines kleinen Kapitals wußte, verwendete er es, anstatt ein Geschäft damit anzufangen, alsbald zum Kauf einer Stelle.«[28]

Der Verkauf von Ämtern führte zur Aufspaltung der französischen Gesellschaft und zur Zersplittung der Klassen in immer stärker ausdifferenzierte Schichten, die erbittert um Ämter und die Gunst des Königshauses rivalisierten. Tocqueville hat diesen Prozeß sehr anschaulich beschrieben:

> Alle [Körperschaften] sind voneinander durch einige kleine Privilegien getrennt, von denen die am wenigsten ehrenhaften noch Ehrenzeichen sind. Es herrscht unter ihnen ein ewiger Zwist um den Vorrang. Der Intendant und die Gerichte sind betäubt vom Lärm ihrer Zänkereien.[29]

Die durch die Steuerpolitik und die Gewährung von Privilegien geförderten Statusunterschiede im Ancien régime hielten sich bis ins moderne Frankreich und beeinflußten das Wirtschaftsleben auf vielfältige Weise. Noch heute ist Frankreich in vielerlei Hinsicht eine von Klassenschranken durchzogene Gesellschaft. Das relativ späte Wachstum der Massenkonsummärkte und der Fortbestand kleiner Märkte für Luxusgüter sind Beleg für den anhaltenden Einfluß der aristokratischen Gesinnung der französischen Mittelklasse. Der Graben zwischen Arbeitern und Unternehmern war in Frankreich seit jeher sehr tief: Wie auch in anderen südeuropäischen Ländern entwickelte die Arbeiterbewegung in Frankreich gegen Ende des 19. Jahrhunderts anarcho-syndikalistische Züge und ideologisierte sich im 20. Jahrhundert unter dem Einfluß der Kommunisten stark. Arbeitskämpfe, die in den Vereinigten Staaten pragmatisch gelöst worden wären, nahmen in Frankreich oft politische Dimensionen an und konnten meist nicht ohne die Intervention der Zentralregierung beigelegt werden. Stanley Hoffmann hat gezeigt, daß selbst in der französischen Arbeiterklasse, die sich in ihren Kämpfen gegen die Bourgeoisie dem alten Ideal der *prouesse* verpflichtet fühlte, aristokratische Werte hochgehalten wurden.[30] Daß das japanische Arbeitsgruppenmodell, in dem bürokratische Hierarchien verschwimmen, oder die Vorstellung von einem Unternehmen als einer klassenübergreifenden »Familie« angesichts dieser militanten Stimmung in den Betrieben wenig Anhänger fand, ist nicht überraschend.

Zusammen mit der traditionellen Einstellung gegenüber Autorität erzeugte die Klassenstruktur der französischen Gesellschaft starre, verrechtlichte Arbeitsbeziehungen. Frankreichspezialisten haben darauf hingewiesen, daß die generelle Abneigung gegen direkte persönliche Teilnahme pragmatische Reformen behindert, zu Blockaden führt und Rückkoppelungsprozesse unterbindet. Die Tagespolitik in Frankreich ist durch eine dumpfe Hinnahme der stark zentralisierten Verwaltungsautorität gekennzeichnet, doch dieser Friede ist brüchig: Wenn der Druck eine kritische Grenze übersteigt, schlägt die Stimmung um in das gegenteilige Extrem, es kommt zu Rebellionen gegen das System und einer allgemeinen Infragestellung jeglicher Autorität.[31] Das gleiche Muster findet man auch in den Beziehungen zwischen Arbeitern und Unternehmern. Kleine Anpassungen in Einzelfällen sind die Ausnahme, die Regel sind periodische krisenhafte Ausbrüche, in denen eine stark politisierte Arbeiterschaft versucht, Reformen auf nationaler Ebene zu erzwingen.

Aber auch die Unternehmerklasse ist kein monolithischer Block. Innerhalb des *patronat* bestehen historische Spannungen zwischen dem Groß- und dem Kleinbürgertum – den zwei »kapitalistischen Frankreichs«: katholisch, familienorientiert und vor allem im produzierenden Gewerbe tätig das eine, von im Finanz- und Bankensektor engagierten Juden und Protestanten dominiert das andere.[32] Derselbe Hochmut, mit dem in Großbritannien die Bankiers und Spekulanten der Londoner City auf die provinziellen Manufakturstädte im Norden, Manchester oder Leeds etwa, herabblickten, herrschte auch in Frankreich, wo die Beziehungen zwischen dem Finanzkapital in Paris und den Industriezentren in den Provinzen von gegenseitigem Mißtrauen vergiftet waren. Für Deutschland oder Japan typische Industriegruppen, die sich um eine Bank im Zentrum herum formierten und einen hohen Grad an gegenseitigem Vertrauen zwischen dem Finanz- und dem Produktionsbereich voraussetzten, konnten unter solchen Umständen natürlich nur selten entstehen. Der Crédit Mobilier, ein früher Versuch, eine solche Gruppe in Frankreich aufzubauen, scheiterte 1867 in einem spektakulären Zusammenbruch.

Die einzige wirtschaftliche Funktion der Bürokratie im Ancien régime bestand darin, das wirtschaftliche Leben in allen Belangen zu regulieren. Die Zünfte, eine bis ins Mittelalter zurückreichende soziale Institution, wären zumindest theoretisch in der Lage gewesen, sich ein gewisses Maß an Unabhängigkeit zu bewahren und damit als Bollwerk gegen die zentralistischen Neigungen des französischen Staates zu wirken. Doch sie wurden vom Staat okkupiert und zur Kontrolle des Wirtschaftslebens instrumentalisiert. Die staatliche Regulierungswut erfaßte alle Aspekte und Sektoren der traditionellen Produktionsprozesse. Die Wirtschaftshistoriker Douglass North und Robert Thomas berichten, daß allein beim Färben von Stoffen 317 Vorschriften eingehalten werden mußten. Mit Hilfe der Zünfte wurden Normen durchgesetzt, die die Märkte begrenzten und den Marktzugang stark einschränkten. »Das Netz von Kontrolle und Inspektion durch Vertreter der Zünfte war zeitweise so dicht, daß zur Zeit Colberts selbst einfache Tuche wenigstens sechsmal inspiziert wurden«, schreiben North und Thomas.[33] Die Zünfte sahen ihre Aufgabe nicht darin, die Traditionen des Handwerks gegen Einflüsse von außen – auch von seiten des Staates – zu schützen. Vielmehr waren sie auf den Staat angewiesen, der unliebsame Konkurrenz von ihnen fernhielt, ihre Macht legitimierte und ihnen die Mittel in die Hand gab, die Wirtschaft zu kontrollieren.

Die ausgeprägte Zentralisation führte dazu, daß der französische Privatsektor in hohem Maße von staatlicher Protektion und Subventionen abhängig wurde. Während in Großbritannien staatlich konzessionierte Betriebe bereits im 17. Jahrhundert den Großteil der durch Innovationen erzielten Gewinne behalten durften, mußten diese in Frankreich an den Staat abgeführt werden. Colbert stieß auf große Schwierigkeiten bei dem Versuch, ein französisches Gegenstück zu den ostindischen Handelsgesellschaften der Briten und Niederländer aufzubauen. Enttäuscht beklagte er die mangelnde Risikobereitschaft der französischen Händler.[34] Die französischen Privatunternehmen hatten sich bereits lange vor der Revolution daran gewöhnt, vom Staat beschützt und gefördert zu werden, wie Tocqueville anmerkt:

> Wenn die Regierung so die Stelle der Vorsehung eingenommen hat, ist es natürlich, daß ein jeder sie in seinen Privatnöten anruft. Man findet auch eine Anzahl Gesuche, die sich zwar stets auf das öffentliche Interesse stützen, die jedoch nur kleine Privatinteressen betreffen. … Sie [die Gesuche] bieten eine melancholische Lektüre: Bauern verlangen Entschädigung für den Verlust ihres Viehs oder ihres Hauses; wohlhabende Grundeigentümer bitten um Unterstützung, um ihre Ländereien vorteilhafter zu verwerten. Industrielle gehen Intendanten um Privilegien an, die sie gegen lästige Konkurrenz schützen sollen.[35]

An der massiven Einmischung der Regierung in die Wirtschaft, insbesondere zugunsten von Großunternehmen, hat sich bis heute wenig geändert. Viele private, in Familienbesitz befindliche Unternehmen wurden verstaatlicht, sobald sie eine bestimmte Größe erreicht hatten und, aus welchem Grund auch immer, unter der Führung der Besitzer oder professioneller Manager in Schwierigkeiten geraten waren. Verstaatlicht wurden unter anderem so bedeutende Unternehmen wie der Automobilhersteller Renault, der Stahlkonzern Usinor-Sacilor, das Chemieunternehmen Pechiney, der Energiekonzern Elf, das Bankhaus Crédit Lyonnais sowie die im High-Tech-Sektor tätigen Luftfahrt- und Elektronikunternehmen Thomson-CSF, Snecma, Aérospatiale und die Companies Des Machines Bull.

Der französische *dirigisme*, die aktive Intervention des Staates in das Wirtschaftsgeschehen, war demnach Ursache *und* Folge der Schwäche des französischen Privatsektors sowie seiner Unfähigkeit, große, konkurrenzfähige und dauerhafte Unternehmen hervorzubringen. Das Ancien régime, bestrebt, den Privatsektor unter seine Kontrolle zu bringen, untergrub durch seine Steuerpolitik und die Gewährung von Privilegien absichtlich dessen Unabhängigkeit – und war damit gleichzeitig verantwortlich für seine wirtschaftliche Passivität und organisatorische Unbeweglichkeit. Heraus kam ein Teufelskreis: In späteren Zeiten provozierte der Mangel an Unternehmergeist erneute Interventionen des Staates, der sich jetzt bemühte, die übervorsichtig und phantasielos gewordene Privatwirtschaft zu revitalisieren – und das wiederum verfestigte die Abhängigkeit der Privatwirtschaft. Richtig kompliziert wurde es, als die Sozialisten in den achtziger Jahren aus ideologischen Gründen auch Privatunternehmen verstaatlichten, die aus eigener Kraft lebensfähig gewesen wären, und die nachfolgenden konservativen Regierungen aus gleichermaßen ideologischen Motiven ein Staatsunternehmen nach dem anderen privatisierten. (Allerdings sollte man anmerken, daß die Begeisterung der französischen Konservativen für das freie Spiel des Marktes ein relativ junges Phänomen ist. Lange Zeit gefiel es den konservativen Machthabern im Elysee-Palast durchaus, an der Spitze eines riesigen Staatssektors zu stehen.)

Die meisten neoklassischen Ökonomen vertreten die Ansicht, daß Staatsunternehmen notwendigerweise weniger effektiv arbeiten als Privatunternehmen, weil sie keinem unmittelbaren Druck zur effizienten Betriebsführung ausgesetzt sind. Da der Staat seine Unternehmen aus Steuermitteln oder schlimmstenfalls sogar mit Hilfe der Notenpresse finanzieren kann, können Staatsbetriebe praktisch nicht bankrott gehen. Darüber hinaus werden Staatsbetriebe oft auch für politische Motive mißbraucht, etwa wenn es darum geht, Arbeitsplätze zu schaffen oder altgediente Parteifreunde mit lukrativen Posten zu versorgen. Ebendiese Nachteile des Staatsbesitzes an Produktionsmitteln lösten die in den letzten zehn Jahren weltweit zu verzeichnende Privatisierungswelle aus. Allerdings können auch Staatsunternehmen mehr oder weniger wirtschaftlich geführt werden, und jede abschließende Bilanz etwaiger durch Verstaatlichung verursachter Effizienzeinbußen muß gegen die unternehmerischen Fähigkeiten des privatwirtschaftlichen Sektors einer Gesellschaft aufgerechnet werden. In Frankreich genießen Staatsunternehmen oft beträchtliche Freiheiten in der Unternehmensführung und unterscheiden sich in ihrem Geschäftsgebaren nicht übermäßig von privaten Firmen.[36]

Die Schwäche des französischen Privatsektors korrespondiert mit der Stärke und Dynamik der öffentlichen Verwaltung. Seit dem Entstehen des modernen französischen Staates genießt die französische Verwaltung einen überaus guten Ruf und gilt als sehr innovativ, was man von den Bürokratien in den meisten anderen zentralistischen Ländern nicht unbedingt behaupten kann. Auch Tocqueville erkannte die Sonderstellung der französischen Bürokratie an: »In Frankreich [ahmt] die Regierung niemals jene Regierungen des südlichen Europa [nach], die sich aller Dinge nur bemächtigt zu haben scheinen, um alles unfruchtbar zu lassen. Die französische zeigt oft ein großes Verständnis für ihre Aufgabe und stets erstaunliche Tätigkeit.«[37] Eine südeuropäische Regierung, die Tocqueville dabei wohl im Sinne hatte, dürfte das normannische Königreich in Süditalien gewesen sein, von dem im letzten Kapitel die Rede war. Anders als dem italienischen Staat gelang es der französischen Verwaltung, das Land zu modernisieren und es in die Spitzengruppe der modernen technologischen Mächte zu bringen. Im Gegensatz zu den verstaatlichten Industrien in den ehemaligen sozialistischen Ländern und in Lateinamerika werden die französischen Staatsbetriebe relativ effizient geführt. So wurde, um nur ein Beispiel zu nennen, die französische Stahl- und Chemieindustrie nach dem Wahlsieg der Sozialistischen Partei im Jahre 1981 einer grundlegenden Reorganisation unterzogen, was unter anderem mit Entlassungen im größeren Stil verbunden war. Dank des staatlichen Managements und massiver Investitionen in die industrielle Infrastruktur wurde die französische Stahlindustrie wieder konkurrenzfähig, ein Erfolg, der allerdings mit horrenden Kosten für den Steuerzahler verbunden war.[38] Natürlich blieben auch spektakuläre Mißerfolge nicht aus, wie das Beispiel der verstaatlichten Bank Crédit Lyonnais belegt, die Anfang der neunziger Jahre unter der Last einer beträchtlichen Anzahl nicht vollstreckbarer Kredite ins Wanken geriet und mit erheblichem Kapitaleinsatz vom Finanzministerium gestützt werden mußte.[39]

Weiter kompliziert wird das Bild durch die Folgen des kulturellen Wandels. Die Unfähigkeit der Franzosen, spontane Assoziationen zu bilden, und die daraus resultierende Schwäche der intermediären Gruppen ist eine hervorstechende historische Kontinuität über Jahrhunderte hinweg. Darin, so schrieb Tocqueville, schienen sich der alte Staat und das moderne Frankreich »über den Abgrund der Revolution, die sie trennt, die Hände zu reichen«.[40] Die Kultur des Zentralismus, die alle Bereiche des französischen Lebens durchdrang, war das Produkt einer bestimmten Epoche der französischen Geschichte und wurde später durch die veränderten Rahmenbedingungen modifiziert. Der wirtschaftliche Wiederaufschwung nach dem Zweiten Weltkrieg blieb nicht ohne Einfluß auf die traditionellen französischen Familienunternehmen. Wie der Historiker Charles Kindleberger angemerkt hat, sahen sich die Familienunternehmen in einer gewandelten wirtschaftlichen Umwelt zu größerer Offenheit gegenüber Innovationen und einem professionellen Management gezwungen.[41] In den letzten fünfzig Jahren erlebte Frankreich einen Prozeß der kulturellen Homogenisierung, ausgelöst durch die Integration in die Europäische Gemeinschaft und die zunehmende Globalisierung der internationalen Wirtschaft. Den mit der industriellen

Modernisierung einhergehenden ökonomischen Zwängen und dem Bemühen der französischen Wirtschaft, auf dem Weltmarkt konkurrenzfähig zu werden, fielen zentrale Merkmale der traditionellen französischen Wirtschaftskultur zum Opfer. Viele einflußreiche französische Wirtschaftswissenschaftler haben an amerikanischen Universitäten studiert und sind von der neoklassischen Wirtschaftstheorie geprägt, immer mehr junge Franzosen besuchen nach dem Vorbild amerikanischer Business Schools organisierte Wirtschaftsuniversitäten, und immer mehr lernen Englisch, die Lingua franca der Weltwirtschaft. Angesichts der Revolution im Kommunikationswesen mit ihren Licht- und Schattenseiten dürften die Bemühungen, die kulturellen Traditionen Frankreichs am Leben zu erhalten, über kurz oder lang zum Scheitern verurteilt sein. Auch was die traditionellen Probleme der Franzosen bei der Bildung von freiwilligen Assoziationen angeht, hat sich einiges verändert: In Frankreich gibt es heute eine beeindruckende Vielzahl privater Vereinigungen – etwa, um nur ein Beispiel zu nennen, die Hilfsorganisation *Médecins sans frontières*, die Ärzte in die Krisengebiete der Dritten Welt entsendet.

Doch es gehört zum Wesen kultureller Veränderungen, daß sie langsam vonstatten gehen. Immer noch herrscht unter den französischen Arbeitern ebenso wie zwischen Arbeitern und Unternehmern ein tiefes Mißtrauen. Auch was die Ausstattung mit sozialem Kapital betrifft, steht Frankreich – trotz zum Teil enormer Unterschiede in anderen Bereichen – nach wie vor eher mit Taiwan oder Italien auf einer Stufe als mit Deutschland, Japan oder den Vereinigten Staaten. Das hat in verschiedener Hinsicht wichtige Konsequenzen für die wirtschaftliche Zukunft des Landes. Wenn Frankreich in Sektoren, wo Größenvorteile eine Rolle spielen, international konkurrenzfähig bleiben will, muß der Staat auch weiterhin massiv in das Wirtschaftsleben eingreifen. Trotz der explizit liberalen Glaubensbekenntnisse der konservativen Regierungen in den letzten Jahren deutet alles darauf hin, daß der Privatisierungspolitik aufgrund der kulturellen Eigenheiten in Frankreich weniger Erfolg beschieden sein wird als in manchen anderen Ländern – und daß der Staat wahrscheinlich auch in Zukunft immer wieder wird eingreifen müssen, um strategisch wichtige Privatunternehmen zu »retten«.

Kapitel 12

Das chinesische Innenleben Südkoreas

Für die familistischen Gesellschaften mit einem niedrigen Vertrauensniveau und schwachen intermediären Institutionen, die wir bisher untersucht haben, ist durchweg eine sattelförmige Verteilung von Unternehmen typisch. In Taiwan, Hongkong, Italien und Frankreich dominiert in der Wirtschaft ein starker kleinindustrieller Sektor, dem relativ wenige sehr große Staatsunternehmen gegenüberstehen. Da in solchen Gesellschaften spontan kaum große Organisationen entstehen, muß der Staat notwendigerweise die Rolle des Geburtshelfers großer Unternehmen spielen – was allerdings gewisse Effizienznachteile mit sich bringt. Daraus könnte man die Faustregel ableiten, daß alle Gesellschaften mit schwachen intermediären Institutionen und wenig Vertrauen außerhalb der Familiengrenzen eine ähnliche Verteilung der Unternehmen aufweisen.

Die Republik Korea oder Südkorea stellt jedoch eine Ausnahme von dieser Regel dar, die erklärt werden muß, soll nicht die zugrundeliegende These in Frage gestellt werden. Was die Familienstruktur angeht, steht Südkorea China sehr viel näher als beispielsweise Japan. Auch in der koreanischen Gesellschaft nimmt die Familie eine herausragende Stellung ein, und die Aufnahme von Außenstehenden in die Familie ist eher unüblich. Legt man das chinesische Beispiel zugrunde, müßte man demnach auch in Südkorea vorrangig kleine Familienunternehmen und Schwierigkeiten bei der Institutionalisierung von Unternehmen erwarten. Doch das Gegenteil ist der Fall: Südkorea ist Sitz etlicher relativ großer Privatunternehmen und weist eine stark konzentrierte Industrie auf – und ähnelt damit eher Deutschland, Japan und den Vereinigten Staaten als China.

Die Erklärung für diesen scheinbaren Widerspruch liegt in der aktiven Wirtschaftspolitik des südkoreanischen Staates. In den sechziger und siebziger Jahren förderte der Staat ganz bewußt den Aufbau riesiger Industriekonglomerate und überwand dadurch die etwa für Taiwan typische kulturbedingte Neigung zu kleinen und mittleren Unternehmen.

Den Südkoreanern gelang es, nach dem Vorbild der japanischen Zaibatsu Großunternehmen und Netzwerk-Organisationen aufzubauen, aber bei der Unternehmensorganisation mußten sie sich mit vielen für chinesische Gesellschaften typischen Problemen herumschlagen, angefangen bei der Frage, wie Führungswechsel an der Unternehmensspitze gehandhabt werden, bis hin zur Gestaltung der innerbetrieblichen Beziehungen. Das Beispiel Südkorea beweist jedoch, daß eine entschlossene und kompetente Regierung die Wirtschaftsstruktur aktiv gestalten und auch festverwurzelte kulturelle Gewohnheiten überwinden kann.

Das auffälligste Merkmal der koreanischen Wirtschaft ist das schiere Ausmaß der Konzentration. Wie in anderen asiatischen Volkswirtschaften existieren auch in Südkorea zwei Organisationsebenen: Einzelfirmen auf der einen und Unternehmensnetzwerke auf der anderen Seite. Die südkoreanischen Netzwerk-Organisationen werden als *chaebol* bezeichnet, geschrieben mit den beiden chinesischen Schriftzeichen für das japanische Wort *zaibatsu.* Die Namensgleichheit ist kein Zufall, wurden die koreanischen Chaebol doch exakt nach dem Vorbild der japanischen Netzwerke aufgebaut. Legt man internationale Maßstäbe an, sind auch die größten koreanischen Einzelunternehmen nicht sonderlich groß. Mitte der achtziger Jahre war der koreanische Elektronikkonzern Samsung gerade ein Zehntel so groß wie sein japanischer Konkurrent Hitachi, und die Hyundai Motor Company, der größte südkoreanische Automobilhersteller, erreichte nur ein Dreißigstel des Umsatzes von General Motors.[1] Da jedoch Samsung und Hyundai über ein Netzwerk miteinander verbunden waren, spiegeln diese Zahlen nicht ihre tatsächliche Wirtschaftsmacht wider. Praktisch der gesamte großindustrielle Sektor Südkoreas ist in Chaebol-Netzwerken organisiert. 1988 gehörten zu den 43 südkoreanischen Chaebol (definiert als Konglomerate mit einem Anlagevermögen von mindestens 400 Milliarden Won, umgerechnet 500 Millionen US-Dollar) 672 Unternehmen.[2] Wenn wir die Konzentrationsquote der südkoreanischen Volkswirtschaft auf der Grundlage des Marktanteils der Chaebol und nicht nach dem Einzelunternehmen messen, wird das schwindelerregende Ausmaß offensichtlich: Im Jahr 1988 erwirtschafteten die drei größten Chaebol (Samsung, Hyundai und Lucky-Goldstar) 36 Prozent des südkoreanischen Bruttoinlandsprodukts.[3] Tatsächlich ist die südkoreanische Wirtschaft stärker konzentriert als die japanische, vor allem im Produktionssektor, wo die drei größten Unternehmen 62 Prozent des Gesamtumsatzes auf sich vereinigten gegenüber 56,3 Prozent in Japan.[4] In der Nachkriegszeit stieg der Konzentrationsgrad in der südkoreanischen Industrie kontinuierlich an, und dafür war vor allem das überdurchschnittliche Wachstum der Chaebol verantwortlich. Lag der Anteil der 20 größten Chaebol am südkoreanischen Bruttoinlandsprodukt 1973 noch bei 21,8 Prozent, so erreichte er 1975 bereits 28,9 und 1978 33,2 Prozent.[5]

Der japanische Einfluß auf die koreanische Wirtschaft war enorm. Im Jahr 1910, zu Beginn der japanischen Besatzungzeit, war Korea eine fast ausschließlich agrarisch strukturierte Gesellschaft. Ein Großteil der industriellen Infrastruktur des Landes wurde von den Japanern aufgebaut,[6] und einige der ersten koreanischen Großunternehmen gehen auf von den Japanern während der Besatzung gegründete Kolonialunternehmen zurück.[7] 1940 lebten fast 700000 Japaner in Korea, fast ebenso viele Koreaner waren als Zwangsarbeiter nach Japan verschleppt worden. Nach dem Zweiten Weltkrieg kehrte der Großteil der koreanischen Zwangsarbeiter nach Hause zurück, und das bedeutete einen erheblichen Import von japanischem technischem und unternehmerischem Know-how nach Korea. Auch die stark staatszentrierten Entwicklungsstrategien von Präsident Park Chung Hee und gleichgesinnten Politikern gingen auf Erfahrungen mit der japanischen Industriepolitik in der Besatzungszeit zurück.

Wie in den japanischen Keiretsu halten die Mitgliedsunternehmen in einem koreanischen Chaebol Anteile aneinander und arbeiten oft auf einer außerpreislichen Grundlage zusammen. Die koreanischen Chaebol unterscheiden sich jedoch in mehrfacher Hinsicht sowohl von den japanischen Zaibatsu-Netzwerken der Vorkriegszeit wie auch von den Keiretsu der Nachkriegszeit. Der auffälligste und wahrscheinlich auch wichtigste Unterschied ist, daß die koreanischen Netzwerk-Organisationen nicht um eine Privatbank oder eine andere Finanzinstitution herum gruppiert sind, wie es bei den japanischen Keiretsu der Fall ist.[8] Das hat den einfachen Grund, daß sich alle koreanischen Gechäftsbanken bis zu ihrer Privatisierung Anfang der siebziger Jahre in der Hand des Staates befanden und es koreanischen Unternehmen untersagt war, mehr als 8 Prozent der Stammaktien einer Bank zu halten. Zwar waren auch in Japan die großen Geschäftsbanken, um die herum in der Nachkriegszeit die Keiretsu entstanden, durch das sogenannte Over-Loan eng mit dem Finanzministerium verbunden. Doch da in Südkorea das Bankwesen vollständig vom Staat kontrolliert wurde, standen die Chaebol viel unmittelbarer unter staatlicher Kontrolle. Während die Netzwerke in Japan mehr oder weniger spontan entstanden, wurden sie in Südkorea durch eine bewußt in diese Richtung steuernde Industriepolitik geschaffen.

Zweitens sind die koreanischen Chaebol horizontale und nicht, wie viele japanische Keiretsu, vertikale Netzwerke. Das heißt, jede der großen Chaebol-Gruppen setzt sich aus Unternehmen der verschiedensten Branchen zusammen, von der Schwer- und Elektroindustrie bis hin zum Textil-, Versicherungs- und Einzelhandelssektor. Je größer die Chaebol wurden und je mehr sie sich in immer neue Geschäftsbereiche ausdehnten, desto mehr Zulieferer und Subunternehmer nahmen sie in ihre Netzwerke auf. Allerdings ähnelten diese Beziehungen mehr einer simplen vertikalen Integration als den engen, auf Konsens basierenden Beziehungen, die in Japan zwischen Zulieferer und Hersteller bestehen. Die vielschichtig verflochtenen Zulieferernetzwerke, die für ein japanisches Großunternehmen wie Toyota typisch sind, haben in Südkorea keine Entsprechung.[9]

Schließlich sind die koreanischen Chaebol im Durchschnitt deutlich zentralistischer organisiert als die japanischen Keiretsu. Da, wie gleich noch ausgeführt wird, die Chaebol auf Verwandtschaftsbeziehungen beruhen, besteht zwischen den Leitern der Mitgliedsunternehmen eine Art natürliche Einheit, die sich von den Beziehungen zwischen den Mitgliedern eines japanischen Keiretsu erheblich unterscheidet. Die meisten koreanischen Chaebol besitzen eine zentrale Verwaltung für die Gesamtorganisation. Die Zentralen können von ihrer Größe her nicht mit denen ehemaliger amerikanischer Konglomerate wie ITT oder Gulf+Western verglichen werden, aber sie sind deutlich größer und stärker institutionalisiert als der Rat der Präsidenten in einem japanischen Netzwerk. Die Chaebol-Zentralen sind zwar in erster Linie für die Verteilung von Ressourcen innerhalb des Netzwerks zuständig, sie können aber auch eine wichtige Rolle bei Personalentscheidungen auf der Ebene der Gesamtorganisation spielen. Darüber hinaus sind bestimmte Chaebol um eine zentrale Holdinggesellschaft herum gruppiert, die Anteile an allen Netzwerk-Mitgliedern hält. Aufgrund all dieser Besonderheiten sind die einzelnen koreanischen Netzwerk-Organisationen viel schärfer voneinander abgegrenzt als die japanischen. In Japan ist es nicht ungewöhnlich, daß ein Unternehmen dem Rat der Präsidenten von zwei oder mehr Keiretsu-Gruppen angehört,[10] von vergleichbaren Fällen in Südkorea habe ich noch nichts gehört. Insgesamt gesehen sind die koreanischen Chaebol eher hierarchische Organisationen und weniger echte Netzwerke wie die japanischen Keiretsu.

Wenn wir uns der Struktur der koreanischen Familie zuwenden, zeigt sich, daß sie weit mehr der Familienstruktur in China als der in Japan ähnelt. Die traditionelle koreanische Familie war wie ihr chinesisches Gegenstück strikt patrilineal; die Erbfolge lief nicht, wie es in Japan oft der Fall war, über die Töchter. Anders als in Korea, mußte im japanischen Haushalt *(ie)* die Rolle des Vaters, des ältesten Sohnes oder einer vergleichbaren Respektsperson nicht notwendigerweise von einem Blutsverwandten ausgefüllt werden. Genausowenig kannte man in Korea eine Entsprechung zum japanischen *mukoyoshi*, der Aufnahme eines nicht verwandten Adoptivsohnes in die Familie. Adoptionen waren in Korea nur innerhalb einer Sippe erlaubt, und in den weitaus meisten Fällen adoptierte ein Mann einen Sohn aus der Familie seines Bruders.[11]

Das Erstgeburtsrecht trug im vorindustriellen Japan zur Vermögenskonzentration bei und zwang die jüngeren Söhne, ihr Glück außerhalb der Familie zu suchen. Die traditionelle koreanische Erbfolgeregelung unterschied sich zwar sowohl von der japanischen wie von der chinesischen, aber in ihren ökonomischen Konsequenzen war sie der chinesischen Regelung vergleichbar. Das Erbe wurde zwar unter allen Söhnen aufgeteilt, aber nicht wie in China zu gleichen Teilen. In der Regel erhielt der älteste Sohn doppelt soviel wie seine jüngeren Brüder, niemals aber weniger als die Hälfte des Gesamterbes.[12] Außerdem war es gang und gäbe, das Erbe den Umständen entsprechend aufzuteilen. Bestand etwa die Gefahr, daß das Familieneigentum in allzu kleine Teile zerfiel, mußten sich die jüngeren Söhnen oft mit einem symbolischen Anteil begnügen. Wie in China gab es jedoch, zumal in reichen Familien, viele potentielle Erben, was zur Folge hatte, daß der Familienbesitz innerhalb von zwei oder drei Generationen in alle Winde verstreut wurde.

Allerdings waren die koreanischen Familien im Durchschnitt kleiner als die chinesischen, und es gab weniger Großfamilien, in denen die erwachsenen Söhne mit Frau und Kindern im väterlichen Haushalt oder in unmittelbarer räumlicher Nähe lebten. Von jüngeren Söhnen wurde wie in Japan erwartet, daß sie das Haus der Familie verließen und mit ihrem Erbteil einen eigenen Hausstand gründeten.[13] Anders als in Japan ging jedoch die Position des Familienoberhauptes nicht schon nach dem

Eintritt des Vaters in den Ruhestand auf den Erstgeborenen über, sondern erst nach dessen Tod.[14]

Korea war lange eine strenger konfuzianische Gesellschaft als Japan, weil es näher an China liegt und stärker unter chinesischem Einfluß stand. Manche Experten haben sogar die Auffassung vertreten, daß Korea stärker konfuzianisch orientiert sei als China selbst.[15] Der konfuzianische Einfluß in Japan geht zwar zurück bis in die Taika-Periode im 7. Jahrhundert, doch hat dort der Konfuzianismus im Laufe der Zeit viel von seiner ursprünglichen Bedeutung verloren. In Korea wurde der Konfuzianismus unter der Yi-Dynastie (1392–1910) zur Staatsreligion erhoben, während der Buddhismus unterdrückt und die buddhistischen Mönche in die Berge zurückgedrängt wurden. Abgesehen von einer starken protestantischen Welle im 20. Jahrhundert, war das religiöse Leben Koreas weniger bewegt und weniger vielfältig als das Japans, was sich unter anderem an der sehr viel geringeren Zahl buddhistischer Tempel und Klöster ablesen läßt. Das konfuzianische Gebot der unbedingten Loyalität gegenüber dem Vater führte in Korea wie in China zur Schwächung anderer, konkurrierender Loyalitäten. In der traditionellen koreanischen Gesellschaft gehorchte der einzelne in erster Linie der Familie und nicht der politischen Autorität.[16] Der koreanische Familismus läßt den Eindruck entstehen, die koreanische Gesellschaft sei individualistischer als die japanische. Doch was in Korea als Individualismus erscheint, war wie auch in China in Wahrheit nichts anderes als der Konkurrenzkampf zwischen den einzelnen Familien und Abstammungsgruppen.[17]

Auch die Sozialstruktur Koreas entsprach der chinesischen. Zwischen den Herrschern an der Spitze der Gesellschaft und den Familien und Abstammungsgruppen gab es nur wenige intermediäre Organisationen, die nicht auf Verwandtschaftsbeziehungen basierten (wie beispielsweise die *iemoto*-Gruppen in Japan). Obwohl Korea im Laufe seiner Geschichte mehrmals von Eroberern aus der Mongolei, Japan und China besetzt wurde, stand das Land seit dem Zusammenschluß der *Drei Reiche* unter der Silla-Dynastie im 7. Jahrhundert immer unter einer einheitlichen Herrschaft. Anders als in Japan zur Tokugawa-Zeit oder in Europa im Mittelalter gab es in Korea keine echte Feudalzeit, in der die politische Macht auf den Adel oder regionale Kriegsherrn verteilt gewesen wäre. Wie China wurde Korea von einer Klasse aristokratischer Ritter-Literaten – der *yangban*-Klasse – regiert und nicht von Soldatenfürsten. In vorindustrieller Zeit waren China, Japan und Korea in scharf abgegrenzte Klassen unterteilt, und in Korea waren die Klassenschranken am undurchlässigsten. Die Angehörigen der untersten Klasse, der *chonmin*, waren praktisch Sklaven, die von ihren Herren nach Gutdünken ge- oder verkauft werden konnten. Die Beamtenprüfung, die den Weg zum herrscherlichen Dienst und zu höchstem sozialem Ansehen eröffnete, stand nur Mitgliedern der *yangban*-Klasse offen.[18] Die Historiker sind sich einig, daß die Gesellschaft im vormodernen Korea extrem starr und unbeweglich war und sich hermetisch gegen alle äußeren Einflüsse abschottete.

Wie auch im Süden Chinas war die Abstammungsgruppe in Korea die wichtigste soziale Gruppe zwischen Familie und Staat. Die koreanischen Abstammungsgruppen sind noch größer als die chinesischen und umfassen manchmal mehrere hunderttausend Menschen. Dabei ist es keineswegs ungewöhnlich, wenn man sich auf einen gemeinsamen Urahnen vor dreißig oder mehr Generationen beruft.[19] Welche Bedeutung die koreanischen Abstammungsgruppen besitzen, wird auch daraus ersichtlich, daß es in Korea noch weniger unterschiedliche Nachnamen gibt als in China; rund vierzig Prozent aller Koreaner tragen den Nachnamen Kim, weitere achtzehn Prozent heißen Park.[20] Darüber hinaus sind die Abstammungsgruppen in Korea im Vergleich zu denen in Südchina relativ homogen und teilen sich nicht entlang von Klassen- oder Statusmerkmalen auf.[21]

In Anbetracht der koreanischen Familien- und Sozialstruktur wäre zu erwarten, daß die Wirtschaftsstruktur des modernen Südkorea derjenigen kapitalistischer chinesischer Gesellschaften wie Taiwan oder Hongkong gleicht und von relativ kleinen Familienbetrieben dominiert wird, die, falls sie über die Grenzen der engeren Familie hinauswachsen, neues Personal auf der Grundlage von Abstammungsgruppenzugehörigkeit oder regionaler Herkunft rekrutieren. Wegen der in Korea ebenso restriktiven Adoptionspraxis wie in China müßte man weiter davon ausgehen, daß die Einstellung von nicht der Familie oder Abstammungsgruppe angehörenden Personen im Familienbetrieb, eine Grundvoraussetzung für die Professionalisierung des Managements, auf erhebliche Widerstände stößt. Darüber hinaus müßte sich das soziale Vertrauen wegen des traditionellen Mangels an familienunabhängigen intermediären gesellschaftlichen Institutionen auf Verwandtschaftsgruppen beschränken. Professionell geführte Unternehmen dürften nur sehr zögerlich entstehen, und bei Konflikten zwischen Familien- und Unternehmensinteressen müßte die Familie die Oberhand behalten. Außerdem müßte man annehmen, daß das Prinzip der Erbteilung zur Instabilität der koreanischen Unternehmen führt und die Wahrscheinlichkeit erhöht, daß sie innerhalb von ein oder zwei Generationen auseinanderbrechen.

In der Tat besitzen die koreanischen Unternehmen – trotz ihrer Größe – von ihrer Struktur und ihrem Verhalten her viel mehr Ähnlichkeit mit chinesischen als mit japanischen Unternehmen. Hinter der imposanten Fassade südkoreanischer Konglomerate wie Hyundai oder Samsung verbirgt sich ein familistischer Kern, der sich nur langsam und widerwillig an Erfordernisse wie professionelles Management, breite Streuung des Aktienbesitzes, Trennung von Leitung und Eignerschaft und eine unpersönliche, hierarchische Unternehmensstruktur anpaßt.

Die koreanischen Chaebol fingen als Familienunternehmen an und befinden sich auch heute noch überwiegend in der Hand der Gründerfamilien. Natürlich sind Konzerne wie Daewoo oder Ssangyong viel zu groß, um von einer Familie allein geführt zu werden. Die mittlere Hierarchieebene wird denn auch vor allem von professionellen Managern besetzt, aber an der Unternehmensspitze halten nach wie vor die Eignerfamilien das Heft fest in der Hand. Eine 1978 durchgeführte Studie ergab, daß von 2797 Managern in koreanischen Großunternehmen 12 Prozent durch Blutsbande oder durch Einheirat mit dem Unternehmensgründer verwandt waren (dabei wurden die 76 Unternehmensgründer nicht mitgezählt).[22] Einer weiteren Studie zufolge waren bei den 20 größten Chaebol 31 Prozent der Topmanager Angehörige der Gründerfamilie, 40 Prozent stammten von außerhalb und weitere 29 Prozent von innerhalb der Organisation.[23] Eine dritte, Anfang der achtziger Jahre durchgeführte Untersuchung zeigte, daß in 26 Prozent aller Großunternehmen der amtierende Präsident auch der Gründer, in 19 Prozent der Sohn des Gründers, in 21 Prozent innerhalb der Organisation an die Spitze aufgestiegen und in 35 Prozent von außen rekrutiert worden war. Die Söhne von Ju Yung Chung, dem Gründer des Hyundai-Chaebol, wurden als die »sieben Prinzen« bezeichnet und schon in jungen Jahren in leitende Positionen bei verschiedenen Tochterfirmen gebracht.[24] Ganz anders sieht die Situation in Japan aus, wo sehr viel seltener der Gründer oder ein Verwandter des Gründers an der Spitze eines Unternehmens steht und ein weit größerer Anteil des Topmanagements innerhalb des Unternehmens rekrutiert wird (ohne jedoch mit der Gründerfamilie verwandt zu sein).[25] In Südkorea ist auch die Quote der Eheschließungen zwischen den Nachfahren der Chaebol-Gründer auffallend hoch. Von den Kindern der Gründerväter der 100 größten Chaebol-Gruppen heiratete einer Untersuchung zufolge die Hälfte einen Partner mit einem vergleichbaren sozialen Hintergrund, der Rest einen Partner aus den hohen Rängen der Verwaltung, des Militärs und ähnlicher Einrichtungen.[26]

Da die koreanischen Chaebol noch nicht so lange bestehen wie die japanischen Netzwerk-Organisationen, ist es nicht überraschend, daß die Gründer in vielen Fällen bis in die achtziger Jahre hinein auf den Chefsesseln saßen. Wie in einer stark chinesisch beeinflußten Gesellschaft nicht anders zu erwarten, ist die Regelung der Nachfolge in südkoreanischen Unternehmen oft ein Problem. Die meisten Chaebol-Gründer wollten ihr Unternehmen in die Hände ihres ältesten Sohnes übergeben, und einer Erhebung zufolge taten das auch 65 Prozent.[27] (Eine bemerkenswerte Ausnahme ist Daewoo, wo Führungspositionen ganz bewußt nicht mit Mitgliedern der Gründerfamilien besetzt werden.[28]) Die adäquate Ausbildung der nachfolgenden Generation spielt dementsprechend eine überragende Rolle, eine Anforderung, die perfekt mit der hohen Wertschätzung von Bildung im koreanischen Konfuzianismus korrespondiert. Allerdings wirft das Prinzip der Familiennachfolge schnell große Schwierigkeiten auf, wenn der älteste Sohn nicht in der Lage oder nicht daran interessiert ist, die Führung zu übernehmen.

Genau das passierte, als sich Byung Chul Lee, der Gründer des größten koreanischen Chaebol Samsung, zum Rücktritt entschied. Lee hatte drei Söhne. Der älteste Sohn war behindert und offensichtlich außerstande, das Unternehmen zu führen. Statt nun dem Ältesten das Unternehmen zu übertragen oder es in drei Teile aufzugliedern, beschloß Lee, die beiden älteren zugunsten seines jüngsten Sohnes zu übergehen. In einer japanischen Familie wäre das kein Problem gewesen, doch in Korea verstieß das Vorhaben gegen die familistischen Prinzipien. Um sein Vorhaben dennoch durchzusetzen, wählte Lee einen geschickten Schachzug: Zuerst übertrug er den Großteil seiner Anteile auf zwei Familienstiftungen, womit er verhinderte, daß einer der beiden älteren Söhne eine Mehrheitsbeteiligung an Teilen des Unternehmens erwerben konnte. Dann, als der jüngste Sohn fest im Sattel saß, wurden die Stiftungsanteile auf ihn zurückübertragen.[29] Byung Chul Lee gelang es so zwar, das durch die Behinderung seines ältesten Sohnes entstandene Problem zu lösen und das Familienvermögen zusammenzuhalten, aber er mußte einen sehr umständlichen und aufwendigen Umweg in Kauf nehmen.

Andere, weniger prominente Chaebol zerbrachen an der familistischen Nachfolgeregelung und dem Prinzip der Erbteilung. Taehan Textile und Taehan Electric Wire beispielsweise gehörten zu einem von Ke Dong Sol gegründeten Chaebol, wurden aber nach seinem Tod zwischen seinen Söhnen aufgeteilt. Dasselbe Schicksal ereilte Kukjae und Chinyang, zwei Unternehmen, die unter dem Dach eines Chaebol vereint waren, nach dem Rücktritt des Gründers jedoch aufgeteilt wurden und heute von seinen beiden Söhnen als separate Gesellschaften geführt werden.[30] Die koreanischen Unternehmen sind zwar von vergleichbarer Größe wie die japanischen, aber es fällt ihnen sehr viel schwerer, auch über einen längeren Zeitraum groß zu bleiben.

Der koreanische Familismus wirkt sich nicht nur auf die Stabilität der Netzwerk-Organisationen aus, sondern auch auf den Managementstil. Praktisch alle vergleichenden Managementstudien zeigen, daß koreanische Unternehmen hierarchisch, autoritär und zentralistisch organisiert sind.[31] Diese Führungsstruktur ähnelt sehr stark der chinesischer Unternehmen, hebt sich aber deutlich ab von dem konsensorientierten japanischen Managementstil und der dezentralisierten Autoritätstruktur der klassischen, in Abteilungen untergliederten US-Gesellschaften. Das galt insbesondere für Chaebol unter der Führung von Gründervätern, die sich alle wichtigen Managemententscheidungen vorbehielten. Von Ju Yung Chung, dem Gründer von Hyundai, wird erzählt, er habe jeden Morgen zwischen 6.00 Uhr und 6.30 Uhr mit den Direktoren aller ausländischen Tochterunternehmen telefoniert und sich zweimal pro Woche mit den rund 40 Präsidenten der Mitgliedsfirmen des Chaebol getroffen. Die Treffen fanden in einer sehr förmlichen Atmosphäre statt, wie ein Zitat aus einer koreanischen Zeitung verdeutlicht: »Die Treffen der Präsidenten der Gruppe dienen oft nur dazu, ihnen vor Augen zu führen, daß der Abstand zwischen dem Gruppenvorsitzenden und ihnen ebenso groß ist wie der zwischen ihnen und einem einfachen Angestellten ... Alle Präsidenten, selbst jene, die vormals hohe Regierungsbeamte waren oder sich zum Freundeskreis des Vorsitzenden zählen, müssen sich erheben, wenn der Vorsitzende der Gruppe den Konferenzraum betritt, selbst wenn er noch nicht viel über dreißig ist.«[32] Der autoritäre Führungsstil erlaubt es den koreanischen Unternehmen, schnell und entschlossen zu agieren; sie müssen nicht wie die Japaner erst in einem langwierigen Prozeß versuchen, einen hierarchieübergreifenden Konsens zu finden, bevor sie handeln können. Andererseits beschwört das die Gefahr herauf, daß Entscheidungen nicht von allen Teilunternehmen mitgetragen oder daß sie auf der Grundlage unzureichender Informationen getroffen werden.[33]

Mit anderen Worten: Die koreanischen Chaebol gleichen von ihrer inneren Struktur her eher einem aufgeblähten chinesischen Familienbetrieb als einem japanischen Unternehmen oder *kaisha.* Die für japanische Unternehmen charakteristische Solidarität ist in der südkoreanischen Wirtschaft weitgehend unbekannt. Beispielsweise gibt es in Südkorea kein auf ungeschriebenen gegenseitigen Verpflichtungen basierendes System der Anstellung auf Lebenszeit. In Großunternehmen kommen auch rezessionsbedingte Entlassungen weit häufiger vor als in Japan.[34] Die Beschäftigungssituation im Management war bislang vor allem deshalb relativ stabil, weil dank des anhaltenden Wirtschaftswachstums Entlassungen – noch – nicht erforderlich waren. Die Gruppe der »Kernmitarbeiter«, denen gegenüber das Unternehmen eine starke Verpflichtung fühlt, ist deutlich kleiner als in Japan. Auch gibt es in koreanischen im Gegensatz zu japanischen Unternehmen eine Schicht von marginalen Angestellten, die ohne weiteres entlassen werden können.[35] Das Prinzip der paternalistischen Unternehmensführung, das in Japan und Deutschland zur Entstehung eines betrieblichen Wohlfahrtssystems geführt hat, fehlt in der südkoreanischen Wirtschaft. Ebensowenig kennt man in Korea das, was in Japan als *amae* bezeichnet wird: die Bereitschaft von Mitgliedern einer Gruppe, die Schwächen der anderen Gruppenmitglieder nicht zu ihrem Vorteil auszunutzen, eine Eigenschaft, auf der das für Japan typische, stark ausgeprägte gegenseitige Gruppenvertrauen beruht. Nach Ansicht des koreanischen Soziologen Song hat das dazu geführt, daß »die Koreaner trotz ihrer vergleichsweise ausgeprägten Gruppenorientierung eine für Angehörige westlicher Zivilisationen typische stark individualistische Ader besitzen. In Korea macht man gern Witze darüber, daß ein einzelner Koreaner einen einzelnen Japaner zwar ohne weiteres in die Tasche stecken kann, daß die Koreaner als Team aber keine Chance gegen ein japanisches Team haben.«[36] In der südkoreanischen Wirtschaft ist nicht nur die Fluktuation unter den Beschäftigten höher, es kommt auch weit öfter vor, daß Unternehmen versuchen, qualifiziertes Personal von anderen Unternehmen abzuwerben.[37] In dieses Bild paßt, daß in Korea die bei japanischen Arbeitskollegen nach Feierabend so beliebten gemeinsamen Ausflüge ins Nachtleben seltener sind und die Angestellten nach Betriebsschluß meist sofort nach Hause gehen.[38]

Die koreanische Gesellschaft ist zwar ethnisch und sprachlich sehr homogen, im Vergleich zur japanischen aber stark von Klassenschranken durchsetzt. Ein erheblicher Prozentsatz der koreanischen Unternehmer stammt aus der *yangban*-Klasse der Ritter-Literaten, die traditionell stärker nach außen abgeschottet war als die japanische Samurai-Kaste. Die Entstehung einer reichen Unternehmerelite, deren Kinder, wie oben bereits erwähnt, bevorzugt untereinander heiraten, verschärfte die traditionellen Klassenunterschiede in mehrfacher Hinsicht noch. Andererseits haben das moderne Bildungssystem, standardisierte Aufnahmeprüfungen für den Staatsdienst und relativ statusneutrale Institutionen wie die Armee die alten Klassenschranken in einem gewissen Umfang aufgeweicht.

Vor diesem Hintergrund überrascht es nicht, daß das Verhältnis zwischen Gewerkschaften und Unternehmern in Südkorea erheblich gespannter ist als in Japan und eher dem in Nordamerika oder Westeuropa entspricht. Song zufolge »besitzen Koreaner ein viel schwächer ausgeprägtes Gefühl der Verpflichtung (*un* auf koreanisch, *on* auf japanisch) gegenüber einer Organisation oder ihren Kollegen. Wenn die gemeinsamen Bande durch innere Spannungen belastet oder zerbrochen sind, neigen Koreaner seltener als Japaner dazu, die Schuld bei sich selbst zu suchen, sondern werden wütend und fühlen sich hintergangen.«[39] Unter den autoritären Regierungen, die in Südkorea bis Ende der achtziger Jahre herrschten, waren Streiks verboten, und Gewerkschaften durften sich nicht in Arbeitsauseinandersetzungen einmischen. Ein staatliches Wohlfahrtssystem existierte praktisch nicht, und auch die Unternehmer waren nicht verpflichtet, ihren Arbeitern Sozialleistungen zu bieten.[40] Das hielt zwar die Lohn- und Lohnnebenkosten in den ersten Jahrzehnten nach dem Krieg gering, provozierte aber auch die Entstehung einer militanten Arbeiterbewegung und einer radikal regierungsfeindlichen Haltung in den Gewerkschaften.[41]

Allerdings gab und gibt es auf der Ebene einzelner Unternehmen immer wieder Bestrebungen, die Grenzen der traditionellen Kultur zu durchbrechen. Ein Beispiel dafür ist der Samsung-Gründer Byung Chul

Lee, der nicht nur, wie oben gezeigt, die überkommene Erbfolgeregelung zu umgehen verstand, sondern anders als der autoritäre Chef des Hyundai-Konzerns, Ju Yung Chung, auch versuchte, in seinen Betrieben eine kollegiale Atmosphäre zu fördern. Daß Lees Politik Erfolg hatte, beweist die Tatsache, daß Samsung deutlich weniger von Streiks betroffen war als Hyundai.[42]

Man muß sich davor hüten, den Einfluß des koreanischen Familismus auf die wirtschaftliche Struktur des Landes überzubewerten. Durch die zunehmende Urbanisierung – der Anteil der Stadtbevölkerung liegt derzeit bei 74 Prozent – hat sich die Bedeutung der traditionellen Familie und der familiären Beziehungen stark vermindert.[43] Mit dem raschen Wachstum der Unternehmen stießen die Gründerfamilien an die Grenzen ihrer Fähigkeit, eine immer größere Zahl von Managementpositionen mit kompetenten Familienmitgliedern zu besetzen. Als Folge blieb ihnen oft keine andere Wahl, als ein institutionalisiertes Rekrutierungssystem einzuführen, das es ihnen ermöglichte, aus der Masse der Universitätsabsolventen nach objektiven Kriterien fähige Manager auszuwählen. Außerdem haben sich die großen südkoreanischen Konzerne zu Markenartikelherstellern und international anerkannten Marktführern entwickelt; ein solches Unternehmen über Auseinandersetzungen um die Nachfolge zerbrechen zu lassen wäre nicht nur ein Schlag für den nationalen Stolz, sondern könnte zumindest in bestimmten Fällen auch erhebliche volkswirtschaftliche Schäden nach sich ziehen.[44] Die südkoreanischen Chaebol verspüren daher einen stärkeren Anreiz als chinesische Firmen, ihre Unternehmen intakt zu halten.

Die Notwendigkeit, etablierte Großunternehmen wie Hyundai oder Samsung am Leben zu erhalten, leuchtet ein. Doch das beantwortet immer noch nicht die zentrale Frage, wie es ihnen gelang, überhaupt so groß zu werden. In der stark von der chinesischen Kultur geprägten koreanischen Gesellschaft hing die Entstehung sehr großer Unternehmen primär von einem Faktor ab: dem Verhalten des Staates und seinem Wunsch, die industrielle Entwicklung Japans nachzuahmen. Man kann sogar so weit gehen und das koreanische Wirtschaftswunder auf den Ehrgeiz eines einzigen Mannes zurückführen: auf Präsident Park Chung Hee, einen ehemaligen General, der von seiner Machtergreifung 1961 bis zu seiner Ermordung 1979 mehr als alle anderen den Aufstieg Südkoreas von einem Entwicklungsland zu einer Industrienation betrieb.

Von allen Boom-Ländern Ostasiens besaß Südkorea den aktivsten

Staat (wohl nur in den ehemals kommunistischen Ländern war der Staat noch aktiver). 1972 erwirtschafteten die koreanischen Staatsunternehmen, darunter der gesamte Bankensektor, 9 Prozent des Bruttoinlandsprodukts; schließt man die Landwirtschaft aus, betrug ihr Anteil sogar 13 Prozent.[45] Dank der absoluten Kreditkontrolle und weiterer wirtschaftlicher Sanktionierungsinstrumente wie gezieltem Einsatz von Subventionen, Lizenzgewährungen und Schutz vor ausländischer Konkurrenz gelang es dem Staat, auch die Privatwirtschaft in hohem Maße zu regulieren. 1962 führte die Regierung ein förmliches Planungsverfahren ein, und in einer Serie von Fünfjahresplänen wurde die strategische Ausrichtung der gesamtwirtschaftlichen Investitionspolitik festgelegt.[46] Angesichts der hohen Verschuldung und Kreditfinanzierung der koreanischen Unternehmen stellte die Kontrolle des Zugangs zu Krediten ein Schlüsselinstrument der Wirtschaftssteuerung dar. Ein Beobachter schrieb dazu: »Selbst die mächtigsten koreanischen Unternehmer sind sich der Notwendigkeit bewußt, auf gutem Fuß mit der Regierung zu stehen, damit sie weiterhin Zugang zu Krediten erhalten und nicht von der Steuerbehörde schikaniert werden.«[47]

Bis zu diesem Punkt unterscheidet sich der südkoreanische Staat nicht allzusehr vom taiwanesischen. Auch in Taiwan befanden sich alle Geschäftsbanken in der Hand des Staates, und der Staatssektor war womöglich noch größer als in Südkorea. Dennoch dominierten in der taiwanesischen Volkswirtschaft kleine und mittlere Unternehmen. Der Hauptunterschied lag nicht im Ausmaß der staatlichen Intervention, sondern in ihrer Ausrichtung: Während die Kuomintang-Regierung Chiang Kai-sheks es aus Furcht vor einer potentiellen politischen Konkurrenz unterließ, die Entstehung von Großunternehmen zu fördern, betrieb die koreanische Regierung unter Park Chung Hee ganz bewußt den Aufbau von Großunternehmen in der Hoffnung, damit auf dem Weltmarkt in Konkurrenz zu den japanischen Keiretsu treten zu können.[48] Park berief sich dabei explizit auf das Vorbild anderer Revolutionäre wie Sun Yat-sen, Atatürk, Nasser und die japanischen Meiji-Herrscher. Offenbar teilte er in einer gewissen Hinsicht sogar Lenins Begeisterung für Größe; wie Lenin glaubte auch Park, daß Größe eine notwendige Voraussetzung für die Modernisierung der Volkswirtschaft sei. Wie er selbst in seinem autobiographischen Manifest erklärte, wollte er zunächst eine Schicht von »Millionären schaffen, die die Reform [der Wirtschaft] vorantreiben« und dadurch einem »Nationalkapitalismus« den Weg bereiten.[49] Im Gegensatz zu den Wirtschaftsplanern in Taiwan, die sich darauf beschränkten, die infrastrukturellen und makroökonomischen Voraussetzungen für ein rasches Wirtschaftswachstum bereitzustellen, intervenierte das Park-Regime auch auf der mikroökonomischen Ebene und förderte einzelne Unternehmen und bestimmte Investitionsvorhaben.[50]

Die koreanische Regierung setzte zur Schaffung großer Unternehmen mehrere Instrumente ein, deren wichtigstes, wie oben bereits erwähnt, die Kreditkontrolle war. Anders als Taiwan, das mit einer Hochzinspolitik die Sparneigung förderte, stattete die koreanische Regierung die Chaebol überaus großzügig mit Kapital aus, um sie auf dem Weltmarkt konkurrenzfähig zu machen. Kredite wurden oft zu negativen Realzinssätzen ausgegeben, was erklärt, warum sich die Konglomerate auch in Sektoren engagierten, in denen sie über wenig Erfahrung verfügten.[51] Der Anteil der von der Regierung vergebenen »politischen Kredite« stieg von 47 Prozent der gesamten Kreditsumme im Jahr 1970 auf 60 Prozent im Jahr 1978.[52] Dabei schreckte die Regierung auch nicht davor zurück, die privaten Kreditmärkte zu manipulieren. So wurde 1972 per Dringlichkeitsverordnung verfügt, daß Großunternehmen günstigere Kreditkonditionen eingeräumt bekommen sollten als kleine und mittlere Betriebe.[53]

Ein zweites Steuerungsmittel der Regierung war die selektive Zulassung zu lukrativen Exportmärkten.[54] Die Standards beispielsweise, nach denen sich ein Unternehmen als eine Allgemeine Handelsgesellschaft (General Trading Company, das Äquivalent zu den japanischen General Trading Companies) qualifizierte, schrieben für Kapitalausstattung, Exporterlöse, Auslandsengagement und so weiter bestimmte Mindestquoten vor. Ein Unternehmen, das diese Bedingungen erfüllte, erhielt vorrangigen Zugang zu Krediten, Märkten und Lizenzen.[55] Schließlich schuf die langfristige Planung einen berechenbaren binnenwirtschaftlichen Rahmen, der den südkoreanischen Großunternehmen ebenso zugute kam wie die Abschottung ihrer (wenn auch kleinen) Binnenmärkte gegen ausländische Konkurrenten und die staatliche Unterstützung bei der Eroberung neuer Exportmärkte.[56]

Allerdings schreckte die südkoreanische Regierung auch nicht davor zurück, das Verhalten der heimischen Unternehmen mit autoritären Methoden zu kontrollieren. Nicht selten wurden mißliebige Geschäftsführer vor Gericht gestellt und ihre Unternehmen in den Ruin getrieben.

Nach Park Chung Hees Vorstellung brauchte Südkorea eben nicht nur »Millionäre«, sondern auch einen starken Staat, der sie beherrschen konnte. Nur einen Monat nachdem Park im Juli 1961 durch einen Militärputsch an die Macht gekommen war, wurde ein Gesetz gegen illegale Bereicherung verabschiedet, und in einer spektakulären Aktion ließ er etliche Geschäftsmänner verhaften, die es unter der Herrschaft seines Vorgängers Syngman Rhee zu großem Reichtum gebracht hatten. Dann stellte er sie vor die Wahl: Entweder sie gründeten Unternehmen in den von der Regierung kontrollierten Industriedistrikten und verkauften Anteile an den Staat, oder sie würden strafrechtlich verfolgt und ihr gesamter Besitz würde konfisziert.[57] Weit stärker als in Japan beruhten die engen Verbindungen zwischen Staat und Wirtschaft in Südkorea auf Angst und der unausgesprochenen Drohung, daß die Regierung Zwangsmittel einsetzen würde, wenn die Unternehmer sich weigerten, die vorgegebene Marschrichtung einzuhalten.[58]

Die Entschlossenheit des südkoreanischen Staates, mit allen ihm zur Verfügung stehenden Steuerungsmitteln in das Wirtschaftsleben einzugreifen, führte dazu, daß die wirtschaftliche Entwicklung des Landes nach Parks Machtergreifung weitgehend von den Vorstellungen der Wirtschaftsbürokraten bestimmt wurde und nicht vom Markt. So entschieden Parks Experten in den siebziger Jahren, daß die südkoreanische Wirtschaft aus arbeitsintensiven Industrien wie der Textilproduktion aussteigen und in die Schwerindustrie – Schiffs- und Maschinenbau, Stahl, Petrochemie und so weiter – einsteigen sollte. Im Jahr 1976 flossen bereits 74 Prozent aller Investitionen im Produktionsbereich (der Großteil davon politische Kredite) in die Schwerindustrie, und bis 1979 stieg der Anteil auf über 80 Prozent.[59] Innerhalb eines Jahrzehnts hatten die Wirtschaftsplaner die südkoreanische Wirtschaft vollständig umgekrempelt. Das Ergebnis dieses industriellen Gewaltmarsches war vorhersehbar. Anfang der siebziger Jahre drängte Präsident Park den Hyundai-Vorsitzenden Ju Yung Chung dazu, in den Schiffsbau einzusteigen. Bis dahin war noch kein einziges Schiff von mehr als 10000 Bruttoregistertonnen in Südkorea gebaut worden, und nun begann man buchstäblich über Nacht, Supertanker mit 260000 Bruttoregistertonnen zu bauen. Das erste Schiff war kaum vom Stapel gelaufen, da brach nach der Ölkrise von 1973 und angesichts weltweiter Transportüberkapazitäten der Markt für Supertanker zusammen.[60] Nicht viel besser erging es der südkoreanischen Petrochemie, deren Ausbau in den siebziger Jahren massiv forciert wurde. Da die zusätzlichen Kapazitäten die einheimische Nachfrage weit übertrafen, mußten die koreanischen Hersteller ihre Produkte zu Dumpingpreisen auf den Weltmarkt werfen.

Aus der Tatsache, daß der Staat in Südkorea eine so wichtige Rolle bei der Förderung der Großindustrie gespielt hat, folgt allerdings nicht automatisch, daß es keine gesellschaftliche Basis für die spontane Entstehung von großen Organisationen gibt. Die koreanische Gesellschaft kennt mehrere Wege zur Soziabilität, die es den Koreanern erlaubt haben, die von einem rigiden Familismus gezogenen Grenzen zu durchbrechen. Zuerst und vor allem sind das wie in Südchina die Abstammungsgruppen. Dank der extrem großen Sippen konnten die koreanischen Familienunternehmen auf einen großen Kreis von Menschen zurückgreifen und dadurch die negativen Folgen des kulturell bedingten Nepotismus mildern.

Neben den Abstammungsgruppen spielt auch die Regionalorientierung eine wichtige Rolle, ein Phänomen, das man auch in China, nicht jedoch in Japan antrifft. Die verschiedenen Regionen Koreas besitzen ausgeprägte Identitäten, die auf die Zeit vor der Vereinigung des Landes im 7. Jahrhundert unter dem damaligen Herrscher Silla zurückdatieren. Überdurchschnittlich viele Angehörige der wirtschaftlichen Elite Südkoreas stammen aus den Provinzen der im Süden der Halbinsel gelegenen Region Kyongsang (mit den Städten Pusan und Taegu) und dem Gebiet um Seoul. Die Provinzen Chungchon, Cholla und Kangwon hingegen sind in der Oberschicht nur relativ schwach repräsentiert. [61] Der Gründer des Samsung-Chaebol, Byung Chul Lee, kommt aus der Region Yong-nam. Samsung wird zwar eine vergleichsweise »objektive« Einstellungspolitik nachgesagt, trotzdem fällt auf, daß ein erheblicher Teil der Samsung-Beschäftigten ebenfalls aus Yong-nam stammt.[62]

Auch das südkoreanische Hochschulwesen stellt eine Brücke zur Soziabilität jenseits der Familie dar. Wie in Japan rekrutieren auch die großen koreanischen Konzerne ihren Nachwuchs bevorzugt unter den Absolventen der besten Universitäten des Landes.[63] Samsung zum Beispiel ist nicht nur dafür bekannt, mit Vorliebe Mitarbeiter aus Yong-nam einzustellen, sondern bevorzugt auch Absolventen der Seoul National University. Während des Studiums entsteht unter den Studenten ein starkes Solidaritätsgefühl. Es bleibt auch bestehen, wenn sie im Berufsleben Karriere machen, und dient später oft als Basis für den Auf- und Ausbau von Netzwerken.

Eine vierte Quelle der Soziabilität, und zwar eine, die im zeitgenössischen Japan kein Gegenstück hat, ist die Armee. Seit dem Koreakrieg besteht in Südkorea eine allgemeine Wehrpflicht. An den Wehrdienst in der Armee oder in der Polizei schließt sich eine mehrjährige Reservistenzeit an. Das bedeutet, daß so gut wie alle jungen Männer über einen längeren Zeitraum hinweg in der Armee oder bei der Polizei sozialisiert werden. Das Militär ist ein Prototyp einer großen, hierarchisch strukturierten Organisation, und die strikte Disziplin, der die Soldaten unterworfen werden, wirkt sich nach Ansicht zahlreicher Beobachter auch später im Berufsleben auf ihr soziales Verhalten aus.[64] Man kann davon ausgehen, daß die Armee vor allem in der Frühphase der Industrialisierung, als die Bauern in Scharen vom Land in die Städte zogen, eine zentrale Rolle als Sozialisationsinstanz spielte.

Schließlich entstanden in der urbanen Kultur des modernen Südkorea zahlreiche Freizeit- und Bildungsvereinigungen. Diese Gruppen bieten einen Raum für die Entstehung von Soziabilität unabhängig von der Familie einerseits und dem Arbeitsplatz andererseits.

Man darf nicht vergessen, daß der Nationalismus und die nationale Identität in Südkorea weit stärker ausgeprägt sind als in China, auch wenn beide Kulturen sich ansonsten weitgehend gleichen. Korea war seit jeher eine zwischen zwei mächtigen Nachbarn eingezwängte isolierte, hermetische Gesellschaft. Die Erfahrungen der jüngeren Geschichte – die japanische Besatzung, die Revolution, der Zweite Weltkrieg und der Kampf gegen den Norden – haben das Bewußtsein der Südkoreaner für ethnische und nationale Eigenständigkeit noch verstärkt. Der Nationalismus spielte im Denken von Machthabern wie Park Chung Hee unbestreitbar eine sehr wichtige Rolle. Ebenso wie Japan strebte auch Südkorea nicht zuletzt aus Gründen des nationalen Stolzes nach wirtschaftlichem Erfolg; der Nationalismus war ein von wirtschaftlichen Gesichtspunkten unabhängiges Motiv für den Aufbau großer Unternehmen in fortschrittlichen Wirtschaftssektoren.

Innerhalb der koreanischen Gesellschaft fallen eine Reihe interessanter kultureller Differenzen auf, die zwar nicht mit der spontanen Soziabilität verbunden sind, trotzdem aber einen Einfluß auf das wirtschaftliche Leben ausüben. Beispielsweise unterscheidet sich die unternehmerische Einstellung der Bevölkerung in den einzelnen Regionen ganz erheblich. Das drückt sich etwa darin aus, daß überdurchschnittlich viele Unternehmer aus dem heutigen Nordkorea stammen, und dort wiederum aus ganz bestimmten Regionen. Auch aus dem Gebiet um Seoul und aus Kyongsang im Süden kommen viele Unternehmer, während die Provinzen Chungchong, Cholla und Kangwon deutlich unterdurchschnittlich vertreten sind. Die Ursachen für diese Unterschiede sind unklar, denn der soziale Hintergrund erfolgreicher Unternehmer aus dem Süden ist ein anderer als bei Unternehmern aus dem Norden. Allerdings haben sie eine Gemeinsamkeit: Die familiäre Struktur in diesen Regionen ist anders als im übrigen Südkorea. [65]

Eine weitere Frage, die geklärt werden muß, ist die nach dem Einfluß der christlichen Religion auf die wirtschaftliche Entwicklung. Südkorea ist neben den Philippinen das einzige ostasiatische Land mit einem großen christlichen Bevölkerungsanteil. Eine erste Welle von Massenübertritten zum Christentum war Ausdruck der Opposition gegen die japanischen Kolonialherren während der Besatzungszeit. Nach dem Koreakrieg wurde die enge strategische Anbindung an die Vereinigten Staaten zum Einfallstor für amerikanische kulturelle und damit auch religiöse Einflüsse. Nach dem Krieg nahm der Anteil der protestantischen Bevölkerung stark zu und liegt heute bei knapp 24 Prozent (der Anteil der Katholiken liegt bei 5,2 Prozent). Die meisten Konvertiten gehören fundamentalistischen Sekten wie den *Assemblies of God* an. Die weltweit größte Pfingstbewegung – die *Full Gospel Central Church* – ist in Seoul beheimatet und zählt eine halbe Million Anhänger.[66] Die südkoreanischen Christen spielen im politischen und sozialen Leben des Landes eine im Verhältnis zu ihrer Gesamtzahl überproportional große Rolle. So war der erste Präsident Südkoreas, Syngman Rhee, ein Christ. Christen waren auch in der demokratischen Oppositionsbewegung sehr aktiv, die 1987 zum Sturz der Militärregierung führte, und drei der angesehensten Universitäten Südkoreas werden zu einem wesentlichen Teil von Christen finanziert.[67]

Die koreanischen Protestanten haben sich auch im wirtschaftlichen Leben des Landes stark engagiert. Fast die Hälfte der nach dem Koreakrieg in die Vereinigten Staaten ausgewanderten Koreaner, die dort für ihren großen Fleiß und ihre unternehmerischen Fähigkeiten bekannt sind, gehören einer christlichen Religion an. Trotzdem gibt es kaum Anzeichen dafür, daß die koreanischen Protestanten einen über ihren Bevölkerungsanteil hinausgehenden überproportionalen Anteil an der rapiden wirtschaftlichen Entwicklung Südkoreas hatten.[68] Allerdings kann das auch damit zusammenhängen, daß die protestantische und die konfuzianische Kultur ähnliche wirtschaftliche und soziale Werte vertreten und deshalb die Bedeutung des Protestantismus in Südkorea weniger ins Auge fällt als etwa in Lateinamerika.[69]

Das Beispiel Südkoreas beweist, daß ein kompetenter und entschlossen agierender Staat die kulturbedingte Neigung zur Ausbildung kleiner Organisationen überwinden und eine konkurrenzfähige Großindustrie in strategisch wichtigen Branchen aufbauen kann. Obwohl andere Quellen der Soziabilität durchaus vorhanden sind, ist eindeutig, daß die südkoreanische Industrie heute lange nicht so stark konzentriert wäre, wenn sich der Staat nach der Machtübernahme Parks nicht so massiv und nachhaltig in die Wirtschaft eingemischt hätte.

Einiges spricht für die Auffassung, daß es den Südkoreanern vor allem deshalb gelang, ihre wirtschaftliche Entwicklung in die gewünschte Richtung zu steuern und dabei die Fallstricke einer Industriepolitik nach französischem oder italienischem Strickmuster zu vermeiden, weil sie staatliche Subventionen nicht über nationalisierte Unternehmen, sondern über den Privatsektor in den Wirtschaftskreislauf einschleusten. Daß die südkoreanischen Chaebol konkurrenzfähiger sind als viele staatliche oder vom Staat massiv subventionierte Unternehmen in Europa oder Lateinamerika, liegt vor allem daran, daß die staatlichen Lenkungsinstanzen die Konzentration der Wirtschaft und die Diversifikation in neue, lukrative internationale Märkte mit einer außergewöhnlichen Vehemenz betrieben. Die Situation der südkoreanischen Unternehmen, die sich auf den hartumkämpften ausländischen Märkten durchsetzen müssen, ist der Situation in der deutschen Chemieindustrie nach der Fusion zu einem Kartell in den zwanziger Jahren unseres Jahrhunderts vergleichbar.

Die Entscheidung für Großunternehmen trug die erhofften Früchte: Die südkoreanischen Chaebol sind heute in der Lage, sich auch in wettbewerbs- und kapitalintensiven internationalen Industrien wie der Halbleiterproduktion, dem Flugzeugbau, bei elektronischen Massenartikeln und in der Automobilindustrie gegenüber der Konkurrenz aus den USA und Japan zu behaupten; die meisten Unternehmen Taiwans und Hongkongs haben sie weit hinter sich gelassen. Anders als die Länder Südostasiens haben die Südkoreaner nicht auf Joint-ventures gesetzt – die meist nur darauf hinausliefen, daß der ausländische Partner schlüsselfertige Produktionsanlagen lieferte und billige einheimische Arbeitskräfte ausbeutete –, um in neue Märkte vorzustoßen, sondern auf den

Aufbau einer eigenen, heimischen Industrie. Damit waren sie so erfolgreich, daß heute immer mehr japanische Unternehmen in der Halbleiter- und Stahlbranche mit wachsender Nervosität den Durchmarsch der südkoreanischen Konkurrenz verfolgen. Der Hauptvorteil der gigantischen Chaebol-Netzwerke liegt in ihrer Fähigkeit, rasch und geschlossen in neue Märkte einzudringen und unter Ausnutzung von Größenvorteilen innerhalb kürzester Zeit eine effiziente, konkurrenzfähige Produktion auf die Beine zu stellen.[70]

Muß man aus der Beobachtung, daß der Staat wie im Beispiel Südkorea kulturell bedingte Defizite durch eine kluge Wirtschaftspolitik wettmachen kann, folgern, kulturelle Faktoren wie soziales Kapital und spontane Soziabilität seien doch nicht so wichtig wie angenommen? Die Antwort auf diese Frage lautet nein, und zwar aus mehreren Gründen.

Zuerst und vor allem ist kulturbedingt nicht jeder Staat in der Lage, eine Wirtschaftspolitik nach südkoreanischem Vorbild zu betreiben. Die gewaltigen Subventionen und umfangreichen Begünstigungen, die über die letzten dreißig Jahre hinweg den koreanischen Chaebol zugeflossen sind, hätten in einem anderen kulturellen Umfeld dem massiven Mißbrauch, der Korruption und der Verschwendung Tür und Tor geöffnet. Hätten Park Chung Hee und seine Wirtschaftsbürokraten dem politischen Druck nachgegeben und darauf verzichtet, die Wirtschaftsentwicklung auch gegen Widerstände zu fördern, hätten sie nicht auf den Exportmarkt gesetzt oder wären sie ganz einfach selbstsüchtiger und korrupter gewesen, dann stünde Südkorea heute – wie in den fünfziger Jahren unter Syngman Rhee – wohl kaum besser da als die Philippinen. Was immer man auch von Park Chung Hee als Politiker halten mag, persönlich führte er ein sehr diszipliniertes und spartanisches Leben und hatte eine klare Vorstellung, wohin er das Land wirtschaftlich bringen wollte. Ohne Zweifel hatte Park seine Günstlinge und tolerierte ein erhebliches Maß an Korruption, doch bewegte sich dies alles im Vergleich zu anderen Entwicklungsländern noch innerhalb vertretbarer Grenzen. Er selbst ging nicht verschwenderisch mit Geld um und verhinderte auch, daß die wirtschaftliche Elite ihren neuerworbenen Reichtum in Villen in der Schweiz und ausgedehnte Urlaube in den Jet-set-Zentren der französischen Riviera investierte.[71] Er war ohne Zweifel ein Diktator und installierte ein rücksichtsloses und in höchstem Maße autoritäres politisches System, doch man muß einräumen, daß er auf wirtschaftlichem Gebiet großen Erfolg hatte. Dieselbe wirtschaftliche Macht in anderen Händen hätte leicht zu einer Katastrophe führen können.

Nicht immer gelingt die massive staatliche Förderung von Großunternehmen so gut wie in Südkorea. Von marktwirtschaftlicher Seite wurde gegen die südkoreanische Wirtschaftspolitik vor allem eingewandt, daß sie den Investitionsfluß staatlich gesteuert und nicht dem Spiel des freien Marktes überlassen habe. Die Folge sei, daß Südkorea einige zum Aussterben verurteilte Bereiche wie Schiffbau, Petrochemie und Schwerindustrie am Leben erhalten habe. In einer Zeit der »schlanken Produktion« und der wachsenden Bedeutung von Flexibilität seien in Südkorea zentralistisch organisierte, träge Kolosse entstanden, deren Schicksal es sei, langsam, aber sicher ihren einzigen echten Wettbewerbsvorteil – die niedrigen südkoreanischen Lohnkosten – einzubüßen. Schon verweisen manche Ökonomen auf die etwas höheren Wirtschaftswachstumsraten Taiwans in der Nachkriegszeit als Beleg für die größere Effizienz kleiner, von einem schärferen Wettbewerb gekennzeichneter Wirtschaftsstrukturen.

Andere Aspekte hängen unmittelbarer mit der Kultur zusammen. Die Diskrepanz zwischen großen Unternehmen einerseits und den familistischen Tendenzen der südkoreanischen Kultur andererseits scheint die wirtschaftliche Leistungsfähigkeit zu beeinträchtigen. Der koreanische Familismus hat die Einführung professioneller Managementstrukturen verhindert, obwohl dies in Südkorea angesichts der riesigen Unternehmen sehr viel wichtiger gewesen wäre als beispielsweise in China mit seinen vielen Kleinbetrieben. Zudem hat das für die koreanische Kultur typische relativ geringe Maß an sozialem Vertrauen die fatale Folge, daß die südkoreanischen Chaebol Größen- und Diversifikationsvorteile nicht ebenso effizient ausnutzen können wie die japanischen Keiretsu. Belastet mit der bürokratischen Bürde eines zentralen Hauptquartiers und hierarchischen Entscheidungsstrukturen, ähneln die südkoreanischen Chaebol weit mehr den überkommenen US-Konglomeraten als japanischen Netzwerk-Organisationen. In den Anfangstagen der südkoreanischen Industrialisierung mochte die horizontale Expansion der Netzwerke in neue Geschäftsbereiche noch sinnvoll sein, da dies eine probate Strategie war, moderne Managementtechniken in eine traditionell geprägte Wirtschaft einzuführen. Doch im Laufe der Zeit blieben die erhofften Synergieeffekte aus. Die schiere Größe der Chaebol hat zwar bestimmte Vorteile, vor allem was die Mobilisierung von Kapital und die Überkreuzfinanzierung von Unternehmen betrifft. Allerdings muß man sich fragen, ob dabei nach Abzug der Verwaltungs- und anderer Kosten der zentralen Organisation am Schluß noch ein Gewinn steht. (Zudem finanzierten sich die Chaebol zum Großteil sowieso durch politische Kredite mit einem amtlich festgesetzten Zinssatz.) Die Einbindung in ein Chaebol kann sich für innovative Unternehmen sogar als Hemmnis erweisen, da sie Gefahr laufen, von konservativeren oder trägeren Mitgliedsunternehmen gebremst zu werden. Genau das widerfuhr Samsung Electronics, dem einzigen echten Weltmarktunternehmen innnerhalb des breitgestreuten Samsung-Konglomerats. Als nach dem Ausscheiden von Byung Chul Lee sein Sohn Kun Hee Ende der achtziger Jahre das Unternehmen übernahm, wurde das Management gruppenweit reorganisiert, und das kostete Samsung Electronics mehrere Jahre lang erhebliche Energien.[72]

Andere Probleme sind eher im politischen und sozialen Bereich angesiedelt. Im Vergleich zu Taiwan ist das Eigentum in Südkorea stärker konzentriert, und die aus der ungleichen Einkommensverteilung resultierenden Spannungen spiegeln sich in der konfliktreichen Geschichte der Beziehungen zwischen Arbeitern und Unternehmern in Südkorea wider. Während das gesamtwirtschaftliche Wachstum in beiden Ländern seit rund vier Jahrzehnten ungefähr gleich ist, ist der Lebensstandard eines taiwanesischen Arbeiters höher als der seines südkoreanischen Kollegen. Das fiel auch der Regierung in Seoul auf, und 1981 begann sie, von ihrem traditionellen Kurs der Bevorzugung großer Unternehmen abzuweichen und Subventionen auf den kleinen und mittelständischen Unternehmensbereich umzulenken. Zu dieser Zeit hatten die Großunternehmen ihre jedoch Marktmacht bereits so weit gefestigt, daß es kaum mehr möglich war, ihnen Paroli zu bieten. Die koreanische Kultur, die ohne massive staatliche Eingriffe kleine Familienunternehmen hervorgebracht hätte, hatte sich auf subtile Weise gewandelt: Wie in Japan war es mittlerweile erstrebenswert, in einem großen Chaebol zu arbeiten, und das sicherte den Großunternehmen den kontinuierlichen Zustrom der besten und begabtesten jungen Leute.[73]

Die übermäßige Konzentration des Reichtums in den Händen der Eigentümer der Chaebol trieb eine Entwicklung voran, die die Kuomintang unter Chiang Kai-shek mit allen Mitteln zu verhindern gesucht hatte: den Einstieg mächtiger Großindustrieller in die Politik. Wie weit dieser Prozeß in Südkorea fortgeschritten war, wurde erstmals offenbar, als sich Ju Yung Chung, der Gründer des Hyundai-Konzerns, 1993 um das Präsidentenamt bewarb. Natürlich ist in einer Demokratie nichts dagegen einzuwenden, daß sich Industrielle im Stile Ross Perots in der politischen Arena betätigen. Trotzdem hat das Ausmaß der Vermögenskonzentration in den Händen einiger weniger Industrieller die Politiker auf dem linken wie auf dem rechten Flügel aufgeschreckt. Die Art und Weise, wie die Regierungspartei auf Chungs Vorstoß reagierte, spricht nicht gerade für ihre demokratische Gesinnung. Nachdem der 77jährige Chung die Wahl gegen Kim Young Sam verloren hatte, wurde er Ende des Jahres wegen mehr als fadenscheiniger Korruptionsvorwürfe verhaftet – eine deutliche Warnung an die Adresse aller Möchtegernpolitiker unter den südkoreanischen Unternehmern, sich tunlichst nicht in die Politik einzumischen.[74]

Trotz des scheinbaren Widerspruchs zwischen der chinesisch geprägten familistischen Kultur einerseits und der starken Stellung großer Unternehmen andererseits fügt sich Südkorea nahtlos in unser Bild ein. Südkorea besitzt, wie China, eine familistische Kultur mit einem relativ niedrigen Grad an sozialem Vertrauen außerhalb der Familie. Da der Privatsektor von sich aus nicht in der Lage war, große Organisationen auszubilden, blieb dem Staat nichts anderes übrig, als selbst aktiv zu werden. Auch wenn die großen südkoreanischen Chaebol effizienter gemanagt wurden als die staatlichen Unternehmen Frankreichs, Italiens und einer Reihe lateinamerikanischer Länder, ändert das doch nichts an der Tatsache, daß sie ein Produkt staatlicher Subventions-, Protektions- und Regulationspolitik sind. Obwohl die meisten Länder sich glücklich schätzen würden, wenn sie ebenso hohe Wachstumsraten wie Südkorea schreiben könnten, muß bezweifelt werden, ob sie imstande wären, das mit einer Industriepolitik nach südkoreanischem Vorbild zu erreichen.

Teil 3

Vertrauen und der Erhalt von Soziabilität

Kapitel 13

Reibungslose Wirtschaft

Warum müssen wir auf ein kulturelles Merkmal wie spontane Soziabilität zurückgreifen, wenn wir die Existenz von wirtschaftlichen Großunternehmen und Wohlstand im allgemeinen zu erklären versuchen? Wurde das moderne Vertrags- und Handelsrecht nicht gerade deshalb geschaffen, um Geschäftspartnern als Ersatz für Familienbindungen eine Vertrauensgrundlage zu geben? Die modernen Industriestaaten entwickelten umfassende rechtliche Regeln und Vorschriften für die Organisation eines Wirtschaftsunternehmens sowie eine Vielzahl juristischer Organisationsformen für Betriebe in Privatbesitz bis hin zu großen multinationalen Unternehmen mit Öffentlichkeitspflicht. Die meisten Wirtschaftswissenschaftler würden dieser Mischung nur noch eine Prise wohlkalkuliertes Eigeninteresse zufügen und damit dann das Entstehen moderner Organisationen erklären. Verstricken sich Unternehmen, die auf festen familiären Bindungen und undefinierten moralischen Verpflichtungen aufgebaut sind, nicht in Nepotismus, Kumpanei und eine allgemein schlechte Unternehmenspolitik? Liegt denn nicht gerade das *Wesen* des modernen Wirtschaftslebens darin, daß informelle moralische Verpflichtungen durch formale, transparente, gesetzlich geregelte Pflichten ersetzt werden?[1]

Die Antwort auf diese Fragen lautet, daß rechtliche Eigentumsregelungen und ähnliche Einrichtungen des Wirtschaftslebens für den Aufbau moderner Unternehmen zwar wichtig sind, daß sie aber auf einem Fundament von gesellschaftlichen und kulturellen Gewohnheiten ruhen, die oft als selbstverständlich betrachtet werden. Moderne Institutionen sind eine notwendige, aber keine hinreichende Bedingung für Wohlstand und die davon abhängige soziale Wohlfahrt: Nur in Verbindung mit bestimmten traditionellen gesellschaftlichen und ethischen Gewohnheiten funktionieren sie reibungslos. Das Vertragswesen erlaubt Fremden, ohne jegliche Vertrauensgrundlage zusammenzuarbeiten, aber die Zusammenarbeit ist sehr viel effizienter, wenn sie einander vertrauen. Gesetzliche Organisationsformen wie Aktiengesellschaften machen es möglich, daß auch Menschen ohne verwandtschaftliche Beziehungen miteinander kooperieren; ob ihnen das leichtfällt oder nicht, hängt jedoch davon ab, wie gut sie mit nicht verwandten Menschen umgehen können.

Die Frage nach der spontanen Soziabilität ist ganz besonders wichtig, weil wir ethische Gewohnheiten nicht als selbstverständlich voraussetzen können. Die fortschreitende Industrialisierung führt nicht logisch und unvermeidlich zu einer vielfältigen, komplexen Gesellschaft. Japan, Deutschland und die Vereinigten Staaten wurden, wie wir in den folgenden Kapiteln sehen werden, zu den führenden Industrienationen der Welt, *weil* sie über großes soziales Kapital und ein hohes Maß an spontaner Soziabilität verfügten und nicht umgekehrt. Liberale Gesellschaften wie die Vereinigten Staaten tendieren zu Individualismus und potentiell schwächender gesellschaftlicher Atomisierung. Wie an anderer Stelle bereits erwähnt, gibt es Anhaltspunkte dafür, daß in den Vereinigten Staaten das Vertrauen und die sozialen Gepflogenheiten, die den Aufstieg zur Wirtschaftsmacht ermöglicht haben, in den letzten fünfzig Jahren erheblich gelitten haben. Einige Beispiele aus Teil 2 sollten als Warnung dienen: Das soziale Kapital einer Gesellschaft kann im Laufe der Zeit auch *abnehmen.* Frankreich zum Beispiel hatte einst eine blühende, komplexe Zivilgesellschaft, die dann durch eine zu zentralistische Regierung unterhöhlt wurde.

In diesem und im nächsten Teil des Buches untersuchen wir Gesellschaften mit einem hohen allgemeinen Vertrauensniveau, die zu spontaner Soziabilität neigen und ein dichtes Netz von intermediären Gruppen aufweisen. In Japan, Deutschland und den Vereinigten Staaten sind mächtige, eng verbundene Großorganisationen vor allem spontan im privaten Bereich entstanden. Der Staat griff gelegentlich Branchen, die Schwierigkeiten hatten, unter die Arme, unterstützte technische Entwicklungen oder betrieb große Wirtschaftsorganisationen wie Telekommunikation und Post, aber insgesamt war das Maß an staatlichen Interventionen relativ gering, verglichen mit den in Teil 2 erwähnten Beispielen. Während sich in China, Frankreich und Italien die Organisationen auf die beiden Pole Familie und Staat konzentrieren, sind für Japan, Deutschland und die Vereinigten Staaten starke Organisationen in der Mitte zwischen diesen beiden Polen charakteristisch. Diese Nationen nahmen auch sofort nach der Industrialisierung eine führende Rolle in der Weltwirtschaft ein und gehören heute zu den reichsten Ländern der Erde.

Hinsichtlich ihrer wirtschaftlichen und gesellschaftlichen Strukturen haben die drei Länder mehr miteinander gemeinsam als jedes einzelne Land mit familistisch-dirigistischen Gesellschaften wie Taiwan, Italien oder Frankreich. In den drei genannten Gesellschaften hat die spontane Soziabilität unterschiedliche historische Wurzeln: In Japan beruht sie auf der Familienstruktur und dem Feudalismus. In Deutschland spielt der Fortbestand von Organisationen wie den Zünften bis ins 20. Jahrhundert hinein eine Rolle, und in den Vereinigten Staaten entspringt sie dem sektiererischen protestantischen Erbe. Wie wir in den Kapiteln am Ende dieses Teils sehen werden, zeigt sich der stärker kommunitaristische Charakter dieser Gesellschaften nicht nur auf der Makro-, sondern auch auf der Mikroebene – in den Beziehungen zwischen Arbeitern, Meistern und Managern in den Unternehmen.

Bevor wir uns im Detail mit diesen drei Staaten beschäftigen, gehen wir einen Schritt zurück und betrachten die wirtschaftliche Funktion von Vertrauen und spontaner Soziabilität. Zweifellos sind Vertrags- und Handelsrecht notwendige Voraussetzungen für die Entstehung einer modernen Industriegesellschaft. Niemand wird behaupten, Vertrauen und moralische Verpflichtung allein könnten sie ersetzen. Doch wenn die entsprechenden gesetzlichen Regelungen vorhanden sind, kann ein hohes Maß an Vertrauen als *zusätzliche Bedingung* wirtschaftlicher Beziehungen die Effizienz steigern, weil sich die sogenannten Transaktionskosten verringern.

Transaktionskosten entstehen, wenn der richtige Käufer oder Verkäufer gefunden oder ein Vertrag ausgehandelt werden muß, wenn man sich an Vorschriften der Regierung halten oder einen Vertrag im Streit- oder Betrugsfall durchsetzen muß.[2] All diese Vorgänge laufen reibungsloser ab, wenn die Geschäftspartner von der grundsätzlichen Redlichkeit des jeweils anderen überzeugt sind: Es besteht keine Notwendigkeit, jede Kleinigkeit in langatmigen Verträgen auszuformulieren oder sich gegen alle Eventualitäten abzusichern, und es gibt weniger Unstimmigkeiten, zumindest wird im Falle eines Streits nicht gleich prozessiert. Wenn eine geschäftliche Verbindung von wechselseitigem Vertrauen geprägt ist, müssen sich die Geschäftspartner zuweilen nicht einmal Gedanken darüber machen, wie sie die Gewinne maximieren, weil sie wissen, daß ein Verlust bei einem Geschäftsabschluß bei einer späteren Gelegenheit von der anderen Partei ausgeglichen wird.

Man kann sich das moderne Wirtschaftsleben in der Tat kaum ohne ein Minimum an informellem Vertrauen vorstellen. Der Wirtschaftswissenschaftler und Nobelpreisträger Kenneth Arrow hat das so formuliert:

> Heute hat Vertrauen zumindest eine sehr wichtige pragmatische Bedeutung. Vertrauen ist ein bedeutsames Schmiermittel in einem sozialen System. Es ist sehr effizient, denn es spart eine Menge Ärger, wenn man sich auf das Wort des anderen im Grunde verlassen kann. Leider ist Vertrauen keine Ware, die sich einfach kaufen läßt. Wenn man sie nämlich kaufen muß, tauchen schon gewisse Bedenken auf, was man da eigentlich gekauft hat. Vertrauen und ähnliche Werte wie Loyalität oder Aufrichtigkeit sind Beispiele für das, was die Wirtschaftswissenschaftler »äußere Einflüsse« nennen. Sie sind Güter, sie sind Waren; sie haben einen realen, praktischen und wirtschaftlichen Wert; sie erhöhen die Effizienz des Systems und ermöglichen es, mehr Güter oder mehr von allen Werten zu produzieren, die man schätzt. Aber sie sind keine Waren, die auf dem offenen Markt gehandelt werden können; das wäre technisch nicht möglich und auch nicht sinnvoll.[3]

Oft setzen wir ein Minimum an Vertrauen und Ehrlichkeit einfach voraus und vergessen dabei, daß diese Werte den wirtschaftlichen Alltag durchdringen und von entscheidender Bedeutung dafür sind, daß alles reibungslos funktioniert. Warum, zum Beispiel, verlassen nicht viel mehr Menschen ein Restaurant oder ein Taxi, ohne zu bezahlen, oder »vergessen«, ihrer Rechnung, wie in den Vereinigten Staaten üblich, fünfzehn Prozent Trinkgeld hinzuzufügen? Eine Rechnung nicht zu bezahlen verstößt selbstverständlich gegen das Gesetz, und in manchen Fällen mag die Angst, erwischt zu werden, die Menschen davon abhalten. Wenn sie aber, wie es die Wirtschaftswissenschaftler behaupten, frei von nichtwirtschaftlichen Einflüssen wie Konvention oder Moral einfach ihren Gewinn maximieren wollten, müßten sie bei jedem Restaurantbesuch und bei jeder Taxifahrt überlegen, ob sie nicht vielleicht davonkommen könnten, ohne zu bezahlen. Wenn die Kosten des Betrugs (die peinliche Situation oder im schlimmsten Fall der geringfügige Konflikt mit dem Gesetz) höher wären als der erwartete Gewinn (eine kostenlose Mahlzeit), würde ein Mensch ehrlich bleiben, wenn nicht, würde er die Zeche prellen. Käme diese Art von Betrug häufiger vor, hätten die Unternehmen höhere Kosten – vielleicht würden sie einen

Aufpasser an die Tür stellen, der nur darauf zu achten hätte, daß die Gäste bezahlen, bevor sie gehen, oder sie würden Vorauszahlungen verlangen. Daß dies ganz und gar nicht die Regel ist, zeigt, daß in der Gesellschaft ein gewisses grundlegendes Maß an Ehrlichkeit existiert, die eher aus Gewohnheit denn aus rationaler Überlegung praktiziert wird.

Man kann den wirtschaftlichen Wert von Vertrauen vielleicht besser erkennen, wenn man sich vorstellt, wie eine Welt ohne Vertrauen aussähe. Wenn wir bei jedem Vertrag davon ausgehen müßten, daß unsere Partner uns wo irgend möglich betrügen wollten, müßten wir viel Zeit dafür aufwenden, das Dokument absolut wasserdicht abzufassen und sicherzustellen, daß keine Hintertürchen offenbleiben. Verträge wären unendlich lang und detailliert, sie würden jede Eventualität berücksichtigen und jede vorstellbare Verpflichtung definieren. Aus Angst, ausgenutzt zu werden, würden wir niemals anbieten, mehr zu tun, als unsere gesetzliche Pflicht ist. In allen möglicherweise innovativen Vorschlägen unserer Partner würden wir nur Tricks wittern. Und trotz größter Vorsichtsmaßnahmen würden wir stets damit rechnen, daß einige Menschen uns betrügen oder ihren Verpflichtungen nicht nachkommen. Wir könnten uns nicht an ein Schiedsgericht wenden, weil wir auch einer dritten Partei nicht vertrauen könnten. Jedes Problem müßte zur Lösung an das Rechtssystem mit all seinen lästigen Regeln und Vorschriften oder möglicherweise sogar an ein Strafgericht weitergegeben werden.

Daß diese Beschreibung der Geschäftswelt für amerikanische Ohren durchaus vertraut klingt, ist ein Hinweis darauf, daß das Mißtrauen in der amerikanischen Gesellschaft wächst. Zudem gibt es bestimmte Bereiche in der amerikanischen Wirtschaft, in denen das Vertrauen besonders gering ist. Die Rüstungsindustrie ist insofern ein besonderer Bereich, als es hier vornehmlich um Einzelaufträge geht. Da es kaum Konkurrenz gibt, reguliert nicht der Markt die Preise, sondern sie werden auf dem Verhandlungsweg festgelegt, indem man die Kosten errechnet und dann noch einen Zuschlag aushandelt. Dieses Verfahren verführt natürlich zur Manipulation und gelegentlich auch zu Unterschlagungen sowohl auf seiten der Unternehmer wie auch auf seiten der Regierungsbeamten, die die Verträge formulieren. Man könnte mit dem Problem so umgehen, daß man den bürokratischen Aufwand abbaut und den maßgeblichen Beamten im Pentagon zutraut, daß sie ihre Kaufentscheidungen nach bestem Ermessen treffen. Dann müßten jedoch gelegentliche Skandale und Fehleinschätzungen als der unvermeidliche

Preis für solche Geschäfte toleriert werden. Einzelne Waffensysteme mit höchster Priorität wurden in der Tat nach dieser Methode erfolgreich entwickelt.[4] Routinekäufe werden jedoch weiterhin unter der Voraussetzung ausgehandelt, daß es in dem System kein Vertrauen gibt: Man setzt voraus, daß die Unternehmer versuchen, wo immer möglich den Steuerzahler zu schröpfen, während die Regierungsbeamten jede ihnen gewährte Entscheidungsfreiheit mißbrauchen.[5] So müssen denn alle Kosten ausführlich begründet und dokumentiert werden, und Unternehmer wie Bürokraten brauchen ganze Batterien von Rechnungsprüfern, um den Überblick zu behalten. All diese Regeln belasten die Anschaffungen der Regierung mit gigantischen zusätzlichen Transaktionskosten, und das ist der ausschlaggebende Grund dafür, daß militärische Anschaffungen so teuer sind.[6]

Normalerweise entsteht Vertrauen, wenn eine Gemeinschaft eine Reihe gemeinsamer moralischer Wertvorstellungen hat, die regelgerechtes Verhalten berechenbar machen. Dabei ist es im Grunde weniger wichtig, um welche Werte es sich im einzelnen handelt, in erster Linie kommt es darauf an, daß sie von allen Mitgliedern geteilt werden: Presbyterianer und Buddhisten würden wahrscheinlich feststellen, daß sie mit den Anhängern der jeweils anderen Religion viel gemeinsam haben und daß deshalb eine Basis für wechselseitiges Vertrauen besteht. Aber nicht immer ist das so, denn in bestimmten ethischen Systemen werden bestimmte Formen von Vertrauen anderen vorgezogen: Gesellschaften von Hexen und Kannibalen wären vermutlich mit gewissen internen Spannungen befrachtet. Im allgemeinen ist das Maß an Solidarität und wechselseitigem Vertrauen in einer Gemeinschaft um so größer, je anspruchsvoller die Werte des ethischen Systems sind und je höhere Hürden für die Aufnahme in die Gemeinschaft aufgerichtet werden. So fühlen sich Mormonen und Zeugen Jehovas, die anspruchsvolle Bedingungen für eine Aufnahme in ihre Gemeinschaft stellen wie beispielsweise Abstinenz oder den Zehnten, stärker aneinander gebunden als etwa Methodisten oder Episkopalen, die praktisch jeden in ihre Gemeinschaften aufnehmen. Umgekehrt haben Gemeinschaften mit besonders starken internen Bindungen nur noch schwache Bindungen an Menschen außerhalb der Gemeinschaft. Die Kluft zwischen einem Mormonen und einem Nichtmormonen wird deshalb erheblich tiefer sein als die Kluft zwischen einem Methodisten und einem Nichtmethodisten.

In diesem Kontext kann man auch die wirtschaftliche Bedeutung der protestantischen Reformation sehen. Nach Ansicht der Wirtschaftshistoriker Nathan Rosenberg und L. E. Birdzell mußten die Menschen im Frühkapitalismus (das heißt seit dem späten 15. Jahrhundert) zunächst Unternehmensformen aufgeben, die auf verwandtschaftlichen Bindungen basierten, und lernen, ihre persönlichen Einkünfte von den Einkünften des Unternehmens zu trennen. In dieser Hinsicht war eine technische Innovation wie die doppelte Buchführung sehr wichtig. Aber technische Fortschritte allein reichten nicht aus:

> Das Bedürfnis, eine Geschäftsform zu haben, die Vertrauen und Loyalität auf einer anderen Basis als verwandtschaftlichen Beziehungen herstellen konnte, war nur eine Facette eines viel weiter gefaßten Bedürfnisses: Die aufstrebende Welt des Handels brauchte ein Moralsystem. Sie brauchte eine Ethik, um Vertrauen in die komplexen Mechanismen von Nehmen und Geben zu bringen: Kreditwürdigkeit, Qualitätszusagen, Lieferversprechen, Abnahmegarantien und Absprachen über Gewinnbeteiligungen. Außerdem brauchte sie, wie wir gerade gesehen haben, ein Moralsystem, um die persönlichen Loyalitäten zu sichern, die für den Aufbau von Unternehmen außerhalb der Familie erforderlich sind, und um das Vertrauen in die Umsicht von Bevollmächtigten – vom Schiffskapitän über den Manager eines entfernten Handelspostens bis zu den Partnern des Kaufmanns – zu rechtfertigen. Das ethische System der Feudalgesellschaft basierte auf derselben militärischen Hierarchie wie der gesamte Feudalismus und befriedigte die Bedürfnisse der Kaufleute nicht. Erst aus den Unruhen der Reformation entstanden eine Ethik und ein Glaubensbekenntnis, die zu den Anforderungen und Werten des Kapitalismus paßten.[7]

Religion kann wirtschaftliches Wachstum behindern, wenn zum Beispiel nicht die Marktkräfte, sondern Priester einen »gerechten« Preis für Waren festlegen oder einen bestimmten Zinssatz zum »Wucher« erklären. Gewisse Formen religiösen Lebens sind in der Wirtschaft aber auch sehr hilfreich, weil sie Methoden zur Verfügung stellen, um Regeln für ein angemessenes Verhalten zu verinnerlichen.

Es gibt noch einen Grund, warum Gesellschaften mit einem hohen Grad an Solidarität und gemeinsamen moralischen Werten wirtschaftlich effizienter sind als individualistisch ausgerichtete Gesellschaften, und der hängt mit dem sogenannten »Trittbrettfahrer-Problem« zusammen. Viele Wirtschaftsorganisationen produzieren sogenannte »öffentlich finanzierte Güter und Leistungen«, das heißt Güter, die den Mitgliedern einer Organisation zugute kommen, unabhängig davon, wieviel sie zu ihrer Produktion beigetragen haben. Nationale Verteidigung und öffentliche Sicherheit sind klassische Beispiele für solche Leistungen, die vom Staat finanziert werden und dem Bürger einfach kraft seiner Staatsbürgerschaft zur Verfügung stehen. Aber auch kleinere Organisationen können Leistungen erbringen, die für ihre Mitglieder »öffentlich« sind: Eine Gewerkschaft beispielsweise erzielt auf dem Verhandlungsweg Lohnerhöhungen, von denen alle Mitglieder profitieren, auch wenn sie als einzelne gar nicht militant aufgetreten sind oder ihren Gewerkschaftsbeitrag nicht entrichtet haben.

Wie der Wirtschaftswissenschaftler Mancur Olson gezeigt hat, kranken alle Organisationen, die öffentlich finanzierte Güter herstellen oder Leistungen dieser Art erbringen, an demselben Problem: Je größer sie werden, desto mehr neigen ihre Mitglieder dazu, »Trittbrettfahrer« zu werden. Ein Trittbrettfahrer profitiert von den öffentlichen Gütern und Leistungen der Organisation, ohne seinen individuellen Anteil an der gemeinsamen Leistung zu erbringen.[8] In einer sehr kleinen Gruppe wie einer Sozietät von einem halben Dutzend Anwälten oder Buchhaltern ist das nicht so schwerwiegend. Wenn ein einzelner Partner nachlässig arbeitet und keine Leistung bringt, bemerken es die Kollegen sofort; überdies hat es relativ große und spürbare Folgen für die Gewinnerwartungen der ganzen Gruppe. Je größer die Organisationen jedoch werden, desto geringer wirken sich die Handlungen des einzelnen auf die Produktivität der Gruppe aus. Zugleich sinkt die Wahrscheinlichkeit, daß der Trittbrettfahrer entdeckt und stigmatisiert wird. Ein Fließbandarbeiter in einem Betrieb mit vielen tausend Mitarbeitern kann viel eher unbemerkt krankfeiern oder besonders lange Pausen machen als ein Mitarbeiter in einer kleinen Handelsgesellschaft, in der die einzelnen Mitglieder der Gruppe stark aufeinander angewiesen sind.

Das Trittbrettfahrer-Problem ist ein klassisches Beispiel dafür, wie Menschen sich in Gruppen verhalten.[9] Üblicherweise löst eine Gruppe das Problem dadurch, daß sie ihren Mitgliedern irgendeine Art von Zwang auferlegt, um die Zahl der Trittbrettfahrer zu beschränken. Aus diesem Grund fordern Gewerkschaften gewerkschaftspflichtige Betriebe und Pflichtbeiträge, sonst würden einzelne Mitglieder, ihrem Eigeninteresse folgend, aus der Gewerkschaft austreten, sich als Streikbrecher betätigen oder einfach keine Beiträge bezahlen, aber dennoch von den ausgehandelten Lohnerhöhungen profitieren. Und natürlich erklärt das auch, warum Regierungen mit Strafen drohen, um ihre Bürger dazu zu bringen, daß sie Militärdienst leisten und ihre Steuern zahlen.

Das Trittbrettfahrer-Problem spielt eine geringere Rolle, wenn in der Gruppe ein hohes Maß an Solidarität besteht. Menschen werden zu Trittbrettfahrern, weil sie ihr individuelles ökonomisches Interesse über das der Gruppe stellen. Wenn sie jedoch ihr eigenes Wohlbefinden mit dem der Gruppe gleichsetzen oder sogar die Interessen der Gruppe höher stellen, werden sie sich viel seltener um Arbeit und Verantwortung drücken. Darum ist der Familienbetrieb die natürliche Form wirtschaftlicher Organisation. Auch wenn viele amerikanische Eltern meinen, ihre Teenager seien Trittbrettfahrer, setzen sich Familienmitglieder für den Erfolg eines Familienunternehmens tatkräftiger ein, als wenn sie mit Fremden zusammenarbeiten, und sie machen sich nicht annähernd so viele Gedanken darüber, wieviel der einzelne jeweils leistet und wieviel er dafür erhält. Victor Nee hat gezeigt, daß die große Zahl von Trittbrettfahrern die Effizienz der Landkommunen in der Volksrepublik China unter Mao untergraben hat. In den späten siebziger Jahren wurden die Kommunen aufgelöst, an ihre Stelle traten bäuerliche Haushalte als Grundeinheiten der landwirtschaftlichen Produktion. Die Produktivität erhöhte sich drastisch, weil das Problem der Trittbrettfahrer gelöst war.[10]

Der einzelne kann sich besonders leicht mit den Zielen einer Organisation identifizieren und seine eigenen begrenzten Interessen hintanstellen, wenn die Organisation keine primär ökonomischen Ziele verfolgt. Kommandotrupps oder religiöse Sekten sind Beispiele für Organisationen, in denen die einzelnen Mitglieder hinreichend motiviert sind, die Interessen der Gruppe vor ihren eigenen zu fördern. Vielleicht sind Max Webers frühe puritanische Unternehmer oder die vor nicht allzu langer Zeit zum Protestantismus übergetretenen Geschäftsleute in Lateinamerika deshalb so erfolgreich: Es ist viel schwerer, ein »Trittbrettfahrer« zu sein, wenn nicht ein Buchhalter das Verhalten kontrolliert, sondern Gott. Aber auch in ganz gewöhnlichen Organisationen mit ökonomischen Zielen vermitteln gute Führungskräfte ihren Angestellten ein Gefühl von Stolz, das Bewußtsein, daß sie Teil von etwas Größerem sind. Menschen leisten motivierter ihren Beitrag, wenn sie überzeugt sind, das Ziel ihres Unternehmens sei es beispielsweise, die bisherigen Grenzen der Informationstechnologie zu überwinden, und nicht, wie der ehemalige IBM-Präsident John Aikers einmal sagte, die Eigenkapitalrendite ihrer Aktionäre zu maximieren (was natürlich der Wahrheit entsprach).

Gruppen mit einem hohen Maß an Vertrauen und Solidarität sind ökonomisch zwar meistens effizienter als Gruppen, denen diese Merkmale fehlen, dennoch sind nicht alle Formen von Vertrauen und Solidarität notwendigerweise vorteilhaft. Wenn Loyalität das wirtschaftliche Denken behindert, führt die Solidarität mit der Gemeinschaft nur zu Nepotismus und Kumpanei. Ein Chef, der seine Kinder oder einen bestimmten Untergebenen begünstigt, schadet der Organisation.

Viele Gruppen mit einem hohen Maß an Solidarität sind hinsichtlich ihres ökonomischen Nutzens für die Gesamtgesellschaft höchst ineffizient. Gruppen und Organisationen sind zwar notwendig, damit überhaupt wirtschaftliches Handeln möglich ist, aber nicht alle Gruppen dienen wirtschaftlichen Zwecken. Viele Gruppen haben es eher mit der Umverteilung als mit der Produktion von Wohlstand zu tun, das gilt für die Mafia ebenso wie für die Blackstone Rangers, den United Jewish Appeal oder die katholische Kirche. Ob solche Organisationen kriminelle oder religiöse Ziele verfolgen, wirtschaftlich gesehen führen sie zu »ungleicher Verteilung«, das heißt, daß Ressourcen nicht mehr auf die produktivste Weise genutzt werden. In der Wirtschaft spielen vielfach Kartelle eine wichtige Rolle, die ihr eigenes Wohlergehen fördern, indem sie den Marktzugang von Konkurrenten kontrollieren. Heutzutage bilden nicht nur Ölproduzenten und Gold- und Diamantenlieferanten Kartelle, sondern auch Berufsverbände wie die American Medical Association (AMA) oder die National Educational Association (NEA), die die Voraussetzungen für den Einstieg in einen medizinischen beziehungsweise einen Lehrberuf festlegen, oder Gewerkschaften, die den Zugang auf den Arbeitsmarkt regulieren.[11] In einer entwickelten Demokratie wie den Vereinigten Staaten sind praktisch alle wichtigen Bereiche der Gesellschaft durch gut organisierte Interessengruppen im politischen Prozeß vertreten. Sie stärken oder verteidigen ihre Position nicht durch wirtschaftliches Handeln, sondern durch Interessenartikulation und Einflußnahme auf die Politik.

In den europäischen Ländern gab es im Mittelalter und in der frühen Neuzeit in vieler Hinsicht sehr »kommunitaristisch« ausgerichtete Gesellschaften mit vielen verschiedenen Formen von Autorität – königlicher, kirchlicher, feudaler und städtischer –, die sich gegenseitig überlappten und das Verhalten des einzelnen reglementierten. Das Wirtschaftsleben in den Städten wurde traditionell von Handwerkerzünften geregelt. Sie setzten die Bedingungen für eine Mitgliedschaft fest, begrenzten die Zahl der Neumitglieder und bestimmten, welche Arbeiten sie ausführen durften. In der Anfangsphase der Industriellen Revolution mußten sich die neuen Unternehmen außerhalb der Städte ansiedeln, um den Reglementierungen der Zünfte zu entgehen. So wurde der Satz »Stadtluft macht frei« ironisch auf den Kopf gestellt. In Frankreich und Großbritannien sind die großen Phasen der Industrialisierung dadurch gekennzeichnet, daß die Zünfte abgebaut und die Wirtschaft von ihrer Herrschaft befreit wurde.

Kartelle, Zünfte, Berufsverbände, Gewerkschaften, politische Parteien, Lobbyorganisationen und dergleichen haben durchweg eine wichtige politische Funktion: Sie aggregieren und artikulieren die verschiedenen Interessen in einer pluralistischen Demokratie. Da sie jedoch gewöhnlich die wirtschaftlichen Ziele ihrer Mitglieder fördern und versuchen, Wohlstand auf sie umzuverteilen, vertreten sie nur selten die umfassenderen wirtschaftlichen Interessen der Gesamtgesellschaft. Deshalb betrachten viele Wirtschaftswissenschaftler die Verbreitung solcher Gruppen als Hemmnis für die wirtschaftliche Effizienz. Mancur Olson hat sogar die Theorie aufgestellt, wirtschaftliche Stagnation sei eine Folge der zunehmenden Zahl von Interessengruppen in stabilen demokratischen Gesellschaften.[12] Wenn Erschütterungen von außen wie Kriege und Revolutionen fehlen, so Olson, und keine neuen Märkte durch Handelsabkommen erschlossen werden, fließen die organisatorischen Fähigkeiten einer Gesellschaft zunehmend in den Aufbau neuer Verteilungskartelle, und die Wirtschaft wird immer unbeweglicher und starrer. Olson zufolge ist ein wichtiger Grund für den wirtschaftlichen Niedergang Großbritanniens im vergangenen Jahrhundert, daß dort anders als bei den Nachbarn auf dem Kontinent immer sozialer Friede herrschte. Das habe einen stetigen Zuwachs von Gruppen ermöglicht, die der Effizienz der Wirtschaft geschadet hätten.[13]

Man kann annehmen, daß Gesellschaften, die sich darauf verstehen, Wohlstand schaffende Wirtschaftsunternehmen aufzubauen, sich ebenso gut darauf verstehen, Wohlstand verteilende Interessengruppen zu organisieren, die der Effizienz schaden. Die positiven wirtschaftlichen Effekte spontaner Soziabilität müssen abzüglich der Kosten kalkuliert werden, die durch die Aktivitäten von Interessengruppen entstehen. Es ist denkbar, daß es auch Gesellschaften gibt, die nur in der Lage sind, Interessengruppen hervorzubringen, aber keine erfolgreichen Unternehmen aufbauen können. In einem solchen Fall müßte Soziabilität insgesamt gesehen als Nachteil aufgefaßt werden. Auf die mittelalterlichen Gesellschaften Europas trifft diese Beschreibung ebenso zu wie auf manche modernen Gesellschaften in der Dritten Welt, die parasitäre Arbeitgeberorganisationen, Gewerkschaften und Verwaltungsbeamte im Überfluß haben, während es ihnen an produktiven Unternehmen mangelt. Es gibt zwar die Auffassung, die Vereinigten Staaten würden durch die Verbreitung von Interessengruppen zunehmend gelähmt,[14] aber man kann nur schwerlich den Standpunkt vertreten, der amerikanische Hang zum Verbands- und Vereinigungswesen habe das wirtschaftliche oder politische Leben beeinträchtigt.

In jeder Gesellschaft überlappen und überschneiden sich die einzelnen sozialen Gruppen, und je nachdem, unter welchem Blickwinkel man die Gesellschaft betrachtet, sieht man ausgeprägte Solidarität oder aber Atomisierung, Aufsplitterung und Schichtung. Streng familistische Gesellschaften wie China und Italien wirken aus der Perspektive der Familie durchaus kommunitaristisch; betrachtet man jedoch das recht geringe Maß an Vertrauen und wechselseitiger Loyalität *zwischen* den Familien, sind sie eher individualistisch. Entsprechendes gilt für das Klassenbewußtsein. Die britische Arbeiterklasse war schon immer solidarischer und militanter als die amerikanische. Die Mitgliederquote in britischen Gewerkschaften war schon immer höher als in amerikanischen, und das verführte einige Autoren dazu, Großbritannien als eine weniger individualistische, mehr an Gemeinschaft orientierte Gesellschaft zu interpretieren als die Vereinigten Staaten.[15] Aber gerade die Solidarität innerhalb einer Klasse vertieft in Großbritannien die Kluft zwischen Management und Arbeiterschaft. Unter solchen Bedingungen haben Arbeiter nur Spott für die Vorstellung, daß sie und das Management zusammen eine große Familie oder ein Team mit gemeinsamen Zielen bilden. Klassensolidarität erschwert bestimmte Neuerungen in den Beziehungen zwischen Arbeitern und Managern wie beispielsweise Arbeitsgruppen und Qualitätszirkel.

Im Gegensatz dazu ist horizontale Solidarität in der japanischen Arbeiterklasse weitaus weniger verbreitet als in Großbritannien,[16] und so gesehen könnte man sagen, daß sich Japaner viel *weniger* gruppenorientiert verhalten als Briten. Japanische Arbeiter identifizieren sich eher mit ihrem Unternehmen als mit ihren Kollegen, deshalb werden die japanischen Gewerkschaften von ihren militanteren Pendants im Ausland als »Betriebsgewerkschaften« verachtet. Andererseits gibt es in Japan ein viel höheres Maß an *vertikaler* Solidarität mit dem Unternehmen, und deshalb sehen wir in Japan durchaus zu Recht eine Gesellschaft, die sich mehr an der Gruppe orientiert als die amerikanische oder die britische. Wie wir später sehen werden, ist diese Form vertikaler Gruppensolidarität wirtschaftlichem Wachstum offenbar förderlicher als horizontale Solidarität.

Die oben genannten Beispiele zeigen, daß Solidarität innerhalb der Gesellschaft unter dem Gesichtspunkt der allgemeinen Wohlfahrt nicht immer positiv sein muß. Kapitalismus ist, um eine Formulierung von Schumpeter aufzugreifen, ein Prozeß »kreativer Destruktion«, in dem ältere, für die Wirtschaft schädliche, ineffiziente Organisationen modifiziert oder eliminiert und an ihrer Stelle neue Organisationen geschaffen werden müssen. Der wirtschaftliche Fortschritt verlangt, daß permanent eine Art von Gruppe durch eine andere ersetzt wird.

Traditionelle Soziabilität könnte man als Loyalität zu älteren, seit langem bestehenden sozialen Gruppen bezeichnen. Produzenten im Mittelalter, die die wirtschaftlichen Grundsätze der katholischen Kirche befolgten, fallen in diese Kategorie. *Spontane* Soziabilität hingegen ist die Fähigkeit, sich in neuen Gruppen zusammenzuschließen, zusammenzuhalten und in innovativen organisatorischen Situationen erfolgreich zu sein. Spontane Soziabilität nutzt vom ökonomischen Standpunkt aus gesehen vermutlich nur dann, wenn mit ihrer Hilfe Wohlstand schaffende Wirtschaftsorganisationen aufgebaut werden. Im Gegensatz dazu kann traditionelle Soziabilität Wachstum oft behindern.

Auf dem Hintergund dieser allgemeinen Betrachtungen werden wir nun zur Analyse einer Gesellschaft übergehen, die verglichen mit allen anderen modernen Nationen vielleicht das höchste Maß an spontaner Soziabilität aufweist, nämlich Japan.

Kapitel 14

Ein Block aus Granit

Nach einem Vierteljahrhundert Konkurrenz mit Japan sind die Amerikaner zu einem besseren Verständnis der japanischen Wirtschaft gelangt und wissen, inwiefern sie sich von der der Vereinigten Staaten unterscheidet. Welche Unterschiede jedoch zwischen der japanischen Wirtschaft und der einer chinesischen Gesellschaft oder jeder anderen Gesellschaft bestehen, die nach familistisch-dirigistischen Prinzipien funktioniert, ist viel weniger bekannt. Doch diese Unterschiede sind entscheidend, um zu begreifen, wie die Kultur ein Wirtschaftssystem beeinflußt. Viele Amerikaner und Europäer meinen, alle asiatischen Wirtschaftssysteme seien gleich. Diese Auffassung wurde von all jenen diesseits und jenseits des Pazifiks bestärkt, die das »ostasiatische Wirtschaftswunder« entdeckt haben und zuweilen den Anschein erwecken, als wäre Asien ein einziger homogener Kulturraum. Wie wir jedoch in Kapitel 6 gezeigt haben, gleicht Japan in Hinblick auf die spontane Soziabilität und seine Fähigkeit, große Organisationen zu bilden und zu lenken, viel mehr den Vereinigten Staaten als China. Die Unterschiede zwischen der japanischen und der chinesischen Kultur – insbesondere hinsichtlich der Struktur der Familie – zeigen, daß die japanische Kultur das Wirtschaftsleben tiefgreifend beeinflußt hat, und erklären Japans Nähe zu westlichen Gesellschaften mit einem hohen Vertrauensniveau.

An der Struktur der modernen japanischen Industrie fällt zunächst einmal auf, daß schon immer sehr große Organisationen dominierten. Japans rapider Aufstieg von einer überwiegend agrarisch geprägten Gesellschaft zu einer modernen Industriemacht nach der Meiji-Restauration im Jahr 1868 ist eng verknüpft mit dem Wachstum der Zaibatsu, der riesigen, in Familienbesitz befindlichen Konglomerate wie Mitsubishi oder Sumitomo, die vor dem Zweiten Weltkrieg die japanische Industrie beherrschten. (*Zai* bedeutet im Japanischen »Vermögen« oder »Geld«, *batsu* ist eine Clique.) Vor dem Zweiten Weltkrieg entfielen auf die zehn größten Zaibatsu im Bereich der Finanzwirtschaft 53 Prozent des insgesamt eingezahlten Kapitals, in der Schwerindustrie waren es 49 Prozent und in der Gesamtwirtschaft 35 Prozent.[1] Am Ende des Krieges kontrollierten die »großen Vier« – Mitsui, Mitsubishi, Sumitomo und Yasuda – ein Viertel des eingezahlten Kapitals der gesamten japanischen Wirtschaft.[2]

Die Zaibatsu wurden während der amerikanischen Besatzungszeit aufgelöst, entstanden aber neu als die heutigen Keiretsu. Die japanische Industrie wuchs weiter, und heute hat der privatwirtschaftliche Sektor in Japan eine weitaus höhere Marktkonzentration als in jeder chinesischen Gesellschaft. Vor den zehn, zwanzig und vierzig größten japanischen Firmen stehen hinsichtlich der Erträge nur noch die großen amerikanischen Unternehmen; die zehn größten Firmen in Japan sind zwanzigmal größer als die zehn größten in Hongkong und fünfzigmal größer als die »Top Ten« in Taiwan.

Tabelle 1 Industrielle Gesamtkonzentration, Vergleich zwischen Japan und anderen Industriestaaten (1985)[3]

	Durchschnittliche Größe führender Firmen (nach Zahl der Beschäftigten)		**Beschäftigte als Prozentsatz der Gesamtbeschäftigtenzahl**	
Nation	**Top 10**	**Top 20**	**Top 10 (%)**	**Top 20 (%)**
Japan	107 106	72 240	7,3	9,9
Vereinigte Staaten	310 554	219 748	13,1	18,6
Westdeutschland	177 173	114 542	20,1	26,0
Großbritannien	141 156	108 010	23,1	35,3
Frankreich	116 049	81 381	23,2	35,3
Südkorea	54 416	k.A.	14,9	k.A.
Kanada	36 990	26 414	15,3	21,9
Schweiz	60 039	36 602	49,4	60,2
Holland	84 884	47 783	84,5	95,1
Schweden	48 538	32 893	49,4	66,9

Man könnte einwenden, daß japanische Firmen im Durchschnitt zwar weitaus größer sind als chinesische, im weltweiten Vergleich jedoch nicht einmal als groß bezeichnet werden können. In Tabelle 1 beispielsweise sind die größten Unternehmen in zehn Industriestaaten nicht nach Erträgen aufgelistet, sondern nach der Zahl ihrer Beschäftigten. Die größten japanischen Firmen sind im Durchschnitt kleiner als die größten

Firmen in den Vereinigten Staaten, Deutschland, Großbritannien und Frankreich. Wenn man untersucht, wieviel Prozent der insgesamt in der Industrie Beschäftigten sich auf die großen Firmen verteilen, fällt auf, daß in Japan viel weniger Beschäftigte in den großen Firmen arbeiten als in den anderen Ländern, besonders im Vergleich zu den kleineren europäischen Ländern wie Holland, Schweiz oder Schweden.

Dieser Vergleich ist jedoch irreführend, denn japanische Firmen sind auf besondere Weise in Netzwerken organisiert. Viele japanische Firmen, die in Tabelle 1 als einzelne Organisationen berücksichtigt wurden – wie beispielsweise Mitsubishi Heavy Industries (MHI) und Mitsubishi Electric Co. (MELCO) – sind als Keiretsu miteinander verbunden. Sie agieren nicht unabhängig voneinander, sind aber auch nicht in einem Unternehmen zusammengeschlossen. Die Organisationsform Keiretsu erlaubt nominell getrennten Unternehmen, Kapital, Technologie und Personal in einer Form zu teilen, die Firmen außerhalb des Netzwerkes verschlossen bleibt.

Wir wollen den Zusammenhang zwischen Netzwerk und Firmengröße in Japan an einem Beispiel veranschaulichen. In den späten achtziger Jahren produzierte Toyota, dem Umsatz nach Japans größtes Industrieunternehmen, mit 65000 Arbeitern 4,5 Millionen Automobile pro Jahr. Im Vergleich dazu produzierte General Motors mit 750000 Arbeitern 8 Millionen Automobile, das heißt knapp doppelt so viele Autos mit mehr als zehnmal so vielen Arbeitern.[4] Teilweise läßt sich der Unterschied auf die höhere Produktivität bei Toyota zurückführen: Die Toyota-Montagefabrik Takaoka benötigte im Jahr 1986 sechzehn Arbeitsstunden pro Beschäftigtem, um ein Auto zu produzieren, in der General-Motors-Montagefabrik Framingham in Massachusetts waren es einunddreißig Stunden.[5] Eine viel größere Rolle spielt aber, daß Toyota über Zulieferverträge den Großteil der Fertigung nach außen verlagert hat. General Motors dagegen ist ein vertikal integriertes Unternehmen, dem viele Einzelteillieferanten gehören. Toyota ist das führende Unternehmen in einem sogenannten »vertikalen« Keiretsu. Das Unternehmen selbst entwickelt nur noch das Design und führt abschließende Montagearbeiten durch und ist in einem informellen und sehr stabilen Netz mit vielen hundert unabhängigen Unterlieferanten und Zulieferern von Einzelteilen verbunden. Mit Hilfe seiner Keiretsu-Partner kann Toyota in Design, Fertigung und Marketing die Kostendegressionsvorteile eines Unternehmens realisieren, das halb so groß ist wie GM, aber nur knapp ein Zehntel seiner Beschäftigten hat. Toyota ist in jeder Hinsicht eine sehr große Organisation.

In Japan gibt es viele Großunternehmen, zugleich aber auch – was manchen überraschen wird – einen recht umfangreichen und wichtigen Sektor von Kleinbetrieben. Die Kleinbetriebe waren schon immer ein fester Bestandteil der japanischen Industrie und sind bereits eingehend untersucht worden. Nach der Volkszählung von 1930 waren fast ein Drittel der arbeitenden Bevölkerung Japans selbständige Kleinunternehmer, und dreißig Prozent der Produktion in der verarbeitenden Industrie kamen aus Betrieben mit weniger als fünf Arbeitern.[6] Diese Betriebe – Einzelhandelsgeschäfte, Restaurants, Nudelküchen, Heimindustrie (darunter auch viele kleine Werkstätten im Bereich der metallverarbeitenden Industrie), traditionelle Handwerksbetriebe wie Töpfereien, Webereien und ähnliches – waren meist in Familienbesitz und wurden wie entsprechende Betriebe in China von Familienangehörigen umgetrieben. Viele Beobachter glaubten, diese kleinen, traditionellen Betriebe würden mit fortschreitender Industrialisierung genauso verschwinden wie in Indien. Aber das war nicht der Fall. In den dreißiger Jahren beispielsweise vergrößerten die kleinen, unabhängigen Weber ihre Marktanteile schneller als die großen Textilunternehmen.[7] Zwischen 1954 und 1971 verdoppelte sich in Japan die Zahl der verarbeitenden Betriebe, während sie in den Vereinigten Staaten im gleichen Zeitraum nur um 22 Prozent zunahm.[8] Im Jahr 1967 arbeiteten in Japan 16 Prozent der Beschäftigten in der Fertigung in Betrieben mit weniger als zehn Arbeitern, in den Vereinigten Staaten dagegen waren es nur drei Prozent.[9] David Friedman meinte sogar, in den dynamischen Kleinbetrieben, nicht in den allgemein bekannten Großunternehmen, sei der Ursprung des japanischen »Wirtschaftswunders« zu suchen.[10] So gesehen gleicht die Struktur der japanischen Industrie in vieler Hinsicht der Struktur der Industrie in den chinesischen Gesellschaften mit ihren zahllosen Familienbetrieben.

Bei diesem Vergleich wird jedoch die Bedeutung der Kleinbetriebe in Japan überbewertet und falsch dargestellt. Die Zahl der Kleinbetriebe in der verarbeitenden Industrie ist zwar in der Tat beeindruckend, aber viele von ihnen sind nicht wirklich unabhängig, sondern stehen in einem Keiretsu-Verhältnis zu größeren Unternehmen. Das Keiretsu basiert auf dauerhaften und viel engeren Beziehungen als die Netzwerke kleiner Firmen in einem amerikanischen Industriegebiet wie Silicon Valley:

Zulieferer und Unterlieferanten sind nicht nur auf die Aufträge der Großunternehmen angewiesen, sondern oft auch auf deren Personal, Technologie und Managementberatung. Wegen der gegenseitigen moralischen Verpflichtung innerhalb eines Keiretsu können die Kleinunternehmen ihre Produkte nicht frei verkaufen und nicht den höchsten konkurrenzfähigen Preis erzielen. Sie verhalten sich eigentlich viel eher wie abhängige Zulieferer in einem vertikal-integrierten amerikanischen Unternehmen und nicht wie unabhängige Kleinbetriebe.

Überdies kann man nicht behaupten, die kleinen Betriebe seien wie in Taiwan oder Hongkong die Speerspitze der Wirtschaft. Die überwiegende Zahl der japanischen Kleinbetriebe arbeitet in wenig glanzvollen, nicht sehr einträglichen Bereichen wie dem Einzelhandel, dem Gaststättengewerbe und anderen Dienstleistungen. In der verarbeitenden Industrie finden sich Kleinbetriebe häufig im Werkzeugmaschinenbau, der sich schon immer für die Produktion im kleinen Maßstab anbot. Die wichtigen technologischen Innovationen und Produktivitätsgewinne gehen jedoch auf das Konto der überaus konkurrenzfähigen, exportorientierten japanischen Großunternehmen.

Nehmen wir beispielsweise die Computerbranche. Hier ist Größe nicht unbedingt ein Vorteil, sondern vielfach ein Hindernis. In den Vereinigten Staaten wurde die Vorherrschaft von IBM – in den siebziger Jahren waren achtzig Prozent des gesamten US-Marktes in der Hand von IBM – kontinuierlich von einer Vielzahl kleinerer, neugegründeter Firmen untergraben. Eine dieser Firmen, Digital Equipment (DEC), begann in den siebziger Jahren, IBM mit einer neuen Generation von Kleinrechnern aus der marktbeherrschenden Position zu verdrängen. Auf den Markt für die DEC-Kleincomputer drängten dann wiederum in den späten achtziger Jahren noch jüngere und kleinere Hersteller von Personalcomputern wie Sun Microsystems oder Silicon Graphics. In beiden Fällen waren das Sortiment und die innovativen Fähigkeiten des großen Unternehmens verknöchert, und die technologische Pionierarbeit wurde von kleineren, beweglicheren Konkurrenten geleistet.

In der japanischen Computerindustrie dominieren vier große Unternehmen – Nippon Electric Company (NEC), Hitachi, Fujitsu und Toshiba –, und praktisch alle einheimischen technologischen Innovationen der letzten Generation stammen von ihnen. In Japan gibt es keine zweite Reihe dynamischer und aggressiver Kleinbetriebe, die die Dominanz der großen Vier permanent in Frage stellen würden. Die großen japanischen Unternehmen mußten amerikanische Kleinbetriebe aufkaufen, um auf den neuen Märkten Fuß zu fassen (Fujitsu kaufte beispielsweise 1990 den kleinen Silicon-Valley-Betrieb HAL Computer Systems)[11], oder Kooperationen mit größeren Unternehmen eingehen (Hitachi und IBM sowie Fujitsu und Sun kündigten 1994 solche Bündnisse an)[12]. Es kommt zwar auch in Japan gelegentlich vor, daß ein kleiner Betrieb aus dem Nichts zum führenden Unternehmen einer Branche aufsteigt, wie beispielsweise die Honda Motor Company in den fünfziger und sechziger Jahren, aber solche Beispiele sind selten. Kleine Firmen beteiligen sich oft an innovativen Projekten, allerdings meistens unter der Ägide eines größeren Partners, von dem die eigentliche Führung und Dynamik ausgeht. Daß in Japan kleine Firmen in Keiretsu-Netzwerken mit Großunternehmen kooperieren, ist an sich schon eine wichtige organisatorische Innovation und steht keineswegs im Widerspruch dazu, daß die japanische Wirtschaft, auch in bezug auf Quantität, Innovation und Dynamik, von sehr großen Unternehmen dominiert wird.

Ein zweites beachtenswertes Merkmal der japanischen Industrie hängt mit dem ersten eng zusammen: Schon zu einem recht frühen Zeitpunkt in der wirtschaftlichen Entwicklung wurden Unternehmen durch professionelle Manager geleitet und nicht mehr durch Familienmitglieder. Japan übernahm sehr rasch eine aufgabenorientierte Form der Organisation, und heute gibt es viele professionell geführte, hierarchisch strukturierte, in öffentlichem Eigentum befindliche Unternehmen mit vielen Abteilungen. Die aufgabenorientierte Organisationsform erlaubte den japanischen Firmen, zu so großen Unternehmen heranzuwachsen und in Industriezweigen aufzusteigen, für die Größe, Kapitalintensität und komplizierte Herstellungsverfahren charakteristisch sind.

Wie in anderen Teilen der Welt begannen auch in Japan praktisch alle Unternehmen als Familienbetriebe. Das galt besonders für die großen Zaibatsu, die bis zu ihrer Auflösung nach dem Krieg in Familienbesitz blieben. Die elf Linien der Familie Mitsui beispielsweise besaßen neunzig Prozent ihres Vermögens gemeinsam und hatten eine förmliche Vereinbarung, daß sie immer als kollektive Einheit agierten. Mitsubishi wurde von zwei Linien der Familie Iwasaki kontrolliert, die sich in der Leitung abwechselten, und bei Sumitomo vertrat allein das Familienoberhaupt die Interessen des Unternehmens.[13]

Die Zaibatsu blieben zwar bis zum Schluß in Familienbesitz, erhielten aber schon zu einem frühen Zeitpunkt ein professionelles Management. Der *banto* war ein angestellter Manager. Er stand oft in keiner Beziehung zur Familie der Unternehmenseigner und sollte den Familienbetrieb überwachen. Anders als in China war der Banto lange vor der Meiji-Restauration und dem Beginn der Industrialisierung in seiner Funktion fest etabliert.[14] Die Kaufleute von Osaka beispielsweise hatten bereits im 18. Jahrhundert eine Übereinkunft, ihre Geschäfte *nicht* an ihre Kinder weiterzugeben, und setzten statt dessen regelmäßig einen Banto ein. Der Banto absolvierte eine Lehrzeit ganz ähnlich wie in einem traditionellen Handwerksberuf. Seine Stellung läßt sich zwar eher mit der Stellung eines Vasallen gegenüber seinem Lehnsherrn vergleichen, bei der Verwaltung des Geschäfts konnte er jedoch relativ frei entscheiden. Wie sehr man sich der Gefahren allzu ausgeprägter Familienbindungen bewußt war, drückt ein altes japanisches Sprichwort aus: »Das Vermögen, das die erste Generation hart erarbeitet hat, wird von der leichtsinnigen dritten Generation verschleudert.«[15] Gewiß gibt es auch in Japan Nepotismus, aber offenbar weniger häufig als in China. Viele große japanische Firmen verbieten ihren Angestellten, untereinander zu heiraten, und der Eintritt in eine Firma ist in der Regel von objektiven Kriterien wie dem Universitätsabschluß oder Aufnahmeprüfungen abhängig.[16] Wie wenig familistisch japanische Geschäftsleute denken, zeigt sich daran, mit welcher Entschlossenheit Soichiro Honda, der Gründer der Honda Motor Company, verhinderte, daß seine Söhne in das Unternehmen eintraten, und so das Entstehen einer Dynastie unmöglich machte.[17]

Die Professionalisierung des Managements fand auf mehreren Wegen statt. Bereits vor der Meiji-Restauration delegierten traditionelle Familienbetriebe die Entscheidungsgewalt für lange Zeitabschnitte an bezahlte Manager. Im 20. Jahrhundert brachten diese Manager immer mehr Bildung und Erfahrung mit. In relativ jungen Firmen, die nach 1868 gegründet wurden, führte der Gründer das Unternehmen in Zusammenarbeit mit ausgebildeten Managern der mittleren Ebene. Das war auch in China üblich. In Japan jedoch zog sich die zweite Generation dann als passiver Teilhaber in den Hintergrund zurück, und die eigentliche Unternehmensführung ging auf die bezahlten Manager über. In Aktiengesellschaften, die nicht von einer einzigen Familie kontrolliert wurden, besaßen die professionellen Manager oft Eigenkapitalanteile an dem Unternehmen, zuweilen stieg ein Manager auch zum alleinigen Besitzer auf.[18] Die Zaibatsu gingen zu unterschiedlichen Zeitpunkten zum professionellen Management über – Mitsubishi beispielsweise deutlich früher als das traditionellere Unternehmen Mitsui –, aber in den dreißiger Jahren unseres Jahrhunderts holte sich praktisch kein Unternehmen mehr Familienmitglieder in hohe Managementpositionen.[19]

Etwas länger dauerte es, bis die japanischen Unternehmen nicht mehr in Familienbesitz waren. Die Familien, denen die Zaibatsu und andere Betriebe gehörten, hatten sich zwar früh aus den Führungsaufgaben zurückgezogen, gaben aber den Besitz an ihren Unternehmen und die formale Kontrolle nur widerstrebend auf. Obwohl schon früh in der Meiji-Zeit gesetzliche Bestimmungen für Aktiengesellschaften existierten, hielten viele Familien ihre Aktien. Gelegentlich durften entfernte Verwandte und nicht zur Familie gehörende Angestellte Eigenkapitalanteile kaufen, doch die waren gewöhnlich klein und hinsichtlich Stimmrecht und Verkaufsmöglichkeiten mit gesetzlichen Einschränkungen versehen, die noch aus der vorhergehenden Edo-Zeit stammten. Die Ungerechtigkeiten in bezug auf das Stimmrecht der Aktionäre wurden durch entsprechende Gesetze in den Jahren 1893 und 1898 beseitigt.[20] Damit die Kontrolle über den Betrieb in der Familie blieb, trafen viele Familien Vereinbarungen über gemeinsamen Aktienbesitz und hinderten Nachkommen daran, Anteile an Außenstehende zu verkaufen. Außerdem einigten sich die Besitzer der Zaibatsu gewöhnlich darauf, daß Gewinne aus Kapitalanlagen nur in Firmen reinvestiert werden konnten, die den Zaibatsu angegliedert waren.[21]

Mit der amerikanischen Besatzung 1945 ging die Zeit der großen Familienunternehmen abrupt zu Ende. Nach Meinung der Beamten der New-Deal-Regierung, die General MacArthur berieten, waren die großen Konzentrationen von Reichtum in den Zaibatsu zutiefst undemokratisch und förderten außerdem den japanischen Militarismus – eines der nicht sehr überzeugenden ideologischen Vorurteile, die sie mitbrachten. Die Eigentümer der großen Familientrusts mußten ihre Eigenkapitalanteile bei der Kommission für die Auflösung der Zaibatsu hinterlegen, die sie dann öffentlich verkaufte.[22] Zugleich wurde das Topmanagement entfernt, das die Unternehmen vor und während dem Krieg geleitet hatten. So entstand in vielen großen japanischen Unternehmen ein Führungsvakuum. Gefüllt wurde dieses Vakuum zumeist mit jüngeren Managern aus der mittleren Ebene, die keine nennenswerten Eigenkapitalanteile an den Firmen besaßen. Aus den großen Zaibatsu wurden unter den Managern zwar schnell die neuen Keiretsu, aber der Besitz an den Unternehmen war nicht mehr auf wenige Eigentümer konzentriert. Eine Landreform, in der große landwirtschaftliche Besitzungen aufgeteilt wurden, übermäßig hohe Steuern auf privaten Besitz und die Aufzehrung des Eigenkapitals durch die Inflation als Folge des Krieges sorgten dafür, daß nur noch wenige Privatleute ein großes Vermögen besaßen, über das sie frei verfügen konnten.[23]

So entstanden in der Nachkriegszeit in Japan Firmen, die viel eher als die Betriebe vor dem Krieg der von Berle und Means vorgelegten Beschreibung eines modernen Unternehmens entsprachen: Sie wurden zumeist professionell geführt, das Eigentum war breit gestreut, Management und Besitz waren somit getrennt. Japan hatte den geringsten Prozentsatz an Familienunternehmen (in bezug auf die Gesamtmarktkapitalisierung) aller industrialisierten Länder. Im Jahr 1970 waren nur 14 Prozent des gesamten Eigenkapitals im Besitz von Familien oder Einzelpersonen.[24] Die japanische Industrie ist stark konzentriert, die Besitzverhältnisse dagegen sind weit gestreut. Die meisten japanischen Firmen gehören anderen Einrichtungen: Pensionskassen, Banken, Versicherungen und Unternehmen (besonders innerhalb der eigenen Keiretsu, wo Überkreuzbeteiligung häufig vorkommt). Als die japanischen Unternehmen eine bestimmte Größe erreicht hatten, ersetzten sie das in vielen Familienbetrieben vorherrschende zentralistische Organisationssystem durch ein hierarchisches, multidivisionales Organisationsschema. Von dem Chandlerschen Muster weichen sie eigentlich nur in ihrer Netzwerkstruktur ab, doch darauf werden wir weiter unten ausführlich eingehen.

Da die Japaner schon in vorindustrieller Zeit vielfach professionelle Manager einsetzten, konnten sie ausgesprochen stabile Unternehmen aufbauen. Die Anfänge der Warenhauskette Daimaru gehen zwei Jahrhunderte zurück auf die Familie Shimomura, die Keiretsu Mitsui und Sumitomo sind sogar noch älter. Sumitomo wurde 1590 als kupferverarbeitender Betrieb von Soga Riemon in Kioto gegründet und dehnte sich rasch auf die Bereiche Bergbau, Bankwesen und Handel aus. In Japan werden wie in anderen Ländern auch viele kleine Firmen gegründet, die unter Umständen schnell wieder vom Markt verschwinden. Die Großunternehmen hingegen besitzen ein gewaltiges Stehvermögen, das durch die wechselseitige Unterstützung der Partner innerhalb der Keiretsu noch verstärkt wird. Große Unternehmen und institutionelle Kontinuität erlaubten es den Japanern, erfolgreich Markennamen zu schaffen. Im Gegensatz zu den Chinesen bauten sie in den Vereinigten Staaten, Europa und anderen Zielmärkten umfangreiche Marketingorganisationen auf.

War die Größe japanischer Industrieunternehmen das Ergebnis einer bewußten Politik der Regierung, oder hing sie mit kulturellen Gegebenheiten zusammen? Wie in Südkorea spielte der Staat in der Tat eine gewisse Rolle bei der Förderung von Großunternehmen, aber auch ohne staatliche Intervention wären japanische Firmen sehr groß geworden. Zu Beginn der Meiji-Zeit war die Regierung durchaus an der Förderung des Vermögens einiger großer Zaibatsu-Familien beteiligt. Die *han*-Unternehmen, die vor 1868 der lokalen Provinzregierung gehörten, wurden 1869 abgeschafft, ihr Vermögen wurde privatisiert. Andere Unternehmen, die im Besitz der Zentralregierung in Tokio waren, wurden einige Jahre später verkauft, nachdem Japans erster Versuch mit dem Staatskapitalismus gescheitert war. Zusammen bildeten diese ehemaligen staatlichen Betriebe den Kern einer Reihe privater Großunternehmen. Überdies arbeitete die japanische Regierung eng mit den Zaibatsu zusammen und vermittelte ihnen Kredite und Aufträge. Diese Methode wurde auch nach dem Zweiten Weltkrieg angewandt: Die Bank of Japan gewährte verschiedenen Großbanken Kreditgarantien, und diese gaben ihre entsprechend geringeren Kreditkosten an ihre Kunden aus den Großunternehmen weiter. Die japanische Regierung ist bekannt dafür, daß sie mit den großen japanischen Firmen partnerschaftlich zusammenarbeitet und niemals eine ähnlich feindselige Haltung gegenüber der Großindustrie einnahm wie viele amerikanische Regierungen.

Die staatliche Unterstützung förderte aber nur eine Entwicklung, die sich in der japanischen Privatwirtschaft bereits deutlich abzeichnete und sich auch ohne staatliche Hilfe entfaltet hätte. In Japan spielte die Regierung nie eine so direkte und wichtige Rolle bei der Subventionierung der Großindustrie wie beispielsweise in Südkorea oder in Frankreich. Die Unternehmen erhielten gelegentlich staatliche Unterstützung, und solche Hilfen korrelierten nicht unbedingt mit den Wachstumsphasen. Die japanischen Firmen konnten sich durch professionelles Management und hierarchische Administration institutionalisieren und hatten deshalb im Gegensatz zu chinesischen Unternehmen auch nach dem Tod des Firmengründers niemals Probleme von der Art, daß das Unternehmen zerfiel oder die unternehmerische Dynamik verlorenging. Viele einzigartige Merkmale in der Organisation großer japanischer Unternehmen – wie die Praxis der Netzwerk-Organisation, beziehungsorientierte Lieferverflechtungen, Anstellung auf Lebenszeit, Überkreuzbeteiligung und ähnliches – waren Innovationen des privatwirtschaftlichen Sektors.

Große Unternehmen und hierarchische Administration sind nicht immer ein Vorteil. Wir haben bereits erwähnt, daß in Japan auf dem Computer- und High-Tech-Sektor die Ebene der kleinen, aggressiven Firmen fehlt. Die vier großen japanischen Computerfirmen wurden bewußt nach dem Modell von IBM aufgebaut, und alle vier sind ebenso träge und schwerfällig wie IBM, wenn es darum geht, neue Technologien und neue Märkte aufzuspüren. In einer großen japanischen Unternehmensbürokratie werden Entscheidungen notorisch langsam getroffen: Das der japanischen Kultur inhärente Konsensbedürfnis hat dazu geführt, daß selbst relativ untergeordnete, routinemäßige Entscheidungen zuerst ein halbes Dutzend oder mehr höhere Stellen in der Administration durchlaufen müssen, bevor sie umgesetzt werden.[25] Kleine Familienbetriebe mit einer weniger hierarchisierten Verwaltung können oft schneller reagieren.

Andererseits war Japan dank der Großunternehmen in wirtschaftlichen Schlüsselbereichen konkurrenzfähig, von denen es andernfalls ausgeschlossen gewesen wäre. Den Angriff auf die amerikanische Automobil- und Halbleiterindustrie in den siebziger und achtziger Jahren konnten nur die größten japanischen Firmen starten, die über umfangreiche technologische Ressourcen und ein dickes Finanzpolster verfügten. Um sich Marktanteile zu sichern, mußten japanische Halbleiterfirmen wie NEC und Hitachi die Preise und folglich auch ihre Gewinnspannen beträchtlich senken, und zwar so weit, daß ihre amerikanische Konkurrenz sie des »Preisdumpings« bezichtigte.[26] Die japanischen Unternehmen überstanden diese Phase der geringen Rentabilität, weil ihre Operationen auf dem Halbleitermarkt von rentableren Sparten wie der Abteilung für Konsumelektronik subventioniert wurden. Überdies verfügten sie nicht nur über die finanziellen Ressourcen ihres Unternehmens, sondern wurden auch von ihren Partnern innerhalb des Keiretsu finanziell unterstützt. Südkoreanische Halbleiterfirmen konnten dieses Kunststück nachmachen, denn sie sind noch größer und noch stärker konzentriert als ihre japanischen Kontrahenten. In Hongkong oder Taiwan dagegen würden nicht einmal große Firmen so etwas ohne beträchtliche staatliche Unterstützung zustande bringen.

Die japanischen Firmen konnten sich schon früh über den Familienbetrieb hinaus entwickeln, weil die Struktur der japanischen Familie sich stark von der Struktur der chinesischen Familie unterscheidet. Diesem Thema wollen wir uns jetzt zuwenden.

Kapitel 15

Söhne und Fremde

Die Japaner pflegten schon früh Gruppenbeziehungen, die nicht auf verwandtschaftlichen Bindungen basierten. Die in Japan während der Feudalzeit existierenden Klans hat man oft mit den chinesischen Familien verglichen, aber die japanischen Gruppen erhoben nicht den Anspruch, von einem gemeinsamen Ahnherren abzustammen, sondern entstanden durch die Bindung an einen bestimmten Feudalherren oder *daimyo*. Auf diese Weise entwickelten sich schon einige Jahrhunderte vor der Industriellen Revolution – ungefähr zur selben Zeit, als sich auch in Europa solche Gruppen bildeten – eine ganze Reihe von Bindungen, die nicht auf verwandtschaftlichen Beziehungen beruhten.

Daß die spontane Soziabilität gerade bei den Japanern so ausgeprägt ist, liegt in der Struktur der japanischen Familie begründet. Ihre inneren Bindungen sind viel schwächer als die Bindungen innerhalb der chinesischen Familie. Sie ist hinsichtlich traditioneller Verpflichtungen kleiner und schwächer als etwa die Großfamilien Mittelitaliens. Emotional sind die Mitglieder der japanischen Familie sogar weniger aneinander gebunden als die der amerikanischen, auch wenn die Familie eindeutig stabiler ist. Der ausgesprochene Mangel an Familismus in Japan erlaubte vor allem während der Edo-Zeit (1600–1867) die Entwicklung anderer Beziehungen; das erklärt das außergewöhnliche Maß an spontaner Soziabilität im Japan des 20. Jahrhunderts.

Japan ist eine konfuzianische Gesellschaft und teilt viele Wertvorstellungen mit China, denn von dort stammen viele Elemente der japanischen Kultur.[1] Für Japaner und Chinesen ist die Ehrfurcht des Kindes vor den Eltern eine zentrale Tugend. Kinder haben ihren Eltern gegenüber vielfältige Verpflichtungen, die es in dieser Form in westlichen Kulturen nicht gibt. Ein Sohn ist traditionell verpflichtet, seinen Eltern mehr Liebe entgegenzubringen als seiner Frau. Beide Kulturen haben Achtung vor dem Alter, was sich in Japan unter anderem darin widerspiegelt, daß Löhne nach dem Senioritätsprinzip bezahlt werden, und sie praktizieren die Ahnenverehrung. Ihr traditionelles Rechtssystem kennt die gemeinsame Verantwortung der Familie vor dem Gesetz. Frauen haben sich in beiden Systemen streng dem Mann unterzuordnen.

Aber es gibt auch wichtige Unterschiede in der Auffassung von der Familie, die sich direkt auf die Organisation der modernen Wirtschaft ausgewirkt haben. Eine zentrale Bedeutung kommt dem japanischen Wort *ie* zu, das gewöhnlich mit »Haushalt« übersetzt wird und das sich erheblich von dem chinesischen Wort *jia* oder »Familie« unterscheidet.

Ie bezeichnet meistens, aber nicht notwendigerweise die Familie im biologischen Sinn. Der Begriff beinhaltet in erster Linie eine Treuepflicht gegenüber den Vermögenswerten eines Haushaltes, den die Mitglieder der Familie gemeinsam besitzen. Das Oberhaupt der Familie ist der oberste Treuhänder.[2] Wichtig ist vor allem die Kontinuität über die Generationen hinweg: *Ie* ist eine Struktur, deren Positionen vorübergehend von bestimmten Personen besetzt werden; biologische Verwandtschaft ist dabei jedoch keine notwendige Voraussetzung.

Die Position des Familienoberhauptes geht gewöhnlich vom Vater auf den ältesten Sohn über, doch auch ein Fremder kann die Rolle des »ältesten Sohnes« übernehmen, vorausgesetzt, er hat sich den entsprechenden gesetzlichen Verfahren für die Adoption unterzogen.[3] In Japan ist, ganz im Gegensatz zu China, die Adoption von Außenstehenden ein übliches und unkompliziertes Verfahren. Wenn es in einer Familie keinen oder nur einen inkompetenten männlichen Erben gab, wurde eine Tochter verheiratet, und der Schwiegersohn nahm den Familiennamen der Frau an. Er erbte das *ie*-Vermögen und wurde nicht anders behandelt als ein leiblicher Sohn. Das blieb auch dann so, wenn die Familie später noch einen leiblichen Sohn bekam.[4] In früheren Zeiten pflegten japanische Familien nicht die strenge Patrilinealität der chinesischen Familien; einige Familien am Hof praktizierten sogar matrilineale Eheschließungen mit Wohnung am Wohnsitz der Frau (Erbe und Wohnsitz wurden durch Frauen weitergegeben).[5] Gelegentlich wurde sogar ein Bediensteter in den Haushalt adoptiert. In vielen *ie* hatten nichtverwandte Bedienstete, die mit im Haus lebten, ein engeres Verhältnis zur Familie als Blutsverwandte, die einen eigenen Haushalt führten, und sie konnten rituelle Verwandte werden: Sie verehrten die Vorfahren der Familie und wurden im Familiengrab beigesetzt.[6]

In Japan war es ohne Schwierigkeiten möglich, einen Sohn zu adoptieren. Darüber hinaus war die Kultur von dem Bemühen durchdrungen, Nepotismus zu vermeiden. Das hat sich in einer Vielzahl von Redewendungen niedergeschlagen, die vor faulen und unfähigen Söhnen warnen. Es war offensichtlich gang und gäbe, einen leiblichen Sohn, der aus irgendeinem Grund nicht zum Familienoberhaupt taugte, zugunsten eines völlig Fremden zu übergehen. Dies wurde vor allem in Kaufmanns- und Samuraihaushalten (die mehr Besitz vererbten) vor der Meiji-Restauration praktiziert: 25 bis 34 Prozent der leiblichen Söhne wurden zugunsten adoptierter Erben »übergangen«.[7] Selbstverständlich kam in China so etwas weitaus seltener vor.

In Japan ist die Adoption von Fremden ganz und gar nicht stigmatisiert.[8] Die adoptierende Familie wird nicht öffentlich gedemütigt wie in China, wo die »promiskuitiven« Adoptionspraktiken der Japaner gelegentlich als »barbarisch« und »gesetzlos« kritisiert wurden.[9] Viele jüngere Söhne aus gesellschaftlich hochrangigen Familien werden selbst *mukoyoshi*, das heißt Adoptivsöhne, in anderen Familien. Eisaku Sato beispielsweise, von 1964 bis 1972 japanischer Ministerpräsident, war ein solcher Adoptivsohn, der aus einer gesellschaftlich hochrangigen Familie stammte (sein Bruder Nobusuke Kishi war selbst einige Jahre zuvor Ministerpräsident gewesen).[10] Wenn wir weiter in die japanische Geschichte zurückgehen, finden wir noch viele Beispiele für Adoptivsöhne, die zu großer Bedeutung aufgestiegen sind. Toyotomi Hideyoshi, der berühmte Shogun, der Japan zu Beginn der Tokugawa-Zeit wiedervereinigte, war der Sohn eines Bauern, der in eine Adelsfamilie adoptiert wurde. Uesugi Yozan, der *daimyo* oder Feudalherr von Yonezawa, war ebenfalls von einer anderen Adelsfamilie adoptiert worden.[11] Die Reihe solcher Beispiele, für die es in der chinesischen Geschichte keine Entsprechungen gibt, könnte unendlich fortgeführt werden. Einer Untersuchung zufolge stieg der Prozentsatz von Adoptionen von Samuraifamilien in den vier untersuchten Gebieten von 26,1 Prozent im 17. Jahrhundert über 36,6 Prozent im 18. Jahrhundert auf 39,3 Prozent im 19. Jahrhundert.[12]

Der zweite große Unterschied zur chinesischen Familienstruktur ist das Erstgeburtsrecht. Die Chinesen teilen, wie wir gesehen haben, seit vielen tausend Jahren ihren Besitz unter ihren männlichen Erben auf. Die Japaner dagegen entwickelten in der Muromachi-Zeit (1338–1573) ein Erstgeburtsrecht, das dem in England und anderen europäischen Ländern praktizierten vergleichbar ist.[13] Nach diesem Recht ging der Großteil des Besitzes, darunter das Haus der Familie (sofern es eines gab) und der Familienbetrieb, auf den ältesten Sohn oder den Erben über, der von der Familie zum ältesten Sohn bestimmt wurde.[14] Dieser Sohn hatte seinen jüngeren Geschwistern gegenüber verschiedene Pflichten: Er mußte beispielsweise seine jüngeren Brüder im Familienbetrieb anstellen oder ihnen dabei behilflich sein, anderweitig eine sichere berufliche Stellung zu finden. Er war jedoch nicht verpflichtet, das Familienvermögen zu teilen. Die jüngeren Söhne sollten nicht im Haushalt bleiben, sondern eigene Haushalte gründen. Daher separierten sich die Familien in der zweiten Generation rasch in *honke* und *bunke* – in übergeordnete und untergeordnete Linien. Überdies war die chinesische Sitte der Polygamie in Japan weniger verbreitet. Das heißt nicht, daß die japanischen Männer ihren Frauen treuer gewesen wären – das Konkubinat war häufig –, aber es heißt, daß die Reichen weniger Söhne mit einem Rechtsanspruch auf das Familienerbe hatten.

Die Institution des Erstgeburtsrechts hatte mehrere Konsequenzen für das Familien- und das Geschäftsleben: Erstens wurden große Familienvermögen, die durch Handel oder andere wirtschaftliche Betätigungen erworben worden waren, nicht wie in China im Laufe von zwei oder drei Generationen auf viele Personen verteilt, und zweitens waren die japanischen Haushalte kleiner. In China war das gesellschaftliche Ideal eine Mehrgenerationenfamilie, in der die verheirateten Söhne mit ihren Eltern zusammenlebten. Getrennte Wohnsitze galt es zu vermeiden; es gab sie nur, wenn die Ehefrauen der Brüder nicht miteinander auskamen. In Japan dagegen zogen die jüngeren Brüder aus dem Haus der Familie aus, sobald der älteste Sohn die Führung des Haushaltes übernommen hatte, und gründeten ihre eigenen Haushalte. Die Familien waren kleiner und konnten so nicht das gleiche Maß an wirtschaftlicher Unabhängigkeit erstreben wie die traditionelle chinesische »Großfamilie«, sondern mußten normale wirtschaftliche Geschäfte außerhalb abwickeln. Außerdem implizierte *ie* eine größere Mobilität, weil sich die Familien permanent in neue Haushalte ausbreiteten.[15] Wie Chie Nakane gezeigt hat, besteht eine Beziehung zwischen Familiengröße und Adoptionspraxis: Die Chinesen müssen nicht so häufig Fremde adoptieren, weil sie durch ihre großen Familien und verwandtschaftlichen Verflechtungen unter viel mehr potentiellen Erben auswählen können, falls die leiblichen Söhne eines Vaters nicht als Erben in Frage kommen.[16] Da jüngere Söhne einer japanischen Familie keinen wesentlichen Teil des Familienvermögens erbten, standen immer genügend Männer für andere Tätigkeiten, sei es in der Verwaltung, beim Militär oder im Handel, zur

Verfügung. Das förderte zweifellos die rasche Verstädterung in Japan, nachdem die Städte erst einmal ein breites Feld an Beschäftigungsmöglichkeiten boten.

Die Unterschiede zwischen chinesischen und japanischen Familien zeigen sich auch bei den Konventionen zur Namensgebung. In Japan gibt es viel mehr Nachnamen als in China – auch das ist ein Zeichen für die Geschlossenheit der Familien- und Geschlechterorganisation in China. Chinesische Familiennamen sind sehr alt, viele gibt es schon seit 2000 Jahren. Es ist durchaus nicht ungewöhnlich, daß nach einiger Zeit die Einwohner ganzer Dörfer den gleichen Nachnamen tragen. Familien suchen lange verlorene weibliche Linien und versuchen, sie wieder in die Hauptlinie einzufügen, während Seitenlinien mit nur entfernten Verbindungen zu einem prominenten Geschlecht versuchen, ihre enge Verwandtschaft zu beweisen. Überdies haben die Männer einer Generation und eines Nachnamens gewöhnlich ein gemeinsames Element in ihren Namen. In Japan dagegen hatten viele Familien vor der Tokugawa-Zeit gar keinen Familiennamen, so daß nicht einmal Väter und Söhne durch einen gemeinsamen Nachnamen verbunden waren. Die *bunke*-Haushalte wurden nicht genötigt, mit dem dominanten *honke*-Haushalt in Verbindung zu bleiben. Da sich Haushalte problemlos teilen ließen und Familien leicht auch Fremde adoptieren konnten, kam es in Japan nicht dazu, daß ein oder zwei Namen bedeutender Geschlechter einen ganzen Landstrich prägten.[17]

Die Unterschiede zwischen *ie* in Japan und *jia* in China spiegeln sich auch in den größeren gesellschaftlichen Gruppen wider. Wie wir gesehen haben, steht in China über der Familie der Klan und gelegentlich ein Klan höherer Ordnung, der einer Familie verschiedener Klans entspricht. Die chinesischen Klans bieten zwar einen Weg zu Soziabilität außerhalb der eigentlichen Familie, aber die Beziehungen basieren immer noch auf verwandtschaftlicher Nähe. In Japan gab es größere Organisationen namens *dozoku*, gewöhnlich ebenfalls mit »Klan« übersetzt, die aber nie wie die chinesischen Klans auf der Basis verwandtschaftlicher Beziehungen funktionierten.[18] Sie waren nicht direkt vom Landbesitz abhängig,[19] sondern basierten auf wechselseitigen Verpflichtungen, die in der Zeit feudaler Kriege und innenpolitischer Wirren freiwillig eingegangen worden waren. So konnte sich beispielsweise ein Samurai mit einer Gruppe Bauern aus einem Dorf zusammenschließen, indem er sie vor umherstreifenden Räuberbanden schützte, wofür sie ihm einen Teil ihrer landwirtschaftlichen Erträge abtraten. Ähnliche Verpflichtungen gingen ein Feudalherr oder *daimyo* und der Samurai ein, der für ihn kämpfte.[20] Solche Verpflichtungen wurden zwar im Laufe der Zeit ritualisiert, aber sie waren nicht vererbbar, und die Bindungen konnten, anders als die chinesischen Klanverbände, ohne freiwillige Erneuerung von Generation zu Generation nicht überleben. Allerdings kann man sie auch nicht mit freiwilligen Gemeinschaften in Amerika wie der United Methodist Church oder der American Medical Association vergleichen, denn während der Eintritt in die Beziehung freiwillig war, kann man das vom Austritt nicht behaupten. Die moralische Verpflichtung zu wechselseitiger Loyalität bestand ein ganzes Leben lang und erhielt den Charakter eines religiösen Gelübdes.

Von Beginn der Feudalzeit an unterschied sich die japanische Gesellschaft deutlich von der chinesischen. Die japanische Gesellschaft bestand aus relativ kleinen, zerbrechlichen Familien, entwickelte aber eine bedeutende Anzahl gesellschaftlicher Organisationen, die nicht auf verwandtschaftlichen Beziehungen gründeten.[21] Andererseits bedeuteten starke Gruppen außerhalb der Familie schwächere Bindungen innerhalb der Familie, vor allem aus der Perspektive eines Chinesen betrachtet. Chie Nakane schreibt, schon vor dem Krieg habe »das Verhalten japanischer Kinder ihren Eltern gegenüber chinesische Besucher in Japan erstaunt, weil sie es nach chinesischem Maßstab an Respekt gegenüber ihren Eltern mangeln lassen«.[22] Wie die chinesische Familie, so hat sich auch die japanische durch Urbanisierung und wirtschaftliche Entwicklung verändert.[23] Aber anders als in China wirkten sich die Veränderungen in Japan weitaus weniger auf gesellschaftliche und geschäftliche Organisationen aus, weil diese von Anfang an nicht so eng an die Familie gebunden waren.

Das Wort *iemoto* bezeichnet die Anführer *ie*-ähnlicher Gruppen, die in der japanischen Gesellschaft allgegenwärtig sind. Sie spielen eine wichtige Rolle in den traditionellen Künsten und im Handwerk, so zum Beispiel beim Bogenschießen und Fechten, bei der Teezeremonie, beim No, Kabuki und Ikebana. Iemoto-Gruppen sind Gemeinschaften nichtverwandter Menschen, die sich verhalten, als seien sie verwandt. Es gibt einen Meister, der die Rolle des »Vaters« spielt, und Schüler, die in die Rolle der Kinder schlüpfen. Die Autorität innerhalb der Iemoto-Gruppe ist hierarchisch und paternalistisch wie in der traditionellen Familie. Die wichtigsten sozialen Bindungen laufen nicht horizontal zwischen

Gleichgestellten (das heißt zwischen den Schülern eines Meisters), sondern vertikal zwischen Höher- und Tiefergestellten.[24] Das ist vergleichbar mit der Situation in der japanischen Familie, wo die Bindungen zwischen Eltern und Kindern viel intensiver sind als die Bindungen zwischen Geschwistern. (Während chinesische Brüder zusammen leben und arbeiten, trennen sich japanische Brüder und gründen eigene Haushalte.) Iemoto-Gruppen ähneln insofern modernen freiwilligen Gemeinschaften im Westen, als sie nicht auf verwandtschaftlichen Beziehungen basieren – sie stehen allen offen. Aber sie gleichen insofern Familien, als die Beziehungen innerhalb der Gruppe nicht demokratisch, sondern hierarchisch strukturiert sind und die Mitglieder der Gruppe die moralischen Pflichten, die sie mit dem Beitritt übernehmen, nicht einfach wieder abgeben können. Allerdings ist die Mitgliedschaft in der Gruppe nicht vererbbar und kann nicht vom Vater an den Sohn weitergegeben werden.[25]

Der Anthropologe Francis Hsu vertritt die Ansicht, iemoto-ähnliche Gruppen seien nicht nur charakteristisch für den Bereich der traditionellen Künste und des Handwerks, mit dem man sie gewöhnlich assoziiert, sondern bildeten die Struktur aller japanischen Organisationen, auch wirtschaftlicher[26] Die politischen Parteien beispielsweise bestehen aus sehr stabilen Faktionen, die jeweils von einem älteren Parteimitglied geführt werden. Diese Faktionen repräsentieren jedoch nicht unterschiedliche ideologische oder politische Positionen, wie der Black Caucus oder der Democratic Leadership Council in der Demokratischen Partei Amerikas, sondern sie sind iemoto-ähnliche Gruppen, die auf beliebigen persönlichen Verbindungen und auf wechselseitiger Loyalität des Führers und seiner Anhänger basieren. Auch in den religiösen Organisationen Japans zeigt sich das Iemoto-Verhältnis von Schülern und Anhängern. Im Gegensatz zu den Chinesen, die nach Belieben diesen oder jenen Tempel oder Schrein besuchen, »gehören« die meisten Japaner zu einem Tempel, so wie die Amerikaner zu einer bestimmten Kirche »gehören«; sie unterstützen sie durch wohltätige Spenden und entwickeln ein persönliches Verhältnis zu dem zuständigen Mönch oder Abt.[27] Daher ist das religiöse Leben in Japan viel organisierter und stärker sektiererisch geprägt als in China.

Diese Form der sozialen Organisation schafft Gewohnheiten, die bis in die Geschäftswelt hineinwirken: Während man japanische Unternehmen oft mit Familien vergleicht,[28] sind chinesische Unternehmen tatsächlich Familien. Das japanische Unternehmen hat zwar, ähnlich wie eine Familie, eine autoritäre Struktur, und zwischen den Mitarbeitern besteht ein Gefühl moralischer Verpflichtung, aber es weist auch Elemente von Freiwilligkeit auf, die von verwandtschaftlicher Rücksichtnahme unabhängig sind und eher an freiwillige Vereinigungen im Westen erinnern als an eine chinesische Familie oder Sippe.

Daß die Familie in der japanischen Gesellschaft einen ganz anderen Stellenwert hat als in China, läßt sich auch auf den japanischen Konfuzianismus zurückführen. Japan ist mindestens seit dem 7. Jahrhundert eine konfuzianische Gesellschaft, als Prinz Shotoku Taishi eine aus 17 Artikeln bestehende Verfassung niederschrieb, die auf konfuzianischen Grundsätzen basierte.[29] Einige Autoren behandeln den japanischen Konfuzianismus, als vermittle er dieselben Gebote wie der chinesische,[30] tatsächlich jedoch veränderte er sich bei seiner Ausbreitung nach Japan in wesentlichen Bereichen. Nach konfuzianischer Lehre gibt es eine Reihe von Tugenden, und ihr jeweiliger Stellenwert hat wichtige Auswirkungen auf die sozialen Beziehungen. So waren im orthodoxen chinesischen Konfuzianismus von den fünf Haupttugenden die Güte *(jen)* oder der gute Wille, die Familienangehörige einander von Natur aus entgegenbringen,[31] und *xiao*, die kindliche Ehrerbietung, von zentraler Bedeutung. Loyalität zählt im chinesischen Konfuzianismus ebenfalls zu den Tugenden, jedoch eher als individuelle denn als soziale Tugend: Man ist sich selbst und seinen Überzeugungen treu, aber nicht einer politischen Autorität. Überdies wurde die Tugend der Loyalität für die Chinesen durch die Tugend der Gerechtigkeit oder Aufrichtigkeit *(i)* eingeschränkt:[32] Wenn eine äußere Autorität, die loyales Verhalten fordert, ungerecht handelt, muß man sich nicht blind unterwerfen.

Mit der Verbreitung des Konfuzianismus und seiner Adaption an japanische Verhältnisse erhielten die Tugenden einen völlig neuen Stellenwert. Michio Morishima zeigt, daß in einem für die japanische Interpretation des Konfuzianismus typischen Dokument – dem kaiserlichen Befehl an die Streitkräfte aus dem Jahr 1882 – die Tugend der Loyalität an die erste Stelle gesetzt wird, während die Tugend der Güte ganz aus der Liste herausfällt.[33] Überdies erhielt der Begriff Loyalität auf subtile Weise eine andere Bedeutung als in China. In China herrschte das ethische Empfinden, daß ein Mensch sich selbst gegenüber Pflichten hat, das heißt Maßstäbe für sein persönliches Handeln kennt und sich daran halten muß. Dies ist das funktionale Äquivalent zum individuellen Gewissen, wie wir es im Westen kennen. Die Loyalität einem Herrn gegenüber mußte man mit der Verpflichtung auf eigene Prinzipien in Einklang bringen, und das schränkte die Loyalität natürlich ein. In Japan dagegen reichte die Loyalität gegenüber einem Herrn viel weiter.[34]

Die Folgen der Aufwertung der Loyalität einerseits und Abwertung der kindlichen Ehrerbietung gegenüber den Eltern andererseits werden vor allem dann deutlich, wenn soziale Pflichten miteinander in Konflikt geraten. Traditionell ist in China der Sohn, wie wir gesehen haben, nicht verpflichtet, den Vater bei der Polizei oder einer anderen Autorität anzuzeigen, wenn dieser das Gesetz gebrochen hat. Die Bindung an die Familie wiegt schwerer als die Bindung an politische Autoritäten, auch wenn es dabei um die Autorität des Kaisers geht. In Japan dagegen hätte ein Sohn in einer ähnlichen Situation die Pflicht, seinen Vater bei der Polizei zu melden: Die Loyalität zum *daimyo* ist bedeutsamer als die Loyalität zur Familie.[35] Die zentrale Bedeutung der Pflichten gegenüber der Familie gab dem chinesischen Konfuzianismus seinen besonderen Charakter. Der orthodoxe Konfuzianismus betont zwar die Loyalität zum Kaiser und zu der ihn beratenden bürokratischen Elite aus gelehrten Edelleuten, aber die Familie erhebt sich drohend wie ein Bollwerk, das dem einzelnen ein erhebliches Maß an privater Autonomie jenseits der Kontrolle des Staates ermöglicht. In Japan verhält es sich genau umgekehrt: Die politischen Autoritäten kontrollieren die Familie, und es gibt theoretisch keinen autonomen Bereich, der vor ihrer Einmischung sicher wäre.[36]

Heute manifestiert sich die Loyalität des Samurai gegenüber seinem *daimyo* in der Loyalität des modernen japanischen Managers oder Angestellten seiner Firma gegenüber. Die Familie des Angestellten fällt dieser Loyalität zum Opfer: Er ist selten zu Hause und sieht seine Kinder nicht oft; Wochenenden und Ferien gehören häufiger der Firma als seiner Frau und den Kindern.

Die Japaner modifizierten die konfuzianischen Lehren, die sie aus China importierten, und paßten sie ihren politischen Gegebenheiten an. In China besaß nicht einmal der Kaiser absolute Autorität; sie bröckelte, wenn er das »Mandat des Himmels« verlor, weil er sich unmoralisch verhielt. Die Aufeinanderfolge der chinesischen Dynastien, von denen keine mehr als einige Jahrhunderte herrschte, zeugt von der Unbeständigkeit der politischen Autorität in China. In Japan dagegen gibt es seit der mythischen Geburt des Landes eine einzige ungebrochene dynastische Tradition; ein Äquivalent zum Verlust des »Mandats des Himmels«, wodurch ein Kaiser seinen Thron verlieren könnte, kennen die Japaner nicht. Bei der Übernahme des Konfuzianismus waren sie sorgsam darauf bedacht, daß sich die politischen Gebote nicht negativ auf die Privilegien des Kaisers und der herrschenden politischen Schicht auswirkten.

Überdies standen in Japan vornehmlich Soldaten an der Spitze des Staates, während China traditionell von einer Bürokratie gelehrter Edelleute geführt wurde. Die militärische Schicht in Japan entwickelte ihren eigenen ethischen Kodex – *bushido*, die sogenannte »Samurai-Ethik« –, der militärische Tugenden wie Loyalität, Ehre und Tapferkeit besonders betonte. Familienbindungen waren den feudalen Bindungen uneingeschränkt untergeordnet.[37] Der chinesische Konfuzianismus der Sung-Dynastie, vor allem die Chu-Hsi-Schule, kam zu Beginn der Tokugawa-Zeit nach Japan und wurde dort mit *bushido* in Einklang gebracht, indem die Tugend der Loyalität einen höheren Stellenwert erhielt. Zunächst war nicht klar, ob Loyalität oder Ehrerbietung der Kinder gegenüber den Eltern Priorität haben würde, aber schließlich stand Loyalität an oberster Stelle.[38]

Die Aufwertung der Loyalität im japanischen Konfuzianismus erfolgte bereits vor vielen Jahrhunderten, aber nach der Meiji-Restauration versuchte man erneut, den Konfuzianismus als eine Lehre zu propagieren, die den Zielen der Regierung wie Modernisierung und nationale Einheit förderlich war.[39] Die Anstrengungen der Japaner im 19. Jahrhundert, mit Hilfe des Konfuzianismus die Kultur zu formen, erinnern an ähnliche Versuche des ehemaligen Premierministers von Singapur, Lew Kwan Yew, in den neunziger Jahren. Der Kaiserliche Befehl an Soldaten und Matrosen von 1882 und der Kaiserliche Erlaß zur Erziehung von 1890 bedienten sich konfuzianistischer Sprache, um die Tugend der Loyalität zum Staat hervorzuheben.[40] Um die Jahrhundertwende dehnten japanische Beamte und Geschäftsleute angesichts des Arbeitskräftemangels und der Mobilität der Handwerker die Lehre, die zuvor vorwiegend der Oberschicht gepredigt worden war, auf die ganze Gesellschaft aus. Das Prinzip der Loyalität wurde erweitert, so daß es jetzt nicht nur den Staat, sondern auch das Unternehmen umfaßte, und in das Erziehungssystem und die Arbeitswelt übertragen.[41] Chalmers Johnson sagt zu Recht, dies sei ein politischer Akt gewesen, um den Erfordernissen des japanischen Staates und der Gesellschaft zu einem bestimmten Zeitpunkt ihrer Geschichte Genüge zu tun.[42] Der Erfolg dieser politischen Maßnahmen läßt sich allerdings nur damit erklären, daß der Begriff Loyalität tief in der japanischen Kultur verankert war. In China hätten sich ähnliche Grundsätze gewiß nicht so leicht verbreiten lassen.

Die Anpassung des chinesischen Konfuzianismus an die japanischen Verhältnisse hat zur Folge, daß Staatsbürgerschaft und Nationalbewußtsein in der japanischen Gesellschaft erheblich wichtiger sind als in der chinesischen. Wir haben oben festgestellt, daß die chinesische Familie gewissermaßen ein Bollwerk gegen eine willkürliche und habgierige Staatsmacht war und daß chinesische Familienbetriebe deshalb instinktiv nach Möglichkeiten suchten, ihr Einkommen vor den Steuereinnehmern zu verstecken. In Japan stellt sich die Situation völlig anders dar: Die Familie ist schwächer, und die Individuen werden von den verschiedenen vertikalen Autoritätsstrukturen, denen sie unterworfen sind, in unterschiedliche Richtungen gezogen. Die japanische Nation mit dem Kaiser an der Spitze ist gewissermaßen der oberste Haushalt *(ie)* und verlangt ein Maß an moralischer Verpflichtung und emotionaler Bindung, das der chinesische Kaiser nie genoß. Im Gegensatz zu den Japanern empfinden die Chinesen kein »Wir«-Gefühl gegenüber Fremden, und sie identifizieren sich eher mit der Familie, dem Klan oder der Region als mit der Nation.

Die dunkle Seite des Nationalgefühls der Japaner und ihrer Neigung, sich gegenseitig zu vertrauen, ist ihr Mangel an Vertrauen zu Menschen, die keine Japaner sind. Die Probleme von Ausländern, die in Japan leben – so beispielsweise eine recht große koreanische Gemeinde – wurden oft erörtert. Das Mißtrauen gegenüber Nichtjapanern zeigt sich ebenfalls im Geschäftsgebaren vieler multinationaler japanischer Unternehmen, die in anderen Ländern operieren. So wurden zwar viele Aspekte des japanischen Systems der schlanken Produktion erfolgreich in die Vereinigten Staaten importiert (auf dieses Thema werden wir weiter unten ausführlich eingehen), aber die Ableger japanischer Firmen taten sich schwer mit der Integration in die lokalen amerikanischen Zuliefernetze. Japanische Automobilunternehmen beispielsweise, die Montagewerke in den Vereinigten Staaten aufbauten, brachten normalerweise die Zulieferer in ihren Netzwerk-Organisationen aus Japan mit. Einer Untersuchung zufolge stammen 90 Prozent der Teile für japanische Autos, die in Amerika montiert werden, aus Japan oder aus Tochtergesellschaften japanischer Unternehmen in den Vereinigten Staaten.[43] Das war angesichts der kulturellen Unterschiede zwischen dem japanischen Fertigungsbetrieb und dem amerikanischen Unterlieferanten vielleicht vorhersehbar, hat aber verständlicherweise zu einem sehr kühlen Verhältnis zwischen beiden geführt. Oder um noch ein weiteres Beispiel zu nennen: Die multinationalen japanischen Unternehmen stellten auf der Führungsebene ihrer Firmen in Amerika zwar viele ortsansässige Manager an, behandelten sie aber nur selten wie Manager der gleichen Ebene in Japan. Ein Amerikaner in einer Unterabteilung einer japanischen Firma in den Vereinigten Staaten kann versuchen, innerhalb seiner Organisation aufzusteigen, aber man bittet ihn höchstwahrscheinlich nicht, in Tokio zu arbeiten oder einen höheren Posten außerhalb der Vereinigten Staaten zu übernehmen.[44] Freilich sind Ausnahmen möglich: Sony America beispielsweise ist mit seinen überwiegend amerikanischen Angestellten sehr autonom und beeinflußt oft die Muttergesellschaft in Japan. Im großen und ganzen jedoch schenken Japaner nur anderen Japanern ihr volles Vertrauen.

Überdies brachte die alte japanische Tradition, daß die tatsächlichen Machthaber nicht mit den nominellen Herrschern übereinstimmen müssen, zusätzliche Flexibilität in die Geschäftsbeziehungen. Auch darin äußert sich ein entscheidender Unterschied zwischen der japanischen und der chinesischen Kultur. In Japan bleibt der eigentliche Machthaber oft anonym hinter den Kulissen und gibt sich damit zufrieden, seine Herrschaft indirekt auszuüben. Die Meiji-Restauration, die nominell Kaiser Meiji auf Kosten des Shogunats zurück auf den Thron brachte, wurde von einer Gruppe Adliger aus Satsuma und Choshu herbeigeführt, die im Namen des Kaisers agierten. Der Kaiser selbst übte weder vor noch nach der Restauration viel Macht aus. Und das ist auch der einzige Grund, warum Japan eine ungebrochene dynastische Tradition hat: Die japanischen Kaiser waren schon immer machtlos. Im Gegensatz zu China, wo die Kaiser oft wirklich herrschten, fanden in Japan die entscheidenden Führungskämpfe unter den Beratern des Kaisers statt. Sie erhielten die Fassade ununterbrochener Herrschaft und Legitimität aufrecht, kämpften dabei aber so unerbittlich um die Macht, daß das Land oft in Bürgerkrieg versank.

Wie die verbreitete Praxis der Adoption ist auch die Tatsache, daß reale und nominelle Machthaber in Japan nicht identisch sein müssen, ein großer Vorteil für die Regelung der Nachfolge in Politik und Wirtschaft. In der Volksrepublik China übten in den späten achtziger und frühen neunziger Jahren achtzigjährige Männer die Macht aus, die schon als Genossen Maos auf dem Langen Marsch gekämpft oder ihre politische Karriere zur Zeit der Revolution 1949 begonnen hatten. Es war ausgeschlossen, sie durch Beförderung kaltzustellen und durch jüngere Führungskräfte zu ersetzen. Politische Reformen wurden jahrelang aufgeschoben, während das Land auf ihren Tod wartete.[45] (In Südkorea besteht eine ähnliche Situation, denn die kulturellen Gepflogenheiten dort erinnern eher an China als an Japan; in Nordkorea stagnierte die Politik unter Kim Il Sung.) In Japan ist die Lage völlig anders: Zu alte oder inkompetent gewordene Führer werden freundlich in Ehrenämter komplimentiert, und junge Menschen übernehmen die Führung. Die Wurzeln dieses Verhaltens findet man schon in den bäuerlichen Haushalten. Dort war es nicht ungewöhnlich, daß das Familienoberhaupt vom Haupthaus in ein kleineres Haus zog, wenn der älteste Sohn alt genug war, die Verantwortung für die Führung des Haushalts zu übernehmen. Die Japaner respektieren das Alter, aber sie respektieren es auch, wenn ein alter Mann wie Soichiro Honda spürt, daß seine Zeit vorüber ist, und die Macht einem jüngeren, aktiveren Menschen übergibt.[46]

Es würde unseren thematischen Rahmen sprengen, die historischen Ursprünge von japanischen Institutionen wie *ie* und *iemoto*, Erstgeburtsrecht und Adoptionsregeln nachzuzeichnen. Warum diese Institutionen gerade in Japan und nicht anderswo in Ostasien entstanden, haben viele Autoren auf einen entscheidenden Faktor zurückgeführt: Die politische Macht in Japan ist dezentralisiert.[47] Wie Deutschland und Norditalien wurde Japan vor der Moderne niemals von einer mächtigen Zentralregierung mit einem großen, zudringlichen Verwaltungsapparat beherrscht, wie wir ihn beispielsweise in Süditalien, Frankreich und China vorfinden. Japan rühmt sich zwar einer ungebrochenen dynastischen Tradition, die japanischen Kaiser jedoch waren immer schwach und schafften es nie, die Feudalaristokratie des Landes zu unterwerfen. Die Macht war auf eine Reihe sich bekriegender Klans verteilt, denen das Schicksal mal mehr, mal weniger gewogen war. Da es der zentralen Autorität nicht gelang, ihre Macht zu festigen, blieb ein gewisser Freiraum, in dem sich kleine Vereinigungen ausbreiten konnten. Während der Taika-Reformen im 17. Jahrhundert lockten lokale Feudalherren Bauern von kaiserlichen Besitzungen weg, indem sie ihnen dafür militärischen Schutz vor den kaiserlichen Behörden boten.[48] Wie in Europa entstanden aufgrund längerer Bürgerkriege autonome Lehnsgüter, deren Existenz auf der Regelung beruhte, daß die Samurai den Bauern Schutz boten und dafür von ihnen Reis erhielten; verwandtschaftliche Beziehungen spielten keine Rolle. Die Idee der wechselseitigen Loyalität auf der Basis wechselseitiger Dienstleistung ist also in der Tradition des japanischen Feudalwesens tief verwurzelt.[49] Die dezentralisierte politische Macht ließ großen Raum für privatwirtschaftliche Aktivitäten: Kurz vor der Meiji-Restauration förderten die lokalen *Han*-Regierungen, in die Japan während der Tokugawa-Zeit eingeteilt worden war, jeweils eigenständig bestimmte Wirtschaftszweige. Aus vielen dieser geförderten Unternehmen entstanden nach 1868 die großen japanischen Industriebetriebe. Wie in Europa begünstigte die Zersplitterung der politischen Macht die Entwicklung großer Städte wie Osaka und Edo (Tokio); dort hatte nämlich eine große und zunehmend mächtige Schicht von Kaufleuten Schutz gesucht.[50] In China wäre eine solche Schicht rasch mit der kaiserlichen Autorität in Konflikt geraten und durch sie unterworfen worden.

Andere Aspekte der japanischen Kultur haben für den wirtschaftlichen Erfolg des Landes zweifellos ebenfalls eine wichtige Rolle gespielt, zum Beispiel der besondere Charakter des japanischen Buddhismus. Wie Robert Bellah und andere gezeigt haben, rechtfertigten die Lehren der buddhistischen Mönche Baigan Ishida und Shosan Suzuki in der frühen Tokugawa-Zeit weltliche wirtschaftliche Betätigung und propagierten eine kaufmännische Ethik, die mit dem frühen Protestantismus in England, Holland und Amerika vergleichbar ist.[51] Es gab, anders ausgedrückt, ein japanisches Gegenstück zur protestantischen Arbeitsethik in Europa, die auch ungefähr zur gleichen Zeit formuliert wurde. Dieses Phänomen hängt eng mit der Zentradition des Perfektionismus bei alltäglichen, säkularen Tätigkeiten zusammen – Fechtkunst, Bogenschießen, Zimmermannskunst, Seidenweberei und so weiter –; Perfektion wird eher durch innere Meditation erreicht als durch ausgefeilte Technik.[52] Wer den frühen Film von Akira Kurosawa, *Die Sieben Samurai*, gesehen hat, wird sich an die Gestalt des Zenmeisters und Fechters erinnern, der nach der Meditation seinem Gegner mit einem einzigen eleganten Schlag den Bauch aufschlitzt, bevor jener überhaupt merkt, was mit ihm geschieht. Dieser obsessive Perfektionismus, der für den Erfolg der japanischen Exportindustrie von entscheidender Bedeutung war, hat letztlich eher religiöse als wirtschaftliche Wurzeln. Andere Regionen Asiens teilen zwar die japanische Arbeitsethik, nicht jedoch die japanische Tradition des Perfektionismus. Wir haben diese Aspekte der Kultur hier freilich nicht ausführlich erörtert, weil sie keine besondere Beziehung zu der Neigung zu spontaner Soziabilität haben.[53]

Als nächstes müssen wir versuchen zu verstehen, in welcher Form die kulturellen Gepflogenheiten in der modernen japanischen Geschäftswelt ihren Niederschlag finden.

Kapitel 16

Arbeit für ein ganzes Leben

In den vergangenen zwei Jahrzehnten vollzogen sich in der amerikanischen Wirtschaft eine Reihe schmerzlicher Veränderungen: Alte, große Unternehmen bauten Personal ab, wurden umstrukturiert oder gaben die Produktion ganz auf. »Umstrukturierung des Unternehmens« ist der neueste Euphemismus, mit dem Unternehmensberater die Entlassung von Arbeitnehmern im Interesse höherer Produktivität bezeichnen. Präsident Clinton und viele andere Experten wiesen die Amerikaner warnend darauf hin, daß sie nicht erwarten dürften, ein Leben lang dieselbe Arbeit zu tun, sondern daß sie unvermeidlich mehr Veränderung und Unsicherheit in ihrem Arbeitsleben gewärtigen müßten als ihre Eltern.

Malen wir uns einmal aus, was unter den gegebenen weltwirtschaftlichen Bedingungen geschehen würde, wenn Marsmenschen die Macht übernähmen und verkündeten, große amerikanische Unternehmen dürften keine Arbeiter mehr entlassen. Sobald sich die Wirtschaftswissenschaftler wieder gefaßt hätten, würden sie zweifellos ausrufen, daß dies den Tod der amerikanischen Wirtschaft bedeute. Ohne die sogenannte »Substituierbarkeit der Produktionsfaktoren« könnten Arbeitsmärkte nicht auf rasche Nachfrageveränderungen reagieren und keine effizienteren Technologien einführen. Wenn die Besatzer vom Mars jedoch darauf bestünden und sich zugleich bei allen anderen Problemen flexibel zeigten, könnte man sich folgendes vorstellen: Erstens müßten die Arbeitgeber flexiblere Arbeitsregeln und Arbeitsbedingungen fordern, denn wenn ein Arbeiter an einer Stelle nicht gebraucht würde, hätte das Unternehmen großes Interesse, ihn dorthin zu versetzen, wo seine Arbeitskraft nützlicher wäre. Zweitens hätten die Unternehmen einen Anreiz, die Arbeiter innerbetrieblich für neue Kompetenzen und neue Arbeitsplätze auszubilden, damit die Arbeitskraft derjenigen, deren Funktion nicht mehr gebraucht würde, dem Unternehmen nicht ganz verloren wäre. Auch die Struktur der Unternehmen würde sich verändern. Sie wären nämlich motiviert, in unterschiedlichen Branchen tätig zu werden, damit Arbeiter, die man nicht mehr zur, sagen wir, Stahlproduktion benötigt, auf Arbeitsplätze im Bereich Elektronik oder Marketing versetzt werden könnten. Und schließlich müßte es noch einen Sektor mit Kleinbetrieben geben, der von der Regel der Anstellung auf Lebenszeit ausgenommen wäre. Dorthin könnten nicht benötigte Arbeiter notfalls abgeschoben werden. Diese Angleichungen würden den Effizienzverlust der Firmen, die ihre Arbeiter nicht mehr entlassen dürften, vermutlich nicht ausgleichen, dennoch könnte die Veränderung einen nicht direkt greifbaren Vorteil mit sich bringen, der sich letztlich auch bezahlt machen würde: eine größere Loyalität der Arbeiter zu ihrem Unternehmen und eine geringere Neigung, die Arbeitszeit als »Trittbrettfahrer« zu mißbrauchen.

Was wir soeben beschrieben haben, ist im wesentlichen das japanische System der Anstellung auf Lebenszeit, wie es in großen Unternehmen praktiziert wird. Die Anstellung auf Lebenszeit und das daraus folgende hohe Maß an Solidarität mit der Gemeinschaft in japanischen Unternehmen ist eine von zwei besonders augenfälligen Eigenheiten der japanischen Wirtschaft. Die zweite Eigenheit, die wir im folgenden Kapitel erörtern wollen, betrifft die langfristige Stabilität der Beziehungen zwischen verschiedenen Unternehmen, die zu einer Netzwerk-Organisation gehören. Beide Praktiken wurzeln in dem hohen Maß an wechselseitiger Loyalität, das Japaner in spontan gebildeten Gruppen an den Tag legen.[1]

Die Loyalität basiert nicht wie in China auf verwandtschaftlichen, aber auch nicht auf gesetzlichen, rechtlich verfaßten Beziehungen. Sie entspricht vielmehr der moralischen Verpflichtung und wechselseitigen Loyalität, die Mitglieder einer religiösen Sekte füreinander empfinden; dabei ist der Eintritt in die Beziehung freiwillig, der Austritt jedoch nicht unbedingt.

Zunächst einmal zeigt sich die wechselseitige Loyalität auf dem japanischen Arbeitsmarkt und in den Beziehungen zwischen Arbeitern und Management. Wie wir gesehen haben, arbeiten in China Angestellte, die nicht zur Familie gehören, nicht länger als unbedingt nötig in einem Familienbetrieb. Sie wissen, daß sie im Topmanagement nicht als gleichwertige Partner akzeptiert werden, denen man uneingeschränkt vertraut. Überdies fühlen sie sich nicht wohl in der täglichen Abhängigkeit von ihrem Arbeitgeber. Angestellte in chinesischen Firmen wechseln ihre Arbeitgeber bereitwillig und leben immer in der

Hoffnung, irgendwann einmal so viel Kapital angespart zu haben, daß sie sich selbständig machen können.

Große japanische Unternehmen dagegen praktizieren mindestens seit Ende des Zweiten Weltkrieges die Anstellung auf Lebenszeit (*nenko* auf japanisch).[2] Wenn ein Angestellter seine (oder viel seltener: eine Angestellte ihre) Laufbahn bei einer bestimmten Firma beginnt, wird eine Vereinbarung getroffen: Das Management sichert die Anstellung auf Dauer zu, und der Angestellte verspricht, nicht zu kündigen und anderswo eine bessere Stelle oder ein höheres Gehalt zu suchen. Es gibt vielleicht einen schriftlichen Vertrag, aber die Gültigkeit der Vereinbarung ist nicht an den Vertrag gebunden. Vielmehr gilt es als schlechter Stil, eine juristisch formulierte, schriftliche Niederlegung der Vereinbarung zu verlangen. Ein solches Verhalten kann sogar zur Folge haben, daß der Betreffende aus dem System der Anstellung auf Lebenszeit ausgeschlossen wird.[3] Allerdings wird ein Bruch der informellen Vereinbarung hart bestraft: Wer ein Unternehmen mit Anstellung auf Lebenszeit verläßt, weil ein anderes Unternehmen ihm ein höheres Gehalt bietet, wird geächtet. Ebenso ergeht es einem Unternehmen, das die Angestellten anderer Firmen abwerben will. Durchgesetzt werden die Sanktionen nicht per Gesetz, sondern allein durch moralischen Druck.

Durch das System der Anstellung auf Lebenszeit sind die Arbeitnehmer für den größten Teil ihrer Berufstätigkeit auf eine bestimmte Richtung festgelegt. Die japanische Gesellschaft mag in hohem Maße egalitär und meritokratisch sein, aber die Chance zu sozialer Mobilität kommt gewöhnlich nur einmal im Leben, und zwar dann, wenn ein junger Mann oder eine junge Frau die strenge Aufnahmeprüfung für eine japanische Universität ablegt. Theoretisch stehen diese Prüfungen jedem offen und werden objektiv bewertet, und die Universitäten nehmen einen Studenten nur auf, wenn er die Aufnahmeprüfung bestanden hat. Welche Arbeitsplätze einem Studenten nach dem Abschluß offenstehen, hängt stark davon ab, welche Universität er besucht hat (mehr als von seinen tatsächlichen Leistungen). Wenn er erst einmal in einem Unternehmen angestellt ist, hat er kaum noch eine Möglichkeit, Kollegen derselben Hierarchiestufe auf der Rangleiter zu überspringen. Das Unternehmen kann seine Angestellten nach Belieben herumschieben, die Angestellten dagegen haben so gut wie kein Mitspracherecht. Wer die Aufnahmeprüfung nicht besteht, hat praktisch keine Chance mehr, in einem Großunternehmen mit seinen guten Posten und Gehältern zu arbeiten, allenfalls der Sektor der Kleinbetriebe bietet ihm noch eine Möglichkeit zu beruflichem Fortkommen.[4] (Aus diesem Grund stehen japanische Schulkinder, zuweilen schon ab dem Eintritt in den Kindergarten, unter so großem Erfolgsdruck.) All das kontrastiert scharf mit der Situation in den Vereinigten Staaten, wo es immer, auch noch in fortgeschrittenem Alter, möglich ist, nach einem Fehlschlag neu anzufangen.

Wenn der japanische Arbeitnehmer erst einmal im Betrieb angestellt ist, wird seine Arbeit, vom Standpunkt der traditionellen neoklassischen Theorie aus betrachtet, auf vollkommen irrationale Art und Weise vergütet.[5] So etwas wie das Prinzip, daß die gleiche Arbeit gleich bezahlt wird, gibt es nicht; die Vergütung der Arbeit erfolgt vielmehr durchgehend nach Dienstalter und nach anderen Faktoren, die nichts mit der Leistung zu tun haben – zum Beispiel spielt es eine Rolle, ob ein Arbeitnehmer eine große Familie zu ernähren hat.[6] Japanische Unternehmen zahlen ihren Beschäftigten den relativ größeren Teil des Gehaltes in Form von Prämien. Gelegentlich werden Prämien als Belohnung für individuellen Einsatz gewährt, viel häufiger jedoch werden sie an größere Gruppen – eine Abteilung innerhalb des Unternehmens oder das Unternehmen insgesamt – für deren *kollektive* Leistungen ausbezahlt. Anders ausgedrückt: Jeder Arbeitnehmer weiß, daß er außer bei extremem Fehlverhalten nicht gekündigt wird, und er weiß, daß sein Gehalt sich einfach erhöht, weil er älter wird, und nicht, weil er mehr leistet. Wenn ein Angestellter sich als inkompetent oder unfähig erweist, wirft das Unternehmen ihn nicht hinaus, sondern sucht lieber einen Bereich, wo er sicher untergebracht ist, auch wenn er dort keine sinnvolle Arbeit tut. Auf die Arbeit entfällt ein hoher Anteil der Fixkosten, der nur unter großen Schwierigkeiten in Zeiten wirtschaftlicher Not reduziert werden kann.[7]

Man könnte vermuten, daß diese Art der Entlohnung Trittbrettfahrer geradezu anzieht: Alle höheren Vergütungen, die durch hervorragende Leistungen erworben werden, sind in bezug auf das gesamte Unternehmen letztlich ein öffentliches Gut. Für den einzelnen bieten sie keinen Anreiz, warum er nicht versuchen sollte, sich vor seinem Teil der Last zu drücken. Es gibt nur noch einen Gesellschaftstyp, in dem der Lohn so vollständig von der Leistung abgekoppelt war: die Gesellschaften in der ehemals kommunistischen Welt. Und dort unterhöhlte dieses System die Produktivität und führte zum völligen Niedergang der Arbeitsethik.

Daß die Anstellung auf Lebenszeit in Japan dagegen sogar mit einer sehr ausgeprägten Arbeitsethik vereinbar ist, zeugt davon, welch große Rolle wechselseitige Loyalität in der japanischen Gesellschaft spielt. Die stillschweigende Vereinbarung über die Anstellung auf Lebenszeit beinhaltet auch, daß der Arbeitnehmer als Gegenleistung für die Anstellung und stetige Beförderung dem Unternehmen sein Bestes gibt. Oder anders gesagt: Der Arbeitnehmer *will* für das Unternehmen sein Bestes geben, weil das Unternehmen langfristig für sein Wohlergehen sorgt. Das Gefühl der Loyalität besteht nicht durch formellen oder juristischen Zwang, sondern es ist vollkommen internalisiert als Ergebnis eines subtilen Sozialisationsprozesses. In Japan scheut man sich nicht, den Kindern in öffentlichen Lehranstalten richtiges »moralisches« Verhalten beizubringen, und diese moralische Erziehung setzt sich in den Schulungsprogrammen für Arbeitnehmer fort, die von den japanischen Unternehmen gesponsert werden.[8]

Die kommunistischen Staaten versuchten bei ihren Bürgern durch ständige Propaganda, Indoktrination und Einschüchterung ein ähnliches Gefühl moralischer Loyalität zu erzeugen. Diese Form ideologischer Tyrannei war jedoch nicht nur untauglich, die Menschen zum Arbeiten zu motivieren, sondern förderte einen allgemeinen Zynismus, der nach dem Zusammenbruch des Kommunismus in einem ausgeprägten Mangel an Arbeitsethos, Gemeinsinn und staatsbürgerlichem Pflichtbewußtsein in Osteuropa und der ehemaligen Sowjetunion resultierte.

Arbeitnehmer in einem System der Anstellung auf Lebenszeit widerstehen der Versuchung, sich als Trittbrettfahrer ein schönes Leben zu machen, weil die moralische Verpflichtung auf Gegenseitigkeit beruht. Ihre Loyalität und Arbeitsleistung wird ihnen von den Arbeitgebern auf vielerlei Art und Weise vergolten, weit über die Verpflichtung der Arbeitsplatzsicherheit hinaus. Japanische Unternehmer sind bekannt für ihr fürsorgliches Interesse am Privatleben ihrer Angestellten. Ein Abteilungsleiter nimmt an Hochzeiten und Beerdigungen seiner Untergebenen teil und betätigt sich vielleicht sogar einmal als Heiratsstifter. Anders als sein chinesischer Kollege hilft er, wenn ein Angestellter finanzielle Probleme hat, wenn in der Familie ein Unfall passiert oder ein Angehöriger gestorben ist.[9] Außerdem verkehrt er auch nach Dienstschluß gesellschaftlich mit seinen Angestellten. Japanische Unternehmen organisieren sportliche und gesellschaftliche Ereignisse, Freizeiten und Ferien für ihre Arbeitnehmer.

Man hat japanische Unternehmen oft mit einer Familie verglichen.[10] Die Aussage »ein guter Vorarbeiter betrachtet seine Arbeiter wie ein Vater seine Kinder« findet bei Meinungsumfragen in Japan gewöhnlich große Zustimmung.[11] 87 Prozent der Japaner bejahen die Aussage, sie hätten einen Vorgesetzten, der »sich auch in Angelegenheiten, die nichts mit der Arbeit zu tun haben, persönlich um Sie kümmert«; bei den Amerikanern sind es nur 50 Prozent.[12] Oft haben die moralischen Bindungen zwischen den Beschäftigten eines Unternehmens sogar Vorrang vor den Bindungen innerhalb der Familien. So nimmt ein Arbeiter lieber freiwillig an einer vom Unternehmen finanzierten Wochenendfreizeit teil, als die Zeit mit seiner Familie zu verbringen, und er geht lieber abends mit Arbeitskollegen ein Glas trinken, statt zu Hause bei Frau und Kindern zu bleiben. Seine Bereitschaft, die Interessen seiner Familie den Interessen des Unternehmens zu opfern, gilt als Zeichen seiner Loyalität, eine Weigerung würde als moralisches Fehlverhalten gewertet. Und wie in einer richtigen Familie ist es sehr schwierig, die Beziehung zu beenden: Auch wenn der »Vater« Unternehmen zu übermächtig erscheint, kann man ihn nicht einfach stehenlassen, kündigen und anderswo arbeiten.

Die wechselseitige Loyalität, die Arbeiter und Manager miteinander verbindet, spiegelt sich in größerem Maßstab in der japanischen Gewerkschaftsorganisation wider. Nach dem Krieg organisierten sich die japanischen Gewerkschaften nicht nach Industriezweigen oder Gewerben wie in den Vereinigten Staaten und in vielen europäischen Ländern, sondern als Unternehmensgewerkschaften: Die Hitachi-Gewerkschaft vertritt alle Arbeiter von Hitachi unabhängig von ihrem Fachgebiet. Das Verhältnis zwischen Arbeitnehmern und Management ist stärker von Vertrauen geprägt als in den Vereinigten Staaten, ganz zu schweigen von europäischen Ländern wie Großbritannien, Frankreich oder Italien mit ihren traditionell militanten und ideologisierten Gewerkschaften. Japanische Gewerkschaften inszenieren ihre Frühjahrsdemonstrationen zwar als eine Art nostalgische Rückkehr zu ihrer militanten Zeit in der ersten Hälfte des Jahrhunderts, aber sie teilen die Interessen des Managements in bezug auf das Wachstum und Wohlergehen des Unternehmens. Sie agieren deshalb oft als »Werkzeuge des Managements«, wiegeln Beschwerden über Arbeitsbedingungen ab und disziplinieren aufsässige Arbeitnehmer. Das unterscheidet sie grundlegend von den Gewerkschaften in Großbritannien. Der Soziologe Ronald Dore schreibt in seiner vergleichenden Untersuchung über eine britische und eine japanische Fabrik: »In Großbritannien gibt es viele Gewerkschaftler und Manager, die zwar akzeptieren, daß die Existenz der jeweils anderen unvermeidlich ist, ihre Legitimität oder zumindest die Legitimität ihrer Macht der anderen aber nicht uneingeschränkt anerkennen wollen. Für beide Seiten ist die ideale Gesellschaft eine Gesellschaft, in der es den jeweils anderen nicht gibt ...«[13]

Westliche Manager wünschen sich angesichts der scheinbaren Fügsamkeit japanischer Gewerkschaften oft ein ähnliches Verhältnis zu ihren Arbeitnehmern. Bei Appellen an ihre Gewerkschaften sprechen sie wie die Japaner von den gemeinsamen Interessen der Arbeiter und des Managements, um sie davon zu überzeugen, daß Arbeitsregeln gelokkert oder Löhne eingefroren werden müssen. Wechselseitige Loyalität in japanischer Manier setzt jedoch voraus, daß Loyalität und Vertrauen in beide Richtungen fließen. Ein westlicher Gewerkschaftler würde durchaus mit Recht argumentieren, daß es dumm und naiv sei, darauf zu vertrauen, daß das Management das Beste für die Arbeiter und die Unternehmensleitung suche. Das Unternehmen würde jedes Zugeständnis der Gewerkschaft ausreizen, aber hinsichtlich Arbeitsplatzsicherheit und anderer Vergünstigungen möglichst wenig zurückgeben. Bei Verhandlungen über einen neuen Vertrag legen Manager oft »ihre Bücher offen«, um die Gewerkschaftsvertreter davon zu überzeugen, daß sie einer bestimmten Gehaltsforderung nicht nachgeben können. Diese Taktik funktioniert aber nur, wenn die Gewerkschaft davon überzeugt ist, daß das Management es ehrlich meint.[14] Wissen ist Macht, und viele Gewerkschaften haben schon die unerfreuliche Erfahrung gemacht, daß sie bei Verhandlungen von den Arbeitgebern mit »frisierten« Büchern hinters Licht geführt wurden, in denen Kosten zu hoch und die Gewinne zu niedrig angesetzt waren. »Japanische Gewerkschaften« entstehen eben nur als Gegenstück zu japanischem Management.

Nach Ansicht einiger Beobachter – auch vieler Japaner – sind das System der Anstellung auf Lebenszeit und die daraus resultierende Beziehung zwischen Arbeitnehmern und Management tiefverwurzelten kulturellen Traditionen entsprungen, insbesondere der konfuzianischen Tradition der Loyalität.[15] Und tatsächlich hat die Anstellung auf Lebenszeit eine kulturelle Basis, aber die Beziehung zwischen kultureller Tradition und moderner Geschäftspraxis ist um einiges komplizierter.[16] Die Anstellung auf Lebenszeit in ihrer gegenwärtigen Form gibt es erst seit dem Ende des Zweiten Weltkriegs, und in vielen kleineren Firmen kommt sie gar nicht zur Anwendung. In diesem System kulminieren die Anstrengungen der japanischen Arbeitgeber und der Regierung, die Arbeitsverhältnisse zu stabilisieren, ein Kampf, der mit der Industrialisierung Japans im späten 19. Jahrhundert begann. Besonders um die Jahrhundertwende herrschte oft Mangel an Facharbeitern, und die Arbeitgeber waren vielfach nicht in der Lage, die benötigten Arbeiter zu halten. Es gab eine entsprechende Tradition aus der Tokugawa-Zeit: Sehr mobile Handwerker zogen nach Lust und Laune von einem Arbeitsplatz zum anderen. Diese Arbeiter waren stolz auf ihre Abneigung gegenüber Routine, auf ihr rebellisches Wesen, auf ihre Fähigkeit, ihre Arbeitskraft dort zu verkaufen, wo sie wollten, auf ihren hohen Lebensstandard und ihren oft unkonventionellen Lebensstil[17] – lauter Merkmale, die wir nicht gerade mit Japanern unserer Zeit in Verbindung bringen. Die damaligen Facharbeiter waren in *oyakata* organisiert, den traditionellen Zünften, deren Mitglieder sich zuallererst ihrer Zunft verpflichtet fühlten und nicht ihren Arbeitgebern.[18]

Zur Zeit der Industrialisierung wurden stabile Arbeitsverhältnisse sehr wichtig, denn private Firmen hatten sich verpflichtet, ihren Beschäftigten grundlegende in der Industrie benötigte Fertigkeiten beizubringen. Die Auflösung eines Arbeitsverhältnisses kam eine Firma teuer zu stehen, da sie viel in die Ausbildung der Arbeiter investiert hatte. Mitsubishi gehörte zu den ersten großen Konzernen, die 1897 ein großzügiges Paket von Krankengeld und Ruhestandszahlungen anboten, um die Arbeiter zu halten. Trotzdem blieb die Fluktuationsrate in den folgenden Jahren sehr hoch und fiel beispielsweise in der Maschinenindustrie selten unter 50 Prozent pro Jahr.[19] Auch das Verhältnis zwischen Unternehmern und Arbeitern war in Japan nicht immer friedlich. Mit dem Anwachsen der Arbeiterklasse wurden die Gewerkschaften aktiver und militanter, bis das Militärregime sie 1938 auflöste. Beim Wiederaufbau der japanischen Industrie nach dem Pazifikkrieg wollten die Unternehmer ein harmonischeres und stabileres Verhältnis zu den Arbeitnehmern herstellen als in der Vergangenheit. Unterstützt durch konservative Regierungen in den späten vierziger Jahren und den gleichgesinnten Verbündeten Amerika, wo linksgerichtete, militante Gewerkschaften nicht geduldet wurden, entstand das inzwischen vertraute System der *nenko*.

Die Tatsache, daß es die Anstellung auf Lebenszeit noch nicht sehr lange gibt, brachte einige Beobachter zu der Ansicht, daß *nenko* gar kein kulturell determiniertes Phänomen sei, sondern eine von der politischen Obrigkeit geschaffene Institution, die das bot, was das Land zu einem bestimmten Zeitpunkt seiner Entwicklung brauchte.[20] Bei dieser Sicht wird jedoch die Rolle der Kultur bei der Ausgestaltung der Institution falsch eingeschätzt.[21] Die Anstellung auf Lebenszeit ist keine altüberlieferte Praxis in Japan, aber sie beruht auf gewissen ethischen Gepflogenheiten, die in der japanischen Geschichte seit langem bestehen. Ein System, das auf wechselseitiger Loyalität beruht, kann nur funktionieren, wenn innerhalb der Gesellschaft ein hohes Maß an Vertrauen besteht. Es wäre ein leichtes für ein Unternehmen, die Fügsamkeit der Arbeiter und Gewerkschaften auszunutzen, ebenso wie die Arbeiter ohne weiteres Trittbrettfahrer werden könnten. In Japan passiert das nicht, zumindest nicht in einem nennenswerten Ausmaß, und das ist ein Zeichen dafür, daß jede Seite sehr darauf vertraut, daß die jeweils andere Seite ihren Teil der Abmachung einhält. Man kann sich kaum vorstellen, daß ein solches System der Anstellung auf Lebenszeit erfolgreich funktionieren könnte in Ländern wie Taiwan, Hongkong, Italien oder Frankreich, deren Gesellschaften von einem relativ geringen Maß an Vertrauen geprägt sind, oder in Großbritannien, das von Feindseligkeiten zwischen den Klassen zerrüttet ist. Die Arbeiterschaft und das Management wären voller Mißtrauen hinsichtlich der Motive derjenigen, die das System einrichteten. Die einen hielten es für eine Verschwörung, um die Gewerkschaftssolidarität zu untergraben, die anderen würden es als heimliche Wohltat des Unternehmens deklarieren. Die Regierungen solcher Gesellschaften könnten ein System der Anstellung auf Lebenszeit selbstverständlich gesetzlich verankern, wie es viele sozialistische Gesellschaften getan haben. Aber höchstwahrscheinlich würden weder Arbeitnehmer noch Arbeitgeber ihren Teil der Abmachung erfüllen: Die Arbeitnehmer würden vorgeben zu arbeiten, und die Arbeitgeber würden vorgeben, für Wohlstand zu sorgen. Das japanische System funktioniert deshalb so effizient, weil die Arbeiter und das Management die Regeln internalisiert haben: Arbeiter arbeiten, und Manager berücksichtigen die Interessen der Arbeiter, und zwar ohne Zwang und ohne die Transaktionskosten eines formellen juristischen Systems von Rechten und Pflichten, um ihr Verhältnis zu regeln.

Ende der achtziger Jahre, als der Wirtschaftsboom abrupt endete, und 1992/93, als die Rezession einsetzte und gleichzeitig die Aufwertung des Yen Probleme bereitete, geriet das System der Anstellung auf Lebenszeit stark unter Druck. Bei dem Versuch, die Kosten zu senken, zugleich aber die Verpflichtung zur Arbeitsplatzgarantie einzuhalten, ergriffen japanische Firmen vielfältige Maßnahmen: Sie versetzten Arbeitnehmer in andere Geschäftszweige, sie schoben sie in die zweite Reihe der kleinen Firmen, sie senkten die Prämien drastisch, sie schickten Arbeitnehmer in den vorgezogenen Ruhestand oder hinderten sie an einer aktiven Mitarbeit, indem sie sie zwar weiter auf den Lohnlisten führten, in Wirklichkeit aber unterbeschäftigten. Die sozial verhängnisvollste Auswirkung war wohl, daß deutlich weniger Universitätsabsolventen angestellt wurden.[22] Der Prozentsatz der übernommenen Universitätsabsolventen fiel 1992 um 26 Prozent und ein Jahr später um weitere 10 Prozent; 150000 Universitätsabsolventen suchen immer noch Arbeit.[23] Einige große Unternehmen entließen sogar Arbeitskräfte, während andere »headhunting« in amerikanischem Stil betrieben und die schwache Nachfrage nach Arbeit dazu nutzten, Mitarbeiter von der Konkurrenz abzuwerben. Das System der Anstellung auf Lebenszeit hält die Unternehmen jedoch davon ab, den Personalbestand zu reduzieren und »umzustrukturieren«, um Produktivitätsgewinne aus vorübergehender Massenentlassung oder Aufkäufen zu realisieren, wie es viele amerikanische Unternehmen Anfang der neunziger Jahre taten. Als die japanische Wirtschaft noch zweistellige Wachstumsraten schrieb und selten Rückschläge oder Flauten verkraften mußte, war es für die Unternehmen sehr viel leichter, die Vereinbarung der lebenslangen Anstellung zu beachten. Ob *nenko* die Produktivität der japanischen Unternehmen heute entscheidend einschränkt, da die japanische Wirtschaft gereift ist und langsamer wächst, bleibt abzuwarten. Aber unabhängig davon, ob es ein optimales System für die Zukunft ist, in der Vergangenheit hat es sich in Japan offensichtlich bewährt und Arbeitsplatzsicherheit mit wirtschaftlicher Effizienz in einer Form vereinbart, die in vielen westlichen Volkswirtschaften nicht möglich war.[24] Daß dieses System in der Vergangenheit so gut funktionierte – daß es überhaupt funktionierte –, zeugt davon, welche Rolle wechselseitige Loyalität im gesellschaftlichen Leben Japans spielt.

Kapitel 17

Die Geldclique

Kürzlich ereignete sich im Internet ein Vorfall, der zeigt, wie wichtig wechselseitige Loyalität für das Funktionieren eines Netzwerks ist. Das Computernetz »Internet« wurde ursprünglich vom amerikanischen Verteidigungsministerium eingerichtet, um die weltweite Kommunikation von Computern zu ermöglichen. Wie bereits erwähnt, argumentieren viele begeisterte Anhänger von »Superdatenautobahnen«, die Netzwerk-Organisation kleiner Firmen oder einzelner werde die neue, sowohl gegenüber großen hierarchischen Unternehmen als auch gegenüber anarchischen Marktbeziehungen überlegene Organisationsform sein. Netzwerke funktionieren jedoch nur dann effizient, wenn ihre Benutzer auf einem hohen Vertrauensniveau zusammenarbeiten und sich an gemeinsame ethische Verhaltensnormen halten. Daß soziale Loyalität so wichtig ist, mag viele Hacker überraschen, die das Internet nutzen, denn sie sind meist freie Geister, die jede Autorität ablehnen. Aber gerade Netzwerk-Organisationen reagieren sehr empfindlich auf regelloses und unsoziales Verhalten.

Das Internet ist ein physikalisches Netzwerk und in einem gewissen engen, aber sehr wichtigen Sinn auch eine Gemeinschaft geteilter Wertvorstellungen.[1] Zur Internet-»Gemeinschaft« gehörten anfangs vorwiegend Forscher aus Regierungs- und Universitätseinrichtungen, die sich aufgrund ihres homogenen Hintergrundes und ähnlicher Interessen an eine Reihe ungeschriebener Regeln der »Netz-Etikette« hielten. Es gab keine formale administrative Hierarchie und keine gesetzlichen Regeln, die Internet-Anwender tauschten frei Daten und Informationen aus in der Annahme, daß die Kosten des Daten-Inputs in das Netz letztlich durch den freien Zugang zu den Daten anderer Anwender aufgewogen würden. Eine der wichtigsten informellen Regeln war beispielsweise das Verbot, über die elektronische Post kommerzielle Werbung zu vertreiben, denn wenn diese Form der Nutzung außer Kontrolle geriete, wäre das Netzwerk schnell verstopft. Die Betriebskosten des Systems konnten gering gehalten werden, weil die Anwender die Regeln internalisiert hatten und alle sich darauf verlassen konnten, daß niemand sie mißbrauchte. Die Internet-»Kultur« war zwar eng begrenzt, aber ökonomisch wirklich effizient.

Anfang der neunziger Jahre jedoch sprach es sich herum, daß man die Dienstleistung des Internet kostenlos (oder zumindest sehr preiswert) nutzen kann, die Zahl der Anwender stieg und damit auch die Zahl derer, die sich nicht an die Verhaltensnormen der ursprünglichen Internet-Gemeinschaft gebunden fühlten. Im Jahr 1994 setzten sich zwei Rechtsanwälte auf unverschämte Weise über das Werbeverbot hinweg und bombardierten die Internet-Gemeinschaft mit Werbung für ihre Dienstleistungen. Unbeeindruckt von den heftigen Protesten langjähriger Internet-Nutzer, verteidigten sich die Anwälte damit, daß sie keine Gesetze oder offiziellen Regeln gebrochen hätten und sich keinem moralischen Druck beugen würden.[2] Ihr Verhalten bedrohte die Funktionsfähigkeit des gesamten Netzwerks, denn über kurz oder lang war zu erwarten, daß auch andere die eigentlich öffentliche Einrichtung für private Zwecke mißbrauchen würden.

Das Problem wird eines Tages möglicherweise dadurch gelöst werden, daß man dem Netzwerk eine hierarchische Struktur gibt und eine Reihe formaler Regeln mit Strafandrohungen formuliert. Die »Netz-Etikette« würde dann unter Androhung von Zwang durch Regeln aufrechterhalten und nicht mehr durch ein internalisiertes Gefühl der wechselseitigen Loyalität. Mit Hilfe solcher Maßnahmen bliebe das Internet zwar erhalten, aber die Transaktionskosten für den Betrieb würden erheblich steigen, denn man würde eine Verwaltung, eine Art Polizei, Zugangsbeschränkungen und so weiter benötigen. Schon die durch mangelhaft sozialisierte Hacker eingeschleusten Viren verursachten erhebliche Zusatzkosten beim Betreiben des Netzwerks, da sogenannte Firewall-Computer und die Einteilung von Daten notwendig wurden. Was früher Sache des Gewissens war, wird jetzt zu einer Angelegenheit des Gesetzes mit all der Schwerfälligkeit, die gesetzliche Regelungen mit sich bringen, und wo die Abläufe einst dezentralisiert und sich selbst steuernd funktionierten, bedarf es jetzt einer Administration und eines bürokratischen Apparats.

Die Netzwerk-Organisation als eine Gemeinschaft, die auf wechselseitiger Loyalität basiert, ist vermutlich in Japan am höchsten entwickelt. Neben der Anstellung auf Lebenszeit ist das Keiretsu oder Netzwerk das zweite charakteristische Merkmal der japanischen Wirtschaft, das davon abhängt, daß so viele Menschen fähig sind, Beziehungen mit sehr großem wechselseitigem Vertrauen einzugehen.[3] Wie oben bereits erwähnt, sind die Keiretsu die direkten Nachfolger der Zaibatsu der Vorkriegszeit. Der wesentliche Unterschied besteht darin, daß die Keiretsu nicht mehr von den Gründerfamilien kontrolliert werden. Die Mitsui-, Mitsubishi- und Sumitomo-Gruppen behielten ihre Firmennamen bei, während das Fuji-Keiretsu Nachfolger des Yasuda-Konzerns ist und sich in der Dai-Ichi-Kangyo-Gruppe zwei kleinere Zaibatsu, nämlich Furukawa und Kawasaki, zusammengeschlossen haben.

Bei den Keiretsu unterscheidet man im wesentlichen zwei Typen: Das vertikale Keiretsu, wie die Toyota Motor Corporation, besteht aus einem Fertigungsbetrieb, seinen untergeordneten Zulieferern und den übergeordneten Marketingorganisationen. Der zweite und häufigere Typ ist das sogenannte horizontale oder Inter-Markt-Keiretsu, in dem ganz unterschiedliche Branchen vereinigt sind wie beispielsweise in den amerikanischen Konglomeraten Gulf+Western oder ITT, die ihre Glanzzeit in den sechziger und siebziger Jahren erlebten. Ein typisches Inter-Markt-Keiretsu gruppiert sich gewöhnlich um eine große Bank oder eine andere finanzwirtschaftliche Institution und umfaßt außerdem ein allgemeines Handelsunternehmen, ein Versicherungsunternehmen, eine Fertigungsanlage in der Schwerindustrie, einen Elektronikbetrieb, eine chemische Fabrik, eine Ölgesellschaft, Produzenten verschiedener Massengüter, eine Reederei und ähnliches. Nach dem Abzug der Amerikaner konstituierten sich die alten Zaibatsu neu: Die Führungskräfte der Unternehmen, die schon in der Vergangenheit zusammengearbeitet hatten, kamen nun als »Rat der Präsidenten« zusammen. Zwischen den Mitgliedern der Keiretsu bestehen zwar keine formalrechtlichen Bindungen, aber sie sind im Laufe der Zeit durch ein kompliziertes System von Überkreuzbeteiligungen am Eigenkapital der Partner eng miteinander verflochten.

Keiretsu-ähnliche Firmengruppen gibt es in vielen Kulturen. Wir haben bereits gesehen, daß in chinesischen Gesellschaften wie Taiwan und Hongkong Netzwerk-Organisationen auf familiärer Basis existieren, während die Kleinbetriebe in Mittelitalien in komplexen Netzen wechselseitiger Abhängigkeit miteinander verbunden sind. Amerika hatte im späten 19. Jahrhundert seine Morgan- und Rockefeller-Trusts, und selbst nach deren Auflösung war es durchaus üblich, daß Firmen langfristige Allianzen mit gemeinsamen Boards of Directors eingingen.

Wenn Boeing heute mit der Produktion des Modells 777 beginnt, hat das Unternehmen im wesentlichen nur noch eine integrierende Funktion. Seine Hauptaufgabe besteht darin, die Aktivitäten eines ganzen Heeres unabhängiger Unterlieferanten zu koordinieren, die den größten Teil des eigentlichen Flugzeugbaus leisten. Auch in der deutschen Wirtschaft gibt es viele bankenzentrierte Industriegruppen, die in mancherlei Hinsicht an die japanischen Netzwerk-Organisationen erinnern.

Das japanische Keiretsu-System besitzt jedoch eine Reihe charakteristischer Merkmale, für die es in anderen Gesellschaften offensichtlich keine Entsprechung gibt. Erstens sind die Keiretsu sehr groß und spielen eine sehr wichtige Rolle in der japanischen Volkswirtschaft. Während ein taiwanesisches Unternehmensnetz durschnittlich sechs Betriebe umfaßt, vereinen die sechs größten japanischen Inter-Markt-Keiretsu durchschnittlich jeweils einunddreißig Betriebe.[4] Von den 200 größten japanischen Firmen unterhalten 99 eine feste, langfristige Verbindung zu einer Netzwerk-Organisation. Firmen, die nicht zu einem Keiretsu gehören, betätigen sich meist in neueren Branchen, wo noch keine Allianzen entstehen konnten.[5]

Zweitens behaupten die einzelnen Mitglieder eines Inter-Markt-Keiretsu trotz ihrer enormen Gesamtgröße selten ein Monopol in einem einzelnen Sektor der japanischen Wirtschaft, vielmehr steht jedem Keiretsu in jedem Marktsektor ein oligopolistischer Konkurrent gegenüber. Mitsubishi Heavy Industries, Sumitomo Heavy Industries und Kawasaki Heavy Industries (ein Mitglied der Dai-Ichi-Kangyo-Gruppe) konkurrieren im Bereich der Schwer- und Rüstungsindustrie, Mitsubishi Bank, Sumitomo Trust und Dai-Ichi-Kangyo-Bank in der Finanzwirtschaft.[6]

Drittens wickeln die Mitglieder des Netzwerks ihre Geschäfte bevorzugt untereinander ab, auch wenn das ökonomisch gesehen nicht immer sinnvoll ist. Sie arbeiten zwar nicht ausschließlich mit Netzwerkpartnern zusammen, schließen tendenziell aber mehr Geschäfte mit Betrieben innerhalb des Keiretsu ab als mit Außenstehenden. Dabei bleibt es nicht aus, daß sie höhere Preise oder geringere Stückzahlen in Kauf nehmen müssen als bei Geschäften auf dem freien Markt.[7] Eine andere Form der bevorzugten Geschäftsbeziehung besteht darin, daß ein Mitglied von der zentralen Finanzinstitution des Netzwerkes Kredite unter dem Marktzinssatz erhält, was einer Subventionierung gleichkommt. Die Neigung der Keiretsu-Mitglieder, bevorzugt miteinander Geschäfte zu machen, erregt in den japanisch-amerikanischen Handelsbeziehungen immer wieder Anstoß und ist vielleicht der wichtigste Grund für Mißverständnisse zwischen beiden Ländern. Ein amerikanisches Unternehmen, das seine Produkte nach Japan exportieren will, begreift nicht, daß ein japanischer Kunde lieber seinem Keiretsu-Partner einen höheren Preis zahlt, als die amerikanische Importware zu kaufen. Dem japanischen Unternehmen geht es dabei nicht darum, amerikanische Waren per se auszuschließen; es würde auch einer japanischen Firma seinen Partner innerhalb des Keiretsu vorziehen. Für Fremde sieht das allerdings verdächtig nach nichttarifären Handelshemmnissen aus.

Schließlich haben die Partner innerhalb des Keiretsu oft einen sehr freundschaftlichen, engen Umgang miteinander, was für ein hohes Maß an Vertrauen spricht. Unternehmen wie General Motors oder Boeing unterhalten zwar auch langfristige Beziehungen zu ihren Zulieferern, bleiben aber auf Distanz. Der Zulieferer muß immer fürchten, daß sich das Hauptunternehmen Kenntnisse über seine geschützten Verfahren und Finanzen zunutze macht und sie der Konkurrenz zuspielt oder selbst in die Branche einsteigt. Dadurch verbreiten sich effizientere Methoden nur langsam. Japanische Hauptunternehmen hingegen verlangen oft, daß sie alle Arbeitsabläufe ihrer Unterlieferanten auf Effizienz prüfen dürfen, und diese Forderung wird akzeptiert, weil die Unterlieferanten darauf vertrauen, daß das Hauptunternehmen die so gewonnenen Informationen nicht mißbraucht.[8]

Wie ausgeprägt die wechselseitige Loyalität zwischen den Mitgliedern eines Keiretsu ist, zeigt der bekannte Fall Toyo Kogyo. Der Automobilhersteller Toyo Kogyo (besser bekannt als Mazda Motors) stand 1974 vor dem Bankrott, weil die Verkaufszahlen seiner Automobile mit Drehkolbenmotor wegen der Ölkrise absackten. Toyo Kogyo gehörte zum Sumitomo-Keiretsu, und die Hauptbank der Gruppe, Sumitomo Trust, war ein wichtiger Kreditgeber und Anteilseigner des Automobilunternehmens. Sumitomo Trust übernahm die Führung bei der Reorganisation von Toyo Kogyo: Sieben Mitglieder des Board of Directors mußten gehen, und in der Produktion wurden neue Verfahren eingeführt. Die anderen Mitglieder des Keiretsu verlagerten ihre Automobilkäufe zu Mazda, die Einzelteilzulieferer senkten die Preise, und die Kreditgeber stellten die notwendigen Kredite zur Verfügung. Aufgrund all dieser Hilfsmaßnahmen überlebte Mazda ohne Entlassungen, auch wenn Arbeiter und Management reduzierte Prämien in Kauf nehmen mußten.[9] Als Chrysler ein paar Jahre später ebenfalls in Bedrängnis geriet, konnte es zu seiner Rettung nicht auf Kreditgeber oder Zulieferer zurückgreifen, sondern mußte sich an die amerikanische Regierung wenden. Für sich allein betrachtet war keine der Maßnahmen, mit der die Mitglieder des Sumitomo-Keiretsu Toyo Kogyo retteten, ökonomisch sinnvoll, und ob sie insgesamt gesehen ökonomisch Sinn machen, bezweifeln sicher auch einige Wirtschaftswissenschaftler. Aber dieser Fall veranschaulicht, zu welchen Opfern die Mitglieder eines Keiretsu zuweilen im Interesse der anderen bereit sind.

Um die ökonomische Logik der japanischen Netzwerk-Organisationen zu verstehen, müssen wir einen Schritt zurückgehen und aus einer allgemeineren Perspektive heraus allgemeine Unternehmenstheorien betrachten.

Während der Kapitalismus angeblich auf freien Märkten und uneingeschränktem Wettbewerb basiert, ist das Leben innerhalb eines westlichen Unternehmens zugleich hierarchisch strukturiert und kooperativ. Wie jeder weiß, der einmal dort gearbeitet hat, sind Unternehmen die letzte Bastion des Autoritarismus: Der Präsident, der allein an der Spitze steht, kann mit Erlaubnis seines Board of Directors seine Organisation nahezu ungehindert herumkommandieren, wie eine Armee. Zugleich sollen die Menschen, die in dieser Hierarchie arbeiten, kooperieren und nicht miteinander konkurrieren.

Ausgehend von diesem offensichtlichen Widerspruch zwischen dem kompetitiven freien Markt und der kooperativen, aber autoritären Firma, schrieb der Wirtschaftswissenschaftler Ronald Coase in den dreißiger Jahren einen wegweisenden Aufsatz.[10] Das Wesentliche am Markt, so Coase, sei der Marktpreis-Mechanismus, der Angebot und Nachfrage in ein Gleichgewicht bringe, innerhalb des Unternehmens jedoch werde der Marktpreis-Mechanismus unterdrückt und Waren würden auf Anfrage verteilt. Wenn nun der Marktpreis-Mechanismus offenbar so gut funktioniere, müsse man fragen: Warum gibt es überhaupt Unternehmen? Es wäre beispielsweise durchaus vorstellbar, daß Automobile in einem dezentralisierten Markt völlig ohne Automobil-Unternehmen gefertigt werden. Ein Unternehmen würde den Entwurf für ein Auto an einen Monteur verkaufen, der die größeren Komponenten von Unterlieferanten bezöge; diese wiederum würden die Teile für ihre Montage von anderen Einzelteillieferanten erhalten. Der fertig montierte Wagen könnte dann an eine unabhängige Marketingorganisation verkauft werden, die ihn an einen Händler und von dort an den Endabnehmer weitergeben würde. Aber moderne Automobilhersteller taten genau das Gegenteil: Sie integrierten nach unten und nach oben, kauften ihre Zulieferer und Marketingorganisationen auf, bewegten Waren entlang des Fertigungsprozesses per Auftrag und nicht durch Geschäfte auf dem Markt. Warum verlaufen die Grenzen zwischen dem Unternehmen und dem Markt gerade dort?

Coases Antwort auf dieses Rätsel und die Antwort der meisten Wirtschaftswissenschaftler nach ihm lautet, daß der Markt die Verteilung von Gütern zwar effizient regelt, aber oft auch oft erhebliche Transaktionskosten verursacht. Bei Geschäften auf dem Markt entstehen Kosten, weil Käufer und Verkäufer zusammengebracht, Preise ausgehandelt und geschäftliche Vereinbarungen in Form von Verträgen zum Abschluß gebracht werden müssen. Aufgrund dieser Kosten ist es für einen Automobilhersteller wirtschaftlicher, seine Zulieferer aufzukaufen, als immer wieder mit ihnen um Preise, Qualität und Lieferfristen für alle notwendigen Teile zu feilschen.

Coases ursprüngliche These wurde von vielen Autoren aufgegriffen und vor allem von Oliver Williamson[11], zu einer umfassenden Theorie des modernen Unternehmens ausgearbeitet. Nach Williamson muß man »ein modernes Unternehmen vor allem als Produkt einer Reihe organisatorischer Innovationen verstehen, die das Ziel und das Ergebnis hatten, die Transaktionskosten zu senken«.[12] Die Transaktionskosten können hoch sein, weil Menschen nicht völlig *vertrauenswürdig* sind. Mit anderen Worten: Wenn Menschen ihr ökonomisches Eigeninteresse verfolgen würden und zugleich völlig ehrlich wären, dann könnte man Autos auch durch Untervergabe oder Auswärtsvergabe bauen. Man könnte sich darauf verlassen, daß Zulieferer den besten Preis ansetzten, nicht vertragsbrüchig würden und der Konkurrenz keine Markeninformationen zuspielten, daß sie Lieferfristen einhielten, die bestmögliche Qualität lieferten und so weiter. Aber Menschen sind, so Williamson, »opportunistisch« und charakterisiert durch »beschränkte Rationalität« (in dem Sinne, daß sie nicht immer optimal rationale Entscheidungen treffen). Integrierte Unternehmen sind notwendig, weil man sich nicht darauf verlassen kann, daß außenstehende Zulieferer wirklich ihre Verträge erfüllen.[13]

Durch vertikale Integration sollen die Transaktionskosten gesenkt werden. Unternehmen expandieren so lange, bis die durch Größe verursachten Kosten die Einsparungen bei den Transaktionskosten übersteigen. Bei sehr großen Organisationen wirkt sich die Größe wieder nachteilig aus: Das Problem der Trittbrettfahrer wird, wie oben bemerkt, um so schwerwiegender, je größer das Unternehmen ist;[14] die Verwaltungskosten steigen, weil sich die Unternehmensbürokratie mehr für ihr eigenes Überleben interessiert als für Gewinnmaximierung; der Informationsfluß wird teuer, weil die Manager nicht mehr wissen, was in ihrem eigenen Unternehmen vor sich geht. Nach Ansicht von Williamson war das multidivisionale Modell, dem amerikanische Unternehmen zu Beginn des 20. Jahrhunderts den Weg bahnten, die innovative Reaktion auf dieses Problem: Die Transaktionskosten-Degressionsvorteile der Integration wurden mit dezentralen, unabhängigen Profit Centers kombiniert.[15]

Das japanische Keiretsu freilich, und das soll hier ausdrücklich betont werden, ist eine andere innovative Lösung des Größenproblems. Die langfristigen Beziehungen zwischen den Keiretsu-Partnern ersetzen die vertikale Integration und führen zu vergleichbaren Einsparungen bei den Transaktionskosten. Toyota hätte einen seiner großen Unterlieferanten, Nippondenso, vollständig aufkaufen können, so wie General Motors in den zwanziger Jahren Fisher Body erwarb. Doch Toyota verzichtete auf das Geschäft, weil der Kauf die Transaktionskosten nicht unbedingt gesenkt hätte. Durch das enge Verhältnis zwischen den beiden Betrieben hat Toyota bei der Produktion und der Qualität ein großes Mitspracherecht, und das wäre auch nicht anders, wenn Nippondenso eine echte Tochtergesellschaft von Toyota wäre. Überdies geben die Bindungen der wechselseitigen Loyalität zwischen den beiden Unternehmen Toyota die Sicherheit, daß Nippondenso seinen Bedarf auch noch auf lange Sicht zuverlässig decken wird. Es kommt also in erster Linie auf die langfristige Stabilität der Beziehung an. Beide Seiten können in dem Bewußtsein für die Zukunft planen und investieren, daß der andere nicht abspringt, falls ein Dritter auftaucht und einen etwas besseren Preis bietet.[16] Zudem verschwenden sie auch bei anderen Geschäften weniger Zeit damit, um Preise zu feilschen: Wenn ein Partner glaubt, nicht den optimalen Preis zu erhalten, oder kurzfristig sogar Verluste macht, weiß er, daß der andere die Verluste zu einem späteren Zeitpunkt ausgleichen wird.

Es kommt nicht von ungefähr, daß dic Organisationsform des Keiretsu gerade im kulturellen Umfeld Japans entstand: Durch das hohe Maß an allgemeinem Vertrauen in der japanischen Gesellschaft sind die

Transaktionskosten in Japan generell geringer.[17] In Gesellschaften mit einem niedrigen Vertrauensniveau wie Hongkong oder Italien ist es viel kostspieliger als in Japan, Geschäfte über die Firmengrenze hinaus abzuschließen (das heißt mit Firmen, zwischen denen keine verwandtschaftlichen Beziehungen bestehen), weil die japanischen Vertragspartner viel mehr darauf vertrauen, daß der Vertrag auch erfüllt wird. Zugleich laden sich die Mitglieder eines japanischen Keiretsu nicht noch die zusätzlichen Kosten einer zentralisierten Administration auf, die in vertikal integrierten Firmen anfallen.

Das Problem der Transaktionskosten ist ein guter Ansatz, um die Wirtschaftlichkeit vertikaler Keiretsu wie Toyota zu verstehen, die in ihrer Funktion etwa vertikal integrierten westlichen Unternehmen entsprechen. Wie aber verhält es sich mit den horizontalen Inter-Markt-Keiretsu, deren Mitglieder nicht in einem Zulieferverhältnis stehen? Welche ökonomischen Motive stecken beispielsweise dahinter, daß zu jedem Inter-Markt-Keiretsu auch eine Brauerei gehört, so daß in den Firmen von Sumitomo Asahi-Bier getrunken wird, während die Angestellten der Firmen von Mitsubishi Kirin bevorzugen?[18]

In dem Maße, wie die Keiretsu-Partner wirtschaftliche Beziehungen pflegen, kommen auch den Inter-Markt-Keiretsu die gleichen Degressionsvorteile zugute wie ihren vertikalen Pendants: Die Mitglieder der Gruppe kennen sich gut und vertrauen einander; der Einkauf bei einem Mitglied verursacht weit weniger Kosten für Informationsbeschaffung und Verhandlung als der bei einem Fremden,[19] und eventuelle entstehende Verluste können später wiederausgeglichen werden.

Ein weiterer Aspekt ist die Funktion der Bank, die im Zentrum eines jeden Inter-Markt-Keiretsu steht. Die japanische Börse ist zwar alt, hat aber bei der Kapitalisierung der japanischen Industrie nie eine große Rolle gespielt. Diese Funktion erfüllten Banken und in zweiter Linie Fremdkapital. Die Großbanken hatten seit Beginn der Industrialisierung Japans für die Finanzierung der Großbetriebe in der verarbeitenden Industrie zentrale Bedeutung. In der Anfangsphase war es für die Zaibatsu vermutlich sinnvoll, sich trotz fehlender natürlicher Synergie mit bestehenden Interessen in fremde Branchen auszudehnen. So führten sie in zuvor völlig veralteten Sektoren moderne Managementtechniken ein und konnten dabei subventionierte Kredite nutzen. Als sich die Wirtschaft in den fünfziger Jahren unseres Jahrhunderts erholte, lenkte die staatliche Bank of Japan (BOJ) Ersparnisse durch das sogenannte

»Over-Loan« über die Großbanken in den Fertigungsbereich. Indem die Zentralbank ihre Mindestreserven manipulierte und damit praktisch Kreditgeschäfte auf einem hohen und stabilen Niveau garantierte, konnte sie Kapital zur Verfügung stellen, das der Markt allein zu einem ähnlichen Zinssatz nicht aufgebracht hätte.[20]

Freilich hätten auch große Banken, die nicht in eine Keiretsu-Partnerschaft eingebunden waren, bei der Kapitalisierung der Industrie eine ähnliche Rolle spielen können. Man kann verschiedene Gründe dafür anführen, warum sie die Beziehungen zu bestimmten Kunden aus der Industrie fortsetzten, nachdem die Geschäfte im Rahmen des Over-Loan beendet waren. Erstens verschafft allein schon die Stabilität der Beziehung der Bank Zugang zu wichtigen Informationen über ihre Kunden.[21] Dadurch kann sie Kapital effizienter verteilen oder direkt bei der Umstrukturierung eines in Not geratenen Kunden mitwirken, wie oben im Fall Mazda beschrieben. Zweitens erlaubt das Keiretsu, bei kleineren und risikoreicheren Unternehmen oder langfristigen Investitionen, deren Renditen erst weit in der Zukunft anfallen, Kapital zu niedrigeren Zinssätzen aufzubringen, als dies unter anderen Bedingungen möglich ist. Allgemein gesprochen können große Unternehmen Geld zu niedrigeren Zinssätzen leihen als kleine Betriebe.[22] Das Keiretsu legt praktisch die Kapitalkosten auf seine Mitglieder um und nutzt die stabilen Erträge der älteren und besser etablierten Betriebe, um die neueren und riskanteren Unternehmungen zu subventionieren. Schließlich fungiert die Keiretsu-Bank durch bevorzugte Kreditvergabe auch als Stelle, die interne Preise festlegt, indem sie die Renditen für Mitgliederbetriebe ausgleicht, die Gewinneinbußen durch nicht wettbewerbskonforme Preiskalkulation erlitten haben, ganz ähnlich wie die Finanzabteilung eines Unternehmens Verluste von Abteilungen ausgleicht, die durch verzerrte Verrechnungspreisbildung innerhalb des Unternehmens entstanden sind.

Für die Existenz von Inter-Markt-Keiretsu gibt es sicherlich noch andere Erklärungen. In den sechziger und siebziger Jahren bestand eine sehr wichtige Funktion des Keiretsu beispielsweise darin, das Ausmaß ausländischer Beteiligungsinvestitionen zu kontrollieren beziehungsweise sie zu verhindern. Als die japanische Regierung in den späten sechziger Jahren ihre Zustimmung zur Liberalisierung der Kapitalmärkte gab, fürchteten viele japanische Unternehmen eine Zunahme ausländischer, vornehmlich US-amerikanischer Konkurrenz, da fremde multinationale Unternehmen Beteiligungen an japanischen Unternehmen erwarben. Ausländische Beteiligungsinvestitionen haben eine allgemein unterschätzte Bedeutung für den Export: Ein multinationales Unternehmen hat oft Schwierigkeiten, seine Produkte in einem fremden Land abzusetzen, wenn es sie dort nicht auch herstellt.[23] Wie Mark Mason gezeigt hat, stieg das Ausmaß an Überkreuzbeteiligungen innerhalb der Keiretsu in Erwartung der Kapitalmarktliberalisierung dramatisch an – als wollte man es Ausländern erschweren, eine Mehrheitsbeteiligung an japanischen Unternehmen zu erwerben.[24] Diese Taktik erwies sich als recht erfolgreich: Nur wenigen multinationalen amerikanischen Unternehmen gelang es, mehr als Minderheitsbeteiligungen an japanischen Unternehmen zu erwerben, als es ihnen gesetzlich erlaubt war. So ging es durch alle Medien, daß es der amerikanische Übernahme-»Geier« T. Boone Pickens nicht schaffte, sich einen Platz im Board of Directors des japanischen Autoteilezulieferers zu sichern, an dem er eine größere Beteiligung erworben hatte. Das zeigt auch, wie effektiv Keiretsu-Beziehungen genutzt werden können, um Ausländern den Zugang zum japanischen Markt zu verwehren. Die Inter-Markt-Keiretsu haben also nicht nur wirtschaftliche, sondern auch politische Funktionen.

Die einzigartigen und faszinierenden Merkmale der japanischen Netzwerk-Organisationen haben einige Fachleute zu Überlegungen darüber angeregt, ob sie möglicherweise auch für andere Länder eine wirtschaftlich effiziente Organisationsform sein könnten. Nach den von Coase und Williamson entwickelten Kategorien gibt es in westlichen Volkswirtschaften in der Industrie zwei Typen von Beziehungen: Marktbeziehungen, in denen Güter auf der Basis von Vereinbarungen zwischen völlig unabhängigen Akteuren ausgetauscht werden, und hierarchische Beziehungen, in denen Güter innerhalb eines Unternehmens auf der Basis administrativer Anweisung zwischen verbundenen Akteuren ausgetauscht werden. In einem Netzwerk jedoch ist wechselseitiges Handeln laut Shumpei Kumon vornehmlich »konsens- beziehungsweise leistungsanreizorientiert«, und die Handelnden stehen in irgendeiner Form von kontinuierlicher, aber dennoch informeller Beziehung zueinander.[25] Netzwerk-Organisationen sparen deshalb wie Großunternehmen Transaktionskosten, erhalten sich aber zugleich die Einsparungen an administrativen Gemeinkosten. Dieses Modell, so wurde argumentiert, läßt sich nicht nur auf wirtschaftliche, sondern auch auf politische Beziehungen anwenden: Die großen, starren Strukturen zentralistischer

Regierungen aus der Vergangenheit sind für die Bedürfnisse komplexer moderner Gesellschaften zu unflexibel und lähmend geworden. Hinter der Initiative der Regierung Clinton, die Politik bürgernäher zu gestalten, steckt nicht zuletzt das Wissen um dieses Problem.

Es ist durchaus richtig, daß es Netzwerk-Organisationen nicht ausschließlich in der japanischen Kultur gibt. Deutschland und die Vereinigten Staaten, die historisch gesehen zu den Gesellschaften mit einem hohen Vertrauensniveau zählen, hatten ihre eigenen Versionen von Netzwerk-Organisationen. Das gilt besonders für Deutschland, wo Kartelle und Wirtschaftsverbände eine wichtige Rolle gespielt haben. In den Vereinigten Staaten rannten ähnliche Organisationen Anfang des 20. Jahrhunderts gegen die Einschränkungen des Sherman und des Clayton Anti-Trust Act an. Informelle Netzwerke blieben jedoch in Form verbundener Unternehmen mit Überkreuzbeteiligung und Überkreuzverflechtungen der Boards of Directors weiterhin bestehen. (Der Chemiegigant E. I. Du Pont war, um nur ein Beispiel zu nennen, ein wichtiger Aktionär von General Motors. Die beiden Unternehmen hatten auch gemeinsame Directors.) Amerikanische Einkäufer durchstöbern nicht immer skrupellos die Industrielandschaft nach Zulieferern, die höchste Qualität zu einem möglichst geringen Preis bieten, und wechseln je nach Preisankündigung vom einen zum anderen, wie die neoklassische Theorie zuweilen glauben macht. In der Praxis entwickeln Einkäufer langfristige Beziehungen zu bestimmten Zulieferern ihres Vertrauens, weil sie spüren, daß Zuverlässigkeit langfristig gesehen wichtiger ist als ein geringfügig niedrigerer Preis. Auch sie lassen einen Zulieferer selten aufgrund kurzfristiger profitorientierter Überlegungen fallen, denn sie kalkulieren damit, daß der Aufbau einer vertrauensvollen Beziehung Zeit erfordert und den anderen motivieren könnte, ihnen in Zukunft entgegenzukommen.

Freilich kann man sich kaum vorstellen, daß die spezifisch japanische Form der Netzwerk-Organisation jemals ein allgemeines Modell abgeben könnte, zumal für Gesellschaften, die von einem geringen Maß an allgemeinem Vertrauen geprägt sind und über wenig spontane Soziabilität verfügen. In einer Netzwerk-Organisation gibt es keine zentrale Autorität: Wenn sich zwei Mitglieder nicht über einen Preis einig werden, können sie sich nicht an eine zentrale Stelle wenden, die den Streit für sie schlichtet. Wenn Maßnahmen beschlossen werden müssen, die das Netzwerk als ganzes betreffen – wie beispielsweise die Entscheidung der Sumitomo-Gruppe, Mazda Motors zu retten –, hat jedes einzelne Mitglied potentiell ein Vetorecht, weil es Bedingung ist, daß immer ein Konsens gefunden werden muß. In Japan läßt sich relativ leicht ein Konsens erzielen, weil sich die Menschen schnell auf eine Vereinbarung verständigen können. In einer Gesellschaft mit einem geringen Maß an allgemeinem Vertrauen würde die Netzwerkform der Organisation geradewegs zu Handlungsunfähigkeit und Untätigkeit führen. Wenn kollektives Handeln erforderlich wäre, würde jedes Mitglied eines solchen Netzwerks nur herausfinden wollen, wie es das System zu seinem eigenen Vorteil nutzen kann, und von den anderen genau das gleiche Verhalten erwarten.

Netzwerk-Organisationen, die auf wechselseitiger Loyalität basieren, finden sich in der gesamten japanischen Wirtschaft, weil sich auch nichtverwandte Menschen ein ausgesprochen hohes Maß an Vertrauen entgegenbringen. Damit soll freilich nicht gesagt sein, daß sich alle Japaner vertrauen oder daß der Radius des Vertrauens mit der Landesgröße zusammenfällt. Auch in Japan leben Kriminelle, die morden, betrügen und andere übervorteilen – aber selbstverständlich viel weniger als in den Vereinigten Staaten. Außerhalb der Keiretsu ist das Maß an Vertrauen geringer als innerhalb der Keiretsu. Aber es gibt etwas in der japanischen Kultur, das es einem Menschen sehr leicht macht, in einem anderen das Gefühl wechselseitiger Loyalität zu wecken und es über längere Zeitspannen hinweg beizubehalten. Das läßt darauf schließen, daß die Netzwerkstruktur der japanischen Wirtschaft auch auf Gesellschaften mit einem hohen Vertrauensniveau nur teilweise übertragbar ist, während sie sich für Gesellschaften mit einem niedrigen Vertrauensniveau überhaupt nicht eignet. Dort basieren Netzwerke entweder auf verwandtschaftlichen Beziehungen, oder sie sind leicht modifizierte Marktbeziehungen mit brüchigen und häufig wechselnden Bindungen zwischen den Unternehmen innerhalb des Netzwerks.

Wie die Praxis der Anstellung auf Lebenszeit kamen auch die Keiretsu in der Rezession seit 1992 stark unter Druck. Es ist eine Sache, in guten Zeiten einem Keiretsu-Partner einen hohen Preis zu bezahlen, aber wenn sich die Verluste häufen und außenstehende Betriebe erhebliche Preisnachlässe anbieten, liegen die Dinge grundsätzlich anders. Es war ein Schock für die gesamte japanische Industrie, als ein großes Unternehmen ankündigte, es werde Stahl bei einem preiswerten koreanischen Zulieferer kaufen anstatt bei seinem traditionellen japanischen

Partner. Die Folgen der Rezession und des steigenden Yen bekamen besonders die kleinen Firmen zu spüren, die sich gelegentlich von ihren Keiretsu-Partnern im Stich gelassen fühlten, weil die großen Hersteller verzweifelt versuchten, ihre Kosten zu senken, indem sie sie ihren Unterlieferanten aufbürdeten.[26] Mit der Rezession nahmen auch die Überkreuzbeteiligungen ab, wobei Industrieunternehmen besonders interessiert daran waren, die Anteile der Banken abzustoßen, mit denen sie zusammenarbeiteten.[27] Auch von außen erhöhte sich der Druck, die Keiretsu-Beziehungen aufzubrechen. Gerade amerikanische Exporteure waren sehr bestrebt, in die geschlossenen Märkte der Japaner einzudringen. Die Organisationsform des Keiretsu führt unter Umständen auch zu unwirtschaftlichem Verhalten und erschwert es japanischen Unternehmen, die Kosten in einem zunehmend kompetitiven internationalen Markt zu kontrollieren. Doch wie das System der Anstellung auf Lebenszeit ist das Keiretsu-System durch die Rezession der neunziger Jahre nicht zusammengebrochen, sondern hat sich nur ein wenig verbogen.

Wir können unsere Erörterung kultureller Einflüsse auf die wirtschaftliche Entwicklung Japans folgendermaßen zusammenfassen: In Japan wurden früher als in allen anderen ostasiatischen Ländern aus Familienbetrieben moderne Unternehmen mit hierarchischen Managementstrukturen und professionellen Managern. Dieser Übergang setzte noch vor der Industrialisierung ein. Neben Südkorea ist Japan das einzige asiatische Land, dessen Wirtschaft von privaten Großunternehmen dominiert wird. Dadurch ist es auf einer Vielzahl kapitalintensiver Sektoren mit komplizierten Fertigungsverfahren konkurrenzfähig.

Japan konnte all das erreichen, weil die japanische Gesellschaft viel mehr zu spontaner Soziabilität neigt als Gesellschaften mit einem relativ schwachen intermediären Bereich wie China oder Frankreich. Vertrauen erstreckt sich in Japan weit über die Familie und den Klan hinaus auf eine Fülle intermediärer sozialer Gruppen.[28] Eine besonders große Rolle spielten die Adoptionsregeln: Die japanische Familie konnte nicht biologisch verwandte Fremde leichter in den Haushalt aufnehmen als die chinesische Familie, und das war ausgesprochen wichtig, um dem professionellen Management im Familienbetrieb den Weg zu ebnen. Vertrauen stellt sich in Japan spontan und freiwillig zwischen vielen verschiedenen Gruppen nichtverwandter Menschen ein. Sobald jedoch eine *iemoto*-ähnliche Organisation etabliert ist, geht die Freiwilligkeit ein

Stück weit verloren: Die Menschen haben nicht die Freiheit, Beziehungen wechselseitiger Loyalität einfach zu beenden. Nichtverwandte Mitglieder freiwilliger Organisationen sind in sehr hohem Maße bereit, sich ohne vertragliche oder sonstige rechtliche Absicherung, die wechselseitige Rechte und Pflichten festlegt, zu vertrauen – vielleicht mehr als in jeder anderen modernen Gesellschaft. Die Intensität dieses Gefühls der wechselseitigen Loyalität erlaubt wirtschaftliche Gepflogenheiten wie die Anstellung auf Lebenszeit und Netzwerk-Organisationen wie das Keiretsu-System, für die es weltweit keine Entsprechungen gibt, nicht einmal in anderen Gesellschaften, die durch einen hohen Grad an spontaner Soziabilität charakterisiert sind.

Nach Japan zeigt wahrscheinlich Deutschland das höchste Maß an spontaner Soziabilität. Die spezifischen kulturellen Ursprünge des Kommunitarismus in Deutschland liegen zwar ganz anders als in Japan, ihre Auswirkungen weisen jedoch erstaunliche Ähnlichkeit auf: In Deutschland entwickelten sich schon früh große Organisationen und professionelles Management, außerdem existiert ein hohes Maß an Unternehmenssolidarität. Damit wollen wir uns im folgenden Kapitel beschäftigen.

Kapitel 18

Leicas und Nikons

Die deutsche Wirtschaft interessiert uns aus zwei Gründen. Erstens florierte sie stetig über einen langen Zeitraum hinweg. Im 19. Jahrhundert wurden die politischen Bedingungen für den Aufstieg geschaffen, zunächst mit einem einheitlichen Wirtschaftsraum, dem Zollverein, und etwas später mit der Einheit des Landes. Deutschland überholte seine weiter entwickelten Nachbarn England und Frankreich und wurde im Laufe von zwei Generationen die führende Wirtschaftsmacht in Europa. Daran änderten auch zwei schreckliche verlorene Kriege nichts. Zweitens war die deutsche Wirtschaft nie nach den rein liberalen Grundsätzen der neoklassischen Wirtschaftstheorie organisiert. Seit Bismarck besteht ein gut ausgebauter Sozialstaat, der heute über die Hälfte des Bruttoinlandsproduktes verschlingt, und die Wirtschaft ist zahlreichen strengen Regelungen unterworfen, besonders der Arbeitsmarkt. Hier wird zwar nicht das japanische System der Anstellung auf Lebenszeit praktiziert, aber es ist dennoch in Deutschland viel schwieriger, einen Arbeitnehmer zu entlassen, als beispielsweise in den Vereinigten Staaten.

Zwischen Deutschland und seinen Nachbarn Frankreich und Italien lassen sich ähnliche systematische Unterschiede feststellen wie zwischen Japan und China. Die deutsche Wirtschaft war immer von gemeinschaftlichen Institutionen durchsetzt, für die es außerhalb Europas keine Entsprechung gibt.[1] Wie in Japan entstanden viele aufgrund gesetzlicher Regelungen oder administrativer Entscheidungen, aber im wesentlichen basieren sie auf starken kommunitaristischen Traditionen in der deutschen Kultur.

Zwischen der deutschen und der japanischen Kultur gibt es faszinierende Parallelen, die sich im einen wie im anderen Land auf einen stark ausgeprägten Sinn für Solidarität mit der Gemeinschaft zurückführen lassen. Darüber ist viel geschrieben worden. Japaner und Deutsche sind bekannt für ihre Ordnungsliebe und Disziplin; die öffentlichen Anlagen sind sauber, Privathäuser gepflegt. Sie halten sich gerne an Regeln und verstärken damit das Gefühl, zu einer eigenen kulturellen Gruppe zu gehören. Sie arbeiten sehr gründlich und ernsthaft und gelten nicht gerade als unbeschwert und humorvoll. Ihre Ordnungsliebe grenzt oft an Pedanterie, die sich positiv, aber auch negativ auswirken kann. Positiv ist die lange Tradition des Perfektionismus: Die moderne Industrie beider Länder zeichnet sich durch hohe Präzision in der Fertigung aus. Das Renommee beider Länder begründen die Werkzeugmaschinen und Maschinenbauingenieure, die Automobilindustrie und die optische Industrie, ihre Leicas und Nikons. Aber die Solidarität innerhalb der nationalen Gemeinschaft mindert ihre Achtung vor Menschen, die nicht dazugehören: Weder Japaner noch Deutsche gehen besonders freundlich auf Fremde zu, und beide lieferten Beispiele für besonders brutalen Umgang mit eroberten und besiegten Völkern. In der Vergangenheit führte die Leidenschaft für Ordnung in beiden Nationen zu Diktatur und blindem Gehorsam.

Man darf jedoch die gegenwärtigen Parallelen zwischen Japan und Deutschland nicht überbewerten. In Deutschland haben sich seit dem Krieg bedeutende kulturelle Veränderungen vollzogen, die Gesellschaft ist offener und individualistischer geworden als in Japan. Doch beide kulturellen Traditionen führten zu ähnlichen wirtschaftlichen Strukturen.

Wir müssen hier ausdrücklich darauf hinweisen, daß die Kontinuität der deutschen Kultur in Ostdeutschland durch die kommunistische Herrschaft in der DDR ernsthaft durchbrochen wurde. Viele Deutsche in Ost und West waren nach der Wiedervereinigung erstaunt, wie groß die kulturellen Unterschiede tatsächlich sind. Westdeutsche Manager sagten, ihre türkischen Arbeitnehmer besäßen mehr typisch »deutsche« Tugenden wie eine ausgeprägte Arbeitsethik und Selbstdisziplin als jene Deutschen, die unter einem kommunistischen Regime aufgewachsen sind. Die Ostdeutschen wiederum fühlten sich in ihren Wünschen, Ängsten und Reaktionen auf die postkommunistische Welt oft den Polen, Russen und Bulgaren näher. Kultur ist also keine unveränderliche, ursprüngliche Kraft, sondern etwas, das durch den Gang von Politik und Geschichte permanent neu geformt wird.

Seit in den vierziger Jahren des letzten Jahrhunderts die Industrialisierung in den einzelnen deutschen Staaten begann, waren Großunternehmen charakteristisch für die deutsche Wirtschaft. Wie Tabelle 1 zu Beginn von Kapitel 14 zeigt, hat Deutschland gegenwärtig europaweit die, gemessen an ihrer absoluten Größe, größten Firmen. Da die deutsche Wirtschaft insgesamt sehr groß ist, ist der Anteil der größten zehn oder zwanzig deutschen Unternehmen in bezug auf die Zahl der Beschäftigten insgesamt geringer als in anderen europäischen Ländern, aber die Anteile sind immer noch größer als vergleichbare Zahlen in zwei anderen großen Volkswirtschaften mit gigantischen Unternehmen, nämlich den Vereinigten Staaten und Japan.

Früher waren diese Größenunterschiede sogar noch ausgeprägter. Während amerikanische Gerichte und Regierungen sich bemühten, die großen Trusts zu zerschlagen, bestätigten deutsche Gerichte die Legalität von Fusionen und Kartellen. So schlossen sich in der Vergangenheit Firmen aus Schlüsselbereichen wie der Chemie- und Stahlindustrie zu Konzernen zusammen, die damals deutlich größer waren als der nächstgrößere internationale Konkurrent. Im Jahre 1925 beispielsweise fusionierten die größten deutschen Chemieunternehmen, darunter Bayer, Hoechst und BASF (Badische Anilin- & Soda-Fabrik), zu einem großen Konzern namens IG Farben. Zu jener Zeit war die chemische Industrie in Deutschland weltweit die größte und modernste, und die neue IG Farben stellte andere große internationale Konkurrenten wie Du Pont oder den schweizerischen Vorgänger von Ciba-Geigy in den Schatten. Ein Jahr später wurde ein großer Teil der starken deutschen Stahlindustrie in einem einzigen Konzern zusammengefaßt, den Vereinigten Stahlwerken. Nach dem Zweiten Weltkrieg löste der Alliierte Kontrollrat, der das besetzte Deutschland verwaltete, diese Konzerne auf; ungefähr zur selben Zeit und aus denselben Gründen zerschlugen die alliierten Besatzungsmächte auch die japanischen Zaibatsu. Die Vereinigten Stahlwerke wurden in dreizehn unabhängige Betriebe aufgesplittet. Aus der IG (Interessengemeinschaft) Farben entstanden wieder die alten Einzelbetriebe. Die großen deutschen IGs schlossen sich zwar nicht wieder zusammen wie die japanischen Zaibatsu, aber Bayer, Hoechst und BASF spielen weltweit in der chemischen und pharmazeutischen Industrie eine große und wichtige Rolle.[2]

Für die hohe Zahl von Großunternehmen gilt in Deutschland dieselbe Erklärung wie in Japan und, wie wir sehen werden, in den Vereinigten Staaten: Die Deutschen gingen schon früh vom Familienbetrieb zum professionellen Management über und errichteten rational organisierte administrative Hierarchien, die sich rasch zu stabilen Institutionen entwickelten. Diese Unternehmensform entstand in Deutschland in der zweiten Hälfte des 19. Jahrhunderts, also ungefähr zur gleichen Zeit wie in Amerika.

In anderen europäischen Ländern vollzog sich der Übergang vom großen Familienbetrieb zum Unternehmen erst viel später. In England gab es wie in Frankreich und Italien noch nach dem Zweiten Weltkrieg große Betriebe, die einer Familie gehörten und von Familienmitgliedern geführt wurden. (Die Niederlande, die Schweiz und Schweden vollzogen den Übergang kurz nach Deutschland und sind heute trotz ihrer geringen Größe Sitz so gigantischer Unternehmen wie Royal Dutch/Shell, Philips Electronic, Nestlé und ASEA-Brown-Boveri. Leider würde es den Rahmen unseres Buches sprengen, die Geschichte dieser Unternehmen zu erzählen.)

Zahlreiche deutsche Unternehmen entwickelten sich im Laufe weniger Jahrzehnte zu multinationalen Mammutkonzernen. Emil Rathenau erwarb Ende des vergangenen Jahrhunderts Edison-Patente und gründete, um sie zu Geld zu machen, 1883 die Deutsche Edison-Gesellschaft. Schon im Jahr 1900 hatte das zu Allgemeine Elektrizitäts-Gesellschaft (AEG) umbenannte Unternehmen 42 Niederlassungen in Deutschland, 37 in anderen europäischen Ländern und 38 in Übersee.[3] Der andere berühmte deutsche Elektrogigant, Siemens, baute in Berlin eine Industrieanlage, die Alfred Chandler so beschreibt:

> Im Jahr 1913 war Berlins Siemensstadt weltweit der verzweigteste und weitläufigste Industriekomplex unter einem einzigen Management. Weder in den Vereinigten Staaten noch in Großbritannien gab es etwas Vergleichbares. Die Standortunterschiede zwischen Siemens und General Electrics sind wirklich erstaunlich. Ein ähnlicher Komplex wäre in den Vereinigten Staaten nur entstanden, wenn man auf einem Gelände in der Nachbarschaft der 25. Straße in New York oder in der Nähe des Rock Creek Park in Washington die GE-Anlagen in Schenectady, New York, Lynn und Pittsfield (Massachusetts), Harrison (New Jersey) und Erie (Pennsylvania) zusammen mit der großen Anlage von Western Electrics in Chicago aufgebaut hätte, die fast die gesamte Telefonausstattung der Nation produzierte.[4]

Der britische Industrielle Sir William Mather erwarb zur gleichen Zeit wie Rathenau Edison-Patente, schaffte es aber nicht, eine ähnliche Organisation aufzubauen. In England gab es sicherlich genügend technisches Fachwissen, verfügbares Kapital und Facharbeiter, um eine große Elektroindustrie aufzubauen, dennoch entstand kein britisches Gegenstück zu AEG, Siemens, General Electric oder Westinghouse. Die britische Elektrogeräteindustrie versuchte noch das ganze 20. Jahrhundert hindurch, den Vorsprung der deutschen und amerikanischen Branchenführer aufzuholen.[5] Die deutsche Firma Stollwerck, die ursprünglich im Familienbetrieb Schokolade produziert hatte, stellte ein professionelles Managementteam an und baute in den siebziger und achtziger Jahren des 19. Jahrhunderts in Europa und Nordamerika eine große Marketingorganisation auf. Die britische Firma Cadbury (heute Cadbury-Schweppes) dagegen, die um ähnliche Märkte konkurriert, blieb zwei oder drei Generationen länger ein Familienbetrieb und deshalb entsprechend kleiner.[6] Den entscheidenden Unterschied zwischen deutschen und britischen Konzernen machten die herausragenden organisatorischen Fähigkeiten der führenden deutschen Industriellen aus.

Für viele Institutionen der deutschen Wirtschaft findet man eher in Japan Parallelen als in anderen europäischen Ländern. An erster Stelle ist in diesem Zusammenhang die bankenzentrierte Industriegruppe zu nennen. Wie in Japan und anderen erst spät modernisierten asiatischen Ländern wurde das Wachstum der Industrie in Deutschland in der zweiten Hälfte des 19. Jahrhunderts von Banken und nicht durch Aktienemissionen finanziert. Sobald es privaten Banken mit beschränkter Haftung rechtlich möglich war, entwickelten sich einige in enger Verbindung mit einer bestimmten Branche, die sie gut kannten und der sie Kapital zur Verfügung stellten, zu großen Unternehmen. Die Diskonto-Gesellschaft wurde als »Eisenbahnbank« bekannt; die Berliner Handelsgesellschaft war eng mit der Elektrogeräteindustrie verbunden, und die Darmstädter Bank finanzierte die Entwicklung des Eisenbahnnetzes in Hessen und Thüringen.[7]

Diese Banken investierten sehr langfristig in bestimmte Unternehmen und Branchen und pflegten enge Beziehungen zu ihren Kunden. Wie bei den japanischen Zaibatsu zeigten die Vertreter der Bank über lange Zeiträume hinweg großes Interesse an den Angelegenheiten ihrer Kunden, und bald saßen sie auch im jeweiligen Aufsichtsrat. Deutsche Investitionsbanken bauten als erste in bestimmten Branchen große Spezialistengruppen auf, die für die wechselseitigen Beziehungen zuständig waren.[8] Heute sorgen diese bankenzentrierten Gruppen (wie in Japan) für hohe Sicherheit bei der Finanzierung, dadurch können deutsche Firmen ihre Investitionen langfristiger planen als amerikanische aktienfinanzierte Investmentgesellschaften.[9] Abgesehen davon, daß die Übernahme eines Unternehmens per Gesetz nur nach Erwerb von 75 Prozent der stimmberechtigten Aktien möglich ist, erlaubt die starke Kapitaldecke den Banken, unerwünschte Kaufversuche abzublocken. So verhinderte beispielsweise die Deutsche Bank erfolgreich, daß Daimler-Benz von arabischen Interessenten übernommen wurde (siehe Kapitel 1).

Diese Form der bankenzentrierten Unternehmensgruppe war in anderen modernen Gesellschaften keineswegs üblich. Zu einigen amerikanischen Trusts gehörten im späten 19. Jahrhundert zwar auch Kreditinstitute, mit deren Hilfe die Industriebetriebe des Trusts kapitalisiert wurden, aber viele von ihnen wurden im Zuge der Anti-Trust-Bewegung um die Jahrhundertwende aufgelöst und 1933 mit dem Glass Steagall Act, der Geschäftsbanken und Investitionsbanken trennte, für illegal erklärt. Der französische Crédit Mobilier wurde 1852 von Émile und Isaac Pereire gegründet und brach 1867 in einem aufsehenerregenden Skandal zusammen. Britische Banken lehnten, vor allem nach dem Scheitern der City of Glasgow Bank 1878, langfristige Industriefinanzierungen ab. Darin spiegelte sich eine tiefe soziale Kluft zwischen den Finanziers, die von London aus operierten, und den Fabrikanten in Städten Nordenglands wie Liverpool, Leeds und Manchester. Die Bankiers paßten sich leichter an die Kultur der britischen Oberschicht an und sahen auf die weniger kultivierten, eher pragmatisch ausgebildeten Industriellen aus den schmutzigen Städten Nordenglands herab. Sie entschieden sich lieber für Sicherheit und Stabilität, als langfristige Risiken bei der Finanzierung neuer Industriezweige einzugehen. Deshalb erreichte die britische Elektro- und Automobilindustrie nie das notwendige Finanzierungsniveau, um international konkurrenzfähig zu sein.[10] Das ist charakteristisch für die Geschichte der britischen Wirtschaft: Klassen- und Statusbarrieren unterhöhlten das Gemeinschaftsgefühl, bildeten unnötige Hindernisse für eine wirtschaftliche Zusammenarbeit und hemmten so die Entwicklung. Die Gesellschaft in Deutschland war zu jener Zeit zwar von ähnlichen Klassenunterschieden geprägt, aber zwischen Bankiers und Industriellen bestand kein solcher Statusunterschied; beide Gruppen waren weder räumlich noch kulturell so weit getrennt wie in England.

Die zweite typisch kommunitaristische Wirtschaftsinstitution in Deutschland sind die Industriekartelle, die, wie wir gesehen haben, auch in Japan bestanden. In Deutschland hatte der Begriff Kartell niemals so negative Konnotationen wie in den Vereinigten Staaten. Wie oben angedeutet, gab es in Deutschland keine dem Sherman oder Clayton Anti-Trust Act vergleichbaren Gesetze, die wettbewerbsbeschränkende Zusammenschlüsse verboten hätten. Zur selben Zeit, als das Oberste Bundesgericht der Vereinigten Staaten die Verfassungsmäßigkeit des Sherman Act bestätigte, wurde in Deutschland die Einklagbarkeit von Verträgen zwischen Firmen gerichtlich bestätigt, in denen Preise, Produktmenge und Marktanteile festgelegt wurden. Die Zahl der Kartelle stieg im 19. Jahrhundert kontinuierlich an: von 4 Kartellen im Jahr 1875 auf 106 im Jahr 1890, weiter auf 205 im Jahr 1896 und auf 385 im Jahr 1905.[11] Die Kartelle teilten sich Forschungs- und Entwicklungskosten oder arbeiteten an branchenweiten Plänen für Umstrukturierungen in der Industrie. Kartellabsprachen wurden in Zeiten wirtschaftlicher Rezession besonders wichtig: Die Firmen einigten sich darauf, lieber ihre Märkte zu teilen, als übereinander herzufallen und schwächere Konkurrenten aus dem Geschäft zu drängen. In den zwanziger Jahren traten dann an die Stelle der Kartelle formellere Arrangements zwischen Unternehmen wie die IGs (zum Beispiel IG Farben) oder Konzerne, kleinere Gebilde mit Überkreuzbeteiligung, die von Familien oder Gruppen von Einzelpersonen kontrolliert wurden.

Der Abbau der Trusts in den Vereinigten Staaten und die Schaffung von Kartellen, IGs und Konzernen in Deutschland waren also eine Folge der rechtlichen Regelungen in den beiden Ländern; zugleich spiegelten sich darin jedoch auch gewisse Mentalitätsunterschiede. In den Vereinigten Staaten hatte man schon immer eine starke Abneigung gegen die Konzentration wirtschaftlicher Macht, obwohl gleichzeitig ein ausgeprägter Hang zur Bildung großer Organisationen bestand. Der Sherman Anti-Trust Act wurde verabschiedet, weil sich in der Öffentlichkeit Unmut gegen Unternehmen wie den Standard Oil Trust regte, der einen Großteil des amerikanischen Ölmarktes aufgekauft hatte. Die Durchsetzung des Act war eine zentrale populistische Maßnahme der Regierung Roosevelt. Der politische Populismus wurde untermauert durch eine liberale Wirtschaftsideologie, die besagte, daß harte Konkurrenz und nicht die Kooperation großer Unternehmen dem Wohlergehen der Gesellschaft in besonderem Maße förderlich sei.

In Deutschland hingegen betrachtete man die schiere Größe nicht mit einem so grundsätzlichen Mißtrauen. Deutsche Unternehmen waren von Anfang an exportorientiert, und ihre Größe wurde viel öfter an den weltweiten Märkten gemessen, die sie bedienten, als an den engen inländischen. Im Gegensatz zu amerikanischen Firmen, die oft ausschließlich innerhalb der Vereinigten Staaten konkurrierten, empfanden deutsche Unternehmen in einer Welt harter internationaler Konkurrenz ein viel stärkeres Gefühl nationaler Identität. Durch die Orientierung am Export reduzierten sich potentielle Nachteile des Inlandmonopols auf ein Minimum: Große deutsche Firmen wurden weniger durch Konkurrenten im eigenen Land als durch große Firmen im Ausland zu ehrlicher Preisgestaltung gezwungen.

In der deutschen Wirtschaft dominieren zwar große Unternehmen, aber es existiert (wie in Japan) auch ein großer, dynamischer Sektor von Kleinbetrieben, der sogenannte Mittelstand. Familienbetriebe sind in Deutschland so häufig und wichtig wie überall, und im Vergleich zu den Vereinigten Staaten liegt die Managementkontrolle über große Unternehmen sehr oft in Familienhand.[12] Dennoch hat die Familie den Aufbau großer, professionell geführter Firmen niemals in dem Maße behindert wie in China, Italien, Frankreich und sogar in Großbritannien.

Während der Besetzung Deutschlands durch die Alliierten nach dem Zweiten Weltkrieg wurden die großen offiziellen Unternehmenszusammenschlüsse, die Kartelle oder IGs, aufgelöst, an ihre Stelle traten die eher informellen mächtigen deutschen Wirtschaftsverbände: die Bundesvereinigung der Deutschen Arbeitgeberverbände (BDA), der Bundesverband der Deutschen Industrie (BDI) und mehrere andere Gruppen aus unterschiedlichen Bereichen der Industrie.[13] Auch für die Wirtschaftsverbände gibt es außerhalb Mitteleuropas keine echten Entsprechungen. Sie haben umfassendere Aufgaben und Verpflichtungen als politische Verbände und Lobbyisten in den Vereinigten Staaten wie die American Chamber of Commerce oder die National Association of Manufacturers. Die deutschen Verbände verhandeln mit den Gewerkschaften über Tarifverträge, durch die Löhne und Gehälter, Leistungen und Arbeitsbedingungen branchenweit festgelegt werden; sie beteiligen sich aktiv an der Festlegung von Standards für Ausbildung und Produktqualität; und sie arbeiten an der langfristigen »strategischen« Planung für die Zukunft bestimmter Industriebereiche mit. Sie trugen beispielsweise maßgeblich dazu bei, die Verhandlungen in Gang zu bringen, die 1952 zur Verabschiedung des Gesetzes über die Investitionshilfe der gewerblichen Wirtschaft führten. Danach wurden florierende Bereiche der deutschen Industrie besteuert, um problematische Sektoren wie Kohle, Stahl, Stromerzeugung und die Eisenbahn zu subventionieren.[14]

Die dritte Form kommunitaristischer Institutionen der deutschen Wirtschaft stellen die komplexen Beziehungen zwischen Arbeitgebern und Arbeitnehmern dar, die im Rahmen von Ludwig Erhards »sozialer Marktwirtschaft« festgeschrieben wurden. Die starke, gut organisierte Arbeiterbewegung in Deutschland wurde seit dem Ende des 19. Jahrhunderts politisch von der ebenso einflußreichen Sozialdemokratischen Partei (SPD) vertreten. Trotz der marxistischen Strömungen in der deutschen Arbeiterbewegung waren die Beziehungen zwischen den Tarifpartnern in der Nachkriegszeit von bemerkenswertem Einvernehmen geprägt. Deutschland erlebte nie ähnlich erbitterte Klassenauseinandersetzungen wie Großbritannien, Frankreich und Italien. In Deutschland sind beispielsweise schon immer sehr viel weniger Arbeitstage durch Streik ausgefallen als in anderen Teilen der entwickelten Welt, vergleichbar sind die deutschen Zahlen nur noch mit denen von Österreich, Schweden und Japan.[15] Im Gegensatz zu anderen nationalen Arbeiterbewegungen vertraten die deutschen Gewerkschaften nie eine ausgeprägt protektionistische Position, um bestimmte Industriezweige vor dem Untergang zu bewahren, und verhielten sich im allgemeinen »verantwortungsvoll«, auch aus der Sicht des Managements. Mit anderen Worten: In Deutschland besteht ein viel höheres Maß an gegenseitigem Vertrauen zwischen Arbeitnehmern und Arbeitgebern als in anderen, weniger an Gemeinschaft orientierten Gesellschaften.

Die Harmonie ist vornehmlich eine Folge der Arbeitgeber-Arbeitnehmer-Reziprozität, die sich in Deutschland im Laufe der Jahre institutionalisiert hat. Die Arbeitgeber und der Staat haben sich traditionell fürsorglich um die Belange der Arbeitnehmer gekümmert. In den achtziger Jahren des letzten Jahrhunderts führte Bismarck das erste Sozialversicherungssystem Europas ein (freilich als Gegenstück zu seiner antisozialistischen Gesetzgebung, die ein Verbot der SPD einschloß).[16] Die »soziale Marktwirtschaft« hatte ihre Ursprünge eigentlich in der Weimarer Republik, als erstmals freie Tarifverhandlungen und Betriebsräte festgeschrieben wurden.[17] In den turbulenten dreißiger und vierziger Jahren verboten die Nazis die unabhängigen Gewerkschaften und bauten ihre eigenen gleichgeschalteten Organisationen auf. Nach dem Krieg waren sich die politisch Verantwortlichen in Deutschland einig, daß ein neues, kooperatives System etabliert werden müsse. Wichtige Elemente der »sozialen Marktwirtschaft« waren Mitbestimmung – Arbeitnehmervertreter sitzen im Aufsichtsrat des betreffenden

Unternehmens, sie haben Zugang zu internen Unternehmensinformationen und ein echtes, wenn auch beschränktes Mitspracherecht bei der Leitung –; ein Netz von Betriebsräten zur Lösung von Problemen und Konflikten auf Unternehmensebene; die Tarifautonomie, die besagt, daß Arbeitgeberverbände und Gewerkschaften ohne Einmischung des Staates unabhängig Löhne und Gehälter, Arbeitszeiten, Sozialleistungen und ähnliches branchen- und sektorweit aushandeln;[18] und schließlich die umfassende soziale Sicherung mit den fünf Säulen Renten-, Kranken-, Arbeitslosen-, Unfall- und neuerdings der Pflegeversicherung. Das ganze System wird von verschiedenen intermediären Organisationen – in erster Linie von den landesweit organisierten Gewerkschaften und Verbänden – so verwaltet und vermittelt, daß es lange Zeit keine unabhängigen Arbeitgeber und keine lokalen Gewerkschaften gab.[19] In jüngster Zeit sind allerdings einige Unternehmen aus Unzufriedenheit mit der Tarifpolitik aus den Arbeitgeberverbänden ausgeschert, und die Gewerkschaften verzeichnen einen kontinuierlichen Mitgliederschwund.

Die institutionalisierte Reziprozität entsteht in Deutschland aus einem seit jeher vorhandenen Unbehagen gegenüber den atomisierenden, individualistischen Wirkungen der freien Marktwirtschaft.[20] Im 19. Jahrhundert war Friedrich List Repräsentant einer nationalistisch-merkantilistischen Denkrichtung, die wirtschaftliche Ziele in politischen Kategorien von Macht und Prestige definierte und zugleich für eine starke staatliche Lenkung der Wirtschaft eintrat.[21] Nach dem Zweiten Weltkrieg widersetzte sich die Freiburger Schule, die die Formulierung der »sozialen Marktwirtschaft« maßgeblich beeinflußte, jeder Rückkehr zum *Laissez-faire*-Kapitalismus: Der Staat müsse eingreifen, um den Markt zu regulieren und die Interessen der daran beteiligten Gruppen zu schützen.[22] Die konservativen Volksparteien in Deutschland – die Christlich Demokratische Union (CDU) und ihr bayerisches Pendant, die Christlich Soziale Union (CSU) – akzeptierten den Wirtschaftsliberalismus nur mit einer starken sozialen Komponente und überließen die rein marktwirtschaftliche Position der kleinen Freien Demokratischen Partei (FDP). Die »soziale Marktwirtschaft« galt ursprünglich als der Versuch, einen »dritten Weg« zwischen dem rein marktorientierten Kapitalismus und dem Sozialismus zu finden. Sie wurde nicht von einem Sozialisten, sondern von dem christdemokratischen Wirtschaftsminister Ludwig Erhard eingeführt.[23]

Die Beziehungen zwischen Arbeitgebern und Arbeitnehmern sind in Deutschland ganz ähnlich strukturiert wie in Japan. Sie enthalten ein relativ hohes Maß an Arbeitgeber-Arbeitnehmer-Reziprozität und ruhen auf einem hohen Niveau an allgemeinem sozialem Vertrauen. Allerdings unterscheiden sich die beiden Länder deutlich in bezug auf das Verhältnis zwischen den entsprechenden Organisationen. Die deutschen Gewerkschaften haben zwar auch schon effektiv mit den Arbeitgebern zusammengearbeitet, sind aber politischer und unabhängiger als die japanischen. Es gibt keine deutschen »Betriebsgewerkschaften« wie in Japan nach dem Krieg. Diese Form der Kooperation wurde von den Nazis propagiert und geriet dadurch sehr in Mißkredit, heute stellt sie keine Alternative mehr dar.

Überdies sind die Arbeitsbeziehungen in Deutschland stärker gesetzlich geregelt als in Japan, aber deshalb sind sie nicht unbedingt in einem höheren Maße institutionalisiert. In Japan sind Anstellung auf Lebenszeit, Keiretsu-Beziehungen und die angemessene Höhe privater Fürsorgeleistungen durch das Unternehmen normalerweise nicht im Gesetz festgeschrieben. Sie basieren vielmehr auf einer informellen moralischen Verpflichtung und lassen sich im Konfliktfall nicht vor Gericht einklagen. In Deutschland dagegen sind praktisch alle Elemente der sozialen Marktwirtschaft durch Gesetze gestützt, die oft sehr detailliert die Bedingungen der Beziehungen regeln. Sogar institutionalisierte Vorgänge, die tief in die intermediären Organisationen der bürgerlichen Gesellschaft in Deutschland eingebettet sind wie beispielsweise Mitbestimmung und Tarifverhandlungen, entstanden als Ergebnis eines gezielten, vom Staat gelenkten politischen Prozesses. Vergleichbare Institutionen in Japan kristallisierten sich aus den kulturellen Traditionen der bürgerlichen Gesellschaft heraus, ohne daß der Staat explizit eingriff. Die japanische Wirtschaft ist sicherlich genauso stark reguliert wie die deutsche, aber in Japan vollzieht sich ein größerer Teil der gemeinschaftlichen Interaktion sozusagen inoffiziell; Sozialleistungen beispielsweise wurden von jeher von privaten Unternehmen erbracht und nicht vom Staat. Aus diesem Grund hat Deutschland den größten öffentlichen Sektor in der industrialisierten Welt, der fast die Hälfte des deutschen Bruttoinlandsprodukts verschlingt. Japan hingegen hatte schon immer einen der kleinsten öffentlichen Sektoren aller OECD-Staaten. Was jedoch die *tatsächlichen* Leistungen wie Arbeitsplatzsicherheit und andere Sozialleistungen betrifft, ist die Kluft zwischen Japan und Deutschland lange nicht so groß, wie man angesichts des Größenunterschiedes der öffentlichen Sektoren meinen könnte.

Die Rolle des Staates bei der Organisation der deutschen Wirtschaft nach dem Krieg wurde geprägt durch eine lange Tradition staatlicher Intervention. Wie die Regierungen in Japan und den asiatischen Schwellenländern protegierte und subventionierte im 19. Jahrhundert auch die deutsche Regierung verschiedene Industriezweige, hauptsächlich durch Bismarcks berühmtes »Bündnis zwischen Schwerindustrie und Großgrundbesitz«, das die Protektion der neuen Stahlindustrie im Ruhrgebiet mit den preußischen Zöllen für landwirtschaftliche Güter verband. Dem deutschen Staat beziehungsweise seinen Vorgängern gehörten viele Industriezweige direkt, insbesondere Eisenbahnen und Kommunikationseinrichtungen. Die womöglich größte Leistung der deutschen Regierung war der Ausbau eines hervorragenden allgemeinen und höheren Bildungssystems. Die technischen Hochschulen ermöglichten deutsche Meisterleistungen in der sogenannten »zweiten Industriellen Revolution« in der zweiten Hälfte des 19. Jahrhunderts, in deren Verlauf die chemische Industrie sowie die Stahl- und Elektroindustrie entstanden.[24] Während der Nazizeit übernahm der Staat direkt wichtige Teile der Wirtschaft, wies Kredite zu, setzte Preise fest und griff in die Produktion ein.[25]

Über die Rolle des deutschen Staates in der Wirtschaft ist viel geschrieben worden. Diese Art der Politik ist weder eine Besonderheit Deutschlands, noch ist sie unbedingt ein Zeichen für eine Gesellschaft mit einem hohen Vertrauensniveau und einem starken Hang zu spontaner Soziabilität.[26] Wie wir gesehen haben, werden verschiedene Formen der Planwirtschaft viel eher in familistisch-dirigistischen Gesellschaften mit einem geringen Vertrauensniveau wie Taiwan oder Frankreich praktiziert. Typischer für das deutsche Wirtschaftsleben sind die gruppenorientierten innerbetrieblichen Beziehungen, die sich spontan aus dem gesellschaftlichen Alltag entwickelt haben. Sie sind wiederum eng verknüpft mit dem deutschen System der Lehrlingsausbildung, mit dem wir uns in den nächsten Kapiteln beschäftigen wollen. Zunächst müssen wir jedoch ein wenig abschweifen und erörtern, wie sich von Vertrauen geprägte Beziehungen im Betriebsalltag widerspiegeln.

Kapitel 19

Weber und Taylor

Die Rolle des Unteroffiziers in der deutschen Armee sagt sehr viel aus über die deutsche Gesellschaft als ganze. Bereits lange vor der Demokratisierung nach 1945 hatten deutsche Unteroffiziere erheblich größere Machtbefugnisse als ihre entsprechenden Ränge in Frankreich, Großbritannien oder den Vereinigten Staaten. Sie übernahmen Aufgaben, die in anderen Armeen gewöhnlich Offizieren vorbehalten waren. Die Unteroffiziere einer Armee haben normalerweise keine höhere Bildung und stammen in aller Regel aus dem Arbeitermilieu. Wenn man nun ihnen das Kommando überträgt und nicht einem Leutnant, der im zivilen Leben Angestellter ist, reduziert man die Statusunterschiede innerhalb der Einheit. Der dadurch erzeugte Zusammenhalt in der kleinen Einheit war einer der Gründe für die außergewöhnliche Kampfkraft der Reichswehr und der Wehrmacht. Das Verhältnis zwischen einem deutschen Unteroffizier und seinen Leuten entspricht im zivilen Leben in der Fabrik etwa dem Verhältnis zwischen einem Meister und der ihm unterstehenden Gruppe von Arbeitern; es ist ebenso persönlich, egalitär und eng.

Vielleicht überrascht die Aussage, daß die Beziehungen innerhalb einer kleinen Gruppe, sei es in der Fabrik oder in der Armee, in Deutschland so egalitär sind, da das Land eher in dem Ruf steht, Hierarchie und Autorität zu pflegen. Aber es gibt ein hohes Maß an allgemeinem Vertrauen in der deutschen Gesellschaft, und das erlaubt den einzelnen, direkte Beziehungen einzugehen, ohne sie durch von Dritten aufgestellte Regeln und formale Verfahren vermitteln zu müssen. Um zu verstehen, wie sich Vertrauen in den elementaren Beziehungen innerhalb eines Betriebes auswirkt, müssen wir uns zunächst den komplexen Zusammenhang zwischen Vertrauen und formalen Regeln vergegenwärtigen.

Nach Max Weber und der von ihm begründeten soziologischen Tradition besteht das Wesen der modernen Wirtschaft in der Verbreitung von Regeln und Gesetzen. Eine seiner bekanntesten theoretischen Überlegungen ist die Einteilung der legitimen Herrschaft in traditionelle, charismatische und bürokratische Formen: In der traditionellen Herrschaft leitet sich Autorität aus alten kulturellen Quellen wie Religion oder patriarchaler Tradition her, während sie in der charismatischen Herrschaft auf die »Gaben« des Führers zurückgeht, der von Gott oder einer anderen höheren Macht auserwählt ist.[1] Der Aufstieg der modernen Welt jedoch ging, so Weber, einher mit der Durchsetzung der Rationalität, also der strukturierten Zuordnung von Mitteln zu bestimmten Zielen.[2] Für Weber ist die moderne Bürokratie die endgültige Verkörperung der Rationalität. Und die moderne Bürokratie basiert auf der »Grundvorstellung ..., daß beliebiges Recht durch formal korrekte, gewillkürte Satzung geschaffen und abgesichert werden könne«.[3] Die Stabilität und Rationalität der modernen bürokratischen Herrschaft läßt sich darauf zurückführen, daß sie an Regeln gebunden und die Autorität der Vorgesetzten transparent und eindeutig begrenzt ist,[4] während zugleich die Rechte und Pflichten der Untergebenen im voraus klar formuliert sind. Moderne Bürokratien sind die soziale Verkörperung präziser Regeln. Sie beherrschen praktisch jeden Aspekt des modernen Lebens von Unternehmen, Regierungen und Armeen über Gewerkschaften und religiöse Organisationen bis zu Bildungseinrichtungen.[5]

Die moderne Welt der Wirtschaft ist für Weber ebenso mit der Entwicklung des Vertragswesens verknüpft. Zwar gibt es Verträge, vor allem Ehe- und Erbverträge, schon seit vielen tausend Jahren, aber Weber unterscheidet zwischen »Statuskontrakten« und »Zweckkontrakten«.[6] Bei Statuskontrakten willigt eine Person allgemein und unbestimmt ein, in ein Verhältnis zu einer anderen Person einzutreten (beispielsweise als Lehnsmann oder Lehrling); Pflichten und Verantwortlichkeiten sind nicht klar formuliert, sondern basieren auf der Tradition oder den allgemeinen Merkmalen der besonderen Beziehung. »Zweckkontrakte« hingegen werden im Hinblick auf ein spezielles wirtschaftliches Tauschgeschäft abgeschlossen, allgemeine soziale Beziehungen werden von ihnen nicht berührt, denn sie sind auf die eine bestimmte Transaktion beschränkt. Die Verbreitung dieser Vertragsform ist nach Weber ein charakteristisches Merkmal der Moderne:

> Die wesentlichste materielle Eigentümlichkeit des modernen Rechtslebens, speziell des Privatrechtslebens, gegenüber dem älteren ist vor allem die stark gestiegene Bedeutung des Rechts*geschäfts*, insbesondere des *Kontrakts*, als Quelle zwangsrechtlich garantierter Ansprü-

che. Der Privatrechtssphäre ist dies derart charakteristisch, daß man die heutige Art der Gemeinschaftung, soweit jene Sphäre reicht, a potiori geradezu als »Kontraktgesellschaft« bezeichnen kann.[7]

Wie wir oben bei der Erörterung der Stadien wirtschaftlicher Entwicklung (siehe Kapitel 7 und 13) gesehen haben, spielten Institutionen wie Eigentumsrechte, Vertragswesen und ein stabiles System von Handelsrechten eine wichtige Rolle beim Aufstieg des Westens. Diese gesetzlichen Institutionen ersetzten das Vertrauen, das innerhalb von Familien und verwandtschaftlichen Gruppen von Natur aus bestand, und bildeten einen Rahmen, in dem Fremde in gemeinsamen Unternehmungen oder auf dem Markt interagieren konnten.

Auch wenn Regeln und Verträge für das moderne Geschäftsleben wichtig sind, ist ein gewisses Maß an Vertrauen am Arbeitsplatz offenbar nach wie vor notwendig. Nehmen wir beispielsweise die Angehörigen akademischer Berufc wie Ärzte, Rechtsanwälte oder Universitätsprofessoren. Sie erhalten eine allgemeine Hochschulausbildung und einige Jahre lang noch eine praktische Ausbildung in ihrem Fachgebiet. Man erwartet von ihnen wie selbstverständlich ein hohes Maß an Urteilsvermögen und Entschlußkraft. Ihr Urteil ist oft sehr komplex und situationsabhängig und kann deshalb nicht im voraus in allen Einzelheiten reguliert werden. Deshalb können sie nach einer offiziellen Zulassung als Selbständige völlig unbeaufsichtigt arbeiten, als Mitarbeiter in einer administrativen Hierarchie werden sie kaum kontrolliert: Wer einen solchen akademischen Beruf ausübt, genießt somit mehr *Vertrauen* als ein Nichtakademiker und ist in seinem Handeln deshalb weniger reglementiert. Er kann das in ihn gesetzte Vertrauen zwar mißbrauchen, aber der akademische Beruf ist das typische Beispiel für eine relativ unreglementierte Tätigkeit, die von einem hohen Maß an Vertrauen geprägt wird.[8] Es ist unvermeidlich, daß mit sinkendem Bildungs- und Ausbildungsniveau auch das Vertrauen abnimmt: Einem Facharbeiter, wie beispielsweise einem erfahrenen Dreher, gesteht man weniger Autonomie zu als einem Akademiker, während ein ungelernter Arbeiter am Fließband mehr Aufsicht und Regeln braucht als ein gelernter Facharbeiter.

Aus ökonomischer Sicht ist es eindeutig von Vorteil, in einem relativ regelfreien Umfeld zu arbeiten. Das zeigt sich auch an den pejorativen Konnotationen des Begriffes »Bürokratisierung«. Es könnte effizienter gearbeitet werden, wenn sich alle Angestellten, nicht nur die qualifiziertesten, wie Angehörige akademischer Berufe verhielten – mit internalisierten Verhaltensstandards und Urteilsvermögen. Ab einem bestimmten Punkt sind Regeln für immer mehr soziale Beziehungen kein Zeichen für rationale Effizienz, sondern Ausdruck einer sozialen Funktionsstörung. Regeln und Vertrauen verhalten sich umgekehrt proportional zueinander: Je stärker sich die Menschen bei ihren Interaktionen auf Regeln verlassen, desto weniger vertrauen sie einander und umgekehrt.[9]

Lange Zeit glaubte man, durch die Industrialisierung und insbesondere durch die zunehmende Massenproduktion werde sich die Zahl der Regeln stark vermehren und Beziehungen, die auf Kompetenz und Vertrauen beruhten, würden praktisch aus der Arbeitswelt verschwinden. Bis Ende des 19. Jahrhunderts wurden komplizierte Produkte aller Art überwiegend von Handwerkern hergestellt. Als Handwerker führte ein Facharbeiter mit Universalwerkzeug verschiedene Arbeitsgänge durch und fertigte eine kleine Anzahl von Produkten. Der Arbeiter war zwar nicht im akademischen Sinn »gebildet«, aber er brauchte eine lange Lehrzeit, um seine Fertigkeiten zu erwerben. Man konnte ihm in der Regel zutrauen, daß er sich selbst kontrollierte; aus diesem Grund billigte man ihm ein erhebliches Maß an Autonomie zu, um die Produktion nach seinen Vorstellungen zu organisieren. Die Handwerksproduktion eignete sich recht gut für kleine hochwertige Konsumgütermärkte. So wurden beispielsweise anfangs auch Automobile gebaut, die zu Beginn des 20. Jahrhunderts noch in hohem Maße Luxusgüter waren.[10]

Die Massenproduktion wurde ermöglicht durch große nationale und internationale Märkte, die mit der Revolution des Verkehrswesens im 19. Jahrhundert (d. h. mit dem Bau von Eisenbahnen und anderen Transportmitteln) und mit der Verbreitung des Wohlstands auf größere Bevölkerungsschichten entstanden. Wie Adam Smith feststellte, ist die Arbeitsteilung durch die Größe des Marktes begrenzt: Mit der Entstehung von Massenmärkten wurde es wirtschaftlich effizient, auch komplizierte Produkte in sehr kleinen Arbeitsschritten herzustellen. Da sich die Produktionsdurchläufe erhöhten, konnten teurere und speziellere Maschinen erworben werden, die einen gelernten Handwerker unnötig machten. Eine Türfüllung, die ein Handwerker früher mit der Hand zurechtschnitt, konnte jetzt ein ungelernter Arbeiter an einer großen automatischen Metallpresse per Knopfdruck ausstanzen. Mit zunehmendem

Warencharakter der Fabrikate wurden die Produktionsmaschinen immer ausgereifter, und man benötigte immer weniger Facharbeiter, um sie zu bedienen.

Der Übergang zur Massenproduktion begann in der Textilindustrie in der ersten Hälfte des 19. Jahrhunderts und breitete sich dann relativ langsam auch auf andere Industriezweige aus. Zum Symbol für das beginnende Zeitalter der Massenproduktion wurde das Montagewerk, das die Ford Motor Company 1913 in Highland Park, Michigan, eröffnete.[11] Erstmals wurde ein so kompliziertes Produkt wie ein Automobil mit den Methoden der Massenproduktion hergestellt. Das Werk war das Ergebnis vieler technischer Studien, in denen die etlichen tausend Arbeitsschritte bei der Herstellung eines Autos aufgeschlüsselt und in Routinehandgriffe zerlegt wurden. Die Autos bewegten sich auf einem Fließband an verschiedenen Arbeitsstationen vorbei, und die Tätigkeit jedes Arbeiters wurde auf einfache Handgriffe reduziert, die auch von Menschen mit begrenzten Fertigkeiten immer wieder ausgeführt werden konnten.

Die Produktivitätssteigerungen durch Fords Innovation waren erstaunlich. Sie revolutionierte nicht nur die Automobilindustrie, sondern praktisch alle Branchen, die einen Massenmarkt bedienten. Die Einführung der Fordschen Massenproduktionstechniken wurde außerhalb Amerikas eine richtige Mode: Die deutsche Industrie erlebte Mitte der zwanziger Jahre eine Phase der »Rationalisierung«, als die Hersteller die »fortschrittlichsten« amerikanischen Organisationstechniken importierten.[12] Das Pech der Sowjetunion war es, daß die Bolschewikenführer Lenin und Stalin moderne Industrie mit Massenproduktion auf allen Ebenen gleichsetzten. Da sie meinten, größer bedeute notwendigerweise auch besser, hat die UdSSR nach dem Zusammenbruch des Kommunismus eine schrecklich überkonzentrierte und ineffiziente industrielle Infrastruktur – hochgezüchteter Fordismus in einer Zeit, als das Fordsche Modell sich bereits überlebt hatte.

Die neue Form der Massenproduktion, die mit dem Namen Henry Ford verbunden ist, fand in Frederick W. Taylor ihren Ideologen, und sein Buch *Die Grundsätze wissenschaftlicher Betriebsführung* galt bald als Bibel des neuen industriellen Zeitalters.[13] Taylor, Ingenieur und Betriebsorganisator, gehörte zu den ersten Befürwortern von »Arbeits- und Zeitstudien«, um die Arbeitseffizienz in der Fabrikhalle zu maximieren. Er versuchte, die »Gesetze« der Massenproduktion zu kodifizieren, und empfahl ein hohes Maß an Spezialisierung. So wollte er bewußt vermeiden, daß der einzelne Fließbandarbeiter Initiative, Urteilsfähigkeit oder gar Kompetenz zeigen mußte. Die Wartung des Fließbandes und seine Feineinstellung wurden an eine separate Wartungsabteilung delegiert, während die steuernde Intelligenz hinter dem Design des Fließbandes bei höheren Angestellten in den Ingenieurs- und Planungsabteilungen lag. Die Effizienz der Arbeiter wurde streng nach dem Prinzip von Zuckerbrot und Peitsche geregelt: Wer mehr produzierte, erhielt einen höheren Stücklohnsatz.

In typisch amerikanischer Manier versteckte Taylor eine Vielzahl ideologischer Annahmen unter dem Deckmantel wissenschaftlicher Analyse. Für ihn war der durchschnittliche Arbeiter vergleichbar mit dem »homo oeconomicus« der klassischen Ökonomie: ein passives, rational denkendes, isoliertes Individuum, das vornehmlich auf den Stimulus des beschränkten Eigeninteresses reagiert.[14] Mit Hilfe der wissenschaftlichen Betriebsführung sollte der Arbeitsplatz so strukturiert werden, daß ein Arbeiter nur noch die Qualifikation »Gehorsam« mitbringen mußte. Alle Tätigkeiten der Arbeiters, bis hin zu den Bewegungen seiner Arme und Beine am Fließband, wurden von den Produktionsingenieuren in detaillierte Regeln gefaßt. Alle anderen menschlichen Eigenschaften wie Kreativität, Initiative, Innovationsfähigkeit fielen in den Aufgabenbereich von Spezialisten, die anderswo im Organisationsplan angesiedelt waren.[15] Der »Taylorismus« – unter dieser Bezeichnung wurde die wissenschaftliche Betriebsführung schließlich bekannt – war das logische Ergebnis des auf Regeln basierenden, von wenig Vertrauen geprägten Fabriksystems.

Die Folgen des Taylorismus für die Arbeitgeber-Arbeitnehmer-Beziehungen waren vorhersehbar und langfristig sehr schädlich. Ein nach tayloristischen Prinzipien organisiertes Unternehmen gibt seinen Arbeitern zu verstehen, daß man ihnen keine wirklich wichtigen Aufgaben anvertraut und daß ihnen ihre Pflichten peinlich genau vorgeschrieben werden. Die Gewerkschaften reagierten darauf natürlich mit der Forderung, die Arbeitgeber müßten ihre Aufgaben und Pflichten ebenso detailliert und explizit beschreiben, da man sich nicht darauf verlassen könne, daß sie ihre Leistungen, nämlich für das Wohl der Arbeiter zu sorgen, auch erbringen würden.[16]

Wir haben oben erörtert, daß das allgemeine Vertrauensniveau von Gesellschaft zu Gesellschaft stark variiert. Es kann sich freilich im Laufe der Zeit aufgrund besonderer Bedingungen oder Ereignisse auch innerhalb einer Gesellschaft verändern. Nach Alvin Gouldner ist Reziprozität eine Norm, die es bis zu einem gewissen Grad in praktisch allen Kulturen gibt: Wenn Person X Person Y einen Dienst erweist, ist Person Y dankbar und wird sich in irgendeiner Form revanchieren. Doch Gruppen können in eine nach unten verlaufende Spirale des Mißtrauens geraten, wenn eine Seite meint, ihr Vertrauen werde mit Betrug oder Ausbeutung beantwortet.[17]

In eine solche Mißtrauensspirale gerieten in der ersten Hälfte des 20. Jahrhunderts Schlüsselbereiche der verarbeitenden Industrie in Amerika wie die Automobilhersteller und die Stahlindustrie. Das führte in den siebziger Jahren zu sehr gespannten Arbeitgeber-Arbeitnehmer-Beziehungen, die durch ein hohes Maß an rechtlichem Formalismus geprägt waren. So umfaßte 1982 die nationale Vereinbarung zwischen der Gewerkschaft United Auto Workers (UAW) und Ford vier Bände von jeweils zweihundert Seiten, die auf Fabrikebene durch einen weiteren dikken Tarifvertrag mit speziellen Arbeitsregeln, Bestimmungen und Bedingungen für die Arbeit und ähnlichem ergänzt wurden.[18] Diese Dokumente waren vor allem auf »Arbeitsüberwachung« ausgerichtet, das heißt, es ging weniger um Löhne als um Arbeitsbedingungen. So gab es beispielsweise ein detailliertes System der Einteilung von Tätigkeiten mit ausführlichen Beschreibungen jedes Arbeitsplatzes. Löhne waren nicht an den Arbeiter gebunden, sondern an die Klassifizierung der Tätigkeit, und die Rechte beim Personalabbau nach dem LIFO-Prinzip, die Privilegien je nach Dauer der Betriebszugehörigkeit und alles weitere waren ausführlich und im Detail dargelegt. Lokale Gewerkschaftsvertreter achteten streng darauf, daß kein Arbeiter einen Handgriff tat, der nicht zu seiner Tätigkeitsbeschreibung gehörte: Ein Rohrleger konnte mit seinem Gewerkschaftsvertreter Schwierigkeiten bekommen, wenn er bei der Reparatur einer Maschine aushalf, selbst wenn er die Zeit und die Fertigkeit dazu hatte, denn diese Tätigkeit fiel nicht unter seine Arbeitsplatzbeschreibung. Außerdem befürworteten die Gewerkschaften die Beförderung nach Dienstalter anstatt nach Leistung: Wenn Arbeiter nach ihren Fähigkeiten befördert wurden, mußte man dem Management schwierige Beurteilungen von individuellen Leistungen zutrauen, und das wollten die Gewerkschaften ihm nicht zugestehen. Die Verträge verlangten überdies ein Beschwerdeverfahren mit vier Instanzen, aus dem sich letztlich ein Gerichtswesen *en miniature* innerhalb der Automobilindustrie entwickelte – ein Abbild der weitreichenden Verrechtlichung der sozialen Beziehungen in der amerikanischen Gesellschaft insgesamt.[19] Meinungsverschiedenheiten am Arbeitsplatz wurden kaum noch informell durch Diskussionen in der Gruppe beigelegt, sondern zur Klärung an das Rechtssystem weitergereicht.

Die Gewerkschaften, die solche Verträge aushandelten, argumentierten folgendermaßen: Wenn die Arbeitgeber die Arbeit in tayloristischer Manier in übersichtliche, genau spezifizierte Schritte untergliedern, akzeptiert die Gewerkschaft dies zwar, legt aber ihrerseits die Arbeitgeber streng auf die Spezifikationen fest. Wenn die Arbeitgeber dem Arbeiter nicht zutrauen, daß er eine Situation beurteilen oder neue Aufgaben übernehmen kann, dann traut die Gewerkschaft den Arbeitgebern auch nicht zu, daß sie dem Arbeiter neue Pflichten auferlegen oder seine Fähigkeiten und Leistungen beurteilen können. Die starke Betonung der Arbeitsüberwachung in den Arbeitsverträgen um die Mitte unseres Jahrhunderts kam nicht ausschließlich auf Druck der Gewerkschaften zustande. Die Manager standen ganz im Banne des Taylorismus und der wissenschaftlichen Betriebsführung und waren sehr angetan von dieser Organisationsform, weil sie die Arbeiter daran hinderte, ihnen ihre Privilegien streitig zu machen. Das System der Arbeitsüberwachung war zwar unflexibel, sorgte aber dafür, daß alle Entscheidungen über die Geschäfte und die Produktion den Managern vorbehalten blieben, und gab ihnen so einen klardefinierten Verantwortungsbereich.[20]

Wer sich mit der industriellen Entwicklung im 20. Jahrhundert beschäftigte, stand vor der Frage, ob der Taylorismus eine unausweichliche Konsequenz der modernen Technik war, wie Taylor behauptet hätte, oder ob andere Formen der Unternehmensorganisation den Arbeitern mehr persönliche Initiative und Autonomie erlaubt hätten. Eine wichtige Schule der amerikanischen Soziologie hat behauptet, die Arbeitgeber-Arbeitnehmer-Beziehungen in allen modernen Gesellschaften näherten sich allmählich dem tayloristischen Modell an.[21] Diese Ansicht teilten viele Kritiker der modernen Industriegesellschaft von Karl Marx bis Charlie Chaplin. Sie alle meinten, die tayloristische Arbeitsteilung sei eine unausweichliche Konsequenz der kapitalistischen Form der Industrialisierung.[22] Unter diesem System war der Mensch zur *Entfremdung* verdammt: Die Maschinen, die er gebaut habe, damit sie ihm dienten, beherrschten ihn und reduzierten ihn auf die Rolle eines Zahnrads im Getriebe der mechanischen Produktion. Der Kompetenzabbau bei den

Arbeitern gehe mit einem Rückgang des Vertrauens in der Gesellschaft insgesamt einher, und die Menschen stünden durch ein Rechtssystem miteinander in Beziehung statt als Mitglieder organischer Gemeinschaften. Der Stolz auf das eigene Können und die Arbeit, der stets zum Handwerk gehört habe, verschwinde ebenso wie die Einzigartigkeit und Unterschiedlichkeit der von einem Handwerker produzierten Stücke. Mit jeder neuen technischen Innovation erwachten neue Ängste, daß sie besonders verheerende Auswirkungen auf das Wesen der Arbeit haben könnte. Als in den sechziger Jahren numerisch gesteuerte Maschinen (NC-Maschinen) eingeführt wurden (Werkzeugmaschinen, die so programmiert werden, daß sie verschiedene Schneideoperationen per Computer durchführen können), glaubten viele, man brauche nun keine ausgebildeten Arbeiter mehr an den Maschinen.

Wenn die Entwicklung von der handwerklichen Produktion zur Massenproduktion für arbeitende Menschen nur Entfremdung bedeutet, dann stellt sich noch eine weitere grundsätzliche Frage in bezug auf das Wesen wirtschaftlicher Betätigung: Warum arbeiten Menschen überhaupt? Arbeiten sie nur wegen des Lohns, oder arbeiten sie, weil es ihnen gefällt und weil die Arbeit sie ausfüllt? Die traditionelle Antwort der neoklassischen Ökonomie ist eindeutig: Arbeit ist eine *Last*, sie ist etwas Unangenehmes, das die Menschen lieber nicht tun würden. Sie arbeiten nicht um der Arbeit willen, sondern wegen des Einkommens, das sie für ihre Arbeit erhalten und das sie in ihrer Freizeit ausgeben können. Gearbeitet wird also letztlich um der Freizeit willen. Dieser Begriff von Arbeit als etwas wesentlich Unangenehmes wurzelt tief in der jüdisch-christlichen Tradition. Adam und Eva mußten im Paradies zunächst nicht arbeiten; erst nach dem Sündenfall verlangte Gott von ihnen als Strafe, daß sie arbeiteten und für sich selbst sorgten. Der Tod gilt in der christlichen Tradition als Befreiung vom Kampf ums Dasein – daher auch die Grabinschrift: *Requiescat in Pace.*[23] Angesichts dieser Vorstellung von Arbeit hätte der Übergang von der handwerklichen zur Massenproduktion eigentlich gar nicht so bedeutsam sein dürfen, solange die Realeinkommen, wie zumeist der Fall, tatsächlich stiegen.

Eine andere, marxistisch inspirierte Auffassung besagt jedoch, daß der Mensch sowohl ein produzierendes als auch ein konsumierendes Wesen sei und seine Befriedigung darin finde, die Natur durch Arbeit zu beherrschen und zu transformieren. Demnach hat die Arbeit über die Entlohnung hinaus noch einen positiven Nutzen. Dabei spielt die

Art der Arbeit jedoch eine wichtige Rolle: Die Autonomie des Handwerkers, sein Können, die Kreativität und Intelligenz, die er bei der Herstellung eines fertigen Produkts unter Beweis stellen konnte, waren ausschlaggebend für die Befriedigung, die er in seiner Arbeit fand. So gesehen ging den Arbeitern durch den Übergang zur Massenproduktion und den Kompetenzabbau etwas sehr Wichtiges verloren, das auch durch höhere Löhne nicht ersetzt werden konnte.

Mit der allgemeinen Verbreitung der Massenproduktion zeigte sich jedoch, daß der Taylorismus für die moderne Industrie nicht das einzige Modell darstellte, daß Kompetenz und handwerkliches Können nicht verschwanden und daß von Vertrauen geprägte Beziehungen für das reibungslose Funktionieren moderner Arbeitsplätze weiterhin wichtig blieben. Charles Sabel, Michael Piore und andere Vertreter der »flexiblen Spezialisierung« haben gezeigt, daß sich handwerkliche Produktionsmethoden »im Schatten« riesiger Massenproduktionseinrichtungen halten konnten. Das hatte verschiedene Gründe: Erstens konnten die hochspezialisierten Maschinen, mit denen die Massengüter gefertigt wurden, selbst nicht in Massenproduktion hergestellt werden, sondern mußten praktisch von Hand gebaut werden, weil sie gewöhnlich Einzelanfertigungen waren. (Das erklärt übrigens, warum die kleinen Familienbetriebe in Mittelitalien, die in Kapitel 10 beschrieben wurden, im Werkzeugmaschinenbau so erfolgreich waren.) Je wohlhabender und gebildeter die Konsumenten wurden, desto stärker wuchs auch das Bedürfnis nach differenzierten Produkten. Das führte zu einer stärkeren Marktsegmentierung, geringeren Produktionsdurchläufen und folglich zu einer handwerksähnlichen Flexibilität in der Fertigung.

Daß kleine, auf dem Handwerk basierende Branchen überlebten und sogar erstaunliche Vitalität bewiesen, spricht an sich nicht gegen die Verbreitung des Taylorismus. Die überwältigende Mehrheit der Arbeiter in den meisten industrialisierten Ländern arbeitet weiterhin in Massenproduktionsstätten. Die echten Alternativen zum Taylorismus liegen im Massenproduktionssektor selbst: Die Art und Weise der Fertigung variiert ebensostark wie das Maß an gesellschaftlichem Vertrauen, das ins Spiel gebracht wird. Technische Fortschritte beispielsweise machten alte Fertigkeiten überflüssig, erforderten aber neue.[24] Wie sich herausstellte, war Adam Smiths Arbeiter in der Stecknadel-Manufaktur, der einen keinerlei Nachdenken erfordernden Handgriff beständig wiederholte, viel leichter durch eine Maschine zu ersetzen als der Arbeiter, der die Maschinen wartete oder die Einspannvorrichtungen für die Herstellung eines neuen Produkts umbaute. Numerisch gesteuerte Werkzeugmaschinen konnten ausgebildete Arbeiter nicht ersetzen, denn es erwies sich als sehr schwierig, NC-Werkzeugmaschinen zu programmieren, ohne Erfahrung mit den entsprechenden Arbeitsabläufen zu haben. Es kam zu einer, wie Sabel es nannte, »Intellektualisierung der Kompetenz«: An die Stelle von mechanischen Kompetenzen traten halbmechanische Kompetenzen, die von dem Arbeiter eine viel größere intellektuelle Leistung verlangten.[25] Empirisch gibt es so gut wie keine Anhaltspunkte dafür, daß Arbeiter in Massenproduktionsstätten ihre Arbeit ablehnen, weil sie sich in ihrer Menschenwürde verletzt fühlen.[26]

Seit Beginn der Massenproduktion spricht somit immer mehr dafür, daß Arbeiter in Wirklichkeit gar nicht die passiven, isolierten, am eigenen Vorteil interessierten Wesen sind, die Taylor sich vorstellte. Wie die Hawthorne-Experimente in den dreißiger Jahren gezeigt haben, wirkte sich die Organisation der Arbeiter in kleinen Gruppen ausgesprochen positiv auf die Produktivität aus.[27] Arbeiter, die nicht streng nur Regeln einhalten müssen, sondern selbst über den Produktionsprozeß mit entscheiden können, sind produktiver und zufriedener mit ihrer Arbeit. Sie helfen einander und schaffen sich, wenn man sie läßt, ein eigenes System von Führungskräften und gegenseitiger Unterstützung. Die Experimente waren ein gutes Argument für Elton Mayos sogenannte »Human-Relations«-Bewegung in den dreißiger Jahren, die weniger streng geregelte und stärker gemeinschaftsorientierte Arbeitsplätze forderte.[28]

Daß Vertrauen und Soziabilität nicht gleichmäßig auf alle Kulturen verteilt sind, sondern in einigen Kulturen eine größere Rolle spielen als in anderen, läßt vermuten, daß auch der Erfolg des Taylorismus kulturabhängig ist. So könnte der Taylorismus in Gesellschaften mit einem geringen Vertrauensniveau der einzige Weg sein, im Unternehmen eine gewisse Arbeitsdisziplin zu erreichen, während Gesellschaften mit einem hohen Vertrauensniveau eher Alternativen zur tayloristischen Arbeitsorganisation schaffen, die auf einer breiteren Streuung von Verantwortung und Kompetenz basieren. Tatsächlich zeigt eine Reihe von Managementstudien, die nach dem Zweiten Weltkrieg durchgeführt wurden, daß die Prinzipien von Mayos Human-Relations-Schule nicht kulturübergreifend zutreffen: Die Experimente brachten nicht einmal in verschiedenen Teilen der Vereinigten Staaten gleiche Ergebnisse.[29]

Der überzeugendste Beweis, daß der Taylorismus keine notwendige Konsequenz der Industrialisierung ist, sind die Erfahrungen anderer Länder. Deutsche Arbeitsplätze waren nie nach rein tayloristischen Kriterien organisiert; vielmehr institutionalisierten sich hier eine Vielzahl von Beziehungen, die auf Vertrauen basierten, und sorgten so für eine weitaus größere Flexibilität als an amerikanischen Arbeitsplätzen der sechziger und siebziger Jahre. Das deutsche Beispiel wollen wir uns im folgenden Kapitel näher ansehen.

Kapitel 20

Vertrauen im Team

Die theoretischen Grundlagen der amerikanischen Massenproduktion gelangten mit der deutschen Ausgabe von Taylors *Grundsätzen der wissenschaftlichen Betriebsführung* im Jahr 1918 und Henry Fords Autobiographie fünf Jahre später auch nach Deutschland. Von den *Grundsätzen* wurden im Laufe von vier Jahren 30000 Exemplare verkauft, Fords Autobiographie wurde in den folgenden Jahren dreißigmal neu aufgelegt. *Taylorismus* und *Fordismus* waren fast ein Kult.[1] Die enorme Produktivitätssteigerung in Fords Fertigungsstätte in Highland Park überzeugte deutsche Hersteller deutlich, daß sie Methoden der Massenproduktion auch bei ihren Fertigungsprozessen einsetzen mußten. Vor diesem Hintergrund ist die »Rationalisierungs«-Bewegung in der deutschen Industrie Mitte der zwanziger Jahre zu sehen.

Obwohl die deutsche Industrie das Konzept der Massenproduktion übernahm, kam der *Taylorismus* bei deutschen Managern und Konstrukteuren nie besonders gut an – und noch viel weniger bei deutschen Arbeitern. Der Reduktion der Arbeit auf simple Handgriffe, die Überspezialisierung und die im wesentlichen unbefriedigende Tätigkeit der Arbeiter in einer tayloristisch organisierten Fabrik bedrohten die traditionelle Überzeugung der Deutschen, daß die Freude an der Arbeit wichtig sei, ein Gedanke, der ursprünglich auf die starken vormodernen Handwerkstraditionen in Deutschland zurückgeht. Konstrukteure wie Gustav Frenz, Paul Rieppel, Friedrich von Gottl-Ottilienfeld und Götz Briefs, die sich damals zum Thema Fabrikorganisation äußerten, unterschieden alle zwischen dem Taylorismus und dem ihrer Ansicht nach humaneren System, das Ford eingeführt hatte.[2] Taylor und Ford sind historisch eng miteinander verbunden als die beiden Männer, die das Organisationssystem für eine Massenproduktion mit geringem Vertrauen zu den Arbeitern erdacht beziehungsweise umgesetzt haben. Ford praktizierte in seinen ersten Betrieben freilich eine Form von Unternehmenspaternalismus, der keineswegs zu Taylors Grundsätzen der »wissenschaftlichen Betriebsführung« paßte. Bis durch die Weltwirtschaftskrise Umsätze und Gewinne tief in den Keller stürzten, stellte Ford seinen Arbeitern Unterkünfte zur Verfügung und bot Sozialleistungen an, gewann sie durch kontinuierlich steigende Löhne und kultivierte im Unternehmen einen Geist der Gemeinschaft zwischen Arbeitern und Management. Nach Ansicht der deutschen Organisationstheoretiker eignete sich der Taylorismus nicht sonderlich gut für deutsche Verhältnisse, der paternalistische Aspekt des *Fordismus* dagegen galt als nützliches Modell der »Rationalisierung«. In vielen Kritiken des Taylorismus wurden die Argumente Elton Mayos und der Human-Relations-Schule des folgenden Jahrzehnts vorweggenommen.

Der Gedanke einer Interessengemeinschaft zwischen Arbeitern und Management wurde 1920 mit der gesetzlichen Verankerung der Betriebsräte institutionalisiert. Die Einrichtung von Betriebsräten war die Schlußfolgerung aus dem Grundsatz, daß es auf Unternehmensebene gewählte Arbeitnehmervertreter geben müsse. Sie hatten ein Mitspracherecht bei Entscheidungen, die vormals ausschließlich Sache des Managements gewesen waren. Der radikalere Flügel der deutschen Arbeiterbewegung betrachtete die Betriebsräte mit Argwohn, weil er eine vollständige Kontrolle des Unternehmens durch die Arbeiter forderte. (In der revolutionären Phase unmittelbar nach dem Ersten Weltkrieg waren eine Reihe von Arbeiterräten nach Art der bolschewistischen Sowjets eingerichtet worden.) In der Zeit zwischen den beiden Weltkriegen erfüllten die Betriebsräte ihren Zweck jedoch nicht: Es entstand kein Gemeinschaftsgefühl.[3] Allerdings schuf diese frühe gesetzliche Regelung in der Weimarer Republik einen Präzedenzfall für eine institutionalisierte Kooperation von Arbeitern und Betriebsleitung, der sich schließlich auch auf die »soziale Marktwirtschaft« nach dem Zweiten Weltkrieg auswirkte – ein Beweis, daß die Deutschen, kaum daß die Methode der Massenproduktion eingeführt war, den Gedanken der Interessengemeinschaft auf Betriebsebene ernsthaft verfolgten.

Die tatsächlichen innerbetrieblichen Beziehungen haben sich – ungeachtet des Schicksals dieses besonderen Bereichs der Sozialgesetzgebung – in der zweiten Hälfte des 20. Jahrhunderts eindeutig kommunitaristisch entwickelt. Die moderne deutsche Gesellschaft ist unter anderem dadurch gekennzeichnet, daß zwei sehr verschiedene Bilder von ihr nebeneinander existieren: Einerseits war sie (wie jede andere europäische Gesellschaft) durch erhebliche Klassenunterschiede zerrissen und setzte der sozialen Mobilität hohe Hindernisse entgegen. Eine mächtige, schlagkräftige Arbeiterbewegung vertrat jahrelang die marxistische Position, daß der Klassenkampf unausweichlich sei, und versucht immer noch, aus Management und Kapitaleignern ihren gerechten Anteil herauszuholen. Betriebsgewerkschaften wie in Japan gibt es in Deutschland nicht. Diese Form der »gelben« Arbeiterorganisation wurde während des Nationalsozialismus vom Staat gefördert und geriet in Verruf. Andererseits ist die deutsche Arbeiterklasse sehr stolz auf ihre Arbeit und auf ihre Professionalität, so daß sich deutsche Arbeiter nicht nur mit ihrer sozialen Schicht, sondern auch mit ihrer Branche und deren Managern identifizieren. Dieser Sinn für Professionalität wirkte mäßigend auf klassenkämpferische Neigungen und führte zu völlig anders gearteten Arbeitsplatzbeziehungen.

Überlegen wir zunächst einmal theoretisch, wie ein mehr an kommunitaristischen Grundsätzen orientierter Arbeitsplatz aussehen könnte. Eine Rückkehr zur handwerklichen Produktion darf nicht notwendig werden – das wäre in der Großindustrie in der Regel nicht durchführbar –, vielmehr benötigt man eine Reihe nichttayloristischer Regeln für die Organisation der Arbeit. Statt die Arbeit immer weiter in immer einfachere Handgriffe zu zergliedern, die von darauf spezialisierten Arbeitern unablässig wiederholt werden, würde ein kommunitaristischer Betrieb darauf achten, daß er seine Beschäftigten möglichst flexibel einsetzen kann. Jeder Arbeiter würde für eine Reihe unterschiedlicher Aufgaben ausgebildet und könnte dann je nach den Erfordernissen der Produktion an verschiedenen Arbeitsplätzen tätig sein. Auch Arbeiter am unteren Ende der Produktionshierarchie würden möglichst viel Verantwortung tragen. Statt bei der Einteilung von Tätigkeiten eine strenge Hierarchie beizubehalten und so »Brandmauern« zwischen Arbeitern und Management zu errichten, würde ein kommunitaristisch ausgerichteter Betrieb Statusunterschiede nivellieren und ein höheres Maß an beruflicher Mobilität zwischen Arbeitern und Angestellten zulassen. Gearbeitet würde in Teams, in denen die Arbeiter (weil für unterschiedliche Tätigkeiten ausgebildet) notfalls auch für ihre Kollegen einspringen könnten. Das tayloristische Organisationsmodell verlangt ein strenges Stücklohnsatz-System mit hohen Leistungszulagen für besonderen individuellen Einsatz und entsprechend großen Gehaltsunterschieden zwischen Arbeitern und Managern. In einem kommunitaristischen Betrieb wären die Lohnunterschiede relativ gering, und Prämien würden auf der Basis von Gruppenleistungen vergeben. Ein tayloristisches System ist von vielen Regeln und Vorschriften geprägt: einerseits, weil die Arbeit so detailliert geplant werden muß, und andererseits, weil die Arbeiter entsprechend darauf reagieren. Ein kommunitaristischer Betrieb dagegen setzt bei der Lösung von Problemen mehr auf persönliche Interaktion und informelle Informationsflüsse. Insgesamt gesehen werden dem Arbeiter in einem tayloristisch organisierten Betrieb Kompetenzen weggenommen, und Vertrauen ist nicht unbedingt notwendig. Ein »untayloristischer« Betrieb dagegen fördert die Kompetenzen der Arbeiter, so daß man ihnen mehr Verantwortung für die Gestaltung und den Ablauf des Produktionsprozesses übertragen kann.

Etliche detaillierte vergleichende Fallstudien zur Unternehmensorganisation in Deutschland und in anderen Industrieländern haben gezeigt, daß deutsche Betriebe diese kommunitaristischen Merkmale in einem deutlich höheren Maße aufwiesen als die Betriebe in vielen anderen europäischen Ländern. Nehmen wir beispielsweise die Flexibilität der Kompetenzen und die damit verbundene Arbeitsplatzorganisation in Teams. Die Fabrikarbeit in Deutschland wurde mit Teams organisiert, lange bevor amerikanische Betriebe Gruppenarbeit als modische Organisationsform importierten. Die deutschen Gewerkschaften beharrten nie auf den strengen Tätigkeitsklassifikationen und Arbeitsregeln, die für amerikanische Arbeitsplätze auf dem Höhepunkt der gewerkschaftlichen Auseinandersetzung mit der Massenproduktion charakteristisch waren. Ein deutscher Meister trägt erheblich mehr Verantwortung als sein französischer Kollege. Zusammen mit seinem Vorarbeiter darf er innerhalb der Gruppe, für die er verantwortlich ist, Arbeiter in unterschiedlichen Funktionen einsetzen. Er achtet darauf, wie sich die Fähigkeiten der Arbeiter in seiner Gruppe entwickeln, und kann sie nach eigenem Ermessen je nach ihrer aktuellen Leistung einsetzen. Zunehmend häufiger werden Arbeiter im Rahmen eines innerbetrieblichen Sozialisierungsprozesses nacheinander an mehrere Arbeitsplätze geschickt. Wenn ein an einer bestimmten Maschine Beschäftigter krank wird oder ein anderer Notfall an der Fertigungsstraße eintritt, kann der Meister ohne rechtliche Einschränkung Arbeiter von anderen Arbeitsplätzen holen und so die entstandene Lücke schließen.[4]

In Frankreich dagegen gibt es ein einziges, landesweit verbindliches System für die Klassifizierung von Tätigkeiten, und jeder Position vom ungelernten Arbeiter bis zum Topmanager ist ein Koeffizient zugeordnet. Arbeiter werden in Tätigkeitskategorien eingestuft und können dann je nach Dienstalter aufsteigen. Wie in Amerika, wo sich die Gewerkschaften in ihrer Hochzeit für eine strenge Arbeitsüberwachung einsetzten, so wehren sich auch die französischen Arbeiter gegen eine Beförderung außer der Reihe nach Leistung. Das System ist ebenso universalistisch und mathematisch genau wie unflexibel: Die Koeffizienten (und damit die Bezahlung) sind der Tätigkeit zugeordnet, nicht dem Arbeiter. Deshalb kämpft man nicht um die Verbesserung von Kompetenzen und Produktivität, sondern um den Aufstieg in der Hierarchie. Anders als der deutsche Arbeiter kommt ein französischer Arbeiter nicht dadurch vorwärts, daß er seine Fertigkeiten verbessert, sondern nur indem er sich eine andere Tätigkeit sucht. Folglich ist die Versuchung groß, eine immer größere Anzahl höher klassifizierter Tätigkeiten zu fordern, gleichgültig ob sie benötigt werden oder nicht. Dazu sind in jeder Branche Verhandlungen auf höchster Ebene notwendig. Arbeitnehmer und Arbeitgeber verbringen viel Zeit damit, auf Branchenebene formale Organisationsschaubilder zu erörtern, statt auf Fabrikebene darüber zu reden, wie man für einen Arbeiter die geeignetste Tätigkeit findet und ihn angemessen entlohnt.

Das Klassifizierungssystem der französischen Industrie ähnelt dem stark zentralistischen und hierarchischen öffentlichen Dienst in Frankreich und hat in erster Linie den Effekt, daß ein Gemeinschaftsgefühl am Arbeitsplatz gar nicht erst aufkommt. Es erinnert an die Verteilung der Privilegien im Ancien régime, die Tocqueville zufolge in ihrer feinen Abstufung eifersüchtig gehütet wurden. Durch die Hierarchisierung und den Formalismus des Klassifizierungssystems in der Industrie werden die Arbeiter voneinander isoliert, mit der Folge, daß sie sich bei Problemen eher an das Zentrum wenden als an ihre Kollegen. Das System verhindert, daß sich Arbeitsgruppen bilden, und läßt nicht zu, daß Arbeiter bei Bedarf an unterschiedlichen Arbeitsplätzen eingesetzt werden.[5]

In Deutschland nennt man die Arbeitseinheit zuweilen die »Gruppe des Meisters«. Sie entwickelt oft ein enges Zusammengehörigkeitsgefühl. Der Meister muß seine Arbeiter gut kennen, denn er bewertet sie persönlich, und davon hängen Prämien und Aufstiegschancen ab. Der Meister kann solche Bewertungen durchführen, weil er sich aus den Reihen der Facharbeiter nach oben gearbeitet hat und die Aufgaben, die er überwacht, aus eigener Erfahrung kennt. In Frankreich und in den Vereinigten Staaten, wo die Gewerkschaft traditionell für Arbeitsüberwachung eintritt, können sich keine Arbeitsgruppen bilden, weil in dem formalen branchenweiten Klassifikationssystem jeder Arbeitsplatz einer bestimmten Tätigkeitskategorie und einem bestimmten Koeffizienten zugeordnet ist. Ein Arbeiter kann nicht von einem Arbeitsplatz auf einen anderen geschickt werden, wenn die Arbeitsplätze nicht in dieselbe Kategorie fallen.[6] Anders als der Meister in Deutschland fühlt sich der französische Vorarbeiter oft unwohl in seiner Position, denn er steht zwischen den Arbeitern und dem Management: Er gehört nicht mehr zu den Arbeitern, aber seine Vorgesetzten mit Angestelltenstatus betrachten ihn auch nicht als gleichgestellt.[7] Entsprechend der von Crozier und anderen beschriebenen Abneigung gegen persönliche Autoritätsbeziehungen muß ein französischer Vorarbeiter seine Arbeiter auch nicht persönlich bewerten, ihr Lohn richtet sich allein nach der Betriebszugehörigkeit und der Klassifizierung ihrer Tätigkeit. (Dasselbe System gilt übrigens für Professoren an den staatlichen Universitäten in Frankreich. Sie werden nicht wie in den Vereinigten Staaten aufgrund von Bewertungen durch akademische Kollegen befördert, sondern auf der Basis formaler Kriterien durch Bürokraten im Bildungsministerium.)

Die stärker kommunitaristische Organisation der Arbeitswelt in Deutschland wird auch an der Kompetenzverteilung deutlich. In britischen Unternehmen, die eher dem tayloristischen Modell folgen, werden technische und organisatorische Aufgaben viel stärker von Tätigkeiten an der Fertigungsstraße getrennt als in deutschen Unternehmen. Deutsche Fließbandarbeiter sind im Vergleich kompetenter und verfügen über mehr technisches Wissen; deshalb können sie ihre Bänder mit weitaus weniger Kontrolle durch das Management steuern als ihre britischen Kollegen.[8] So ist in Deutschland beispielsweise ein höherer Prozentsatz von Maschinenarbeitern in der Lage, ihre NC-Werkzeugmaschinen selbst zu programmieren, als in Großbritannien. In Großbritannien ist das Programmieren speziellen Arbeitern mit Angestelltenstatus vorbehalten, die in eigenen Büros getrennt von den Fließbandarbeitern untergebracht sind.[9] In Deutschland haben Manager meist dieselben technischen Kenntnisse wie die Arbeiter, die sie führen, und gehören nicht einer separaten Klasse von Menschen an, die meinen, in »Management« ausgebildet zu sein.

Die höhere Verantwortung und Kompetenz von Arbeitern und niedrigrangigem Aufsichtspersonal hat zur Folge, daß die Grenze zum Angestelltenstatus in Deutschland höher liegt. Dementsprechend ist in

Deutschland die Zahl der Angestellten gegenüber der Zahl der Arbeiter viel geringer als in Großbritannien oder Frankreich. So kommen in Frankreich 42 Angestellte auf 100 Arbeiter, in Deutschland dagegen nur 36 auf 100. Der französische Vorarbeiter hat durchschnittlich 16 Arbeiter unter sich, der deutsche Meister jedoch 25.[10] In Frankreich besteht eine Korrelation zwischen Branchen mit stabilen Belegschaften und großem Einfluß der Arbeiter einerseits und der Zunahme gutdotierter Angestelltenarbeitsplätze andererseits. Wenn ein Arbeiter den Status eines Angestellten erreicht, gewinnt er beträchtlich an Prestige und Einkommen, aber es entsteht auch eine neue soziale Mauer zwischen ihm und seinen ehemaligen Kollegen. In Deutschland dagegen begegnete man der Zunahme der Büroarbeitsplätze sehr viel erfolgreicher und erhielt in der Arbeiterschaft ein breites Band an Kompetenzen und Funktionen.[11] All das erlaubt ein höheres Maß an Solidarität und Flexibilität an der Fertigungsstraße.

Wie von einer kommunitaristisch organisierten Gesellschaft zu erwarten, variiert der Lohn für unterschiedliche Tätigkeitskategorien in Deutschland weniger als in Frankreich. Der Quotient aus Angestelltengehalt und Arbeiterlohn beträgt in Deutschland 1,33, in Frankreich 1,75. Angesichts des höheren Anteils von Angestellten in der französischen Industrie erhöhen sich dadurch die Arbeitskosten insgesamt. Die geringen Einkommensunterschiede in Deutschland hängen eng mit dem System der Arbeitsgruppen zusammen. Produktivitätsprämien werden auf einer relativ niedrigen Organisationsstufe festgelegt, denn sie basieren letztlich darauf, wie der Meister die Leistung des Arbeiters bewertet. Es ist offensichtlich, daß große und/oder willkürliche Unterschiede bei der Vergütung die Moral einer kleinen Gruppe schwächen und das Vertrauen der Arbeiter in den direkten Vorgesetzten untergraben würden. Daher basieren Lohnunterschiede in Deutschland direkt auf unterschiedlichen Kenntnissen.[12] In Frankreich verlagert sich durch die formale Klassifizierung der einzelnen Tätigkeiten die Verantwortung für die Bezahlung von der Fabrikhalle in die Personalabteilung des Unternehmens oder gar auf die noch höhere Ebene der branchenweiten Tarifverhandlungen zwischen Arbeitnehmern und Arbeitgebern. Wenn persönliche Interaktion unnötig wird, sind größere Lohnunterschiede leichter zu tolerieren.

Daß deutsche Manager eher bereit sind, ihren Arbeitern mehr Verantwortung zu übertragen, hängt eng mit deren hohem Qualifikationsniveau zusammen und folglich auch mit der Lehrlingsausbildung im dualen System, die es ermöglicht, dieses Niveau zu erreichen und zu halten. Das absolute Niveau der beruflichen Qualifikation in verschiedenen Kulturen zu messen ist sehr schwierig. Ihre relative Bedeutung zeigt sich jedoch in gewisser Weise daran, daß in Deutschland nur 10 Prozent aller Arbeiter auf Facharbeiterplätzen keinerlei Zeugnis besitzen, während in Frankreich mehr als die Hälfte der Arbeiter auf Facharbeiterplätzen kein solches Papier vorweisen kann.[13] Auf die deutsche Lehrlingsausbildung läßt sich zurückführen, daß die deutsche Industrie immer zum einen auf die erforderliche Zahl qualifizierter Arbeitskräfte zurückgreifen konnte, um sich den Ruf für Qualitätsarbeit zu bewahren, und daß zum anderen die Arbeitslosenquote bei Jugendlichen im Vergleich zu anderen europäischen Ländern stets gering war. Das deutsche Ausbildungssystem wird darum auch weltweit bewundert: Die Mannschaft um Bill Clinton machte die deutsche Berufsausbildung bei den Präsidentschaftswahlen 1992 sogar zu einem Wahlkampfthema. Doch die Lehrlingsausbildung in Deutschland ist in ein komplexes System der beruflichen Bildung eingebunden, das sich nicht einfach in Einzelteile zerlegen und exportieren läßt. Letztlich ist es an den Fortbestand bestimmter gesellschaftlicher und kultureller Traditionen geknüpft, die in Mitteleuropa einzigartig sind.

Die Lehrlingsausbildung in Deutschland ist erheblich umfassender als die Lehrlingsausbildung in Großbritannien, wo es sie nur in bestimmten Bereichen wie im Maschinenbau und in der Bauwirtschaft gibt, oder in Frankreich, wo sie den traditionellen handwerklichen Sektor bedient.[14] Etwa 70 Prozent aller jungen Deutschen beginnen ihre berufliche Laufbahn als Lehrlinge; nur 10 Prozent durchlaufen weder eine Lehre noch eine höhere Ausbildung.[15] Während der Ausbildung, die in der Regel zwei bis drei Jahre dauert, in manchen Fällen auch länger, erhält der Lehrling eine gegenüber dem Lohn oder Gehalt der ausgebildeten Kraft erheblich verminderte Lehrlingsvergütung. Ausbildungsplätze gibt es vor allem im Handwerk, darüber hinaus auch in vielen Industriebetrieben und Dienstleistungsunternehmen wie Einzelhandel, Bankgewerbe und Büro, wo in den Vereinigten Staaten und in den meisten europäischen Ländern normalerweise nur eine kurze oder gar keine berufliche Ausbildung angeboten wird. Ein Verkäufer in einem deutschen Warenhaus hat eine dreijährige Lehre hinter sich; ein Amerikaner in einer vergleichbaren Position im J. C. Penny's ist insgesamt ungefähr drei Tage lang am Arbeitsplatz ausgebildet worden.[16] Die Lehrzeit hat nicht zuletzt das Ziel, junge Menschen an den Rhythmus und die Erfordernisse des Arbeitslebens zu gewöhnen. Aber die Lehrlinge werden auch branchenspezifisch ausgebildet, und am Ende der Lehrzeit erhalten sie nach einer eingehenden Prüfung ein Zeugnis. Das Zeugnis bescheinigt eine standardisierte Qualifikation für einen bestimmten Beruf und wird deshalb von allen deutschen Arbeitgebern anerkannt. Wie die Zulassung in den freien Berufen (als Arzt, Rechtsanwalt und so weiter) sind diese Zeugnisse eine Quelle beträchtlichen Stolzes. Wer in Deutschland Bäcker, Sekretärin oder Automechaniker werden will, muß beträchtlich mehr leisten und wissen als in den Vereinigten Staaten, in Großbritannien oder Frankreich.

Die Lehrlingsausbildung findet im sogenannten dualen System zum einen Teil in den Unternehmen, zum anderen Teil in staatlichen Berufsschulen statt, die für die allgemeinen Inhalte der Ausbildung zuständig sind. Die Teilnahme an dem Ausbildungsprogramm ist für Arbeiter und Unternehmen freiwillig. Im Handwerk bildet der Großteil der Betriebe aus, in der Industrie deutlich weniger. Die Kosten der Ausbildung tragen die Unternehmen, der Staat auf verschiedenen Ebenen und die Auszubildenden selbst (die während ihrer Ausbildung nicht den vollen Lohn beziehungsweise das volle Gehalt bekommen). Damit das System der Lehrlingsausbildung funktioniert, müssen sich Arbeitgeber und Arbeitnehmer über seine Bedeutung in hohem Maße einig sein. Die innerbetriebliche Ausbildung ist für die Unternehmen sehr kostenintensiv (wenngleich die genaue Höhe der Kosten umstritten ist). Anders als in japanischen Unternehmen wird den fertig ausgebildeten Lehrlingen keine Anstellung auf Lebenszeit garantiert, und die Lehrlinge ihrerseits fühlen sich nicht an das Unternehmen gebunden, in dem sie ausgebildet wurden. Die meisten Lehrlinge verlassen ihren Ausbildungsbetrieb: In den siebziger Jahren waren nur 40 Prozent der fertig ausgebildeten Lehrlinge anderthalb Jahre nach Abschluß ihrer Ausbildung noch in dem Betrieb, in dem sie gelernt hatten.[17]

Angesichts dieser hohen Quote könnte man meinen, die Versuchung sei groß, als Trittbrettfahrer auf die Ausbildungsprogramme anderer Unternehmen aufzuspringen.[18] In einem bestimmten Umfang ist das auch der Fall. Daß es nicht in noch höherem Maße geschieht, hat mehrere Gründe: Erstens ist die Ausbildung standardisiert; selbst wenn ein Unternehmen einen Auszubildenden verliert, in den es Zeit und Mühe investiert hat, findet es auf dem Arbeitsmarkt problemlos einen vergleichbar ausgebildeten Nachfolger. Überdies ist die Ausbildung gewöhnlich zugleich allgemein und unternehmensspezifisch; der ausgebildete Lehrling findet zwar auch anderswo Arbeit, aber sowohl für das Unternehmen und wie für den Lehrling bestehen Anreize, sich nicht zu trennen. Am wichtigsten jedoch ist der starke gesellschaftliche Druck auf alle Arbeitgeber, für ihre Lehrlinge zu »sorgen« und ihnen die notwendigen Fähigkeiten beizubringen, damit sie auf dem Arbeitsmarkt bestehen können. Unternehmen, die das versäumen, werden gesellschaftlich geächtet und haben nicht das von Vertrauen geprägte Verhältnis zu ihren Arbeitern wie andere Betriebe. Und dieser Punkt hat letztlich sehr viel mit Kultur zu tun. In Deutschland sind erstaunlich viele Institutionen an der Lehrlingsausbildung beteiligt: Einrichtungen des Bundes, der Länder und Kommunen, der Kirchen, Gewerkschaften und anderer Organisationen. Wer sich aus einem solchen Ausbildungssystem zurückzieht, sich gegen eine solche Ausbildung entscheidet, drückt damit aus, daß er den kulturspezifischen Wert der Arbeit nicht anerkennt. Seit die Zahl der ausbildenden Betriebe rückläufig ist, hat sich auch der politische Druck auf die Unternehmen erhöht, Ausbildungsplätze zur Verfügung zu stellen.

Wenn das Gefühl der moralischen Verpflichtung nicht ausreicht, sind die Betriebsräte – jene Arbeitgeber-Arbeitnehmer-Gruppen auf Unternehmensebene, deren Vorläufer in der Weimarer Republik entstanden – befugt, auf die Einhaltung gesetzlicher Rahmenbedingungen hinzuwirken, Regeln aufzustellen, so daß ein Arbeitgeber nicht nach Belieben entlassen kann.[19] Will ein Unternehmen in größerem Umfang Personal abbauen, muß es nach gesetzlichen Vorgaben und Tarifverträgen Pläne vorlegen, wie die freigesetzten Arbeiter entschädigt, umgeschult oder versetzt werden sollen. Die Existenz von Betriebsräten wirkt sich auf das Arbeitsleben ähnlich aus wie in Japan das System der Anstellung auf Lebenszeit: Die Mobilität wird erschwert. Gäbe es solche Institutionen mit ähnlichen Befugnissen in einem anderen kulturellen Umfeld – sagen wir in Großbritannien oder Italien –, würden sie ihr ganzes politisches Gewicht in die Waagschale werfen, um Arbeitsplätze unbedingt zu erhalten, gleichgültig wie sich das auf die Produktivität auswirken würde. (Man denke nur an den erbitterten Kampf, den Arthur Scargill und die britischen Bergarbeiter in den frühen achtziger Jahren führten, um die Schließung ineffizienter Zechen zu verhindern.) In Deutschland besteht diese Gefahr nicht, weil zwischen Betriebsräten und Management ein viel höheres Maß an Vertrauen herrscht.[20] Die Betriebsräte wissen, wie wichtig die Wettbewerbsfähigkeit ihrer Unternehmen ist, und verlangen oft, daß Arbeiter umgeschult oder an einen anderen Arbeitsplatz versetzt werden, um ihre Produktivität zu erhalten. Wie im japanischen System haben die Unternehmen dadurch, daß sie ihre Arbeiter nicht einfach entlassen können, einen starken Anreiz, sie umzuschulen. Deshalb ist der Arbeitsmarkt in Wirklichkeit gar nicht so unflexibel, wie es den Anschein hat. Die Bindung an den Arbeitsplatz ist in Deutschland zwar höher als in anderen europäischen Ländern, bleibt aber weit unter dem japanischen Niveau.

Ein Paradoxon der betrieblichen Ausbildung in Deutschland besteht darin, daß sie zwar einen ausgeprägten Sinn für Solidarität am oder mit dem Arbeitsplatz hervorbringt, daß die Auszubildenden jedoch aus einem Bildungssystem kommen, das auf den ersten Blick weitaus weniger egalitär ist als das in Frankreich, den Vereinigten Staaten oder Japan. Das hervorstechende Merkmal der weiterführenden Schulausbildung in Deutschland ist die Mehrgleisigkeit. Nach der vierjährigen Grundschule müssen die Schüler sich für eine von drei Schienen entscheiden: die Hauptschule, die Realschule oder das Gymnasium. Die beiden ersten Schienen führen zur Lehrlingsausbildung. Wer das Gymnasium absolviert hat, darf studieren, aber auch eine beträchtliche Zahl der Abiturienten beginnt nach dem Schulabschluß eine Lehre; umgekehrt führen viele Wege über die duale Berufsausbildung zur Hochschulreife. Trotz der prinzipiellen Durchlässigkeit spiegelt das mehrgleisige System bestehende Schichtunterschiede wider und ist der Mobilität nicht gerade förderlich. In den sechziger Jahren besuchten nur 15 Prozent der Arbeiterkinder ein Gymnasium.[21] Ganz anders sieht es in Frankreich und Japan aus. Dort hängt die Zulassung zur Universität vom Ergebnis einer einzigen landesweiten Prüfung ab, die am Ende der Ausbildung an der Oberschule abgelegt wird. Theoretisch steht diese Prüfung allen offen, unabhängig von der bisherigen Ausbildung. Der Zugang zur höheren Bildung in Frankreich ist hinsichtlich der gesellschaftlichen Schichtung viel offener: In den sechziger Jahren kamen 40 Prozent der Schüler an den *lycées* (der höheren Schiene, die zum Studium führt) aus der Arbeiterschicht.

Warum aber führt dann nicht das deutsche, sondern das französische Bildungssystem zu einem System von Arbeitsplätzen, das erheblich stärker in Gruppen mit unterschiedlichem Status geschichtet ist, denen eine Kooperation schwerfällt? Der Schlüssel liegt in dem, was nach der allgemeinen Schulausbildung kommt. In Frankreich gibt es ein relativ offenes Bildungssystem mit einer Grundschulausbildung und einer weiterführenden Ausbildung zum *baccalauréat* (etwa dem deutschen Abitur vergleichbar). Je nach dem Ergebnis dieser Prüfung kann ein armer, aber begabter Student zuerst eine gute Universität besuchen und dann weiter auf eine der *grandes écoles* gehen, die den Zugang zu einem Arbeitsplatz an der Spitze des französischen Verwaltungssystems eröffnen, sei es im öffentlichen Sektor oder in der Privatwirtschaft. Aber begabte Menschen sind in Frankreich ebenso ungleichmäßig verteilt wie anderswo, und die große Mehrheit der Studenten wird beim *baccalauréat* oder später ausgesiebt. (In Frankreich fallen 45 Prozent der Schüler, die den höheren Bildungsweg eingeschlagen haben, durch die Prüfung zum *baccalauréat;* in Deutschland schaffen nur 10 Prozent das Abitur nicht.[22]) Wie in den Vereinigten Staaten ist auch in Frankreich die Berufsausbildung mit einem Stigma versehen: Eine solche Ausbildung absolviert man, wenn man im allgemeinen Bildungssystem versagt hat oder nicht gut genug ist, um eine Universität zu besuchen. Die »Versager«, die dann als Arbeiter oder in niedrigen Angestelltenpositionen tätig sind, haben weniger Grund, stolz auf ihre Arbeit zu sein. In Deutschland dagegen wissen Schüler aus der Arbeiterschicht schon recht früh, daß sie wahrscheinlich kein Universitätsstudium absolvieren werden. Das System der Lehrberufe bietet ihnen jedoch eine Ausbildung und eine berufliche Qualifikation, die ihrem Kenntnisstand angemessen ist. Deshalb sehen sie sich nicht als Menschen, die im allgemeinen Bildungssystem versagt haben, sondern als Menschen, die eine anspruchsvolle berufliche Ausbildung erfolgreich abgeschlossen haben.

Das deutsche System der Berufsausbildung ist darüber hinaus so dynamisch, daß auch nach dem Abschluß einer Lehre eine Weiterbildung möglich ist. Jenseits der Grundausbildung für Lehrlinge ist ein System der beruflichen Aufstiegsfortbildung entstanden. Die in diesem System erworbenen Qualifikationen stellen einen völlig eigenen Weg zu sozialem Aufstieg dar, wie es ihn in den meisten anderen Ländern nicht gibt. In Frankreich und den Vereinigten Staaten beispielsweise ist es nicht möglich, Ingenieur zu werden, ohne eine Hochschule besucht und einen akademischen Grad erworben zu haben, was gewöhnlich ein mehrjähriges Studium voraussetzt. In Deutschland dagegen führen zwei Wege zum Ingenieurberuf: Man kann, wie in anderen Ländern, eine Universität besuchen und dort ein Diplom als Ingenieur erwerben, oder man kann sich durch Qualifizierung nach der Berufsausbildung hocharbeiten.[23] Im Laufe der Zeit haben sich viele neue Wege zu einer höheren Bildung und damit auch zu einem höheren beruflichen und gesellschaftlichen Status aufgetan. Aus diesem Grund schränkt die im Alter von zehn Jahren getroffene Entscheidung für die Hauptschulschiene die beruflichen Möglichkeiten keineswegs so stark ein, wie es zunächst scheinen mag. Zugleich sorgt das System der Lehrberufe dafür, daß die unteren zwei Drittel der arbeitenden Bevölkerung sehr qualifiziert und – was vielleicht ebenso wichtig ist – stolz auf ihre Fähigkeiten sind.

Die Zukunft der deutschen Lehrlingsausbildung im dualen System ist indes ungewiß. Wird sie in der Lage sein, die Wettbewerbsfähigkeit der deutschen Industrie zu erhalten? In den achtziger Jahren steckte das System in einer Krise, weil die Nachfrage der Jugendlichen nach Lehrstellen das Angebot an offenen Stellen und Arbeitsmöglichkeiten nach Abschluß der Lehre weit übertraf. Dieses Problem löste sich jedoch, als auf den Babyboom am Ende des Jahrzehnts der Pillenknick folgte.[24] Gegenwärtig ist zu beobachten, daß immer weniger Betriebe ausbilden, und es stellt sich die Frage, ob den deutschen Arbeitnehmern in den vorhandenen Lehrstellen die für die Zukunft, insbesondere für die Wirtschaft im Informationszeitalter erforderlichen Fähigkeiten vermittelt werden. Das System ist, wie bereits erwähnt, ausgesprochen dynamisch. Die Arbeitgeberverbände der einzelnen Branchen und die Gewerkschaften arbeiten zusammen und bemühen sich sicherzustellen, daß das Lehrstellenangebot und die Prüfungsanforderungen den tatsächlichen Bedürfnissen der Industrie entsprechen. Das System eignet sich sehr gut für die Ausbildung von Beschäftigten für die verschiedenen »Medium-Tech«-Branchen, in denen sich die Deutschen traditionell durch besondere Leistungen auszeichnen, wie Automobilindustrie, chemische Industrie, Werkzeugmaschinenbau und andere Produktionsgüterindustrien. Weitaus weniger klar ist freilich, ob die Lehrberufe auch für hochspezialisierte, wissensintensive High-Tech-Bereiche wie Telekommunikation, Halbleiter- und Computerindustrie, Biotechnologie und dergleichen fähige Nachwuchskräfte bereitstellen können. Hier sind vielleicht eher Ausbildungsgänge auf Hochschulniveau erforderlich.[25]

Uns geht es jedoch nicht um die Frage, ob die deutsche Lehrlingsausbildung auch noch für das nächste Jahrhundert die richtige Lösung ist. Das deutsche Ausbildungssystem interessiert uns deshalb, weil es eine wichtige Brücke zur Soziabilität am Arbeitsplatz in Deutschland darstellt. Fassen wir die oben geschilderten Beobachtungen zusammen: Die deutsche Industrie vermeidet extrem tayloristische Organisationsformen und zieht gruppenorientierte und informelle Organisationssysteme vor. Im Gegensatz zu Frankreich gibt es kein zentralistisches, stark verrechtlichtes Organisationsschema, das Tätigkeiten klassifiziert und bis ins kleinste Detail beschreibt, vielmehr ist ein hohes Maß an Verantwortung für die Steuerung des Produktionsprozesses an die unteren Ebenen der Organisation delegiert. Eine Schlüsselfigur ist der Meister, der seine Arbeiter flexibel an unterschiedlichen Arbeitsplätzen einsetzen kann und der sie für Beförderungen und Prämien direkt bewertet.

Die deutsche Lehrlingsausbildung ist aus drei Gründen ausschlaggebend dafür, daß diese Form der Organisation funktioniert. Erstens sind Arbeiter durch die Lehre qualifizierter, und die Manager trauen ihnen deshalb zu, selbständig zu arbeiten und weniger Regeln und weniger Kontrolle zu benötigen. Zweitens gewöhnen sich neue Mitarbeiter im Laufe der Ausbildung sowohl an die Regeln einer bestimmten Branche als auch an die Regeln des Betriebs, in dem sie ausgebildet werden: Ein Mitarbeiter, der in einem Betrieb eine dreijährige Lehre absolviert, entwickelt sicherlich mehr Loyalität der Organisation gegenüber als ein Mitarbeiter, dessen Ausbildung drei Tage dauert. Und schließlich erhält durch dieses System auch ein Beschäftigter auf der untersten Ebene ein Berufsausbildungszertifikat und ist deshalb viel eher stolz auf seine Arbeit. In dem Maße, wie Arbeiter die Arbeit nicht als eine Last oder eine Ware betrachten, die sich gegen andere Güter eintauschen läßt, wird der Arbeitsplatz immer weniger ein Ort, der den Arbeiter seiner Welt entfremdet, sondern ist in das soziale Leben des Arbeiters integriert. Oder wie Charles Sabel schreibt:

> Deutsche Vorgesetzte nehmen genau das Gegenteil an [im Vergleich zu ihren französischen Kollegen], nämlich daß ihre Untergebenen sich die Kenntnisse in bezug auf ihre Arbeit aneignen wollen und können, die es ihnen erlauben, autonom zu arbeiten. Die Aufgabe des deutschen Kontrolleurs besteht somit nicht darin, den Ausführenden zu sagen, wie sie ihre Arbeit tun sollen, sondern vielmehr sie darauf hinzuweisen, was getan werden muß. Umgekehrt müssen sich die

deutschen Untergebenen dafür, daß sie nicht von einem Dickicht aus Regeln eingeengt werden, darauf verlassen können, daß ihre Vorgesetzten ihre Entscheidungsfreiheit nicht mißbrauchen. Die deutsche Gesellschaft gehört deshalb zu den Gesellschaften mit einem hohen Vertrauensniveau, weil sie die Trennung von Planung und Ausführung ablehnt.[26]

Die Rezession 1992/93 führte in Deutschland zu hohen und scheinbar kaum zu kontrollierenden Arbeitslosenquoten – nach Ansicht vieler Beobachter eine Folge der kommunitaristischen Aspekte der sozialen Marktwirtschaft im Nachkriegsdeutschland. Der deutsche Sozialstaat ist stark gewachsen und verschlingt mittlerweile die Hälfte des Bruttoinlandsprodukts. Arbeit ist sehr teuer geworden. Den Arbeitgebern wurden obligatorische Kosten für Gesundheitsvorsorge, Arbeitslosigkeit, Ausbildung und Urlaubsgeld aufgebürdet, während man es ihnen zugleich immer schwerer machte, Arbeitnehmer zu entlassen und den Personalbestand ihrer Betriebe zu verringern.

Zwischen der kommunitaristischen und paternalistischen Ausrichtung der deutschen und der japanischen Industrie gibt es zwar viele Ähnlichkeiten, aber das japanische System ist erheblich flexibler. Die Gruppenorientierung in japanischen Unternehmen ist größtenteils nicht rechtlich verankert; sowohl die Anstellung auf Lebenszeit als auch das Keiretsu-System basieren nur auf informeller wechselseitiger moralischer Verpflichtung. Wenn es um Kostensenkung geht, haben Unternehmen in Japan einen viel größeren Handlungsspielraum: Sie verschieben Arbeitnehmer an andere Arbeitsplätze, erzwingen Lohnsenkungen (meist in Form von Prämienverzicht) oder verlangen mehr Einsatz von ihren Mitarbeitern. Der japanische Staat übernimmt einen geringeren Anteil an den Sozialleistungen (in diesem Bereich bleibt mehr der privaten Vorsorge überlassen), und deshalb hat Japan verglichen mit anderen OECD-Staaten eine besonders niedrige Staatsquote. In Deutschland dagegen sind die meisten Sozialleistungen gesetzlich festgelegt und werden vom Staat auf verschiedenen Ebenen verwaltet. Sie lassen sich deshalb in Zeiten wirtschaftlicher Rezession nur schwer zurückfahren. Die Wettbewerbsfähigkeit der deutschen Industrie hängt von einem diffizilen Balanceakt ab: Arbeit ist zwar sehr teuer, aber auch hoch qualifiziert, und bislang ist es der deutschen Industrie gelungen, innerhalb der Weltwirtschaft Nischen mit hoher Wertschöpfung zu besetzen.

Das System könnte jedoch leicht aus dem Gleichgewicht geraten, wenn die Wertschöpfung durch Qualifikation hinter den direkten und sozialen Kosten zurückbliebe. Andererseits haben die kommunitaristischen Institutionen praktisch die gesamte Nachkriegszeit über für erstaunliche wirtschaftliche Wachstumsraten gesorgt und zugleich ein enggeknüpftes soziales Netz hervorgebracht – was vielen Nachbarn Deutschlands entgangen ist.

Bevor wir unsere Erörterung der Verhältnisse in Deutschland beenden und zu den Arbeitsbeziehungen in Japan zurückkehren, müssen wir kurz die historischen Ursprünge der Lehrlingsausbildung untersuchen.

Kapitel 21

Insider und Outsider

Es ist eine Ironie der modernen deutschen Wirtschaft, daß die Berufsausbildung im dualen System, die allgemein als die Basis der starken wirtschaftlichen Stellung Deutschlands in Europa gilt, direkt auf die mittelalterlichen Zünfte zurückgeht. Während der Industriellen Revolution waren die Zünfte die Zielscheibe der liberalen Wirtschaftsreformer: Sie verkörperten bornierte Tradition und Widerstand gegen Modernisierung.

Die Rolle der Zünfte bei der Entwicklung freier Institutionen im Westen ist in der Tat recht kompliziert. Die Zünfte waren geschlossene Vereinigungen, und es gab sie praktisch in allen europäischen (und den meisten asiatischen) Ländern. Sie beschränkten auf unterschiedliche Weise den Zugang zu einem Gewerbe oder Berufsstand, indem sie bestimmte Standards und Qualifikationen für die Aufnahme festlegten. Dadurch hoben sie künstlich auch das Einkommen ihrer Mitglieder an. Die Zünfte regulierten die Produktqualität und kümmerten sich gelegentlich um die Ausbildung ihrer Mitglieder. Im späten Mittelalter trugen sie wesentlich zum Zusammenbruch des Lehnswesens bei. Vor allem in Mitteleuropa hatten die Zünfte ihre Wurzeln in den freien Reichsstädten. Dort sicherten sie sich das Recht, ihre Angelegenheiten eigenverantwortlich zu regeln, und wurden so zu Bastionen der Unabhängigkeit von feudalherrlicher und aristokratischer Kontrolle.[1] Die Zünfte waren somit die wichtigsten intermediären Organisationen und konstituierten die reiche bürgerliche Gesellschaft des späten Mittelalters. Ihre Existenz begrenzte die Macht absoluter Herrscher und war deshalb wichtig für die Entwicklung freier politischer Institutionen im Westen.

Die selbstverwalteten und oft sehr reichen Zünfte stellten für ehrgeizige Fürsten eine Herausforderung dar, die sie mit einer Mischung aus Neid und Ressentiment betrachteten. Mit dem Aufstieg großer zentralistischer Monarchien in Ländern wie Frankreich und Spanien im 16. und 17. Jahrhundert galten die Zünfte als Konkurrenten um die Macht. Wie wir in einem früheren Kapitel gesehen haben, gelang es dem französischen Königtum, die Zünfte den Zielen des Staates dienstbar zu machen und sie als Regulativ in die Machtausübung einzubeziehen. In Deutschland gab es erst seit 1871 einen Zentralstaat, und die Situation war eine vollkommen andere. Aufgrund der dezentralen Struktur der politischen Macht bestanden in Deutschland viele feudalistische Institutionen mit kommunitaristischen Zügen, darunter auch die Zünfte, erheblich länger als in anderen Teilen Europas.

Zwar haben einige Historiker geschrieben, die Zünfte hätten bei der Erhaltung handwerklicher Traditionen und Qualitätsstandards eine wichtige Rolle gespielt,[2] doch seit dem frühen 18. Jahrhundert wandten sich die fortschrittlichen Kräfte in England und Frankreich gegen sie.[3] Die frühen Liberalen setzten, wenngleich aus anderen Motiven, das Werk der absoluten Herrscher fort und beschränkten die Macht und den Einfluß der Zünfte. Die ersten modernen Betriebe mußten auf dem Land außerhalb der Städte mit ihren Zunftbestimmungen eingerichtet werden. In England drängten insbesondere um die Mitte des 18. Jahrhunderts liberale Reformer darauf, die Handwerkerstatuten und die Zwangsmitgliedschaft in den Zünften abzuschaffen.[4] In Frankreich und den von Frankreich beherrschten Gebieten Europas wurden die Zünfte, deren Unabhängigkeit schon das Ancien régime untergraben hatte, während der Revolution offiziell beseitigt.

Der Kampf der Liberalen gegen die Zünfte im deutschsprachigen Raum zog sich viel länger hin und war erheblich schwieriger. Wie andernorts lautete die Parole der Reformer in Preußen »Gewerbefreiheit«. Eingeführt wurde dieses Prinzip in eingeschränkter Form ab dem Jahr 1808.[5] Durch die Stein-Hardenbergschen Reformen von 1807 bis 1812 wurde der Handel zwar ebenso liberalisiert wie in den französischen Gebieten, doch in den folgenden Jahrzehnten setzte in vielen deutschen Staaten eine Phase der Reaktion ein, und die Privilegien der Zünfte wurden wiederhergestellt. An der Spitze der Reaktion standen traditionelle Handwerksberufe, die sich durch die fortschreitende Industrialisierung bedroht sahen. Mit der preußischen Gewerbeverordnung von 1845 wurden zwar bestimmte körperschaftliche Privilegien abgeschafft, zugleich wurde jedoch auch festgelegt, daß ein Zertifikat für den Status eines Meisters und eine Einkommensermittlung für Unternehmer notwendig seien.[6] Als das Frankfurter Paulskirchenparlament 1848 zusammentrat, hatten die unabhängigen Handwerker sich gerade organisiert und in derselben Stadt einen Allgemeinen Deutschen Handwerker-Kongreß durchgeführt, um ihre Privilegien zu verteidigen.[7] In den zehn Jahren nach den erfolglosen Revolutionen von 1848 wurden die Zunftordnungen in einigen deutschen Staaten noch verschärft. Der Kampf der liberalen Wirtschaftsreformer gegen die Zünfte verlief in Deutschland somit parallel zum Kampf der politischen Reformer. Die liberalen Prinzipien wurden durch die Ereignisse der Jahre 1815 und 1848 zwar befördert, doch es gab Rückschläge, und sie erreichten niemals eine so zentrale Bedeutung wie in England und in Frankreich.

Am Ende des 19. Jahrhunderts war die Macht der Zünfte in der Praxis unterhöhlt, denn es hatten sich außerhalb des Zuständigkeitsbereiches der Zünfte vollkommen neue Industriezweige wie Eisenbahn und Stahlindustrie entwickelt. Eine gesetzliche Kontrolle der Produktqualität und der beruflichen Qualifikation gab es nur noch im traditionellen Handwerk. Dennoch hatten die Zünfte sozusagen das letzte Wort: Im Laufe der Industrialisierung Deutschlands verließen viele Handwerker ihren angestammten Bereich und arbeiteten an Maschinen oder anderen Arbeitsplätzen in der Fabrik; ihre Zunfttraditionen brachten sie mit. Anfang des 20. Jahrhunderts wurden der Deutsche Ausschuß für Technisches Schulwesen und das Deutsche Institut für Technische Arbeitsschulung gegründet, um eine systematische handwerkliche Ausbildung für die Industrie zu gewährleisten.[8] Im Jahr 1922 wurde der Deutsche Handwerkskammertag gesetzlich als das Gremium anerkannt, das die Interessen des Handwerks repräsentierte.[9] Die Grundlagen für ein System der Berufsausbildung, das Lehre und Fachschulen umfaßte und Arbeitgeber und Gewerkschaften als Körperschaften mit einbezog, wurden in der Weimarer Republik gelegt. Im Jahr 1935, während der nationalsozialistischen Herrschaft, erhielten die Wirtschaftsverbände die gesetzliche Verantwortung für die Berufsausbildung, ähnlich wie sie in den Handwerkerzünften bestand.[10] Ebenfalls in dieser Zeit wurde die systematische Ausbildung zum Meister entwickelt. Dieses besondere Vermächtnis des Nationalsozialismus blieb auch nach der Gründung der Bundesrepublik Deutschland 1949 erhalten und wurde durch das Berufsbildungsgesetz von 1969 sogar ausdrücklich bestätigt.

In Deutschland hat man die Zünfte nie so gnadenlos beseitigt wie in Frankreich. Sie überlebten und bildeten in einer modernen Form die Grundlage der Berufsausbildung im dualen System in Nachkriegsdeutschland. Großbritannien hingegen besaß nach dem Krieg kein Berufsausbildungssystem, und das läßt sich zumindest teilweise auf die

Dominanz der liberalen Prinzipien zurückführen. Die liberalen Reformer hatten sich die Abschaffung von Zunftprivilegien zum Ziel gesetzt, aber auch eine gewisse *laissez-faire*-Einstellung gegenüber der Ausbildung allgemein trug dazu bei, daß die Briten nur allmählich ein modernes Ausbildungssystem aufbauten, das den Bedürfnissen einer Industriemacht des 20. Jahrhunderts entsprach. Ein kostenloses allgemeines Schulwesen wurde in Großbritannien erst 1891 eingeführt,[11] erheblich später als in Deutschland, und die höheren Schulen bezogen erst lange nach der Jahrhundertwende Naturwissenschaft und Technik in ihre Lehrpläne mit ein.

Daß der Liberalismus in Deutschland nur einen Teilsieg errang, hatte auf politischer Ebene verheerende Auswirkungen.[12] Der deutsche Staat war zu Beginn des 20. Jahrhunderts erheblich autoritärer als der britische oder französische Staat, der Kaiser und die ihn umgebende Junkeraristokratie verfügten über große Macht. Die Junker mit ihren militaristischen Traditionen und autoritären Verhaltensweisen prägten den Stil der deutschen Innen- und Außenpolitik. Außerhalb von Institutionen erzeugte der kommunitaristische Charakter der deutschen Kultur Intoleranz und Borniertheit. Anders ausgedrückt: Daß die Bande zwischen den Deutschen so stark waren, gab ihnen eine klare Vorstellung von ihrer kulturellen Identität und leistete dem deutschen Nationalismus in der ersten Hälfte des Jahrhunderts Vorschub. Einige Historiker haben überdies die Ansicht vertreten, die späte Staatsgründung habe zur Folge gehabt, daß die Deutschen besonders hartnäckig und aggressiv auf ihrer spezifischen nationalen Identität beharrten. Als sich die Deutschen dann nach der Niederlage im Ersten Weltkrieg und der wirtschaftlichen Katastrophe als Opfer sehen konnten, nahm der ausgeprägte Sinn für kulturelle Identität extreme und verhängnisvolle Formen an. Erst die Niederlage im Zweiten Weltkrieg und das schmerzliche Vermächtnis des Nationalsozialismus lösten die verengte Bedeutung des Begriffes Gemeinschaft auf und ermöglichten Toleranz und Offenheit in der deutschen Gesellschaft, wie sie in Großbritannien und Frankreich schon seit einigen Generationen bestanden. Auch heute noch ist die deutsche Demokratie, anders als die britische oder französische, aufgrund der gesetzlich verankerten Rolle der etablierten Verbände erheblich mehr an Gruppen orientiert als am Individuum.

Auf die politische Entwicklung wirkte sich das sehr negativ aus, doch für die wirtschaftliche Entwicklung erwies es sich als ausgesprochen nützlich. Entsprechend schaffte die Bundesrepublik die nationalsozialistische Gesetzgebung zur Berufsausbildung nicht umgehend ab, wie die meisten anderen rechtlichen Neuerungen der Nazis, sondern behielt gewisse Elemente bei und baute sie aus.

Das darf jedoch keineswegs so verstanden werden, als sei die Bewahrung von Traditionen in jedem Fall eine Voraussetzung für erfolgreiche wirtschaftliche Modernisierung. Viele Einwanderer in den Vereinigten Staaten behaupten sich darum so gut, weil sie ihre partikularistischen kulturellen Traditionen mit den Freiheiten einer liberalen Gesellschaft verbinden. Ebenso kennen wir die Länder als erfolgreiche Industrienationen, denen es gelingt, ältere Institutionen und/oder kulturelle Merkmale in ein im weitesten Sinne liberales wirtschaftliches Gerüst einzubauen. Die Deutschen bewahrten ihr Zunftsystem ebensowenig, wie die Japaner feudale Klanstrukturen beibehielten, aber sie erneuerten die Gesellschaft auch nicht von Grund auf nach rein liberalen Prinzipien. Statt dessen wurde das liberale Gerüst verändert und durch bestimmte institutionelle Relikte aus vormoderner Zeit stabilisiert.

Das Beispiel Deutschland zeigt, wie wichtig es ist, mit Geschick oder mit Glück die richtigen Aspekte der traditionellen Kultur über die Zeiten zu retten. Zwar besteht die moderne britische Gesellschaft ebenfalls aus einer Mischung liberaler Institutionen und alter kultureller Traditionen, aber hier blieb der wirtschaftliche Erfolg aus. Wir haben weiter oben davon gesprochen, daß die Briten verglichen mit den Deutschen eine gewisse *laissez-faire*-Haltung zur Ausbildung an den Tag legten. Das war ebenso auf die liberale Ideologie wie auf die traditionelle Kultur der adeligen Oberschicht zurückzuführen, die jede Art von technischer und pragmatischer Ausbildung ablehnte, wie sie zum Aufbau einer modernen Industrie einfach notwendig ist. Die Vereinigten Staaten waren nicht weniger liberal als Großbritannien, etablierten jedoch früher eine allgemeine Schulbildung und entwickelten ein viel besseres höheres Ausbildungssystem im technischen Bereich.[13] Höhere Schulen in Großbritannien hielten bis weit ins 20. Jahrhundert hinein das klassisch humanistische Bildungsideal hoch und vernachlässigten die moderne naturwissenschaftliche Ausbildung. Technik galt nicht als prestigeträchtig und blieb deshalb eher ein Betätigungsfeld für Facharbeiterkinder als für die Elite des Landes. Die Oberschicht kultivierte das Ideal des vielseitig gebildeten Nichtspezialisten und des praktischen Denkers, die beide eine systematische technische Ausbildung verachteten.

Nach Ansicht Martin Wieners hatten der Gradualismus und die Toleranz der englischen Politik – ein Segen für die Entwicklung liberaler politischer Institutionen – den verderblichen Effekt, daß eine Oberschichtkultur fortbestand, die die Werte der modernen Industriegesellschaft offen ablehnte.[14] Der britische Landadel war, ganz anders als die preußischen Junker, durchaus bereit, neureiche Industrielle und Bankiers aus der Mittelschicht in seine Kreise aufzunehmen. Mit verhängnisvollen Wirkungen für die Unternehmer: Statt die Aristokratie mit neuer Energie zu erfüllen, übernahmen die Unternehmer aus der Mittelschicht die aristokratischen Wertvorstellungen des Müßiggangs. Wiener berichtet die Geschichte des Marcus Samuel, eines ehrgeizigen Juden aus dem Londoner East End, der im späten 19. Jahrhundert die Shell Oil Company gründete: Samuel strebte eigentlich nicht danach, ein sagenhaft reicher Industrieller zu werden, sondern er wollte ein Landhaus (das er 1895 kaufte), einen Titel (er wurde 1902 Lord Mayor von London) und seine Kinder nach Eton und Oxford schicken (was er auch tat). Darüber verlor er die Leitung des Unternehmens an Henry Deterding, den Chef von Royal Dutch, der sich mehr Tugenden der Mittelschicht bewahrt hatte und nicht den Reizen der Fuchsjagd und großer Wohltätigkeitsveranstaltungen erlegen war.[15]

Ökonomisch gesehen war es für die Deutschen somit ein Glück, daß durch ein halbes Jahrhundert Krieg, Revolution, wirtschaftliche Instabilität, Besetzung durch fremde Truppen und rapiden gesellschaftlichen Wandel viele ihrer traditionellen gesellschaftlichen Institutionen zerstört wurden – nur eben die Zünfte nicht. Die preußische Aristokratie verlor in den Nachwehen des Ersten Weltkriegs ihren tatsächlichen und vermeintlichen Einfluß auf die deutsche Gesellschaft, und dieser Prozeß wurde von Hitler und seiner nationalsozialistischen Revolution noch weiter beschleunigt. Praktisch alle traditionellen gesellschaftlichen Eliten waren mit der Niederlage von 1945 diskreditiert. Der Techniker und der Unternehmer, die schon im Deutschland des 19. Jahrhunderts eine höhere soziale Wertschätzung genossen, rückten an zentrale Stelle, als die ganze Nation ihre Energien auf den wirtschaftlichen Wiederaufbau konzentrierte.

Anfang des 19. Jahrhunderts herrschte in Großbritannien, Deutschland und Japan der Adel, der Handel, Technik und Geldverdienen verachtete. Alle drei Gesellschaften erhielten sich kommunitaristische Institutionen aus feudalen Zeiten wie Zünfte, Kirchen oder Tempel und einzelne Zentren lokaler politischer Autorität. Japan war es schon um die Jahrhundertwende, Deutschland erst Mitte des Jahrhunderts gelungen, die aristokratischen Schichten zu neutralisieren: Japan, indem es die Energien der herrschenden Klassen in die Wirtschaft lenkte, und Deutschland, indem es sie in die Bedeutungslosigkeit abdrängte. Zugleich modernisierten Japan und Deutschland viele traditionelle kulturelle Bräuche und Institutionen und nutzten sie als Bausteine der Industriegesellschaft: als bankenzentriertes Keiretsu, als Wirtschaftsverband oder im System der Lehrlingsausbildung. Beide Gesellschaften lösten so das Problem der Organisation bei den größten und bei den kleinsten Einheiten: Sie schufen extrem große, hierarchische Unternehmen und machten zugleich den konkreten Arbeitsplatz menschlicher, indem sie die Solidarität kleiner Gruppen förderten.

Die Briten taten das Gegenteil: Sie unterhöhlten traditionelle kommunitaristische Institutionen wie beispielsweise die Zünfte, schufen aber nur sehr zögerlich moderne Organisationen, die deren Funktion bei der Ausbildung und der Qualitätskontrolle übernehmen konnten. Die britische Gesellschaft besaß eine große Neigung zu spontaner Soziabilität. Da sie nie einer starken modernisierenden Staatsmacht unterworfen war, erhielt sie sich während der gesamten Industrialisierungsphase eine große Anzahl sehr reicher intermediärer Organisationen wie freie Kirchen (die Quäker, die Kongregationalisten und Methodisten), Wohlfahrtseinrichtungen, Schulen, Klubs und literarische Gesellschaften. Aber sie bewahrte sich auch ein ausgeprägtes Klassenbewußtsein. Dadurch wurde die Gesellschaft sozusagen balkanisiert, und Arbeitern und Managern war noch im 20. Jahrhundert das Gefühl fremd, zu einem »Team« zu gehören. Als die tatsächliche Macht der englischen Aristokratie schwand, griff eine Schicht marxistisch denkender Intellektueller ihre antikapitalistischen Wertvorstellungen auf und bewahrte ihre snobistische Haltung gegenüber Industrie, Technik und Geschäften. Für solche Menschen war es eine fragwürdige Beschäftigung, »dreidimensionale Gegenstände« herzustellen.[16] Klassenbewußtsein und Sinn für Tradition verzögerten in Großbritannien die vollständige Herausbildung moderner Unternehmen bis in die Zeit nach dem Zweiten Weltkrieg. Obwohl die britische Gesellschaft bei weitem nicht so familistisch ist wie die italienische oder die chinesische, blieben viele große britische Betriebe bis in die Mitte des 20. Jahrhunderts hinein in Familienbesitz und wurden von Familienmitgliedern geführt.[17] In vieler Hinsicht zielte die Thatcher-Revolution ebensosehr gegen die antiunternehmerische, aristokratische Rechte wie gegen die gewerkschaftliche Linke. Gegen die Kultur der Vergangenheit konnte die »eiserne Lady« in diesem Punkt indes nicht viel ausrichten.

Der Fortbestand kommunitaristischer Strukturen in der deutschen und japanischen Wirtschaft deutet auf ein zunächst merkwürdig erscheinendes Paradox hin. In der Vergangenheit waren beide Länder bekannt für ihre autoritäre Regierungsweise und für ihre streng hierarchisch strukturierten Gesellschaften. Ein populäres Vorurteil über Deutsche und Japaner besagt, daß sie sehr autoritätsgläubig sind – wie jedes Vorurteil war diese Einschätzung nie ganz richtig und traf im Laufe der Zeit immer weniger zu. Tatsächlich ist das Verhältnis der Beschäftigten in japanischen und deutschen Betrieben viel egalitärer als in England, Frankreich oder Amerika. Es gibt weniger formale Statusunterschiede zwischen Vorgesetzten und Arbeitern, das Lohngefälle ist nicht so groß, und Autorität wird nicht nur im Management und in den Büros konzentriert, sondern auch auf untere Organisationsstufen übertragen. Wie kommt es, daß gerade Gesellschaften, die sich nie dem Satz verschrieben haben, alle Menschen seien gleich geschaffen, ihre Mitglieder in der Praxis viel eher so behandeln, als seien sie gleich?

Die Antwort hat damit zu tun, daß der Egalitarismus in kommunitaristischen Gesellschaften oft auf die homogenen kulturellen Gruppen beschränkt ist, aus denen sie zusammengesetzt sind, und sich nicht auf andere Menschen außerhalb der Gruppen erstreckt, auch wenn diese die dominierenden kulturellen Werte und Überzeugungen teilen. In einer Gemeinschaft mit bestimmten Wertvorstellungen wird klar unterschieden zwischen innen und außen: »Insider« werden mit einem Respekt behandelt und genießen eine Gleichberechtigung, die »Outsider« nicht erlangen können. Die Solidarität der Insider untereinander ist umgekehrt proportional zur Feindschaft, Indifferenz und Intoleranz gegenüber den Outsidern. Länder, die formell den Satz hochhalten, alle Menschen seien gleich geschaffen, müssen erheblich mehr unterschiedliche ethnische Gruppen integrieren, die nicht unbedingt bestimmte kulturelle Überzeugungen und moralische Standards teilen. Statt einer Gemeinschaft mit gemeinsamen Wertvorstellungen gibt es das Gesetz, statt des spontanen Vertrauens gibt es formale Gleichberechtigung und rechtsförmige Verfahren. Selbst wenn Insider weniger gleichberechtigt behandelt werden – immer auf der Grundlage eines Dschungels aus Vorschriften und Regeln –, so begegnet man Outsidern wenigstens mit mehr Respekt, und sie können hoffen, dereinst selbst Insider zu werden.

Seit dem Ende des Zweiten Weltkrieges hat sich die kommunitaristische Kultur Deutschlands viel stärker verändert als die Kultur Japans. Deutschland reagierte auf die Exzesse der Nazizeit und entwickelte sich von einer extrem intoleranten zu einer sehr offenen Gesellschaft. Trotz der Verschärfung des Asylrechts und ausländerfeindlicher Übergriffe in den frühen neunziger Jahren sind deutsche Städte wie Frankfurt und Hamburg weltoffene Metropolen. Alle Nachkriegsregierungen strebten in ihrer Politik danach, die deutsche Identität in eine weitergefaßte europäische Identität einzubinden. Traditionelle Einstellungen zu Autorität, Hierarchie, dem Staat und der Nation waren durch den Krieg diskreditiert, und allenthalben sind Anzeichen für eine individualistischere Kultur erkennbar.[18]

Japan erlebte nach dem Krieg keinen so durchgreifenden Wandel: Das Land akzeptierte zwar eine demokratische Verfassung und wurde sehr pazifistisch, aber anders als die Deutschen setzten sich die Japaner nie mit ihrer Kriegsschuld auseinander. Die Unterschiede zwischen den beiden Ländern zeigen sich heute darin, wie der Krieg in Schulbüchern behandelt wird und wie hochrangige japanische Politiker und Wissenschaftler weiterhin jede Verantwortung leugnen.[19] Das höhere Maß an Konformität in Japan wird bei einem Spaziergang durch eine beliebige Großstadt ersichtlich. Erscheinungen wie die Frauen- und die Umweltschutzbewegung in Deutschland sind in Japan nur in Ansätzen zu beobachten; es gibt keine japanischen Grünen, keine Autonomen und abgesehen von der kleinen koreanischen Gemeinde auch keine ethnischen Minderheiten. Oder wie ein junger Deutscher zu einem holländischen Autor sagte, der an einem Buch über die Einstellungen der Deutschen und Japaner zum Krieg arbeitete: »Bitte übertreiben Sie die Gemeinsamkeiten nicht. Wir sind ganz anders als die Japaner. Wir übernachten nicht in unseren Betrieben, um sie stärker zu machen. Wir sind einfach Menschen, ganz normale Menschen.«[20] In einer Hinsicht gibt ihm die Statistik recht: Die Deutschen arbeiten heute durchschnittlich weniger hart als die Japaner. Wie einflußreich die von Max Weber gepriesene protestantische Arbeitsethik in Deutschland auch sein mag – die durchschnittliche wöchentliche Arbeitszeit in der Fertigung ist auf knapp 30 Stunden gefallen; in Japan dagegen werden wöchentlich immer noch fast 40 Stunden gearbeitet, und wie Anekdoten und Witze belegen, haben deutsche Arbeiter erheblich weniger Gewissensbisse, wenn sie ihren sechswöchigen Jahresurlaub antreten, als ihre japanischen Kollegen bei vierzehn Tagen Urlaub haben.

Wie in Japan geraten die kommunitaristischen Institutionen der Wirtschaft in Deutschland durch die Rezession seit Beginn der neunziger Jahre und die allgemeine Verschärfung der weltweiten Konkurrenz zunehmend unter Druck. Es ist ein gutes Prinzip, wenn Unternehmen ihre Arbeiter lieber umschulen als entlassen, und die Deutschen sind dazu eher in der Lage als viele ihrer europäischen Konkurrenten. Aber es ist nicht immer möglich, ausgebildete Arbeitskräfte und Marktnischen mit einer hohen Wertschöpfung zu koordinieren, zumal wenn Arbeit so teuer ist wie in Deutschland. Es wird immer einfacher, zu einem Bruchteil der Kosten Arbeitskräfte mit vergleichbarer Qualifikation in Osteuropa, Asien oder Ländern der Dritten Welt zu finden. Überdies sind in Deutschland erheblich mehr kommunitaristische Institutionen in der Wirtschaft im Gesetz festgeschrieben als in Japan, und es werden auch mehr direkt vom Staat verwaltet. Wenn solche Institutionen eher auf dem Gesetz als auf einem informellen Konsens basieren, steigen die Transaktionskosten, und das ganze System wird unflexibler, weil sich die einzelnen Teile nicht so leicht verändern lassen. Damit die deutsche Wirtschaft sich auch den zukünftigen Herausforderungen der weltweiten Konkurrenz stellen kann, muß sie nicht unbedingt weniger kommunitaristisch, aber gewiß weniger dirigistisch werden.

Kapitel 22

Vertrauen am Arbeitsplatz

Der traditionelle Fabrikarbeitsplatz in den Vereinigten Staaten ähnelt nach allgemeiner Einschätzung weniger einem von hohem Vertrauen geprägten, gruppenorientierten Arbeitsplatz in Deutschland als dem bürokratisch geregelten, durch geringes Vertrauen gekennzeichneten französischen Modell. Frederick Winslow Taylor war schließlich Amerikaner, und die von ihm entwickelte Organisationsform galt weltweit als eindeutig amerikanische Vision der Moderne. Die hohe Regelungsdichte im tayloristischen Betrieb, der Anspruch des Modells auf Universalität und die gewissenhaft spezifizierten Rechte der gewerkschaftlichen Arbeitsüberwachung spiegeln Aspekte des amerikanischen Verfassungsrechts. Die immer komplexere Klassifizierung von Tätigkeiten, die den gesamten Arbeitsplatz durchdringt, antizipiert die zunehmende Verrechtlichung in allen Bereichen der Gesellschaft. Das amerikanische System der industriellen Arbeitsbeziehungen im 20. Jahrhundert mit periodischen Massenentlassungen, buchdicken Verträgen und bürokratischen, an strenge Regeln gebundenen persönlichen Interaktionen könnte man als Inbegriff sozialer Beziehungen betrachten, die von wenig Vertrauen geprägt sind.

Andererseits befinden sich die tayloristische Betriebsorganisation und die dazugehörige gewerkschaftliche Arbeitsüberwachung in den Vereinigten Staaten seit rund zwanzig Jahren auf dem Rückzug; sie werden ersetzt durch eine aus Japan importierte, eher gruppenorientierte Form der betrieblichen Organisation. Eine genauere Betrachtung der Geschichte der amerikanischen Massenproduktion zeigt, daß der Taylorismus weniger der Inbegriff des amerikanischen Arbeitsplatzes als vielmehr eine historische Ausnahmeerscheinung war: Schlanke Produktion ist, anders ausgedrückt, kein der amerikanischen Gesellschaft fremder Import, sondern eine Organisationsform, die den amerikanischen Arbeiter zurückbringt zu früheren kommunitaristischen Arbeitsplatztraditionen, die im Laufe der Zeit verlorengegangen sind.

Der Taylorismus wurde kurz nach der Jahrhundertwende in der Automobilindustrie eingeführt. Schon damals waren die Amerikaner mit vielen Aspekten dieser Organisationsform, wie beispielsweise dem kalten, formalistischen Umgang mit Arbeitern, nicht einverstanden, und die Einführung stieß auf erheblichen Widerstand. Man könnte sogar sagen, daß sich der Taylorismus überhaupt nur wegen der speziellen Bedingungen auf dem Detroiter Arbeitsmarkt in den ersten Jahrzehnten des 20. Jahrhunderts durchsetzen konnte. Der massenweise Bedarf an Arbeitern in der Automobilindustrie stellte eine organisatorische Herausforderung dar. Und Detroit war in vieler Hinsicht eine neue Stadt: Die Einwohnerzahl explodierte zwischen 1910 und 1920 von einer halben Million auf eine Million. Die meisten Arbeiter in der Automobilindustrie waren sozial entwurzelt. 160000 von im Jahr 1911 geschätzen 170000 Arbeitern hatte die Employers Association, der Arbeitgeberverband, erst kurz zuvor von außerhalb angeworben.[1] Die Mehrzahl der neuen Arbeiter, die in die Automobilindustrie drängten, waren Einwanderer vornehmlich aus Österreich-Ungarn, Italien, Rußland und Osteuropa. (Das galt auch für andere neue Industriezweige; 1907 waren zwei Drittel der 23337 Arbeiter in den Carnegie-Stahlwerken in Pittsburgh Einwanderer.[2]) Eine Studie über die Arbeiter in Highland Park in Jahr 1915 ergab, daß dort über 50 Sprachen gesprochen wurden.[3] Es kommt hinzu, daß Einwanderer sich damals wie heute viel leichter ausbeuten ließen als Einheimische. Angesichts der ethnischen Vielfalt und der großen Fluktuation war es ganz natürlich, daß Ford und andere neue Massenproduzenten ihre Beschäftigten nicht als Teil einer großen Unternehmensfamilie ansahen, sondern als Fremde, die durch ein dichtes Netz formaler, rechtsförmiger Regeln kontrolliert und diszipliniert werden mußten.

Dessenungeachtet führte Henry Ford schon früh eine Reihe paternalistischer Praktiken ein, die man gewöhnlich nicht mit dem Taylorismus in Zusammenhang bringt. Die Arbeit in den neuen Massenproduktionsstätten war sehr anstrengend und gefährlich mit einer entsprechend hohen Fluktuationsrate. Ford reagierte auf die Zustände in seiner Fabrik und schlug eine berühmt gewordene Innovation vor: die Einführung des 5-Dollar-Tages im Jahr 1914.[4] Damit verdoppelte Ford mitten in einer Rezession die Löhne seiner Arbeiter. Später richtete das Unternehmen eine »Sozialabteilung« ein, die für die Wohlfahrt der Arbeiter zuständig war. Diese Abteilung war sehr zudringlich und schickte ihre Mitarbeiter nach Hause zu den Arbeitern, damit sie deren Lebensbedingungen, ihren Lebenswandel und Probleme wie Alkoholmißbrauch erforschten. Die Arbeiter wurden durch Belohnungen oder Drohungen veranlaßt, in bessere Wohnungen umzuziehen, weil Ford keine »fabrikeigenen« Slums wollte.[5] Überdies stellte das Unternehmen ein umfangreiches Programm von englischen Sprachkursen zusammen und bemühte sich sehr, auch Behinderte zu integrieren.[6] Es bestand also ein großer Unterschied zwischen Taylors theoretischem Modell und der Praxis, die Henry Ford in Highland Park und später in River Rouge einführte.

Dann aber erfaßte die Weltwirtschaftskrise auch die Automobilindustrie. Der Markt für Automobile brach zusammen, und die Arbeitgeber-Arbeitnehmer-Beziehungen gerieten in die Krise. Es kam zu Massenentlassungen und gewaltsamen Zusammenstößen zwischen militanten Arbeitern und der Betriebspolizei; so wurden 1932 vor den Toren des River-Rouge-Werkes vier Arbeiter erschossen.[7] Als sich die Wirtschaft nach dem Zweiten Weltkrieg wieder erholte, hatte sich das feindselige und von einer hohen Regelungsdichte geprägte Verhältnis zwischen Arbeitgebern und Arbeitnehmern bereits verfestigt, und die gewerkschaftliche Arbeitsüberwachung verbreitete sich rasch über alle Industriezweige.[8]

Es gibt allerdings auch Unternehmen, die sich an dem auf Vertrauen basierenden japanischen Modell der schlanken Produktion orientieren. Wenn dieses Modell in amerikanischen Betrieben eingeführt wird, reagieren die Arbeiter im allgemeinen überaus positiv, und das spricht dafür, daß Taylorismus und gewerkschaftliche Arbeitsüberwachung vielleicht doch nicht so tief in der amerikanischen Kultur verwurzelt sind, wie es auf den ersten Blick scheinen mag. Obwohl die Arbeiter im Modell der schlanken Produktion unter erheblich größerem Druck stehen, fand die Vorstellung vom Betrieb als Familie großen Anklang. Viele Beschäftigte in gewerkschaftsfreien Unternehmen mit schlanker Produktion sträubten sich heftig gegen die Anwerbungsversuche der Automobilarbeitergewerkschaft. Japanische Tochterbetriebe wählten für den Bau von Montagewerken in den Vereinigten Staaten nicht zufällig Standorte im Süden oder in ländlichen Gebieten des Mittleren Westens wie Honda mit seinem Werk in Marysville, Ohio. Dort gibt es keine Gewerkschaften und keine Tradition militanter Gewerkschaftsarbeit, statt dessen aber relativ homogene Gemeinschaften, die noch im Geiste des kleinstädtischen Amerikas im frühen 20. Jahrhundert leben.

Um die Revolution der sozialen Beziehungen in amerikanischen Betrieben zu verstehen, müssen wir uns zunächst einmal klarmachen, was »schlanke« Produktion eigentlich bedeutet. Es ist kein Zufall, daß der schlanke Betrieb an den oben beschriebenen deutschen Arbeitsplatz erinnert und in einem Land entwickelt wurde, das ebenfalls von großem allgemeinem Vertrauen geprägt ist, nämlich in Japan.

Die Methode der »schlanken Produktion« (auch »Just-in-Time«-Methode oder japanisch *kanban* genannt) wurde von der Toyota Motor Corporation perfektioniert. »Schlanke Produktion« ist seit nunmehr 15 Jahren ein Schlagwort in der Wirtschaft. Von Japan gelangte sie nach Nordamerika, nach Europa und in einige Teile der Dritten Welt. Sie wurde umfassend untersucht, besonders durch das MIT International Motor Vehicle Program, auf dessen Arbeit wir hier zurückgreifen.[9] Daß die schlanke Produktion in so vielen verschiedenen Ländern eingeführt wurde, veranlaßte die Autoren der MIT-Studie zu der Annahme, es handle sich nicht um eine kulturell determinierte Methode, sondern um eine universell einsetzbare Verfahrensweise. Wie wir sehen werden, ist das in gewisser Weise richtig: Von Vertrauen geprägte Beziehungen lassen sich durchaus über kulturelle Grenzen hinweg exportieren. Aber die schlanke Produktion wurde nicht zufällig in Japan erfunden, einem Land mit einem besonders hohen Grad an allgemeinem sozialem Vertrauen. Aus den Daten der MIT-Studie geht leider nicht hervor, ob sich die schlanke Produktion in Gesellschaften mit einem niedrigen Vertrauensniveau ebenso gut einführen läßt wie in Gesellschaften, die von einem hohen Maß an Vertrauen geprägt sind.

Die schlanke Produktion wurde in den fünfziger Jahren vom Chef der Fertigungstechnik bei Toyota, Taiichi Ono, erfunden. Ono stand damals vor dem Problem, daß der Markt von Toyota zu klein war, um lange Produktionsdurchläufe und folglich hochspezialisierte Arbeitsteilung zu tragen, wie sie zu jener Zeit typisch war für die tayloristische Massenproduktion in amerikanischen Automobilfirmen. Amerikanische Hersteller konnten es sich leisten, spezielle Werkzeugmaschinen zu kaufen, die einmal aufgestellt wurden und über lange Zeiträume an Ort und Stelle blieben, oder große Lagerbestände anzulegen, um eine Unterbrechung der Produktion zu verhindern. Bei dem Versuch, das Problem von Toyota zu lösen, entwickelte Ono ein System, das nach den gesamten Kapitalkosten günstiger und nach den Kapitalkosten pro Einheit erheblich produktiver war als die tayloristische Massenproduktion.[10]

Im Kern ist die schlanke Produktion ein sehr komprimiertes und anfälliges Fertigungssystem, das durch das kleinste Problem irgendwo im Produktionsprozeß, angefangen bei der Lieferung bis zur endgültigen Montage, vollkommen zusammenbrechen kann:[11] Lagerbestände werden möglichst gering gehalten; jeder Arbeiter hat eine »Notbremse« an seinem Arbeitsplatz, um die gesamte Produktion stoppen zu können, wenn er ein Problem sieht. Wenn ein Arbeiter die Bremse zieht oder ein Zulieferer sein Produkt nicht genau zum erwarteten Termin liefert, kommt das ganze Fließband knirschend zum Stehen. Aber gerade die Anfälligkeit der schlanken Produktion fungiert als Informationsfeedback, das Arbeiter und/oder Fertigungstechniker auf Schwierigkeiten aufmerksam macht. Die Arbeiter, die das Fließband bedienen, müssen alle Probleme am Ursprung beseitigen und können sie nicht in das Endprodukt einfließen lassen. In einer traditionellen Massenproduktionsfabrik hindert einen Arbeiter nichts daran, auch eine fehlerhafte Türverkleidung einzubauen. In einem Fertigungswerk mit schlanker Produktion wird das Band angehalten, bis das Problem mit der fehlerhaften Verkleidung gelöst ist – entweder an dem Arbeitsplatz, an dem die Montage vorgenommen wird, oder in dem Werk, das die Verkleidung liefert. Die Einführung der schlanken Produktion war zunächst zwar sehr schwierig, verbesserte dann aber die Produktqualität erheblich. Qualitätsprobleme wurden an der Wurzel angegangen und nicht in den Nachbesserungswerkstätten am Ende des Fließbandes, die für die meisten Massenproduktionsstätten charakteristisch sind.

In Onos System der schlanken Produktion wurden Entscheidungsbefugnisse in einem noch höheren Maße an die Arbeiter am Fließband delegiert als in den oben beschriebenen deutschen Unternehmen.[12] Statt die tayloristische Vorschrift zu befolgen, daß spezialisierte Fertigungsingenieure in den Büros die Arbeitsabläufe planen, übertrug man den Arbeitern am Band die Entscheidung. Statt den Arbeitern detaillierte Anweisungen zu geben, wie eine eng umgrenzte, einfache Aufgabe zu erledigen sei, übertrug man einem ganzen Team von Arbeitern die Verantwortung, gemeinsam zu entscheiden, wie eine komplizierte Fertigungsaufgabe gelöst werden sollte. Die Arbeitsgruppen bekamen Zeit, die Abläufe am Band zu erörtern, und wurden immer wieder motiviert, Vorschläge zu machen, wie der Produktionsprozeß noch effizienter gestaltet werden könnte. Die Arbeiter mußten also nicht mehr, wie in Adam Smiths Nadel-Manufaktur, einen einfachen Handgriff an einer komplizierten Maschine ausführen, sondern mit ihrem Urteilsvermögen dazu beitragen, daß der Produktionsprozeß insgesamt reibungslos lief. Damit war der Begriff Produktions»teams« und später »Qualitätszirkel« geboren.

Daß Verantwortung an Arbeitsteams delegiert wurde, setzte der Arbeitsteilung Grenzen: Die Arbeiter wurden für eine Vielzahl von Aufgaben geschult, damit man sie im Notfall an unterschiedlichen Arbeitsplätzen einsetzen konnte. Überdies reduzierte sich dank einer breiten Ausbildung für flexiblen Einsatz der Bedarf an hochspezialisierten Werkzeugmaschinen und anderen teuren Investitionsgütern. Zu Onos ersten Innovationen gehörte es, die Einrichtung der Stanzmaschinen umzuorganisieren. Die Zeit für das Auswechseln der Stanzformen für die einzelnen Automobilteile reduzierte sich von einem Arbeitstag auf rund drei Minuten; überdies wurde die Aufgabe nicht mehr von Spezialisten, sondern von den Arbeitern in der Produktion erledigt. Die Herstellung von Teilen in kleinen Partien erhöhte die Produktivität enorm, weil keine großen Lagerbestände mehr finanziert und keine teuren Spezialwerkzeugmaschinen angeschafft werden mußten; überdies zeigten sich Qualitätsmängel, bevor sie in große Produktserien einflossen.[13] Mit einem einzigen Fließband konnten viele verschiedene Güter produziert werden, weil vielseitig nutzbare Werkzeuge eingesetzt wurden.

Im System der schlanken Produktion erfährt der kleinste Fließbandarbeiter ein nach tayloristischen Maßstäben außergewöhnlich hohes Maß an Vertrauen. In der traditionellen Massenproduktion ist das Fließband so organisiert, daß ein Stillstand um jeden Preis verhindert wird. Aus diesem Grund gibt es Lagerbestände und Ersatzteile an jedem Arbeitsplatz, die als Puffer dienen. Fehler werden entlang des Bandes weitergegeben und entweder in einer Nachbesserungswerkstatt am Ende oder aber vom Kunden entdeckt. Der Stillstand des Bandes löst eine größere Krise im Betrieb aus, deshalb ist nur das höhere Management befugt, das Band anzuhalten. In einem Betrieb mit schlanker Produktion dagegen wird jedem Arbeiter eine »Notbremse« anvertraut, mit der er das ganze Band stoppen kann, wenn er ein Problem sieht. In der Anfangsphase der Neuorganisation führte das zu großen Verzögerungen, aber mit zunehmender Erfahrung wurde das Band deutlich seltener gestoppt. Man kann sich vorstellen, was in einem Betrieb mit vergifteten Beziehungen zwischen Arbeitgebern und Arbeitnehmern geschehen könnte, wenn jeder Arbeiter letztlich die Macht hat, die gesamte Produktion zu sabotieren.

Wie wir im vorigen Kapitel über Deutschland gesehen haben, ist eine Organisation mit Arbeitsgruppen nur dann effektiv, wenn das Management seine tayloristischen Ambitionen aufgibt, die Organisation und Kontrolle des Produktionsprozesses als spezialisierte technische Funktion in einer Abteilung zu konzentrieren, und den Arbeitern bis zu den untersten Hierarchiestufen die Verantwortung für grundsätzliche, die Produktion betreffende Entscheidungen anvertraut. »Arbeiter«, so die MIT-Studie, »reagieren nur, wenn ein gewisses Maß an wechselseitigem Vertrauen besteht, die Überzeugung vorherrscht, daß das Management Kompetenz schätzt, daß es Opfer bringt, qualifizierte Kräfte zu halten, und bereit ist, Verantwortung an das Team zu delegieren. Daß im Organisationsplan ›Teams‹ ausgewiesen sind und Qualitätszirkel eingeführt werden, reicht allein nicht aus, um den Produktionsprozeß zu verbessern.«[14]

Aus dieser Beschreibung geht klar hervor, daß die schlanke Produktion auf Vertrauen und wechselseitiger Loyalität basiert, wie wir sie in der japanischen Gesellschaft vorfinden. So verwundert es nicht, daß dieses System gerade in Japan entwickelt wurde.

Die Delegierung von Autorität nach unten funktioniert nur, wenn Arbeiter über so breitgefächerte Qualifikationen verfügen, daß sie den gesamten Produktionsprozeß überblicken und nicht nur einen mikroskopisch kleinen Ausschnitt. Ein Betrieb mit schlanker Produktion muß darum viel mehr in Ausbildung investieren als ein tayloristischer Betrieb. Das bedeutet überdies, daß der Spezialisierungsgrad in der Hierarchie nach oben und nach unten geringer wird: In einigen Betrieben mit schlanker Produktion müssen Fertigungstechniker am Fließband arbeiten, damit sie mit dem Produktionsprozeß vertraut werden, und sie werden nicht für ihr gesamtes Berufsleben in ein enges Kästchen einsortiert.[15]

Das System der schlanken Produktion bezieht schließlich auch das Netz von Zulieferern und Subunternehmern des Montagebetriebes mit ein. Die Subunternehmen werden nicht durch direkten Erwerb vom Hauptunternehmen vertikal integriert, sondern in verschiedenen unabhängigen Schichten organisiert. Zulieferer müssen geringe Produktmengen nach einem sehr engen Zeitplan liefern und sich ebenso rasch auf Veränderungen einstellen wie die Arbeiter am Montagefließband. Die Verantwortung für die Produktgestaltung wird auf die Zulieferer übertragen: Sie müssen nicht mehr nach den genauen Plänen der Ingenieure des Montagewerkes produzieren, sondern erhalten eine ungefähre Produktbeschreibung und arbeiten die Details selbst aus. Wenn jedoch bei der Montage ein Qualitätsmangel entdeckt wird, verlangt das Montagewerk vom Zulieferer, daß der Mangel an der Quelle behoben wird. An diesem Punkt ist die Beziehung vielleicht doch nicht so sehr von Selbständigkeit und Eigenverantwortlichkeit geprägt: Die Techniker des Montagewerkes können die Fertigungsmethoden des Zulieferers kritisieren, Veränderungen fordern und so die Methode der schlanken Produktion letztlich die gesamte Lieferkette hinunter mit Zwang durchsetzen. Der Hauptbetrieb und seine Zulieferer tauschen in großem Umfang Informationen aus, und zwar nicht nur Anforderungsprofile und Entwürfe, sondern auch vertrauliche Details aus dem jeweiligen Produktionsprozeß. Der Informationsaustausch geht oftmals mit einem Personalaustausch einher. Ganze Zulieferer-Netzwerke aufzubauen war anfangs sehr schwierig, aber als schließlich alles harmonisch zusammenwirkte, war ein Gebilde entstanden, das eine gigantische Erweiterung des Kernbetriebes mit schlanker Produktion darstellte.

Die vertrauensvolle Beziehung ist für den Erhalt des Zulieferer-Netzwerkes besonders wichtig und funktioniert deshalb im Kontext der japanischen Keiretsu besonders gut. Wenn die Beziehung zwischen Montagewerk und Zulieferbetrieb nur vom Markt getragen wird, haben die Käufer einen Anreiz, ihre Zulieferer gegeneinander auszuspielen, um den besten Preis und/oder die beste Qualität zu bekommen. Das reißt eine Kluft des Argwohns zwischen Montagewerk und Zulieferbetrieb auf: Der Zulieferer gibt nur ungern Informationen über Kosten oder geschützte Produktionsabläufe preis, weil er fürchtet, daß die Informationen gegen ihn verwendet werden. Wenn der Zulieferer seine Produktivität erheblich steigern kann, will er den Gewinn lieber selbst einstreichen, als ihn an seine Kunden weiterzugeben. Die Keiretsu-Beziehung hingegen basiert auf einem Gefühl wechselseitiger Loyalität zwischen Montagewerk und Zulieferbetrieb: Beide Seiten wissen, daß sie langfristig miteinander zu tun haben, und wenden sich nicht wegen eines geringfügigen Preisunterschiedes anderen Partnern zu. Nur wenn ein hohes Maß an gegenseitigem Vertrauen besteht, wird ein Zulieferer den Technikern des Hauptbetriebes gestatten, Einblick in die Kostenstruktur zu nehmen und bei der Verteilung der wirtschaftlichen Erträge aus Produktivitätsverbesserungen mitzureden.

Das System der schlanken Produktion wirkte sich so positiv auf die

Produktivität aus, daß es bald von anderen Betrieben analysiert und kopiert wurde, so wie Henry Fords Werk in Highland Park zu Beginn des Zeitalters der Massenproduktion von vielen nachgeahmt wurde. Die Flaute in der amerikanischen Automobilindustrie nach der Ölkrise in den siebziger Jahren war für eine ganze Reihe amerikanischer Hersteller der unmittelbare Anlaß dazuzulernen. Die Einführung einer Produktionsmethode, die auf großem Vertrauen basiert, erwies sich freilich in einem Industriezweig, in dem sehr wenig Vertrauen herrschte, als ausgesprochen schwierig, denn die schlanke Produktion zielt unmittelbar auf die Abschaffung von Tätigkeitsklassifizierungen und Arbeitsregeln, die durch die tayloristische Massenproduktion und gewerkschaftliche Arbeitsüberwachung notwendig geworden waren.

General Motors (GM) führte Anfang der achtziger Jahre in einigen Betrieben Arbeitsgruppen ein. Durch diese Reform fielen eine Reihe hierarchisch gegliederter Tätigkeitsklassifikationen zu einer einzigen Kategorie »Produktionsarbeiter« zusammen. Das Gruppensystem von GM motivierte die Arbeiter durch Prämien, sich unterschiedliche Kompetenzen anzueignen, und gestattete ihnen, einige Aspekte der Produktion selbst zu organisieren sowie Qualitätszirkel zu bilden. Die Automobilarbeitergewerkschaft jedoch beobachtete die Einführung der Arbeitsgruppen argwöhnisch, zumal GM damit in seinen Betrieben in den Südstaaten begann, die damals noch nicht gewerkschaftlich organisiert waren.[16] In Japan hängen Arbeiter nicht an Tätigkeitsklassifikationen oder schriftlichen Erfüllungsgarantien, weil die schlanke Produktion in das System der Anstellung auf Lebenszeit eingebettet ist, das ihnen absolute Arbeitsplatzsicherheit garantiert. Die amerikanische Automobilarbeitergewerkschaft fürchtete, daß durch die Arbeitsgruppen die Loyalität zur Gewerkschaft unterhöhlt werden sollte, und betrachtete sie als taktischen Zug im Rahmen einer gewerkschaftsfeindlichen Strategie, mit der die Arbeiter dazu gebracht werden sollten, hart erstrittene Arbeitsregeln ohne Gegenleistung in Form von Arbeitsplatzsicherheit aufzugeben. Die Loyalität muß wirklich wechselseitig sein, damit das System der schlanken Produktion funktioniert. Und in der Tat zahlte sich der frühe Versuch von General Motors, einzelne Elemente der schlanken Produktion isoliert einzuführen, nicht aus. Das Unternehmen erfüllte seinen Teil des Handels nicht: Es förderte Arbeitsgruppen, kaufte aber zugleich Roboter und entließ weiterhin Mitarbeiter. Auch daß Roger Smith, der Präsident von GM, kurz nach der Rezession 1981/82, die das Unternehmen schwer traf, eine Prämie in Höhe von 1,5 Millionen Dollar einstrich, vermittelte den Arbeitern nicht gerade das Gefühl, das Unternehmen sei ein großes Team.[17]

Es gab in den Vereinigten Staaten bei der Einführung der schlanken Produktion aber auch institutionelle Hindernisse. Die Arbeit der lokalen Gewerkschaftsfunktionäre im ganzen Land bestand darin, Verträge zu prüfen und Arbeitsregeln zu verwalten. Wenn Regelungen abgeschafft oder einer Gruppe von Produktionsarbeitern anvertraut werden, sind die Funktionäre arbeitslos. Viele Mitarbeiter im mittleren Management waren ebenfalls nicht begeistert davon, daß sie die Kontrolle über die Fabrikhallen an die Arbeiter in der Produktion abgeben sollten. Zudem ist schlanke Produktion für die Arbeiter oft sehr anstrengend, denn sie tragen die Verantwortung für die Produktivität ihrer Gruppe und arbeiten unter dem großen Druck, den Output eines komplexen Produktionsprozesses zu maximieren.

Viele japanische Unternehmen, die Betriebe in den Vereinigten Staaten aufbauten, umgingen die Probleme der gewerkschaftlichen Arbeitsüberwachung, indem sie sich in den Südstaaten oder anderen Gebieten ansiedelten, wo die Arbeiterschaft nicht gewerkschaftlich organisiert war. Bevor General Motors schließlich mit direkter Unterstützung von Toyota einen Betrieb mit schlanker Produktion aufbauen konnte (das Werk New United Motor Manufacturing Inc. in Fremont, Kalifornien), mußte die Automobilarbeitergewerkschaft dazu gebracht werden, von ihrem dicken Vertragswerk über die Arbeitsregeln für diese Region zurückzutreten und eine neue Vereinbarung abzuschließen, die nur zwei Kategorien von Arbeitern vorsah.[18] Die Unternehmen hatten bei der Einführung der schlanken Produktion – und das sollte ausdrücklich betont werden – keine Probleme mit Forderungen nach höheren Löhnen, Prämien oder Arbeitsplatzsicherheit (auch wenn alle Arbeitgeber natürlich lieber weniger zahlen würden), sondern vielmehr damit, daß die Gewerkschaft auf detaillierten Arbeitsregeln und Tätigkeitsklassifizierungen beharrte, was die Einführung von Arbeitsgruppen und flexiblen Produktionsabläufen behinderte. Implizit liegt der Einführung der schlanken Produktion in Japan und in den Vereinigten Staaten ein Tauschgeschäft zugrunde: gelockerte Arbeitsregeln gegen langfristige Arbeitsplatzsicherheit. So setzte die Ford Motor Company die Methoden der schlanken Produktion am konsequentesten in ihren nordamerikanischen Werken durch, weil es ihr dort gelang, bei den Arbeitern ein größeres Vertrauen zu erzeugen, daß das Unternehmen seinen Teil des Handels erfüllen würde.[19]

Nach Ansicht der Autoren der MIT-Studie ist die Methode der schlanken Produktion nicht kulturabhängig und kann unter entsprechender Leitung überall eingeführt werden. Als Beleg verweisen sie auf ihre umfassenden Daten über die Produktivität von Automobilwerken auf der ganzen Welt. Aus diesen Daten geht hervor, daß die Produktivität der Automobilwerke innerhalb der einzelnen Regionen – Japan, Nordamerika, Europa und der Dritten Welt – erheblich variiert, und zwar noch mehr als zwischen verschiedenen Regionen. Demnach spielt das Management für die Produktivität eine größere Rolle als das kulturelle Umfeld. Die Methode der schlanken Produktion war schließlich nicht voll ausgereift, sondern wurde zu einem bestimmten Zeitpunkt von einem Ingenieur bei Toyota erfunden, und das Unternehmen wirtschaftete im Vergleich zu seinen japanischen Konkurrenten so lange sehr viel effektiver, bis diese das System ebenfalls einführten.[20] Deshalb argumentieren die MIT-Autoren, die regionalen Variationen in der Produktivität ließen sich einfach darauf zurückführen, daß die trägen, rückständigen Regionen die Methode der schlanken Produktion nur zögernd eingeführt hätten und in der Statistik deshalb abgesunken seien.[21]

Aufgrund unserer früheren Erörterungen von Kultur und Vertrauen müßten wir erwarten, daß Kulturen mit einer starken Neigung zur spontanen Soziabilität wie Japan und Deutschland die schlanke Produktion problemlos einführen können, während familistische Kulturen wie Italien, Frankreich, Taiwan und Hongkong größere Schwierigkeiten hätten. In den Vereinigten Staaten haben wir eine komplizierte Zwischenform vor uns: Die amerikanische Gesellschaft ist in vieler Hinsicht traditionell von einem hohen Maß an Vertrauen geprägt, hat aber auch eine stark individualistische Tradition und begeisterte sich deshalb an einem bestimmten Punkt der Geschichte für organisatorische Lösungen in der Industrie, die von wenig Vertrauen zeugen. Die MIT-Daten (siehe Tabelle 2) passen durchaus zu unseren Erwartungen.

Jeder wird aufgrund der MIT-Daten zustimmen, daß schlanke Produktion tatsächlich eine Managementtechnik ist, die sich über kulturelle Grenzen hinweg exportieren läßt, und daß jedes Unternehmen mit Hilfe dieser Technik eine Produktivitätssteigerung erzielt, gleichgültig wo auf der Welt es angesiedelt ist. Dennoch kann es wichtige kulturelle Faktoren geben, die eine erfolgreiche Einführung der schlanken Produktion in manchen Ländern mehr behindern als in anderen. Nach Tabelle 2 beispielsweise variiert die Produktivität innerhalb der Länder zwar erheblich, aber auch die durchschnittliche Produktivität und die Produktivität der Unternehmen mit der besten Methode (vermutlich schlanke Produktion) variieren je nach Region sehr stark. Japan hat nach den MIT-Daten die höchste Produktivität sowohl in den durchschnittlichen Betrieben als auch in den Betrieben mit der besten Produktionsmethode, danach folgt Nordamerika und weit abgeschlagen an dritter Stelle Europa.[22] (Die Studie enthält auch Daten für die Dritte Welt, aber sie stammen aus so vielen verschiedenen Ländern, daß sie für unsere Zwecke nicht hilfreich sind.) Die besten japanischen Tochterbetriebe in Nordamerika und die besten US-Betriebe in Nordamerika erreichen ungefähr dasselbe Produktivitätsniveau, aber das ist immer noch geringer als das Produktivitätsniveau der besten japanischen Betriebe in Japan.[23]

Tabelle 2 Produktivität in Montagewerken der Automobilindustrie [24]

	Beste	**Durchschnitt**
Japaner in Japan	13,2	16,8
Japaner in Nordamerika	18,8	20,9
US in Nordamerika	18,6	24,9
US & Japan in Europa	22,8	35,3
Europäer in Europa	22,8	35,5
Schwellenländer	25,7	41,0

Angesichts der feindseligen Arbeitgeber-Arbeitnehmer-Beziehungen in Südkorea und der eher familistischen Ausrichtung der Gesellschaft überrascht es nicht, daß koreanische Unternehmen nicht gerade zu den Pionieren der schlanken Produktion gehörten. Koreanische Automobilhersteller wie Hyundai und Daewoo waren Massenproduzenten, die mit geringen Kosten arbeiteten und ihren Wettbewerbsvorteil vornehmlich den niedrigen Lohnkosten verdankten, als sie in den achtziger Jahren auf den amerikanischen Exportmarkt drängten. Während sie technisch große Anleihen bei den Japanern machten (der Excel von Hyundai ist vom Colt von Mitsubishi praktisch nicht zu unterscheiden), verzichteten sie auf die Methoden der schlanken Produktion und blieben bei der klassischen Massenfertigung. Zunächst ging es den koreanischen Automobilherstellern sehr gut, doch 1988 brachen die Umsätze ein, weil die Lohnkosten im Land rasch stiegen und, noch wichtiger, weil die Verbraucher inzwischen gemerkt hatten, daß die koreanischen Autos nicht die Qualitätsstandards ihrer japanischen Konkurrenten erreichten.[25] Die Methoden der schlanken Produktion wurden erst später eingeführt, als deutlich wurde, daß Südkorea nicht allein dank geringer Lohnkosten konkurrenzfähig bleiben konnte. Doch diese Methode lag den Angehörigen der koreanischen Kultur eindeutig nicht so wie den Angehörigen der japanischen Kultur.

Einige Aspekte der schlanken Produktion ließen sich übrigens nicht so erfolgreich in die Vereinigten Staaten exportieren wie Arbeitsteams und Qualitätszirkel. Die Keiretsu-Beziehungen zwischen den japanischen Muttergesellschaften und den Zulieferbetrieben wurden von den amerikanischen Automobilherstellern im allgemeinen nicht kopiert – außer wenn sie direkt von japanischen Firmen mitgebracht wurden. Die amerikanischen Automobilbetriebe sind weiterhin vertikal integriert, oder sie halten sich ihre Zulieferer vom Leibe und pflegen nur Marktbeziehungen zu ihnen. Mit einigen Innovationen in der amerikanischen Automobilindustrie in den achtziger Jahren, wie beispielsweise der Umgestaltung des Zulieferernetzes von General Motors durch Ignacio López, griff man sogar auf traditionelle (und oft sehr rüde) Disziplinierungsmaßnahmen durch die Marktkräfte zurück, um von den Zulieferern bessere Preise oder bessere Qualität zu bekommen, anstatt daß man stabile, langfristige Vertrauensbeziehungen aufzubauen trachtete. Immer noch versuchen die Montagebetriebe, ihre Zulieferer gegeneinander auszuspielen, und das motiviert die Zulieferer natürlich nicht, Produktionsverfahren und Kosten offenzulegen.[26] In anderen Fällen ist das Problem ideologischer Natur: So ließen die lokalen Gewerkschaftsvertreter bei einem Zulieferer des Saturn-Montagewerks von General Motors, das mit den Methoden der schlanken Produktion und knappen Lagerbeständen arbeitete, demonstrativ ihre Muskeln spielen, indem sie kurzerhand die Lieferungen stoppten.

Nach Ansicht der Autoren der MIT-Studie ist die Methode der schlanken Produktion nicht kulturabhängig, weil sie relativ problemlos von Japan in die Vereinigten Staaten exportiert werden konnte. Der Wahrheitsgehalt dieser Aussage basiert allerdings auf einer Annahme, die viele Autoren komparatistischer Studien teilen, daß nämlich Japan und die Vereinigten Staaten kulturelle Gegensätze seien: Die Japaner seien sehr gruppenorientiert, die Amerikaner dagegen sehr individualistisch. Aber genau diese Annahme kann man mit Fug und Recht in Frage stellen. Möglicherweise ist das tayloristische Modell der Betriebsorganisation, das in den Vereinigten Staaten erfunden und von dort in die ganze Welt exportiert wurde, gar kein typisches Produkt der amerikanischen Kultur. Vielleicht war der Taylorismus nur ein Irrläufer der amerikanischen Geschichte, und vielleicht hat die Hinwendung zu dem mehr gemeinschaftsorientierten Modell der schlanken Produktion die Vereinigten Staaten zurück zu authentischen kulturellen Wurzeln geführt. Um diese Frage zu beantworten, müssen wir das doppelte Erbe Amerikas näher betrachten, das ebenso individualistisch ist wie gruppenorientiert.

Teil 4

Die amerikanische Gesellschaft und die Krise des Vertrauens

[illegible] Regelung und e- [illegible]

[illegible] die Vers- [illegible] oder ge- [illegible] gut hat, ist [illegible] Ost und [illegible] und Ver- [illegible] der Wa- [illegible] sich noch [illegible] Punkt an [illegible] von jeher [illegible]

Kapitel 23

Adler sind keine Herdentiere – oder doch?

Die »multikulturelle Gesellschaft« ist ein großes, kontrovers diskutiertes Thema im Amerika der neunziger Jahre: Schulbehörden erweitern die Lehrpläne und nehmen das Studium nichtwestlicher Sprachen und Kulturen auf, Unternehmen veranstalten Seminare, um ihre Angestellten für subtile Formen von Diskriminierung zu sensibilisieren. Für multikulturelle Untersuchungen wird mit dem Argument geworben, die Vereinigten Staaten seien eine sehr heterogene Gesellschaft, und die Amerikaner müßten die positiven Beiträge der vielen Kulturen, insbesondere der nichteuropäischen, erkennen und besser verstehen. Es heißt entweder, die Vereinigten Staaten hätten abgesehen von ihrem politischen System und ihrer Rechtsordnung keine Kultur aus einem Guß, oder aber, die dominierende europäische Kultur der vergangenen Generationen habe alles andere unterdrückt und dürfe kein Modell für alle Amerikaner sein.

Natürlich hat niemand etwas gegen die Idee einzuwenden, sich ernsthaft mit anderen Kulturen zu beschäftigen, und in einer liberalen Gesellschaft muß man lernen, Menschen zu tolerieren, die anders sind als man selbst. Aber darum geht es nicht, wenn behauptet wird, die Vereinigten Staaten hätten nie eine eigene dominante Kultur gehabt, oder gar, sie dürften aus Prinzip keine dominante Kultur haben, an die sich andere ethnische Gruppen anpassen könnten. Wie dieses Buch gezeigt hat, ist die Fähigkeit eines Volkes, sich eine gemeinsame »Sprache von Gut und Böse« zu bewahren, eine entscheidende Voraussetzung dafür, daß Vertrauen, soziales Kapital und alle weiteren positiven ökonomischen Wirkungen dieser Eigenschaften entstehen können. Zwar kann sich auch Diversität ökonomisch auszahlen, aber von einem gewissen Punkt an behindert sie Kommunikation und Kooperation mit möglicherweise verheerenden wirtschaftlichen und politischen Folgen.

Es stimmt auch nicht, daß die amerikanische Gesellschaft von jeher sehr heterogen war und nur von einer gemeinsamen Verfassung und einer gemeinsamen Rechtsordnung zusammengehalten wurde. Neben dem universalistischen politischen und rechtlichen System gab es in Amerika immer eine zentrale kulturelle Tradition als gemeinsame Basis der sozialen Institutionen; dies ermöglichte den Aufstieg der Vereinigten Staaten zur dominanten Wirtschaftsmacht. Ursprünglich war diese Kultur einer bestimmten religiösen und ethnischen Gruppe zugeordnet, später jedoch wurde sie von ihren ethnisch-religiösen Wurzeln abgeschnitten und entwickelte sich zu einer Lebensform, mit der sich alle Amerikaner identifizieren konnten. In diesem Sinne unterscheidet sich die amerikanische Kultur erheblich von den europäischen Kulturen, die fest mit »Blut und Boden« verbunden sind. Auch unter Amerikanern gibt es große Mißverständnisse darüber, was diese Kultur ausmacht und wo ihre Ursprünge liegen, deshalb wollen wir uns an dieser Stelle etwas ausführlicher damit beschäftigen.

Amerikaner halten sich üblicherweise für Individualisten und gelegentlich im Rückgriff auf ihre Pionierzeit sogar für »krasse« Individualisten. Wenn sie aber wirklich so individualistisch wären, wie sie meinen, könnte man die rapide Entwicklung riesiger Unternehmen im 19. Jahrhundert kaum erklären. Ein unwissender Besucher, der ohne jegliche Kenntnisse über die Wirtschaftsstruktur in Amerika stranden und hören würde, daß er eine individualistische Gesellschaft vor sich habe, würde viele kleine, nicht sehr beständige Unternehmen erwarten. Er würde glauben, die Amerikaner seien zu eigensinnig und zu unkooperativ, um in großen Organisationen Anweisungen entgegenzunehmen, und zu unabhängig, um stabile private Institutionen aufzubauen. Betriebe würden wie in Taiwan oder Hongkong entstehen, zersplittern und untergehen. Unser imaginärer Besucher würde sich also genau das Gegenteil der deutschen und der japanischen Kultur vorstellen, welche Autorität, Hierarchie und Disziplin große Bedeutung zumessen.

Aber in Wahrheit ist alles ganz anders: Die Vereinigten Staaten waren Pioniere bei der Entwicklung des modernen hierarchisch strukturierten Unternehmens und hatten Ende des 19. Jahrhunderts einige der größten Organisationen der Welt errichtet. Andauernd wurden neue Firmen gegründet, und offensichtlich hatten die Amerikaner keine Schwierigkeiten damit, in riesigen bürokratischen Hierarchien zu arbeiten. Ihr Organisationstalent erweist sich nicht nur beim Aufbau großer Unternehmen. Heute, in einer Zeit, die Verkleinerung und neue, flexible Organisationsformen wie das virtuelle Unternehmen verlangt, sind die Amerikaner wieder führend.

Es stimmt somit nicht, wenn Amerika als Musterbeispiel des Individualismus dargestellt wird. Wie im ersten Kapitel dieses Buches erwähnt, heißt es in den meisten Büchern zum Thema Wettbewerbsfähigkeit, die Japan und die Vereinigten Staaten vergleichen, daß die Vereinigten Staaten der Inbegriff einer individualistischen Gesellschaft seien, in der Gruppen und größere Gemeinschaften wenig Autorität genießen würden. Weil Amerikaner Individualisten sind, so können wir lesen, arbeiten sie nicht gut und nicht gern in Gruppen zusammen. Sie beharren auf ihren individuellen Rechten, und wenn sie mit anderen kooperieren müssen, dann tun sie das über Verträge und unter Inanspruchnahme des Rechtssystems. In der Vorstellung vieler Asiaten (insbesondere der Japaner) und vieler Amerikaner, die sich mit Asien beschäftigen, ist die gewerkschaftliche Arbeitsüberwachung in Amerika nur ein Symptom einer generell individualistischen Kultur mit einer fast schon pathologischen Prozeß- und Streitsucht.

Doch nicht nur Asiaten beschreiben die Vereinigten Staaten als individualistisch. Auch die Amerikaner selbst sehen ihre Gesellschaft so, wenngleich mit dem Unterschied, daß sie den Individualismus nicht als Laster betrachten, sondern als eine Tugend, die für Kreativität steht, für Initiative, Unternehmergeist und aufrechten Gang. Der Individualismus ist deshalb oft eine Quelle erheblichen Stolzes und für viele Amerikaner ein besonders charakteristischer und faszinierender Aspekt ihrer Kultur. In der öffentlichen Diskussion über den Zusammenbruch des Kommunismus und anderer autoritärer Regime in den späten achtziger Jahren wurde die Behauptung zum Gemeinplatz, die Diktaturen seien durch die Verlockungen der amerikanischen Massenkultur und ihrer Verherrlichung individueller Freiheit unterhöhlt worden. Der unabhängige Präsidentschaftskandidat Ross Perot war in Amerika nicht zuletzt deshalb so populär, weil er die besten Seiten des amerikanischen Individualismus verkörpert: Weil er sich an seinem Arbeitsplatz beim Computergiganten IBM zu sehr gegängelt fühlte, kündigte er, gründete sein eigenes Unternehmen Electronic Data Systems und wurde zum Multimilliardär. Typischerweise lautet Perots oft wiederholter Slogan: »Adler sind keine Herdentiere; man muß sie einzeln aufstöbern.«

Asiaten und Amerikaner bewerten den Individualismus zwar unterschiedlich, stimmen aber darin überein, daß Amerika im Gegensatz zu den meisten asiatischen Ländern so etwas wie eine Extremform des Individualismus darstelle. Doch diese populäre Annahme ist nur die halbe

Wahrheit. Es wird zwar niemand abstreiten, daß der Individualismus ein ausgesprochen wichtiger Bestandteil der amerikanischen Lebensweise ist, aber das kulturelle Erbe Amerikas hat in Wirklichkeit ein doppeltes Gesicht: Neben den individualistischen Tendenzen, die die Menschen trennen und atomisieren, gab es auch immer eine starke Neigung, Vereinigungen zu bilden und sich in Gruppen zusammenzuschließen. Die angeblich so individualistischen Amerikaner waren historisch gesehen höchst aktiv und gründeten viele starke, stabile freiwillige Organisationen von »Little Leagues« und »4H-Clubs« bis zur »National Rifle Association«, der »National Association for the Advancement of Colored People (NAACP)« oder der »League of Women Voters«.

Das hohe Maß der Gruppensolidarität ist um so beeindruckender, bedenkt man die ethnische und rassische Heterogenität der amerikanischen Gesellschaft. Deutschland und Japan sind ethnisch homogene Gesellschaften, ihre Minderheiten standen immer außerhalb der dominanten Kultur. Es weisen zwar nicht alle homogenen Gesellschaften ein hohes Maß an spontaner Soziabilität auf, aber ethnische Heterogenität kann die Entwicklung einer gemeinsamen Kultur erheblich behindern, wie die Erfahrung zahlreicher multiethnischer Gesellschaften in Osteuropa, im Nahen Osten und Südasien zeigt. In Amerika hingegen hat die ethnische Zugehörigkeit den Zusammenhalt kleiner Gemeinschaften gestärkt, war aber (zumindest bis vor kurzem) kein Hindernis für Mobilität nach oben und Assimilation.

Tocquevilles Bewertung des Individualismus entspricht eher der asiatischen Auffassung als der amerikanischen: Er betrachtet ihn als ein Laster, für das demokratische Gesellschaften besonders anfällig sind. Seiner Ansicht nach ist Individualismus eine abgeschwächte Form des Egoismus *(egoïsme)*, der »jeden Bürger drängt, sich von der Masse der Mitmenschen fernzuhalten und sich mit seiner Familie und seinen Freunden abzusondern; nachdem er sich eine kleine Gesellschaft für seinen Bereich geschaffen hat, überläßt er die große Gesellschaft gern sich selbst«.

Individualismus entsteht in demokratischen Gesellschaften, weil es anders als in aristokratischen Gesellschaften keine Klassen und keine anderen gesellschaftlichen Strukturen gibt, die Gruppen von Menschen einen; die Menschen haben deshalb außerhalb der Familie keine Bindungen. Daher, so Tocqueville, lege der Individualismus »vorerst nur den Quell der öffentlichen Tugenden trocken; mit der Zeit aber greift er alle andern an und zerstört sie und versinkt schließlich in die Selbstsucht«.[1]

Tocqueville glaubte aber auch, daß gerade die vernetzten bürgerlichen Vereinigungen, die er in den Vereinigten Staaten beobachtete, eine sehr wichtige Rolle im Kampf gegen den Individualismus spielten und dessen potentiell destruktive Auswirkungen begrenzen könnten.[2] Da gleichberechtigte Individuen in einer demokratischen Gesellschaft schwach sind, müssen sie sich verbünden, wenn sie größere Ziele erreichen wollen. Tocqueville zufolge schult die Kooperation im Alltagsleben den Gemeinsinn und lenkt die Menschen von ihrer natürlichen Sorge um privates Wohlergehen ab.[3] Die Vereinigten Staaten unterschieden sich zu Tocquevilles Zeit in dieser Hinsicht sehr von Frankreich, wo despotische Regierungen die bürgerlichen Vereinigungen zerschlugen mit der Folge, daß die Menschen isoliert und notgedrungen viel individualistischer lebten.[4]

Tocqueville beschäftigte dieses Problem natürlich nicht in wirtschaftlicher, sondern in politischer Hinsicht: Er fürchtete, der Hang zum Individualismus in einer demokratischen Gesellschaft könnte dazu führen, daß sich die Menschen vom öffentlichen Leben abwendeten, weil sie nur ihre kleinlichen, materialistischen Interessen verfolgten. Und wenn sich die Bürger nicht für öffentliche Angelegenheiten interessierten, stehe dem Despotismus Tür und Tor offen. Soziabilität bei ganz gewöhnlichen bürgerlichen Angelegenheiten fördert jedoch auch lebhafte wirtschaftliche Aktivität, weil die Menschen dadurch Kooperation und Selbstorganisation lernen. Menschen, die zur Selbstregierung in der Lage sind, haben vermutlich auch keine Probleme, sich für geschäftliche Zwecke zusammenzuschließen, und in der Gemeinschaft können sie viel reicher werden als jeder allein.

Der Individualismus ist tief in der von unveräußerlichen Menschenrechten ausgehenden politischen Theorie verankert, die der Unabhängigkeitserklärung und der amerikanischen Verfassung zugrunde liegt; deshalb ist es kein Zufall, daß Amerikaner sich für Individualisten halten. Diese konstitutionell-rechtliche Struktur stellt innerhalb der amerikanischen Kultur das dar, was Ferdinand Tönnies als *Gesellschaft* bezeichnet hat. Aber darüber hinaus gibt es eine ebenso alte kommunitaristische Tradition in den Vereinigten Staaten, die in den religiösen und kulturellen Ursprüngen des Landes wurzelt, und sie bildet die Basis der *Gemeinschaft.* Wenn auch die individualistische Tradition in vieler

Hinsicht dominierte, so wirkte die Tradition der Gemeinschaft immer als mäßigende Kraft und schwächte die Konsequenzen der individualistischen Neigungen ab. Der Erfolg der amerikanischen Demokratie und der amerikanischen Wirtschaft ist nicht auf Individualismus oder Kommunitarismus allein zurückzuführen, sondern auf das Zusammenwirken dieser beiden gegensätzlichen Tendenzen.

Die wirtschaftliche Bedeutung der spontanen Soziabilität in den Vereinigten Staaten zeigt sich im Aufstieg von Unternehmen im 19. Jahrhundert. Wie in allen anderen Ländern begannen die amerikanischen Betriebe als kleine Familienunternehmen. Im Jahr 1790 arbeiteten rund 90 Prozent aller Amerikaner auf mehr oder weniger autarken Familienfarmen.[5] Bevor die Eisenbahnen gebaut wurden, waren auch die größten Unternehmen recht klein: Charles Francis Lowells Textilmühle in Waltham, Massachusetts, bei ihrer Gründung im Jahr 1841 die größte des Landes, hatte 300 Angestellte; das größte metallverarbeitende Unternehmen zu jener Zeit war mit 250 Angestellten die regierungseigene Waffenfabrik in Springfield; und die größte Bank, die Second Bank of the United States, hatte neben ihrem Präsidenten Nicholas Biddle noch zwei vollbeschäftigte Manager.[6]

Das änderte sich rasch, als in den dreißiger Jahren des 19. Jahrhunderts die Eisenbahnlinien gebaut wurden. Wirtschaftshistoriker diskutieren heftig darüber, welchen Einfluß die Eisenbahn auf die Entwicklung des Bruttoinlandsprodukts hatte.[7] Unbestritten ist, daß die Eisenbahnbetreiber einen neuen Managementstil brauchten.[8] Weil Eisenbahnlinien immer ein geographisch weit verzweigtes Netz bilden, konnten die Eisenbahngesellschaften als erste Wirtschaftsunternehmen aus praktischen Gründen nicht mehr von einer einzigen Familie geführt werden; so entstanden die ersten Managementhierarchien. Die Eisenbahngesellschaften wurden sehr groß: Im Jahr 1891 hatte die Pennsylvania Railroad 110000 Angestellte und war damit größer als die amerikanische Armee jener Zeit.[9] Zur Finanzierung der Eisenbahngesellschaften benötigte man größere Finanzinstitute, und die per Bahn beförderte Fracht vereinigte Märkte über immer größere Entfernungen hinweg. Während früher die Familienbetriebe zentralistisch organisiert waren mit dem Unternehmensgründer an der Spitze, mußten die Eisenbahngesellschaften in einer dezentralen Organisationsform mit einer mittleren Managementebene geleitet werden, die erhebliche Befugnisse besaß. Größere Märkte ermöglichten es, durch vermehrte

Arbeitsteilung in der Produktion und im Marketing Größenvorteile zu realisieren. Erstmals konnte man in den Vereinigten Staaten von einem »nationalen Markt« reden, denn Korn und Fleisch aus dem Mittleren Westen und Westen des Landes wurden verpackt und zu den Verbrauchermärkten an der Ostküste befördert.

Anders als in Europa waren die Eisenbahngesellschaften in den Vereinigten Staaten überwiegend in privatem Besitz, wurden privat finanziert und geleitet. Auch in Europa entstanden mit den Eisenbahnen große Wirtschaftsorganisationen, aber in der Regel griffen hier die jeweiligen Regierungen fördernd ein und übernahmen organisatorische und administrative Verfahrensweisen aus der staatlichen Verwaltung.[10] Der amerikanische Staat war in den vierziger Jahren des vergangenen Jahrhunderts vor allem auf föderaler Ebene wegen Korruption und politischer Intrigen viel schwächer und weniger kompetent als die europäischen Staaten. Daher beeindruckt es um so mehr, daß die Amerikaner, ohne auf Modelle und Personal zurückgreifen zu können, so rasch große administrative Strukturen schufen.

Nach dem Bürgerkrieg breiteten sich Großunternehmen mit der von den Eisenbahngesellschaften übernommenen rationalen Organisationsstruktur rasch aus, zunächst im Vertrieb, dann auch in der Fertigung. Zwischen 1887 und 1904 ging eine Welle von Fusionen über das Land, angeführt von Unternehmen wie Standard Oil und US Steel. US Steel war das erste amerikanische Industrieunternehmen mit einer Kapitalausstattung von mehr als einer Milliarde Dollar.[11] Zur Zeit des Ersten Weltkrieges stammte die amerikanische Produktion überwiegend aus Großunternehmen. Sie waren bemerkenswert stabil. Viele sehr bekannte amerikanische Marken entstanden im späten 19. Jahrhundert: General Electric, Westinghouse, Pitney-Bowes, Sears, Roebuck, National Cash Register, Eastman Kodak und so weiter. Markennamen für Massengüter waren sogar eine wichtige Innovation amerikanischer Unternehmen in der zweiten Hälfte des 19. Jahrhunderts, als im Vertrieb die Fortschritte des Transportwesens genutzt wurden, um größere Märkte zu erreichen. Die Hersteller begriffen, daß sie Produktqualität beziehungsweise zuverlässige Lieferung und Service nur garantieren konnten, wenn sie selbst die Kontrolle über die Vertriebskanäle erlangten. Diese Art der Vorwärtsintegration funktionierte nur, wenn die Unternehmen groß und stabil genug waren, um sich einen Ruf für Qualität zu schaffen. Chinesischen Firmen fällt das heute noch schwer, während amerikanische

Unternehmen auf einem vergleichbaren Entwicklungsstand im 19. Jahrhundert damit keine Probleme hatten.

Abgesehen von der Kultur erklären natürlich noch eine Vielzahl anderer Faktoren, warum amerikanische Unternehmen so rasch und so stark gewachsen sind. Die geläufigste Erklärung besagt ganz richtig, daß es angesichts des großen Binnenmarktes und der reichen Bodenschätze des Landes eine natürliche wirtschaftliche Motivation für Unternehmen gab, die durch den technischen Fortschritt geschaffenen Größenvorteile auszunutzen. Eigentumsrechte und ein Recht der Wirtschaft gab es schon recht früh in der industriellen Entwicklung Amerikas. Eine Politik der öffentlichen Regulierung und ein Markt, der nicht von künstlichen internen Handelsschranken behindert wurde, trugen ebenso zum Erfolg bei wie die rasche Verbreitung der allgemeinen Schulausbildung und der Aufbau einer erstklassigen höheren und technischen Ausbildung.

Im Vergleich mit Gesellschaften wie Frankreich und China wird deutlich, daß die amerikanische Kultur die Entwicklung großer Organisationen nicht so behindert hat, wie man das von einer angeblich individualistischen Kultur erwarten könnte. Die Amerikaner lehnten das professionelle Management nicht ab, weil sie nichtverwandten Menschen mißtrauten; sie versuchten nicht, ihre Geschäfte »in der Familie« zu halten, wenn sich gewinnträchtige Möglichkeiten zur Expansion boten; und sie rebellierten nicht dagegen, in großen Fabrikhallen oder Bürogebäuden zusammengepfercht und in gigantischen autoritären und bürokratischen Strukturen zu arbeiten. Die Geschichte der Arbeitgeber-Arbeitnehmer-Beziehungen in Amerika im späten 19. und frühen 20. Jahrhundert war selbstverständlich von Härte und Konflikten geprägt; damals setzten die Arbeiter das Streikrecht durch, das Recht, Tarifverhandlungen zu führen und bei Sicherheitsbedingungen und Gesundheitsschutz am Arbeitsplatz mitzureden. Doch nachdem die Arbeiterbewegung diese Zugeständnisse erreicht hatte, wurde sie in das System eingebunden. Sie suchte niemals wie viele europäische, insbesondere südeuropäische Gewerkschaften im frühen 20. Jahrhundert Zuflucht beim Marxismus, anarchischen Syndikalismus oder anderen radikalen Ideologien.

Die Gesellschaft der Vereinigten Staaten war somit während der gesamten Anfangsphase der Industrialisierung von einem relativ hohen Maß an Vertrauen geprägt. Das soll nicht heißen, daß alle Amerikaner durchweg moralisch oder vertrauenswürdig gewesen wären. Die berühmten Industriellen und Bankiers des späten 19. Jahrhunderts wie Andrew Carnegie, Jay Gould, Andrew Mellon und John D. Rockefeller wurden allesamt bekannt für ihre Habgier und Unbarmherzigkeit. Die Geschichte jener Zeit strotzt von Gaunereien und Betrügereien und kriminellen Geschäftspraktiken, die nicht wie im 20. Jahrhundert durch eine lückenlose Politik der öffentlichen Regulierung eingeschränkt wurden. Doch damit die Wirtschaft so gut funktionieren konnte, wie sie funktioniert hat, mußte allgemeines soziales Vertrauen als ein tragendes Element vorhanden sein.

Nehmen wir beispielsweise den transkontinentalen Handel mit Agrarprodukten, der sich Mitte des 19. Jahrhunderts entwickelte. Die Waren reisten über viele verschiedene, geographisch weit entfernte Händler, die jeweils vor der Anlieferung Vorauszahlungen leisteten, nach Osten. Damals wäre es für einen Händler in Chicago sehr schwierig gewesen, detaillierte Verträge mit seinen Partnern in Abilene oder Topeka auszuhandeln, ganz zu schweigen davon, sie wegen Vertragsbruchs gerichtlich zu belangen. Der Handel basierte deshalb zum großen Teil auf Vertrauen. Dank der Eisenbahnen und der Telegraphie konnte ein Händler in New York ungefähr seit dem Bürgerkrieg große Mengen Korn oder Vieh direkt bei den Produzenten in Kansas oder Texas bestellen. Das verringerte die Anzahl der Vorauszahlungen und damit auch das Risiko, befreite aber nicht von der Notwendigkeit, daß beide Parteien dem Wort eines Partners am Ende einer tausend Meilen langen Telegraphenleitung vertrauten, den sie nie gesehen hatten.[12] Die Amerikaner konnten auf ein erhebliches soziales Kapital zurückgreifen und so die Transaktionskosten beim Aufbau großer, komplexer Unternehmen gering halten.

Auf politischer Ebene zeigten sich die Amerikaner gegenüber konzentrierter wirtschaftlicher Macht ausgesprochen argwöhnisch. Die Fusionswelle und die Versuche großer Trusts wie Standard Oil, Märkte zu monopolisieren, führten zum Sherman und zum Clayton Anti-Trust Act und zur Zerschlagung der Trusts unter der populistischen Regierung Theodore Roosevelts. Staatliche Intervention gebot der Fusionsmanie der Jahrhundertwende Einhalt, und weitere Veränderungen in der Regierungspolitik hatten tiefgreifende Auswirkungen auf die Struktur der amerikanischen Wirtschaft, die noch bei den Fusionen der Reagan-Ära in den achtziger Jahren erkennbar waren. Aber während in Gesellschaften mit schwachen intermediären Organisationen wie Frankreich, Italien oder Taiwan der Staat eingreifen mußte, um große Unternehmen aufzubauen oder zu erhalten, mußte in den Vereinigten Staaten der Staat eingreifen, damit die Großunternehmen nicht zu groß wurden. Die spontane Tendenz in der amerikanischen Geschäftswelt ging nicht in Richtung Spaltung und Zusammenbruch aus Mangel an Institutionalisierung, sondern vielmehr in Richtung Wachstum, bis Monopolmacht und Größennachteile zum Problem wurden.

Die beeindruckende Welt von Unternehmen, die bis Mitte des 20. Jahrhunderts entstanden war, wurde von einer Wirtschaftselite geschaffen, die ethnisch, religiös, rassisch und vom Geschlecht her ebenso homogen war wie die Eliten in Japan und Deutschland: Praktisch alle Manager und Direktoren großer amerikanischer Unternehmen waren weiße, angelsächsische protestantische Männer (sogenannte WASPs), dazwischen fand sich gelegentlich ein katholischer, angelsächsischer Europäer. Sie kannten sich aus ihren Betrieben, Clubs, Schulen, Kirchen und von sonstigen gesellschaftlichen Aktivitäten, und sie setzten bei ihren Managern und Angestellten Verhaltenskodizes durch, in denen sich die Wertvorstellungen ihrer WASP-Herkunft spiegelten. Sie versuchten, anderen ihre Arbeitsethik und Disziplin beizubringen, und ächteten Scheidung, Ehebruch, Geisteskrankheit, Alkoholismus, gar nicht zu reden von Homosexualität und anderen Formen unkonventionellen Verhaltens.

Angesichts der Tatsache, daß heutzutage viele Amerikaner und noch mehr Asiaten behaupten, Amerika sei zu individualistisch und heterogen, um eine echte Gemeinschaft zu sein, kann man sich kaum vorstellen, daß vor rund vierzig Jahren die meisten Kritiker des amerikanischen »way of life« die US-Gesellschaft und insbesondere die Geschäftswelt als *zu* konformistisch und homogen charakterisierten. Zwei der wichtigen sozialwissenschaftlichen Analysen aus dieser Zeit – William Whytes *Herr und Opfer der Organisation* und David Riesmans *Die einsame Masse* – warnten vor den Gefahren einer zunehmend konformistischen Gesellschaft, wo der einzelne ängstlich über die Schulter blickt und in der ihn umgebenden Gemeinschaft Bestätigung sucht.[13] Nach Ansicht von Riesman und seinen Mitautoren waren die Amerikaner, die das Land im 19. Jahrhundert aufgebaut hatten, aufgrund religiöser und spiritueller Prinzipien »innengeleitet« gewesen und deshalb zu Individualismus bestimmt, während die Amerikaner der fünfziger Jahre sich angeblich zu »außengeleiteten« Menschen entwickelt hatten, die ihren Kompaß am kleinsten gemeinsamen Nenner der Massengesellschaft ausrichteten.

In dieser Zeit verschwand auch die typische »amerikanische Kleinstadt« – damals störten sich die Menschen an ihren Zwängen und der sozialen Kontrolle, heute blicken sie voller Sehnsucht auf deren Ordnung und Vertrautheit zurück. Die fünfziger Jahre waren auch die große Zeit von IBM und ihrer Kleiderordnung, wonach alle Büroangestellten im gleichen weißen Hemd zur Arbeit erscheinen mußten. Europäische Touristen in den Vereinigten Staaten fanden die amerikanische Gesellschaft oft um vieles konformistischer als ihre eigenen Gesellschaften. Da die Amerikaner keine aristokratischen und feudalen Traditionen hatten, an denen sie sich orientieren konnten, waren sie hinsichtlich der Maßstäbe ihres Verhaltens aufeinander angewiesen. Die gesellschaftlichen Umbrüche, die sich seit den sechziger Jahren in den Vereinigten Staaten vollziehen – die Bürgerrechtsbewegung, die sexuelle Befreiung, Feminismus, die Hippies und heute die Schwulenbewegung –, lassen sich nur als eine natürliche Reaktion auf die oft rigide und lähmende Homogenität der ersten Hälfte des Jahrhunderts begreifen.

Das Bild der Vereinigten Staaten als einer hyperindividualistischen Gesellschaft, das in der komparatistischen Literatur vielfach gezeichnet wird, liest sich oft wie eine Karikatur der Realität. Es ist gerade so, als herrsche in allen amerikanischen Unternehmen der gleiche Mangel an Paternalismus wie bei Continental Airlines unter Frank Lorenzo, wo das Management langjährige Mitarbeiter hinauswarf, weil sie den Hut eines Passagiers fallen gelassen hatten, und Angestellte darauf brannten zu kündigen, sobald sich ein etwas besser bezahlter Job bot. In Wirklichkeit verhält es sich vielmehr so, daß viele japanische Geschäftspraktiken gar nicht genuin japanisch sind, sondern Entsprechungen in anderen Gesellschaften haben, auch in Amerika. Geschäftsbeziehungen beispielsweise, die nicht auf Verträgen und rechtlichen Regelungen basieren, sondern auf einer informellen Übereinkunft zweier Geschäftsleute, die einander vertrauen, waren keineswegs ungewöhnlich.[14] Und ebensowenig werden Kaufentscheidungen nur aufgrund eines emotionslosen Vergleichs von Preis und Qualität getroffen; auch hier ist das Vertrauensverhältnis zwischen Käufer und Verkäufer von entscheidender Bedeutung. Es gibt viele Wirtschaftssektoren, die ihre Transaktionskosten durch Vertrauen gering halten konnten: Die meisten Wertpapiermakler haben Geschäfte traditionell ausschließlich aufgrund mündlicher Vereinbarungen abgeschlossen, ohne Vorauszahlungen zu verlangen. In vielen amerikanischen Unternehmen herrschte ein paternalistischer Führungsstil; das gilt vor allem für kleinere Familienbetriebe, die wie kleine eigenständige Gemeinschaften funktionierten. Aber auch viele Großunternehmen wie IBM, AT&T und Kodak praktizierten eine Art Anstellung auf Lebenszeit und versuchten, durch großzügige Prämien die Loyalität ihrer Arbeiter zu gewinnen. Wir haben weiter oben die paternalistische Seite der ersten Massenproduktionsstätten von Ford erwähnt. IBM schaffte die Anstellung auf Lebenszeit erst ab, als das Unternehmen in den späten achtziger Jahren in eine schwere Krise geriet und das Überleben auf dem Spiel stand. Die meisten großen japanischen Unternehmen mit einer ähnlichen Personalpolitik waren bislang noch nicht mit Problemen dieser Größenordnung konfrontiert.

Woran liegt es, daß die Amerikaner so unerschütterlich von ihrem extremen Individualismus überzeugt sind, obwohl es in den Vereinigten Staaten eine alte Tradition der freiwilligen Assoziation gibt? Letztlich haben wir es mit einem semantischen Problem zu tun. Im politischen Diskurs in Amerika ist es üblich, das Kernproblem einer liberalen Gesellschaft als Dichotomie zu präsentieren, in der die Rechte des Individuums gegen die Autorität des Staates abgewogen werden. Aber es gibt abgesehen von dem sehr weiten und recht akademischen Begriff »Zivilgesellschaft« keine Bezeichnung für die Gesamtheit der unübersehbar zahlreichen intermediären Gruppen zwischen dem Individuum und dem Staat. Es stimmt, daß die Amerikaner – trotz eines im 20. Jahrhundert erheblich aufgeblähten Regierungsapparates – antidirigistisch sind. Doch sie unterwerfen sich bereitwillig der Autorität einer Vielzahl intermediärer gesellschaftlicher Gruppen wie Familien, Kirchen, Gemeinden, Arbeitskollegen, Gewerkschaften, Berufsverbänden und so weiter. Konservative, die bestimmte staatliche Sozialleistungen ablehnen, bezeichnen sich oft als überzeugte Individualisten. Aber dieselben Menschen sprechen sich dafür aus, daß die Autorität bestimmter gesellschaftlicher Institutionen wie der Familie oder der Kirche gestärkt wird. In dieser Hinsicht sind sie keineswegs individualistisch, sondern verfechten eine nichtdirigistische Form des Kommunitarismus.

Ein ähnliches semantisches Problem findet sich in Seymour Martin Lipsets Vergleich zwischen den Vereinigten Staaten und Kanada. Nach Lipsets Ansicht hat Kanada eine viel stärker kommunitaristische Tradition als die Vereinigten Staaten, die er als eine hochgradig individualistische Nation bezeichnet.[15] Doch Lipset versteht unter »kommunitaristisch« in erster Linie dirigistisch. Die Kanadier haben mehr Respekt vor der Autorität der Regierung (der Bundes- und der Provinzregierung) als die Amerikaner: Sie haben einen größeren staatlichen Sektor, zahlen höhere Steuern, achten die Gesetze mehr und beugen sich bereitwilliger der Autorität der Regierung. Aber es bleibt offen, inwieweit die Kanadier bereit sind, ihre individuellen Interessen den Interessen intermediärer gesellschaftlicher Gruppen unterzuordnen. Lipset führt einige Belege dafür an, daß die Bereitschaft im Vergleich zu Amerika gering ist: Kanadier spenden erheblich weniger Geld für wohltätige Zwecke als Amerikaner, sie sind weniger religiös, und sie sind im privatwirtschaftlichen Bereich weit weniger aktiv.[16] So gesehen könnte man auch sagen, Kanada sei weniger »kommunitaristisch« als die Vereinigten Staaten.

Die semantische Verwirrung zwischen den Begriffen Individuum und Gemeinschaft zeigt sich auch in jenem prototypischen Akt des Individualismus, nämlich der Gründung einer neuen religiösen Sekte oder eines Unternehmens. Amerikas Wurzeln liegen im Sektierertum: Die Pilgerväter kamen nach Plymouth, weil sie die Autorität der Kirche von England nicht anerkannten und wegen ihrer Überzeugungen verfolgt wurden. Seit jener Zeit wurden in den Vereinigten Staaten immer wieder neue Sekten gegründet – von den ursprünglichen puritanistischen Kongregationalisten und Presbyterianern über die Methodisten, Baptisten und Mormonen des frühen 19. Jahrhunderts bis zur Pfingstbewegung, den »Father Divines« und »Davidianern« des 20. Jahrhunderts. Die Gründung einer Sekte gilt oft als ein Akt des Individualismus, weil die Mitglieder der neuen Gruppe die Autorität einer etablierten religiösen Institution nicht anerkennen. Andererseits jedoch verlangt die neue Sekte von ihren Anhängern oft viel rigoroser als die Kirche, von der sie sich abgespalten haben, daß sie ihre individuellen Interessen der Gruppe unterordnen.

In ähnlicher Weise gilt es ebenfalls als Zeichen des Individualismus, daß Amerikaner gerne eine abhängige Beschäftigung aufgeben und sich selbständig machen. Verglichen mit der lebenslangen Loyalität japanischer Arbeitnehmer ihren Firmen gegenüber, erscheint das in der Tat als Akt des puren Individualismus. Aber die amerikanischen Jungunternehmer handeln selten als individualistische Einzelkämpfer; sie kündigen oft gemeinsam mit anderen oder bauen rasch neue Organisationen mit neuen Hierarchien und neuen Autoritätsstrukturen auf. Die neuen Organisationen erfordern den gleichen Grad an Kooperation und Disziplin wie die alten, und wenn sie wirtschaftlichen Erfolg haben, werden sie sehr groß und können lange bestehen. Bill Gates und seine Microsoft Corporation sind ein klassisches Beispiel. Oftmals ist derjenige, der das Unternehmen in eine beständige Institution verwandelt, nicht identisch mit dem Unternehmensgründer: Der Erstgenannte muß sich mehr an der Gruppe orientieren, während der Letztgenannte eher individualistisch handeln muß; nur so kann jeder seine Rolle erfüllen. In der amerikanischen Kultur ist Platz für beide. Sind die Mormonen und der Apple-Computer nun Beispiele für den amerikanischen Individualismus oder Beispiele für die Orientierung der Amerikaner an der Gruppe? Auch wenn die meisten Menschen sie eher in die Kategorie »Individualismus« einordnen würden, repräsentieren sie tatsächlich beide Tendenzen zugleich.

Der Idealtypus einer durch und durch individualistischen Gesellschaft bestünde aus einer Gruppe absolut atomistischer Individuen, die nur aufgrund rational kalkulierter Eigeninteressen miteinander interagierten und darüber hinaus anderen Menschen gegenüber keine Bindungen und Verpflichtungen hätten. Was in den Vereinigten Staaten gewöhnlich als Individualismus beschrieben wird, ist kein Individualismus in diesem Sinne, sondern vielmehr das Handeln von Individuen, die zumindest in eine Familie oder einen Haushalt eingebunden sind. Die meisten Amerikaner arbeiten nicht, um kleinliche egoistische Ziele zu befriedigen, sondern kämpfen und bringen erhebliche Opfer für ihre Familien und Haushalte. Freilich gibt es auch einige völlig bindungslose Individuen wie den zurückgezogen lebenden Millionär ohne Frau und Kinder oder den alten Pensionär, der allein von einer Pension lebt, oder den Obdachlosen in seinem Unterstand.

Die meisten Amerikaner sind zwar in eine Familie eingebunden, aber dennoch war Amerika niemals im selben Maß eine familistische Gesellschaft wie China oder Italien. Trotz gegenteiliger Behauptungen einiger Feministinnen besaß die patriarchalische Familie in den Vereinigten Staaten niemals den ideologischen Rückhalt wie in China oder einigen römisch-katholischen Gesellschaften. In den Vereinigten Staaten haben die Ansprüche größerer gesellschaftlicher Gruppen oft mehr Gewicht als familiäre Bindungen. Und außerhalb bestimmter ethnischer

Gemeinschaften war Verwandtschaft in der Tat ein relativ unwichtiger Faktor bei der Beförderung der Soziabilität, weil es so viele andere Wege zur Gemeinschaft gab. Kinder wurden immer von religiösen Sekten oder der Kirche, einer Schule oder Universität, der Armee oder einer Firma von ihren Familien weggezogen. Verglichen mit China, wo jede Familie sich wie eine autonome Einheit verhält, hatte in der amerikanischen Geschichte meist die größere Gemeinschaft erheblich mehr Autorität.

Vom Augenblick ihrer Gründung bis zu ihrem Aufstieg zur führenden Industriemacht der Welt zur Zeit des Ersten Weltkrieges waren die Vereinigten Staaten alles andere als eine individualistische Gesellschaft. Sie waren eine Gesellschaft mit einer großen Neigung zu spontaner Soziabilität, in der ein hohes Maß an sozialem Vertrauen herrschte. Aus diesem Grund konnten große Wirtschaftsorganisationen entstehen, in denen nichtverwandte Menschen problemlos kooperierten und gemeinsame wirtschaftliche Ziele verfolgten. Welche Brücken zur Soziabilität führten in der amerikanischen Gesellschaft weg vom Individualismus und ermöglichten die genannten Entwicklungen? Das Land hatte nicht wie Japan oder Deutschland eine feudalistische Vergangenheit mit kulturellen Traditionen, die in das moderne Industriezeitalter übertragen werden konnten. Aber es hatte eine religiöse Tradition, die sich von der Tradition praktisch aller europäischen Länder unterschied. Das ist Thema unseres nächsten Kapitels.

Kapitel 24

Echte Konformisten

Aus welchen Quellen speisen sich nun die kommunitaristischen Neigungen der Amerikaner, die jene mächtigen individualistischen Tendenzen ausgleichen konnten? Eine herausragende Rolle spielt dabei der sektiererische Protestantismus, den die frühen Einwanderer von Europa nach Nordamerika mitbrachten.[1] Der sektiererische Protestantismus ist paradoxerweise zugleich eine der wichtigsten Quellen des amerikanischen Individualismus: eine Lehre, die gegenüber den etablierten sozialen Institutionen subversiv wirkte, aber gleichzeitig einen entscheidenden Anstoß für die Herausbildung neuer Gemeinschaften und starker solidarischer Bindungen gab. Wie es kam, daß Protestantismus zugleich als Quelle des Individualismus und der Gemeinschaftlichkeit wirken konnte, bedarf einer ausführlichen Erklärung.

Um die kommunitaristische Seite des amerikanischen Lebens begreifen zu können, müssen wir zunächst die Ursprünge des Individualismus verstehen. Wie bereits erwähnt, erlebten die Vereinigten Staaten in der zweiten Hälfte des 20. Jahrhunderts eine »Bürgerrechtsrevolution«. Damit entstand eine ethische und politische Basis, auf der individualistische Verhaltensweisen gedeihen konnten mit der Folge, daß die früher vorherrschende Tendenz zu einem gruppenorientierten Lebensstil geschwächt wurde. Seit Beginn der neunziger Jahre kritisiert kaum noch jemand die amerikanische Gesellschaft wegen ihres angeblich übertriebenen Konformismus. Jetzt hat man eher mit den gegenteiligen Problemen zu tun: Die Kernfamilie löst sich auf; die Institutionen haben große Schwierigkeiten, mit der zunehmenden Vielfalt fertig zu werden; Städte und Stadtbezirke sterben aus; eine Grundstimmung, die von sozialer Isolation, Mißtrauen und Kriminalität geprägt ist, breitet sich aus, und viele Menschen fühlen vage, daß es in ihrem Leben an echter Gemeinschaftlichkeit fehlt. Es ist kein Zufall, daß die individualistischen Auswirkungen der Bürgerrechtsrevolution in den Vereinigten Staaten in dieser Weise zutage traten: Das Gedankengut war nicht fremdem Samen entsprungen, der von einem weit entfernten Kontinent nach Amerika geweht wurde, sondern stellte in gewisser Hinsicht die logische Konsequenz bestimmter Tendenzen dar, die im amerikanischen Liberalismus angelegt waren.

Im Gegensatz dazu formuliert eine asiatische Ethik wie der Konfuzianismus moralische Prinzipien weniger als Rechte und mehr als Pflichten. Nach konfuzianischer Auffassung wird ein Mensch bereits mit einer ganzen Reihe von Pflichten gegenüber anderen geboren – gegenüber Eltern, Brüdern, Staatsbeamten, dem Kaiser. Ob jemand ein moralischer Mensch ist und den Status eines Ritter-Literaten erreichen kann, hängt davon ab, inwieweit er in der Lage ist, solche Pflichten zu erfüllen, die nicht von vorgängigen ethischen Prinzipien abgeleitet sind. Insofern unterscheidet sich der Konfuzianismus nicht von den bis in die frühe Neuzeit vorherrschenden philosophischen und religiösen Traditionen des Westens. Viele Tugenden, die in der klassischen politischen Philosophie definiert wurden, waren Pflichten: wie zum Beispiel Mut, Ehre, Güte, staatsbürgerliches Bewußtsein. Es muß nicht eigens betont werden, daß auch die göttlichen Gebote sowohl in der jüdischen wie in der christlichen Religion dem Menschen als Pflichten auferlegt waren.

Mit den Schriften von Thomas Hobbes nimmt das westliche politische Denken jedoch eine entscheidende Wende. Hobbes steht am Beginn der liberalen philosophischen Tradition, die über John Locke zu Thomas Jefferson und zu den Vätern der amerikanischen Verfassung führt. Hobbes zufolge wird der Mensch nicht mit Pflichten geboren, sondern einzig und allein mit Rechten ausgestattet, und das wichtigste Recht ist die Erhaltung des eigenen Lebens.[2] Die Pflichten, die der Mensch zu tragen hat, ergeben sich aus seinem freiwilligen Eintritt in die bürgerliche Gesellschaft. Pflichten leiten sich für Hobbes ausschließlich aus Rechten ab und werden nur übernommen, um die Rechte zu sichern. So gilt die Pflicht, einem anderen Menschen keine Gewalt anzutun, nur deshalb, weil der Mensch sonst in den Naturzustand zurückfallen würde, in dem dann auch sein eigenes Leben gefährdet wäre. Zwischen Hobbes und Locke wie auch zwischen diesen und den amerikanischen Gründungsvätern bestehen viele Unterschiede, gemeinsam ist ihnen aber eine Vorstellung von Gerechtigkeit, die auf dem Primat der Menschenrechte beruht. Nach einer Formulierung in der amerikanischen Unabhängigkeitserklärung ist es selbstverständlich, »... daß alle Menschen ... mit bestimmten unveräußerlichen Rechten ausgestattet sind« und daß »... zur Sicherung dieser Rechte Regierungen unter den Menschen eingesetzt sind«. Die zehn Verfassungszusätze der Bill of Rights konnten so zur Grundlage eines beeindruckenden Gebäudes von Menschenrechten in den Vereinigten Staaten werden, auf das alle Amerikaner stolz sind und das zum universell anerkannten Ausgangspunkt jeder legitimen politischen Herrschaft wurde.

Der Konfuzianismus betont die Pflichten, weil das Individuum dem konfuzianischen Menschenbild zufolge in ein Netz sozialer Beziehungen eingebunden ist. Der einzelne hat naturgegebene Verpflichtungen gegenüber anderen Menschen. In der Isolation kann sich ein Mensch nicht vervollkommnen; die wichtigsten menschlichen Tugenden wie kindlicher Gehorsam und Güte können nur in Beziehung zu anderen Menschen wirksam werden. Soziabilität ist kein Mittel zum Zweck, sondern bildet selbst einen Lebenszweck. Doch auch diese Sicht des Menschen als gesellschaftlich eingebundenes Wesen ist nicht auf den Konfuzianismus beschränkt. Aristoteles sah den Menschen als ein zutiefst politisches Lebewesen und stellte fest, daß »der Staat auch von Natur … ursprünglicher [ist] als das Haus und jeder einzelne von uns«. Ein völlig selbstgenügsames Wesen müsse entweder ein Tier sein oder aber ein Gott.[3]

Der angelsächsische Liberalismus wählte einen ganz anderen Weg. Dem Liberalismus zufolge werden Pflichten von Rechten abgeleitet, und die Rechte sind isolierten, unabhängigen Individuen zu eigen.[4] Das Bild des Menschen im Naturzustand, das Hobbes und Locke zeichnen, zeigt Individuen, deren Hauptanliegen die Sorge um sich selbst ist und für die der Konflikt die Hauptform des sozialen Kontaktes darstellt. Soziale Beziehungen sind nicht naturgegeben; sie entwickeln sich als Mittel, um sicherzustellen, was die Individuen im Naturzustand erstrebten, aber als einzelne nicht erreichen konnten. In Rousseaus Naturzustand geht die Isolation sogar noch weiter: Der Mensch ist für seinen Unterhalt und sein Glück nicht einmal mehr auf die Familie angewiesen. In der amerikanischen Verfassung kommt zwar das Wort »Individuum« nicht vor, doch es ist ein impliziter Bestandteil der Theorie, auf der die Verfassung beruht, daß die Träger der Rechte isolierte Individuen sind. Den Familienbindungen beispielsweise wird an keiner Stelle eine so herausgehobene Bedeutung zugewiesen wie im Konfuzianismus. Locke schreibt im sechsten Kapitel seiner *Zweiten Abhandlung über die Regierung*, daß Eltern und Kinder gegenseitig zu Liebe und Achtung verpflichtet seien, daß aber die elterliche Gewalt ende, sobald das Kind in der Lage sei, selbst vernünftig zu denken. Lockes Argument ist gewissermaßen das genaue Gegenteil des Konfuzianismus: Elterliche Gewalt könne nicht das Modell für politische Gewalt sein; der Staat leite seine gerechte Herrschaft nicht davon ab, daß er eine Art »Über-Familie« bilde, sondern von der Zustimmung der Regierten.[5]

Für die frühen Theoretiker des angelsächsischen Liberalismus war der Mensch im Naturzustand die Entsprechung zum »ökonomischen Menschen« des klassischen Wirtschaftsliberalismus. Der Mensch im Naturzustand wie der »homo oeconomicus« sind isolierte Individuen, die (dem politischen Liberalismus zufolge) ihre Grundrechte zu schützen suchen oder (dem Wirtschaftsliberalismus zufolge) privaten »Nützlichkeitserwägungen« folgen. In beiden Fällen entwickeln sich die gesellschaftlichen Beziehungen nur aus vertraglichen Beziehungen, und in diesem Rahmen führt die vernunftgemäße Verfolgung von Rechten oder Interessen zur Zusammenarbeit mit anderen Menschen.

Die zweite wichtige Quelle des Individualismus spielt nicht nur in den Vereinigten Staaten eine Rolle, sondern auch in anderen westlichen Ländern: die jüdisch-christliche Tradition und insbesondere ihre Weiterentwicklung zum modernen Protestantismus.[6] Sowohl in der jüdischen wie in der christlichen Religion ist Gott der allmächtige, transzendente Gesetzgeber, dessen Wort mehr Gewicht hat als jede irdische soziale Verpflichtung. Die Pflicht gegenüber Gott ist jeder anderen sozialen Pflicht – vom Vater bis zum Kaiser – übergeordnet: Abraham mußte bereit sein, auf Gottes Befehl seinen eigenen Sohn zu opfern. Das Gesetz Gottes ist ein universeller Standard, an dem sich das von Menschen geschaffene positive Recht messen lassen muß.

Doch die bloße Existenz eines transzendenten Gesetzes stellt noch nicht allein die Grundlage des Individualismus dar, denn es bleibt die Frage offen, wer das Gesetz auslegt. Die katholische Kirche etablierte sich als Mittlerin zwischen dem Willen Gottes und Seinem Volk und erklärte ihre Gesetzesauslegung für verbindlich. In dieser Eigenschaft gestand sie im Laufe der Zeit vielen anderen sozialen Institutionen zu, daß sie den Willen Gottes verkörperten oder ihm zumindest nicht widersprächen – von der Familie bis zum Staat und dazwischen Priestern, Beamten und sonstigen Herrschern und Würdenträgern. In katholischen Ländern wurde die Kirche selbst zu einer Quelle von Gemeinschaftlichkeit. Sie fungierte als Torwächterin zwischen dem Menschen und Gott und wahrte moralische Normen.

Die protestantische Revolution eröffnete wieder die Möglichkeit einer unmittelbaren Beziehung des Menschen zu Gott. Gnade hing nicht mehr davon ab, Gutes zu tun oder bestimmte soziale Verpflichtungen zu erfüllen, sondern auch der größte Sünder konnte durch Glauben Gnade finden. Die Tatsache, daß dem Individualismus im Westen eher positive als negative Bedeutung zugemessen wird, ist historisch in erster Linie auf die prototypische Regung des christlichen Gewissens zurückzuführen: der Ablehnung eines ungerechten Gesetzes oder Befehls im Namen von Gottes höherem Gesetz. Als Martin Luther 1517 seine 95 Thesen an der Schloßkirche von Wittenberg anschlug, beging er damit nur die erste von vielen späteren individualistischen Handlungen in der protestantischen Tradition. Die Fähigkeit des einzelnen, mit Gott direkt in Beziehung zu treten, hatte langfristig ausgesprochen subversive Folgen für alle sozialen Beziehungen, weil sie den Menschen eine moralische Begründung an die Hand gab, gegen noch so fest verwurzelte Traditionen und soziale Konventionen zu rebellieren.

Die konfuzianische Sicht ist, wie wohl nicht eigens betont werden muß, grundsätzlich anders. Im Konfuzianismus dienen die vorgefundenen Institutionen der Gesellschaft als ethische Wegzeichen – Familie, Abstammung, Kaiser, Mandarine –, die er mit moralischer Bedeutung ausstattet. Es gibt keine höhere Warte, von der aus die grundlegenden Institutionen in Frage gestellt werden könnten. In diesem ethischen System fände der einzelne wenig Rückhalt, wenn er aufgrund einer privaten Gewissensentscheidung zu der Überzeugung käme, daß die vom Vater oder einem Staatsbeamten eingeforderten Pflichten einem höheren Gesetz widersprächen und deshalb verweigert werden müssen. Es wurde auch nie der Versuch unternommen, die moralischen Prinzipien des Konfuzianismus abstrakt zu fassen und auf alle Menschen anzuwenden. Deshalb ist es nicht verwunderlich, daß die Frage der Menschenrechte in den Beziehungen zwischen Amerika und China oder anderen asiatischen Staaten ein solches Reizthema darstellt. Die heutigen Streiter für Menschenrechte sind häufig keine Christen, teilen aber den christlichen Glauben an einen einzigen, höheren und universellen Maßstab für ethisches Verhalten, der auf den Menschen in seiner Eigenschaft als menschliches Wesen und unbeschadet seines jeweiligen kulturellen Hintergrundes zutrifft.

Asiatische Volksreligionen wie der Taoismus und der Shintoismus legitimieren eine individualistische Geisteshaltung nicht. Diese pantheistischen Religionen verehren viele Götter oder Geister, die in Felsen, Bäumen, Flüssen und heute sogar in Computerchips wohnen. Keine Gottheit ist allmächtig wie der jüdisch-christliche Gott, keine ist auch nur so mächtig, daß der Verweis auf sie den Ungehorsam des Sohnes gegenüber dem Vater oder die Auflehnung gegen die politische Autorität rechtfertigen könnte. Die einzige asiatische Religion, die den Individualismus in einem gewissen Maß legitimiert, ist der Buddhismus. Er ist zwar nicht monotheistisch, lehrt aber die Abwendung von allen irdischen Dingen zugunsten des transzendenten Zustandes des Nirwana. Der Buddhismus war mächtig genug, um Söhne zu bewegen, daß sie ihre Familien verließen und Mönche und Priester wurden. Aus diesem Grunde bescheinigte man dem Buddhismus häufig eine feindselige Haltung gegenüber konfuzianischen Werten.[7] In Japan gingen aus dem Buddhismus ähnlich wie im Westen aus dem Protestantismus neue Sekten hervor. Die buddhistischen Sekten haben zwar in der Mehrzahl mit der japanischen Gesellschaftsordnung ihren Frieden geschlossen, doch für die politischen Autoritäten sind sie aufgrund ihrer Unabhängigkeit mitunter auch eine Quelle von Irritationen.[8]

Hobbes und Locke schrieben nicht aus einer christlichen Perspektive, aber sie teilten die christliche Überzeugung, daß der Mensch das Recht besitzt, auf der Grundlage höherer Prinzipien zu beurteilen, ob die politische und soziale Ordnung, in der er lebt, richtig ist oder nicht. Der Protestant konnte dies auf der Grundlage des göttlichen Willens beurteilen, der in der Bibel zum Ausdruck kommt. Für Hobbes und Locke wußte der Mensch im Naturzustand um seine natürlichen Rechte und besaß die Vernunft, sein Eigeninteresse bestimmen zu können. In einem Land wie den Vereinigten Staaten waren beide Strömungen – Protestantismus und Aufklärung – Quellen, aus denen sich der Individualismus speisen konnte.

Durch welche spezifischen Mechanismen förderte nun der Protestantismus die Neigung der Amerikaner zur freiwilligen Assoziation? Die Antwort hat viel mit dem *sektiererischen* Zug des Protestantismus in den Vereinigten Staaten zu tun.

Die Verfassung der Vereinigten Staaten verbietet es zwar der Bundesregierung, eine Staatsreligion einzuführen, nicht jedoch den Einzelstaaten. Einige Staaten wie beispielsweise Massachusetts machten tatsächlich noch spät, in den dreißiger Jahren des 19. Jahrhunderts, eine Religion verbindlich, doch das Prinzip der Trennung von Kirche und

Staat ist alt und ehrwürdig. Man sollte annehmen, daß die Einführung einer Staatsreligion wie in einer Reihe europäischer Länder das Gemeinschaftsgefühl stärken würde, da auf diese Weise die nationale mit der religiösen Identität verbunden wäre und die Bürger eine gemeinsame Kultur erhielten, die über das politische System hinausginge. Tatsächlich ist jedoch das Gegenteil der Fall. In Ländern mit Staatskirchen, in denen die religiöse Identität eher Pflicht- als freiwilligen Charakter hat, neigen die Menschen säkularen Weltanschauungen zu und sind häufig offen antiklerikal eingestellt. Im Gegensatz dazu ist in Ländern ohne Staatskirchen häufig ein höheres Maß an aufrichtiger Religiosität festzustellen. So herrscht auch in den Vereinigten Staaten, in denen es keine Staatskirche, sondern ein zunehmend säkularisiertes öffentliches Leben gibt, ein höheres Maß an Religiosität als in praktisch allen europäischen Ländern mit Staatskirchen. Dieses Ergebnis erhält man unabhängig davon, mit welchem Maßstab man die Religiosität mißt – Kirchenbesuch, Anzahl der Menschen, die an Gott glauben, Höhe der privaten Spenden an religiöse Organisationen.[9] In katholischen Ländern wie Frankreich, Italien und vielen lateinamerikanischen Staaten konnten hingegen militante antiklerikale – häufig marxistische – Bewegungen entstehen, die darauf hinarbeiteten, den religiösen Einfluß auf das öffentliche Leben gründlich zu eliminieren. In Schweden ist die evangelisch-lutherische Kirche Staatskirche, und sie hat ihr Monopol im 19. Jahrhundert so rigoros durchgesetzt, daß viele schwedische Baptisten auswandern mußten. Die Sozialdemokratische Partei, die im 20. Jahrhundert an die Macht kam, reagierte auf soviel kompromißlose Orthodoxie mit einer stark antiklerikalen Einstellung. Heute ist Schweden eines der am weitesten säkularisierten Länder Europas.[10] Das religiöse Empfinden wird offenbar nicht durch die entsprechende Lehre der Kirche (sei sie katholisch oder protestantisch) am Leben erhalten. Entscheidend ist vielmehr, ob die Kirche auf staatlicher Verordnung oder freiwilliger Entscheidung beruht.

Der Grund für dieses scheinbare Paradoxon ist darin zu sehen, daß eine staatlich verordnete religiöse Identität oft als unerwünschte Bürde erlebt wird. Je stärker der Staat auf religiöser Gefolgschaft besteht, desto mehr wird die Religion abgelehnt und desto mehr wird sie für alle Beschwerden mit haftbar gemacht, die die Menschen gegen die staatliche Herrschaft im allgemeinen vorbringen. In einem Land, in dem die Religionsausübung freiwillig ist, treten Menschen nur dann einer Kirche bei, wenn spirituelle Fragen für sie einen hohen Stellenwert besitzen. Die Kirche wird so nicht zum Blitzableiter für die Klagen gegenüber dem Staat oder der Gesamtgesellschaft, vielmehr kann mit ihrer Hilfe Protest vorgebracht werden. Sekten können sich wie alle freiwilligen Organisationen nicht nur leichter auflösen als Institutionen mit Pflichtcharakter, sondern auch ein viel höheres Maß an echtem Engagement erzeugen. Der höhere Grad an Religiosität in Amerika im Vergleich zu Europa ist deshalb auf den – wie Roger Finke und Rodney Stark es ausgedrückt haben – »freien Markt« der Religionen zurückzuführen, wo die Menschen sich unter vielen Möglichkeiten eine religiöse Heimat auswählen können.[11]

Der freiwillige und gewissermaßen unternehmerische Charakter des religiösen Lebens in Amerika erklärt auch, wie sich die religiösen Bindungen über lange Zeiträume trotz der breiten Säkularisierungsströme immer wieder erneuern konnten. Ältere etablierte Kirchen, deren Klerus in Routine verfallen war und deren Lehrsätze verwässert waren, wurden durch neue fundamentalistische Sekten herausgefordert, die strengere Maßstäbe für die Mitgliedschaft anlegten. Wenn für die Kirchenmitgliedschaft ein hoher Preis – etwa in Form emotionalen Engagements und eines veränderten Lebensstils – zu zahlen ist, entsteht dadurch bei den Mitgliedern ein starkes Gemeinschaftsgefühl. Wie beispielsweise die Marine durch die striktere Disziplin und die härtere Grundausbildung Korpsgeist und größere Loyalität als das Heer erzeugt, sind auch in fundamentalistischen Kirchen die Mitglieder ergebener und engagierter als die Angehörigen der großzügigeren etablierten protestantischen Kirchen.

Die Vereinigten Staaten haben mehrere Perioden fundamentalistischer Erneuerung durchlaufen. Der Religionssoziologe David Martin hat drei Hauptwellen unterschieden: den ursprünglichen Puritanismus der kolonialen Siedler, die methodistische (und auch baptistische) Erweckung in der ersten Hälfte des 19. Jahrhunderts und die Erneuerung im Rahmen der Pfingstbewegung des 20. Jahrhunderts, die noch heute andauert.[12] Die frühen Puritaner (Kongregationalisten, Presbyterianer, Quäker usw.) bildeten die Kirchen der englischen Dissenters, die auf der Suche nach religiöser Freiheit nach Nordamerika ausgewandert waren. Bereits im frühen 19. Jahrhundert waren diese Bekenntnisse (und die Episkopalisten im Süden) zu den Kirchen des älteren *Federalist establishment* geworden und bekamen Konkurrenz von einer breiter angelegten evangelistischen Erweckungsbewegung unter Führung der Methodisten und Baptisten. Diese Bewegung wandte sich eher an die unteren Bevölkerungsschichten, die während der Präsidentschaft von Andrew Jackson das Wahlrecht erhalten hatten.[13] (Die heutigen Methodisten dürften überrascht sein zu hören, daß ihre Vorfahren ganz ähnlich wie die heutigen Anhänger der Pfingstbewegung nächtelange Erweckungsfeiern veranstalteten, bei denen sie sich betend und schreiend auf den Boden warfen.) Bis zum Ende des 19. Jahrhunderts hatten sich die Methodisten und Baptisten selbst dem Establishment angeschlossen.[14] Sie bekamen nun ihrerseits Konkurrenz von der Pfingstbewegung und anderen fundamentalistischen Gruppen, die arme Weiße, Farbige und andere von der Gesellschaft ausgegrenzte Menschen an sich banden. Jedesmal lehnten die jeweils älteren, etablierten Glaubensbekenntnisse die neueren Bewegungen als geistig unterlegene Organisationen der niederen Klassen ab, während sie doch gleichzeitig immer mehr Mitglieder an sie abgeben mußten. Heute sind die Kirchen des ursprünglichen Neuengland-Puritanismus in den Vereinigten Staaten fast leer, während die Assemblies of God und andere evangelikale Kirchen mit erstaunlicher Geschwindigkeit immer weiter wachsen.

Der sektiererische Protestantismus in den Vereinigten Staaten im Unterschied zum etablierten Protestantismus und die sich daraus ergebende Vitalität scheinen ausschlaggebend für die Antwort auf die Frage zu sein, warum das Gemeinschaftsleben in der amerikanischen Gesellschaft nach wie vor eine so große Bedeutung besitzt. Die Freiwilligkeit der Religionsausübung wird häufig als Manifestation des amerikanischen Individualismus angesehen. Tatsächlich erzeugten die protestantischen Sekten, die sich regelmäßig durch fundamentalistische Erneuerungen wiederbelebt haben, ein höchst vitales Gemeinschaftsleben, indem sie ihre Mitglieder auf einen gemeinsamen moralischen Kodex verpflichteten. Tocqueville fielen bei seiner Reise durch Amerika in den dreißiger Jahren des 19. Jahrhunderts viele private Vereinigungen auf, und er sah sie als entscheidend für die Verwirklichung der amerikanischen Demokratie an. Obwohl er keine Zahlen nennt, können wir doch annehmen, daß ein sehr großer Teil religiöser Natur war. Dazu zählten Abstinenzlervereine, Gesangvereine, karitative Vereinigungen, Gruppen für Bibelstudien, Gegner der Sklaverei, Vereinigungen als Träger von Schulen, Universitäten, Krankenhäusern und so weiter. Wie bereits erwähnt, stellte auch Max Weber bei seiner Amerikareise gegen Ende des 19. Jahrhunderts fest, wie wichtig die protestantischen Glaubensbekenntnisse für die Förderung des Gemeinschaftsgefühls und des wechselseitigen Vertrauens waren. Er war überzeugt, daß dies auch den wirtschaftlichen Austausch gefördert hatte.

Die Beziehung zwischen dem freiwilligen, sektiererischen Charakter des religiösen Lebens in Amerika und der Neigung zur spontanen Soziabilität läßt sich vielleicht am deutlichsten am Beispiel der Mormonenkirche demonstrieren. Die »Kirche Jesu Christi der Heiligen der Letzten Tage« ist ein perfektes Beispiel für eine um einen gemeinsamen moralischen Kodex organisierte Gemeinschaft. Die Mormonen betrachten sich nicht als Protestanten; sie folgen einer eigenen, für Nichtmormonen bizarr anmutenden Theologie, die auf den Offenbarungen beruht, die Joseph Smith 1827 vom Engel Moroni empfing. Sie haben ihre eigene Geschichte des Martyriums und des Kampfes, dazu gehören die Ermordung von Joseph Smith 1844 in Illinois und der lange Treck durch die große Wüste im Westen, an deren Ende die Gründung von Salt Lake City stand. Schließlich verfügen die Mormonen auch über einen eigenen strengen Moralkodex. Wie die von Weber beschriebenen frühen Puritaner ächten die Mormonen Laster wie Trinken, Rauchen, vorehelichen Sex, Drogen, Alkohol und Homosexualität. Sie halten Werte wie Disziplin und harte Arbeit hoch, und viele Mormonen entwickelten eine recht materialistische Einstellung gegenüber irdischem Erfolg.[15] Die zunächst verbreitete Polygamie wurde 1890 von der Kirche untersagt, aber immer noch befürworten die Mormonen große Familien, das Ideal der nicht berufstätigen Hausfrau und auch andere traditionelle Familienwerte.[16] Mit anderen Worten: Heutige Mormonen verkörpern viele ursprünglich puritanische Tugenden, die ansonsten in der amerikanischen Gegenwartsgesellschaft als unerträglich repressiv empfunden werden. Abgesehen von der Pflicht, diesem Moralkodex zu folgen, sind nach heutigen amerikanischen Standards auch die Kosten des Beitritts zur Mormonenkirche extrem hoch: Alle jungen Mormonen im Alter von 19 Jahren werden gedrängt, zwei Jahre mit Missionsarbeit zu verbringen, das heißt im Ausland Anhänger für ihre Kirche zu werben.[17] Später müssen sie regelmäßig ein Zehntel ihres Einkommens der Kirche spenden.

Die Folge dieser hohen Eintrittskosten ist ein bemerkenswert starkes Gemeinschaftsgefühl. Brigham Young war ein Organisationsgenie, und über die Mormonenkirche der Jahrhundertwende sagte ein Mitglied ihres Klerus, daß »keine andere Organisation so perfekt [ist] … mit Ausnahme der deutschen Armee«.[18] Heute erzielt die Kirche Einnahmen von jährlich über acht Milliarden Dollar und verfügt über Kapitalanlagen und Immobilien im Wert von vielen Milliarden Dollar. Die streng hierarchisch strukturierte Kirchenleitung kümmert sich um weltweit fast neun Millionen Mormonen.[19] Auf junge Männer wird Druck ausgeübt, administrative Fähigkeiten zu erwerben, indem sie kirchennahe Aktivitäten wie Pfadfindergruppen oder karitative Veranstaltungen organisieren.[20]

Die Mormonen haben sich im Verlauf ihrer Geschichte durch quasisozialistische Institutionen immer gegenseitig unterstützt – obwohl die Kirche sozial konservativ und politisch antikommunistisch eingestellt ist. Nachdem sich die Mormonen in der Wüste von Utah angesiedelt hatten, bauten sie unter denkbar widrigen Bedingungen ein großes Bewässerungssystem auf, die Wasserquellen blieben in Gemeinschaftsbesitz.[21] In einer der Offenbarungen, die Joseph Smith zuteil wurden, befahl Gott Seinem Volk, »für die Armen zu sorgen«. Im Laufe der Jahre richteten die Mormonen eine Reihe von Wohlfahrtsprogrammen auf der Grundlage von Opfergesetzen ein, wonach von jedem Mitglied der Gemeinschaft ein Teil des Einkommens als Unterstützung für die Armen erwartet wird – nicht für die Armen im allgemeinen, sondern für die weniger Wohlhabenden in der eigenen Gemeinde.[22] Das Welfare Services Program (WSP) wurde während der Weltwirtschaftskrise eingeführt und besteht noch heute. Es bietet Hilfsmaßnahmen für jene Gemeindemitglieder, die nicht für sich selbst sorgen können und keine Familie haben. Dieses Programm beruht innerhalb der Gemeinden auf einem hohen moralischen Konsens. Wer es in Anspruch nehmen will, muß Bedingungen erfüllen, die bundesstaatliche Hilfsmaßnahmen wie beispielsweise das Hilfsprogramm für Familien nicht stellen können. So wird die karitative Unterstützung durch die Kirche mit der Forderung verbunden, daß der Empfänger als Gegenleistung arbeitet; auch werden die Empfänger ermahnt, so bald wie möglich wieder für sich selbst zu sorgen. Es gibt ein recht aufdringliches Frühwarnsystem, das verhindern soll, daß Familien verarmen.[23] Dank ihres ausgeprägten Gemeinschaftsgefühls haben die Mormonen stets selbst für die Mitglieder ihrer Bewegung gesorgt – was übrigens auch für Juden, Chinesen und andere ethnische Gruppen in den Vereinigten Staaten zutrifft. Die Mormonen erleben natürlich wie andere Gruppen auch Armut und das Auseinanderbrechen von Familien, doch sind sie in deutlich geringerem Ausmaß als der nationale Durchschnitt von staatlicher Fürsorge abhängig.

Wie die frühen Puritaner sind die Mormonen auch ökonomisch außerordentlich erfolgreich. Dies hängt nicht nur mit ihrer klassischen puritanischen Arbeitsethik zusammen, sondern auch damit, daß sie besser ausgebildet sind als der Durchschnitt der amerikanischen Bevölkerung. In den Vereinigten Staaten verfügen 47 Prozent der Mormonenhaushalte über Einkommen von mehr als 25000 Dollar, jedoch nur 39,5 Prozent der Gesamtbevölkerung. 9 Prozent der Mormonenhaushalte erzielen Einkommen von über 50000 Dollar, verglichen mit 6 Prozent der Gesamtbevölkerung.[24] In jüngster Zeit waren die Mormonen in High-Tech-Industrien besonders erfolgreich: Sowohl die WordPerfect Corporation (jetzt im Besitz von Novell) als auch Novell selbst, das führende amerikanische Unternehmen für Netzwerk-Software, wurden von Mormonen gegründet und ursprünglich auch personell besetzt.[25] Von Ray Noorda – Präsident von Novell und einer der reichsten Männer der Vereinigten Staaten – erzählt man sich folgende Anekdote: Ein Geschäftspartner war mit einem Novell-Manager in einem schmuddeligen Hotel in Austin, Texas, zu einer Besprechung verabredet, aber der Name des Managers war an der Rezeption nicht bekannt. Der Besucher ging daraufhin die Gästeliste des Hotels durch und entdeckte den Namen Noorda. Er erfuhr, daß die beiden Männer ein Doppelzimmer belegt hatten, weil Noorda nicht für zwei Einzelzimmer hatte zahlen wollen.[26] Dank des Unternehmergeistes der Mormonen entwickelte sich Utah zu einem bedeutenden High-Tech-Entwicklungszentrum, nachdem der Staat in den achtziger Jahren aufgrund des Niedergangs von Bergbau und Stahl Rückschläge hatte hinnehmen müssen.[27]

Wie bei den Japanern, den Deutschen und allen anderen Gemeinschaften mit scharfen Abgrenzungen von Insidern und Outsidern besteht auch die Schattenseite des extrem starken Gemeinschaftsgefühls der Mormonen in ihrer Feindseligkeit gegenüber Außenstehenden. Bis 1978 diskriminierte die Mormonenkirche offen schwarze Amerikaner; sie durften nicht Priester werden. Der Kirche wurde häufig (aber fälschlicherweise) vorgeworfen, ihre Missionsarbeit nur in europäischen Ländern zu betreiben, weil sie andere Rassen ablehne.[28] Tatsächlich hat sich die Mormonenkirche in der Dritten Welt in jüngster Zeit sehr stark vergrößert, in ihrem Heimatstaat Utah ist die Mormonenbevölkerung aber alles andere als vielfältig: Es gibt nur wenige bekennende Homosexuelle und wenige Feministinnen, Farbige oder Angehörige anderer Minderheiten.[29]

Die Mormonen sind somit ein Beispiel für das seltsame Paradoxon von amerikanischem Individualismus und Kommunitarismus. In einer Hinsicht waren sie sehr individualistisch: Sie lehnten die etablierten Kirchen und Bekenntnisse zugunsten eines neuen und fremdartigen Glaubens ab und mußten dafür die Ächtung und Verfolgung erdulden, die Abtrünnige trifft. In anderer Hinsicht waren sie ausgesprochen kommunitaristisch, denn sie holten ihre Mitglieder aus der ausschließlichen Beschäftigung mit ihrem Privatleben heraus (Mormonen widmen im Durchschnitt mehr als 14 Stunden wöchentlich Aktivitäten, die mit der Kirche zusammenhängen). Sie sorgten für die schwachen und armen Gemeinschaftsmitglieder und gründeten eine erstaunliche Vielzahl beständiger sozialer Einrichtungen.

Das Ausmaß der Eigenorganisation und gemeinschaftlichen Selbsthilfe bei den Mormonen ist ungewöhnlich, welchen Maßstab man auch anlegt, und es ist viel umfassender als bei den meisten anderen protestantischen Sekten. Auch andere Glaubensbekenntnisse förderten gemeinschaftliche Institutionen, allerdings auf weniger extreme Weise. Sie richteten Schulen, Krankenhäuser, karitative und andere Wohlfahrtsinstitutionen ein. Der Kult des Father Divine in Harlem in den dreißiger Jahren unseres Jahrhunderts ist nur ein Beispiel. Die Tatsache, daß es sich dabei um eine Sekte handelte – das heißt um eine Gruppe, die sich durch Abspaltung von einer größeren, besser etablierten Institution bildet, üblicherweise auf der Grundlage einer strengeren oder mehr fundamentalistisch angelegten Interpretation der christlichen Lehre –, erneuerte ihre geistige Energie und gab dem Aufbau einer starken Gemeinschaft neue Impulse.

Die Bedeutung der protestantischen Sekten ging weit über die ihnen angehörenden Mitglieder hinaus. Dieser Typus des Protestantismus war die Form, in welche die amerikanische Kultur im 19. Jahrhundert gegossen wurde. Sogar Glaubensgemeinschaften wie die Katholiken und die Juden, die in Europa keine Erfahrungen mit Sekten gemacht hatten, übernahmen allmählich manche Züge. Das religiöse Leben der Sekten diente als Schule für die soziale Selbstorganisation und ermöglichte die Bildung von sozialem Kapital, das sich auch in einer Vielzahl nichtreligiöser Zusammenhänge als nützlich erwies. Die Kultur der amerikanischen angelsächsischen Protestanten war somit keineswegs auf die

WASPs beschränkt. Andere ethnische und religiöse Gruppen, die in das Land einwanderten und das von den Protestanten beherrschte öffentliche Schulwesen durchliefen, übernahmen deren Wertesystem. Die Protestanten selbst bewahrten ihre Organisations- und Kooperationsfähigkeit auch dann noch, als ihr Glaubensbekenntnis zur religiösen Hauptströmung geworden war und sich zunehmend säkularisierte. Mit anderen Worten: Die »Kunst der Vereinigung« wurde von einem spezifisch protestantischen zu einem allgemein amerikanischen Wesenszug.

Der sektiererische Protestantismus ist paradoxerweise die Quelle sowohl des Individualismus als auch der Gemeinschaftlichkeit in den Vereinigten Staaten. Mit Recht wurde oft gesagt, daß sich letztlich der individualistische gegenüber dem kommunitaristischen Zug durchsetzen werde.[30] Das heißt einerseits, daß die Auflehnung gegen eine etablierte Kirche und die Gründung einer neuen Sekte den Gemeinschaftsgedanken in der Sekte kurzfristig förderte. Andererseits bestand die langfristige Wirkung darin, daß die Achtung gegenüber der Autorität *per se* und nicht nur gegenüber den älteren Institutionen geschwächt wurde. Langfristig ist darum zu erwarten, daß die zur Soziabilität gehörenden Gewohnheiten mit der umfassenden Säkularisierung der Gesellschaft in dem Maße verblassen, wie das soziale Kapital aufgebraucht wird, das die ursprünglichen Konvertiten angesammelt haben. Die Religiosität mag sich periodisch durch neue Wellen des Fundamentalismus und der Sektenbildung erneuern. Insgesamt jedoch besteht das endgültige Vermächtnis des amerikanischen Protestantismus in einer individualistischen Geistesprägung, der es nicht möglich ist, stabile Autorität oder gesellschaftlichen Konsens für längere Zeitabschnitte zu akzeptieren. Anders ausgedrückt: Die in diesem Prozeß geschaffene Soziabilität unterminiert sich allmählich selbst.

Kapitel 25

Schwarze und Asiaten in Amerika

Wenn Aktivisten der afroamerikanischen Bevölkerungsgruppe wie Reverend Al Sharpton in New York den Boykott jüdischer und koreanischer Geschäfte organisieren und ihre Anhänger aufrufen, nur in Läden einzukaufen, die Schwarzen gehören, reagieren viele weiße Amerikaner erbost und werfen ihnen »umgekehrten Rassismus« vor. Natürlich darf man die rassische und ethnische Aufsplitterung der Vereinigten Staaten weder begrüßen noch fördern. Die Weißen beklagen zwar, daß die Schwarzen die Hautfarbe zu sehr in den Mittelpunkt stellten, das Problem der Afroamerikaner besteht aber eher darin, daß sich die Schwarzen ihrer Rasse niemals genügend bewußt waren, um als Gruppe in eng verwobenen wirtschaftlichen Organisationen zusammenzuhalten. Wenn die schwarzen Führer ihre Anhänger auffordern, bei Schwarzen einzukaufen, so ist dies kein Zeichen für eine natürliche Solidarität in der afroamerikanischen Bevölkerung, sondern eher für ihre Schwäche. Andere ethnische Gruppen – von den Juden und Italienern bis hin zu den Chinesen und Koreanern – kaufen in den Geschäften der Angehörigen ihrer ethnischen Gruppen ein, nicht weil sie dazu aufgefordert werden, sondern weil sie sich sicherer fühlen, wenn sie miteinander und nicht mit Außenstehenden zu tun haben. Die Schwarzen kaufen nicht gerne bei Weißen oder bei Asiaten ein, aber häufig haben sie keine Möglichkeit, in einem von Schwarzen geführten Geschäft einzukaufen. Abgesehen von der geringen Zahl »schwarzer Geschäfte«, gibt es kein vergleichbares Maß an Vertrauen und Solidarität zwischen schwarzen Kaufleuten und ihren Kunden wie innerhalb der anderen ethnischen Minderheiten. Den Schwarzen mißtrauen nicht nur die Weißen, in deren Mitte sie leben, sondern die Schwarzen mißtrauen sich auch selbst. Der Mangel an innerem sozialem Zusammenhalt hat nichts mit den afrikanischen Kulturen zu tun, diese kennen durchaus die Vielfalt starker sozialer Gruppen. Die heute in Amerika lebenden und dort geborenen Schwarzen stammen jedoch von Vorfahren ab, die als Sklaven aus ihren Ursprungskulturen herausgerissen wurden. Der Verlust der kulturellen Identität ist einer der Schlüsselfaktoren, die den ökonomischen Fortschritt der afroamerikanischen Gemeinschaft in den Vereinigten Staaten behindern.

Neben dem Sektencharakter der Religion in Amerika war ethnische Identität die zweite wichtige Quelle der Gemeinschaftlichkeit, die den inhärenten Individualismus des politischen Systems im 20. Jahrhundert abschwächte. Viele der zahlreichen Immigranten, die vor und nach der Jahrhundertwende in die Vereinigten Staaten einwanderten, brachten aus ihren Heimatländern starke gemeinschaftliche Traditionen und Strukturen mit. Wie die festgefügten Gemeinschaften der frühen protestantischen Sekten konnten auch die ethnischen Enklaven in einem Maße autonom bleiben, das der herrschenden Kultur nicht mehr möglich war. Die meisten Immigranten hatten in ihren Herkunftsländern unter einem Mangel an Individualismus gelitten. Dort waren sie in Kasten, Klassen oder anderen Strukturen gefangen gewesen, die Mobilität, Innovation und Unternehmergeist verhindert hatten. In den Vereinigten Staaten entdeckten sie dann, daß eine Synthese von Gemeinschaft und Individualismus möglich war: Sie waren aus den Zwängen ihrer traditionellen Kulturen befreit, hatten jedoch genügend kulturelle Elemente beibehalten, um den in der amerikanischen Gesellschaft allenthalben ausgelegten Fallstricken der Vereinzelung zu entgehen.

Zwischen den verschiedenen ethnischen Gruppen bestanden hinsichtlich ihrer Neigung zur spontanen Soziabilität je nach den Traditionen in ihren Herkunftsländern erwartungsgemäß große Unterschiede. Viele Traditionen erwiesen sich als wenig hilfreich für den wirtschaftlichen Aufstieg: So brachten beispielsweise die Iren aus Irland eine geringe Neigung zur höheren Bildung mit,[1] und sie schickten ihre Kinder bevorzugt in separate Gemeindeschulen, um ihre religiöse Identität zu bewahren. Dem Fortkommen der Italiener stellten sich zu Beginn des 20. Jahrhunderts ähnliche Hindernisse entgegen: Angesichts der außerordentlich starken Betonung der Familie betrachtete man die höhere Bildung als Bedrohung des Familienzusammenhalts und -einkommens, und die Kinder – vor allem die Mädchen – wurden vom Schulbesuch abgehalten.[2]

Die Bedeutung sowohl der Ethnizität als Quelle der spontanen Soziabilität als auch der Soziabilität für den wirtschaftlichen Fortschritt wird offenkundig, wenn wir einen Blick auf die bemerkenswerten Unterschiede zwischen Amerikanern asiatischer Abstammung und Afroamerikanern werfen. Chinesen, Japaner, Koreaner und andere asiatische

Immigrantengruppen sind insgesamt wirtschaftlich außerordentlich erfolgreich und haben viele europäische Einwanderergruppen in bezug auf Pro-Kopf-Einkommen, Bildung, beruflichen Status und buchstäblich jeden anderen Maßstab für sozioökonomische Leistung überholt. Der Aufstieg der Afroamerikaner hingegen verlief sehr viel langsamer und mühevoller, und seit Beginn der Bürgerrechtsära in den sechziger Jahren ist ein beträchtlicher Teil der schwarzen Bevölkerung sogar weiter zurückgefallen.

Die Unterschiede werden besonders deutlich, wenn man die Zahl der Geschäftsinhaber vergleicht. Der Besitz eines kleinen Unternehmens ist ein klar vorgezeichneter Weg zum sozialen Aufstieg, vor allem dann, wenn eine Gruppe erst vor kurzer Zeit in Amerika eingewandert oder von der Beteiligung an den wichtigen volkswirtschaftlichen Einrichtungen ausgeschlossen ist.[3] Viele asiatische Gruppen weisen hohe Anteile von Selbständigen und Kleinunternehmern auf. 1920 waren mehr als 50 Prozent aller männlichen Chinesen in den Vereinigten Staaten als Selbständige oder Angestellte in typischen Geschäften wie Restaurants und Wäschereien tätig; 1940 betrug der entsprechende Anteil bei den Japanern 40 Prozent.[4] Nach einer 1973 durchgeführten Untersuchung waren 25 Prozent der koreanischen Familien in solchen Geschäften tätig,[5] einer anderen Untersuchung zufolge waren 23,5 Prozent der koreanischen Männer selbständig, jedoch nur 7 Prozent der amerikanischen Gesamtbevölkerung.[6]

Bei den Afroamerikanern liegt im Gegensatz dazu der Anteil der Selbständigen und Firmenbesitzer unter dem Durchschnitt.[7] Das Fehlen einer schwarzen Unternehmerschicht ist seit langem Gegenstand soziologischer Untersuchungen[8] und veranlaßte um die Jahrhundertwende Booker T. Washington und W. E. B. DuBois zu der Forderung, die Schwarzen sollten unternehmerisch tätig werden. Die meisten Geschäfte in den amerikanischen Innenstadtbezirken sind nicht im Besitz von Schwarzen. In der frühen Nachkriegszeit waren viele Geschäftseigentümer in den Ghettos Juden, in der letzten Generation traten immer mehr Koreaner, Vietnamesen und andere asiatische Besitzer an ihre Stelle. Afroamerikaner konnten gewisse Erfolge in Wirtschaftsbereichen wie dem Bankwesen verbuchen und waren vereinzelt auch mit Schönheitssalons, Friseurgeschäften und Bestattungsunternehmen erfolgreich. Doch obwohl seit zwanzig Jahren von verschiedenen staatlichen und kommunalen Behörden Sonderrechte und Subventionen für Minderheiten gewährt werden, gibt es wenig Anzeichen für das Entstehen einer starken schwarzen Unternehmerschicht.

Daß es den Afroamerikanern nicht gelungen ist, das Geschäftsleben in ihren eigenen Wohnbezirken in die Hand zu nehmen, war Ursache dafür, daß es immer wieder zu Konflikten und Zusammenstößen kam: Bei den Unruhen in Watts (1965), in Detroit (1967) und in Los Angeles (1992) attackierten die Bewohner der Innenstadtbezirke die Geschäfte, die sich im Besitz von Nichtschwarzen befanden. Bei den Unruhen in Los Angeles griffen einige Gruppen von Randalierern anscheinend ganz bewußt und systematisch koreanische Geschäfte an; viele koreanische Läden wurde beschädigt oder zerstört.[9] Der Groll gegen nichtschwarze Geschäftsinhaber ist weit verbreitet und bringt Verschwörungstheorien hervor, denen zufolge sich die Außenstehenden verbündet hätten, um die Afroamerikaner wirtschaftlich auszubeuten. Wie bereits dargelegt, ist in der chinesischen und in der koreanischen Kultur das Vertrauen innerhalb der Familie groß, im Umgang mit Nichtverwandten aber sehr viel geringer. Der relative Mißerfolg schwarzer Kleinunternehmer wird oft mit Hinweis auf die Umwelt erklärt: Man sagt, daß es nicht richtig sei, die Afroamerikaner mit ethnischen Gruppen wie den Chinesen oder Koreanern zu vergleichen, weil die den Afroamerikanern entgegenstehenden Vorurteile unvergleichlich größer seien. Im Gegensatz zu anderen ethnischen Gruppen seien die Schwarzen unfreiwillig in die Vereinigten Staaten gebracht und in der Sklaverei brutal unterdrückt worden. Aufgrund ihrer Rasse hätten sie ein ungleich höheres Maß an Diskriminierung zu erdulden.[10] Eine Variante dieser Hypothese lautet, daß es in den Vereinigten Staaten eine »duale« Volkswirtschaft gebe. Die Schwarzen und andere Minderheiten würden dabei in die »periphere« Ökonomie gedrängt, die im Gegensatz zu der von den Weißen beherrschten »Kernökonomie« nur in geringen Stückzahlen und auf niedrigem technologischem Niveau produzieren dürfe und von scharfer Konkurrenz geprägt sei. Eine andere, griffigere Variante des »Umweltarguments« besagt, die Afroamerikaner hätten keine Kleinbetriebe gründen können, weil die weißen Banken ihnen keine Kredite gewährt hätten. Entweder hätten die Schwarzen aus rassistischen Motiven keine Kredite bekommen oder weil sie aufgrund ihrer Herkunft aus der Armut und der geringen Größe ihrer Unternehmen schlechte Kreditrisiken darstellten. Sie seien deshalb dazu verurteilt, in einem ununterbrochenen Kreislauf der Armut zu leben.

Eine zweite Erklärung für das geringe ökonomische Leistungsniveau der Schwarzen bezieht sich auf die Nachfrage der Konsumenten: Im Gegensatz zu anderen ethnischen Gruppen hatten die Schwarzen keine spezifischen Bedürfnisse, die nur von ihrer eigenen Gruppe befriedigt werden konnten. Bei den Chinarestaurants beispielsweise stellten Weiße keine Konkurrenz für Chinesen dar, bei der Nahrungsmittelversorgung der Schwarzen jedoch traten Weiße in Konkurrenz zu Schwarzen.[11] Analog dazu wird argumentiert, daß die Schwarzen keine spezifischen Güter hätten anbieten können. So war beispielsweise die afroamerikanische Küche niemals so populär wie die Kochkünste anderer ethnischer Gruppen.[12] Schwarze Unternehmen waren nur erfolgreich bei Dienstleistungen für die begrenzte Zahl spezifisch afroamerikanischer Bedürfnisse, zum Beispiel Friseur- und Schönheitssalons.[13]

Im Grunde kann jedoch keine dieser Erklärungen für den Mangel schwarzer Kleinunternehmer überzeugen.[14] Der Verweis auf die soziale Umwelt mag erklären, daß Schwarze in den Unternehmensvorständen oder als Angestellte in weißen Unternehmen unterrepräsentiert sind. Aber offen bleibt die Frage, warum es so wenige schwarze Selbständige gibt. Eine Reihe von »Außenseiter«-Theorien in der soziologischen Literatur handeln davon, daß es gerade den Vorurteilen und der Feindseligkeit der Umwelt zuzuschreiben sei, wenn Minderheiten sich abgrenzten und Geschäfte gründeten, in denen Angehörige der eigenen ethnischen Gruppe beschäftigt würden und die Nachfrage der eigenen Minderheitsgemeinschaft befriedigt werde.[15] In der Tat lag die Ursache für den relativ hohen Anteil der Selbständigen unter den Chinesen und Japanern in den ersten Jahrzehnten unseres Jahrhunderts darin, daß diese Minderheiten in der weißen Gemeinschaft keine Arbeitsplätze finden konnten.[16] Sicherlich trifft es zu, daß die Schwarzen in den Vereinigten Staaten im Vergleich zu anderen ethnischen Gruppen am stärksten unter Vorurteilen zu leiden hatten. Und obwohl asiatische Immigranten einer rassenbedingten Ablehnung ausgesetzt waren, die andere Minderheitengruppen in vergleichbarem Ausmaß nicht erfahren haben, wurden sie doch von der weißen Mehrheit sehr viel mehr akzeptiert als die Schwarzen. Doch all dies kann nicht erklären, warum es so wenige Afroamerikaner gibt, die ihre Waren an andere Afroamerikaner verkaufen, und warum viele Schwarze lieber bei Nichtschwarzen einkaufen. Die Afroamerikaner schneiden nicht nur in der »Kernökonomie« schlecht ab (falls es so etwas wirklich gibt), sondern auch in der »peripheren Ökonomie«. Daß diese Feststellung richtig ist, erweist sich auch beim Vergleich der Schwarzen mit den Iberoamerikanern, die angeblich ebenfalls der »peripheren« Volkswirtschaft zuzurechnen sind und unter ähnlicher Diskriminierung zu leiden haben.[17]

So bleibt allein die Erklärung übrig, daß die Konsumenten jene Produkte, die primär von schwarzen Firmen angeboten werden, nur in geringem Maß nachfragen. Der Soziologe Ivan Light hat jedoch nachgewiesen, daß auch dieses Argument einer Überprüfung nicht standhält. Asiaten verfügen zwar in ihren eigenen ethnischen Gruppen über Stammärkte, aber sie haben es besser als die Schwarzen geschafft, ihre Produkte auch erfolgreich an Weiße außerhalb ihrer ethnischen Gemeinschaften abzusetzen. In Kalifornien beispielsweise war im Jahre 1929 der Geldwert des Handels der Asiaten mit Nichtasiaten höher als der gesamte Einzelhandelsumsatz der Schwarzen in Illinois, obwohl die schwarze Bevölkerung dort um das Dreieinhalbfache größer war.[18] Daraus läßt sich folgern, daß der ökonomische Erfolg der Asiaten mit einem besonderen Talent für Marketing zu tun hatte, das der schwarzen Minderheit fehlte.

Wenn wir uns die Vergabe von Bankkrediten näher anschauen, finden wir erstmals Hinweise auf eine mögliche Erklärung für den unterschiedlichen wirtschaftlichen Erfolg der Minderheiten. Diese Erklärung hat wenig mit der Umwelt, aber sehr viel mit dem Binnenzusammenhalt der ethnischen Gruppen zu tun. Die Afroamerikaner klagen seit vielen Generationen darüber, daß sie nur schwer an Bankkredite herankommen. Das Problem wurde mehrfach auf Bundesebene untersucht, erst kürzlich wieder von der Regierung Clinton. Zweifellos werden Schwarze bei der Kreditvergabe benachteiligt, vor allem bei den Hypotheken für Wohneigentum; aber solche Diskriminierungen erklären nicht den unterschiedlichen Anteil schwarzer und asiatischer Unternehmer. Erstens werden in den Vereinigten Staaten nur sehr wenige kleine Firmen mit Bankkrediten gegründet, in den meisten Fällen werden die eigenen Ersparnisse eingesetzt.[19] Ferner gründeten Mitte des 19. Jahrhunderts Afroamerikaner eine Reihe von Handelsbanken, die bereit waren, anderen Afroamerikanern Kredite zu gewähren. Diese Banken gingen jedoch wieder zugrunde, weil keine ausreichende Kreditnachfrage von seiten schwarzer Firmen bestand. Der Vorgang zeigt, daß keine Knappheit im Angebot von Krediten, sondern eine Knappheit an schwarzen Unternehmern bestand.[20] Und als zu Beginn des 20. Jahrhunderts viele

Chinesen und Japaner Familienunternehmen gründeten, wurde auch ihnen der Zugang zu dem von Weißen beherrschten Finanzsystem verweigert. Wenn also die Verfügbarkeit von Krediten als Schlüssel für den Erfolg von Kleinunternehmen anzusehen wäre, so gäbe es keine Erklärung dafür, warum Asiaten im Vergleich zu Weißen in diesem Wirtschaftssektor *überrepräsentiert* sind.

Der Grund dafür, daß die fehlenden Kredite für die Asiaten kein entscheidendes Hindernis darstellten, ist in der Tatsache zu sehen, daß die Chinesen, Japaner und Koreaner ein dichtes Netzwerk kommunitaristischer Organisationen aus ihren Heimatländern mitbrachten. Dazu gehörte auch das Institut des Kreditvereins. In solchen Vereinen konnten die Angehörigen einer ethnischen Gruppe ihre Ersparnisse anlegen, die Gelder wurden für Firmengründungen der Vereinsmitglieder eingesetzt.[21] Die Kreditvereine der Chinesen und Japaner unterschieden sich jeweils in charakteristischer Weise: Die chinesische Variante *(hui)* gründete auf Verwandtschaft. Ihre Mitglieder stammten aus demselben Dorf oder gehörten derselben Abstammungsgruppe an oder trugen in China denselben Nachnamen. Der japanische Kreditverein *(tanomoshi)* hingegen umfaßte Menschen, die nicht miteinander verwandt waren, aber aus demselben Bezirk oder derselben Präfektur in Japan kamen.[22] (Eine ähnliche, *kye* genannte Institution besteht in Korea.) Beide Organisationen weisen Gemeinsamkeiten auf: Eine kleine Anzahl von Personen zahlt gleiche Beträge in einen Fonds ein, die Summe der Einlagen wird dann durch Los oder Versteigerung einem einzigen Mitglied zur Verfügung gestellt. Als die Vereine wuchsen und komplexer wurden, entwikkelten sie sich zu Kreditgenossenschaften, die Zinsen auf die Einlagen zahlten und Kredite vergaben.

Weder die chinesische noch die japanische Variante des Kreditvereins beruhte auf einer rechtlichen Grundlage, häufig existierte nicht einmal eine Satzung. Es war ohne weiteres möglich, daß sich der Losgewinner mit den Ersparnissen der gesamten Gruppe aus dem Staube machte. Es gab keine rechtlichen Sanktionen für Betrüger oder Trittbrettfahrer, wenn man von den moralischen Sanktionen absieht, die innerhalb jener enggeflochtenen Gemeinschaften verhängt werden konnten, in denen die Chinesen und Japaner lebten. Wurde ein einzelner zahlungsunfähig, so mußte seine Familie für die Rückzahlung des Kredits sorgen. Damit ein solches System funktionieren konnte, mußte zwischen den Mitgliedern der Vereinigung ein hohes Maß an *Vertrauen* herrschen, das wiederum das Ergebnis bestehender, auf Verwandtschaft oder geographischer Herkunft im Heimatland beruhender sozialer Bindungen war.

Ein hohes Vertrauensniveau innerhalb der chinesischen und japanischen Gemeinschaften spielt möglicherweise eine ebenso wichtige Rolle wie die Nachfrage nach spezifischen ethnischen Produkten, wenn man zu erklären versucht, warum die Angehörigen einer Minderheit bevorzugt in den Geschäften anderer Angehöriger derselben Minderheit kaufen. Der »Vertrauensradius« umfaßte nicht unbedingt die gesamte ethnische Minderheit. Bei den Chinesen beispielsweise erstreckte er sich oftmals nicht über die Abstammungsgruppe oder die Dorfgemeinschaft hinaus, und die Organisationen unterschiedlicher Abstammungsgruppen befanden sich nicht selten im Wettstreit miteinander. Auch war das Vertrauensniveau unter den Angehörigen der ethnischen Minderheit in den Vereinigten Staaten in der Regel höher als im Mutterland, weil sie hier gemeinsam einer feindlichen Außenwelt gegenüberstanden. Dessenungeachtet profitierten diese Gruppen enorm von der Tatsache, daß ihre Kulturen ihnen einen gemeinsamen ethnischen Rahmen boten, in dem sie miteinander kooperieren konnten.

Die Kreditvereine sind nur eine von vielen sozialen Institutionen, die in den chinesischen und japanischen Gemeinschaften spontan geschaffen wurden. Viele Chinesen kamen im 19. Jahrhundert als alleinstehende Arbeiter in die Vereinigten Staaten, vor allem aus einer bestimmten Region in Südchina.[23] Sie gründeten Vereinigungen, die auf der Abstammungsgruppe oder dem Nachnamen beruhten. Die lokalen Gruppen dieser Vereine schlossen sich zu Verbänden zusammen (den berühmtesten Verband bildeten die »Six Companies« in San Francisco).[24] Die Vereine boten zahlreiche Wohlfahrtsleistungen an, so daß Arbeitssuchende oder in Schwierigkeiten geratene Menschen im allgemeinen keine Hilfe von außerhalb ihrer Gemeinschaft benötigten. Eine Reihe chinesischer Organisationen hatte allerdings keine wohltätigen Funktionen: Die berüchtigten chinesischen *tongs* waren kriminelle Banden, die in ihren Wohnbezirken Spielhöllen, Prostitution und Schutzgelderpressung betrieben.

Die japanischen Entsprechungen zur chinesischen Abstammungs- oder Namensvereinigung gründeten auf der geographischen Herkunft. Im *kai* verbanden sich Emigranten, die in Japan in derselben Präfektur gelebt hatten. Die japanischen Organisationen boten ähnliche Wohlfahrtsleistungen wie die chinesischen: Sie halfen bei der Arbeitssuche und kümmerten sich um jene, die sich nicht selbst versorgen konnten, mit dem Ergebnis, daß nur ein außerordentlich geringer Anteil der aus Japan stammenden Amerikaner von den staatlichen Wohlfahrtsleistungen abhängig war.[25] Solche gemeinschaftlichen Institutionen übten häufig auch Druck auf Straftäter aus, bevor eine Straftat der Polizei oder der Strafgerichtsbarkeit zur Kenntnis gelangen konnte. Die Familie war nicht die einzige Sozialisationsagentur; sie wurde durch größere Organisationen ergänzt, die den Einfluß der Familie stärkten.[26]

Die Kreditvereine spielten nur bei der wirtschaftlichen Entwicklung der ersten Generationen der chinesischen und japanischen Einwanderer eine zentrale Rolle. Danach gewannen andere kulturelle Faktoren an Bedeutung. Die konfuzianische Wertschätzung von Bildung sowie die größere Akzeptanz durch die weiße Bevölkerung ermöglichten es den nachfolgenden Generationen, sich zu assimilieren und auch außerhalb ihrer ethnischen Enklave eine starke Aufsteigermobilität zu entfalten. Die auf Abstammung und Herkunft beruhenden Vereinigungen verloren allmählich ihre Bedeutung und wurden durch »moderne« freiwillige Organisationen wie die Japanese-American Citizens' League (JACL) ersetzt, deren Funktionsweisen heute der jeder anderen Interessengruppe in einer Demokratie entsprechen. Es steht jedoch außer Frage, daß die auf kulturellen Gemeinsamkeiten begründeten Kreditvereine in der Geschichte für die Entwicklung von Kleinunternehmen in der asiatischen ethnischen Gemeinschaft außerordentlich wichtig waren.

In der Geschichte der Afroamerikaner nach der Sklavenzeit gibt es nichts, das den Kreditvereinen der Chinesen oder Japaner entspricht. Schwarze Unternehmer waren gewöhnlich auf sich allein und auf ihre Ersparnisse angewiesen und erhielten wenig Hilfe aus dem Familien- und Freundeskreis. Ivan Light weist darauf hin, daß dies nicht dem Fehlen solcher Institutionen in der afrikanischen Kultur zuzuschreiben sei. Kreditvereine unterschiedlichster Art sind kulturelle Universalien in traditionellen Gesellschaften und existierten auch in jenen Gebieten Westafrikas, aus denen viele nordamerikanische Sklaven entführt wurden. In Nigeria gab es eine Institution namens *esusu*, die dem *hui* oder dem *tanamoshi* ähnlich ist. Light behauptet, daß die Sklaven solche Institutionen in die Neue Welt mitbrachten, daß sie aber in den Vereinigten Staaten *dekulturiert* wurden. Er vermutet weiter, der größere wirtschaftliche Erfolg der schwarzen Einwanderer, die von den Westindischen Inseln in die Vereinigten Staaten kamen, hänge damit zusammen, daß die dort praktizierte Form der Plantagensklaverei einen geringeren Bruch mit den traditionellen afrikanischen Kulturmustern bedeutet habe. Die Immigranten aus Jamaika und Trinidad, die in den ersten Jahrzehnten des 20. Jahrhunderts nach New York kamen, besaßen sehr viel mehr sozialen Zusammenhalt als die Schwarzen, die von Sklaven abstammten. Mit anderen Worten: Die Sklaverei in den Vereinigten Staaten beraubte die Afroamerikaner nicht nur ihrer *individuellen* Würde, sondern auch ihres *sozialen* Zusammenhalts, indem sie ihnen kooperatives Verhalten unmöglich machte. Die nordamerikanische Form der Sklaverei vermittelte keine Anreize zu Sparsamkeit, zu sorgsamem Umgang mit Geld oder Unternehmergeist. Die Briten behandelten ihre Sklaven auf den Westindischen Inseln zwar auch sehr hart, aber sie ließen einen größeren Teil der afrikanischen Kultur intakt und splitterten auch die bestehenden sozialen Gruppen nicht in der Weise auf, wie das in Amerika geschah.[27]

Der Mangel an spontaner Soziabilität tritt mit zunehmender Armut immer deutlicher in Erscheinung. Dies ist auch nicht anders zu erwarten, wenn man die Kausalbeziehung berücksichtigt, die zwischen der Unfähigkeit zu sozialem Zusammenhalt und Armut besteht. Es ist ausgesprochen schwierig, arme Stadtbewohner irgendwie zu organisieren, selbst wenn es um kurzfristige ökonomische Ziele wie die Miete geht. Je weiter man auf der Einkommensskala nach unten blickt, desto seltener werden nicht nur über der Familie angesiedelte soziale Gruppen, sondern auch die Familien selbst verschwinden recht bald. Die heutige schwarze Unterschicht in Amerika stellt möglicherweise eine der am stärksten atomisierten Gesellschaften der Menschheitsgeschichte dar. In diesem kulturellen Umfeld fällt es den einzelnen außerordentlich schwer, zu irgendeinem Zweck zusammenzuarbeiten, ob es sich nun um die Erziehung der Kinder, um den Lebensunterhalt oder um eine Eingabe bei der Stadtverwaltung handelt. Wenn Individualismus bedeutet, daß die Bereitschaft oder die Fähigkeit fehlt, die eigenen individuellen Neigungen größeren Gruppen unterzuordnen, dann ist die schwarze Unterschicht eines der individualistischsten Segmente der amerikanischen Gesellschaft.

Sicherlich wäre es nicht richtig, die gesamte afroamerikanische Gemeinschaft als eine Gruppe gleichermaßen vereinzelter und atomisiert lebender Individuen darzustellen. Zahlreiche Organisationen bemühen sich, diesen Zustand abzumildern. In historischer Sicht am wichtigsten sind die verschiedenen schwarzen Kirchen und religiösen Gruppierungen, die ein wesentliches Gegengewicht zu den atomisierenden Kräften innerhalb der ethnischen Gemeinschaft bildeten. In bestimmten Zeitabschnitten waren die Afroamerikaner in der Lage, verhältnismäßig starke klein- und mittelständische Unternehmen aufzubauen, so zum Beispiel um die Mitte des 19. Jahrhunderts Banken und Versicherungsgesellschaften.[28] Die schwarze Mittelschicht war immer relativ gut in freiwilligen Vereinigungen organisiert, beispielsweise in der Southern Christian Leadership Conference oder der National Association for the Advancement of Colored People (NAACP). Es scheint sogar, daß sich die schwarze Mittelschicht in solchen freiwilligen Vereinigungen in höherem Maße organisiert als die Weißen.[29] In vielen afroamerikanischen Wohnbezirken bestehen informelle Vereinigungen und richten Verwandte und Freunde Fonds ein, um sich in schwierigen Zeiten gegenseitig durch Schenkungen oder Kredite zu unterstützen.[30] In den verarmten Schichten der schwarzen Bevölkerung gibt es die »kriminellen Vereinigungen« der Straßenbanden, so die berüchtigten Bloods and Crips in Los Angeles oder die Blackstone Rangers in Chicago.[31] Wie früher die Iren waren auch die Afroamerikaner erfolgreicher im Kampf um politische Macht als bei der Errichtung lebensfähiger wirtschaftlicher Organisationen.

Afroamerikaner und Asiaten in Amerika stellen im Hinblick auf die wirtschaftliche Leistung entgegengesetzte Pole dar, dies gilt auch hinsichtlich ihrer Neigung zur spontanen Soziabilität. Die Unterschiede zwischen ihnen spiegeln in noch ausgeprägterer Form die Unterschiede zwischen europäischen Gruppen wie den Juden und den Iren wider. Der Kohäsionsgrad einer bestimmten ethnischen Gemeinschaft korreliert stark mit ihrem wirtschaftlichen Erfolg und dem Grad ihrer Assimilation. Die jüdische Gemeinschaft brachte auffallend viele neue Organisationen zur Versorgung der eigenen Gruppenmitglieder hervor. Um 1900 brüsteten sich die German-Jewish United Hebrew Charities damit, daß sie sich um jeden verarmten Juden in ihrer Gemeinschaft kümmerten, später entstanden die Educational Alliance, die B'nai B'rith und der American Jewish Congress. Die Selbsthilfe- und Wohltätigkeitseinrichtungen boten Lebensversicherungen, Krankengeld und Sterbegeld.[32]

Die Neigung der Juden zur Bildung spontaner Gemeinschaften steht im Gegensatz zur Lebensweise der Iren, in der sich in gewisser Hinsicht die Lebensweise der Afroamerikaner im 20. Jahrhundert ankündigte. Der Aufstieg der Iren erfolgte nicht durch die Gründung von Kleinunternehmen, sondern dadurch, daß sie Kontrolle und Einfluß über große, zentralisierte Institutionen wie Stadträte oder auch die katholische Kirche gewannen. Die Vorherrschaft der Iren in der politischen Maschinerie großer Städte wie New York, Boston, Chicago, Buffalo und Milwaukee zu Beginn des 20. Jahrhunderts ist legendär, und mit dem politischen Machtzuwachs bekamen sie auch die Möglichkeit, auf dem Weg der Patronage Ämter in den Polizeiabteilungen und Stadtverwaltungen zu besetzen. Dies machte bald einen beträchtlichen Teil des irischamerikanischen Arbeitsmarktes aus. In Wohlfahrtsfragen hatte bei den Iren eine einzige Organisation das Sagen: die katholische Kirche. Anders als die Italiener und andere Immigranten aus romanischen Ländern waren die Iren sehr viel weniger antiklerikal eingestellt, weil die Kirche in Irland das irische Nationalbewußtsein unterstützt und gegen die britische Herrschaft gekämpft hatte. Einen großen Teil der Energie, die in protestantischen und jüdischen Gemeinschaften in den Aufbau kleiner örtlicher Gemeinden floß, widmeten die Iren der katholischen Kirche Amerikas, die viele Jahre lang von irischen Priestern beherrscht wurde. Andererseits waren die Iren im Sektor der Kleinunternehmen unterrepräsentiert: Im Jahre 1909 hatten die Iren in Boston zwar höhere Einkommen als die Juden, doch die Zahl der jüdischen Kleinunternehmer war neunmal höher als die der irischen.[33]

Die Italiener kamen ökonomisch schneller voran als die Iren, aber langsamer als die Juden. Mit Blick auf die gemeinschaftliche Selbstorganisation standen die Italiener zwischen den beiden anderen Gruppen. Die italienischen Arbeiter und Ladenbesitzer gründeten zwar eine Reihe von Gesellschaften für gegenseitige Hilfeleistungen, doch schuf die italienische Bevölkerungsgruppe zu keinem Zeitpunkt große, die gesamte Gemeinschaft umfassende karitative oder Wohlfahrtsorganisationen, die mit der jüdischen B'nai B'rith vergleichbar gewesen wären. Die Italiener spendeten Geld für karitative Zwecke, aber sehr viel davon floß in großartige Gesten wie Monumente und nicht in dauerhafte soziale Institutionen.[34]

Neben der Soziabilität gibt es natürlich noch viele andere Faktoren, die zur Erklärung der unterschiedlichen Entwicklungsgeschwindigkeiten ethnischer Gruppen in den Vereinigten Staaten angeführt werden können. Der wichtigste weitere Faktor ist möglicherweise die Einstellung der ethnischen Gruppen zur Bildung. Die Existenz italienischer, irischer, chinesischer, afroamerikanischer und anderer krimineller Banden zeigt, daß Soziabilität allein nicht notwendigerweise zu ökonomischer Effizienz führt. Damit wirtschaftlicher Erfolg möglich wird, muß die Soziabilität mit anderen Faktoren verbunden sein, wie beispielsweise einer ausgeprägten Sparneigung, unternehmerischer Energie und Begabung, Interesse an Bildung und so weiter.

Die Immigrantengruppen standen vor einem zentralen Problem: Sie mußten die Form ihrer bisherigen Soziabilität verändern und Gemeinschaften durch freiwillige Mitgliedschaft und nicht auf der Grundlage bestimmter gemeinsamer Merkmale bilden. Die traditionellen sozialen Strukturen der Einwanderer beruhten auf Verwandtschaft, ethnischer Zugehörigkeit, geographischer Herkunft oder anderen angeborenen Charakteristika. Der ersten Einwanderergeneration boten diese Strukturen die nötige Vertrauensgrundlage, um Kreditvereine, Familienrestaurants, Wäschereien und Gemüsehandlungen aufzubauen. Für die nachfolgenden Generationen jedoch konnten die Strukturen sich zu Hindernissen entwickeln, indem sie die geschäftlichen Möglichkeiten einschränkten und die Nachfahren der Einwanderer dazu verurteilten, in ethnischen Ghettos zu leben. In den erfolgreichsten ethnischen Einwanderergruppen mußten die Söhne und Töchter der ersten Immigrantengeneration eine umfassendere Form der Soziabilität erlernen, um eine Beschäftigung in den Kernbereichen der Volkswirtschaft oder in den hochqualifizierten Berufen zu bekommen.

Die Geschwindigkeit, mit der die Immigranten von einer ethnischen Enklave in die dominante Kultur überwechseln konnten, erklärt auch, wie die Vereinigten Staaten zugleich ihre ethnische Vielfalt bewahren und ein starkes Zusammengehörigkeitsgefühl entwickeln konnten. In vielen anderen Gesellschaften wurde es den Nachfahren der Einwanderer zu keinem Zeitpunkt gestattet, ihr ethnisches Ghetto zu verlassen. Innerhalb der ethnischen Enklave herrschte auch weiterhin eine ausgeprägte Solidarität, die Gesamtgesellschaft jedoch zersplitterte und wurde von Konflikten zerrieben. Vielfalt kann eindeutig von Nutzen für eine Gesellschaft sein, aber sie sollte in kleinen Schritten eingeführt werden. Nur allzu leicht entsteht eine zu vielfältige Gesellschaft, in der die Menschen keine gemeinsamen Werte und Hoffnungen mehr haben und sogar nicht einmal dieselbe Sprache sprechen. Die Chancen der spontanen Soziabilität entfalten sich dann nur innerhalb der Grenzen, die durch Rasse, ethnische Zugehörigkeit, Sprache und andere Faktoren vorgegeben sind. Assimilation durch Sprachpflege und Bildungspolitik muß deshalb mit ethnischer Vielfalt im Gleichgewicht stehen, damit das Zusammenleben in einer größeren Gemeinschaft möglich ist.

Die Vereinigten Staaten bieten ein gemischtes und sich ständig veränderndes Bild. Wenn wir Faktoren wie die religiöse Kultur und die Ethnizität berücksichtigen, gibt es reichlich Gründe, das Land als eine individualistische und zugleich gruppenorientierte Gesellschaft zu beschreiben. Wer nur den Individualismus sieht, ignoriert einen entscheidenden Teil der amerikanischen Kulturgeschichte. Doch wie schon weiter oben angemerkt, verschiebt sich das Gewicht seit etwa zwanzig Jahren rasch hin zum Individualismus. Es ist deshalb kein Zufall, daß aus asiatischer und anderer Perspektive die Vereinigten Staaten als Inbegriff einer individualistischen Gesellschaft erscheinen. Für das Land hat der Wandel zahlreiche Probleme mit sich gebracht, die zu einem großen Teil im ökonomischen Bereich spürbar sind und dort entschieden werden. Um welche Probleme es sich handelt und welche Auswirkungen sie haben, ist Thema des folgenden Kapitels.

Kapitel 26

Das Verschwinden der Mitte

In den Vereinigten Staaten haben wir es mit zwei unterschiedlichen Traditionen zu tun, einer ausgeprägt individualistischen und einer sehr viel stärker gruppen- und gemeinschaftsorientierten Tradition. Die zweite Tradition mildert die für Weltanschauung, Verfassung und Rechtsordnung charakteristischen individualistischen Tendenzen. Daß die amerikanische Demokratie sich so erfolgreich entwickelt hat, ist zu einem wesentlichen Teil der Koexistenz der beiden Traditionen zu verdanken. Aber sie haben auch Probleme verursacht. Die Vereinigten Staaten stehen vor der Herausforderung, beide ins Gleichgewicht zu bringen.

Niemand wird bestreiten, daß der Individualismus der amerikanischen Gesellschaft große Vorteile bescherte, nicht zuletzt im ökonomischen Bereich. Trotz aller Selbstzweifel, die sich angesichts der japanischen Konkurrenz in den achtziger Jahren regten, behauptet die amerikanische Wirtschaft in den neunziger Jahren weltweit eindeutig Führungspositionen in zahlreichen Schlüsselbranchen mit hoher Wertschöpfung wie Computer- und Halbleitertechnik, Luftfahrt, Software, Telekommunikation und Datenfernübertragung, Finanzdienstleistungen, Investitionsgüterproduktion und Biotechnologie.[1] Wichtige Neuerungen in Technologie und Organisation haben immer noch häufiger ihren Ursprung in den USA als in Europa oder Japan. Das amerikanische Exportvolumen stieg dank des schwachen Dollars in den letzten zehn Jahren sehr stark an, vor allem im Dienstleistungsbereich. Errechnet man die Handelsbilanz der USA nicht wie üblich auf der Basis des Imports und Exports von Gütern und Dienstleistungen, sondern unter Einbeziehung der amerikanischen Muttergesellschaften ungeachtet ihrer jeweiligen Standorte im In- und Ausland, so wird aus dem großen Handelsbilanzdefizit plötzlich ein ebenso großer globaler Überschuß.[2]

Der Wettbewerbsvorteil ist teilweise der größeren Innovationsfreude und dem ausgeprägteren Unternehmergeist amerikanischer Firmen zu verdanken. Beides wiederum rührt daher, daß sich die Amerikaner nur widerstrebend Tradition und Autorität beugen. So betrachtet ist die Vielfalt ein großer Segen. Wenngleich der fortgesetzt hohe Zustrom von Einwanderern immer wieder als Gefahr für die Arbeitsplätze und die Kultur Amerikas geschildert wird, darf man doch nicht übersehen, daß die Vereinigten Staaten damit ein wichtiges Reservoir an Humankapital erhalten haben.[3] Werfen wir einfach nur einen Blick auf die Namensschilder der Präsidenten großer Technologiefirmen: Andrew Grove von Intel wurde in Ungarn geboren, Eric A. Benhamou (von 3COM, einem führenden Unternehmen im Bereich Netzwerksoftware) in Algerien; Philippe Kahn von Borland war ein in Frankreich geborener Jude, der illegal in die Vereinigten Staaten einwanderte. Sie alle fanden in den Vereinigten Staaten einen sehr viel fruchtbareren Boden für ihre unternehmerischen Energien und Talente als in ihren Heimatländern.

Die Amerikaner sind gewohnt, ständig auf ihren Individualismus und ihre Vielfalt hinzuweisen, und manchmal vergessen sie dabei, daß das auch des Guten zuviel sein könnte. Die Demokratie und die Wirtschaft in den USA waren deshalb erfolgreich, weil sie gleichzeitig vom Individualismus und vom Gemeinschaftsbewußtsein zehren konnten. Die im Ausland geborenen, in Amerika erfolgreichen Unternehmer wären nicht so weit gekommen, wenn ihr Talent – abgesehen von ihrer technischen Begabung – ausschließlich aus der Fähigkeit bestanden hätte, der Autorität die Stirn zu bieten. Sie brauchten auch organisatorische Fähigkeiten und Führungsqualitäten, um große Organisationen zu gründen und ihnen immer wieder neue Impulse zu geben. Wenn die Vielfalt zu groß wird, droht die Gefahr, daß die Menschen in einer Gesellschaft außer dem Rechtssystem keine Gemeinsamkeiten mehr kennen, keine gemeinsamen Werte und infolgedessen auch keine Vertrauensbasis – und keine gemeinsame Sprache, in der sie kommunizieren können.

Ganz offensichtlich hat sich das Gleichgewicht zwischen Individualismus und dem Gemeinschaftsbewußtsein in den Vereinigten Staaten in den vergangenen fünfzig Jahren dramatisch verschoben. Die Werte- und Interessengemeinschaften, auf denen bis zur Mitte unseres Jahrhunderts die Zivilgesellschaft Amerikas gründete, gerieten in Bedrängnis – von der Familie über die Wohnbezirke und Kirchen bis hin zum Arbeitsplatz. Aus einer Reihe von Indikatoren läßt sich folgern, daß die allgemeine Soziabilität langsam schwindet.

Der augenfälligste Einbruch im Gemeinschaftsleben ist der Zerfall der Familie, ablesbar an einem steten Anstieg der Scheidungsrate und der Ein-Eltern-Familien seit den späten sechziger Jahren. Dieser Trend hat die unübersehbare ökonomische Folge, daß es immer mehr ledige Mütter gibt, die in Armut leben. Strenggenommen ist Familie etwas anderes als Gemeinschaft; wie wir dargelegt haben, können zu starke Familienbindungen die Beziehungen zwischen nicht miteinander verwandten Menschen schwächen und verhindern, daß Vereinigungen entstehen, die nicht auf Verwandtschaft beruhen. Die amerikanische Familie war schon immer in vielerlei Hinsicht schwächer als die chinesische oder die italienische Familie, aber in vielerlei Hinsicht war dies weniger eine Belastung als ein wirtschaftlicher Vorteil. Heute befindet sich die amerikanische Familie indes nicht deshalb in der Krise, weil andere Formen von Gemeinschaftsleben wichtiger geworden wären. Vielmehr nimmt die Bedeutung all dieser Institutionen gleichermaßen ab, und relativ gewinnt die Familie in dem Maß an Gewicht, wie andere Formen der Soziabilität schwinden, weil sie als einzige Form der ethischen Gemeinschaft übrigbleibt.

Die von Robert Putnam gesammelten Daten weisen insgesamt auf einen bemerkenswerten Verfall der Soziabilität in den Vereinigten Staaten hin.[4] Seit den fünfziger Jahren ging die Mitgliedschaft in freiwilligen Vereinigungen in alarmierendem Ausmaß zurück. Amerika ist zwar noch immer weit religiöser als andere Industrienationen, die Zahl der regelmäßigen Kirchgänger nahm jedoch um ungefähr ein Sechstel ab. Die Mitgliederzahlen der Gewerkschaften sanken von 32,5 auf 15,8 Prozent, die Beteiligung an Eltern-Lehrer-Vereinigungen fiel von 12 Millionen im Jahre 1964 auf gegenwärtig 7 Millionen, Verbindungen und Bruderschaften wie die Lions, Elks, Freimaurer und Jaycees verloren in den letzten zwei Jahrzehnten zwischen einem Achtel bis fast zur Hälfte ihrer Mitglieder. Auch andere Organisationen von den Pfadfindern bis zum Amerikanischen Roten Kreuz melden ähnlich rückläufige Mitgliederzahlen.[5]

Dagegen vermehrt sich die Zahl der Interessengruppen aller Art im amerikanischen öffentlichen Leben immer weiter – Lobby-Organisationen, Berufsverbände, Wirtschaftsverbände und so weiter. Ihr Zweck ist es, bestimmte wirtschaftliche Interessen auf den »politischen Märkten« zu vertreten. Viele Organisationen können zwar auf große Mitgliederzahlen verweisen, so beispielsweise die American Association of Retired Persons (AARP) und der Sierra Club,[6] doch beschränkt sich die Aktivität ihrer Mitglieder häufig nur auf die Beitragszahlung und den Empfang der Informationsbroschüren. Selbstverständlich können die

Amerikaner auch immer durch Rechtsakte miteinander in Verbindung treten, indem sie Organisationen auf der Grundlage von Verträgen, der Gesetze oder einer Verwaltungsverordnung gründen. Aber Vereinigungen mit gemeinschaftlichen Werten, deren Mitglieder gewillt sind, ihre privaten Interessen zugunsten umfassenderer Ziele der Gemeinschaft aufzugeben, sind seltener geworden. Allein solche Gemeinschaften jedoch sind in der Lage, jene Art von Vertrauen zu erzeugen, die – wie wir aufgezeigt haben – für organisatorische Effizienz entscheidend ist.

Möglicherweise noch auffälliger als der Verfall der Partizipation in Vereinigungen sind die Veränderungen im Verhalten der Amerikaner untereinander. In einer über einen längeren Zeitabschnitt wiederholten Umfrage wurden Amerikaner befragt, ob sie der Meinung seien, daß man »den meisten Menschen« vertrauen könne. Der Anteil der zustimmenden Antworten fiel von 58 Prozent im Jahre 1960 auf nur noch 37 Prozent im Jahr 1993. In einer anderen Untersuchung sollten die Befragten angeben, wie oft sie einen geselligen Abend mit einem Nachbarn verbracht hätten. Der Anteil derjenigen, die dies einmal im Jahr taten, fiel von 72 Prozent im Jahr 1974 auf 61 Prozent im Jahr 1993.[7]

Abgesehen von den Meinungsumfragen wird der Verfall der gesellschaftlichen Vertrauensbasis auch auf beiden Seiten von Recht und Ordnung sichtbar – sowohl im Anstieg der Kriminalität und in der Zunahme der Zivilprozesse. Beides spiegelt die abnehmende Vertrauenswürdigkeit mancher Amerikaner wider und führt wiederum zu steigendem Mißtrauen bei denen, die normalerweise anderen vertrauen würden und auch selbst vertrauenswürdig wären. Unzählige Male wurde festgestellt, daß die Kriminalitätsraten in den Vereinigten Staaten beträchtlich höher liegen als in jedem anderen entwickelten Land und daß sie in den beiden letzten Generationen ständig weiter gestiegen sind.[8] Die Kriminalität konzentriert sich verhältnismäßig deutlich auf die verarmten Innenstadtbezirke. Die Reichen haben es verstanden, sich vor den direkten Auswirkungen zu schützen, indem sie in die Vororte zogen oder Mauern um ihre Wohngebiete bauten. Die indirekten Wirkungen der Kriminalität jedoch unterminieren das Gemeinschaftsbewußtsein möglicherweise stärker als die direkten Folgen. Die amerikanischen Städte teilen sich auf in schwarze Kernbezirke und weiße Vororte. Jene Art des kultivierten, intellektuellen Stadtlebens, die man in Europa noch immer kennt, ist aus den Städten verschwunden, da sich die Zentren nach dem Ende der Büro- und Geschäftszeiten leeren. Für die Vorstädte waren früher

Häuser mit Haupteingängen zur Straße hin typisch. Heute leben die Menschen in gesicherten Siedlungen, die von Mauern mit bewachtem Tor umgeben sind. Selbst in abgeschiedenen ländlichen Gemeinden bringen die Eltern ihren Kindern als Selbstschutzmaßnahme bei, gegenüber Fremden nicht vertrauensvoll, sondern mißtrauisch zu sein.

Im Jahr 1992 ereignete sich in Louisiana ein Zwischenfall, der sowohl in den Vereinigten Staaten als auch in Japan beträchtliches Aufsehen erregte: Der japanische Austauschschüler Yoshihiro Hattori wurde von einem Mann namens Rodney Peairs erschossen, als er auf dem Weg zu einer Party irrtümlich an der falschen Haustür erschien. Viele Japaner (und auch Amerikaner) nahmen erschreckt zur Kenntnis, daß es in Amerika keine wirksame Regelung für Waffenbesitz gibt.[9] Das eigentliche Problem jedoch war die Angst. Der in seiner Privatfestung verschanzt lebende Hausbesitzer ist die Verkörperung der sozialen Isolation: Ein Mensch, der seiner Außenwelt mit solchem Mißtrauen begegnet, daß er sofort auf einen Minderjährigen aus der Nachbarschaft schießt, als dieser zufällig vor seiner Haustür steht.

Über den Anstieg der Rechtsstreitigkeiten in Amerika ist fast ebenso viel geschrieben worden wie über die Kriminalität. Die Vereinigten Staaten waren zwar schon immer ein »Volk von Rechtsanwälten«, aber die Bereitschaft der Menschen, vor Gericht zu klagen, hat in der zweiten Hälfte des 20. Jahrhunderts stark zugenommen. Es ist schwierig festzustellen, ob sich die Amerikaner heute mehr betrügen als früher, aber zumindest verhalten sie sich so, als wäre dies der Fall. Die Zunahme der Zivilprozesse bedeutet, daß weniger Konflikte auf informellem Weg durch Verhandlungen oder durch den Schiedsspruch einer dritten Partei geregelt werden können. Wenn Verhandlungen zu einem Ergebnis führen sollen, müssen die Parteien bis zu einem gewissen Grad von den guten Absichten der jeweiligen Gegenpartei überzeugt sein, und sie müssen gewillt sein, nicht unter allen Umständen auf ihren Rechten zu beharren. Sie müssen der Beteuerung Glauben schenken, daß ein Produzent bemüht war, ein sicheres Produkt herzustellen, daß der Arzt oder das Krankenhaus die Behandlung nach bestem Wissen durchgeführt hat und daß ein Geschäftspartner nicht absichtlich schwindeln oder betrügen wollte. Der Anstieg der Rechtsstreitigkeiten zeigt aber im Gegenteil eine abnehmende Bereitschaft, bestehende Autoritäten zu akzeptieren und im Rahmen der Gegebenheiten nach einer Lösung zu suchen.

Neben den direkten Kosten für die Rechtsanwälte ergeben sich aus dem abnehmenden Vertrauen auch beträchtliche Kosten für die Gesellschaft. In den letzten Jahren sind beispielsweise viele amerikanische Firmen dazu übergegangen, ihren Beschäftigten keine Arbeitszeugnisse mehr auszustellen, wenn sie die Stelle wechseln wollten. Der Hintergrund war, daß viele Arbeitnehmer, die mit ihrer Beurteilung nicht einverstanden waren, ihre Arbeitgeber erfolgreich verklagt hatten. Da der Arbeitgeber keinen direkten Nutzen davon hat, Arbeitszeugnisse auszustellen, schien es vielen sinnvoller, überhaupt nichts mehr auszuhändigen. Die Wirksamkeit des früheren Systems basierte ausschließlich auf Vertrauen: Die Arbeitnehmer vertrauten darauf, daß die Arbeitgeber ehrliche Beurteilungen abfassen würden. Sie waren aber auch bereit, die Konsequenzen einer ungünstigen Beurteilung zu tragen. Zwar gab es zweifellos auch Fälle, in denen ein Arbeitgeber absichtlich und mutwillig die Aussichten eines früheren Beschäftigten auf einen anderen Arbeitsplatz zerstörte; generell jedoch ging man davon aus, das dies eher die Ausnahme darstellte und daß ein gelegentlich entstehender Schaden durch die Vorteile eines aufrichtigen Beurteilungsverfahrens aufgewogen würde. Dieses informelle, auf Vertrauen basierende System wurde jedoch immer stärker in die Gerichte verlagert mit dem Ergebnis, daß es zusammenbrach. Subjektive Einschätzungen werden nun durch unpersönliche bürokratische Regeln ersetzt (wie zum Beispiel die gewerkschaftliche Arbeitsüberwachung), die nicht nur teurer, sondern auch weniger effektiv sind.

Es gibt zahlreiche Gründe, warum sich in Amerika der Individualismus auf Kosten der Gemeinschaft ausgebreitet hat. Eine Hauptursache ist der Kapitalismus selbst.[10] Der moderne Kapitalismus ist, wie Joseph Schumpeter gesagt hat, ein Prozeß der »kreativen Zerstörung«. In dem Maße, wie es gelingt, die technologischen Grenzen hinauszuschieben, expandieren auch die Märkte, und neue Organisationsformen entstehen. In diesem Prozeß werden ältere Formen der sozialen Solidarität rücksichtslos zermalmt. Die Industrielle Revolution zerstörte Zünfte, Städte, Großfamilien, Heimarbeit und Landgemeinden. Die sich heute fortsetzende kapitalistische Revolution untergräbt lokale Gemeinschaften, wenn Arbeitsplätze ins Ausland oder an Standorte verlagert werden, wo das Kapital mehr Gewinn abwirft. Familien werden entwurzelt, und treue Mitarbeiter werden im Zuge des »Personalabbaus« entlassen. Diese Entwicklung wurde durch die Intensivierung des weltweiten Wettbewerbs in den achtziger und neunziger Jahren zweifellos beschleunigt.

Viele amerikanische Unternehmen wie IBM und Kodak, die bis dahin eine paternalistische Personalpolitik mit großzügigen Sozialleistungen und sicheren Arbeitsplätzen betrieben hatten, sahen sich nun gezwungen, langjährige Mitarbeiter zu entlassen. (Dieses Phänomen ist natürlich nicht auf die Vereinigten Staaten beschränkt. Während der schweren Rezession Anfang der neunziger Jahre war ähnliches auch in Japan und Deutschland zu beobachten.) In Amerika werden seit Jahrzehnten kleine Familienunternehmen mit starken inneren Bindungen von größeren Unternehmen aufgekauft. Neue, harte Manager, denen der Ruf der Rücksichtslosigkeit vorauseilt, übernehmen das Ruder, langjährige Beschäftigte werden entlassen oder müssen um ihre Arbeitsplätze fürchten, und an die Stelle der früher vorherrschenden vertrauensvollen Atmosphäre tritt Mißtrauen. In den letzten fünfundzwanzig Jahren wurden viele traditionell starke Gemeinschaften im Rußgürtel des Mittelwestens zerstört. Es herrschte chronische Arbeitslosigkeit, und die Bevölkerung wanderte auf der Suche nach Arbeitsplätzen nach Westen oder Süden ab. Der Verlust von Arbeitsplätzen mit geringen Qualifikationsanforderungen im produzierenden Gewerbe und in der Fleischverpackung trug entscheidend dazu bei, daß ein Teil der schwarzen städtischen Nachkriegsbevölkerung zur heutigen Unterschicht herabsank – zu einer Hölle aus Drogen, Gewalt und Armut.

Die negativen Konsequenzen des Kapitalismus für das Gemeinschaftsleben sind jedoch nur ein Aspekt, und nicht einmal der wichtigste. Die kapitalistische Wirtschaftsordnung hat während des größten Teils der amerikanischen Geschichte immer wieder zur Entwurzelung geführt, der zwischen 1850 und 1895 durch die Industrialisierung verursachte soziale Wandel ging in mehrfacher Hinsicht weiter als die Veränderungen seit 1950 bis heute.[11] Eine der in diesem Buch gezogenen Folgerungen lautet, daß es sehr viel mehr Abstufungen der Freiheit gibt, in der sich kapitalistische Gesellschaften organisieren lassen, als man gemeinhin annimmt. Natürlich werden die Grundzüge der Industriegesellschaft zu jedem beliebigen Zeitpunkt vom Stand der Technik diktiert. Die weitreichenden Auswirkungen der Eisenbahn, des Telefons und des Mikroprozessors lassen sich nicht wieder rückgängig machen. Aber im Rahmen dieser allgemeinen Beschränkungen gibt es keine spezifische Form industrieller Organisation, die etwa durch das Erfordernis der Effizienz rigide vorgeschrieben wäre. Die im vorliegenden Buch untersuchten Gesellschaften unterscheiden sich voneinander weniger in ihrem Entwicklungs- oder Technologieniveau als in der gesamten Wirtschaftsstruktur und der Art der Beziehungen zwischen Arbeitern und Managern.

Der Kapitalismus kann so viele neue Gemeinschaften hervorbringen, wie er zerstört. Ein Beispiel hierfür ist die *kaisha* im Nachkriegsjapan, aus der sich eine gesellschaftliche Solidarität entwickelte, die in vielfacher Hinsicht stärker ist als die Familie und stärker als die Formen wirtschaftlicher Organisation vor dem Krieg. In Amerika wurden in den achtziger Jahren Arbeiter von manchen Unternehmen rücksichtslos entlassen. Gleichzeitig führten viele Konzerne »schlanke Produktion«, Arbeitsgruppen und eine Reihe anderer Innovationen am Arbeitsplatz ein mit dem Ziel, die Mauer der sozialen Isolation einzureißen, die durch die tayloristische Massenproduktion in den Fabriken entstanden war, wie auch die gewerkschaftliche Arbeitsüberwachung zu beseitigen, die diese Produktionsweise hervorgebracht hatte. Wenn ein Unternehmen sich der Logik dieser Veränderungsprozesse unterwarf, wurde es produktiver und zugleich auch stärker gemeinschaftsorientiert.

Abgesehen von der Natur des Kapitalismus gab es noch andere wichtige Gründe für die Bedeutungszunahme des Individualismus in Amerika zu Lasten der Gemeinschaftlichkeit in der zweiten Hälfte des 20. Jahrhunderts. Ein Grund entstand als unbeabsichtigte Folge einer Reihe von liberalen Reformen in den sechziger und siebziger Jahren. Die Beseitigung der Slums zerriß viele soziale Netzwerke in den verarmten Wohnbezirken. An ihre Stelle trat das anonyme und zunehmend gefährliche Leben in den Hochhausbezirken des sozialen Wohnungsbaus. Kampagnen für eine »bessere Regierung« eliminierten die politische Maschinerie, die früher die meisten großen amerikanischen Städte beherrscht hatte. Die alten, auf ethnischen Zugehörigkeiten basierenden politischen Strukturen waren korrupt und verkrustet, hatten aber als Quelle gedient, aus der sich die Machtbeteiligung und das Zusammengehörigkeitsgefühl der örtlichen Gemeinschaft speisen konnten. In der Folgezeit fanden die wichtigsten politischen Aktivitäten nicht mehr in der Kommune statt, sondern auf immer höheren politischen Ebenen des Einzelstaates und des Bundes.

Ein zweiter Faktor hängt mit der Ausweitung des Wohlfahrtsstaates im Gefolge des New Deal zusammen. Die bundes- und einzelstaatlichen Behörden sowie die Kommunen wurden für viele soziale Wohlfahrtsfunktionen zuständig, die bislang privat in der Gesellschaft geregelt worden waren. Dazu gehörten soziale Sicherheit, Fürsorge, Arbeitslosenversicherung, Berufsausbildung und dergleichen. Die Ausweitung der staatlichen Verantwortung wurde damit begründet, daß die organisch gewachsenen Gemeinschaften der vorindustriellen Gesellschaft, die früher diese Dienstleistungen erbracht hatten, dazu aufgrund der Industrialisierung, der Verstädterung, des Rückgangs der Zahl der Großfamilien und anderer sozialer Entwicklungen nicht mehr in der Lage seien. Tatsächlich jedoch wurde durch die Ausweitung des Wohlfahrtsstaates der Verfall gerade jener gemeinschaftlichen Institutionen beschleunigt, die der Wohlfahrtsstaat ergänzen sollte. Die Abhängigkeit von Sozialleistungen ist in den Vereinigten Staaten nur das bekannteste Beispiel dafür: Das Gesetz über die Beihilfe für Familien mit minderjährigen Kindern wurde während der Weltwirtschaftkrise verabschiedet. Es sollte Witwen und alleinerziehenden Müttern für eine Übergangszeit helfen, damit sie ihr Leben und ihre Familie wieder neu organisieren konnten. Doch das Programm wurde zu einem Instrument, das es großen innerstädtischen Bevölkerungsgruppen erlaubte, Kinder ohne einen ständig anwesenden Vater aufzuziehen.

Die Ausdehnung des Wohlfahrtsstaates erklärt den Verfall der Gemeinschaft jedoch nur zu einem Teil. Es gibt viele europäische Gesellschaften, in denen der Wohlfahrtsstaat sehr viel umfassender ist als in den Vereinigten Staaten. Diese Gesellschaften weisen dennoch stabilere Familienbindungen auf, zumindest aber entstehen aus zerbrochenen Familien dort nicht jene Art von sozialen Pathologien, die für die Vereinigten Staaten typisch sind. Eine ernsthafte Bedrohung der Gemeinschaft ergibt sich aber allem Anschein nach aus der gewaltigen Expansion und dem Ausmaß der Ansprüche, zu denen sich die Amerikaner berechtigt fühlen, und aus dem Pochen auf Individualrechte.

Der auf Rechten basierende Individualismus ist nicht, wie wir bereits gesehen haben, aus einem luftleeren Raum entstanden, sondern tief verwurzelt in der politischen Theorie und dem Verfassungsrecht, auf denen das amerikanische politische System ruht. In der Tat könnte man behaupten, die grundlegende Tendenz der amerikanischen Institutionen bestehe darin, die Entwicklung eines immer höheren Grades an Individualismus zu fördern. Wir haben wiederholt festgestellt, daß die Intoleranz von Gemeinschaften gegenüber Außenstehenden in einem proportionalen Verhältnis zu ihrem internen Zusammenhalt steht: Je stärker die Prinzipien sind, welche die Mitglieder verbinden, desto deutlicher werden jene ausgeschlossen, die diese Prinzipien nicht teilen. Viele der in der Mitte des Jahrhunderts bestehenden starken kommunitaristischen Strukturen in den Vereinigten Staaten diskriminierten Außenstehende auf vielfältige Weise: Die Country Clubs, die Netzwerke der Geschäftsleute, nahmen keine Juden, keine Schwarzen und keine Frauen auf; konfessionelle Schulen, die strenge moralische Werte vermittelten, ließen Kinder anderer Religionsgemeinschaften nicht zu; karitative Organisationen beschränkten ihre Leistungen auf bestimmte Gruppen und versuchten, ihrer Klientel Verhaltensregeln aufzunötigen. Die Exklusivität solcher Gemeinschaften stand in Konflikt mit dem Prinzip gleicher Rechte für alle. Der Staat ergriff zunehmend Partei für die Ausgeschlossenen und gegen die verschiedenen gemeinschaftlichen Organisationen.

Die wichtigste Form der Diskriminierung betraf die Rassen und löste in den sechziger Jahren die Bürgerrechtsrevolution aus. Die Verabschiedung des Bürgerrechtsgesetzes von 1964 und des Wahlgesetzes von 1965, aber auch die Tatsache, daß die Gerichte die Rechtsschutzregelungen des Vierzehnten Zusatzartikels der Verfassung streng durchsetzten, stellten einen der großen und notwendigen Siege des amerikanischen Liberalismus dar. Die Bürgerrechtsbewegungen konnten sich erfolgreich auf die Gerichte stützen, um zuerst die öffentlichen Institutionen, dann auch jene privaten Organisationen aufzubrechen, die öffentliche Bedürfnisse befriedigten. Diese Strategie wählten später auch andere Minderheiten, darunter Straftäter, Feministinnen, Behinderte, Homosexuelle und in jüngerer Zeit Einwanderergruppen wie die Iberoamerikaner. Im Verlauf der zweiten Hälfte unseres Jahrhunderts führte diese Entwicklung zur Integration früher ausgeschlossener Gruppen mit der Folge, daß die Auslegung der in der Verfassung formulierten individuellen Grundrechte immer weiter gefaßt wurde. Zwar ließ sich jeder Einzelschritt in dieser Richtung mit den grundlegenden Gleichheitsprinzipien rechtfertigen; die kumulative und nicht beabsichtigte Wirkung jedoch war, daß der Staat zum Feind vieler kommunitaristischer Einrichtungen wurde. Die Autorität praktisch aller Institutionen wurde geschwächt: Die Städte konnten die Ausbreitung der Pornographie immer weniger kontrollieren; die für den sozialen Wohnungsbau zuständigen Behörden durften auch jenen eine Wohnung nicht mehr verweigern, die wegen Verbrechen oder Drogenmißbrauch vorbestraft waren; der Polizei wurden selbst so harmlose Maßnahmen wie die Einrichtung von Ausnüchterungsräumen untersagt.

Die Pfadfindergruppen sind ein Beispiel für die Schwierigkeiten, denen sich Gemeinschaftsinstitutionen gegenübersehen. Die Pfadfinder wurden ursprünglich als christliche Gruppe mit der Zielsetzung gegründet, den Jungen »männliche« Tugenden wie Mut, Selbstsicherheit und Stärke anzuerziehen. Im Laufe der Zeit wurde die Pfadfinderbewegung von den Juden angegriffen, weil sie keine Nichtchristen aufnehme, von den Frauen, weil sie nur Jungen zulasse, und von Homosexuellen-Gruppen, weil schwule Pfadfinderführer ausgeschlossen worden seien. In der Folge wurde die Organisation offener und »gleicher«. Doch je mehr die Bewegung so die Vielfalt der amerikanischen Bevölkerung widerspiegelte, desto deutlicher büßte sie jene Eigenschaften ein, die sie zu einer starken ethischen Gemeinschaft gemacht hatten.

Die Amerikaner haben eine Bürgerrechtskultur entwickelt, die sich grundlegend von anderen modernen liberalen Demokratien unterscheidet. Die Staatsrechtlerin Mary Ann Glendon hat auf die Besonderheiten der amerikanischen »Bürgerrechtssprache« im Vergleich zu den meisten anderen modernen Demokratien hingewiesen.[12] Die Amerikaner messen den Bürgerrechten eine Absolutheit bei, die durch die sonstigen Aussagen der Verfassung über die Pflichten gegenüber der Gemeinschaft und die Verantwortung gegenüber dem Nächsten weder ausgeglichen noch relativiert wird. Die Verfassungen oder Grundgesetze der meisten europäischen Länder beispielsweise zählen nicht nur die Rechte auf, sondern ähneln in ihrer Sprache der Allgemeinen Erklärung der Menschenrechte, wenn es etwa heißt: »Jeder Mensch hat Pflichten gegenüber der Gemeinschaft.«[13] Das amerikanische Recht enthält keine »Pflicht zur Hilfeleistung« oder sonstige Forderungen an die Bürger, Fremde in Notlagen zu unterstützen. Ein guter Samariter läuft in den Vereinigten Staaten viel eher Gefahr, wegen unsachgemäßer Hilfeleistung angeklagt als für seine Bemühungen belohnt zu werden.[14]

Glendon hebt hervor, daß die amerikanische »Bürgerrechtssprache« der politischen Auseinandersetzung in den Vereinigten Staaten eine Kompromißlosigkeit verleihe, die sie ursprünglich nicht gehabt habe. Dieses Merkmal gelte für linke wie für rechte Amerikaner gleichermaßen. Liberale sind außerordentlich wachsam, wenn es um Einschränkungen der Pornographie geht, weil dadurch die im Ersten Zusatzartikel zur Verfassung garantierte Redefreiheit beeinträchtigt werde. Ähnlich vehement reagieren Konservative auf Beschränkungen des Waffenbesitzes und führen dabei das im Zweiten Zusatzartikel niedergelegte

Recht an, Waffen zu tragen. Tatsächlich konnte jedoch keines der beiden Rechte jemals ohne Einschränkungen in Anspruch genommen werden: Die Fernsehgesellschaften dürfen während der Hauptsendezeiten keine harte Pornographie ausstrahlen, und kein Zivilist darf beispielsweise eine tragbare Flugabwehrrakete besitzen. Doch die Kämpfer für diese Rechte führen sich auf, als sei es ein Zweck an sich, eine bestimmte Freiheit beanspruchen zu können, ohne die Folgen für die Gesamtgesellschaft mit zu bedenken. Heftig wehren sie sich gegen die geringste Einschränkung, weil sie fürchten, daß jedes Nachgeben schnell in Tyrannei enden und zu einem totalen Verlust der Rechte führen würde.

Die Kompromißlosigkeit der amerikanischen Debatte über die Bürgerrechte wiederum beruht auf dem Glauben, daß es Zweck des Staates sei, die Sphäre der privaten Autonomie zu wahren, in der unabhängige Individuen ihre naturgegebenen Rechte ausleben können – ohne Druck, Zwänge oder Pflichten gegenüber den Mitmenschen. Die autonome Sphäre ist in den letzten Jahrzehnten immer größer geworden. Das »Recht auf Privatheit« beispielsweise wurde ursprünglich niedergelegt, um berühmte Persönlichkeiten vor den zudringlichen Blicken der Photographen oder fanatischen Bewunderern zu schützen. Es entwickelte sich zu einem sehr viel breiter angelegten Schutz des individuellen Verhaltens, so daß jetzt unter anderem Beschränkungen der Abtreibung verfassungswidrig sind.[15] Ein besonders heimtückischer Aspekt der amerikanischen Bürgerrechtskultur ist, daß Verhaltensweisen als hochmoralisch gewürdigt werden, denen häufig nur niedere private Interessen oder Begierden zugrunde liegen. So würde auch die Debatte über die Pornographie beispielsweise ganz anders verlaufen, würden die dabei vorgetragenen Argumente offen die »Interessen« der Pornographen benennen und sich nicht abstrakt auf die »Redefreiheit« beziehen. Eine Kontrolle des Schußwaffenbesitzes wäre viel leichter zu erreichen, würde man erkennen, daß es um die »Interessen« der Waffenbesitzer geht und nicht um ihr »Recht« auf Waffenbesitz. Rechte sollten eigentlich ein edler Besitz freier und solidarisch denkender Bürger sein. Heute jedoch erscheinen sie eher als Vorwand, der es selbstsüchtigen Individuen ermöglicht, ihre privaten Ziele zu verfolgen, ohne auf die sie umgebende Gemeinschaft Rücksicht nehmen zu müssen.

Eine weitere Erklärung für die Bedeutungszunahme des Individualismus zu Lasten der Gemeinschaftlichkeit hängt mit der elektronischen Technologie zusammen. Die Nutzer des Internet argumentieren, daß der

Computer neue, umfassende Möglichkeiten für »virtuelle Gemeinschaften« eröffne, die nicht von geographischer Nähe abhängig seien. Doch die meisten technologischen Innovationen seit dem Zweiten Weltkrieg haben allem Anschein nach eher isolierend denn gemeinschaftsbildend gewirkt. Film und Fernsehen beruhen – im Unterschied zu früheren Unterhaltungsformen wie Jahrmärkten, Zusammenkünften von Menschen mit ähnlichen Interessen oder auch nur Gesprächen – auf einer Ein-Weg-Kommunikation ohne Möglichkeiten für direkte soziale Interaktion. Die Art ihrer Übermittlung – über elektromagnetische Wellen, durch Videokassetten und Kabel – gestattet, daß der einzelne sie zu Hause empfangen kann, ohne eine auch noch so begrenzte Öffentlichkeit wie zum Beispiel ein Filmtheater aufsuchen zu müssen. In den neueren Netzwerk-Technologien mag es zwar einige gegenläufige Entwicklungen geben, doch wird sich erst noch zeigen müssen, ob »virtuelle Gemeinschaften« einen hinreichenden Ersatz für persönlichen Austausch bieten können.[16]

Der Wandel der amerikanischen Kultur scheint in Richtung eines Individualismus zu verlaufen, der ausschließlich auf Rechten basiert. Welche Wirkungen ergeben sich hieraus für die amerikanische Gesellschaft und für die politischen Entscheidungsträger, für die Manager und die Arbeiter, die in diesem System leben müssen?

Soweit es um die Unternehmenspolitik in einzelnen Firmen geht, müssen die Manager lernen, daß ihre Handlungsfreiheiten, was Experimente in den Arbeitsbeziehungen und in der Personalpolitik anbetrifft, sehr viel größer sind, als viele glauben. Das Konzept der schlanken Produktion ist ein Beispiel dafür: Bis in die siebziger Jahre hinein wiegten sich die amerikanischen Automobilkonzerne glückselig in dem Glauben, daß die tayloristische Fabrik das einzig praktikable Organisationsmodell für Massenproduktion in einem modernen Unternehmen sei. Sie wehrten sich heftig gegen die Verlagerung von Managementzuständigkeiten und -funktionen in die Fabrikhallen und wollten wie die Gewerkschaften das starre, aber vertraute Klassifizierungssystem der Arbeitsplätze beibehalten. Erst als die mit der schlanken Produktion einhergehenden Produktionszuwächse so offensichtlich wurden, daß man sie nicht mehr ignorieren konnte, führte man die neuen Verfahren in immer mehr Bereichen ein. Seit mehr als einem Jahrzehnt gelten nun in der amerikanischen Industrie Arbeitsgruppen, produktivitätsabhängige Zulagen, *broadbanding*, das heißt das Zusammenfassen mehrerer

Arbeitsplatzkategorien zu einem Arbeitsplatz oder einer kleineren Zahl von Arbeitsplätzen, Qualitätszirkel und ähnliches als absolut unverzichtbar. Dies hat eindeutig dazu beigetragen, daß die Amerikaner den Produktivitätsrückstand gegenüber den Japanern verringern konnten.

Doch trotz dieser Innovationen haben viele amerikanische Manager den »ethischen Handel« noch nicht begriffen, der dem Konzept der schlanken Produktion und des gemeinschaftsorientierten Arbeitsplatzes zugrunde liegt. Blicken die Amerikaner nach Japan, so sehen sie ein Land mit schwachen Gewerkschaften (und Konzerne, die sogar für ihre Fabriken in Nordamerika nur nichtorganisierte Arbeitnehmer einstellen wollen), gehorsame Arbeitnehmer und Manager mit großer Handlungsfreiheit. Die andere Seite der Münze bleibt häufig unbeachtet: paternalistische Unternehmen, die ihren Belegschaften – als Gegenleistung für Treue, harte Arbeit und Flexibilität – Arbeitsplatzgarantien und Ausbildung sowie relativ hohe Nebenleistungen bieten. In einer stärker verrechtlichten Form besteht in Deutschland ein vergleichbares Abkommen. Als Gegenleistung dafür, daß die Arbeitnehmer bereit sind, neue Fertigkeiten und Berufe zu erlernen, bieten die Arbeitgeber einen hohen Lebensstandard und eine Ausbildung, die es einem nicht mehr benötigten Arbeiter erlaubt, einen anderen Job zu suchen, in dem er sich produktiv betätigen kann. Verpflichtungen beruhen auf Gegenseitigkeit; Manager, die von ihren Arbeitnehmern Loyalität, Flexibilität und Kooperationsbereitschaft erwarten, ohne dafür eine Gegenleistung – sei es in Form von Sicherheit, Nebenleistungen oder Ausbildung – bieten zu wollen, verhalten sich einfach wie Ausbeuter.

Festzuhalten ist, daß die Neigung zur spontanen Soziabilität nicht unbedingt immer mit Organisationsformen wie den Qualitätszirkeln oder der schlanken Produktion verbunden sein muß. Die »Kunst, sich zusammenzuschließen«, stellt eine wichtige ökonomische Tugend dar, weil sie ihrem Wesen nach flexibel ist: Menschen, die einander vertrauen und gut zusammenarbeiten, können sich leicht auf neue Bedingungen einstellen und die passenden neuen Organisationsformen entwickeln. Netzwerke und andere moderne Kommunikationstechnologien verändern grundlegend die Art und Weise, wie große Unternehmen wirtschaftlich handeln. So wird beispielsweise das mittlere Management überflüssig. Die Globalisierung der Weltwirtschaft schafft neue Marketing- und Produktionsmethoden mit ganz neuen organisatorischen Erfordernissen. Niemand kann schon heute wissen, wie das Unternehmen des frühen 21. Jahrhunderts aussehen wird, doch die passende Organisationsform werden zuerst jene Gesellschaften finden, die über starke Traditionen der sozialen Kooperation verfügen. Im Gegensatz dazu werden Gesellschaften, die durch Mißtrauen – sei es zwischen Klassen, ethnischen Gruppen, Sippen oder durch andere Faktoren verursacht – zerrissen sind, bei der Übernahme neuer Organisationsformen vor großen Hindernissen stehen.

Durch Politik können Gewohnheiten und Verhaltensweisen nur in begrenztem Umfang verändert werden – das gilt in der Wirtschaft wie in anderen Bereichen, die mit Kultur zu tun haben. Die amerikanische Zentralbank kann die Geldmenge verändern, und der Kongreß kann über die Ausgaben verfügen. Sehr viel schwerer fällt es staatlichen Behörden jedoch, die Risikobereitschaft der Menschen, ihre Gemeinschaftsorientierung und ihr gegenseitiges Vertrauen zu erhöhen. So könnte das erste Gebot lauten, daß Politik nach Möglichkeit nicht schaden und vor allem nicht versuchen sollte, die bestehenden gemeinschaftlichen Institutionen um einer abstrakten »Vielfalt« oder Offenheit willen auszuhöhlen.

Ein Bereich, in dem der Staat unbedingt weniger Schaden anrichten muß, ist die Assimilation von Einwanderern. Einwanderer waren für die Vereinigten Staaten immer außerordentlich wichtig, ihre Bedeutung liegt aber darin, daß die Vielfalt, die sie ins Land bringen, in zentrale amerikanische Gegebenheiten eingebunden wird. Aus den bisherigen Darlegungen sollte eines deutlich geworden sein: Je vertrauter man mit den verschiedenen Kulturen ist, desto deutlicher erkennt man, daß sie nicht gleich geschaffen wurden. Ein ehrlicher Multikulturalismus sollte einräumen, daß es bestimmte kulturelle Eigenheiten gibt, die für die Erhaltung eines gesunden demokratischen politischen Systems und einer kapitalistischen Ökonomie nicht hilfreich sind. Das darf kein Grund sein, Menschen auszuschließen, deren Kulturen als nicht akzeptabel gelten. Vielmehr sollte den positiven Aspekten der amerikanischen Kultur – wie der Arbeitsmoral, der Soziabilität und dem Konzept der Staatsbürgerschaft – Geltung verschafft werden, wenn die Immigranten das Bildungssystem durchlaufen.

Angesichts der engen Beziehung zwischen Religion und Gemeinschaft in der amerikanischen Geschichte sollten die Amerikaner mehr religiöse Toleranz an den Tag legen und sich den potentiellen gesellschaftlichen Nutzen der Religion vor Augen führen. Diese Forderung mag eigenartig klingen, da sie sich an eine Gesellschaft richtet, die ohnehin auf dem Prinzip der religiösen Toleranz aufgebaut ist. Viele gebildete Menschen hegen eine Abneigung gegen bestimmte Formen der Religiosität, insbesondere gegen die christlichen Fundamentalisten, und glauben sich solchen kindischen Dogmen überlegen. Sie sollten jedoch bedenken, welche Bedeutung der Religiosität zukommt, wenn es darum geht, die amerikanische »Kunst der Assoziation« zu fördern.[17] Um es mit den Worten des Historikers William McNeill zu sagen:

> … verachtungsvolle Marxisten und ungeduldige Liberale hielten in der jüngsten Zeit die altmodische Religion [für eine Schwäche]. Warum sollte man sich auf einzelne und die private moralische Reformation verlassen, wenn doch die sozialen Institutionen und die Eigentumsrechte nicht stimmten? Aber die Bestrebungen im 20. Jahrhundert, soziale Institutionen umzugestalten und die Eigentumsrechte abzuschaffen oder zu modifizieren, um so jedem die materielle Basis für ein gutes Leben garantieren zu können, blieben weit hinter den Erwartungen zurück. Es wurde allzu deutlich, daß die bürokratischen Programme für die Verteilung und Umverteilung von Gütern akute gesellschaftliche Krankheiten entweder selbst hervorriefen oder nicht verhindern konnten. Dies weckt beträchtliche Zweifel an den liberalen und kommunistischen Konzepten für eine gesellschaftliche Reform. Vielleicht wäre deshalb die langsamere, individualisierte und von unten her wirkende religiöse Reformation vorzuziehen. Vielleicht sind auch die ethischen Gemeinschaften von Gleichgesinnten für das gesellschaftliche Wohlergehen notwendig. Möglicherweise müssen sich solche ethischen Gemeinschaften erst mit dem Diktat des marktgerechten Verhaltens abfinden, bevor die Menschheit hoffen kann, die Vorteile zu ernten, die sich aus der Spezialisierung und produktiven Effizienz ergeben und die Ökonomen so plausibel als das rationale Ziel der ökonomischen Entwicklung darstellen.[18]

Dies soll kein Argument dafür sein, der Religion einen höheren Stellenwert im öffentlichen Leben zu geben. Wie schon früher ausgeführt, verdankte der religiöse Glaube in den Vereinigten Staaten seine Stärke gerade der Tatsache, daß er nicht etabliert war. Es ist jedoch ein Argument für Toleranz.

Heute ist es entscheidend wichtig, echte kulturelle Unterschiede zu verstehen, doch dies fällt Amerikanern besonders schwer. Die Vereinigten Staaten sind ein riesiges Land und waren lange Zeit ökonomisch fast autonom. Sie sahen sich nie gezwungen, fremde Kulturen beachten zu müssen, um überleben zu können. Bis vor kurzem nahmen viele Amerikaner an – darunter auch viele gelehrte Sozialwissenschaftler –, daß die amerikanische Kultur universell sei und sich letztlich in allen Gesellschaften im Verlauf ihrer Modernisierung durchsetzen würde. Dabei verwechselten sie Institutionen mit Kultur. Es trifft zu, daß viele Länder auf der ganzen Welt die Grundprämissen des liberaldemokratischen politischen Systems und der marktorientierten Wirtschaftsordnung der Vereinigten Staaten übernommen haben. Aber die amerikanische *Kultur* ist mehr als nur die Summe der politischen und ökonomischen Institutionen. Die amerikanische Kultur wurde durch den demokratischen Charakter der Institutionen zutiefst geprägt, doch wurden die Institutionen ihrerseits durch die Kultur aufrechterhalten, und die Kultur wiederum hatte andere Ursprünge, so zum Beispiel Religion und Ethnizität. Wenn man die eigenen kulturellen Wurzeln nicht kennt, fällt es schwer zu verstehen, auf welche Weise man sich von anderen unterscheidet.

Unglücklicherweise wird die Fähigkeit der Amerikaner, das Wesen anderer Kulturen zu begreifen, durch den jüngsten Trend zu »multikulturellen« Untersuchungen eher behindert als gefördert. Multikulturelle Lehrpläne in amerikanischen Klassenzimmern zielen nicht darauf, sich kulturellen Unterschieden zu stellen und sie zu verstehen. Wenn es nur darum ginge, würde wahrscheinlich niemand gegen diese Art der Horizonterweiterung protestieren. Das Problem des Multikulturalismus, wie er gegenwärtig im amerikanischen Bildungswesen praktiziert wird, besteht in der Zielsetzung, die nichtwestlichen Kulturen der verschiedenen ethnischen und rassischen Minderheiten in Amerika nicht bloß verstehen, sondern rechtswirksam machen zu wollen. Es wäre weit wichtiger, die Stärken und Schwächen dieser Kulturen zu erkunden, als sie immer korrekt und wertneutral darstellen zu wollen. In manchen Fällen liegt den Bemühungen die ökumenische, aber falsche Botschaft zugrunde, daß alle Kulturen letztlich dieselben anständigen, liberalen Werte betonten, an denen sich auch die Verfasser des multikulturellen Curriculums orientierten. In anderen Fällen werden die fremden Kulturen gegenüber den europäischen Kulturen als überlegen eingeschätzt. Unser Verständnis für fremde Kulturen wird dadurch nicht befördert, sondern behindert.

Die Amerikaner müssen begreifen, daß ihre Tradition nicht einfach individualistisch ist. Sie müssen begreifen, daß sich die Menschen, historisch betrachtet, zusammengetan haben, daß sie zusammenarbeiten und sich dabei der Autorität einer Unzahl übergeordneter Gemeinschaften unterworfen haben. Der Staat, vor allem auf der bundesstaatlichen Ebene, mag aus vielen Gründen nicht als ideales Objekt des Gemeinschaftsgefühls erscheinen.[19] Doch die Fähigkeit, einer gemeinschaftlichen Autorität zu gehorchen, ist der Schlüssel zum Erfolg der Gesellschaft. Dies hat Auswirkungen sowohl für die Linke wie für die Rechte. Die amerikanischen Liberalen wollen Recht und Gesetz dazu benutzen, Rechtsgleichheit und Anerkennung auf die gesamte Gesellschaft auszuweiten. Sie müssen jedoch einsehen, daß sie dabei den organischen Zusammenhalt der amerikanischen Gesellschaft nicht als selbstverständlich voraussetzen dürfen. Die amerikanischen Konservativen hingegen wollen die Rolle des Staates in der Gesellschaft verringern. Sie müssen jedoch zuerst einmal eine Vorstellung davon entwickeln, wie die bürgerliche Gesellschaft neu geschaffen werden kann, und sie müssen Modelle anbieten, wie für die schwächeren Mitglieder der Gesellschaft gesorgt werden kann.

Von der Mitte des letzten Jahrzehnts des 20. Jahrhunderts aus betrachtet, erscheinen die wirtschaftlichen Perspektiven der Vereinigten Staaten sehr positiv. Aus der schmerzhaften Rezession in der ersten Hälfte des Jahrzehnts ging das Land in einer Reihe von Schlüsselsektoren mit hochproduktiven Unternehmen in technologisch führenden Positionen hervor. Gegenwärtig schreiben amerikanische Unternehmen, die in irgendeiner Weise mit Informationstechnologie zu tun haben, ein neues Kapitel der postindustriellen Geschichte. Das Haushaltsdefizit und die Überalterung der Bevölkerung werden zwar auch in Zukunft ernsthafte wirtschaftliche Sorgen bereiten, doch gab es in den letzten Jahrzehnten nur wenige Perioden, wo die ökonomischen Aussichten der USA ähnlich vielversprechend waren.

Unter diesen Umständen mag es seltsam klingen, auch nur leise vor den ökonomischen Folgen zu warnen, die der Niedergang des sozialen Kapitals in Amerika haben kann. Im Gegensatz zu anderen ökonomischen Krankheiten ist die kausale Beziehung zwischen dem sozialen Kapital und der ökonomischen Leistungsfähigkeit indirekt und eher verdeckt. Wenn die Sparrate plötzlich sinkt oder die Geldmenge stark anwächst, sind die Wirkungen an den Zinssätzen und der Inflationsrate innerhalb weniger Jahre oder sogar Monate ablesbar. Wie andere Kapitalformen kann auch soziales Kapital über längere Zeitperioden langsam aufgebraucht werden, ohne daß irgend jemand bemerkt, daß die Quelle allmählich versiegt. Menschen, denen die Gewohnheit zur Zusammenarbeit mit anderen angeboren ist, verlieren diese Eigenschaft nicht sehr schnell, auch dann nicht, wenn die Vertrauensgrundlagen schwinden. Die »Kunst der Assoziation« kann heute noch sehr lebendig erscheinen, da neue Gruppen, Vereinigungen und Gemeinschaften ständig neu entstehen. Aber Interessengruppen in der politischen Arena oder »virtuelle Gemeinschaften« im Cyberspace werden wahrscheinlich die älteren ethischen Gemeinschaften mit ihren Wertbeziehungen in ihrer Wirkung auf moralisches Verhalten nicht ersetzen können. Und wie die hier dargestellten Fälle von Gesellschaften mit geringem Vertrauen beweisen, kann es Jahrhunderte dauern, bis das einmal verbrauchte soziale Kapital wieder aufgebaut ist – wenn es überhaupt wiederaufgebaut werden kann.

Teil 5

Wie Vertrauen gestärkt werden kann: Verbindung von Kulturtraditionen und modernen Institutionen im 21. Jahrhundert

Kapitel 27

Spätentwickler

In diesem Buch habe ich bislang behauptet, daß die Ausstattung eines Landes mit sozialem Kapital entscheidend ist für seine Wirtschaftsstruktur und damit auch für seine Stellung in der weltweiten kapitalistischen Arbeitsteilung. Diese Aspekte sind zwar sehr wichtig, doch hat das soziale Kapital auch Wirkungen, die weit über die einzelnen Volkswirtschaften hinausreichen. Soziabilität ist eine lebenswichtige Stütze selbstverwalteter politischer Institutionen und darum in vielerlei Hinsicht ein Zweck an sich. Das soziale Kapital beruht auf nichtrationalen Gewohnheiten und hat seinen Ursprung in »irrationalen« Phänomenen wie Religion und traditionellen Ethiken. Allem Anschein nach ist es eine notwendige Bedingung, damit rationale moderne ökonomische und politische Institutionen funktionieren – eine Beobachtung mit interessanten Implikationen für den gesamten Modernisierungsprozeß.

Doch bevor wir uns in den letzten Kapiteln dieses Buches solchen Aspekten zuwenden, müssen wir der Frage nachgehen, ob die Wirtschaftsstruktur – die Größe der Unternehmen, ihre Verteilung auf die volkswirtschaftlichen Sektoren und die Art der Organisation der einzelnen Firmen – wirklich kulturelle Wurzeln hat oder ob es noch andere, nichtkulturelle Faktoren gibt, mit denen sich die auf den vorangehenden Seiten beschriebenen Unterschiede zwischen den Gesellschaften erklären ließen. Die Wirkungen der konfuzianischen Kultur auf das Wirtschaftswachstum Chinas wurden früher als Hindernis angesehen,[1] heute jedoch gelten sie als Wettbewerbsvorteil.[2] Angesichts so grundverschiedener Bewertungen sollten wir die Rolle der Kultur vorsichtig einschätzen und, wenn möglich, auf bescheidenere Erklärungen zurückgreifen.[3]

Es gibt mindestens fünf alternative Erklärungen für die Tatsache, daß in Taiwan, Hongkong, Italien und Frankreich relativ kleine Privatunternehmen, in Japan, Deutschland und den Vereinigten Staaten jedoch sehr viel größere Unternehmen vorherrschen. Erstens läßt sich die Existenz kleiner Betriebe auf die Größe der jeweiligen Inlandsmärkte zurückführen. Zweitens hängt die Unternehmensgröße mit dem ökonomischen

Entwicklungsniveau einer bestimmten Gesellschaft zusammen. Drittens läßt sich die Existenz vieler Kleinunternehmen mit dem Stichwort »verspätete Entwicklung« kennzeichnen. Viertens könnte dies daher rühren, daß die Rechts-, Handels- und Finanzinstitutionen fehlen, ohne die große Wirtschaftsorganisationen nicht funktionieren können. Und fünftens könnte es sein, daß der wichtigste Bestimmungsfaktor für die Unternehmensgröße nicht die Kultur, sondern das Verhalten des Staates ist. Dieser letztgenannte Faktor ist der wichtigste; ihn müssen wir deshalb im Zusammenhang mit dem sozialen Kapital näher beleuchten, damit wir eine vollständige Erklärung des Phänomens erhalten.

Das erste Argument lautet, daß Unternehmensgröße und Wirtschaftsstruktur letztlich von der Größe des Binnenmarktes eines Landes in Verbindung mit dem technologischen Entwicklungsniveau bestimmt werden.[4] Die mindestoptimale Betriebsgröße, also die Produktionskapazität, in der eine Wirtschaftseinheit operieren kann, um das Minimum der Stückkosten zu erreichen, wird durch das für diesen Produktionsprozeß gegebene technologische Niveau mit determiniert. In Sektoren wie Bekleidung oder Möbel sind die mindestoptimalen Betriebsgrößen relativ klein, in komplexeren, von der technologischen Entwicklung vorangetriebenen Produktionsprozessen wie Halbleiterindustrie oder Automobilbau hingegen sind sie gewöhnlich recht groß. Auf dem technologischen Niveau, das beispielsweise Mitte der siebziger Jahre bestand, war es schwierig, eine integrierte Stahlfabrik effizient zu betreiben, wenn sie weniger als sechs Millionen Tonnen Stahl pro Jahr produzierte und nicht mindestens drei 250-Tonnen-Oxygen-Hochöfen besaß.[5] Ähnlich schwierig ist es, Kühlschränke oder Automatikgetriebe effizient herzustellen, wenn die Stückzahlen bei Kühlschränken unter 800000 und bei den Getrieben unter 450000 liegen.[6]

Wie wichtig die Größe eines Marktes ist, kommt in Adam Smith' berühmtem Diktum zum Ausdruck, daß die Arbeitsteilung durch die Größe des Marktes beschränkt werde. Das heißt, Größenvorteile können nur dann genutzt werden, wenn eine genügend große Nachfrage besteht, um die Vorteile der mindestoptimalen Betriebsgröße ausschöpfen zu können. Ein kleines Unternehmen wird nicht in eine spezialgefertigte Werkzeugmaschine investieren, um ein bestimmtes Teil herstellen zu können, wenn nicht bekannt ist, ob es die Kosten durch den Absatz einer großen Zahl von Produkteinheiten wieder hereinholen kann. Außerdem sind auch die Marketingkosten wie Werbung und der Aufbau eines Vertriebsnetzes geringer, wenn sie auf einen großen Binnenmarkt verteilt werden können.[7] Dies bedeutet, daß die Firmengröße in einer Volkswirtschaft sehr eng mit der absoluten Höhe des Bruttoinlandsprodukts (BIP) zusammenhängt: Große Volkswirtschaften bringen größere Unternehmen hervor.

Es besteht also offensichtlich eine Beziehung zwischen dem Entwicklungsniveau und der Firmengröße, doch diese Korrelation gilt nicht in den von uns untersuchten Fällen. Tabelle 3 zeigt, daß keine Korrelation zwischen dem Bruttoinlandsprodukt und der Unternehmensgröße besteht. Das BIP Taiwans beläuft sich auf 67 Prozent des BIP von Südkorea, doch Taiwans zehn größte Unternehmen machen nur 17 Prozent der zehn größten südkoreanischen Unternehmen aus. Im Vergleich mit Japan erreicht Taiwan nur 5 Prozent des BIP, und seine zehn größten Privatunternehmen erreichen nur knapp 2 Prozent der zehn größten japanischen Privatunternehmen. Im Gegensatz dazu macht die koreanische Wirtschaft 8,5 Prozent der japanischen Wirtschaft aus, und die zehn größten koreanischen Unternehmen entsprechen 11 Prozent der zehn größten japanischen Firmen. Dies weist auf einen viel höheren Konzentrationsgrad hin.

Auch in Europa besteht keine Korrelation zwischen dem Bruttoinlandsprodukt und der Unternehmensgröße. Nach Tabelle 3 beträgt das BIP Italiens 68 Prozent des deutschen BIP, doch die zehn größten italienischen Privatunternehmen erreichen nur 33 Prozent der zehn größten deutschen Firmen. Diese Unterschiede werden bei einigen kleineren europäischen Volkswirtschaften mit einem sehr viel höheren Konzentrationsgrad als in Deutschland sogar noch deutlicher. So beträgt das niederländische BIP nur 18 Prozent des deutschen BIP, doch liegt der Personalbestand der zehn größten niederländischen Firmen bei 48 Prozent des Personalbestandes der zehn größten deutschen Unternehmen.[8] Und in Schweden, dessen Wirtschaft nur 14 Prozent der deutschen Wirtschaft ausmacht, beschäftigen die zehn größten Firmen 27 Prozent des Personals der zehn größten deutschen Unternehmen.

Das Problem der Beziehung zwischen Unternehmensgröße und Binnenmarkt besteht darin, daß viele kleinere Volkswirtschaften schon zu einem frühen Zeitpunkt auf den Weltmarkt drängten. Die Größe des eigenen Binnenmarktes war deshalb unwichtig, weil die Unternehmen für einen größeren globalen Markt produzierten. So konnte Korea zu einem der Hauptproduzenten und -exporteure von Fernsehgeräten werden, während die staatliche Politik bewußt den einheimischen Absatz von Fernsehgeräten durch hohe Preise hemmte. Auch für die kleineren europäischen Länder mit großen Unternehmen, wie die Niederlande, die Schweiz und Schweden, sind internationale Märkte wichtig.

Tabelle 3 Die zehn größten Privatunternehmen, Umsatz im Verhältnis zum BIP[9], in Mrd. Dollar, 1992

	Top 10	**BIP**
Vereinigte Staaten	755,2	6.039
Japan	551,2	3.663
Deutschland	414,3	1.789
Frankreich	233,3	1.322
Italien	137,9	1.223
Südkorea	61,2	308
Taiwan	10,7	207
Hongkong	24,7	86

Wenden wir uns einer zweiten Erklärungsmöglichkeit für die Unternehmensgröße zu. Sie steht mit der ersten Erklärung in einer Beziehung und besagt, daß die Unternehmensgröße nicht ein Ergebnis der Größe des Binnenmarktes ist, sondern des insgesamt erreichten wirtschaftlichen Entwicklungsniveaus – daß sie also eher mit dem BIP pro Kopf der Bevölkerung korreliert als mit der absoluten Höhe des BIP. Gesellschaften, in denen kleine Firmen vorherrschen, befinden sich demnach auf derselben Entwicklungsschiene wie Gesellschaften mit großen Unternehmen, hatten jedoch noch nicht genügend Zeit, um moderne Unternehmensstrukturen hervorzubringen. Auch in den Vereinigten Staaten und in Deutschland herrschten in den Frühphasen der Wirtschaftsentwicklung Familienunternehmen vor; erst im späten 19. Jahrhundert entstand die moderne Organisationsform der Unternehmen. In den frühen Stadien der Industrieproduktion verfügen die Volkswirtschaften über einen Überfluß an (billiger) Arbeitskraft, aber über wenig Kapital. Während des Wachstumsprozesses wird Kapital akkumuliert, so daß die Unternehmen in der Lage sind, in stärker kapital- und technologieintensive Produktionsprozesse zu investieren. Gleichzeitig beginnen die Löhne zu steigen, und Arbeit wird im Verhältnis zum Kapital knapper, wodurch sich der Anreiz erhöht, Arbeit durch Kapital zu ersetzen. Dies führt zu einer Verlagerung in kapitalintensivere Produktionssektoren, die wiederum größere Fabrikanlagen und größere Unternehmensorganisationen erforderlich machen. Daher sollte die Unternehmensgröße zuerst durch das insgesamt erreichte ökonomische Entwicklungsniveau bestimmt werden, das wiederum die Größe der führenden Industrien determiniert.[10] Nach dieser Interpretation müßte sich schließlich eine Konvergenz ergeben: Wenn das Pro-Kopf-Einkommen in Taiwan oder Hongkong das Niveau Japans oder der Vereinigten Staaten erreicht, dürften die Wirtschaftsstrukturen der beiden erstgenannten Länder nicht mehr von kleinen Familienbetrieben beherrscht sein, sondern von modernen Großunternehmen.[11]

Das Problem dieses Erklärungsansatzes besteht darin, daß sich schon im späten 19. Jahrhundert sowohl in den Vereinigten Staaten als auch in Japan ein professionelles Management entwickelte – zu einem Zeitpunkt, als das Pro-Kopf-Einkommen noch weit unterhalb des Niveaus lag, das Taiwan und Hongkong in den achtziger Jahren erreicht hatten. Wie wir dargelegt haben, kannte Japan professionelles Management sogar schon vor der Meiji-Restauration, somit lange bevor das Land in den Industrialisierungsprozeß eintrat. In den meisten Bereichen ihres Handelns sind die größeren Familienunternehmen in Hongkong, Taiwan und Singapur hochmodern, das gilt auch für das Bildungsniveau der aus der Familie stammenden Manager und für die Technologien, die in diesen Firmen zum Einsatz kommen. Seit vielen Jahren arbeiten sie mit japanischen, amerikanischen und europäischen Unternehmen zusammen; es läßt sich so kaum argumentieren, daß sie keine Beispiele für modernes Unternehmensmanagement kennen. Wenn sie ähnliche Organisations- und Managementtechniken nicht übernommen haben, läßt sich das deshalb nicht einfach damit begründen, daß sie das dafür nötige Entwicklungsniveau noch nicht erreicht hätten.[12]

Die Argumentation mit dem Entwicklungsniveau fällt endgültig in sich zusammen, wenn wir Taiwan und Südkorea vergleichen. Das Pro-Kopf-Einkommen in Taiwan war während dieser gesamten Periode beträchtlich höher als in Südkorea; die meisten Wirtschaftswissenschaftler hielten es für etwas höher, als man nach dem allgemeinen wirtschaftlichen Entwicklungsniveau des Landes hätte erwarten dürfen. Doch wie die Daten in Tabelle 3 zeigen, ist die südkoreanische Wirtschaft viel stärker konzentriert als die Taiwans. Unter den 150 größten Unternehmen der Randstaaten des Pazifiks, die das Magazin *Fortune* aufgelistet hat, befindet sich nur ein einziges chinesisches gegenüber elf südkoreanischen Unternehmen.[13] In ähnlicher Weise lag im Europa des 19. Jahrhunderts das Ausgangsniveau des Pro-Kopf-Einkommens in Deutschland niedriger als in Frankreich. In Deutschland wurden jedoch zu einem früheren Zeitpunkt moderne Unternehmen aufgebaut, was zur Folge hatte, daß das deutsche Pro-Kopf-Einkommen nach zwei bis drei Generationen höher war als das Frankreichs. Die unterschiedlichen Wirtschaftsstrukturen in den verschiedenen Regionen Italiens lassen sich mit dem jeweiligen Entwicklungsniveau nicht erklären, da der Norden des Landes bei Beginn der Industrialisierung in den siebziger Jahren des 19. Jahrhunderts über vergleichsweise größere Unternehmen verfügte, aber ärmer und weniger urbanisiert war als der Süden. All diese Fälle legen folgende Vermutung nahe: Wenn eine Beziehung zwischen der Unternehmensgröße und entweder dem Bruttoinlandsprodukt pro Kopf oder der absoluten Höhe des Bruttoinlandsprodukts besteht, könnte diese Kausalbeziehung auch in entgegengesetzter Richtung wirken. Mit anderen Worten: Die kulturell bedingte Fähigkeit, große Unternehmen hervorzubringen, führt zu größeren Märkten und schnellerem Wachstum des Bruttoinlandsprodukts pro Kopf und nicht umgekehrt.

Eine dritte alternative Erklärung für die charakteristischen Züge der japanischen und der deutschen Volkswirtschaft bezieht sich auf die »verspätete Entwicklung«, wie die Sozialwissenschaftler es genannt haben.[14] Die zuvor zitierte Argumentation geht davon aus, daß alle Länder im wesentlichen ähnlichen Entwicklungswegen folgen. Im Gegensatz dazu wird bei der These der »verspäteten Entwicklung« angenommen, daß Länder, die sich später industrialisieren, die Erfahrungen der Frühentwickler nutzen können und deshalb einem anderen Entwicklungspfad folgen. Diesem Argument zufolge lassen sich die spezifischen Merkmale der japanischen und der deutschen Volkswirtschaft mit der verspäteten Entwicklung erklären – die zentrale Rolle des Staates bei der Modernisierung, die konzentrierte Industriestruktur mit einem bankenzentrierten Finanzsektor und die paternalistischen Arbeitsbeziehungen.

Wie die Argumentation mit dem Entwicklungsniveau fällt auch das Spätentwicklerargument in sich zusammen – zumindest was Phänomene wie Unternehmensgröße und Arbeitsplatzorganisation anbetrifft –, wenn man Deutschland und Japan mit Ländern vergleicht, die sich noch später entwickelten, darunter Italien, Taiwan, Südkorea und Hongkong. Bei Faktoren wie Wirtschaftsstruktur, Arbeitsbeziehungen und Arbeitsorganisation sind die Unterschiede *innerhalb der Gruppe* der Spätentwickler genauso ausgeprägt wie zwischen Spätentwicklern und Frühentwicklern. Es ist sehr viel wahrscheinlicher, daß die Ähnlichkeiten zwischen Deutschland und Japan auf zufällig ähnliche kulturelle Faktoren zurückzuführen sind, als auf die Tatsache, daß sich beide Länder ungefähr zur gleichen Zeit industrialisierten. Solch ein kultureller Faktor könnte beispielsweise das Vorherrschen von sozialen Beziehungen sein, die auf einem hohen Vertrauensniveau beruhen.

Die vierte Erklärung lautet, eine durch Kleinunternehmen geprägte Wirtschaftsstruktur sei darauf zurückzuführen, daß die institutionellen und rechtlichen Strukturen für die Schaffung großer, professionell geführter Organisationen gefehlt hätten. Viele Gesellschaften brachten erst spät Systeme für Eigentumsrechte, Handelsrecht und Finanzinstitutionen hervor. In den Vereinigten Staaten gibt es seit 1792 eine Börse, in China hingegen sind Aktienmärkte erst vor relativ kurzer Zeit entstanden und noch nicht ausgereift. Unternehmen in Familienbesitz ziehen es häufig vor, ihren Kapitalbedarf durch Kreditaufnahme oder thesaurierte Gewinne zu decken. Bei der Kapitalbeschaffung auf den Aktienmärkten müssen detaillierte Geschäftsberichte vorgelegt werden; außerdem wird die Eigentumsfrage undurchsichtiger, und es entsteht die Gefahr der Übernahme. Dieser Argumentation zufolge werden die Unternehmen über die Eignerfamilie hinaus expandieren, sobald die entsprechenden Institutionen etabliert sind – wie dies in den Vereinigten Staaten der Fall war.

In der Volksrepublik China ist der Mangel an formalen Institutionen besonders ausgeprägt, dort ist die maoistische Ideologie für die Verzögerungen bei der Einführung eines »kapitalistischen« Handelsrechts verantwortlich zu machen. Bis zum heutigen Tag stehen Unternehmer in China einem hochgradig willkürlichen Rechtssystem gegenüber, in dem es kaum Eigentumsrechte gibt und die Steuersätze variieren können, je nachdem mit welcher Provinzregierung sie es zu tun haben. Bei Verhandlungen mit Staatsbeamten ist Bestechung an der Tagesordnung.

Chinesische Gesellschaften außerhalb der Volksrepublik wie Hongkong, Taiwan und Singapur kennen ein modernes Handelsrecht schon seit längerer Zeit. In Hongkong galt von Anfang an das britische Rechtssystem; man wird somit kaum behaupten können, die *abnehmende* Größe der Unternehmen in Hongkong sei auf fehlende Institutionen zurückzuführen.

Durch die unausgereiften Aktienmärkte in chinesischen Gesellschaften wurde wahrscheinlich in gewissem Umfang die Entwicklung von nichtfamilialen Eigentumsformen behindert. Aber auch hier zeigt ein Vergleich der chinesischen Gesellschaften mit ihren asiatischen Nachbarn, daß die Entwicklung der Kapitalmärkte nicht als Schlüssel für das Verständnis der wirtschaftlichen Konzentration angesehen werden kann, weil für Asien keine Korrelation zwischen der Herausbildung von Aktienmärkten und der Unternehmensgröße feststellbar ist.[15] In Südkorea herrscht eine sehr viel stärkere Unternehmenskonzentration als in Taiwan, der koreanische Börsenmarkt ist jedoch weniger entwickelt als der taiwanesische.[16] Die südkoreanische Börse wurde 1956 gegründet; die Regierung richtete jedoch bewußt Schranken auf, um den Zugang von Ausländern zu begrenzen. Seither spielt die Börse bei der Kapitalbeschaffung südkoreanischer Unternehmen eine sehr geringe Rolle.[17] Die älteste Börse Asiens befindet sich nicht in Japan, sondern in Hongkong, dessen durchschnittliche Firmengröße, wie bereits erwähnt, seit dem Ende des Zweiten Weltkriegs ständig sinkt. (Die älteste Wertpapierbörse Asiens wurde 1873 in Bombay eröffnet.) In der Kronkolonie Hongkong begann der Aktienhandel im Jahre 1866, und der Hong Kong Stock Exchange (die älteste der vier Börsen der Kolonie) wurde 1891 gegründet.[18] Im Jahre 1992 betrug die Gesamtmarktkapitalisierung auf den Finanzmärkten von Hongkong nur 80 Milliarden Dollar im Vergleich zu 2,6 Billionen Dollar in Japan. Doch im Verhältnis zum Bruttosozialprodukt war die Marktkapitalisierung in Hongkong höher als in Japan (140 Prozent verglichen mit 90 Prozent).[19] Der Markt von Hongkong spielt auch eine wichtige internationale Rolle als Drehscheibe des Handels mit Eurobonds und Vermögenswerten aus dem pazifischen Raum.

Aktienmärkte haben in Asien ganz allgemein eine relativ geringe Bedeutung, weil die meisten asiatischen Unternehmen ihre Expansion durch Kreditaufnahme und nicht durch Aktienausgabe finanzieren. Dies trifft auf Japan im selben Maße zu wie auf andere asiatische Staaten. Japan verfügt zwar über einen relativ gut entwickelten Börsenhandel, doch stützen sich die meisten großen japanischen Unternehmen traditionell in viel höherem Maße als die amerikanischen Firmen auf Bankkredite. Die japanischen Zaibatsu der Vorkriegszeit waren Unternehmensgruppen mit einer Bank oder einer anderen Finanzinstitution im Mittelpunkt, die als Hauptquelle der Kapitalversorgung der Gruppe diente. Wie in Deutschland in derselben Zeit waren solche Finanzinstitutionen in der Lage, den Zaibatsu ein enormes Größenwachstum zu ermöglichen und viele Kennzeichen moderner, professionell geführter Unternehmen zu entwickeln. Obwohl keine ausgereiften Aktienmärkte existierten, hatten die Japaner bereits Familieneignerschaft von Familienmanagement getrennt. Der relativ gut entwickelte Aktienmarkt von Hongkong verschleiert im Gegensatz dazu die Tatsache, daß in den Führungsetagen vieler börsennotierter Unternehmen weiterhin Angehörige der Eignerfamilien sitzen. Mit Blick auf Taiwan und Südkorea könnte man sagen, daß ihre Börsenmärkte gerade *wegen* der Präferenz für familistische Managementstrukturen unterentwickelt sind, daß nicht umgekehrt diese Länder ihre familistischen Mangementstrukturen beibehalten, weil ihre Aktienmärkte unterentwickelt sind. Trotz der staatlichen Anstrengungen, die Beteiligung an den Börsenmärkten zu fördern, zögern Familienunternehmen, sich in Aktiengesellschaften umzuwandeln. Die Eignerfamilien fürchten, sie könnten die Kontrolle über ihre Unternehmen verlieren, und sie schrecken vor den Vorschriften für Geschäftsberichte und Offenlegung ihrer Aktivitäten zurück. Viele Familienunternehmen ziehen es deshalb vor, alles »in der Familie« zu belassen.[20]

Es trifft zwar zu, daß die Funktion des japanischen Keiretsu-Systems teilweise darin besteht, die Größenvorteile sicherzustellen, die sich durch die vertikale Integration ergeben, und daß diese Funktion von Überkreuzbeteiligungen und damit von einem entwickelten Aktienmarkt abhängt. Wie wir jedoch ausgeführt haben, spiegelt die Überkreuzbeteiligung eher die *tatsächlichen* Beziehungen zwischen den Mitgliedern eines Keiretsu wider, als daß sie eine unerläßliche finanzielle Voraussetzung für die Entstehung solcher Beziehungen darstellt.[21]

Das Argument, die Firmengröße werde durch die staatliche Politik bestimmt, trifft *in gewissem Umfang* zu. Jede Regierung kann die Unternehmensgröße im Privatsektor durch ihre Steuerpolitik, durch die Vergabe öffentlicher Aufträge sowie durch die Kartellgesetzgebung und den Grad ihrer Durchsetzung beeinflussen.[22] Richtig ist auch, daß das deutsche Recht im Gegensatz zum amerikanischen die Entwicklung von Kartellen und anderen Konzentrationen sehr großer Wirtschaftsmacht begünstigte. Die Regierungen Japans und insbesondere Südkoreas förderten die Bildung großer Unternehmen, indem sie ihnen eine Vorzugsbehandlung einräumten, vor allem bei der Kreditvergabe. Im Gegensatz dazu versuchte die nationalistische Regierung Taiwans bewußt, große

Privatunternehmen zu behindern, damit ihr keine politische Konkurrenz entstand. Für Südkorea haben wir aufgezeigt, wie der Staat gezielt Japan und dem japanischen Zaibatsu-System nacheiferte und große Privatunternehmen auf vielfache Weise unterstützte. Die Folge war, daß in Südkorea die kulturellen Faktoren durch die staatliche Wirtschaftspolitik weggeschwemmt wurden. Aufgrund der koreanischen Familienstrukturen, die den chinesischen viel ähnlicher waren als den japanischen, hätten sich eigentlich eine Struktur durchschnittlich kleiner Unternehmen und ein niedriges Niveau wirtschaftlicher Konzentration ergeben müssen. Doch der koreanische Staat war nach 1961 entschlossen, die wirtschaftliche Entwicklung nach dem japanischen Modell schnell voranzutreiben, und ein Teil dieses Modells bestand in großen Unternehmen und Keiretsu-Netzwerken.

Es gibt natürlich keine direkte Beziehung zwischen dem *Grad* der staatlichen Intervention in der Wirtschaft und der Unternehmensgröße im Privatsektor. Sowohl in Hongkong als auch in Taiwan sind die Unternehmen im Durchschnitt sehr klein, obwohl sich die taiwanesische Regierung im Finanzsektor nicht weniger interventionistisch verhielt als die koreanische Regierung. In Taiwan befanden sich wie in Südkorea (aber anders als unter der britischen Kolonialregierung in Hongkong, die nach dem Prinzip des *laissez faire* agierte) alle großen Banken, die die Kapitalversorgung der Unternehmen sicherstellten, in staatlichem Besitz, und sie blieben länger in staatlichem Besitz als in Südkorea.[23] Sowohl in Taiwan als auch in Südkorea wurden die Zinssätze, Wechselkurse und der Kapitalfluß relativ streng kontrolliert, und die Zahl der ausländischen Finanzinstitutionen, die in diesen Ländern operieren durften, war begrenzt. In beiden Ländern wurden Kredite auf »strategische« Sektoren (größtenteils exportorientierte Branchen) verteilt. Der Hauptunterschied zwischen beiden Ländern bestand darin, daß Südkorea bei der Kreditvergabe viel stärker selektierte und die Ressourcen in die großen Chaebol-Konglomerate lenkte, die nach dem Modell der japanischen Keiretsu-Netzwerk-Oorganisationen gebildet worden waren. In Taiwan hingegen begünstigte der Staat (außerhalb des öffentlichen Sektors) große Unternehmen nicht in vergleichbarer Weise.[24]

In Südkorea spielte die staatliche Politik somit eine außerordentlich wichtige Rolle bei der Bestimmung der Unternehmensgröße und der Wirtschaftsstruktur. In Japan war die Tendenz zu großen Unternehmen in der Kultur angelegt und wurde vom Staat gefördert. In Taiwan beeinflußte die staatliche Politik viele Aspekte der wirtschaftlichen Entwicklung, nicht jedoch die Unternehmensgröße; dort blieben kulturelle Faktoren wichtige Determinanten. Und in Hongkong wirkte sich das Handeln des Staates fast gar nicht auf die Wirtschaftsstruktur aus. Hongkong kann deshalb als reinstes Beispiel einer chinesischen Wirtschaftskultur gelten, die nicht durch staatliche Manipulation verzerrt wurde.

Neben der Kultur lassen sich viele andere Faktoren ausmachen, die Einfluß auf die Wirtschaftsstruktur haben. Doch die Bedeutung der Kultur, und inbesondere der spontanen Soziabilität, wird in der konventionellen Wirtschaftstheorie sehr stark unterschätzt, wenn es darum geht, die großen Unterschiede zwischen Gesellschaften mit einem ähnlichen Entwicklungsniveau zu erklären.

Kapitel 28

Rückkehr zu den Größenvorteilen

In diesem Buch haben wir ganz unterschiedliche Gesellschaften unter dem Aspekt untersucht, wie die Kultur mit dem Wirtschaftsleben zusammenhängt und wie sie die Fähigkeit beeinflußt, neue Vereinigungen zu bilden. Alle hier vertiefend behandelten Länder sind ökonomisch erfolgreiche Staaten. Etliche Kapitel handeln von Asien, da ein großer Teil Asiens gegenwärtig im Übergang von der Dritten zur Ersten Welt begriffen ist. Kultur gilt gemeinhin als ein wichtiger Faktor des asiatischen Erfolgs. Es muß nicht eigens darauf hingewiesen werden, daß viele andere Kulturen auf der Welt ebenfalls in unsere Untersuchung hätten aufgenommen werden können. Wichtige Regionen der Welt wurden ausgeklammert, darunter Afrika, der Nahe Osten, Südasien, Lateinamerika und die meisten Länder des ehemaligen kommunistischen Blocks. Ich will mich nicht dafür entschuldigen, die Liste der Kulturen in dieser Weise verkürzt zu haben. Jede vergleichende Untersuchung muß eine Balance zwischen den Erfordernissen der Breite und der Tiefe suchen. In diesem Buch habe ich so viele Länder behandelt, daß ich mich möglicherweise selbst um die Chance gebracht habe, sie eingehend zu erforschen. Auf jeden Fall wurde ein allgemeiner analytischer Rahmen entwickelt, der es ermöglichen soll, die verschiedenen Brücken zur ökonomischen Soziabilität zu begreifen. Dieser Rahmen ist für die Analyse anderer Gesellschaften leicht anwendbar.

Der Rahmen und die ihn tragenden Hypothesen lassen sich kurz wie folgt beschreiben: Ökonomisch handeln in unserer heutigen Welt kaum noch Individuen, sondern Organisationen, was ein hohes Maß an Kooperation voraussetzt. Eigentumsrechte, Vertragssicherheit und Handelsrecht sind unverzichtbare Institutionen, um ein modernes, marktorientiertes Wirtschaftssystem zu schaffen. Werden diese Institutionen durch soziales Kapital und Vertrauen ergänzt, lassen sich bei den Transaktionskosten beträchtliche Ersparnisse erzielen. Vertrauen ist wiederum das Produkt bereits bestehender Gemeinschaften, deren Mitglieder bestimmte Moralvorstellungen und Werte teilen. Solche Gemeinschaften sind – zumindest erleben und erfahren es die neuen Mitglieder so – *nicht* das Ergebnis einer rationalen Wahlentscheidung im ökonomischen Wortsinne.

Es gibt viele verschiedene Formen von sozialem Kapital, die es den Menschen ermöglichen, einander zu vertrauen und Wirtschaftsorganisationen aufzubauen. Die nächstliegende und natürlichste Form ist die Familie. Darum waren und sind die meisten Unternehmen Familienbetriebe. Die Familienstruktur hat Einfluß auf die Art der Familienunternehmen: Die vielköpfigen Großfamilien in Südchina oder Mittelitalien wurden zur Grundlage relativ großer, dynamischer Unternehmen. Über die Familie hinaus gibt es Verwandtschaftsbeziehungen. So haben zum Beispiel die Abstammungsgruppen in China und Südkorea die Funktion, den »Vertrauensradius« nach außen zu erweitern.

Familienbindungen sind jedoch für die ökonomische Entwicklung keineswegs nur von Vorteil. Wenn der Familismus nicht von einer hohen Wertschätzung der Bildung begleitet wird, wie sie beispielsweise in der konfuzianischen und in der jüdischen Kultur gegeben ist, kann er zu einem erdrückenden Sumpf von Nepotismus und einer geradezu inzestuösen Stagnation führen. Außerdem geht eine zu starke Familienorientierung zu Lasten anderer Formen der Soziabilität. Von daher ist auch das Mißtrauen zwischen Nichtverwandten in ausgeprägt familistischen Gesellschaften wie China und Italien erklärbar, das zur Folge hat, daß bei wirtschaftlichen Unternehmungen die Zusammenarbeit mit Fremden nur eingeschränkt möglich ist. In den meisten Kulturen sind die Grenzen zwischen der Bedeutung von Familienbindungen und der Stärke der nichtverwandtschaftlichen Beziehungen gewissermaßen austariert. Die Fähigkeit, jederzeit in Beziehungen zu Nichtverwandten eintreten zu können, impliziert notwendigerweise, daß der soziale Horizont über die Familiengrenzen hinausreicht.

Manche Gesellschaften verfügen noch über andere Formen von sozialem Kapital außer Familie und Verwandtschaft. Japan bot schon geraume Zeit vor seiner Modernisierung Betätigungsmöglichkeiten für eine Vielzahl sozialer, nicht auf Verwandtschaft gründender Gruppen. Voraussetzung dafür war eine Familienstruktur, die ohne Schwierigkeiten die Aufnahme biologisch Fremder in den Haushalt zuließ. In Deutschland gab es ebenfalls ein breites Feld von nicht auf Verwandtschaftsbeziehungen beruhenden Strukturen, so beispielsweise die bis in die Feudalzeit zurückreichenden Zünfte. In den Vereinigten Staaten hingegen war Soziabilität das Produkt der sektenorientierten protestantischen Religion. Mit anderen Worten: Neben der Familie existiert kein spezifischer Weg zur Soziabilität, der allen Kulturen mit einem hohen Maß an Vertrauen und spontaner Soziabilität gemeinsam ist.

Allerdings haben viele familistische Gesellschaften mit einem geringen Maß an Vertrauen zwischen Nichtverwandten eine Gemeinsamkeit: China, Frankreich, Süditalien und andere Gesellschaften mit einem geringen Vertrauensniveau durchliefen alle eine Periode starker politischer Zentralisierung, in deren Verlauf ein absolut herrschender Kaiser, König oder Staatsapparat nach und nach die Konkurrenten um die Macht ausschaltete. In solchen Gesellschaften wurde das vorhandene soziale Kapital ausgehöhlt, oder bestehende soziale Strukturen wie die französischen Zünfte wurden in den Dienst des Staates genommen. Gesellschaften mit einem hohen Vertrauensniveau wie Japan, Deutschland und die Vereinigten Staaten erlebten im Gegensatz dazu keine längeren Perioden zentralisierter Staatsmacht. Da die politische Macht breiter gestreut war – in der feudalistischen Periode Japans und Deutschlands oder, wie in den Vereinigten Staaten, als beabsichtigte Folge der Verfassungskonstruktion –, konnte eine reiche Fülle sozialer Organisationen störungsfrei gedeihen und zur Basis ökonomischer Kooperation werden.

Wir haben uns zwar mit Fällen dieser Art nicht befaßt, doch sind auch Gesellschaften denkbar, die weder ausgeprägte familiäre Bindungen aufweisen noch starke Organisationen außerhalb des Kreises von Verwandten, das heißt Gesellschaften mit einem Mangel an Sozialkapital insgesamt. Kurz erwähnt haben wir das Beispiel der extrem armen Bauern in Süditalien, die Edward Banfield untersucht hat; für sie waren kleine, schwache Kernfamilien charakteristisch. Als weiteres Beispiel wären die heutigen schwarzen Unterschichten in den innerstädtischen Bezirken in Amerika anzuführen, wo die Ein-Eltern-Familie die Norm ist. Es ließen sich natürlich noch weitere Beispiele finden. In den ländlichen Gebieten Rußlands etwa herrscht kein ausgeprägtes gesellschaftliches Leben außerhalb der Kolchosen und Sowchosen, der staatlichen Landwirtschaftsbetriebe. Die russischen Bauernfamilien leben elend und sind schwach. In vielen afrikanischen Städten läßt sich heute feststellen, daß die älteren Stammesstrukturen und Familienbindungen mit der rapiden Verstädterung verschwinden, doch an ihre Stelle treten keine starken freiwilligen Assoziationen jenseits der Verwandtschaftsbeziehungen. Es ist offensichtlich, daß solche atomisierten Gesellschaften keinen fruchtbaren Nährboden für wirtschaftliche Betätigung bieten, da auf einer solchen Grundlage weder große Organisationen noch Familienunternehmen bestehen können. Ein interessanter Faden zieht sich jedoch durch diese Gesellschaften: die »kriminelle Vereinigung«. Soweit Gemeinschaftsstrukturen bestehen, sind sie nicht legal oder legitim, sondern kriminelle Organisationen. Es sieht so aus, als gäbe es einen natürlichen, universellen menschlichen Drang zur Soziabilität. Ist der Weg zu »legitimen« sozialen Strukturen wie der Familie oder freiwilligen Assoziationen versperrt, drückt er sich offensichtlich in pathologischen Formen wie kriminellen Vereinigungen aus. Tatsächlich entstanden mafiaartige Strukturen als besonders feste soziale Organisationen gerade in Gebieten wie Süditalien, in den amerikanischen Innenstadtbezirken, in Rußland und in vielen afrikanischen Städten südlich der Sahara.

Eine unmittelbare Wirkung von Kulturen mit einer ausgeprägten Neigung zu spontaner Soziabilität ist die Fähigkeit der Gesellschaften, große, moderne, professionell geführte Unternehmen hervorzubringen. Für deren Entstehung waren natürlich zahlreiche technologische und marktbedingte Faktoren ausschlaggebend, da die Produzenten und Zwischenhändler nach optimalen Betriebsgrößen strebten. Doch die Entwicklung großer Organisationen, die in der Lage waren, Größenvorteile zu realisieren, wurde in hohem Maße erleichtert, wenn bereits eine Kultur mit einer Neigung zur spontanen sozialen Organisation existierte. Aus diesem Grunde kann es kaum ein Zufall sein, daß drei Gesellschaften mit hohem Vertrauensniveau, nämlich Japan, Deutschland und die Vereinigten Staaten, Pionierleistungen bei der Entwicklung großer, professionell geführter Unternehmen vollbrachten. Gesellschaften mit niedrigem Vertrauensniveau wie Frankreich, Italien und die nichtkommunistischen chinesischen Staaten einschließlich Taiwans und Hongkongs unternahmen hingegen erst relativ spät den Schritt von großen Familienunternehmen zu modernen Unternehmensformen.

Einer Gesellschaft, in der weder ein großer Vertrauensradius noch eine Neigung zur spontanen Assoziation vorhanden ist, stehen zwei Optionen offen, um große Wirtschaftsorganisationen aufzubauen. Auf die erste Option wurde seit unvordenklichen Zeiten zurückgegriffen: Der Staat fördert die wirtschaftliche Entwicklung, häufig direkt durch Unternehmen in staatlichem Besitz oder unter staatlicher Leitung. Viele familistische Gesellschaften mit starken Regierungen schlugen diesen Weg ein, um zu großen Unternehmen zu kommen, so etwa Frankreich, Italien und Taiwan. Auch Südkorea fällt in diese Kategorie. Obwohl die großen südkoreanischen Unternehmen theoretisch zum Privatsektor zählen, verdanken sie ihre Vorherrschaft der langjährigen Begünstigung durch den Staat.

Die zweite Option zum Aufbau großer Organisationen in einer Gesellschaft mit niedrigem Vertrauensniveau sind ausländische Investitionen – direkt oder durch Joint-ventures mit großen ausländischen Partnern. Darüber haben wir im vorliegenden Buch noch nicht ausführlich gesprochen. Viele der sich schnell entwickelnden Staaten Südostasiens haben sich für diese Option entschieden. Die Länder, mit denen wir uns in diesem Buch befaßten, haben im großen und ganzen umfassende direkte Investitionen durch Ausländer vermieden und eher einheimisches Talent genutzt, um große Unternehmen aufzubauen (wenn auch häufig mit ausländischem Kapital). Die Listen der größten Unternehmen in Singapur, Malaysia und Thailand enthalten viele Niederlassungen großer multinationaler Konzerne. Das gleiche Muster zeigt sich in Lateinamerika und scheint sich auch in Teilen der ehemaligen kommunistischen Welt herauszubilden.

Man könnte nun behaupten, daß die Unfähigkeit, große privatwirtschaftliche Unternehmen zu gründen, entweder durch staatliche Interventionen oder durch ausländische Direktinvestitionen überwunden werden kann und daß die gesamte Frage der spontanen Soziabilität langfristig keine Rolle spielt. In gewissem Sinne trifft dies zu: Frankreich konnte trotz eines schwachen privatwirtschaftlichen Sektors dank Unternehmen in Staatsbesitz und staatlich subventionierten Unternehmen einen Spitzenplatz als technologisch fortgeschrittene Wirtschaftsmacht erobern. Gegen diese Argumentationslinie kann man aber auch gravierende Einwände vorbringen. Staatliche Unternehmen sind gewöhnlich weniger effizient als vergleichbare Firmen im privaten Sektor: Das Management ist ständig der Versuchung ausgesetzt, Entscheidungen nach politischen und nicht nach marktspezifischen Kriterien zu fällen, und die gesamte »strategische« staatliche Investitionstätigkeit kann allein durch einfache Berechnungsfehler in eine falsche Richtung laufen. Zwar trifft es zu, daß staatliche Unternehmen in manchen Kulturen besser geführt werden als private und daß Mechanismen wirksam sind, die sie vor politischem Druck schützen. Obwohl die Staatsfirmen in Südkorea und Taiwan besser abschneiden als jene in Brasilien und Mexiko, sind sie dennoch im allgemeinen weniger effizient und dynamisch als vergleichbare Privatunternehmen.

Ausländische Direktinvestitionen werfen andere Probleme auf. Letzten Endes wird das Know-how der ausländischen multinationalen Konzerne in den Bereichen Technologie und Management von der inländischen Wirtschaft aufgenommen. Dieser Prozeß kann jedoch viele Jahre dauern. In der Zwischenzeit stoßen Länder, deren führende Unternehmen Niederlassungen ausländischer Konzerne sind, auf Probleme, wenn sie wettbewerbsfähige Unternehmen im Besitz und unter dem Management von Inländern aufbauen wollen. Viele sich schnell modernisierende Gesellschaften in Asien wie zum Beispiel Japan, Südkorea und Taiwan duldeten den Zustrom von ausländischem Kapital, begrenzten jedoch Direktinvestitionen ausländischer multinationaler Konzerne, um der einheimischen Industrie eine Chance zu geben, sich auf Weltmarktstandards hochzuarbeiten. Direktinvestitionen bewirken einen unmittelbaren Zustrom von Technologie und beruflichen Qualifikationen, aber gerade dadurch verzögern sie möglicherweise Investitionen in die Infrastruktur und in das Bildungswesen, die erforderlich wären, um eine breite Schicht von einheimischen Technikern, Unternehmern und Managern heranzubilden. Wie andere Formen der Abhängigkeit rufen auch Direktinvestitionen oftmals Streitigkeiten und Eifersüchteleien hervor, die leicht auf die politische Arena übergreifen können.

Kulturelle Faktoren wie die spontane Soziabilität bilden nur eine von mehreren Einflußgrößen, die zum Wachstum des Bruttoinlandsprodukts beitragen – und häufig nicht die wichtigste Einflußgröße. Die gegenwärtig bevorzugt in der wirtschaftswissenschaftlichen Forschung diskutierten Themen – Makroökonomie, einschließlich der Fiskal- und Geldpolitik, Institutionen, internationale Rahmenbedingungen, Handelshemmnisse und so weiter – bleiben auch weiterhin die wichtigsten Bestimmungsfaktoren des langfristigen Wirtschaftswachstums. Spontane Soziabilität scheint sich hauptsächlich auf die Unternehmensstruktur auszuwirken, das heißt auf die Zahl und Bedeutung großer Unternehmen im Vergleich zu kleinen Firmen in einer Volkswirtschaft und auf die Art ihrer Interaktionen, der Entstehung von Netzwerken und dergleichen. In manchen Gesellschaften behindert die Kultur das Wachstum großer Unternehmen, in anderen ermöglicht sie es, und in einigen

Ländern stimuliert sie sogar die Entstehung neuer Unternehmensformen wie zum Beispiel der japanischen Netzwerke.

Die Unternehmensstruktur eines Landes ist ausschlaggebend dafür, in welchem Sektor der Weltwirtschaft das Land aktiv wird. Der Zweck großer Unternehmen ist es, Größenvorteile der Produktion in Sektoren nutzen zu können, die hochgradig kapitalintensiv sind, hochkomplexe Produktionsprozesse voraussetzen oder sehr extensive Distributionsnetze erforderlich machen. Kleine Unternehmen wiederum sind besser in der Lage, die arbeitsintensive Produktion in Sektoren zu organisieren, die Flexibilität, Innovation und rasche Entscheidungen verlangen. In einer Volkswirtschaft mit vielen sehr großen Konzernen werden die Produktion von Kraftfahrzeugen und Halbleitern, Luftfahrttechnik und ähnliche Bereiche zentrale Bedeutung haben; finden sich in einer Volkswirtschaft eher kleine Firmen, so wird man sich auf Kleidung, Design, Werkzeugmaschinen und Möbel konzentrieren. Es ist bemerkenswert, daß sich bis zum heutigen Tag keine eindeutige Korrelation zwischen der durchschnittlichen Produktionsgröße und dem Wirtschaftswachstum feststellen läßt. Bestimmte Gesellschaften sind reich geworden, gleichgültig ob ihre Wirtschaftsstruktur nun von Kleinunternehmen oder aber von Großunternehmen beherrscht wurde. Taiwan ist nicht ärmer als Südkorea, obwohl die taiwanesischen Unternehmen im Durchschnitt kleiner sind, und Italien erzielte in den achtziger Jahren ein höheres Wirtschaftswachstum als Deutschland. Was kleine Unternehmen durch mangelnde Finanzkraft, technologische Ressourcen und Durchhaltevermögen verlieren, machen sie durch Flexibilität, weniger bürokratische Strukturen und Innovationsfähigkeit wieder wett.

Das Prestige großer Unternehmen im Verhältnis zu kleinen Firmen hat sich im Laufe der Zeit verändert. In der ersten Hälfte unseres Jahrhunderts setzte man meistens Massenproduktion in riesigen Stückzahlen mit höchster industrieller Modernität gleich. Überall auf der Welt wurde es bei den Regierungen Mode, die Entwicklung großer Schwerindustrien zu fördern, die es Ländern wie den Vereinigten Staaten und Deutschland in der zweiten Hälfte des 19. Jahrhunderts ermöglichten, an die Spitze der Industriemächte vorzustoßen.

In den letzten Jahrzehnten hat das Pendel sehr weit in die entgegengesetzte Richtung ausgeschlagen. Die staatliche Politik in den Vereinigten Staaten und in Europa wurde in jüngerer Zeit von der Vorstellung beherrscht, daß kleine Unternehmen innovationsfreudiger seien und mehr Arbeitsplätze schafften. Viele Konzerne versuchen, kleiner und flexibler zu werden und sich zu dezentralisieren. Alle haben das Beispiel der Computerbranche vor Augen, wo Steve Jobs und Steve Wozniak mit ihrer Garagenfirma den Personalcomputer entwickelten und innerhalb von zehn Jahren den Giganten IBM unterminierten. Als weiteres Argument wird vorgetragen, daß die Fortschritte in der Kommunikationstechnologie Wirtschaftszweige ermöglichen, die sehr viel dezentralisierter und weniger konzentriert sind als frühere Unternehmen, so daß sich die Erfolgschancen kleiner Firmen im Verhältnis zu ihren größeren Rivalen allmählich angleichen.

Die gegenwärtige Faszination durch kleine Firmen ruht möglicherweise auf einer ebenso wackligen Grundlage wie die frühere Begeisterung für große Unternehmen. In vielen Sektoren gibt es bedeutende Größenvorteile, die ein gewisses Maß an Effizienz erfordern. Es kostet heute weit über eine Milliarde Dollar, eine den neuesten Erfordernissen entsprechende Anlage zur Produktion von Silikonchips aufzubauen, und der Preis steigt seit zehn Jahren kontinuierlich an. Die ständigen Fusionen und Übernahmen von Unternehmen in allen möglichen Branchen, vom Gesundheitswesen bis zur Telekommunikation, sind ein Indiz dafür, daß die meisten Manager, die realistische Investitionsentscheidungen treffen, noch immer mit gewaltigen Größenvorteilen kalkulieren. In der Tat ist das Bild des Software-Entwicklers, der in der heimischen Garage ein revolutionierendes Anwenderprogramm schreibt, nicht auf andere Hochtechnologiebereiche übertragbar. Heute verlangt sogar die Entwicklung konkurrenzfähiger Software-Programme große, notwendigerweise auch bürokratische Strukturen.[1] Zwar mag es weniger kapitalintensiv sein, ein neues Betriebssystem zu entwickeln, als einen integrierten Stahlofen zu bauen, aber auch im erstgenannten Fall lassen sich Größenvorteile nutzen. Deshalb ist es auch kein Zufall, daß die amerikanische Software-Industrie zunehmend von einem einzigen, großen Akteur, nämlich Microsoft, beherrscht wird, während neue, kleine Firmen sich zusammenschließen müssen, von anderen übernommen werden oder aufgeben.

Die relative Bedeutung der Produktionsgröße und folglich des Verhältnisses von Klein- und Großunternehmen könnte sich allerdings in Zukunft in unverhersehbarer Weise verändern. Zukünftige Größenvorteile werden von technologischen Entwicklungen abhängen, wie es sie nie zuvor gegeben hat und die nicht vorhergesagt werden können. Niemand hätte im voraus wissen können, daß der gewaltige Vorteil von IBM in Forschung und Entwicklung durch die Entscheidungsträgheit des Konzerns aufgezehrt werden würde oder daß im Gefolge neuer Techniken bei der Stahlerzeugung kleine Gießereien entstehen würden, die den traditionellen großen Stahlproduzenten Marktanteile abnehmen konnten. Es ist denkbar, daß in manchen Branchen die Größenvorteile der Produktion zunehmen werden, während sie gleichzeitig in anderen Bereichen abnehmen, so daß kein allgemeingültiges Muster erkennbar ist.

Angesichts dieser Ungewißheiten können wir sagen, daß nicht kleine *oder* große Unternehmen die optimale Produktionsform der Zukunft darstellen, sondern netzwerkartige Strukturen, welche die Vorteile von Klein- und Großunternehmen in sich vereinigen. So können Netzwerk-Organisationen die Größenvorteile bei der Produktion nutzen und gleichzeitig im Vergleich zu großen, zentralisierten Konzernen die Fixkosten und Vertriebskosten senken. Bei der Entwicklung solcher Netzwerk-Organisationen werden Gesellschaften mit hohem Vertrauensniveau über einen natürlichen Vorteil verfügen. Wie bereits in dem Kapitel über die japanischen Keiretsu ausgeführt, können Netzwerke beträchtliche Transaktionskosten einsparen, wenn sich ihre Mitglieder an ein informelles Regelwerk halten, so daß keine übergeordnete Stelle bei den Verhandlungen, den Entscheidungen oder der Durchführung eingeschaltet werden muß. Wenn das Vertrauen zwischen den Mitgliedern eines Unternehmensnetzwerks zusammenbricht, müssen die Beziehungen in allen Einzelheiten ausformuliert, müssen bislang ungeschriebene Gesetze schriftlich niedergelegt und bei Konflikten Drittparteien für die Schlichtung hinzugezogen werden. Dann allerdings ist die Struktur kein Netzwerk mehr, sondern erinnert – je nach Grad der Integration zwischen den Mitgliedern – entweder an eine Marktbeziehung oder an eine altmodische hierarchische Organisation.

Die schlanke Produktion ist das beste Beispiel dafür, daß sich Effizienzgewinne ergeben, wenn die Zahl der Netzwerkstrukturen im Kontext einer Gesellschaft mit hohem Vertrauensniveau zunimmt. Bei der schlanken Produktion werden die Entscheidungsbefugnisse dezentralisiert und bis hinunter ans Fließband verlagert. An die Stelle der bisherigen zentralisierten, regelgebundenen Zusammenarbeit tritt jetzt das eher informelle Gemeinschaftsgefühl am Arbeitsplatz. Zugleich werden die Ausgleichszahlungen in der gesamten Organisation tendenziell eingeebnet (allerdings paradoxerweise dadurch, daß die individuellen Anreize erhöht werden, weil das auf Alter beruhende System der Einstellung und Beförderung eliminiert werden kann). So werden zwar die Möglichkeiten beseitigt, individuell durch Zuckerbrot und Peitsche das Produktionsergebnis zu verbessern, aber das wird mehr als ausgeglichen durch die Tatsache, daß sich die Gruppe mehr anstrengt und mehr Loyalität und Solidarität zeigt. Die durch diese Form der Organisation erzielten Produktivitätszuwächse sind meßbar; sie sind beträchtlich und werden in immer mehr Sektoren realisiert.

Spontane Soziabilität hat somit tiefgreifende Auswirkungen auf das Wirtschaftsleben. Sie beeinflußt die Gesamtstruktur der Volkswirtschaften, die sektorale Wirtschaftsstruktur, die Rolle, die der Staat zu spielen versucht ist, den alltäglichen Umgang der Arbeiter miteinander und mit den Managern. Soziabilität könnte sich auch sehr stark auf das Wachstum des Bruttoinlandsprodukts auswirken. So wäre in Zukunft durchaus vorstellbar, daß große, komplexe und hochentwickelte Unternehmen bei der Erzeugung von Wohlstand die Führung übernehmen. Es ist aber auch vorstellbar, daß die Zukunft den kleinen, beweglichen und innovativen Firmen gehört. Da wir heute die künftigen technologischen Entwicklungen nicht voraussagen können, wissen wir auch nicht, welches Szenario sich schließlich durchsetzen wird. Wir können lediglich feststellen, daß der Einfluß kultureller Unterschiede auf die jeweilige Neigung zur Soziabilität große, jedoch gegenwärtig nicht bestimmbare Wirkungen auf das Wirtschaftsleben haben wird.

Kapitel 29

Viele Wunder

Aus der zuvor geführten Diskussion über die asiatischen Kulturen sollte offenkundig geworden sein, daß es *das* asiatische Modell der wirtschaftlichen Entwicklung ebensowenig gibt wie eine einheitliche »konfuzianische Herausforderung«. Ein Hauptanliegen dieses Buches ist es, zu zeigen, daß zwischen Japan, den Vereinigten Staaten und Deutschland hinsichtlich der spontanen Soziabilität sehr viel größere Ähnlichkeiten bestehen als zwischen Japan und China.

Selbstverständlich treffen einige kulturelle Aspekte auf praktisch alle ostasiatischen Gesellschaften zu. Dazu zählt beispielsweise die hohe Wertschätzung von Bildung, die gleichermaßen bei Japanern, Chinesen, Südkoreanern und in anderen Kulturen feststellbar ist, in denen der Konfuzianismus eine wichtige Rolle spielte. Eine von der Kultur induzierte Achtung vor dem Lernen mochte vor fünfzig oder hundert Jahren ökonomisch noch nicht sinnvoll erscheinen, da damals der Zugang zur höheren Bildung eingeschränkt war. Doch in der heutigen, von der Technologie geprägten Welt wächst die Bedeutung der beruflichen Qualifikation dramatisch. Der Markt selbst schafft Anreize für Investitionen in die Ausbildung. Sehr hilfreich ist es auch, wenn Eltern ihre Kinder anhalten, in der Schule gute Leistungen zu erbringen, und der Staat die Bildungsinstitutionen zur Verfügung stellt.

In den ostasiatischen Staaten ist darüber hinaus eine recht ähnliche Einstellung zur Arbeit verbreitet. Die Arbeitsethik hat anscheinend je nach Land unterschiedliche Ursprünge. In Japan hängt sie hauptsächlich mit dem Buddhismus zusammen, während sie in Südkorea und China auf den Konfuzianismus zurückgeht.[1] All diese Gesellschaften haben die Legitimität weltlicher Arbeit akzeptiert. Die aristokratischen oder religiösen Werte, mit denen sich die Ablehnung von Handel, Gewinnstreben oder der Würde der Alltagsarbeit begründen ließ, sind weitgehend verschwunden.

Schließlich spielt der Staat in den *meisten* asiatischen Gesellschaften eine wichtige und aktive Rolle bei der Entscheidung über die Richtung der ökonomischen Entwicklung. Aber auch da ist das Bild nicht einheitlich. In den verschiedenen Ländern Ostasiens interveniert der Staat in sehr unterschiedlichem Ausmaß und in sehr unterschiedlicher Art in der Wirtschaft, das Spektrum reicht von der Hyperaktivität des südkoreanischen Staates in der Ära Park Chung Hee bis zum fast uneingeschränkten *laissez faire* der britischen Kolonialverwaltung in Hongkong. Für Wissenschaftler wie Chalmers Johnson und James Fallows gehören Staatsinterventionismus und Industriepolitik zum Wesen des asiatischen »Wirtschaftswunders«. Doch aus der Tatsache, daß der ökonomische Erfolg der ostasiatischen Länder nicht sehr stark mit dem Grad der staatlichen Intervention korreliert, läßt sich folgern, daß die Wirtschaftspolitik *allein* nicht den Schlüsselfaktor des Wirtschaftswachstums darstellt. Eine nur auf die ostasiatische Kultur zutreffende Beobachtung könnte jedoch sein, daß jene Staaten der Region, die interventionistisch sein wollen, diese Politik erfolgreich ohne schädliche Auswirkungen durchführen können.

Hinsichtlich der Soziabilität unterscheiden sich Japan, China und Südkorea stark, was zu sehr verschiedenartigen Wirtschaftsstrukturen, Managementpraktiken und Organisationsformen geführt hat. Amerikaner und Europäer halten Asien oft für viel homogener, als es in Wirklichkeit ist, da Taiwan, Singapur, die Volksrepublik China und einige südostasiatische Staaten schnell aufsteigen und, wenngleich zeitversetzt, dem Entwicklungsweg Japans folgen. Diese Sicht vertreten die Propagandisten der angeblich von Ostasien ausgehenden »konfuzianischen Herausforderung«.

In Wirklichkeit verteilen sich die asiatischen Länder auf unterschiedliche Sektoren der Weltwirtschaft, und dabei wird es auch für einige Zeit bleiben. Japan und Südkorea mit ihren großen Unternehmen sind in Branchen wie Kraftfahrzeugbau, Konsumelektronik und Halbleiterproduktion aktiv und stehen in direktem Wettbewerb mit großen nordamerikanischen und europäischen Industriezweigen. Für die meisten chinesischen Gesellschaften sind dies keine naturgegebenen Schwerpunkte; sie sind eher in Sektoren erfolgreich, in denen es nicht auf Massenproduktion, sondern auf Flexibilität ankommt. In Asien bestehen zwei rivalisierende Wirtschaftskulturen, die japanische und die chinesische. Beide Kulturen werden buchstäblich von großen Netzwerk-Organisationen zusammengehalten, die in Japan auf einem allgemein hohen sozialen Vertrauensniveau beruhen und in China auf Familie und

Verwandtschaft. Die Netzwerke weisen etliche Ähnlichkeiten auf, aber ihre internen Schaltpläne sind grundsätzlich verschieden.

Die Schwierigkeiten der chinesischen Gesellschaften, große, professionell geführte Privatunternehmen aufzubauen, werden sie in der Zukunft in ein eher politisches als wirtschaftliches Dilemma stürzen. Wie schon an mehreren Stellen in diesem Buch angemerkt, steht keineswegs fest, daß das Fehlen großer, professionell geführter Unternehmen ein Hindernis für schnelles Wirtschaftswachstum ist. Das Argument, der chinesische Familismus hemme die ökonomische Modernisierung, ist schlicht falsch und wird auch weiterhin falsch sein, weil es keine technologischen Entwicklungen gibt, die große Organisationen begünstigen. Es ist durchaus denkbar, daß kleine chinesische Familienfirmen in einer durch schnelle Umstrukturierung der Betriebe und Kapazitätsabbau gekennzeichneten Zeit erfolgreicher sein werden als große japanische Unternehmen. Wenn das einzige Ziel der Gesellschaften darin besteht, den Wohlstand zu maximieren, haben sie keine Veranlassung, die durch relativ kleine Firmen gekennzeichnete Wirtschaftsstruktur zu verändern. Kanada, Neuseeland und Dänemark wurden durch Landwirtschaft, Rohstoffe und andere wenig technologieintensive Wirtschaftszweige reich. Allem Anschein nach sind sie nicht weniger glücklich als andere Länder, nur weil sie keine mächtigen einheimischen Halbleiter- und Luftfahrtindustrien besitzen.

Andererseits herrscht in vielen Ländern die Überzeugung vor, daß es wichtig sei, in bestimmten »strategischen« Schlüsselsektoren Industrien aufzubauen. Entweder glauben sie, daß sie ihre eigenen langfristigen Gewinnaussichten besser beurteilen können als der Markt, oder sie streben nach nichtökonomischen Zielen wie internationalem Prestige oder nationaler Sicherheit. Frankreich und Südkorea sind hervorragende Beispiele für Länder, deren wirtschaftliche Entscheidungen sehr stark von nichtökonomischen Zielen bestimmt wurden. Beide Länder entschlossen sich aus Prestigegründen, vordere Plätze auf dem Weltmarkt für Hochtechnologieprodukte zu erobern, und gaben dafür viel Geld aus.

Für solche Gesellschaften könnte die fehlende Neigung zur Bildung freiwilliger Assoziationen zu einer gefährlichen Fallgrube werden. Denn wenn der Privatsektor nicht in der Lage ist, »strategische« Industrien hervorzubringen, wird der Staat ständig versucht sein, sich einzumischen und die Entwicklung in dieser Richtung voranzutreiben.

Eine direkt vom Staat gesponserte industrielle Entwicklung ist mit vielen Risiken behaftet, die entfallen, wenn die Investitionen vom Markt gesteuert werden.

Ein besonderes Problem wird dies für die Volksrepublik China darstellen. Die chinesische Wirtschaft ist gegenwärtig zweigeteilt in einen alten, ineffizienten, im Niedergang befindlichen Staatssektor (der unter anderem die unproduktivste Automobilfabrik der Welt vorzuweisen hat), und einen neuen marktorientierten Sektor, der fast ausschließlich aus kleinen Familienbetrieben oder Joint-ventures mit ausländischen Partnerunternehmen besteht. Einen Sektor mit modernen, effizienten und großen Privatunternehmen gibt es in China nicht. Das seit einigen Jahren erstaunliche Wirtschaftswachstum (das 1992 und 1993 jeweils ungefähr 13 Prozent betrug) wurde vor allem durch den kapitalistischen Sektor der Kleinunternehmen und durch die Investitionen ausländischer Firmen angetrieben. Die enormen Wachstumsraten kamen zustande, weil in einer hochgradig ineffizienten Befehlswirtschaft Marktanreize eingeführt wurden. China ist gegenwärtig zu arm, um sich über die sektorale Verteilung seiner Industrie Gedanken zu machen; man ist dankbar, daß überhaupt so erstaunliche Wachstumsraten erreicht wurden. Es müssen noch viele grundsätzliche Probleme der Wirtschaft gelöst werden, darunter auch die Kodifizierung von Eigentumsrechten und dem Handelsrecht.

Wenn China in der nächsten oder übernächsten Generation das gegenwärtige Niveau des Pro-Kopf-Einkommens von Taiwan oder Hongkong erreicht, wird es sehr großen Problemen gegenüberstehen. Chinaexperten können eine lange Liste von Schwierigkeiten aufzählen, die den wirtschaftlichen Aufschwung jäh stoppen könnten, so zum Beispiel Inflationsdruck, eine unzureichende Infrastruktur und Engpässe, die sich aus der allzu schnellen Entwicklung ergeben. Ferner bestehen große Disparitäten im Pro-Kopf-Einkommen zwischen den Küstenprovinzen und dem chinesischen Hinterland, und gegenwärtig ist man gerade dabei, eine große Zahl von ökologischen Zeitbomben zu legen, die nach einigen Jahrzehnten explodieren werden. Hinzu kommt, daß China vor der Aufgabe stehen wird, große, moderne, professionell geführte Unternehmen hervorzubringen. Länder wie Hongkong oder Taiwan können sich entschließen, bestimmte prestigeträchtige Produktionsformen anderen zu überlassen und ihr eigenes Wachstum stärker am Markt zu orientieren. Die Volksrepublik China wird diese Wahl wahrscheinlich nicht haben. Zum einen wird sie sich als Großmacht nicht aus dem Spitzensegment der modernen Industrie ausschließen lassen wollen. Zum anderen erfordert die schiere Größe des Landes eine ausgeglichene Wirtschaftsstruktur mit kapitalintensiven und arbeitsintensiven Sektoren. China kann nicht erwarten, ein hohes Entwicklungsniveau zu erreichen, wenn es sich wie die kleinen ostasiatischen Staaten auf Marktnischen konzentriert.

Aber der Wandel von Familienfirmen zu modernen Unternehmen wird für die Volksrepublik sehr viel schwieriger sein, als er es für Japan oder die Vereinigten Staaten war. Der Staat wird eine sehr viel aktivere Rolle spielen müssen. China benötigt mindestens politische Stabilität, die auf der grundlegenden Legitimität der politischen Institutionen gründet. Es braucht darüber hinaus eine kompetente staatliche Führung und Verwaltung, die weder anfällig ist für ausufernde Korruption noch für politische Einflußnahme von außen. Der gegenwärtigen kommunistischen Regierung fehlt es an Legitimität und zunehmend auch an Kompetenz. Die meisten Beobachter sind keineswegs überzeugt, daß die politischen Institutionen Chinas den enormen sozioökonomischen Druck aushalten können, der durch die überstürzte Industrialisierung entsteht; sie sind nicht einmal sicher, ob es im 21. Jahrhundert überhaupt noch einen einheitlichen chinesischen Staat geben wird. Ein instabiles oder von einer nervösen, launischen Regierung geführtes China wird gewiß kein günstiges Umfeld für kluge wirtschaftspolitische Entscheidungen sein.

Der Kontrast zwischen der japanischen und der chinesischen Wirtschaftskultur hat auch auf Japan bedeutende Auswirkungen. Japan ist in den letzten Jahren zu einer ökonomischen Supermacht aufgestiegen; manche Japaner sprechen von einem »japanischen Modell«, das von den anderen asiatischen Ländern nachgeahmt werden sollte, wenn nicht sogar in allgemeinerer Form von anderen Teilen der Welt.[2] In der Tat können andere asiatische Nationen, die in der jüngsten Vergangenheit großen Nutzen aus der japanischen Technologie und den Managementfähigkeiten zogen, viel von den Japanern lernen (das gilt auch für die nordamerikanische und europäische Konkurrenz).

Im Hinblick auf die Wirtschaftsstruktur besteht jedoch eine tiefe Kluft zwischen Japan und anderen asiatischen Kulturen. Dies läßt vermuten, daß es den chinesischen Gesellschaften sehr schwer fallen wird, japanische Verfahren zu übernehmen. Das Keiretsu-System beispielsweise könnte man nur unter großen Schwierigkeiten in eine chinesische Gesellschaft exportieren. Chinesische Firmen und Unternehmer sind zu individualistisch, um auf diese Weise zu kooperieren. Außerdem können sie sich notfalls auf ihre eigenen, auf Verwandtschaftsbeziehungen beruhenden Netzwerke stützen. Auch ist noch nicht absehbar, ob schlanke Produktionsweisen in einer chinesischen Gesellschaft genauso erfolgreich eingeführt werden können wie in Japan und Nordamerika. Mit anderen Worten: Die Chinesen müssen möglicherweise einen eigenen Weg zur Modernisierung finden.

Kapitel 30

Sackgasse Gesellschaftspolitik

An anderer Stelle habe ich geschrieben, daß uns die weltweite Konvergenz zentraler Institutionen der liberalen Demokratie und der Marktwirtschaft die Frage aufzwinge, ob wir das »Ende der Geschichte« erreicht hätten: den Zeitpunkt, an dem der Prozeß der geschichtlichen Entwicklung des Menschen nicht, wie die Marxisten behauptet haben, im Sozialismus kulminiert, sondern in der Hegelschen Version einer bürgerlichen, liberaldemokratischen Gesellschaft.[1]

Der Leser des vorliegenden Buches könnte zu dem Schluß gelangen, daß hier eine ganz andere, der früheren Position widersprechende Haltung vertreten wird, weil Argumente gegen eine rein liberale und für eine sowohl traditionelle als auch »kommunitaristische« Wirtschaftsordnung aufgeführt werden. Ein solcher Schluß wäre jedoch gänzlich irrig.[2] Nicht eine einzige der in diesem Buch untersuchten traditionellen Kulturen – weder die japanische, chinesische oder koreanische Kultur noch irgendeine der älteren katholisch-autoritären Kulturen Europas – war fähig, die moderne kapitalistische Wirtschaftsordnung hervorzubringen. Häufig wird Einspruch gegen Max Webers Behauptung erhoben, konfuzianische Gesellschaften wie Japan und China könnten nicht erfolgreiche kapitalistische Volkswirtschaften werden. Webers Argument war jedoch viel enger gedacht: Er wollte herausfinden, warum der moderne Kapitalismus und andere Merkmale der modernen Welt wie die Naturwissenschaften und die rationale Beherrschung der Natur im protestantischen Europa entstanden sind und nicht in China, Japan, Korea oder Indien.[3] Max Weber hatte vollkommen recht mit der Behauptung, daß bestimmte Aspekte der traditionellen Kulturen der ökonomischen Modernisierung im Wege stünden. Nur wenn die Modernisierung von außen eingeführt wurde, wie dies bei den Kontakten Chinas und Japans mit dem Westen der Fall war, konnte die kapitalistische Entwicklung beginnen. Die Konfrontation mit der technologischen und sozialen Leistungsfähigkeit des Westens zwang diese Gesellschaften dazu, sich von vielen Schlüsselelementen ihrer Kulturen zu trennen. So mußte China den »politischen Konfuzianismus« aufgeben, das gesamte imperiale System mit seiner eigenen Klasse von Ritter-Literaten. Japan und Südkorea mußten die traditionelle Klassenstruktur überwinden, Japan mußte zudem die Kriegerethik der Samurai in eine neue Richtung lenken.

Keine der in den letzten Jahrzehnten ökonomisch erfolgreichen asiatischen Gesellschaften hätte dies erreichen können, ohne zentrale Elemente des ökonomischen Liberalismus zu integrieren. Dazu gehörten auch die Grundlagen des Eigentumsrechts, des Vertragsrechts, des Handelsrechts und die gesamte westliche Einstellung zu Rationalität, Wissenschaft, Innovation und Abstraktion. Aus den Arbeiten von Joseph Needham und anderen wird deutlich, daß China im Jahre 1500 einen höheren technologischen Stand erreicht hatte als Europa.[4] In der Folgezeit schaffte es China jedoch im Gegensatz zu Europa nicht, eine wissenschaftliche Methode zu entwickeln, die eine fortschreitende Eroberung der Natur durch empirische Beobachtung und Experimente ermöglichte. Voraussetzung für die wissenschaftliche Methode wiederum war eine bestimmte Geisteshaltung, die höherrangige Kausalitäten durch abstrakte Gedankengänge über die grundlegenden physikalischen Prinzipien zu begreifen suchte – eine den polytheistischen Religionen Asiens vollkommen fremde Herangehensweise.[5]

Es ist deshalb kein Zufall, daß gerade jene chinesischen Gesellschaften eine industrielle Revolution erlebten und ökonomisch aufblühten, die unter die Herrschaft oder den Einfluß westlicher Mächte wie Großbritannien und die Vereinigten Staaten gerieten, darunter Hongkong, Singapur und Taiwan. Und es ist auch kein Zufall, daß Migranten aus traditionellen Gesellschaften, die in liberale Länder wie die Vereinigten Staaten, Kanada und Großbritannien auswanderten, dort sehr viel erfolgreicher waren als ihre Landsleute im Heimatland. In all diesen Fällen brachte das Umfeld einer liberalen Gesellschaft die Befreiung von den Zwängen einer traditionellen Kultur, die Unternehmergeist und eine unbegrenzte Akkumulation von materiellem Wohlstand behindert hatte.

Andererseits weisen aufmerksame Beobachter und Theoretiker des politischen Liberalismus darauf hin, daß er sich zumindest in der von Hobbes und Locke entwickelten Form nicht aus sich selbst erhalten kann, sondern auf die Unterstützung durch bestimmte Aspekte der traditionellen Kultur angewiesen ist. Eine Gesellschaft von lauter rationalen Individuen, die sich nur zum Zweck der Befriedigung ihrer Bedürfnisse auf der Grundlage eines Gesellschaftsvertrags vereinigen, könnte über längere Zeit hinweg nicht bestehen. Gegen Hobbes wird häufig eingewandt, daß in einer solchen Gesellschaft der Bürger nicht bereit wäre, sein Leben für die Verteidigung der Gesamtgemeinschaft zu opfern, denn der Zweck der Gemeinschaft sei nur darauf gerichtet, das Leben des einzelnen zu erhalten. Allgemeiner gesprochen bedeutet dies, wenn Individuen nur auf der Basis rationaler langfristiger Eigeninteressen Gemeinschaften bildeten, gäbe es wenig Gemeinschaftsgeist, Selbstaufopferung, Stolz, Wohlfahrt und andere Tugenden, die Gemeinschaften lebenswert machen.[6] In der Tat könnte man sich kein sinnvolles Familienleben vorstellen, wenn man Familie nur als Vertragsverhältnis zwischen rationalen, vom Eigeninteresse geleiteten Individuen auffassen würde.[7] Geschichtlich betrachtet entstand der Liberalismus zwar aus dem Bestreben, die Religion aus dem öffentlichen Leben auszuschließen. Die meisten Theoretiker des Liberalismus sind aber überzeugt, daß der religiöse Glaube aus dem gesellschaftlichen Leben weder verbannt werden kann noch verbannt werden soll. Fast alle amerikanischen Gründerväter meinten, obwohl sie selbst nicht unbedingt gläubig waren, daß ein reges religiöses Leben, in dem der Glaube an göttliche Gnadenbeweise und Strafen eine Rolle spielte, für den Erfolg der amerikanischen Demokratie wichtig sei.

Ähnliches kann man über den ökonomischen Liberalismus sagen. Unbestreitbar sind die modernen Volkswirtschaften aus den Interaktionen rationaler, nutzenmaximierender Individuen auf Märkten entstanden. Aber das Konzept der rationalen Nutzenmaximierung reicht nicht als befriedigende Erklärung, warum erfolgreiche Volkswirtschaften gedeihen und erfolglose stagnieren und verfallen. In welchem Maße die Menschen Arbeit höher schätzen als Freizeit, welche Bedeutung sie der Bildung beimessen, welche Haltung sie gegenüber der Familie einnehmen und wieviel Vertrauen sie ihren Mitmenschen entgegenbringen – all das wirkt sich direkt auf das Wirtschaftsleben aus und kann doch nicht in der Begrifflichkeit des ökonomischen Menschenbildes erklärt werden. Die liberale Demokratie funktioniert dann am besten, wenn der Individualismus durch den Gemeinschaftsgeist abgemildert wird. Genauso funktioniert der Kapitalismus besser, wenn der Individualismus durch die Bereitschaft zum Zusammenschluß ausgeglichen wird.

Trifft es zu, daß Demokratie und Kapitalismus dann am erfolgreichsten sind, wenn sie von kulturellen Traditionen durchsetzt sind, die nichtliberalen Quellen entspringen, dann wird deutlich, daß Modernität und Tradition auch über längere Zeiträume in einem stabilen Gleichgewicht koexistieren können. Der Prozeß der ökonomischen Rationalisierung und Entwicklung ist eine extrem starke Kraft und zwingt Gesellschaften, sich entlang bestimmter einheitlicher Entwicklungslinien zu modernisieren. In dieser Hinsicht gibt es eindeutig so etwas wie »Geschichte« im marxistisch-hegelianischen Sinne, die unterschiedliche Kulturen homogenisiert und sie in die Richtung der »Moderne« vorantreibt. Da jedoch der Wirksamkeit vertraglich geregelter ökonomischer Rationalität Grenzen gesetzt sind, werden die Ausprägungen der Moderne niemals vollständig einheitlich sein. So haben wir beispielsweise dargelegt, daß bestimmte Gesellschaften bei den Transaktionskosten beträchtliche Einsparungen erzielen können, wenn die Wirtschaftssubjekte bei ihren Interaktionen einander vertrauen, und sie deshalb effektiver sein können als Gesellschaften mit niedrigem Vertrauensniveau, wo detaillierte Verträge und Durchsetzungsmechanismen erforderlich sind. Vertrauen ist nicht die Konsequenz rationaler Berechnung, es ergibt sich vielmehr aus Quellen wie Religion oder ethischer Gewohnheit, die mit Modernität nichts zu tun haben. Mit anderen Worten: Die erfolgreichsten Formen der Modernität sind nicht durch und durch modern, sondern sie enthalten auch ein gut Teil Tradition.

Das Problem läßt sich noch anders darstellen. Nicht nur sind große ideologische Projekte wie der Kommunismus gescheitert, auch die bescheideneren Bemühungen in Richtung einer umfassenden Gesellschaftspolitik, wie sie demokratische Regierungen versucht haben, sind am Ende des 20. Jahrhunderts in einer Sackgasse angelangt. Die Französische Revolution leitete eine Periode unglaublich raschen sozialen Wandels ein. Im Verlauf der folgenden zweihundert Jahre veränderten sich fast alle europäischen und viele außereuropäische Gesellschaften so grundlegend, daß sie nicht mehr wiederzuerkennen waren – von armen, ungebildeten, ländlichen, landwirtschaftlich geprägten autoritären Gesellschaften zu städtischen, industrialisierten, wohlhabenden Demokratien. Bei diesen Transformationsprozessen spielte der Staat eine wichtige Rolle: indem er den Wandel auslöste oder erleichterte (in einigen Fällen ihn auch aufzuhalten versuchte), indem er ganze Klassen beseitigte, indem er Bodenreformen und die Auflösung des Großgrundbesitzes betrieb, indem er eine moderne Gesetzgebung einführte, in deren Rahmen die Rechtsgleichheit für immer weitere Kreise der Bevölkerung zugesichert wurde, indem er Städte baute und die Verstädterung förderte, indem er Bildung für alle ermöglichte und die Infrastruktur für komplexe Informationsgesellschaften schuf.

Im Verlauf der letzten fünfundzwanzig Jahre mehrten sich jedoch die Hinweise darauf, daß die durch diese Art der Gesellschaftspolitik erreichbaren Grenzerlöse rückläufig sind. Im Jahr 1964 wurde in den Vereinigten Staaten durch den Civil Rights Act mit einem Federstrich die bis dahin rechtlich abgesicherte Rassenungleichheit beendet. In den folgenden Jahren jedoch erwies es sich als weitaus schwierigeres Problem, die konkreten Benachteiligungen zu beseitigen, denen die schwarzen Amerikaner ausgesetzt waren. In den dreißiger und vierziger Jahren hatte die damals jedem einsichtige Lösung des Problems darin bestanden, den Wohlfahrtsstaat ständig weiter auszubauen, zum Beispiel durch Einkommensumverteilung, durch die Schaffung von Arbeitsplätzen und durch die Öffnung des Gesundheits- und Bildungswesens, durch Beschäftigungsprogramme und andere soziale Leistungen für die Minderheiten. Doch am Ende unseres Jahrhunderts gelangt man zu dem Eindruck, daß solche Ansätze nicht nur ineffektiv sind, sondern sogar zur Verschärfung ebenjener Probleme beitragen, die sie eigentlich lösen sollten. Noch vor fünfundzwanzig oder dreißig Jahren hätte man bei Sozialwissenschaftlern allgemeine Zustimmung für die Aussage gefunden, daß es in der Regel eine Kausalbeziehung zwischen Armut und dem Auseinanderbrechen von Familien gebe, und zwar dergestalt, daß Armut zum Zerfall von Familien führe. Heute ist man nicht mehr so sicher. Nur wenige glauben noch, daß die Probleme der amerikanischen Familie in der Gegenwart durch eine Angleichung der Einkommen gelöst werden könnten. Es ist relativ leicht einsehbar, daß durch die staatlichen Politiken das Auseinanderbrechen von Familien weiter gefördert werden kann, so beispielsweise durch die Unterstützung alleinerziehender Mütter. Weniger offenkundig ist indes, durch welche Art von Politik einmal zerbrochene Familienstrukturen wiederhergestellt werden können.

Der Zusammenbruch des Kommunismus und das Ende des Kalten Krieges haben nicht, wie oft zu hören und zu lesen ist, zu einer weltweiten Zunahme ethnischer Auseinandersetzungen, einem Wiederaufleben der nationalistischen Rivalitäten des 19. Jahrhunderts[8] und zur Auflösung der Zivilisation bis zu einem Zustand gesetzloser Gewaltherrschaft[9] geführt. Die liberale Demokratie und der Kapitalismus bieten den wesentlichen, in der Tat den einzigen Rahmen für die politische und ökonomische Organisation moderner Gesellschaften. Schnelle wirtschaftliche Modernisierung schließt die Lücke zwischen vielen Staaten, die früher zur Dritten Welt zählten, und dem industrialisierten Norden. Die europäische Integration und der nordamerikanische Freihandel werden dazu beitragen, daß das Netz der wirtschaftlichen Verflechtungen innerhalb jeder Region dichter wird und daß kulturelle Grenzen sich immer mehr verwischen. Durch den Vollzug der Freihandelsbestimmungen der Uruguay-Runde des Allgemeinen Freihandelsabkommens GATT werden die Grenzen zwischen den Weltregionen weiter aufgelöst. Der zunehmende weltweite Wettbewerb zwingt die Unternehmen, über alle kulturellen Grenzen hinweg die besten Verfahrensweisen wie schlanke Produktion zu übernehmen, aus welcher Quelle sie auch stammen mögen. Die weltweite Rezession der neunziger Jahre übte auf japanische und deutsche Unternehmen großen Druck aus, die paternalistischen Aspekte der Arbeitsbeziehungen zugunsten einer Angleichung an das reine liberale Modell zu reduzieren. Die sich gegenwärtig vollziehende Revolution im Kommunikationsbereich unterstützt die Konvergenz, indem sie die ökonomische Globalisierung erleichtert und ermöglicht, daß sich neue Ideen mit enormer Geschwindigkeit verbreiten.

Obwohl die Welt in vieler Hinsicht homogener wird, kann in unserer Zeit auch beträchtlicher Druck in Richtung einer kulturellen Differenzierung entstehen. Moderne liberale politische und ökonomische Institutionen können mit Religion und anderen traditionellen Elementen der Kultur nicht nur koexistieren, sondern im Zusammenwirken mit ihnen auch ihre eigene Funktionsfähigkeit verbessern. Wenn viele zentrale soziale Probleme unserer heutigen Welt ihrem Wesen nach kultureller Natur sind und wenn die Hauptunterschiede zwischen den Gesellschaften nicht in der Politik, der Ideologie und den Institutionen liegen, sondern in der Kultur, dann ist zu erwarten, daß die Gesellschaften an ihren kulturellen Eigenarten festhalten und daß die Eigenarten in den folgenden Jahren noch deutlicher und wichtiger werden.

Paradoxerweise wird das Bewußtsein kultureller Unterschiede durch dieselbe Kommunikationstechnologie gefördert, die die Entstehung eines »Weltdorfs« überhaupt erst ermöglicht hat. Verbreitet ist eine starke liberale Überzeugung, daß sich die Menschen auf der ganzen Welt unter der Oberfläche grundsätzlich ähnlich sind und daß mehr Kommunikation ein tieferes Verständnis und bessere Zusammenarbeit mit sich bringen wird. Vielfach zeigt sich jedoch, daß Vertrautheit nicht Sympathie, sondern Verachtung hervorruft. Entsprechendes war im letzten Jahrzehnt in den Vereinigten Staaten und in Asien zu beobachten. Einerseits wurde vielen Amerikanern bewußt, daß Japan nicht einfach eine gleichgesinnte kapitalistische Demokratie ist, sondern die Demokratie und den Kapitalismus anders praktiziert. Unter den Japanspezialisten ist eine »revisionistische« Schule entstanden, deren Vertreter Tokio weniger verständnisvoll gegenüberstehen und eine strengere Handelspolitik fordern. Auf der anderen Seite werden den Asiaten durch die Medien Kriminalität, Drogen, zerbrochene Familien und andere soziale Probleme Amerikas bewußtgemacht; für viele stellen die Vereinigten Staaten kein sehr attraktives Modell mehr dar. Lee Kwan Yew, der frühere Premierminister von Singapur, wurde zum Sprecher all jener, die meinen, daß die Vereinigten Staaten mit ihrer liberalen Demokratie für die konfuzianischen Gesellschaften kein geeignetes politisches Vorbild darstellten.[10] Gerade angesichts der Konvergenz der wichtigsten Institutionen wollen die Menschen jene Elemente ihrer Eigenart bewahren, die ihnen noch geblieben sind.

Die Unterschiede können nicht in Einklang gebracht, aber sie können sehr wohl einander gegenübergestellt werden. Offensichtlich kann man eine ernsthafte Analyse fremder Kulturen nicht damit beginnen, daß man sie mit dem Maßstab der eigenen Kultur bewertet. Das größte Hindernis für vergleichende Kulturstudien in den Vereinigten Staaten besteht in der aus politischen Gründen vorausgesetzten Annahme, daß alle Kulturen im Grunde gleich seien. Eine vergleichende Untersuchung verlangt aber gerade, daß die Unterschiede mittels einer bestimmten Meßlatte festgestellt werden; im vorliegenden Buch haben wir die wirtschaftliche Leistung als Meßlatte verwendet. Der Wunsch nach wirtschaftlichem Wohlergehen ist nicht kulturell determiniert, aber in fast allen Kulturen vorhanden. In diesem Zusammenhang ist es schwer, Urteile über die relativen Stärken und Schwächen der verschiedenen Gesellschaften zu vermeiden. Es reicht nicht, zu behaupten, daß schließlich alle am selben Ziel ankommen, wenngleich auf unterschiedlichen Wegen. *Wie* und mit welcher Geschwindigkeit eine Gesellschaft dort ankommt, wirkt sich auf das Glück des Volkes aus. Und manche kommen überdies nie ans Ziel.

Kapitel 31

Die Spiritualisierung des Wirtschaftslebens

Das soziale Kapital ist entscheidend für den Wohlstand und für die sogenannte »Wettbewerbsfähigkeit« eines Landes. Stärker noch als in der Wirtschaft sind seine Wirkungen jedoch im gesellschaftlichen und politischen Leben zu spüren. Allerdings lassen sie sich nicht ohne weiteres durch die Datensammlungen der Einkommensstatistiken erfassen. Menschen sind nicht nur selbstsüchtige Individuen, sondern zugleich auch soziale Wesen, die Isolation zu vermeiden trachten und die Unterstützung und Anerkennung anderer Menschen suchen. Natürlich gibt es Menschen, die lieber in einer tayloristisch organisierten Fabrik mit Massenproduktion und niedrigem Vertrauensgrad arbeiten, weil sie mit dem dort festgelegten Minimum an Arbeit ihren Lebensunterhalt verdienen können und keinen weitergehenden Anforderungen ausgesetzt sind. Insgesamt jedoch möchten Arbeiter nicht bloß Rädchen in einem großen Getriebe sein, sie wollen nicht isoliert von den Managern und den Kollegen arbeiten, wenig Stolz auf ihre Fähigkeiten oder ihre Organisation empfinden und nur ein Minimum an Selbständigkeit und Kontrolle über die Arbeit besitzen, mit der sie ihren Lebensunterhalt verdienen. Seit Elton Mayo wurde in zahlreichen empirischen Untersuchungen nachgewiesen, daß Arbeiter in gruppenorientierten Organisationen zufriedener sind als in individualistischen Organisationen. Und selbst wenn die Produktivität in Fabriken und Büros mit niedrigem und mit hohem Vertrauensgrad gleich wäre, würden die Beschäftigten in der Organisationsform mit hohem Vertrauen größere Arbeitszufriedenheit empfinden.

Eine erfolgreiche kapitalistische Wirtschaft ist als Unterstützung einer stabilen liberalen Demokratie von sehr großer Bedeutung. Natürlich ist es denkbar, daß eine kapitalistische Volkswirtschaft mit einem autoritären politischen System koexistiert, wie dies in der heutigen Volksrepublik China der Fall ist und früher auf Deutschland, Japan, Südkorea, Taiwan und Spanien zutraf. Langfristig jedoch setzt der Industrialisierungsprozeß eine höher gebildete Bevölkerung und eine komplexere Arbeitsteilung voraus, und beide Aspekte wirken tendenziell in Richtung demokratischer politischer Institutionen. Infolgedessen gibt es heute praktisch keine reichen kapitalistischen Länder, die nicht zugleich stabile liberale Demokratien sind.[1] Eines der großen Probleme, vor denen Polen, Ungarn, Rußland, die Ukraine und andere frühere kommunistische Staaten stehen, ist es gerade, daß sie versuchten, demokratische politische Institutionen einzuführen, bevor sie über funktionierende kapitalistische Volkswirtschaften verfügten. Durch den Mangel an Firmen, Unternehmern, Märkten und Wettbewerb wird nicht nur die Armut verfestigt, sondern es können sich auch die entscheidenden Formen der sozialen Unterstützung für das richtige Funktionieren der demokratischen Institutionen nicht herausbilden.

Es wurde einmal gesagt, der Markt selbst stelle eine Schule für Soziabilität dar, indem er Möglichkeiten und Anreize schaffe, daß Menschen zum Zweck der Bereicherung zusammenarbeiteten. Der Markt setzt in bestimmtem Maße seine eigene sozialisierende Disziplin durch. Die Grundaussage des vorliegenden Buches lautet, daß sich Soziabilität nicht einfach spontan einstellt, sobald sich der Staat zurückzieht. Die Fähigkeit zur sozialen Kooperation hängt von vorgängigen Gewohnheiten, Traditionen und Normen ab, die ihrerseits den Markt strukturieren helfen. Von daher spricht mehr dafür, daß eine erfolgreiche Marktwirtschaft nicht die Ursache einer stabilen Demokratie ist, sondern daß sie wie die Demokratie durch den vorgegebenen Faktor soziales Kapital determiniert wird. Ist soziales Kapital reichlich vorhanden, werden sowohl die Märkte als auch das demokratische politische System aufblühen, und dann kann der Markt tatsächlich die Rolle einer Schule für Soziabilität spielen, welche die demokratischen Institutionen stärkt. Dies trifft insbesondere auf die Schwellenländer mit autoritären Regimes zu, wo die Menschen neue Formen der Soziabilität am Arbeitsplatz erlernen und das dort Gelernte sodann in die politische Arena übertragen.

Das Konzept des sozialen Kapitals macht deutlich, warum Kapitalismus und Demokratie so eng miteinander verflochten sind. Wie wir in diesem Buch erläutert haben, gibt es in der Gesellschaft, die einer gesunden kapitalistischen Volkswirtschaft zugrunde liegt, genügend soziales Kapital, so daß Unternehmen, Konzerne, Netzwerke und ähnliche Einrichtungen in der Lage sind, sich selbst zu organisieren. Wenn es in manchen Bereichen an der Fähigkeit zur Selbstorganisation mangelt, kann zwar der Staat einschreiten und Schlüsselunternehmen oder

Schlüsselsektoren fördern. Die Märkte werden jedoch fast immer effizienter funktionieren, wenn die Entscheidungen von privaten Akteuren getroffen werden.

Genau diese Neigung zur Selbstorganisation ist auch erforderlich, damit demokratische politische Institutionen funktionieren können. Durch Recht auf der Grundlage von Volkssouveränität wird ein System der Freiheit in ein System der geordneten Freiheit umgewandelt. Ein solches System kann jedoch nicht entstehen, wenn die Basis eine Masse unorganisierter, isolierter Individuen ist, die ihre Meinungen und Präferenzen nur bei Wahlen zum Ausdruck bringen können. Die einzelnen wären zu schwach und zu fragmentiert, um ihre Ansichten wirklich artikulieren zu können, selbst wenn sie von einer Mehrheit geteilt würden; außerdem wären Despotismus und Demagogie Tür und Tor geöffnet. In einer echten Demokratie müssen die Interessen und Wünsche der verschiedenen Mitglieder der Gesellschaft durch politische Parteien und andere organisierte politische Gruppen artikuliert und repräsentiert werden. Und eine stabile Parteienstruktur kann sich nur herausbilden, wenn Menschen mit gemeinsamen Interessen in der Lage sind, für gemeinsame Ziele zusammenzuarbeiten – eine Fähigkeit, die letztlich auf dem sozialen Kapital beruht.

Die Neigung zur spontanen Soziabilität ist nicht nur der Schlüssel für den Aufbau stabiler Unternehmen, sie ist auch unerläßlich für die Bildung erfolgreicher politischer Organisationen. Fehlen echte politische Parteien, werden politische Gruppierungen mit austauschbaren Persönlichkeiten oder Klientelverhältnisse entstehen. Solche Organisationen brechen leicht auseinander und können nicht für gemeinsame Ziele zusammenarbeiten, selbst wenn starke Anreize vorhanden sind. Deshalb ist zu erwarten, daß Länder mit kleinen, schwachen Privatunternehmen auch fragmentierte, instabile Parteiensysteme aufweisen. Die Bestätigung finden wir, wenn wir die Vereinigten Staaten und Deutschland mit Frankreich und Italien vergleichen. Es ist auch kein Zufall, daß sowohl die Privatunternehmen als auch die politischen Parteien in postkommunistischen Gesellschaften wie Rußland und der Ukraine schwach oder gar nicht vorhanden sind und daß dort die Wahlergebnisse zwischen Extremen hin und her schwanken, die mehr mit der Wirkung von Einzelpersonen zu tun haben als mit kohärenten politischen Programmen. Sämtliche »Demokraten« in Rußland sind auf einer intellektuellen Ebene von der Demokratie und dem Marktprinzip überzeugt, doch sie haben nicht die erforderlichen sozialen Gewohnheiten, um sich in einer gemeinsamen politischen Organisation zusammenzuschließen.

Ein liberaler Staat ist letztlich ein eingeschränkter Staat: Der Bereich staatlichen Handelns ist durch den Schutz der individuellen Freiheit streng eingegrenzt. Damit eine solche Gesellschaft nicht in Anarchie zerfällt oder unregierbar wird, muß sie in der Lage sein, sich auf den Ebenen der sozialen Organisation unterhalb des Staates selbst zu regieren. Ein solches System ruht letztlich nicht nur auf Recht und Gesetz, sondern auf der Selbstbeschränkung der Individuen. Begegnen sie einander nicht mit Toleranz und Achtung und folgen sie den Gesetzen nicht, die sie sich selbst gegeben haben, dann werden sie einen starken Staat brauchen, der sie durch Zwang daran hindert, aus der Reihe zu tanzen. Wenn sie nicht für gemeinsame Ziele zusammenhalten können, brauchen sie einen Staat, der sich überall einmischt, um die Organisation sicherzustellen, die sie selbst nicht errichten können. Umgekehrt könnte der Staat nur in einer Gesellschaft »absterben«, wie Karl Marx es sich vorgestellt hat, die über ein außergewöhnlich hohes Maß an spontaner Soziabilität verfügt und in der Selbstbeschränkung und normengerechtes Verhalten von innen heraus entstehen und nicht von außen aufgezwungen werden müssen. Ein Land mit geringem sozialem Kapital wird wahrscheinlich nicht nur kleine, schwache und ineffiziente Unternehmen hervorbringen, sondern es wird auch unter der Korruption seiner Beamten und einer ineffektiven öffentlichen Verwaltung leiden. In Italien wird die direkte Beziehung zwischen sozialer Atomisierung und Korruption auf schmerzhafte Weise deutlich, je weiter man vom Norden nach Mittel- und Süditalien blickt.

Eine dynamische, florierende kapitalistische Volkswirtschaft ist für eine stabile Demokratie in einer noch fundamentaleren Weise wichtig, und das hängt mit dem letztendlichen Ziel allen menschlichen Handelns zusammen. In meinem Buch *Das Ende der Geschichte* habe ich ausgeführt, daß die Menschheitsgeschichte als Wechselwirkung zwischen zwei großen Kräften aufgefaßt werden kann.[2] Die erste Kraft ist die des rationalen Verlangens: Die Menschen versuchen, ihre materiellen Bedürfnisse durch die Akkumulation von Wohlstand zu befriedigen. Die zweite, genauso bedeutsame »Antriebskraft« des geschichtlichen Prozesses ist der »Kampf um Anerkennung«, wie Hegel es nannte: das Verlangen, das alle Menschen verspüren, in ihrem Kern als freie, mit Wert und Würde ausgestattete Lebewesen von anderen Menschen anerkannt zu werden.[3]

Rationales Verlangen entspricht mehr oder weniger dem von der neoklassischen Wirtschaftstheorie formulierten Prinzip der »rationalen Nutzenmaximierung«, das wir in Kapitel 2 beschrieben haben. Dieses Prinzip betrifft die grenzenlose Akkumulation materiellen Besitzes, um eine stetig wachsende Zahl von Wünschen und Bedürfnissen zu befriedigen. Hingegen ist das Verlangen nach *Anerkennung* nicht auf materielle Ziele gerichtet, sondern strebt allein nach der gerechten Einschätzung durch ein anderes menschliches Bewußtsein. Alle Menschen glauben, daß sie einen bestimmten inhärenten Wert und eine inhärente Würde besitzen. Sie werden zornig, wenn der Wert von anderen nicht in angemessener Weise anerkannt wird; sie schämen sich, wenn sie der Wertschätzung anderer Menschen nicht entsprechen können, und sie sind stolz, wenn sie von anderen geschätzt werden. Das Verlangen nach Anerkennung ist ein außerordentlich starker menschlicher Drang. Zorn, Stolz und Schande sind die Grundlage der meisten politischen Leidenschaften und Antrieb vieler Vorgänge des politischen Lebens. Das Verlangen nach Anerkennung drückt sich in allen möglichen Zusammenhängen aus: im Zorn des Beschäftigten, der ein Unternehmen verläßt, weil er glaubt, daß seine Leistung nicht angemessen gewürdigt wird; in der Verärgerung des Nationalisten, der erreichen will, daß sein Land die gleiche Anerkennung erfährt wie andere Länder; in der Wut des aktiven Abtreibungsgegners, der meint, daß das unschuldige Leben nicht im erforderlichen Maße geschützt werde, und in der leidenschaftlichen Weise, wie sich die Aktivisten für die Rechte von Frauen oder Homosexuellen einsetzen und verlangen, daß die Gesamtgesellschaft den Mitgliedern ihrer Gruppen mit gleicher Achtung begegnet. Die durch das Verlangen nach Anerkennung hervorgerufenen Leidenschaften stehen oft in einem Zielkonflikt mit dem Verlangen nach rationaler Akkumulation – beispielsweise wenn ein Mensch seine Freiheit und seinen Besitz aufs Spiel setzt, um sich an einem anderen zu rächen, der ihm Unrecht angetan hat, oder wenn ein Land sich aus reinem Nationalstolz in einen Krieg stürzt.

In dem erwähnten früheren Buch *Das Ende der Geschichte* habe ich ausführlich dargelegt, daß Ereignisse, die gewöhnlich als ökonomisch motiviert dargestellt werden, in Wahrheit nicht aus dem rationalen Verlangen entstehen, sondern als Manifestation des Verlangens nach Anerkennung anzusehen sind. Es gibt nur eine geringe Anzahl natürlicher Wünsche und Bedürfnisse, und sie sind relativ leicht zu befriedigen, vor allem im Rahmen einer modernen Industriewirtschaft. Unsere Motivation, zu arbeiten und Geld zu verdienen, ist sehr viel stärker mit der Anerkennung verbunden, die uns die Betätigung bietet, und das Geld wird zu einem Symbol nicht für materielle Güter, sondern für sozialen Status und Anerkennung. Adam Smith hat in seiner *Theorie der ethischen Gefühle* geschrieben, unser Streben gelte der Eitelkeit, nicht der Muße oder dem Vergnügen.[4] Ein Arbeiter streikt nicht deshalb für höhere Löhne, weil er geldgierig ist und möglichst viel materiellen Komfort besitzen will. Er streikt für ökonomische *Gerechtigkeit*, damit seine Arbeit im Vergleich mit anderen gerecht entlohnt wird – mit anderen Worten: Damit sie in ihrem wahren Wert *anerkannt* wird. In ähnlicher Weise gründet ein Unternehmer nicht deshalb eine Firma, weil er Hunderte von Millionen Dollars verdienen will. Vielmehr will er als Schöpfer einer neuen Technologie oder einer neuen Dienstleistung *anerkannt* werden.

Die entscheidende Interdependenz von Kapitalismus und liberaler Demokratie wird sehr viel deutlicher, wenn wir begreifen, daß das Wirtschaftsleben nicht nur einfach auf die Akkumulation der größtmöglichen Zahl materieller Güter, sondern auf Anerkennung gerichtet ist. Vor der modernen liberalen Demokratie wurde der Kampf um Anerkennung zwischen ehrgeizigen Fürsten ausgetragen, die durch Krieg und Eroberung die Vorherrschaft über andere zu erlangen versuchten. In der Tat beginnt Hegels Darstellung der Menschheitsgeschichte mit dem ursprünglichen »blutigen Kampf«, in dem zwei Kämpfer um Anerkennung durch den jeweils anderen ringen. Der Kampf endet damit, daß der eine den anderen schließlich unterwirft. Konflikte, die aus religiösen oder nationalistischen Leidenschaften entstehen, sind viel besser zu verstehen, wenn sie als Ausdrucksformen des Verlangens nach Anerkennung und nicht als vernunftgeleitetes Streben nach »Nutzenmaximierung« aufgefaßt werden. Die moderne liberale Demokratie will das Verlangen nach Anerkennung dadurch befriedigen, daß sie die politische Ordnung auf das Prinzip der universellen und gleichen Anerkennung gründet. In der Praxis jedoch funktioniert die liberale Demokratie deshalb, weil der Kampf um Anerkennung, der früher auf einer militärischen, religiösen oder nationalistischen Ebene ausgetragen wurde, nunmehr auf einer ökonomischen Ebene stattfindet. Versuchten früher die Fürsten einander zu besiegen, indem sie ihr Leben in blutigen Schlachten aufs Spiel setzten, so riskieren sie heute ihr Kapital, indem sie Wirtschaftsimperien aufbauen. Das beiden Verhaltensweisen zugrundeliegende psychologische Bedürfnis ist dasselbe, nur wird heute das Verlangen nach Anerkennung nicht mehr durch die Zerstörung, sondern durch die Schaffung materieller Werte befriedigt.

Der Wirtschaftstheoretiker Albert Hirschman erklärt in seinem Buch *Leidenschaften und Interessen* den Aufstieg der modernen bürgerlichen Welt in den Begriffen einer ethischen Revolution. Im Verlauf dieser Revolution sei die für aristokratische Gesellschaften charakteristische »Leidenschaft« nach Ruhm durch das »Interesse« am materiellen Gewinn ersetzt worden, das den neuen *Bourgeois* kennzeichne.[5] Frühe Vertreter der politischen Ökonomie der Schottischen Aufklärung wie Adam Ferguson, Adam Smith und John Stuart Mill hofften, daß die destruktiven Energien einer Kriegerkultur in den harmloseren Betätigungen einer Wirtschaftsgesellschaft kanalisiert werden könnten und daß damit das Verhalten zivilisiert würde. Auch der erste liberale Politiktheoretiker, Thomas Hobbes, dachte daran, das eine durch das andere zu ersetzen. Hobbes stellte sich vor, daß in der bürgerlichen Gesellschaft das Verlangen nach Ruhm, ob nun durch religiöse Leidenschaft oder durch aristokratische Eitelkeit genährt, dem Ziel einer vernunftgeleiteten Akkumulation bewußt untergeordnet werde.

Nehmen wir die Erwartungen dieser frühmodernen Theoretiker als Ausgangspunkt, dann könnten wir sagen, daß sich in der modernen Welt weniger die *Verbürgerlichung* der Kriegerkulturen und die Ersetzung von Leidenschaften durch Interessen ereignet hat, als eine Spiritualisierung des Wirtschaftslebens, das mit denselben wettbewerbsorientierten Energien ausgestattet wurde, die früher das politische Leben antrieben. Im vorliegenden Buch haben wir dargestellt, daß sich Menschen häufig nicht wie vernünftige Nutzenmaximierer im engen Sinne des Wortes »Nutzen« verhalten, sondern daß sie viele moralische Werte ihres gesellschaftlichen Alltagslebens auf das ökonomische Handeln übertragen. In Japan ereignete sich dies ganz unmittelbar, als die Samurai oder der Kriegerstand buchstäblich »aufgekauft« wurden. Die Angehörigen dieses Standes wandten sich dem Wirtschaftsleben zu, und dabei blieb ihre Bushido-Kriegerethik erhalten und prägte weiter ihr Verhalten. Ähnliches ereignete sich praktisch in allen anderen industrialisierten Gesellschaften. So wurden die durch die Unternehmertätigkeit eröffneten Möglichkeiten zum Ventil für die Energien unzähliger ehrgeiziger Menschen, die in früheren Zeiten nur »anerkannt« worden wären, wenn sie einen Krieg oder eine Revolution vom Zaun gebrochen hätten.

Im postkommunistischen Osteuropa wird deutlich, daß die kapitalistische Ökonomie die Anerkennungskämpfe in eine weniger gewaltsame Richtung lenkt – was in der Folge auch für die demokratische Stabilität von Bedeutung ist. Das totalitäre Projekt, das auf die Zerstörung einer unabhängigen bürgerlichen Gesellschaft und die Schaffung einer neuen sozialistischen Gemeinschaft gerichtet war, hatte ausschließlich den Staat zum Mittelpunkt. Als der kommunistische Staat, diese hochgradig künstliche Gemeinschaft, zusammenbrach, gab es außer der Familie, der ethnischen Gruppe und kriminellen Vereinigungen praktisch keine anderen Formen von Gemeinschaft. Die Ebene freiwilliger Vereinigungen fehlte, so daß sich die Menschen noch stärker an die ihnen zugeschriebenen Identitäten klammerten. Die ethnische Zugehörigkeit bot eine leicht zugängliche Form von Gemeinschaft, wo sich die Menschen nicht atomisiert und schwach und als Opfer der um sie herum tobenden historischen Kräfte fühlen mußten. Im Gegensatz dazu ist die Volkswirtschaft im entwickelten Kapitalismus mit ausgeprägter bürgerlicher Gesellschaftsstruktur der zentrale Ort eines wesentlichen Teils des gesellschaftlichen Lebens. Wer für Motorola, Siemens, Toyota oder auch nur für eine kleine chemische Reinigungsfirma in Familienbesitz arbeitet, ist Teil eines moralischen Netzwerks, das sehr viel Energie und Ehrgeiz absorbiert. In Osteuropa haben allem Anschein nach Länder wie Ungarn, Polen und die Tschechische Republik die besten Chancen, erfolgreiche Demokratien zu werden. In diesen Ländern sind die Keime bürgerlicher Gesellschaften während der gesamten kommunistischen Herrschaft erhalten geblieben, und sie waren daher in der Lage, in relativ kurzer Zeit kapitalistische Privatsektoren hervorzubringen. Auch dort gibt es ethnische Konflikte, seien es die widerstreitenden Ansprüche der Polen und Litauer auf das Gebiet um Wilna oder Ansprüche Ungarns gegenüber seinen Nachbarn. Doch diese Streitfragen flammten bislang nicht zu gewalttätigen Konflikten auf, weil die Volkswirtschaften hinreichend stark waren, alternative Quellen der sozialen Identität und des Zugehörigkeitsgefühls aufzuzeigen.

Die wechselseitige Abhängigkeit von Ökonomie und politischem System ist nicht auf die sich demokratisierenden Staaten der ehemaligen kommunistischen Welt beschränkt. In gewisser Weise hat der Verlust an sozialem Kapital in den Vereinigten Staaten direktere Auswirkungen auf die amerikanische Demokratie als auf die amerikanische Volkswirtschaft. Um effektiv zu funktionieren, sind demokratische politische Institutionen ebenso wie Unternehmen auf Vertrauen angewiesen. Nimmt das Vertrauen in einer Gesellschaft ab, so wird sich der Staat stärker einmischen und die gesellschaftlichen Beziehungen durch noch mehr Gesetze regulieren.

Viele Beispiele in diesem Buch können als Warnung vor einer überzentralisierten politischen Autorität dienen. Nicht nur die ehemaligen kommunistischen Länder leiden unter den Problemen schwacher oder beschädigter bürgerlicher Gesellschaften. Familistische Gesellschaften mit einem niedrigen Grad an allgemeinem Vertrauen, wie sie in China, Frankreich und Süditalien bestehen, sind das Ergebnis zentralistischer Monarchien in der Vergangenheit (im Falle Frankreichs republikanischer Regierungen), die in ihrem Streben nach ausschließlicher Macht die Autonomie der sozialen Institutionen der mittleren Ebene beschnitten. Umgekehrt läßt sich feststellen, daß Gesellschaften wie Japan und Deutschland einen relativ hohen Grad an allgemeinem Vertrauen aufweisen. In diesen Gesellschaften war während eines großen Teils ihrer vormodernen Geschichte die politische Autorität relativ dezentralisiert. In den Vereinigten Staaten steht die Schwächung ziviler Vereinigungen in einem Zusammenhang mit dem Aufstieg des starken Staates in Form der Judikative und der Exekutive, der rechtsprechenden und der vollziehenden Gewalt. Soziales Kapital ist wie ein Hebel, der sich zwar leicht vor-, aber nur schwer wieder zurückstellen läßt. Ein Staat kann es durch sein Handeln viel schneller verschleudern, als er es wieder aufbauen kann. Nachdem nunmehr die Institutionenfrage gelöst ist, werden in Zukunft der Erhalt und die Akkumulation des sozialen Kapitals im Mittelpunkt stehen.

Anhang

[illegible]

[illegible]

[illegible]

[illegible]

[illegible]

[illegible]

8 Th[illegible]

Anmerkungen

Kapitel 1: Über die Situation des Menschen am Ende der Geschichte

1. Siehe mein Buch *Das Ende der Geschichte. Wo stehen wir?* München 1992.
2. Ausführlich erörtert wird dieser Punkt in meinem Aufsatz »The Primacy of Culture«, in: *Journal of Democracy* 6 (1995), S. 7–14.
3. Samuel P. Huntington, »The Clash of Civilizations?« in: *Foreign Affairs* 72 (1994), S. 22–49.
4. Durkheim schreibt dazu: »Aber nicht nur die Gesellschaft ist daran interessiert, daß sich diese Sondergruppen bilden, um die Tätigkeit zu regeln, die sich in ihnen ausbildet und die sonst anarchisch würde; auch das Individuum findet darin eine Quelle der Freude. Denn die Anarchie bereitet sich selber nur Schmerz. Sie selbst leidet an den Reibungen und an der Unordnung, die jedesmal dann entstehen, wenn die zwischenmenschlichen Beziehungen keinem regelnden Einfluß unterworfen sind.« *Über die Teilung der sozialen Arbeit,* Frankfurt/Main 1977, S. 53f.
5. Siehe *Das Ende der Geschichte,* insbesondere Kapitel 21, »*Thymos* als Ursprung der Arbeit«.
6. Eine gut lesbare Darstellung des Aufstiegs der Nucor Company zum Stahlriesen findet sich bei Richard Preston, *American Steel,* New York 1991.
7. James S. Coleman, »Social Capital in the Creation of Human Capital«, in: *American Journal of Sociology* 94 (1988), Beilage, S. S95-S120. Siehe auch Robert D. Putnam, »The Prosperous Community. Social Capital and Public Life«, in: *The American Prospect* 13 (1993), S. 35–42; und ders., »Bowling Alone«, in: *The Journal of Democracy* 6 (1995), S. 65–78. Putnam zufolge wurde der Begriff »soziales Kapital« erstmals verwendet von Jane Jacobs in ihrem Buch *The Death and Life of Great American Cities,* New York 1961, S. 138.
8. Gary S. Becker, *Human Capital. A Theoretical and Empirical Analysis,* New York 1975².

1. Zu diesem Aspekt bei Adam Smith siehe Jerry Z. Muller, *Adam Smith in His Time and Ours,* New York 1992.
2. Die Neomerkantilisten stimmen mit den marxistischen und keynesianischen Kritikern darin überein, daß der Staat ein zentraler wirtschaftlicher Akteur ist. Allerdings ist ihre Kritik nichts weiter als ein blasser Abklatsch dieser früheren Angriffe auf das orthodoxe Konzept der freien Marktwirtschaft. Die Marxisten befürworteten eine mehr oder weniger totale staatliche Kontrolle der Wirtschaft, deren »Kommandohöhen« sich direkt in Staatsbesitz befinden sollten. Ihr Ziel war die Beendigung der »Ausbeutung des Menschen durch den Menschen«. Keynesianer dagegen akzeptierten die Notwendigkeit eines starken privaten Sektors, setzten sich aber für eine massive staatliche Interventionspolitik durch eine aktive staatliche Investitionspolitik zur Gewährleistung der Vollbeschäftigung und anderer sozialer Wohlfahrtsziele ein. Die Neomerkantilisten verfolgen gemäßigtere Ziele, etwa die Förderung von High-Tech-Industrien auf einem interdependenten, wettbewerksorientierten Weltmarkt. Sie gestehen zu, daß die globale Arbeitsteilung ökonomische Vorteile hervorbringt, daß Volkswirtschaften exportorientiert und offen sein sollten, und sie glauben zum Großteil daran, daß Wohlfahrtsziele wie Vollbeschäftigung oder eine gleichmäßige Einkommensverteilung nur indirekt erreicht werden können. Ihrer Auffassung nach ist der Markt allein nicht in der Lage, einem Land zur einer technologischen Führungsposition zu verhelfen und damit ein starkes und dauerhaftes Wirtschaftswachstum zu garantieren.
3. James Fallows, *Looking at the Sun. The Rise of the New East Asian Economic and Political System,* New York 1994.
4. Beispiele siehe bei Chalmers Johnson, *MITI and the Japanese Miracle,* Stanford 1982; James Fallows, »Containing Japan«, in: *Atlantic Monthly* 263, Nr. 5 (1989), S. 40–54; »Looking at the Sun«, in: *Atlantic Monthly* 272, Nr. 5 (1993), S. 69–100; »How the World Works«, in: *Atlantic Monthly* 272, Nr. 6 (1993), S. 61–87; Chalmers Johnson, Laura D'Andrea Tyson und John Zysman, *The Politics of Productivity,* Cambridge 1989; Laura D'Andrea Tyson, *Who's Bashing Whom ? Trade Conflicts in High-Technology Industries,* Institute for International Economics 1993; Karl van Wolferen, *The Enigma of Japanese Power. People and Politics in a Stateless Nation,* London 1989; Clyde V. Prestowitz Jr., *Trading Places. How We Allowed Japan to Take the Lead,* New York 1988.
5. Paul Krugman ging kürzlich sogar so weit zu behaupten, das »asiatische Wirtschaftswunder« sei überhaupt kein Wunder, sondern nur die Mobilisierung ungenutzter Ressourcen in relativ unterentwickelten Volkswirt-

schaften und damit den Wachstumsschüben in den frühen Phasen der wirtschaftlichen Entwicklung Europas und Amerikas vergleichbar. Siehe »The Myth of Asia's Miracle«, in: *Foreign Affairs* 73 (1994), S. 28–44.

6. James C. Abegglen und George Stalk Jr., *Kaisha. The Japanese Corporation,* New York 1985, S. 20ff.
7. Gary Becker vertritt den Standpunkt, daß die Ökonomie weniger als ein spezifisches Studiengebiet (das heißt dem Studium des Geldes oder des Reichtums) gesehen werden sollte, sondern vielmehr als eine wissenschaftliche Methode, die auf eine große Bandbreite menschlichen Verhaltens angewandt werden könne. Siehe Becker, *Der ökonomische Ansatz zur Erklärung menschlichen Verhaltens,* Tübingen 1993², S. 3–14.
8. Kritische Betrachungen der »Rational Choice«-Schule finden sich unter anderem in Donald P. Green and Ian Shapiro, *Pathologies of Rational Choice Theory. A Critique of Applications in Political Science,* New Haven 1994; Chalmers Johnson and E. B. Keehn, »A Disaster in the Making. Rational Choice and Asian Studies«, in: *The National Interest* Nr. 36 (1994), S. 14–22.
9. Ein faszinierender Dialog über die Frage, inwieweit die Wirtschaftswissenschaften in der Lage sind, politische Vorgänge zu beschreiben, geführt von James Buchanan, Viktor Vanberg und Allan Bloom, findet sich in *From Political Economy to Economics ... and Back?* Hg. James Nichols und Colin Wright, San Francisco, Institute for Contemporary Studies, 1990, S. 193–206.
10. Gordon Tullock, ein Mitstreiter von James Buchanan und Gründungsmitglied der »Public-Choice«-Schule, schrieb dazu: »Die meisten Wirtschaftswissenschaftler, die das Zusammenspiel zwischen Markt und Regierung eine Zeitlang beobachten, neigen der Auffassung zu, daß die Mehrzahl der Menschen den Großteil ihrer Zeit eine Nachfragekurve an den Tag legen, deren weitaus größter Bestandteil ihre jeweiligen eigensüchtigen Bedürfnisse sind.« Zitiert nach Steven E. Rhoads, »Do Economists Overemphasize Monetary Benefits?« in: *Public Administration Review* 45 (1985), S. 815–820. Rhoads legt beeindruckende Belege für die These vor, daß die neoklassischen Ökonomen trotz ihrer theoretischen Offenheit gegenüber anderen Motivationsformen an die fundamentale Macht des materiellen Selbstinteresses glauben.
11. Ebenda, S. 816.
12. Mit ähnlichen Argumenten kritisiert Amitai Etzioni das neoklassische Modell, siehe *The Moral Dimension. Toward a New Economics,* New York 1988, S. 1–27; ders., »A New Kind of Socioeconomics (vs. Neoclassical Economics)«, in: *Challenge* 33 (1990), S. 31–32; vgl. außerdem Steven E. Rhoads, »Economists on Tastes und Preferences«, in: Nichols und Wright

(1990), S. 79–98. Siehe auch Neil J. Smelser und Richard Swedberg, »The Sociological Perspective on the Economy«, in: *The Handbook of Economic Sociology,* Hg. Neil J. Smelser und Richard Swedberg, Princeton 1994, sowie mehrere andere Artikel in diesem Handbuch.

13. Eine etwas anders gelagerte Kritik am Utilitarismus führt Joseph Cropsey, »What is Welfare Economics?« in: *Ethics* 65 (1955).
14. Siehe dazu Steven Kelman, »›Public Choice‹ und Public Spirit«, in: *The Public Interest* Nr. 87 (1987), S. 80–94.
15. Gary Becker beispielsweise argumentiert, daß »der ökonomische Ansatz, auf den ich mich beziehe, nicht davon ausgeht, daß Individuen ausschließlich durch Selbstsucht oder materiellen Gewinn motiviert werden … Ich habe versucht, die Wirtschaftswissenschaften von ihrer einseitigen Konzentration auf das Selbstinteresse abzubringen. Das menschliche Verhalten wird von vielen unterschiedlichen Werten und Präferenzen bestimmt.« Siehe dazu auch Kelmans Aufsatz »The Economic Way of Looking at Things«, in: *Journal of Political Economy* 101 (1993), S. 385–409.
16. Amartya Sen kritisiert das Konzept der »offengelegten Präferenzen«, weil die Präferenzen fragwürdig seien. Ein Individuum mag es eigentlich vielleicht *vorziehen,* Glasflaschen einfach wegzuwerfen, statt sie zu recyclen, kann aber dennoch einen starken moralischen Zwang fühlen, letzteres zu tun, oder tut es, um den Schein zu wahren. Das Verhalten allein gibt einem Außenstehenden keine ausreichende Auskunft über das zugrundeliegende Handlungsmotiv. Sen wirft den Vertretern des Konzeptes der »offengelegten Präferenzen« vor, sie würden unterschwellig auf der Hypothese aufbauen, daß Präferenzen stets eigennützig seien, und darüber ignorieren, daß reale Individuen auch über ein soziales Bewußtsein verfügen und ihr Verhalten im Normalfall von unterschiedlichen Motiven bestimmt wird. Siehe »Behaviour and the Concept of Preference«, in: *Economics* 40 (1973), S. 214–259.
17. F. Y. Edgeworth, zitiert bei Amartya Sen, »Rational Fools. A Critique of the Behavioral Foundations of Economic Theory«, in: *Philosophy and Public Affairs* 6 (1977), S. 317–344.
18. Siehe hierzu Kenneth Arrows Kritik an der Annahme zahlreicher Wirtschaftswissenschaftler, daß Konsumenten rationale Entscheidungen treffen würden. Arrow, »Risk Perception in Psychology und Economics«, in: *Economic Inquiry* 20 (1982), S. 1–9.
19. Wenn wir keine vollständigen Informationen besitzen, entscheiden wir uns oft für einen Markenartikel wie Kellogs Cornflakes und gegen ein No-name-Produkt, da wir automatisch unterstellen, daß der Markenname für eine höhere Qualität bürgt.
20. Siehe Becker (1976), S. 11.

21. Mark Granovetter, »Economic Action und Social Structure. The Problem of Embeddedness«, in: *American Journal of Sociology* 91 (1985), S. 481–510.
22. Siehe den von der Weltbank herausgegebenen Bericht *The East Asian Miracle,* Oxford 1993, S. 304–316.

Kapitel 3: Größe und Vertrauen

1. Siehe beispielsweise Alvin und Heidi Toffler, *Überleben im 21. Jahrhundert,* Stuttgart 1994; Peter W. Huber, *Orwell's Revenge. The 1984 Palimpsest,* New York 1994.
2. Scott Shane, *Dismantling Utopia. How Information Ended the Soviet Union,* Chicago 1994; Gladys D. Ganley, »Power to the People via Personal Electronic Media«, in: *Washington Quarterly* Frühjahr 1991, S. 5–22.
3. William H. Davidow und Michael S. Malone, *The Virtual Corporation. Structuring and Revitalizing the Corporation for the 21st Century,* New York 1992 (deutsch: *Das Virtuelle Unternehmen. Der Kunde als Co-Produzent,* Frankfurt/Main und New York 1993).
4. Huber (1994), S. 177–181, S. 193.
5. Diese Ansicht wird auch von Huber selbst vertreten. Siehe Peter W. Huber, Michael K. Kellogg und John Thorne, *The Geodesic Network II. 1993 Report on Competition in the Telephone Industry,* Washington/DC 1993, Kapitel 3.
6. Es reicht nicht aus, daß die Mitglieder einer Gemeinschaft ein regelmäßiges, konstantes Verhalten erwarten. So gibt es zahlreiche Gesellschaften, deren Angehörige einander regelmäßig übers Ohr hauen; ihr Verhalten ist zwar berechenbar, aber unehrlich, und das führt zu einem Mangel an Vertrauen.
7. Durkheim (1977), S. 191–192. Zur organischen Solidarität ebenda S. 193.
8. Lester Thurow, *Kopf an Kopf. Wer siegt im Wirtschaftskrieg zwischen Japan, Europa und den USA?* Düsseldorf 1993.
9. Siehe etwa Ronald P. Dore, *British Factory, Japanese Factory,* London 1973, S. 375f.; James Fallows, *More Like Us. Making America Great Again,* Boston 1989; Seymour Martin Lipset, »Pacific Divide. American Exceptionalism – Japanese Uniqueness«, in: *Power Shifts and Value Changes in the Post Cold War World,* Berichte des Joint Symposium of the International Sociological Association's Research Committees. Comparative Sociology und Sociology of Organizations (Japan, Kibi International University, Institute for International Relations der Sophia University und Social Science Reserach Institute der International Christian University 1992), S. 41–84.

10. Die 10, 20 und 40 größten privaten Inlandsunternehmen in acht ausgewählten Volkswirtschaften (Umsatz in Millionen US-Dollar)

	Top 10	Top 20	Top 40
Vereinigte Staaten	755 202	1 144 477	1 580 411
Japan	551 227	826 049	1 224 294
Deutschland	414 332	629 520	869 326
Frankreich	233 350	366 547	544 919
Italien	137 918	178 669	259 595
Südkorea	61 229	86 460	107 889
Hongkong	24 725	30 633	35 515
Taiwan	10 705	k.A.	k.A.

Diese Tabelle basiert auf den Daten der einhundert größten Unternehmen in jeder der acht genannten Volkswirtschaften, ausgenommen jene Unternehmen, die sich in staatlicher Hand befinden oder Töchter ausländischer Konzerne sind. Allerdings sind bei einigen Unternehmen die Besitzverhältnisse nicht eindeutig definierbar: Entweder befinden sie sich teilweise in staatlichem oder ausländischem Besitz, oder die eigentlichen Besitzverhältnisse sind durch Überkreuzbeteiligungen oder Holdinggesellschaften verschleiert.

Bei der vergleichenden Messung der Unternehmensgröße in unterschiedlichen Volkswirtschaften stößt man unvermeidlich auf eine Reihe von Problemen. Die Größe von Unternehmen kann anhand des Umsatzes, der Wertschöpfung (des Gewinns vor Steuern) oder der Börsenkapitalisierung gemessen werden. Die Wertschöpfung ist meiner Ansicht nach die beste Maßzahl für die Größe eines Unternehmens in einem bestimmten Jahr, obwohl die Börsenkapitalisierung auch die Erwartung zukünftiger Einnahmen reflektiert. Im Gegensatz dazu spiegelt der Umsatz weder die Profitrate noch die Erwartung zukünftiger Gewinnentwicklungen wider. Daß ich dennoch hier den Umsatz als Maßzahl verwende, hat einen einfachen Grund: Angaben zur Wertschöpfung in Einzelunternehmen und zur Börsenkapitalisierung aller relevanten Unternehmen und Länder zu beschaffen ist sehr schwierig.

In der Tabelle fehlen Angaben zur Marktkonzentration, da sie, was die relative Größe eines Unternehmens in einer Volkswirtschaft angeht, irreführend sein kann. Die Konzentrationsquote für einen bestimmten Sektor in einer Volkswirtschaft wird ermittelt, indem man die Wertschöpfung, die Beschäftigungszahl oder die Börsenkapitalisierung der x größten Unternehmen (wobei x typischerweise die drei bis zehn größten Unternehmen des betreffenden Sektors umfaßt) aufsummiert und durch den jeweiligen Gesamtwert des Sektors teilt. Eine auf den drei größten US-Stahlkonzernen fußende Konzentrationsquote gibt demnach an, wieviel des in den USA erzeugten Stahls von den drei größten Unternehmen produziert wird. Die Konzentrationsquote wird allgemein als Ausdruck der Monopol- oder Oligopolstruktur eines bestimmten Wirtschaftssektors benutzt. Durch die Ausweitung der Konzentrationsquote auf die 10, 20 oder mehr größten Unternehmen einer Volkswirtschaft läßt sich diese Art der Analyse auch auf eine gesamte Volkswirtschaft anwenden. Ein Beispiel dafür ist Tabelle 1 in Kapitel 13, wo für eine Reihe von Ländern die gesamtwirtschaftliche Konzentrationsquote auf Basis der Beschäftigtenzahlen präsentiert wird.

Da man sich leicht vorstellen kann, daß zwischen dem Bruttoinlandsprodukt eines Landes, seiner Bevölkerungszahl und der Größe der Unternehmen eine Wechselbeziehung besteht, könnte man versucht sein anzunehmen, die Konzentrationsquote sei ein besserer Maßstab als die absolute Größe der x größten Unternehmen. Andererseits sind eine ganze Reihe von kleinen europäischen Staaten Sitz sehr großer Unternehmen. Sowohl in der Schweiz als auch in Schweden und Holland liegen die Konzentrationsquoten über denen der USA, in Deutschland oder in Japan. Jenseits einer gewissen Mindestbevölkerung und einer bestimmten Stufe der wirtschaftlichen Entwicklung scheint die Korrelation zwischen der absoluten Größe einer Volkswirtschaft und ihrer Fähigkeit, große Unternehmen hervorzubringen, relativ schwach zu sein.

Auch die durchschnittliche Unternehmensgröße in einer Volkswirtschaft ist alles andere als ein guter Indikator für ihre Fähigkeit, große Unternehmen zu bilden. Japan ist nicht nur Heimat einiger extrem großer Konzerne, sondern auch einer Vielzahl sehr kleiner Betriebe. Würde man nur die durchschnittliche Unternehmensgröße heranziehen, käme man zu dem irrigen Schluß, daß in Taiwan größere Unternehmen beheimatet sind als in Japan. (Siehe Fußnote 1 in Kapitel 7.)

In den Angaben zu Japan in Tabelle 1 fehlen die sechs größten Handelsunternehmen, da deren Erlöse meiner Auffassung nach keinen zusätzlichen Nettoumsatz darstellen, sondern das, was man in den USA als unternehmensinterne Transfers bezeichnet.

11. Um nur ein Bespiel zu nennen: In den USA gibt es weit weniger Großbanken als etwa in Japan oder Italien. Das ist ausschließlich eine Folge des amerikanischen Bankengesetzes, nach dem es US-Banken untersagt ist, in mehr als einem Bundesstaat tätig zu sein. Dieses Gesetz wurde 1994 abgeschafft, und es steht zu erwarten, daß die amerikanischen Banken in nächster Zeit stark wachsen werden.

1. Clifford Geertz, *The Interpretation of Cultures,* New York 1973, S. 4f.
2. Ian Jamieson, *Capitalism and Culture. A Comparative Analysis of British and American Manufacturing Organizations,* London 1980, S. 9.
3. Geertz geht sogar noch weiter und stellt die Vorstellung einer »menschlichen Natur« als einer Reihe von Merkmalen, die allen Menschen eigen sind, insgesamt in Frage. Seiner Ansicht nach entwickelten die Menschen Kulturen, bevor ihre biologische Evolution abgeschlossen war. Was Menschen »von Natur aus« sind, wird demzufolge in einem erheblichen Ausmaß von der jeweiligen Kultur bestimmt. Geertz (1973), S. 34f., S. 49.
4. Geertz (1973), S. 89.
5. Zur Bedeutung der Kühe in Indien siehe Gunnar Myrdal, *Asiatisches Drama. Eine Untersuchung über die Armut der Nationen,* Frankfurt/Main 1973, S. 52ff., S. 252ff.
6. Aristoteles, *Nikomachische Ethik,* Stuttgart 1969, Buch II/8. Aristoteles schreibt, damit jemand wahrhaftig tugendhaft sei, müsse er sich so sehr an tugendhaftes Verhalten gewöhnen, daß es ihm zu einer Art »zweiten Natur« werde, die an sich Freude bereite, und wenn schon nicht Freude, dann doch etwas, aus dem der tugendhafte Mann Stolz schöpfen könne. Siehe *Nikomachische Ethik,* Buch II/3.
7. George Stigler und Gary Becker stellen John Stuart Mills Behauptung in Frage, Gewohnheiten und Traditionen würden eine Modifikation der wirtschaftswissenschaftlichen Theorie erforden, da ihrer Auffassung nach gewohnheitsmäßiges Handeln oft der kostengünstigste Weg ist: »Das Fällen von Entscheidungen ist kostspielig, und zwar nicht nur deswegen, weil manche Menschen es als unerfreulich empfinden. Eine Entscheidung zu treffen setzt die Beschaffung von Informationen und die Auswertung der Informationen voraus. Die Kosten der Informationssuche und der Anwendung der gefundenen Informationen auf eine bestimmte Situation sind oft so hoch, daß die Befolgung von Gewohnheiten eine effizientere Methode darstellt, auf beschränkte oder vorübergehende Änderungen in der Umwelt zu reagieren, als eine auf der Basis vollständiger Informationen getroffene, vordergründig nutzenmaximierende Entscheidung.« Siehe ihren Aufsatz »De Gustibus Non Est Disputandum« in: *American Economic Review* 67 (1977), S. 76–90.
8. Aaron Wildavsky und Karl Dake, »Theories of Risk Perception. Who Fears What and Why?«, in: *Daedalus* 199 (1990), S. 41–60; siehe auch Aaron Wildavsky, »Choosing Preferences by Constructing Institutions. A Cultural Theory of Preference Formation«, in: *American Political Science Review* 81 (1987), S. 3–21, und Harry Eckstein, »Political Culture and Political Change«, in: *American Political Science Review* 84 (1990), S. 253–259.

9. Max Weber, »Die protestantischen Sekten und der Geist des Kapitalismus«, in: *Gesammelte Aufsätze zur Religionssoziologie I,* Tübingen 1988, S. 207–236.
10. Ein Fallbeispiel gibt Leonard Goodwin, »Welfare Mothers and the Work Ethic«, in: *Monthly Labor Review* 95 (1972), S. 35ff.
11. Eine frühe Erörterung des Themas enthält das Buch von Alan J. Winter, *The Poor. A Culture of Poverty, or a Poverty of Culture?* Grand Rapids/Michigan 1971.
12. Bei Toqueville heißt es dazu: »Im 14. Jahrhundert scheint der Grundsatz: *Besteure den nicht, der nicht will* [n'impose qui ne veut], in Frankreich ebenso festzustehen wie in England. Man wiederholt ihn oft; dagegen zu handeln gilt stets für ein tyrannisches Verfahren; sich danach zu richten, für Rückkehr zum Recht. Um jene Zeit findet man, wie ich schon gesagt habe, eine Menge Ähnlichkeiten zwischen unseren politischen Institutionen und denen der Engländer; dann aber trennen sich die Geschicke der beiden Völker und werden im Laufe der Zeit immer unähnlicher. Sie gleichen zwei Linien, die von zwei benachbarten Punkten, aber in etwas verschiedener Neigung ausgehen und sich dann immer weiter voneinander entfernen.« *Der alte Staat und die Revolution,* München 1978, S. 105.
13. Diese Darstellung der Unterschiede zwischen Frankreich und England ist natürlich grob vereinfachend. Ein weiterer, sehr bedeutender Faktor war der Sieg der Reformation in England, die ebenfalls zur Stärkung der bürgerlichen Vereinigungen beitrug.
14. Michael Novak, *The Catholic Ethic and the Spirit of Capitalism,* New York 1993, schildert die Entwicklung der offiziellen katholischen Haltung zum modernen Kapitalismus. Siehe insbesondere seine Diskussion der 1935 publizierten Kapitalismuskritik von Amintore Fanfani.
15. Novak, ebenda S. 115–143, deutet vor allem Papst Johannes Pauls II. Enzyklika *Centesimus Annus* als einen Bruch mit der früheren Einstellung des Vatikans zum Kapitalismus.
16. Damit sind Spanien, Portugal und praktisch alle lateinamerikanischen Länder sowie Ungarn, Polen und Litauen gemeint. Siehe Samuel Huntington, *The Third Wave,* Lexington/Kentucky 1991, S. 74–85.
17. Eine Ausnahme bildet die Befreiungtheologie in Lateinamerika mit ihrer offen kapitalismusfeindlichen Haltung und ihrer oft ambivalenten Einstellung zur formalen liberalen Demokratie.
18. James Q. Wilson hat ausführlich dargelegt, daß diese moralische Seite selbst bei Säuglingen und Kleinkindern vorhanden ist, die noch nicht »sozialisiert« wurden. Siehe James Q. Wilson, *Das moralische Empfinden,* Hamburg 1994.

1. Die klassischen Auseinandersetzungen mit Webers These sind R. H. Tawney, *Religion und der Aufstieg des Frühkapitalismus,* Bern 1946; Ernst Troeltsch, *Die Soziallehren der christlichen Kirchen und Gruppen,* 2 Bde., Tübingen 1944; H. H. Robertson, *Aspects of the Rise of Economic Individualism,* Cambridge 1933; sowie Kemper Fullerton, »Calvinism and Capitalism«, in: *Harvard Theological Review* 21 (1928), S. 163–191. Einen Überblick über die Debatte um Weber gibt Robert W. Green, *Protestantism and Capitalism. The Weber Thesis and Its Critics,* New York 1973.
2. Ein Beispiel aus den sechziger Jahren ist Kurt Samuelsson, *Religion and Economic Action,* Stockholm 1961.
3. Die Afrikaaner lebten bis unmittelbar nach dem Zweiten Weltkrieg vorwiegend von der Landwirtschaft. Das änderte sich erst mit der Machtübernahme der »gereinigten« Nationalen Partei 1948, die mit einer rigiden Rassentrennungspolitik die Grundlage zum wirtschaftlichen Aufstieg der Buren legte. In den siebziger und achtziger Jahren jedoch näherten sich die englischsprechenden Südafrikaner und die Buren immer mehr an, vor allem im Hinblick auf die Beteiligung der Buren im privatwirtschaftlichen Sektor. Siehe Irving Hexham »Dutch Calvinism and the Development of Afrikaner Nationalism«, in: *African Affairs* 79 (1980), S. 197–202; André Du Toit, »No Chosen People«, in: *American Historical Review* 88 (1983), S. 920–952; Randall G. Stokes, »The Afrikaner Industrial Entrepreneur and Afrikaner Nationalism«, in: *Economic Development and Cultural Change* 22 (1975), S. 557–559.
4. Siehe Reinhard Bendix, »The Protestant Ethic – Revisited«, in: *Comparative Studies in Society and History* 9 (1967), S. 266–273.
5. Michael Novak, *The Catholic Ethic and the Spirit of Capitalism,* New York 1993, S. 17–35.
6. S. N. Eisenstadt, »The Protestant Ethic Thesis in an Analytical and Comparative Framework«, in: *The Protestant Ethic and Modernization. A Comparative View,* Hg. S. N. Eisenstadt, New York 1968.
7. David Martin, *Tongues of Fire. The Explosion of Protestantism in Latin America,* Oxford 1990, S. 50f.
8. Neben Martin (1992) siehe Emilio Willems, *Followers of the New Faiths. Culture, Change, and the Rise of Protestantism in Brazil and Chile,* Nashville/Tennessee 1967; ders., »Protestantism as a Factor of Culture Change in Brazil«, in: *Economic Development and Cultural Change* 3 (1955), S. 321–333; ders., »Culture Change and the Rise of Protestantism in Brazil and Chile«, in: Eisenstadt (1968); Paul Turner, »Religious Conversions and Community Development«, in: *Journal for the Scientific Study*

of Religion 18 (1979), S. 252–260; James Sexton, »Protestantism and Modernization in Two Guatemalan Towns«, in: *American Ethnologist* 5 (1978), S. 280–302; Bryan R. Roberts, »Protestant Groups and Coping with Urban Life in Guatemala«, in: *American Journal of Sociology* 6 (1968), S. 753–767; Bernard Rosen, »The Achievement Syndrome and Economic Growth in Brazil«, in: *Social Forces* 42 (1964); und Jorge E. Maldonado, »Building ›Fundamentalism‹ from the Family in Latin America«, in: Martin E. Marty und R. Scott Appleby, *Fundamentalisms and Society. Reclaiming the Sciences, the Family, and Education,* Chicago 1992. Kritisch betrachtet wird die Rolle der protestanischen Kirche in Lateinamerika bei David Stoll, *Is Latin America Turning Protestant? The Politics of Evangelical Growth,* Berkeley 1990; und ders., »›Jesus Is Lord of Guatemala‹: Evangelical Reform in a Death-Squad State«, in: *Accounting for Fundamentalisms. The Dynamic Character of Movements,* Hg. Martin E. Marty und R. Scott Appleby, Chicago 1994.

9. Einen Versuch, die Auswirkungen des Arbeitsethos quantitativ zu messen, unternimmt Roger D. Congleton, »The Economic Role of a Work Ethic«, in: *Journal of Economic Behavior and Organization* 15 (1991), S. 365–385.
10. Zur Arbeitsleistung der Bauern im alten China siehe Maurice Freedman, *The Study of Chinese Society,* Stanford 1979, S. 22; ferner Marion J. Levy, *The Family Revolution in Modern China,* Cambridge 1949, S. 217. Zur gegenwärtigen Arbeitsmoral in den Vereinigten Staaten siehe Ann Howard und James A. Wilson, »Leadership in a Declining Work Ethic«, in: *California Management Review* 24 (1982), S. 33–46.
11. Es wurde darauf hingewiesen, daß Bauern in bestimmten Jahreszeiten, etwa bei der Aussaat im Frühling und während der Ernte im Herbst, zwar extrem hart arbeiten, daß es aber auch lange Phasen gibt, in denen sie wenig tun. Die regelmäßige Arbeit in einer modernen Fabrik ist in gewisser Hinsicht zwar weniger »hart«, setzt aber eine andere Einstellung zur Arbeit voraus als die bäuerliche.
12. Besonders eindrucksvoll geschildert werden die kulturellen Entwicklungshindernisse in traditionellen Dritte-Welt-Gesellschaften in den Schriften des ehemaligen Weltbankmitarbeiters Robert E. Klitgaards, unter anderem in seinem Buch *Tropical Gangsters,* New York 1990.
13. Max Weber, »Die protestantischen Sekten und der Geist des Kapitalismus«, in: *Gesammelte Aufsätze zur Religionssoziologie I,* Tübingen 1988, S. 207–236.
14. Ebenda, S. 209.
15. Zitiert bei Seymour Martin Lipset, »Culture and Economic Behavior. A Commentary«, in: *Journal of Labor Economics* 11 (1993), S. 330–347. Siehe auch ders., *Continental Divide. The Values and Institutions of the*

United States and Canada, New York und London 1990; und »Values and Entrepreneurship in the Americas«, in: *Revolution and Counterrevolution,* New York 1968.

16. Lipset (1993), S. 336–343.
17. Douglass C. North und Robert Paul Thomas, *The Rise of the Western World,* London und New York 1973, S. 1.
18. Dieser Vorfall ist beschrieben bei Alfred D. Chandler, *The Visible Hand. The Managerial Revolution in American Business,* Harvard 1977, S. 96.
19. Dazu siehe David J. Cherrington, *The Work Ethic. Working Values and Values That Work,* New York 1980; Seymour Martin Lipset, »The Work Ethic. Then and Now«, in: *Journal of Labor Research* 13 (1992), S. 45–54; und die verschiedenen Arbeiten von Adrian Furnham, darunter *The Protestant Work Ethic. The Psychology of Work-Related Beliefs and Behaviours,* London 1990; »The Protestant Work Ethic. A Review of the Psychological Literature«, in: *European Journal of Social Psychology* 14 (1984), S. 87–104; »The Protestant Work Ethic and Attitudes Towards Unemployment«, in: *Journal of Occupational Psychology* 55 (1982), S. 277–285; siehe auch Thomas Li-Ping Tang und Jen Yann Tzeng, »Demographic Correlates of the Protestant Work Ethic«, in: *The Journal of Psychology* 126 (1991), S. 163–170.

Kapitel 6: Die Kunst der Assoziation

1. Tocqueville zufolge schließen sich »Amerikaner jeden Alters, jeden Ranges, jeder Geistesrichtung … fortwährend zusammen. Sie haben nicht nur kaufmännische und Berufsvereine, denen alle angehören, sie haben auch noch unzählige andere Arten: religiöse, sittliche, ernste, oberflächliche, sehr allgemeine und sehr besondere, gewaltige und ganz kleine; die Amerikaner tun sich zusammen, um Feste zu geben, Seminarien zu begründen, Gasthöfe zu bauen, Kirchen zu errichten, Bücher zu verbreiten, Missionare zu den Antipoden zu entsenden; sie errichten auf diese Weise Spitäler, Gefängnisse, Schulen. Handelt es sich schließlich darum, eine Wahrheit zu verkünden oder ein Gefühl mit Hilfe eines großen Beispiels zu fördern, so gründen sie Vereinigungen. Überall, wo man in Frankreich die Regierung und in England einen großen Herren an der Spitze eines neuen Unternehmens sieht, wird man in den Vereinigten Staaten mit Bestimmtheit eine Vereinigung finden.« *Über die Demokratie in Amerika,* München 1976, S. 248.
2. Max Weber, »Die protestantischen Sekten und der Geist des Kapitalismus«, in: *Gesammelte Aufsätze zur Religionssoziologie I,* Tübingen 1988, S. 215.
3. Angaben über die Wohlfahrtsausgaben in den OECD-Ländern finden sich

bei Vincent A. Mahler und Claudio Katz, »Social Benefits in Advanced Capitalist Countries«, in: *Comparative Politics* 21 (1988), S. 37–51.

4. Siehe Seymour Martin Lipset, »The Work Ethic. Then and Now«, in· *Journal of Labor Research* 13 (1992), S. 42.
5. Das Mißtrauen gegenüber »denen da oben in Washington« gilt zwar vorwiegend als eine Einstellung der amerikanischen Rechten, aber man findet es in einer abgewandelten Version auch bei den Linken. Die Rechte lehnt vor allem staatliche Interventionen und die exzessive Regulierung ab. Die Linke dagegen verteufelt staatliche Einmischungen in die Privatsphäre, in sexuelle Verhaltensweisen und eine Vielzahl anderer individueller Freiheiten, sie kritisiert den »Nationalen Sicherheitsstaat« und die großen Konzerne. Die Linke wie die Rechte in den USA haben somit jeweils ihre eigene Version eines liberalen Individualismus.
6. Die Schlußfolgerung, daß die USA historisch gesehen im Vergleich mit anderen Ländern über ein relativ hohes soziales Kapital verfügten und dieses erst in den letzten Jahren schwand, wird von Inglehart gestützt, der im Rahmen des World Values Survey die Verteilung des sozialen Kapitals in verschiedenen Ländern zu verschiedenen Zeiten untersucht hat (zitiert bei Putnam, *Bowling Alone,* unveröffentlichte Manuskriptversion, Abbildung 14).
7. Gerschenkron meint, daß ein starker Staat für alle Spätentwickler typisch sei, nicht nur für Japan. Siehe Alexander Gerschenkron, *Economic Backwardness in Historical Perspective,* Cambridge 1962; ferner Chalmers Johnson, *MITI and the Japanese Miracle,* Stanford 1982; »The State and Japanese Grand Strategy«, in: *The Domestic Bases of Grand Strategy,* Hg. R. Rosecrance und A. Stein, Ithaca 1993, S. 201–223; »The People Who Invented the Mechanical Nightingale«, *Daedalus* 119 (1990), S. 71–90.
8. Dagegen vertreten zahlreiche Experten die Auffassung, daß die immensen Steigerungen der Rüstungsausgaben der USA nach dem Zweiten Weltkrieg nichts anderes als eine Industriepolitik mit gewaltigen Auswirkungen auf bestimmte Bereiche der Zivilwirtschaft wie beispielsweise die Luftfahrtindustrie gewesen seien.
9. Wie viele Entwicklungsländer im 20. Jahrhundert gründete und betrieb die japanische Regierung in den ersten Jahren nach 1868 zahllose Unternehmen, insbesondere im Transportsektor, im Bergbau, im Bauwesen und in der Rüstungsindustrie. Ein Großteil dieser Staatsunternehmen schrieb rote Zahlen. Die meisten wurden relativ bald (oft zu Schleuderpreisen) verkauft und bildeten die Grundlage für einige später entstandene großen Privatkonzerne. Der Ausverkauf war ein breitangelegtes Privatisierungsprogramm, und das einhundert Jahre bevor Privatisierungen in Europa und Lateinamerika in Mode kamen. Siehe William W. Lockwood, *The Economic Deve-*

lopment of Japan. Growth and Structural Change, 1868–1938, Princeton 1954, S. 15.

10. Mahler und Katz (1988), S. 38.
11. Yasuzo Horie beispielsweise vertritt die Auffassung, daß Unternehmer wie Masatatsu Ishikawa und Takato Oshima von nationalem Bewußtsein durchdrungen gewesen seien und in den erster Linie den nationalen Reichtum hätten mehren wollen. Siehe »Business Pioneers of Modern Japan«, in: *Kyoto University Economic Review* 30 (1960), S. 1–16; und »Confucian Concept of State in Tokugawa Japan«, in: *Kyoto University Economic Review* 32 (1962), S. 26–38.
12. Zur historischen Bedeutung von Kleinunternehmen in Japan siehe Lockwood (1954), S. 201–213; und David Friedman, *The Misunderstood Miracle,* Ithaca 1988, S. 9ff.
13. Lockwood (1954), S. 578, S. 588.
14. Siehe Winston Davis, »Japanese Religious Affiliations. Motives and Obligations«, in: *Sociological Analysis* 44 (1983), S. 131–146.
15. Die – nicht ganz überzeugende – Auffassung, daß in Japan Zeichen eines stärker werdenden Individualismus erkennbar seien, vertritt beispielsweise Kuniko Miyanaga, *The Creative Edge. Emerging Individualism in Japan,* New Brunswick/New Jersey 1991.
16. Alexis de Tocqueville, *Der alte Staat und die Revolution,* München 1978, S. 201.
17. Edward Banfield, *The Moral Basis of a Backward Society,* Glencoe/Illinois 1958.
18. Lawrence Harrison, *Who Prospers?* New York 1992, S.55.
19. Gegen diese Schlußfolgerung sprechen die von Ronald Inglehart in dem weiter oben bereits zitierten World Values Survey erhobenen Daten. Inglehart maß in einer Vielzahl von Ländern die Zahl der Vereinigungen, denen eine Person angehörte, und den Grad des Vertrauens, den die Befragten ihren Mitmenschen entgegenbrachten. In Übereinstimmung mit der hier vertretenen These belegen Ingleharts Daten, daß die meisten katholischen Länder und die früheren kommunistischen Staaten wenig soziales Kapital besitzen, während die homogenen Länder Skandinaviens als Gesellschaften mit einem hohen Grad an Vertrauen bezeichnet werden. Andererseits rangiert China vor Japan, vor allem was den Grad des Vertrauens zwischen Individuen betrifft. Die Aussagekraft der Resultate ist jedoch stark von der Art der Fragestellung abhängig. Beispielsweise ist es möglich, daß die von den Befragten genannten Vereinigungen auf Verwandtschaftsbeziehungen basieren. Aufschlußreicher wäre es, den Grad des Vertrauens außerhalb von Verwandschaftsgruppen zu erfassen.

1. James Q. Wilson, »The Family-Values Debate«, in: *Commentary* 95 (1992), S. 24–31.
2. Siehe dazu unter anderem US Bureau of the Census, *Studies in Marriage and the Family,* P-23, Nr. 162; *Changes in American Family Life,* P-23, Nr. 163; *Family Disruption and Economic Hardship. The Short-Run Picture for Children,* P-70, Nr. 23; und *Poverty in the United States,* P-60, Nr. 163, Washington/DC 1991.
3. Siehe dazu Francis Fukuyama, »Immigrants and Family Values«, *Commentary* 95 (1993), S. 26–32.
4. Eine allgemeine Beschreibung der Entwicklung amerikanischer Familienunternehmen gibt W. Gibb Dyers Jr., *Cultural Change in Family Firms – Anticipating and Managing Business and Family Transitions,* San Francisco 1986.
5. Ebenda.
6. Zu Campbell Soup und anderen großen, langlebigen US-Familienkonzernen siehe Philip Scranton, »Understanding the Strategies and Dynamics of Long-lived Family Firms«, in: *Business and Economic History,* Zweite Reihe, 21 (1992), S. 219–227.
7. Oliver Williamson, »The Vertical Integration of Production. Market Failure Considerations«, in: *American Economic Review* 61 (1971), S. 112–123.
8. Adolph A. Berle und Gardner C. Means, *The Modern Corporation and Private Property,* New York 1932; siehe auch Gardner C. Means, *Power without Property. A New Development in American Political Economy,* New York 1959.
9. Alfred D. Chandler, *The Visible Hand. The Managerial Revolution in American Business,* Cambridge 1977.
10. Clark Kerr, John T. Dunlop, F. Harbison und C. A. Myers, *Der Mensch in der industriellen Gesellschaft,* Frankfurt/Main 1960, S. 98.
11. Negative Aspekte der chinesischen Familiestruktur nennt Brigitte Berger, »The Culture of Modern Entrepreneurship«, in: *The Culture of Entrepreneurship,* Hg. Brigitte Berger, San Francisco 1991, S. 24.
12. Siehe Alexander Gerschenkron, *Economic Backwardness in Historical Perspective,* Cambridge 1962.
13. Andererseits muß auch darauf hingewiesen werden, daß es schon immer auch professionell gemanagte und nach rationalen Gesichtspunkten strukturierte Staatsunternehmen gab, man denke nur an die chinesischen Porzellanmanufakturen in Jingdezhen, wo Tausende von Arbeitern beschäftigt waren. Solche Staatsbetriebe nahmen in einer vorindustriellen Gesellschaft

ohne institutionalisierte Eigentumsrechte die Form und die Funktion moderner Privatunternehmen vorweg.

14. Tamara Hareven, »The History of the Family and the Complexity of Social Change«, in: *American Historical Review* 96 (1991), S. 95–122; dies., »A Complex Relationship. Family Strategies and the Processes of Economic and Social Change«, *Beyond the Marketplace. Rethinking Economy and Society,* Hg. Roger Friedland und A. F. Robinson, New York 1990. Siehe auch William J. Goode, *World Revolution and Family Patterns,* Glencoe/IL 1959, S. 23f., der darauf hinweist, daß viele der vermeintlichen Charakteristika der »modernen« westlichen Familie bereits vor der Industriellen Revolution bestanden.

Kapitel 8: Ein lockerer Sandhügel

1. Charles C. Kenney, »Fall of the House of Wang«, in: *Computerworld* 26 (1992) S. 67 – 69; siehe auch Donna Brown, »Race for the Corporate Throne«, in: *Management Review* 78 (1989), S. 26f.
2. Daniel Cohen, »The Fall of the House of Wang«, in: *Business Month* 135 (1990), S. 22 – 31.
3. Cohen (1990), S. 24.
4. Gary Hamilton und Cheng-Shu Kao vertreten die Ansicht, daß die allgemein akzeptierte Annahme, die Unternehmen in Taiwan seien im Durchschnitt kleiner als die Unternehmen in Südkorea und Japan, nicht auf Tatsachen beruhe. Hamilton und Kao zufolge liegt der Prozentsatz von Firmen mit weniger als 30 Arbeitern in Taiwan unter dem seiner Nachbarn. Schenkt man den offiziellen taiwanesischen Statistiken Glauben, dann gibt es in Taiwan mehr Großunternehmen mit über 300 Beschäftigen als in Japan, was allerdings irreführend ist. Das Problem liegt darin, daß der Anteil von Unternehmen mit einer bestimmten Beschäftigtenzahl an allen Unternehmen nicht unbedingt der beste Maßstab für ihre gesamtwirtschaftliche Bedeutung ist. Eine sehr viel aussagekräftigere Zahl wäre die absolute Wertschöpfung, ausgedrückt als Prozentsatz des Bruttoinlandsprodukts. Damit würde offensichtlich werden, daß die japanischen und koreanischen Konzerne in ihren jeweiligen Volkswirtschaften eine sehr viel bedeutendere Rolle spielen als die taiwanesischen Großunternehmen in Taiwan. Hamilton und Kao, »The Institutional Foundations of Chinese Business. The Family Firm in Taiwan«, *Comparative Social Research. Business Institutions,* Hg. Craig Calhoun, 12 (1990), S. 135–151.
5. Ramon H. Myers, »The Economic Development of the Republic of China on Taiwan, 1965–1981«, in: Lawrence J. Lau, *Models of Development. A*

Comparative Study of Economic Growth in South Korea and Taiwan, San Francisco 1986, S. 29.

6. Tibor Scitovsky, »Economic Development in Taiwan and South Korea, 1965–1981«, in: Lau (1986), S. 146.
7. Myers in Lau (1986), S. 54. Siehe auch Ramon H. Myers, »The Economic Transformation of the Republic of China on Taiwan«, in: *China Quarterly* 99 (1984), S. 500–528.
8. Simon Tam, »Centrifugal Versus Centripetal Growth Processes. Contrasting Ideal Types for Conceptualizing the Developmental Patterns of Chinese and Japanese Firms«, in: *Capitalism in Contrasting Cultures,* Hg. Stewart R. Clegg und S. Gordon Redding, Berlin 1990, S. 161.
9. John C. Pelzel, »Factory Life in Japan and China Today«, in: Albert M. Craig, *Japan. A Comparative View,* Princeton 1979, S. 379.
10. G. L. Hicks und S. Gordon Redding, »Culture and Corporate Performance in the Philippines. The Chinese Puzzle«, in: *Essays in Development Economics in Honor of Harry T. Oshima,* Hg. R. M. Bautista und E. M. Perina, Manila 1982, S. 212.
11. Diese Gesellschaft, die Chinese Petroleum Company, rangiert mit einem Jahresumsatz 1989 von 8 Milliarden US-Dollar auf Platz 41 in der Unternehmensrangliste der pazifischen Randstaaten. »The Pac Rim 150«, in: *Fortune 122* (Herbst 1990), S. 102–106.
12. Gustav Ranis, »Industrial Development«, in: *Economic Growth and Structural Change in Taiwan. The Postwar Experience of the Republic of China,* Hg. Walter Galenson, Ithaca/NY 1979, S. 228.
13. Justin D. Niehoff, »The Villager as Industrialist. Ideologies of Household Manufacturing in Rural Taiwan«, in: *Modern China* 13 (1987), S. 278–309.
14. Alice Amsden, »The States and Taiwan's Economic Development«, in: *Bringing the State Back In,* Hg. Peter B. Evans, Dietrich Rüschmeyer und Theda Skocpol, Cambridge 1985, S. 78–106. Nach Amsdens eigenen Angaben fiel der Anteil der Staatsunternehmen an der Industrieproduktion von 57 Prozent 1952 auf 18 Prozent 1980.
15. Robert H. Silin, *Leadership and Values. The Organization of Large-Scale Taiwanese Enterprises,* Cambridge/Massachusetts 1976, S. 16.
16. Zu asiatischen Netzwerk-Organisationen im allgemeinen, siehe Gary G. Hamilton, William Zeile und Wan-Jin Kim, »The Network Structures of East Asian Economies«, in: Clegg und Redding (1990), S. 105–129.
17. Michael L. Gerlach, *Alliance Capitalism. The Social Organization of Japanese Business,* Berkeley 1992, S. 82.
18. Hamilton und Kao (1990), S. 140ff.
19. Robert Wade, »East Asian Financial Systems as a Challenge to Economics.

Lessons from Taiwan«, in: *California Management Review* 27 (1985), S. 106–127.

20. Hamilton und Kao (1990), S. 145f. Siehe auch Joel Kotkin, *Tribes,* New York 1993, S. 165–200.
21. S. Gordon Redding, *The Spirit of Chinese Capitalism,* Berlin 1990, S. 3.
22. Viele an der Hongkonger Börse notierte Unternehmen werden von Familien kontrolliert. Einem Experten zufolge befinden sich die Hälfte der großen Baumwollspinnereien in Familienbesitz, was wahrscheinlich immer noch eine zu geringe Schätzung ist, da die tatsächlichen Besitzverhältnisse nicht offengelegt werden müssen. Siu-lun Wong, »The Chinese Family Firm. A Model«, in: *British Journal of Sociology* 36 (1985), S. 58–72.
23. Zum Lebensweg von Y. K. Pao siehe Robin Hutcheon, *First Sea Lord. The Life and Work of Sir Y. K. Pao,* Hongkong 1990.
24. Redding (1990), S. 151.
25. Robert Heller, »How the Chinese Manage to Keep It All In the Family«, in: *Management Today* (November 1991), S. 31–34.
26. Ebenda, S. 34; »The Overseas Chinese«, in: *Economist* 18. Juli 1992, S. 21 – 24.
27. »The Overseas Chinese«, S. 24.
28. Richard D. Whitley, »Eastern Asian Enterprise Structures and the Comparative Analysis of Forms of Business Organization«, in: *Organization Studies* 11 (1990), S. 47–74.
29. Aufschlußreiche Studien zu einzelnen chinesischen Familienunternehmen finden sich unter anderem in Wellington K. K. Chan, »The Organizational Structure of the Traditional Chinese Firm and Its Modern Reform«, in: *Business History Review* 56 (1982), S. 218–235, und *Merchants, Mandarins, and Modern Enterprise in Late Ch'ing China,* Cambridge, East Asian Research Center, 1977.
30. Siehe dazu Richard Whitley, »The Social Construction of Business Systems in East Asia«, in: *Organization Studies* 12 (1991), S. 1–28.
31. Redding (1990), S. 66.
32. Ebenda, S. 36.
33. Das chinesische Gegenstück zum *banto* ist der *zhanggui,* ein professioneller Manager, der für einen Eigentümer, der – in manchen Fällen – die wahren Besitzverhältnisse verschleieren wollte, das Unternehmen führte. Der *banto* war jedoch in Japan weit häufiger anzutreffen als der *zhanggui* in China. Ich bin Wellington Chan für den Hinweis auf diesen Sachverhalt dankbar.
34. Siu-lun Wong, »The Applicability of Asian Family Values to Other Sociocultural Settings«, in: Peter L. Berger und Hsin-Huang Michael Hsiao, *In Search of An East Asia Development Model,* New Brunswick 1988, S. 143.
35. Gary G. Hamilton und Nicole Woolsey Biggart, »Market, Culture, and Au-

thority. A Comparative Analysis of Management and Organization in the Far East«, in: *American Journal of Sociology* 94 (1988), Beilage, S. S52-S94.
36. Francis L. K. Hsu, *Iemoto. The Heart of Japan,* New York 1975, S. 15.
37. Zitiert bei Wong in Berger und Hsiao (1988), S. 136.
38. Zu dieser Entwicklung siehe Wong in Berger und Hsiao (1988), S. 140ff.; sowie Redding (1990), S. 104ff.
39. John Kao, »The Worldwide Web of Chinese Business«, in: *Harvard Business Review* 71 (1993), S. 24–34.
40. Whitley (1990), S. 64.
41. Wong in Berger und Hsiao (1988), S. 139.
42. Brown (1989), S. 22–29.
43. Albert Feuerwerker, *China's Early Industrialization,* Cambridge/Massachusetts 1958, S. 84f.
44. Redding (1990), S. 5.
45. Ebenda, S. 229.
46. Die japanische Halbleiterindustrie hat es nicht geschafft, mit eigenen Mikroprozessoren und logischen Schaltkreisen der neuesten Entwicklungsgeneration gegen Intel, Motorola und andere führende Hersteller zu konkurrieren. Sehr viel erfolgreicher agierte sie im Speichersektor und auf dem Halbleiter-Massenmarkt. Trotzdem liegt der Entwicklungsstand der japanischen Halbleiterindustrie weit über dem anderer asiatischer Länder.
47. W. J. F. Jenner, *Chinas langer Weg in die Krise. Die Tyrannei der Geschichte,* Stuttgart 1993.
48. Diese *kuan-tu shang-pan*-Industrien waren extrem ineffizient. Die mit ihrer Leitung beauftragten Beamten sahen sich vor allem als Steuereintreiber. Die Frage der Beförderung hing wie auch im privaten Sektor mehr von verwandtschaftlichen Beziehungen als von individueller Qualifikation und Leistung ab; die diesen Unternehmen vorstehenden Beamten waren für ihre Trägheit bekannt. Im Gegensatz zu Japan, wo vergleichbare Industrien relativ früh privatisiert wurden, blieben sie in China im Staatsbesitz und dienten der Chi'ing-Regierung (und zahlreichen Regional- und Lokalregierungen) als Steuerquelle. Feuerwerker (1958), S. 9ff. und S. 22f.

Kapitel 9: Das »Buddenbrooks«-Phänomen

1. Zu den Problemen bäuerlicher Haushalte mit der Ein-Kind-Politik siehe Elisabeth Croll, »Some Implications of the Rural Economic Reforms for the Chinese Peasant Household«, in: *The Re-emergence of the Chinese Peasantry. Aspects of Rural Decollectivization,* Hg. Ashwani Saith, London 1987, S. 122f.

2. Zu den religiösen Dimensionen des Konfuzianismus, siehe C. K. Yang, *Religion in Chinese Society. A Study of Contemporary Social Functions of Religion and Some of Their Historical Factors,* Berkeley 1961, S. 244–277.
3. Zu diesem konfuzianischen Ideal siehe Gilbert Rozman, »The East Asia Region in Comparative Perspective«, in: *The East Asian Region. Confucian Heritage and Its Modern Adaptation,* Hg. Gilbert Rozman, Princeton 1991, S. 24.
4. Zur Stellung und Bedeutung der Händler in der traditionellen chinesischen Gesellschaft siehe Michael R. Godley, *The Mandarin Capitalists from Nanyang. Overseas Chinese Enterprise in the Modernization of China,* Cambridge 1981, S. 34ff.
5. Damit soll keineswegs gesagt werden, daß es in den überseeischen chinesischen Gemeinschaften keine Klassenunterschiede gäbe. Viele ausgewanderte Chinesen arbeiteten als Kulis, die eine eigene, von Händlern und Unternehmern deutlich abgegrenzte Klasse bildeten. Allerdings gab es weder eine Oberschicht noch eine Bürokratie, die in ganz Südostasien den lokalen Eliten vorbehalten waren. Siehe Godley (1981), S. 38.
6. Ausführlich erörtert werden die konfuzianischen Tugenden von Michio Morishima, *Why Has Japan »Succeeded«? Western Technology and the Japanese Ethos,* Cambridge 1982, S. 3f.
7. Zu den Unterschieden zwischen Familien in westlichen Ländern und in anderen Kulturen siehe William J. Goode, *World Revolution and Family Patterns,* Glencoe/Illinois 1963, S. 22.
8. Marion J. Levy, *The Rise of the Modern Chinese Business Class,* New York 1949 (nachfolgend 1949I), S. 1.
9. Margery Wolf, *The House of Lim. A Study of A Chinese Farm Family,* Englewood Cliffs/New Jersey 1968, S. 23.
10. Marion J. Levy, *The Family Revolution in Modern China,* Cambridge 1949 (nachfolgend 1949II), S. 208f.
11. Kyung-sup Chang, »The Peasant Family in the Transition from Maoist to Lewisian Rural Industrialisation«, in: *The Journal of Development Studies* (1993), S. 220–244.
12. Levy (1949II), S. 213ff.
13. Hinsichtlich der Frage der Eigentumsrechte spielte die Tatsache, daß die Steuerlast willkürlich festgelegt wurde, eine größere Rolle als der Umstand, daß sie absolut gesehen hoch war. Es gibt sogar Hinweise darauf, daß die Steuerbelastung im Durchschnitt während der Qing-Zeit abgenommen hat. Vgl. Albert Feuerwerker, »The State and the Economy in Late Imperial China«, in: *Theory and Society* 13 (1984), S. 297–326.
14. W. J. F. Jenner, *The Tyranny of History. The Roots of China's Crisis,* London 1992, S. 4.

15. Zur chinesischen Tradition der gleichmäßigen Aufteilung des Erbes unter den Söhnen siehe Hugh Baker, *Chinese Family and Kinship,* New York 1979, S. 12; Siu-lun Wong, »The Applicability of Asian Family Values to Other Sociocultural Settings«, in: *In Search of An East Asia Development Model,* Hg. Peter L. Berger und Hsin-Huang Michael Hsiao, New Brunswick 1988, S. 139; W.J.F. Jenner (1992), S. 89; und S. Gordon Redding, *The Spirit of Chinese Capitalism,* Berlin 1990, S. 134.
16. Darüber hinaus bestand der Landbesitz einer Familie oft aus weit voneinander entfernt gelegenen kleinen Parzellen, deren Bewirtschaftung einen erheblichen Aufwand verursachte. Albert Feuerwerker, *The Chinese Economy ca. 1870–1911,* Ann Arbor/Michigan 1969, S. 15.
17. Zur Einstellung der traditionellen chinesischen Gesellschaft gegenüber Adoptionen siehe James L. Watson, »Agnates and Outsiders. Adoption in a Chinese Lineage«, in: *Man* 10 (1975), S. 293–306.
18. Es gab präzise Regeln, wer wen adoptieren durfte: Wenn möglich, adoptierte ein Mann ohne eigene Söhne einen Sohn eines seiner Brüder. Unter solchen Umständen hatte der älteste Bruder im allgemeinen das Vorrecht, einen Sohn eines jüngeren Bruders zu adoptieren. Wenn dieser Ausweg nicht offenstand, wandte er sich an seine Vettern großväterlichseits. Ging auch das nicht, suchte er in seiner Abstammungsgruppe oder seinem Klan nach einem Adoptivsohn. Nur in Extremfällen durfte er den Sohn eines armen Außenstehenden kaufen.
19. Nachfolgend die Beschreibung einer Adoptionszeremonie:
    Die Initiation [eines nicht zur Verwandtschaft gehörenden adoptierten Sohnes] wird während eines opulenten Festmahls vollzogen. Im Gegensatz zu Hochzeitsbanketts bringen die Gäste keine Geschenke oder Geld, um den Gastgeber für seine Gastfreundschaft zu entschädigen, denn er muß seine Verwandten dafür entschädigen, daß sie einen Fremden in ihre Mitte aufnehmen. Die Gäste tun ihr möglichstes, den Adoptivvater zu erniedrigen, und rufen ihm beleidigende Bemerkungen zu über seine Unfähigkeit, einen eigenen Erben zu zeugen. Während des Festmahls kann jeder Gast vor den Gastgeber treten und verlangen, daß er ihm auf der Stelle Geld leiht – im vollen Bewußtsein, daß der Gläubiger niemals um die Rückzahlung der geliehenen Summe bitten wird, da dies eine peinliche Erinnerung an die Inititation darstellen würde. Wenn die Gäste schließlich gehen, werfen sie dem Gastgeber vor, die Abstammungslinie verunreinigt zu haben, und beklagen sich über das schlechte Essen.
    Watson (1975), S. 298. Siehe auch ders., »Chinese Kinship Reconsidered. Anthropological Perspectives On Historical Research«, in: *The China Quarterly* 92 (1982), S. 589–627.
20. Gründe dafür, warum manche Familien erfolgreich waren und andere

nicht, nennt Francis Hsu, *Under the Ancestors' Shadow. Kinship, Personality, and Social Mobility in Village China,* Garden City/New York 1967, S. 5ff.

21. Baker (1979), S. 131.
22. Ebenda, S. 133f.
23. Jenner (1992), S. 119f.
24. Zu den Standardwerken über die chinesische Familie zählen Francis Hsu (1967); Maurice Freedman, *The Study of Chinese Society,* Stanford 1979; Baker (1979); und Paul Chao, *Chinese Kinship,* London 1979. Eine Darstellung der Unterschiede von Hsus und Freedmans Interpretationen der chinesischen Familie und Abstamungsgruppe findet sich in Siu-lun Wong, »The Applicability of Asian Family Values to Other Sociocultural Settings«, in: Berger und Hsiao (1988), S. 145.
25. Zur Klassifizierung chinesischer Familien siehe Maurice Freedman, *Chinese Lineage and Society. Fukien and Kwangtung,* London 1971, S. 43–67.
26. Tamara Hareven, »Reflections on Family Research in the People's Republic of China«, in: *Social Research* 54 (1987), S. 663–689.
27. Siehe Shu Ching Lee, »China's Traditional Family, Its Characteristics and Disintegration«, in: *American Sociological Review* 18 (1953), S. 272–280; Francis Hsu, »A Hypothesis on Kinship and Culture«, in: *Kinship and Culture,* Hg. Francis Hsu, Chicago 1971, S. 7.
28. Baker (1979), S. 21f. Die unter der Oberschicht weitverbreitete Polygamie komplizierte die Erbschaftsregelung noch zusätzlich. Die Söhne einer Frau in einem polygamen Haushalt erhielten bei der Erbteilung gleich viel, die absolute Höhe ihres Erbes hing von der Stellung ihrer Mutter innerhalb der Familie ab. Der Erbteil der Söhne einer dritten oder vierten Frau oder einer Konkubine war dementsprechend gering, und oft mußten sie ihren Erbanspruch durch komplizierte Manöver gegen die höherrangigen Söhne und deren Mütter durchsetzen.
29. Baker (1979), S. 49. In der traditionellen chinesischen Familie stehen die Mütter auf einer niedrigeren Stufe als ihre Söhne; eine Mutter hat keine Autorität, einen ihrer Söhne zu bestrafen, sondern muß dazu den Umweg über den Vater nehmen. Lee (1953), S. 275.
30. Watson (1982), S. 394. Siehe auch Baker (1979), S. 49.
31. Redding (1990), S. 54f.
32. Baker (1979), S. 67.
33. Hui-chen Wang Liu, »An Analysis of Chinese Klan Rules. Confucian Theories in Action«, in: David S. Nivison and Arthur F. Wright, *Confucianism in Action,* Stanford 1959, S. 63–96.
34. Freedman (1979), S. 241.

35. P. Steven Sangren, »Traditional Chinese Corporations. Beyond Kinship«, in: *Journal of Asian Studies* 43 (1984), S. 391–415.
36. Trotzdem gab und gibt es in chinesischen Gesellschaften Vereinigungen, die nicht auf Verwandschaftsbeziehungen beruhen. Die Geheimbünde und *tongs* (kriminelle Banden) in den amerikanischen Chinatowns etwa verlangten von ihren Mitgliedern, alle Beziehungen zu ihren Familien abzubrechen und eine Art Blutschwur auf ihre neue »Familie« abzulegen. Siehe Baker (1979), S. 170, und Ivan H. Light, *Ethnic Enterprise in America*, Berkeley 1972.
37. Ein Jahrhundert nach Konfuzius vertrat sein Rivale Mo Di zwar solche Gedanken, doch seine Lehre wurde von orthodoxen Konfuzianisten von Anfang an als gefährliche Häresie verteufelt. Siehe Jenner (1992), S. 113.
38. Das Fehlen universeller ethischer Prinzipien im Konfuzianismus ist ein Kernpunkt der gegenwärtig zwischen dem Westen und Asien geführten Menschenrechtsdebatte. Der Gott der Christen ist egalitär und universalistisch: Die moralischen Prinzipien des Christentums gelten unterschiedslos für alle Menschen. Dasselbe trifft auf die politischen Lehren Lockes und der amerikanischen Gründerväter zu, deren Prinzipien von der zeitgenössischen Menschenrechtsbewegung in den Vereinigten Staaten auch auf Gesellschaften übertragen werden, die keine allgemeingültigen moralischen und ethischen Normen im westlichen Sinne kennen.
39. Barrington Moore, *Social Origins of Dictatorship and Democracy. Lord and Peasant in the Making of the Modern World,* Boston 1966, S. 208 (deutsch: *Soziale Ursprünge von Diktatur und Demokratie,* Frankfurt/Main 1987).
40. Siehe Redding (1990), S. 188; sowie Lucian W. Pye, *Asian Power and Politics. The Cultural Dimensions of Authority,* Cambridge 1985, S. 292.
41. Einen Überblick über die Untersuchungen zur veränderten Rolle der chinesischen Familie geben Wei Zhangling, »The Family and Family Research in Contemporary China«, in: *International Social Science Journal* 126 (1986), S. 493–509; Hareven (1987); Ming Tsui, »Changes in Chinese Urban Family Structure«, in: *Journal of Marriage and the Family* (1989), S. 737–747; Arland Thornton und Thomas E. Fricke, »Social Change and the Family. Comparative Perspectives from the West, China, and South Asia«, in: *Sociological Forum* 2 (1987), S. 746–779; und Janet W. Salaff, *Working Daughters of Hong Kong. Filial Piety or Power in the Family?* Cambridge 1981.
42. Lee (1953), S. 279; Goode (1959), S. 6.
43. Jack M. Potter, *Capitalism and the Chinese Peasant,* Berkeley 1968, S. 161.
44. Siehe insbesondere Hareven (1987) sowie Bernard Gallin, »Rural to Urban Migration in Taiwan. Its Impact on Chinese Family and Kinship«, in: *Chi-*

nese Family Law and Social Change in Historical and Comparative Perspective, Hg. David C. Buxbaum, Seattle 1978. Einen Einblick in die Vielschichtigkeit der seit der Dekollektivierung entstandenen neuen Familienstrukturen gibt Martin King Whyte, »Rural Economic Reforms and Chinese Family Patterns«, in: *China Quarterly* 130 (1992), S. 316–322.

45. Jenner (1992), S. 128. Diese Auffassung wird auch vertreten von Oded Shenkar und Simcha Ronen, »The Cultural Context of Negotiations. The Implications of the Chinese Interpersonal Norms«, in: *Journal of Applied Behavioral Science* 23 (1987), S. 263–275.
46. Victor Nee, »Peasant Household Individualism«, in: *Chinese Rural Development: The Great Transformation,* Hg. William L. Parish, Armonk/NY 1985, S. 185; Victor Nee, »Peasant Household Economy and Decollectivization in China«, in: *Journal of Asian and African Studies* 21 (1986), S. 185–203; Victor Nee and Su Sijin, »Institutional Change and Economic Growth in China. The View from the Villages«, in: *Journal of Asian Studies* 49 (1990), S. 3–25; sowie Victor Nee und Frank W. Young, »Peasant Entrepreneurs in China's ›Second Economy‹. An Institutional Analysis«, in: *Economic Development and Cultural Change* (1991), S. 293–310. An anderer Stelle schreibt Nee, daß die Parteikader auf dem Land immer noch eine wichtige Rolle als Mittelsmänner spielten. Siehe »Peasant Entrepreneurship in China«, in: *Remaking The Economic Institutions of Socialism: China and Eastern Europe,* Hg. Victor Nee und David Start, Stanford 1989, S. 171f.
47. Jenner (1992), S. 13.

Kapitel 10: Italienischer Konfuzianismus

1. Der Name »Montegrano« ist zwar fiktiv, doch das Dorf existiert tatsächlich: Es heißt Chiaromonte.
2. Edward C. Banfield, *The Moral Basis of a Backward Society,* Glencoe/Illinois 1958, S. 107.
3. Ebenda, S. 115f.
4. Ebenda, S. 85.
5. Ebenda, S. 7.
6. Ebenda, S. 88.
7. Robert Putnam, *Making Democracy Work. Civic Traditions in Modern Italy,* Princeton 1993, S. 91f. Putnam führt auch ausführliche Daten über andere Organisationsformen an, deren Verteilung dasselbe Nord-Süd-Gefälle aufweist.
8. Ebenda, S. 97.
9. Ebenda, S. 111.

10. Ebenda, S. 107.
11. Ebenda, S. 139.
12. Bevilacqua, zitiert bei Paul Ginsburg und noch einmal bei Putnam (1993), S. 143.
13. Diesen Begriff hat Jesse Pitts in bezug auf Frankreich geprägt. Siehe Jesse R. Pitts »Continuity and Change in Bourgeois France«, in: *In Search of France,* Hg. Stanley Hoffmann und Charles Kindleberger, Cambridge 1963.
14. Siehe dazu Putnam (1993), S. 146.
15. Vgl. dazu die Karte mit der Verteilung der bürgerlichen Vereinigungen in Putnam (1993), S. 97.
16. Das italienische Bruttoinlandsprodukt belief sich 1992 auf 1223 Millarden US-Dollar, das holländische auf 320, das schwedische auf 247 und das schweizerische auf 241 Milliarden US-Dollar. *International Financial Statistics 1994 Yearbook,* Hg. Internationaler Währungsfonds, Washington/DC 1994.
17. Das Konzept eines »Dritten Italien« wurde erstmals formuliert von Arnoldo Bagnasco, *Tre Italie: la problematica territoriale dello sviluppo italiano,* Bologna 1977. Die Kleinindustrialisierung in Italien haben weiterhin untersucht Arnaldo Bagnasco und Rosella Pini, »Sviluppo economico e trasformazioni sociopolitiche nei sistemi territoriali a economia diffusa. Economia e struttura sociale«, in: *Quaderni di Fondazione Giangiacomo Feltrinelli,* 14; sowie Giorgio Fua und Carlo Zacchia, *Industrializzazione senza fratture,* Bologna o. J.
18. Michael J. Piore und Charles F. Sabel, *The Second Industrial Divide. Possibilities for Prosperity,* New York 1984, S. 227 (deutsch: *Das Ende der Massenproduktion. Studie über die Requalifizierung der Arbeit und die Rückkehr der Ökonomie in die Gesellschaft,* Berlin 1985.)
19. Sebastiano Brusco, »Small Firms and Industrial Districts. The Experience of Italy«, in: David Keeble und Robert Wever, *New Firms and Regional Development in Europe,* London 1982, S. 192f. Werkzeugmaschinen werden üblicherweise in kleinen Serien produziert. Hersteller von Werkzeugmaschinen sind in allen Ländern überwiegend kleine oder mittlere Betriebe.
20. Julia Bamford, »The Development of Small Firms, the Traditional Family and Agrarian Patterns in Italy«, in: *Entrepreneurship in Europe. The Social Processes,* Hg. Robert Goffee und Richard Scase, London 1978, S. 8.
21. Während der Arbeit an diesem Buch wurde gemeldet, daß ein drittes Unternehmen, Versace, ebenfalls plant, an die Börse zu gehen. *New York Times* 13. Juni 1994, S. D1-D2.
22. Zum Paradigma der flexiblen Spezialisierung und der Rolle kleiner Unternehmen in modernen Volkswirtschaften siehe Piore und Sabel (1984); Charles Sabel, *Arbeit und Politik. Das Ende der Massenproduktion,* Wien

1986; Michael J. Piore und Suzanne Berger, *Dualism and Discontinuity in Industrial Societies,* Cambridge 1980; Charles Sabel und Jonathan Zeitlin, »Historical Alternatives To Mass Production. Politics, Markets, and Technology in Nineteenth-Century Industrialization«, in: *Past and Present* 108 (1985), S.133–176.

23. Genaugenommen ist die Beschäftigtenzahl in kleinen und mittleren Betrieben nicht gewachsen, sondern nur weniger schnell zurückgegangen. Siehe Richard D. Whitley, »The Revival of Small Business in Europe«, in: *The Culture of Entrepreneurship,* Hg. Brigitte Berger, San Francisco 1991, S. 162.
24. Den kräftigsten Anstieg der Beschäftigtenzahlen in Klein- und Mittelbetrieben verzeichneten Italien, Spanien, Portugal, Griechenland, die Niederlande und Dänemark. Whitley in Berger (1991), S. 170.
25. Putnam (1993), S. 156f.
26. Ebenda, S. 158f.
27. Die wichtigste Rolle bei der Neubewertung spielten die Arbeiten von Peter N. Laslett. Siehe den von Laslett herausgegebenen Band *Household and Family in Past Time,* Cambridge 1972, sowie ders., »The Comparative History of Household and Family«, in: *American Family in Social-Historical Perspective,* Hg. Michael Gordon, New York 1973.
28. Bamford in Goffee und Scase (1978), S. 16. Eine ausführliche Beschreibung der erweiterten Familien in Bertalia und der Pachtlandwirtschaft in Mittelitalien gibt David I. Kertzer, *Family Life in Central Italy, 1880–1910,* Rutgers 1984. *The Family in Italy from Antiquity to the Present,* Hg. David I. Kertzer und Richard S. Saller, New Haven 1991.
29. Bamford in Goffee und Scase (1978), S. 17.
30. Die Bedeutung der erweiterten Familie wird auch hervorgehoben von Piore und Sabel (1984), S. 227f.
31. Bamford (1958), S. 118f.
32. Bamford in Goffee und Scase (1978), S. 17ff.; sowie Kertzer (1984), S. 32ff.
33. Bamford in Goffee und Scase (1978), S. 19f.
34. Putnam (1993), S. 130.
35. Ebenda, S. 159f. Die Rolle der lokalen Verwaltung besteht darin, daß sie bestimmte, für Unternehmensnetzwerke wichtige Infrastrukturleistungen, beispielsweise Fortbildung und Informationsdienste, zur Verfügung stellt.
36. Mehr dazu in dem Kapitel über Japan in diesem Buch.
37. Santo Versace, zitiert in: *New York Times* 13. Juni 1994, S. D2.
38. Michael L. Blim, *Made in Italy. Small-Scale Industrialization and its Consequences,* New York 1990, S. 258.
39. Blim (1990, S. 162ff.) fand in der von ihm untersuchten Region in den Mar-

ken unter 25 Schuhfabrikanten nur einen einzigen, der nicht auf die eine oder andere Art *lavoro nero* einsetzte.

40. Whitley in Berger (1991), S. 168.

Kapitel 11: Frankreich: Von Angesicht zu Angesicht

1. In dem anhaltenden Streit mit den Vereinigten Staaten um staatliche Subventionen verweist das europäische Airbus-Konsortium immer wieder darauf, daß amerikanische Flugzeughersteller wie Boeing von großzügigen Rüstungsaufträgen profitierten, was einer heimlichen Subvention gleichkomme. Dieser Einwand hat zweifelsohne etwas für sich. Allerdings widerlegt das nicht meine Behauptung, daß die Franzosen Probleme haben, große Unternehmen zu bilden.
2. Eli Noam, *Telecommunications in Europe,* New York und Oxford 1992, S. 160f.
3. Zitiert ebenda, S. 147.
4. David S. Landes, »French Entrepreneurship and Industrial Growth in the Nineteenth Century«, in: *Journal of Economic History* 9 (1949), S. 45–61. Eine detaillierte Beschreibung der Geschichte einer französischen Unternehmerfamilie findet sich in Landes, »Religion and Enterprise. The Case of the French Textile Industrie«, in: *Enterprise and Entrepreneurs in Nineteenth and Twentieth-Century France,* Hg. Edward C. Carter II., Robert Forster und Joseph N. Moody, Baltimore 1976. Die Geschichte eines einzelnen Familienunternehmens in der metallverarbeitenden Industrie Frankreichs erzählt Robert J. Smith, »Family Dynamics and the Trajectory of a Family Firm: Bouchayer Enterprise of Grenoble (1868–1972)«, unveröffentlichtes Manuskript, 1994.
5. Landes (1949), S. 50.
6. Jesse R. Pitts, »Continuity and Change in Bourgeois France«, in: *In Search of France,* Hg. Stanley Hoffmann und Charles Kindleberger, Cambridge 1963, S. 239–246.
7. Zur selben Auffassung gelangte später auch Landes. Siehe Landes, »New-Model Entrepreneurship in France and Problems of Historical Explanation«, in: *Explorations in Entrepreneurial History,* (1963).
8. Patrick O'Brien und Caglar Keyder schreiben, daß die Arbeitsproduktivität bis in die siebziger Jahre des letzten Jahrhunderts in beiden Ländern ungefähr gleich schnell angestiegen sei, dann habe Frankreich Großbritannien überflügelt und bis zur Jahrhundertwende höhere Zuwachsraten verzeichnet. Siehe O'Brien und Keyder, *Economic Growth in Britain and France 1780–1914. Two Paths to the Twentieth Century,* London 1978, S. 192f.

Siehe auch Jean Bouvier, »Libres propos autour d'une démarche révisionniste«, in: *Le capitalisme français XIXe – XXe siècle. Blocages et dynamismes d'une croissance*. Hg. Patrick Fridenson and André Straus; François Crouzet, »Encore la croissance française au XIXe siècle«, in: *Revue du nord* 54 (1972) S. 271–288. Crouzet (S. 274) schreibt, daß zwischen 1870 and 1913 sowohl die Pro-Kopf-Produktion wie auch die Produktivität in Frankreich zwar etwas hinter den in Deutschland erreichten Werten gelegen habe, aber immer noch höher als in Großbritannien, und exakt dem Durchschnitt von zehn europäischen Ländern entsprochen habe.

9. Siehe Louis Bergeron, *Les capitalistes en France (1780–1914)*, Paris 1978.
10. Zum Aufstieg der Supermarktkette Bon Marché, siehe Michael B. Miller, *The Bon Marché. Bourgeois Culture and the Department Store, 1869–1920*, Princeton 1981.
11. Maurice Levy-Leboyer, »The Large Family Firms in the French Manufacturing Industry«, in: *Family Business in the Era of Industrial Growth*, Hg. Akio Okochi und Shigeaki Yasuoka, Tokio 1984, S. 222f.
12. Levy-Leboyer in Okochi und Yasuoka (1984), S. 216f.
13. Pitts in Hoffmann und Kindleberger (1963), S. 274ff.
14. Das trifft auch auf Historiker zu, die im Gegensatz zu Landes verneinen, daß Frankreich gesamtwirtschaftlich zurückgefallen sei. Siehe etwa Jean-Charles Asselain, *Histoire économique de la France du XVIIIe siècle à nos jours*. Bd. 1: De l'Ancien Régime à la Première Guerre Mondiale, Paris 1984, S. 13–19.
15. Siehe dazu Charles Kindleberger, »The Postwar Resurgence of the French Economy«, in: Hoffmann und Kindleberger (1963), S. 120.
16. Ebenda, S. 136.
17. Zum Thema Adoptionen siehe Rhoda Metraux und Margaret Mead, *Themes in French Culture. A Preface to a Study of French Community*, Stanford 1954, S. 3f. und S. 69–84.
18. Michel Crozier, *The Bureaucratic Phenomenon*, Chicago 1964, S. 213f.
19. Crozier (1964), S. 216.
20. Ebenda, S. 217.
21. Dazu siehe Stanley Hoffmann, *Decline or Renewal? France since the 1930s*, New York 1974, S. 69f., S. 121.
22. Crozier (1964), S. 222.
23. Der Historiker Maurice Agulhon hat gezeigt, daß das Ausmaß der Isolation und des Mißtrauens im sozialen Leben Frankreichs nie so groß war wie im südlichen Italien und in den modernen sozialistischen Gesellschaften. Allerdings trifft für viele der spontan entstandenen sozialen Gruppen Jesse Pitts Bezeichnung »delinquente Vereinigungen« zu: Es sind Gruppen, deren Zielsetzungen von der Gesellschaft insgesamt ethisch abgelehnt werden.

Siehe Maurice Agulhon und Maryvonne Bodiguel, *Les associations au village,* Le Paradou 1981; sowie Agulhon, *Le Cercle dans la France bourgeoise, 1810–1848. Étude d'une mutation de sociabilité,* Paris 1977; und Pitts in Hoffmann und Kindleberger (1963), S. 256–262.

24. Zu den militärischen Ursprüngen des modernen europäischen Nationalstaats siehe Bruce Porter, *War and the Rise of the Nation-State,* New York 1993.
25. Alexis de Tocqueville, *Der alte Staat und die Revolution,* München 1978, S. 65.
26. Ebenda, S. 96.
27. Douglass C. North und Robert P. Thomas, *The Rise of the Western World,* London 1973, S. 122.
28. Tocqueville (1978), S. 99f.
29. Ebenda, S. 102.
30. Hoffmann (1974), S. 123.
31. Ebenda, S. 68–76.
32. Kindleberger in Hoffmann und Kindleberger (1963), S. 136f.
33. North und Thomas (1973), S. 126.
34. Zum französischen Merkantilismus siehe Werner Sombart, *Der moderne Kapitalismus,* Bd. I/1, München und Leipzig 1916[5], S. 369ff.
35. Tocqueville (1978), S. 81.
36. Siehe Michel Bauer und Elie Cohen, »Le politique, l'administratif, et l'exercice du pouvoir industriel«, in: *Sociologie du Travail* 27 (1985), S. 324ff.
37. Tocqueville (1978), S. 77.
38. Während ihrer Regierungszeit in den achtziger Jahren steckten die Sozialisten über fünf Milliarden US-Dollar in verstaatliche Unternehmen. Siehe Vivien Schmidt, »Industrial Management under the Socialists in France: Decentralized Dirigisme at the National and Local Levels«, in: *Comparative Politics* 21 (1988), S. 53–72.
39. »The Bank That Couldn't Say No«, *The Economist* 9. April 1994, S. 21ff. Natürlich ist diese Art der Fehleinschätzung von Banken und anderen Finanzinstituten keineswegs eine Ausnahmeerscheinung öffentlicher Unternehmen, wie die Krisen des amerikanischen und japanischen Bankensektors belegen. Im Falle des Crédit Lyonnais jedoch scheinen eine Reihe von Krediten aus rein politischen Motiven gewährt worden zu sein, was bei Privatbanken wohl so nicht vorkommt.
40. Tocqueville (1978), S. 73.
41. Kindleberger in Hoffmann und Kindleberger (1963), S. 157.

1. Young Ki Lee, »Conglomeration and Business Concentration in Korea«, in: *Korean Economic Development,* Hg. Jene K. Kwon, Westport 1989, S. 328.
2. Byong-Nak Song, *The Rise of the Korean Economy,* Hongkong 1990, S. 114.
3. Alice H. Amsden, *Asia's Next Giant. South Korea and Late Industrialization,* New York und Oxford 1989, S. 116.
4. Song (1990), S. 112f.
5. Gary G. Hamilton und Nicole Woolsey Biggart, »Market, Culture, and Authority. A Comparative Analysis of Management and Organization in the Far East«, in: *American Journal of Sociology* 94 (1988), Beilage, S. S52 – S94.
6. Für Hintergrundinformationen zu dieser Periode siehe Nicole Woolsey Biggart, »Institutionalized Patrimonialism in Korean Business«, in: *Comparative Social Research. Business Institutions,* Hg. Craig Calhoun Bd. 12, Greenwich/Connecticut 1990, S. 119f.
7. Siehe beispielsweise den Berich über den koreanischen Unternehmer Yonsu Kim in Dennis L. McNamara, »Entrepreneurship in Colonial Korea: Kim Yon-su«, in: *Modern Asian Studies* 22 (1988), S. 165–177; sowie ders., *The Colonial Origins of Korean Enterprise, 1910–1945,* Cambridge 1990.
8. Lee in Kwon (1989), S. 329.
9. Richard D. Whitley, »Eastern Asian Enterprise Structures and the Comparative Analysis of Forms of Business Organization«, in: *Organization Studies* 11 (1990), S. 47–74.
10. Hitachi etwa ist Mitglied des Rates der Präsidenten des Keiretsu Fuyo, Sanwa und Dai-Ichi Kangyo, Kobe Steel gehört der Sanwa- und der Dai-Ichi-Kangyo-Gruppe an. Siehe Michael L. Gerlach, *Alliance Capitalism. The Social Organization of Japanese Business,* Berkeley 1992, S. 82ff.
11. Tamio Hattori, »The Relationship Between Zaibatsu and Family Structure. The Korean Case«, in: *Family Business in the Era of Industrial Growth,* Hg. Akio Okochi und Shigeaki Yasuoka, Tokio 1984, S. 132.
12. Clark Sorenson, »Farm Labor and Family Cycle in Traditional Korea and Japan«, in: *Journal of Anthropological Research* 40 (1984), S. 306–323.
13. Hattori in Okochi und Yasuoka (1984), S. 133.
14. Sorenson (1984), S. 310.
15. Choong Soon Kim, *The Culture of Korean Industry. An Ethnography of Poongsan Corporation,* Tucson/AZ 1992, S. 13.
16. Zur Bedeutung von Familienbeziehungen in Korea, siehe B. C. A. Walraven, »Symbolic Expressions of Family Cohesion in Korean Tradition«, in: *Korea Journal* 29 (1989), S. 4–11.

17. Siehe dazu Richard M. Steers, Yoo Keun Shin und Gerardo R. Ungson, *The Chaebol. Korea's New Industrial Might,* New York 1989, S. 17, S. 135.
18. Siehe dazu Song (1990), S. 31ff.
19. Mutsuhiko Shima, »In Quest of Social Recognition. A Retrospective View on the Development of Korean Lineage Organization«, in: *Harvard Journal of Asiatic Studies* 50 (1990), S. 87–192.
20. Allerdings führen nicht alle Kims und Parks ihre Abstammung auf dieselbe Ahnenreihe zurück; den Nachnamen Kim beispielsweise tragen sieben oder acht Abstammungsgruppen.
21. Roger L. Janelli und Dawn-hee Yim Janelli, »Lineage Organization and Social Differentiation in Korea«, in: *Man* 13 (1978), S. 272–289.
22. Kwang Chung Kim und Shin Kim, »Kinship Group and Patrimonial Executives in a Developing Nation: A Case Study of Korea«, in: *Journal of Developing Areas* 24 (1989), S. 27–46.
23. Sang M. Lee and Sangjin Yoo, »The K-Type Management: a Driving Force of Korean Prosperity«, in: *Management International Review* 27 (1987), S. 68–77.
24. Chan Sup Chang, »Chaebol: The South Korean Conglomerates«, in: *Business Horizons* 31 (1988) S. 51–57.
25. Steers, Shin und Ungson (1989), S. 37f.
26. C. Kim (1992), S. 77.
27. Ebenda, S. 66.
28. Chang (1988), S. 53.
29. Hattori in Okochi und Yasuoka (1984), S. 137ff.
30. Ebenda, S. 134.
31. Steers, Shin und Ungson (1989), S. 38f., sowie Lee und Yoo (1987), S. 75. Es wurde argumentiert, daß die Top-Familienmanager Entscheidungen zwar autokratisch fällten, die meisten Entscheidungen aber nicht an der Spitze getroffen würden. Siehe Alice Amsden, »The Rise of Salaried Management«, in: Kwon (1989), S. 363.
32. Aus *Dong An Ilbo,* zitiert in: Steers, Shin und Ungson (1989), S. 39.
33. Ebenda, S. 47.
34. Ebenda, S. 123.
35. Ebenda, S. 91f. Siehe auch C. Kim (1992), S. 134.
36. Song (1990), S. 199. Song sagt weiter, daß ihm nicht klar ist, welches die kulturellen Wurzeln des stärkeren Individualismus in Korea seien. Die vorangegangene Diskussion sollte deutlich gemacht haben, daß der ausgeprägte Individualismus aus der Natur des koreanischen Familismus entspringt.
37. Lee und Yoo (1987), S. 74.
38. C. Kim (1992), S. 151. Ein weitere ausführliche Untersuchung eines einzelnen koreanischen Unternehmens ergab, daß koreanische Arbeiter Au-

ßenstehenden gegenüber in ihren Aussagen zu ihren Einstellungen und zu den innerbetrieblichen sozialen Beziehungen sehr zurückhaltend sind und ein großes Mißtrauen an den Tag legen. Siehe Roger L. Janelli und Dawn Hee Yim Janelli, *Making Capitalism: The Social and Cultural Construction of a South Korean Conglomerate,* Stanford 1993, S. 3–12.

39. Song (1990), S. 199f.
40. Ende der achtziger Jahre waren rund 72 Prozent der über 65jährigen in ihrer Versorgung vollständig von ihren Kindern abhängig. David I. Steinberg, »Sociopolitical Factors and Korea's Future Economic Policies«, in: *World Development* 16 (1988), S.19–34.
41. Politisch aktiv wurden die Gewerkschaften in den Unruhen nach der Ermordung Präsident Park Chung Hees 1979 und erneut in der Protestbewegung gegen das Militärregime von Präsident Chun Doo Hwan 1987. Im Sommer 1987 organisierte die südkoreanische Arbeiterbewegung rund 3000 Streiks, was den Präsidentschaftskandidaten der Demokratischen Gerechtigkeitspartei, Roh Tae Woo, dazu bewog, mit Chun zu brechen und auf die Forderungen nach einer Direktwahl des Präsidenten einzugehen. Nach der Liberalisierung der Arbeitsgesetze und der Ausrufung der ersten weitgehend freien Wahlen im Jahre 1988 war es nur natürlich, daß es zu einer Explosion der zuvor unterdrückten Forderungen der Arbeiterschaft kam. Ende der achtziger Jahre wurde die südkoreanische Industrie von zahllosen Streiks erschüttert, und allein 1987 und 1988 stiegen die Löhne um rund 37 Prozent. Steers, Shin und Ungson (1989), S. 126f.
42. Ich danke Kongdan Oh für einen entsprechenden Hinweis.
43. Kim und Kim (1989), S. 41; Susan De Vos und Yean-Ju Lee, »Change in Extended Family Living among Elderly People in South Korea, 1970–1980«, in: *Economic Development and Cultural Change* 41 (1993), S. 377–393; Myung-hye Kim, »Transformation of Family Ideology in Upper-Middle-Class Families in Urban South Korea«, in: *Ethnology* 32 (1993), S. 69–85.
44. Kostspielig wäre das vor allem in jenen Fällen, in denen südkoreanische Unternehmen ein Markenbewußtsein für Konsum- und andere Güter geschaffen haben. Wie weiter unten noch zu sehen sein wird, ist jedoch nicht geklärt, ob eine Größe und Zusammenschlüsse vom Standpunkt der Effizienz aus betrachtet besondere Vorteile mit sich bringen. In vielen Fällen würde die Auflösung von Chaebol-Netzwerken (ob aus familiären oder anderen Gründen) wahrscheinlich eine Effizienzsteigerung nach sich ziehen.
45. Leroy P. Jones and Il Sakong, *Government, Business, and Entrepreneurship in Economic Development. The Korean Case,* Cambridge 1980, S. 148.
46. Byong-Nak Song, *The Rise of the Korean Economy,* Hongkong 1990, S. 129.
47. *The Economic and Social Modernization of the Republic of Korea,* Hg. Edward S. Mason, Cambridge 1980, S. 336f.

48. Song (1990), S. 161; siehe auch Robert Wade, »East Asian Financial Systems as a Challenge to Economics: Lessons from Taiwan«, in: *California Management Review* 27 (1985), S.106–127.
49. Zitiert bei Alice H. Amsden (1989), S. 2.
50. Richard D. Whitley, »The Social Construction of Business Systems in East Asia«, in: *Organization Studies* 12 (1991), S. 1–28.
51. Einiges spricht dafür, daß die frühen Chaebol als erste Unternehmen moderne Managementmethoden einführten und vor allem dank dieser Überlegenheit gegenüber der Konkurrenz weite Teile der traditionellen koreanischen Wirtschaft dominieren konnten. Andererseits besitzt ein Unternehmen, dem Kredite zu einem Zinssatz unter der Inflationsrate zur Verfügung gestellt werden, einen sehr starken Anreiz, jede sich bietende Gelegenheit zur Investition zu ergreifen, und zwar auch in Bereichen, in denen es bislang nicht engagiert war.
52. Mark L. Clifford, *Troubled Tiger. Businessmen, Bureaucrats, and Generals in South Korea,* Armonk 1994/NY, Kapitel 9.
53. Eun Mee Kim »From Dominance to Symbiosis: State and *Chaebol* in Korea«, in: *Pacific Focus* 3 (1988), S. 105–121.
54. Amsden (1989), S. 17.
55. Song (1990), S. 98ff.
56. Whitley (1991), S. 18.
57. Amsden (1989), S. 72; und Wade (1985), S. 122.
58. Als das Yolsan-Chaebol 1979 mit einem Oppositionspolitiker flirtete, nutzte die Regierung ihre Kontrolle über die Kreditvergabe dazu, dem Unternehmen den Geldhahn abzudrehen und es in den Ruin zu treiben. Bruce Cumings, »The Origins and Development of the Northeast Asian Political Economy. Industrial Sectors, Product Cycles, and Political Consequences«, in: *International Organization* 38 (1984), S. 1–40.
59. Clifford (1994), Kapitel 9.
60. Ebenda.
61. Zum Regionalismus in der südkoreanischen Wirtschaft siehe Leroy J. Jones und Il Sakong, *Government, Business, and Entrepreneurship in Economic Development. The Korean Case,* Cambridge 1980, S. 208–219. Der Regionalismus spielte auch in der südkoreanischen Politik eine zentrale Rolle: Der Präsidentschaftswahlkampf zwischen Roh Tae Woo, Kim Dae Jung und Kim Young Sam im Jahre 1988 wurde nicht nur von ideologischen, sondern auch von regionalen Differenzen bestimmt. Kim Dae Jung stammte aus der Provinz Cholla, während Kim Young Sam und Roh Tae Woo den Süden beziehungsweise den Norden der Provinz Kyongsang repräsentierten.
62. Kim und Kim (1989), S. 42f.

63. Chan Sup Chang, »Chaebol: The South Korean Conglomerates«, in: *Business Horizons* 31 (1988), S. 51–57.
64. Song (1990), S. 46.
65. Jones und Sakong (1980), S. 212–219.
66. David Martin, *Tongues of Fire. The Explosion of Protestantism in Latin America,* Oxford 1990, S. 143.
67. Jones und Sakong (1980), S. 221 f.
68. Ebenda, S. 222; Martin (1990), S. 154.
69. David Martin vertritt die These, daß der Protestantismus durch Begünstigung eines politischen Quietismus, der das System während der rapiden Industrialisierung stabilisiert habe, indirekt zur Förderung des wirtschaftlichen Wachstums beigetragen habe. Allerdings hätte die konfuzianische Kultur wahrscheinlich denselben stabilisierenden Effekt gezeitigt, auch wenn es keine Übertritte zum Protestantismus gegeben hätte. Die Christen spielten in oppositionellen politischen Zirkeln eine überaus aktive Rolle, ohne daß sich dies negativ auf die Stabilität des Landes auswirkte. Siehe Martin (1990), S. 154 f.
70. Amsden (1989), S. 129.
71. Clifford zufolge ging die enge Beziehung zwischen Park und Ju Yung Chung auf einen eher kuriosen Zwischenfall zurück: Park tauchte an einem Morgen sehr früh und völlig überraschend zu einer Inspektion in einer Hyundai-Fabrik auf und war sehr beeindruckt, Chung bereits hart arbeitend vorzufinden. Siehe Clifford (1994), Kapitel 9.
72. »Innovate, Not Imitate«, in: *Far Eastern Economic Review* 13. Mai 1994, S. 64–68.
73. »Breaking Up Is Hard To Do«, in: *Far Eastern Economic Review* 29. September 1988, S. 103.
74. »Paralysis in South Korea«, in: *Business Week* 8. Juni 1992, S. 48 f.

Kapitel 13: Reibungslose Wirtschaft

1. Diese Ansicht vertraten selbstverständlich die meisten Sozialwissenschaftler in diesem Jahrhundert. Siehe Max Weber, *Wirtschaftsgeschichte,* Hg. S. Hellmann und M. Palyi, München/Leipzig 1923.
2. Hinzu kommen die Kosten für der Aufbau der Institutionen, die solche Formen von Geschäften überhaupt ermöglichen; sie werden gewöhnlich von der Gesellschaft insgesamt getragen.
3. Kenneth J. Arrow, *The Limits of Organization,* New York 1974, S. 23.
4. Dazu gehören Intensiventwicklungsprojekte wie die U-Boot-gestützte Rakete Polaris und das Aufklärungsflugzeug U-2.

5. Eine Beschreibung dieses Prozesses der übertriebenen Regulierung findet sich in *Integrating Commercial and Military Technologies for National Strength. An Agenda for Change,* Bericht des CSIS-Lenkungsausschusses für Sicherheit und Technologie, Washington 1991; und Jacques Gansler, *Affording Defense,* Cambridge 1991, S. 141–214.
6. Der Einkäufer in einem kommerziellen Unternehmen zum Beispiel holt nicht Angebote von allen Lieferanten ein, die theoretisch für eine bestimmte Ware oder Dienstleistung in Frage kommen, sondern er wählt die drei oder vier besten aus, die seiner Erfahrung nach gut, zuverlässig und zu einem angemessenen Preis liefern. Die Einkäufer der Regierung hingegen müssen bei allen potentiellen Lieferanten Angebote einholen, und die Parteien, deren Angebot nicht angenommen wird, haben ein unbeschränktes Widerspruchsrecht. Mit dieser Vorschrift soll »Günstlingswirtschaft« verhindert werden.
7. Nathan Rosenberg und L. E. Birdzell Jr., *How the West Grew Rich. The Economic Transformation of the Industrial World,* New York 1986, S. 114.
8. Siehe Mancur Olson, *Die Logik des kollektiven Handelns. Kollektivgüter und die Theorie der Gruppen,* Tübingen 1968. Inzwischen gibt es eine Fülle von Literatur zum Trittbrettfahrer-Problem, einem zentralen Thema der »Rational-choice«-Schule. Siehe beispielsweise die Zusammenfassungen in Russell Hardin, *Collective Action,* Baltimore 1982, und Todd Sandler, *Collective Action. Theory and Applications,* Ann Arbor 1992.
9. Ein weiteres klassisches Problem im Gruppenverhalten ist das sogenannte Häftlingsdilemma: Zwei Häftlinge in getrennten Zellen ohne Möglichkeit der Kommunikation werden vor eine Wahl gestellt. Dabei tragen sie nur dann einen Nutzen davon, wenn sie sich *beide* für eine kooperative Option entscheiden, aber sie wissen nicht, welche Wahl der andere jeweils treffen wird. Wahrscheinlich würden die Menschen einer Kultur, in der wechselseitige Loyalität eine wichtige Rolle spielt, für das Häftlingsdilemma leichter eine Lösung finden als Angehörige einer Kultur, die Individualismus stärker fördert.
10. Victor Nee, »The Peasant Household Economy and Decollectivization in China«, in: *Journal of Asian and African Studies* 21 (1986), S. 185–203. An anderer Stelle bemerkt Nee: »Die vernünftige Planung der Bauern konzentrierte sich darauf, den Nutzen des individuellen Haushaltes gegenüber den Interessen der kollektiven Wirtschaft zu maximieren. Das zeigte sich den Yangbei-Kadern zufolge in einem Dauerproblem: Auf den kollektiven Feldern arbeiteten die Dorfbewohner bei weitem nicht so begeistert wie auf den privaten Parzellen der einzelnen Haushalte, bei ihren Nebenbeschäftigungen und in den Haushalten selbst. Diese Diskrepanz zwischen der Produktivität im kollektiven und im privaten Bereich weist auf den Kern des

Problems der kollektiven Wirtschaft in Yangbei. Einfach ausgedrückt verhielt es sich so: Wenn alle Haushalte davon profitierten, daß die Teamwirtschaft florierte, sorgten sich diejenigen, die mehr arbeiteten, daß ihr zusätzlicher Einsatz, der letztlich zwar auch ihrem eigenen Haushalt zugute kam, vielleicht auch diejenigen subventionieren könnte, die weniger hart arbeiteten ... Das ist das klassische Dilemma des Trittbrettfahrers.« Nee, »Peasant Household Individualism«, in: *Chinese Rural Development. The Great Transformation,* Hg. William L. Parrish, Armonk/New York 1985, S. 172.

11. Kritik an der Rolle von Berufsverbänden im allgemeinen übt James Fallows, *More Like Us. Making America Great Again,* Boston 1989, S. 132–146.
12. Mancur Olson, *Aufstieg und Niedergang von Nationen. Ökonomisches Wachstum, Stagflation und soziale Starrheit,* Tübingen 1991.
13. Ebenda, S. 102–119.
14. Siehe Jonathan Rauch, *Demosclerosis. The Silent Killer of American Government,* New York 1994.
15. Ian Jamieson, *Capitalism and Culture. A Comparative Analysis of British and American Manufacturing Organizations,* London 1980, S. 56f.
16. Ronald P. Dore, *British Factory, Japanese Factory,* London 1973, S. 140.

Kapitel 14: Ein Block aus Granit

1. Masaru Yoshimori, »Source of Japanese Competitiveness, Part I«, in: *Management Japan* 25 (1992), S. 18–23.
2. Richard E. Caves und Masu Uekusa, *Industrial Organization in Japan,* Washington/DC 1976, S. 60.
3. Entnommen aus F. M. Scherer und David Ross, *Industrial Market Structure and Economic Performance,* Boston 1990[3], S. 63.
4. »The Japanese Economy: From Miracle to Mid-Life-Crisis«, in: *Economist* 6. März 1993, Survey, S. 3–13. Allgemein dazu siehe auch Kuniyasu Sakai, »The Feudal World of Japanese Manufacturing«, in: *Harvard Business Review* 68 (1990), S. 38–47. Mehr über Keiretsu-Beziehungen in der japanischen Automobilindustrie findet sich bei Koichi Shimokawa, »Japan's Keiretsu System. The Case of the Automobile Industry«, in: *Japanese Economic Studies* 13 (1985), S. 3–31.
5. James P. Womack, Daniel T. Jones und Daniel Roos, *Die zweite Revolution in der Autoindustrie,* Frankfurt 1992, S. 85. Dieser Vergleich übertreibt den Produktivitätsvorsprung von Toyota, da Framingham zu den schlechtesten Anlagen von General Motors gehörte.
6. William W. Lockwood, *The Economic Development of Japan,* Princeton 1954, S. 207 und 110f.

7. Ebenda, S. 206.
8. David Friedman, *The Misunderstood Miracle,* Ithaca 1988, S. 10.
9. Caves und Uekusa (1976), S. 3.
10. Friedman (1988). Friedmans Argumentation basiert auf einer detaillierten Analyse der japanischen Werkzeugmaschinenindustrie. Doch die Werkzeugmaschinenindustrie ist nicht repräsentativ für die verarbeitende Industrie insgesamt, weil dort Techniken der handwerklichen Produktion angewendet und geringe Stückzahlen in relativ kleinen Betrieben produziert werden.
11. »Founder of Hal Computers Resigns to Be Fujitsu Consultant«, in: *New York Times* 16. Juli 1993, S. D4.
12. Siehe »Japan, US Firms Enter Microprocessor Pacts«, in: *The Nikkei Weekly* 2. Mai 1994, S. 1 und 19.
13. Lockwood (1954), S. 215.
14. Ebenda. Siehe auch Shigeaki Yasuoka, »Capital Ownership in Family Companies. Japanese Firms Compared with Those in Other Countries«, Hg. Akio Okochi und Shigeaki Yasuoka, *Family Business in the Era of Industrial Growth,* Tokio 1984, S. 2.
15. Yasuoka in Okochi und Yasuoka (1984), S. 9.
16. Ronald P. Dore, *British Factory, Japanese Factory,* London 1973, S. 270; siehe auch James C. Abegglen, *The Japanese Factory. Aspects of Its Social Organization,* Glencoe/Illinois 1958, S. 17.
17. Die Übereinkunft, die Söhne nicht in den Betrieb hineinzulassen, wurde gemeinsam mit dem zweiten Mann bei Honda, Takeo Fujisawa, getroffen. Fujisawa selbst war ein Banto; er war schon früh von Honda angestellt worden und kümmerte sich ausschließlich um die Geschäfte des Unternehmens. Saburo Shiroyama, »A Tribute to Soichiro Honda«, in: *Japan Echo* Winter 1991, S. 82–85.
18. Siehe dazu die Anmerkungen von Hidesasa Morikawa in Okochi und Yasuoka (1984), S. 36.
19. Daher war zwar Kichizeamon Sumitomo, das Oberhaupt der Familie Sumitomo, nominell Präsident von Sumitomo Goshigaisha, als die Zentrale des Unternehmens in eine Kommanditgesellschaft umgewandelt wurde; die Führung des Betriebs delegierte er jedoch an Masaya Suzuki, einen professionellen Manager. Die professionellen Manager der Zaibatsu Sumitomo saßen auch im Aufsichtsrat des Unternehmens. Michael L. Gerlach, *Alliance Capitalism. The Social Organization of Japanese Business,* Berkeley 1992, S. 98f.
20. Yasuoka in Okochi und Yasuoka (1984), S. 9f.
21. Yasuoka ebenda, S. 17f.
22. Ein Augenzeugenbericht findet sich bei Eleanor Hadley, *Antitrust in Japan,* Princeton 1970.

23. Yoshimori (1992), S. 19.
24. Ebenda, S. 20. Yoshimori zeigt in einer Tabelle, die ausschnittsweise unten abgedruckt ist, wieviel Prozent der Unternehmen in Japan verglichen mit den Vereinigten Staaten, Großbritannien, Westdeutschland und Frankreich in Familienbesitz sind. Japan nimmt dabei einen der hintersten Plätze ein.

Eigentumsverhältnisse bei Unternehmen in fünf Ländern

Eigentums-struktur	**Japan** (% der Firmen)	**USA** (% Gesamt-marktkapita-lisierung)	**Großbri-tannien** (% vom Umsatz)	**BRD** (% der Firmen)	**Frank-reich** (% der Firmen)
Familie und Einzelpersonen	14	28,5	56,25	48,0	44,3
Kontrolle d. Manager oder andere	86	71,5	43,75	52,0	55,7

Der Autor räumt allerdings ein, daß seine Daten aus unterschiedliches Quellen stammen und deshalb eigentlich nicht vergleichbar sind. Seine Kategorie »Familie und Einzelpersonen« scheint alle nichtinstitutionellen Investoren zu umfassen und nicht ausschließlich Eigentümer von Familienbetrieben. Auch die Prozentzahlen beziehen sich für die verschiedenen Länder auf unterschiedliche Maßeinheiten.
25. Abegglen (1958), S. 84.
26. Eine Darstellung dieses Wettstreits aus amerikanischer Sicht gibt Clyde V. Prestowitz Jr., *Trading Places. How We Allowed Japan to Take the Lead,* New York 1988, S. 26–70.

Kapitel 15: Söhne und Fremde

1. Gemeinsame Elemente des chinesischen und japanischen Familienlebens und der Ideologie erörtert Francis L. K. Hsu, *Iemoto. The Heart of Japan,* New York 1975, S. 25–27.
2. James I. Nakamura und Matao Miyomoto, »Social Structure and Population Change. A Comparative Study of Tokugawa Japan and Ch'ing China«, in: *Economic Development and Cultural Change* 30 (1982), S. 229–269.
3. Chie Nakane, *Kinship and Economic Organization in Rural Japan,* London 1967, S. 4.

4. Ebenda, S. 9. Siehe auch Hironobu Kitaoji, »The Structure of the Japanese Familiy«, in: *American Anthropologist* 73 (1971), S. 1036–1057.
5. Martin Collcutt, »The Legacy of Confucianism in Japan«, in: *The East Asian Religion. Confucian Heritage and Its Modern Adaptation,* Hg. Gilbert Rozman, Princeton 1991, S.122f.
6. Hsu (1975), S. 39.
7. Jane M. Bachnik, »Recruitment Strategies for Household Sucession. Rethinking Japanese Household Organization«, in: *Man* 18 (1983), S. 160–182: und John C. Pelzel, »Japanese Kinship. A Comparison«, in: *Family and Kinship in Chinese Society,* Hg. Maurice Freedman, Stanford 1970.
8. Eine Ausnahme ist die kaiserliche Familie, die keine Personen männlichen Geschlechts adoptieren darf. Shichihei Yamamoto, *The Spirit of Japanese Capitalism and Selected Essays,* Lanham/Maryland 1992, S. 24. Siehe auch Nakamura und Miyamoto (1982), S. 254.
9. Takie Sugiyama Lebra, »Adoption Among the Hereditary Elite of Japan. Status Preservation Through Mobility«, in: *Ethnology* 28 (1989), S. 218.
10. Hsu (1975), S. 38.
11. Yamamoto (1992), S. 24f.
12. R. A. Moore, »Adoption and Samurai Mobility in Tokugawa Japan«, in: *Journal of Asian Studies* 29 (1970), S. 617–632.
13. Joseph M. Kitagawa, *Religion in Japanese History,* New York 1966, S. 98.
14. Nakane (1967), S. 6.
15. Hsu (1975), S. 29f.
16. Vgl. dazu Nakane (1967).
17. Hsu (1975), S. 32f.
18. Ebenda, S. 36.
19. Yamamoto (1992), S. 27f.
20. So konnte Aritomo Yamagata, einer der Führer der Choshu-Clique, die bei der Meiji-Restauration eine Schlüsselrolle spielte, und später bedeutender Staatsmann, seine Position nicht an seinen Sohn weitergeben. Yamamoto (1992), S. 28.
21. Hsu (1975, S. 44) meint dazu: »*Ie* und besonders *dozoku* implizieren ein Maß an freiwilliger Bindung von Menschen, das wir in der chinesischen *chia* [d.h. *jia* oder Familie] und dem *tsu* [Klan] nicht vorfinden. Ihre Eltern, Kinder, Onkel und Tanten können sich die Menschen nicht aussuchen, aber sie haben natürlich mehr Einflußmöglichkeiten, wenn sie Erwachsene in *ie* oder *dozoku* adoptieren können, mit denen sie nicht verwandt sind. Anders ausgedrückt: Sie genießen liberalere Kriterien für die Rekrutierung.«
22. Nakane (1967), S. 21. Sie fügt hinzu: »Das Verhalten des Sohnes gegenüber dem im Ruhestand lebenden alten Vater stand vollkommen im Gegensatz zu der chinesischen Einstellung.«

23. Zu Veränderungen in der modernen japanischen Familie siehe Fumie Kumagai, »Modernization and the Family in Japan«, in: *Journal of Family History* 2 (1986), S. 371–382; Kiyomi Morioka, »Demographic Familiy Changes in Contemporary Japan«, in: *International Social Science Journal* 126 (1990), S. 511–522; und S. Philip Morgan und Kiyosi Hiroshima, »The Persistence of Extended Family Residence in Japan. Anachronism or Alternative Strategy?«, in: *American Sociological Review* 48 (1983), S. 269–281.
24. Das ist die zentrale These in Chie Nakanes bekanntem Buch *Japanese Society,* Berkeley 1970.
25. Francis Hsu nennt diese Beziehung »kin-tract« und deutet damit an, daß *iemoto*-ähnliche Organisationen sowohl Merkmale verwandtschaftlicher Gruppen (kinship groups) als auch Merkmale moderner Vereinigungen zeigen, die auf einem Vertrag (contract) basieren. Hsu (1975), S. 62.
26. Ebenda, S. 69.
27. Ebenda, S. 69; Winston Davis, »Japanese Religious Affiliations. Motives and Obligations«, in: *Sociological Analysis* 44 (1983), S. 131–146.
28. Siehe Sepp Linhart, »The Family As Constitutive Element of Japanese Civilization«, in: *Japanese Civilization in the Modern World. Life and Society,* Hg. Tadao Umesao et al., *Senri Ethnological Studies* 16 (1984), S. 51–58.
29. Zur Geschichte der Verbreitung des Konfuzianismus in Japan siehe Collcutt in Rozman (1991).
30. Siehe dazu beispielsweise Yasuzo Horie, »Confucian Concept of State in Tokugawa Japan«, in: *Kyoto University Economic Review* 32 (1962), S. 26–38. Horie bestätigt, daß der Nationalismus »systematisch und logisch vom Konfuzianismus befürwortet wurde«. Siehe auch Yoshio Abe, »The Basis of Japanese Culture and Confucianism (2)«, in: *Asian Culture Quarterly* 2 (1974), S. 21–28.
31. Im orthodoxen Konfuzianismus sind Güte und Nächstenliebe jedoch nicht auf die Familie begrenzt, sondern sollten sich auch auf nichtverwandte Menschen erstrecken.
32. Michio Morishima, *Why has Japan »Succeeded«? Western Technology and the Japanese Ethos,* Cambridge 1982, S. 4; siehe auch Morishima, »Confucius and Capitalism«, in: *UNESCO Courier* Dezember 1987, S. 34–37.
33. Morishima (1982), S. 6.
34. Ebenda, S. 6f. schreibt Morishima, »Loyalität (chin. *chung,* jap. *chu*) bedeutete in China und Japan nicht dasselbe. Wie oben bereits erwähnt, hieß Loyalität in China, dem eigenen Gewissen treu zu sein. In Japan wurde der Begriff zwar auch in diesem Sinne benutzt, normalerweise bezog er sich jedoch wesentlich auf eine Aufrichtigkeit, die auf völlige Unterwerfung un-

ter den Feudalherren abzielte, das heißt dem Herrn bis zur Selbstaufgabe zu dienen. Folglich bedeuteten Konfuzius' Worte ›mit Loyalität im Dienste seines Herrn handeln‹ in der chinesischen Interpretation ›Gefolgsleute müssen ihrem Herrn aufrichtig dienen, ohne dabei mit ihrem Gewissen in Konflikt zu geraten‹ und in der japanischen Interpretation eher ›Gefolgsleute müssen ihr ganzes Leben ihrem Herrn opfern‹.«

35. Morishima (1982), S. 8; siehe auch Lucian W. Pye, *Asian Power and Politics. The Cultural Dimensions of Authority,* Cambridge/Massachusetts, S. 56f.
36. Eine andere Erörterung des relativen Stellenwertes von Loyalität und kindlicher Ehrerbietung gegenüber den Eltern findet sich bei Warren W. Smith Jr., *Confucianism in Modern Japan. A Study of Conservatism in Japanese Intellectual History,* Tokio 1959, S. 230.
37. Einer Quelle zufolge »erzählen die Japaner mit Achtung und Bewunderung Geschichten über pflichtbewußte Samurai, die nach diesem Kodex [das heißt *bushido*] lebten und eher unbewegt zusahen, wie ihre Familien vom Feind niedergemetzelt wurden, als ein Wort über ihre Lippen zu lassen, das die Sicherheit des Herrn gefährdet hätte«. Johannes Hirschmeier, *The Origins of Entrepreneurship in Meiji Japan,* Cambridge 1964, S. 48.
38. Collcutt in Rozman (1991), S. 33; I. J. McMullen, »Rulers or Fathers? A Casuistical Problem in Early Modern Japan«, in: *Past and Present* 116 (1987), S. 56–97.
39. Ronald P. Dore, *British Factory, Japanese Factory,* London 1973, S. 396.
40. Collcutt in Rozman (1991), S. 147–151.
41. Morishima (1982), S. 105.
42. Chalmers Johnson, *MITI and the Japanese Miracle,* Stanford 1982, S. 11f.
43. »Inside the Charmed Circle«, in: *Economist* 5. Januar 1991, S. 54.
44. Zum Vorgehen japanischer multinationaler Konzerne in den Vereinigten Staaten siehe James R. Lincoln, Jon Olson und Mitsuyo Hanada, »Cultural Effects on Organizational Structure. The Case of Japanese Firms in the United States«, in: *American Sociological Review* 43 (1978), S. 829–847.
45. Deng Xiaoping ist gewissermaßen eine Ausnahme zu dieser Regel. Seit 1981 war er nominell Vorsitzender der Zentralen Militärkommission, hatte aber die höchste Autorität über die Regierung und die Kommunistische Partei. Diese Form indirekter Macht ist in der chinesischen Geschichte jedoch nicht die Regel.
46. Siehe Saburo Shiroyama, »A Tribute to Honda Soichiro«, in: *Japan Echo* Winter 1991, S. 82–85.
47. Siehe beispielsweise Barrington Moore Jr., *Soziale Ursprünge von Demokratie und Diktatur,* Frankfurt/Main 1969.
48. Norman Jacobs, *The Origins of Modern Capitalism in Eastern Asia,* Hongkong 1958, S. 29.

49. Richard D. Whitley, »The Social Construction of Business Systems in East Asia«, in: *Organization Studies* 12 (1991), S. 1–28.
50. Über Osakas Rolle als Handelszentrum siehe Hirschmeier (1964), S. 14–28.
51. Robert N. Bellah, *Tokugawa Religion,* Boston 1957; Bellah, *Religion and Progress in Modern Asia,* Glencoe/Illinois 1965; und Shichihei Yamamoto, *The Spirit of Japanese Capitalism,* Lanham/Maryland 1992.
52. Mehr über die Ausbildung und die solchen Fertigkeiten zugrundeliegende buddhistische Lehre findet sich in Eugen Herrigel, *Zen in the Art of Archery,* New York 1953; und Soetsu Yanagi, *The Unknown Craftsman. A Japanese Insight Into Beauty,* Tokio 1989. Siehe auch Francis Fukuyama, »Great Planes, in: *New Republic* 6. September 1993. Einige Autoren bezweifeln, daß sich die buddhistische Lehre in hohem Maße eignet, die Leistung in der Kriegskunst zu fördern. Siehe dazu Brian Bocking, »Neo-Confucian Spirituality and the Samurai Ethic«, in: *Religion* 10 (1980), S. 1–15.
53. Es besteht durchaus ein Zusammenhang zwischen Perfektionismus bei handwerklichen Fertigkeiten und sozialer Organisation. Die Fertigkeiten werden lebendig gehalten und durch *iemoto*-ähnliche Organisationen von Generation zu Generation tradiert, wobei ein Meister sein Wissen oft auch nichtverbal an eine Reihe von Schülern weitergibt. Man kann Qualitätskontrolle in modernen Organisationen zwar an den betriebswirtschaftlichen Fakultäten amerikanischer Hochschulen hinlänglich lehren, aber das *iemoto*-System vermittelt vermutlich noch ein zusätzliches Element von Qualitätsbewußtsein.

Kapitel 16: Arbeit für ein ganzes Leben

1. Der Begriff wechselseitige Loyalität entspricht ungefähr dem Begriff »sozialer Austausch«, wie er von Yasusuke Murakami und Thomas P. Rohlen gebraucht wird. Vgl. dazu ihren Aufsatz »Social-Exchange Aspects of the Japanese Political Economy. Culture, Efficiency, and Change«, in: *The Political Economy of Japan. Bd. III: Cultural and Social Dynamics,* Hg. Shumpei Kumon und Henry Rosovsky, Stanford 1992, S. 73–77.
2. Als einer der ersten westlichen Beobachter beschrieb James C. Abegglen in seinem Buch *The Japanese Factory. Aspects of Its Social Organization,* Glencoe/Illionois 1958, das System der Anstellung auf Lebenszeit im Nachkriegsjapan (vgl. etwa S. 67). Abegglens Interpretation wurde später von westlichen und japanischen Autoren in Frage gestellt, weil er unter anderem den Sektor der Kleinbetriebe ignoriert, wo eine Anstellung auf Lebenszeit nicht die Regel ist.

3. Shichihei Yamamoto, *The Spirit of Japanese Capitalism and Selected Essays,* Lanham/Maryland 1992, S. 9.
4. Michio Morishima, *Why Has Japan ›Succeded‹? Western Technology and the Japanese Ethos,* Cambridge 1982, S. 174.
5. Abegglen (1958), S. 116f.
6. Ronald P. Dore, »Industrial Relations in Japan and Elsewhere«, in: *Japan. A Comparative View,* Hg. Albert M. Craig, Princeton 1979, S. 340.
7. Der japanische Arbeitsmarkt ist sogar weitaus flexibler, als es zunächst den Anschein haben mag. Große Unternehmen verpflichten sich zwar zu einer Anstellung auf Lebenszeit, aber die Beschäftigten in einem Unternehmen sind nicht auf eine bestimmte Arbeitsplatzbeschreibung fixiert. In Japan ist Fachwissen viel weniger eine Quelle der Identität und schränkt den Arbeitnehmer folglich weit weniger ein als beispielsweise in den Vereinigten Staaten oder Großbritannien: Japanischen Ingenieuren bedeutet ihre fachliche Qualifikation weniger als das Unternehmen, für das sie arbeiten. Aus diesem Grund sind sie eher bereit, auf einem anderen Spezialgebiet zu arbeiten oder ihren Fachbereich ganz zu verlassen. Die Unternehmen sind sehr flexibel, weil sie ihre Beschäftigten innerhalb des Unternehmens herumschieben können, und stellen sich der Verantwortung, ihren Platz zu behaupten. Insofern gibt es wie in den Vereinigten Staaten auch in Japan Entlassungen, Umschulungen und Wiedereinstellungen, aber sie finden innerhalb eines Unternehmens statt, und das Unternehmen übernimmt die Verantwortung, wenn es einen Arbeitnehmer von einem Bereich in den anderen versetzt. Der japanische Stahlproduzent NKK beispielsweise versetzte Arbeiter aus der Gießerei in eine Konsumgüter-Tochtergesellschaft, als in seiner angestammten Branche, der Stahlindustrie, die Beschäftigungszahlen zurückgingen. Siehe dazu »Deep Cutbacks in Japan, Too«, in: *New York Times* 11. März 1993, S. D5.
   Ein weiteres Hintertürchen bietet die duale Struktur des japanischen Arbeitsmarktes. Die Anstellung auf Lebenszeit ist ein Privileg der Großunternehmen und wird von kleinen Firmen nicht annähernd genauso oft praktiziert. Viele Großunternehmen verringern die Zahl ihrer Beschäftigten, indem sie nicht benötigte Arbeiter in ihre Tochtergesellschaften abschieben, wo man ihnen weniger bezahlt und wo sie letztlich auch gekündigt werden können. Aus dem Anstellungspool des Großunternehmens entfernt zu werden ist ebenfalls eine sehr reale Sanktion, die Angestellte zu harter Arbeit motiviert.
8. Dore (1973), S. 208; Abegglen (1958), S. 97.
9. Dore (1973), S. 220.
10. Abegglen (1958), S. 99.
11. Ebenda, S. 94.
12. Seymour Martin Lipset, »Pacific Divide. American Exceptionalism – Japanese Uniqueness«, in: *Power Shifts and Value Changes in the Post Cold*

War World, Berichte des Joint Symposium of the International Sociological Association's Research Committee: Comparative Sociology and Sociology of Organizations, Japan, Kibi International University, Sophia University und International Christian University 1992, S. 57.

13. Dore (1973), S. 140. Wie Dore schreibt, erkennen manche britische Gewerkschaftler zwar an, daß das Wohlergehen ihrer Branche für sie von Bedeutung ist, militantere hingegen hoffen, daß es ihrer Branche schlechtgeht und damit der Zusammenbruch des gesamten kapitalistischen Systems beschleunigt wird.
14. Siehe Dore (1973), S. 154.
15. Das gilt besonders für Abegglen (1958), siehe dazu S. 100; ebenso Solomon B. Levine, *Industrial Relations in Postwar Japan,* Urbana/Illinois 1958.
16. Als Beispiel einer Fehleinschätzung kultureller Faktoren siehe Dominique V. Turpin, »The Strategic Persistence of the Japanese Firm«, in: *Journal of Business Strategy* Januar/Februar 1992, S. 49–52. Nach Turpins Ansicht sind japanischen Firmen Marktanteile wichtiger als höhere Profite, weil der Wert der Beständigkeit in der japanischen Kultur eine so große Bedeutung hat. Das erklärt jedoch nicht, warum die Japaner Bereiche wie die Textilindustrie, den Schiffbau und so weiter nicht beständig weiterverfolgt haben.
17. John C. Pelzel, »Factory Life in Japan and China Today«, in: Craig (1979), S. 390.
18. Sanford Jacoby, »The Origins of Internal Labor Markets in Japan«, in: *Industrial Relations* 18 (1979), S. 184–196.
19. Dore (1974), S. 388.
20. Nach Chalmers Johnson »entwickelt und propagiert die Elite Ideologien, um die Öffentlichkeit davon zu überzeugen, daß die soziale Situation in ihrem Land das Ergebnis von vielerlei Dingen sei – von Kultur, Geschichte, Sprache, Nationalcharakter, Klima und so weiter –, nur nicht ein Ergebnis der Politik«. Aus: »The People Who Invented the Mechanical Nightingale«, in: *Daedalus* 119 (1990), S. 71–90; siehe auch Johnson, *MITI and the Japanese Miracle,* Stanford 1982, S. 8.
21. Eine Erörterung der jeweiligen Vorzüge von »kulturellen« beziehungsweise »strukturellen« Erklärungen für die Organisation von Unternehmen in Ostasien findet sich in Gary G. Hamilton und Nicole Woolsey Biggart, »Market, Culture, and Authority. A Comparative Analysis of Management and Organization in the Far East«, in: *American Journal of Sociology,* 94 (1988), Supplement S. S52-S94.
22. Siehe *New York Times* 25. Juni 1994, S. D1.
23. »Decline in Recruiting Slows to 10% Drop«, in: *The Nikkei Weekly* 6. Juni 1994, S. 3.

24. Zur allgemeinen Frage nach der Zukunft des japanischen Wirtschaftsmodells siehe Peter F. Drucker, »The End of Japan, Inc.?« in: *Foreign Affairs* 72 (1993), S. 10–15.

Kapitel 17: Die Geldclique

1. Es ist also ein Netzwerk im Sinne von Shumpei Kumon, das später in diesem Kapitel als »konsens- und leistungsanreizorientiert« definiert wird.
2. Das Problem wurde schließlich dadurch gelöst, daß die Internet-Dienstleister ihre Zugriffsberechtigung kündigten, weil sie per Leitung so viele erboste »Briefe« erhielten.
3. Mehr über die historische Entwicklung und die Funktionen des Keiretsu findet sich bei Richard E. Caves und Masu Uekusa, *Industrial Organization in Japan,* Washington/DC 1976, S. 63–70; Chalmers Johnson, »Keiretsu. An Outsider's View«, in: *International Economic Insights* 1 (1992), S. 15ff; Masaru Yoshitomi, »Keiretsu. An Insider's Guide to Japan's Conglomerates«, in: *International Economic Insights* 1 (1992), S. 10–14; Maruyama Yoshinari, »The Big Six Horizontal Keiretsu«, in: *Japan Quarterly* 39 (1992), S. 186–198; Robert L. Cutts, »Capitalism in Japan. Cartels and Keiretsu«, in: *Harvard Business Review* 70 (1992), S. 48–55; James R. Lincoln, Michael L. Gerlach und Peggy Takahashi, »Keiretsu Networks in the Japanese Economy. A Dyad Analysis of Incorporate Ties«, in: *American Sociological Review* 57 (1992), S. 561–585; Marco Orrù, Garry G. Hamilton und Mariko Suzuki, »Patterns of Inter-Firm Control in Japanese Business«, in: *Organization Studies* 10 (1989), S. 549–574; Ken'ichi Imai, »Japan's Corporate Networks«, in: *The Political Economy of Japan. Bd. III: Cultural and Social Dynamics,* Hg. Shumpei Kumon und Henry Rosovsky, Stanford 1992.
4. Michael L. Gerlach, *Alliance Capitalism. The Social Organization of Japanese Business,* Berkeley 1992, S. 82.
5. Ebenda, S. 85.
6. Die Zaibatsu bemühen sich seit langem vergeblich, Monopolpositionen zu erreichen; siehe dazu William L. Lockwood, *The Economic Development of Japan,* Princeton 1954, S. 223.
7. Siehe dazu Gerlach (1992), S. 137–149.
8. Richard D. Whitley, »East Asian Enterprise Structures and the Comparative Analysis of Forms of Business Organization«, in: *Organization Studies* 11 (1990), S. 47–74.
9. Mehr darüber bei Masaru Yoshimori, »Source of Japanese Competitiveness, Part I«, in: *Management Japan* 25 (1992), S. 18–23.

10. Ronald H. Coase, »The Nature of the Firm«, in: *Economica* 4 (Neue Reihe) (1937), S. 386–405.
11. Siehe u. a. Oliver E. Williamson, »The Economics of Organization. The Transaction Cost Approach«, in: *American Journal of Sociology* 87 (1981, im folgenden 1981a), S. 548–577; *The Nature of the Firm. Origins, Evolution, and Development,* Oxford 1993; und »The Vertical Integration of Production. Market Failure Considerations«, in: *American Economic Review* 61 (1971), S. 112–123.
12. Oliver Williamson, »The Modern Corporation. Origins, Evolution, Attributes«, in: *Journal of Economic Literature* 19 (1981, im folgenden 1981b), S. 1537–1568.
13. Laut Williamson »unterscheiden sich die Menschen in den Unternehmen und Märkten, mit denen ich befaßt bin, vom Wirtschaftsmenschen (zumindest von der gängigen Karikatur desselben) darin, daß sie weniger kompetent kalkulieren und *weniger vertrauenswürdig* und zuverlässig agieren. Ein Zustand der beschränkten Rationalität ist die Ursache für die kalkulatorischen Grenzen des Organisationsmenschen; der Hang zum Opportunismus zumindest einiger Wirtschaftsleute die Ursache für ihre Unzuverlässigkeit ... Weltweite, wenn auch unvollständige Vertragsabschlüsse wären dennoch möglich, wenn die wirtschaftlich Handelnden vollkommen *vertrauenswürdig* (Hervorhebung durch den Autor) wären.« Williamson (1981b), S. 1545.
14. Armen A. Alchian und Harold Demsetz, »Production, Information Costs, and Economic Organization«, in: *American Economic Review* 62 (1972), S. 777–795.
15. Oliver E. Williamson, *Corporate Control and Business Behavior,* Englewood Cliffs/New Jersey, 1970, S. 175.
16. Ronald P. Dore, »Goodwill and the Spirit of Market Capitalism«, in: *British Journal of Sociology* 34 (1983), S. 459–482.
17. So argumentiert Masanori Hashimoto, *The Japanese Labor Market in a Comparative Perspective with the United States,* Kalamazoo/Michigan, 1990, S. 66; ebenso Dore (1983), S. 463.
18. Zum »Bier-Krieg« zwischen den Keiretsu siehe Gerlach (1992), S. xx – xxi.
19. Whitley (1990), S. 55f.
20. Das Prinzip des Over-Loan beschreibt Chalmers Johnson, *MITI and the Japanese Miracle,* Stanford 1982, S. 203f.
21. Siehe Ken'ichi Imai, »The Corporate Network in Japan«, in: *Japanese Economic Studies* 16 (1987/88), S. 3–37.
22. Warum dies so sein sollte, begründen F. M. Scherer und David Ross, *Industrial Market Structure and Economic Performance,* Boston 1990³, S. 126–130.

23. Allgemein zu diesem Thema siehe Dennis J. Encarnation, *Rivals Beyond Trade. American versus Japan in Global Competition,* Ithaka 1992.
24. Mark Mason, *American Multinationals and Japan. The Political Economy of Japanese Capital Controls, 1899–1980,* Cambridge 1992, S. 205ff.
25. Shumpei Kumon, »Japan as a Network Society«, in: Kumon und Rosovsky (1992), S. 121.
26. Ein Mitglied eines großen Automobilhersteller-Keiretsu sollte die Preise für seine Einzelteile über drei Jahre um fünfzehn Prozent senken, sonst wollte sich das Hauptunternehmen einen anderen Zulieferer suchen. Siehe »Small Manufacturers Face Survival Fight«, *The Nikkei Weekly* 13. Juni 1994, S. 1 und 8.
27. So verkaufte Nippon Steel im Wert von 9,6 Milliarden Dollar Anteile an verschiedenen Banken; Matsushita Electric und Nissan reduzierten deutlich ihre Beteiligungen an den Aktien des jeweils anderen. Der Gesamtprozentsatz der Überkreuzbeteiligungen sank knapp unter 40 Prozent des gesamten im Umlauf befindlichen Eigenkapitals. Diese Veränderungen haben die wesentlichen Keiretsu-Beziehungen jedoch nicht beeinträchtigt. Siehe »Recession Forces Firms to Dump Shares of Allies«, *The Nikkei Weekley* 2. Mai 1994, S. 1 und 12.
28. Aber es umfaßt, dies sei einschränkend zu James Fallows gesagt, nicht notwendigerweise die ganze Nation. Siehe Fallows, *More Like Us. Making America Great Again,* Boston 1989, S. 25f.

Kapitel 18: Leicas und Nikons

1. Entsprechungen gibt es allerdings in anderen mitteleuropäischen Ländern wie Österreich und der Schweiz.
2. Ein Entwurf für ein Anti-Trust-Gesetz wurde erstmals 1952 vorgelegt, doch der Widerstand in der Industrie verzögerte es, und erst 1957 wurde das »Gesetz gegen Wettbewerbsbeschränkungen« erlassen. Siehe dazu Hans-Joachim Braun, *The German Economy in the Twentieth Century,* London/New York 1990, S. 180.
3. Alfred D. Chandler, *Scale and Scope. The Dynamics of Industrial Capitalism,* Cambridge/Mass. 1990, S. 464f.
4. Ebenda, S. 469.
5. Ebenda, S. 276f.
6. Ebenda, S. 399.
7. Alan S. Milward und S. B. Saul, *The Development of Economies of Continental Europe 1780–1870,* London 1977, S. 425.
8. Chandler (1990), S. 417f.

9. Ob diese langfristige Perspektive Sinn ergibt, hängt selbstverständlich davon ab, welche Diskontsätze man für die Zukunft erwartet; wenn sie niedrig sind, ist es besser, die Gewinne kurzfristig mitzunehmen.
10. Martin J. Wiener, *English Culture and the Decline of the Industrial Spirit, 1850–1980,* Cambridge 1981, S. 128f.
11. Chandler (1990), S. 423.
12. Ebenda, S. 500f.
13. Christopher S. Allen, »Germany: Competing Communitarianisms«, in: *Ideology and National Competitiveness,* George C. Lodge und Ezra F. Vogel (Hg.), Boston 1987, S. 88.
14. Braun (1990), S. 179.
15. Ernst Zander, »Collective Bargaining«, in: *Handbook of German Business Management,* Bd. 1 (1990), S. 428.
16. Genaueres über Bismarcks Sozialgesetze findet sich bei A. J. P. Taylor, *Bismarck. The Man and the Statesman,* New York 1967, S. 202f.
17. Braun (1990), S. 54.
18. Siehe Klaus Chmielewicz, »Codetermination«, in: *Handbook of German Business Management,* Bd. 1 (1990), S.412–427.
19. Peter Schwerdtner, »Trade Unions in the German Economic and Social Order«, in: *Zeitschrift für die gesamte Staatswissenschaft* 135 (1979), S. 455–473.
20. Zu diesem Thema allgemein vgl. Allen, in: Lodge und Vogel (Hg.), (1987), S. 79f.
21. James Fallows und andere haben viel Aufhebens um die Bedeutung von Friedrich List gemacht und behaupten, sein »Nationales System der politischen Ökonomie« biete ein besseres Erklärungsmodell für das deutsche und asiatische Wirtschaftswachstum als Adam Smiths *Wohlstand der Nationen.* Friedrich List wiederholt jedoch einfach viele merkantilistische Grundsätze über die Bedeutung nationaler Macht und die Unterordnung wirtschaftlicher Mittel unter strategische Ziele, die bereits bei den Merkantilisten früherer Jahrhunderte wie Colbert und Turgot eine wichtige Rolle spielten. Adam Smith hätte in Lists Argumenten keine grundsätzlichen Einwände gegen seine Ideen gefunden; er kritisierte in seinem *Wohlstand der Nationen* vielmehr Lists merkantilistische Vorgänger. Überdies schätzt Fallows Lists Bedeutung für die Theorie und Praxis der deutschen Wirtschaft zu hoch ein. Siehe James Fallows, *Looking at the Sun. The Rise of the New East Asian Economic and Political System,* New York 1994, S. 189f.
22. Tomas Riha, »German Political Economy. History of Alternative Economics«, in: *International Journal of Social Economics* 12 (1985), S. 192–209.
23. Allen, in: Lodge und Vogel (Hg.), (1987), S. 176f.

24. Zur Einrichtung der Technischen Hochschulen siehe Peter Mathias und M. M. Postan, *The Cambridge Economic History of Europe,* Bd. VII: *The Industrial Economies: Capital, Labour, and Enterprise,* Teil I: *Britain, France, Germany, and Scandinavia,* London 1978, S. 458f.
25. Inwieweit die Wirtschaft in der Nazizeit unabhängig vom Staat operierte, ist ausführlich diskutiert worden. Vgl. Braun (1990), S. 82.
26. Ein altes, ursprünglich von Alexander Gerschenkron vorgebrachtes Argument besagt, daß intensive staatliche Einmischung in die Wirtschaftsförderung typisch für sich spät entwickelnde Gesellschaften sei. Das ist sicher richtig, aber im Hinblick auf das Ausmaß der staatlichen Einmischung und die Kompetenz der Durchführung gibt es gewiß große Unterschiede.

Kapitel 19: Weber und Taylor

1. Zum Wesen der charismatischen Herrschaft siehe Max Weber, *Soziologie. Weltgeschichtliche Analysen. Politik,* Hg. Johannes Winckelmann, Stuttgart 1956, S. 151.
2. Weber spricht auch von »instrumenteller Rationalität«, die etwas anderes ist als die Rationalität der Ziele. Siehe dazu seine Ausführungen über den engen Zusammenhang zwischen Rationalität und dem Aufstieg des Westens in der Einleitung zu *Die protestantische Ethik,* Tübingen 1972, S. 18ff
3. Weber (1956), S. 151f.
4. Ebenda, S. 152.
5. Über die Verbreitung des bürokratischen Typus im modernen Leben siehe Charles Lindblom, *Jenseits von Markt und Staat,* Stuttgart 1980, S. 61f.
6. Max Weber, *Wirtschaft und Gesellschaft,* Hg. Johannes Winckelmann, Köln/Berlin 1964, S. 513ff.
7. Weber (1964), S. 510.
8. Die Familie ist vielleicht noch ein weiteres Beispiel für eine Gruppe, die besser funktioniert, gerade weil das Vertrauen nicht durch Gesetze und Verträge ersetzt worden ist. In den meisten modernen Gesellschaften regelt der Staat die Beziehungen zwischen Eltern und ihren Kindern nicht sehr genau. Das heißt, er legt keine detaillierten Richtlinien fest, wie und wie lange Eltern sich der Aufzucht ihrer Kinder widmen, wie sie sie erziehen und welche Wertvorstellungen sie ihnen vermitteln sollen. Familiäre Streitigkeiten kommen zwar vor Gericht, wenn es um die Auflösung der Ehe oder kriminelle Handlungen geht, aber ansonsten müssen Familien ihre Auseinandersetzungen selbst beilegen. Das ist so, weil man annimmt, daß Eltern ihren Kindern gegenüber ein natürliches Verantwortungsgefühl haben. Es könnte freilich anders sein. In den Vereinigten Staaten redet man viel von

»Kindesrechten«, es gibt Zivilprozesse zwischen Eltern und Kindern und andere Versuche, das Rechssystem auf die Beziehungen innerhalb der Familie auszudehnen.

9. Dazu siehe Alan Fox, *Beyond Contract. Work, Power, and Trust Relationships,* London 1974, S. 30f.
10. Zu diesem Paradigmenwechsel siehe Maria Hirszowicz, *Industrial Sociology. An Introduction,* New York 1982, S. 28–32.
11. Charles Sabel, *Work and Politics,* Cambridge 1981, S. 31ff.
12. Joan Campbell, *Joy in Work. The National Debate, 1800–1945,* Princeton, New Jersey, 1989, S. 131f; Hans-Joachim Braun, *The German Economy in the Twentieth Century,* London 1990, S. 50.
13. Frederick Winslow Taylor, *Die Grundsätze wissenschaftlicher Betriebsführung,* Weinheim und Basel 1977. Taylor hielt seine erste Vorlesung über »wissenschaftliche Betriebsführung« 1895. Siehe Alfred D. Chandler, *The Visible Hand. The Managerial Revolution in American Business,* Cambridge 1977, S. 275.
14. Einen Überblick über Taylors Gedanken und seine späteren Kritiker gibt Hirszowicz (1982), S. 53.
15. Fox (1974), S. 23.
16. Wie sich die Arbeitgeber-Arbeitnehmer-Beziehungen durch die immer weiter verbreiteten Techniken der Massenproduktion veränderten, beschreibt William Lazonick, *Competitive Advantage on the Shop Floor,* Cambridge 1990, S. 270–280.
17. Alvin W. Gouldner, »The Norm of Reciprocity. A Preliminary Statement«, in: *American Sociological Review* 25 (1960), S. 161–278; siehe auch Fox (1974), S. 67.
18. Harry C. Katz, *Shifting Gears. Changing Labor Relations in the US Automobile Industry,* Cambridge/Massachusetts 1985, S. 13.
19. Ebenda, S. 38f.
20. Ebenda, S. 39f, S. 44.
21. Diese Ansicht vertreten Clark Kerr, John Dunlop, Charles Myers und F. H. Harbison, *Industrialism and Industrial Man. The Problems of Labor and Management in Economic Growth,* Cambridge 1960; siehe auch Dunlop et al., *Industrialism Reconsidered. Some Perspectives on a Study over Two Decades of the Problems of Labor,* Princeton/New Jersey, 1975; und Clark Kerr, *The Future of Industrial Societies. Convergence or Diversity?* Cambridge 1983.
22. Adam Smiths Beschreibung der Stecknadel-Manufaktur am Anfang seines Buches *Der Wohlstand der Nationen,* wo er sich über die fortschreitende Zergliederung der Arbeit in immer kleinere und einfachere Schritte ausläßt, ist ein Gemeinplatz für diese Form der Kritik an der modernen Industrie-

gesellschaft. Siehe *Der Wohlstand der Nationen. Eine Untersuchung seiner Natur und seiner Ursachen,* München 1974.

23. Zur jüdisch-christlichen Tradition siehe das Kapitel von Jaroslav Pelikan in: Jaroslav Pelikan et al., *Comparative Work Ethics. Christian, Buddhist, Islamic,* Washington/DC 1985. Siehe auch Michael Novak, »Camels and Needles, Talents and Treasure. American Catholicism and the Capitalist Ethic«, in: Peter L. Berger, *The Capitalist Spirit. Toward a Religious Ethic of Wealth Creation,* San Francisco 1990.
24. Nach Ansicht von Robert Blauner ergibt der Zusammenhang zwischen der Entfremdung von der Arbeit und der Arbeitsweise in der graphischen Darstellung ein umgekehrtes U: Die Entfremdung steigt in dem Maße, wie die traditionellen Handwerkerbetriebe durch Massenproduktionsstätten ersetzt werden, nimmt aber dann wieder in dem Maße ab, wie die Automatisierung zunimmt und die Arbeiter neue Kompetenzen brauchen, um die hochkomplizierten Maschinen zu bedienen. Robert Blauner, *Alienation and Freedom,* Chicago 1973.
25. Sabel (1981), S. 64–67.
26. Siehe beispielsweise die Ergebnisse Robert Blauners in »Work Satisfaction and Industrial Trends«, in: *Labor and Trade Unionism,* Walter Galenson und Seymour Martin Lipset, Hg., New York 1960. In einer Untersuchung über Arbeiter in vier Ländern stellte man fest, daß Facharbeitern an einer wirklich interessanten und erfüllenden Tätigkeit gelegen war, während für ungelernte Arbeiter der Lohn an erster Stelle stand. Viele Berufsanfänger und Arbeiter mit geringen Kenntnissen glaubten überdies, daß ein Arbeitsplatz in der Fabrik einen sozialen Statusgewinn bedeutete. William H. Form, »Auto Workers and Their Machines. A Study of Work, Factory, and Job Satisfaction in Four Countries«, in: *Social Forces* 52 (1973), S. 1–15.
27. Zum Hawthorne-Experiment siehe Hirszowicz (1982), S. 52ff.
28. Siehe Elton Mayo, *The Human Problems of an Industrial Civilization,* New York 1933; und ders., *Probleme industrieller Arbeitsbedingungen,* Frankfurt o. J.
29. Ian Jamieson, »Some Observations on Socio-Cultural Explanations of Economic Behaviour«, in: *Sociological Review* 26 (1978), S. 777–805. Eine Zusammenfassung von Untersuchungen, inwiefern amerikanische Managementpraktiken kulturell bedingt sind, findet sich in: A. R. Negandhi und B. D. Estafen, »A Research Model to Determine the Applicability of American Management Know-How in Differing Cultures and/or Environments«, in: *Academy of Management Journal* 8 (1965), S. 309–318.

1. Joan Campbell, *Joy in Work, German Work: The National Debate, 1800–1945,* Princeton 1989, S. 133.
2. Ebenda, S. 137–141.
3. Die Betriebsräte wurden von allen Seiten mit Argwohn betrachtet: vom Management, das seine Privilegien bedroht sah, von den sozialistischen Parteien und Gewerkschaften, die das ganze kapitalistische System ablehnten, und sogar von den christlichen Gewerkschaften. Nur die Arbeitnehmervereinigungen, die mit der antidemokratischen, wirtschaftsfriedlichen Bewegung verbunden waren, unterstützten das Konzept damals uneingeschränkt. Campbell (1989), S. 163.
4. Marc Maurice, François Sellier und Jean-Jacques Silvestre, *The Social Foundations of Industrial Power. A Comparison of France and Germany,* Cambridge/Massachusetts 1986, S. 68f, S. 72f.
5. Ebenda, S. 74, S. 128f.
6. Ebenda, S. 173.
7. Ebenda, S. 111.
8. Arndt Sorge und Malcolm Warner, *Comparative Factory Organization. An Anglo-German Comparison on Manufacturing, Management, and Manpower,* Aldershot 1986, S. 100.
9. Ebenda, S. 150. Wie im vorigen Kapitel erwähnt, erzielt ein ausgebildeter Maschinenarbeiter, der auch programmiert, an seiner NC-Maschine eine höhere Produktivität.
10. Ebenda, S. 12f.
11. Ebenda, S. 51f.
12. Ebenda, S. 132.
13. Ebenda, S. 14f.
14. Einen Überblick gibt Bernard Casey, »The Dual Apprenticeship System and the Recruitment and Retention of Young Persons in West Germany«, in: *British Journal of Industrial Relations* 24 (1986), S. 63–81.
15. Bernard Casey, *Recent Developments in West Germany's Apprenticeship Training System,* London 1991, S. vii.
16. Siehe »German View: ›You Americans Work Too Hard – and for What?‹« in: *Wall Street Journal* 14. Juli 1994, S. B1, B6.
17. Casey (1991), S. 67. Andere Untersuchungen zeigen, daß 55 Prozent der fertig ausgebildeten Lehrlinge ihren Betrieb nach einem Jahr verlassen, nach 5 Jahren sind es sogar 80 Prozent. Maurice, Sellier und Silvestre (1986), S. 44.
18. Einen Versuch, das System der Lehrlingsausbildung mit Gary Beckers »Human capital«-Modell zu vereinbaren, unternimmt David Soskice, »Recon-

ciling Markets and Institutions. The German Apprenticeship System«, Wissenschaftszentrum Berlin und Oxford University, Institute of Economics and Statistics 1992.

19. Ebenda, S. 13f. Überdies meint Soskice, die langfristige Perspektive, die durch die Finanzierungsweise der deutschen Banken gefördert werde, unterstütze tendenziell das System der Lehrlingsausbildung, weil Arbeitgeber ihre Arbeitsmarktinvestitionen in längeren Zeiträumen planen könnten.
20. Nach Soskice (1992, S. 17) »sehen wir, wie gering die Transaktionskosten sind, die den Unternehmen durch Mißtrauen entstehen. Das liegt daran, daß Gewerkschaften und Betriebsräte die innerbetriebliche Ausbildung beratend überwachen. Ihre Tätigkeit ergänzt besonders in mittleren und größeren Betrieben die Tätigkeit der Wirtschaftsverbände. Sie sind notwendig, um Lehrlingen die Qualität und Marktgängigkeit der Ausbildung zu garantieren. Das geringe Mißtrauen ist eine Folge der im allgemeinen engen und von großem Vertrauen geprägten Beziehungen zwischen der Unternehmensführung und dem Betriebsrat und der Tatsache, daß eher der Betriebsrat als die Gewerkschaft die Ausbildung überwacht.«
21. Von den ungelernten Arbeitskräften (ungelernte Arbeiter und Landarbeiter) haben nur 5 Prozent das Gymnasium besucht und nur 2 Prozent einen Gymnasialabschluß erreicht. Siehe Maurice, Sellier und Silvestre (1986), S. 30f.
22. Ebenda, S. 31f.
23. Ebenda, S. 39.
24. Casey (1991), S. 6–9.
25. Andererseits könnte man argumentieren, daß ein standardisiertes Ausbildungssystem gar nicht nötig ist: Für eine Anstellung in der dynamischen amerikanischen Computerindustrie benötigt man keinen bestimmten Ausbildungsnachweis, und viele meinen, der Branche würde es schlechter gehen, wenn ein solcher Nachweis notwendig wäre. Die innovativsten Unternehmer der Branche, wie Bill Gates von Microsoft oder Scott McNeely von Sun Microsystems, haben gar keine oder nur eine sehr oberflächliche Ausbildung in ihrer Branche durchlaufen.
26. Charles Sabel, *Work and Politics,* Cambridge 1981, S. 23.

Kapitel 21: Insider und Outsider

1. *The Economic Organization of Early Modern Europe,* E. E. Rich und C. H. Wilson, Hg., *The Economic History of Europe,* Bd. 5, Cambridge 1977, S. 466; C. Gross, *The Guild Merchant,* Oxford 1980.
2. Die Zünfte waren beispielsweise zuständig für die Entwicklung von Wa-

renzeichen oder Siegeln als Formen früher Markennamen. A. B. Hibbert, »The Gilds«, in: *Cambridge Economic History of Europe,* Bd. 3, M. M. Postan, E. E. Rich und Edward Miller, Hg., Cambridge 1963, S. 230–280.

3. Siehe Charles Hickson und Earl E. Thompson, »A New Theory of Guilds and European Economic Development«, in: *Explorations in Economic History,* 28 (1991), S. 127–168; typische Klagen gegen die Zünfte zitiert Johannes Hanssen, *History of the German People After the Close of the Middle Ages,* New York 1909, S. 108.
4. Arndt Sorge und Malcolm Warner, *Comparative Factory Organization. An Anglo-German Comparison on Manufacturing, Management, and Manpower,* Aldershot 1986, S. 184.
5. Alan S. Milward und S. B. Saul, *The Development of the Economies of Continental Europe, 1780–1870,* London 1977, S. 414.
6. Ebenda, S. 415; siehe auch Sorge und Warner (1986), S. 184.
7. Peter Rütger Wossidlo, »Trade and Craft«, in: *Handbook of German Business Management,* Bd. 2, E. Grochla und E. Gaugler, Hg., Stuttgart 1990, S. 2368–2376.
8. Sorge und Warner (1986), S. 185.
9. Wossidlo in: Grochla und Gaugler, Hg. (1990).
10. Sorge und Warner (1986), S. 185.
11. Ebenda, S. 187.
12. Zwei klassische Analysen dieses Problems sind die Bücher von Fritz Stern, *The Politics of Cultural Despair. A Study in the Rise of German Ideology,* Berkeley 1974, und Ralf Dahrendorf, *Society and Democracy in Germany,* Garden City 1969.
13. Es ist schwierig, die Meilensteine in der Geschichte der staatlichen und höheren Ausbildung in Amerika zu datieren, weil für die Schulpolitik die Einzelstaaten zuständig waren. Massachusetts führte 1852 als erster Staat die allgemeine Schulpflicht ein; bis zum Ersten Weltkrieg hatten praktisch alle Staaten nachgezogen. In Großbritannien dagegen wurde eine allgemeine staatliche Schulausbildung erst 1880 eingeführt, und kostenlos war sie erst ab 1891.
14. Vgl. dazu Martin J. Wiener, *English Culture and the Decline of the Industrial Spirit,* Cambridge 1981.
15. Ebenda (1981), S. 146f.
16. Zitiert in Wiener (1981), S. 136.
17. Nach Ansicht von Alfred Chandler sind die Briten nicht in der Lage, unternehmerische Möglichkeiten in den Schlüsselindustrien der zweiten industriellen Revolution (Chemie, Metallverarbeitung, Elektrogeräte) zu nutzen, weil die britische Wirtschaft sich so sehr an der Familie orientiert.

Siehe *Scale and Scope. The Dynamics of Industrial Capitalism,* Cambridge 1990, S. 286f.

18. Es wird natürlich weiterhin kontrovers diskutiert, wie sehr sich die deutsche Kultur seit dem Krieg tatsächlich verändert habe. Ängste vor den dunklen Seiten des deutschen Kommunitarismus – der verschlossene und intolerante Charakter der deutschen Gesellschaft – sind immer noch reichlich vorhanden und wurden durch die ausländerfeindlichen Gewalttaten seit dem Fall der Mauer noch geschürt. Skeptiker führen ins Feld, daß Deutschland seit dem Krieg zwar ein liberales Asylrecht hat, es aber immer noch ausgesprochen schwierig ist, deutscher Staatsbürger zu werden. Seit zwei oder drei Generationen in Deutschland lebende Türken werden nicht als Deutsche angesehen, und das Beispiel von Léopold Senghor, einem im Senegal geborenen Dichter, der Mitglied der Académie Française wurde, wäre in Deutschland nicht möglich. Auch die Politik der Linken hat in Deutschland einen fanatischen Zug. Das zeigt sich bei den Grünen, die Deutschland entindustrialisieren wollen, oder bei Anhängern der Palästinenser, die ohne Zögern die Israelis mit den Nazis vergleichen. All das läßt erkennen, daß die Neigung zur Kompromißlosigkeit, die der alten protestantischen Kultur der Deutschen entspringt, noch nicht völlig verschwunden ist.
19. Bis der reformistische Ministerpräsident Morihiro Hosokawa sich im August 1993 öffentlich für Krieg und Kolonialherrschaft entschuldigte, hatte kein japanischer Ministerpräsident für Japans Rolle im Krieg um Verzeihung gebeten, und man kann mit Sicherheit sagen, daß kein japanischer Politiker sich jemals in einer ähnlichen Weise vor den Opfern verneigt hat, wie es Willy Brandt mit seinem Kniefall im Warschauer Getto getan hat. Es gibt zwar in Deutschland Revisionisten, die den Holocaust leugnen, aber sie gelten als Randgruppe von Spinnern. In Japan dagegen können geachtete Politiker wie Shintaro Ishihara und Akademiker wie Soiichi Watanabe immer noch leugnen, daß das Massaker von Nanking eine Greueltat war.
20. Ian Buruma, *The Wages of Guilt. Memories of War in Germany and Japan,* New York 1994, S. 31.

Kapitel 22: Vertrauen am Arbeitsplatz

1. Allan Nevins in Zusammenarbeit mit Frank E. Hill, *Ford. The Times, the Man, the Company,* New York 1954, S. 517.
2. Ebenda, S. 553.
3. James P. Womack, Daniel T. Jones und Daniel Roos, *The Machine That Changed the World,* New York 1991, S. 31.

4. David A. Hounshell, *From the American System to Mass Production 1800–1932,* Baltimore 1984, S. 258f.
5. Nevins (1954), S. 558.
6. Ebenda, S. 561f. Dieses System wird auch beschrieben bei Allan Nevins und Frank E. Hill, *Ford. Expansion and Challenge, 1915–1933,* New York 1954.
7. Ebenda, S. 32f.
8. Mehr über diese Zeit findet sich bei William Lazonick, *Competitive Advantage on the Shop Floor,* Cambridge 1990, S. 240–251.
9. Die Ergebnisse dieses Programms sind zusammengefaßt bei James P. Womack, Daniel T. Jones und Daniel Roos, *The Machine that Changed the World. How Japan's Secret Weapon in the Global Auto Wars Will Revolutionize Western Industries,* New York 1991.
10. Das heißt, daß weniger Kapital eines Unternehmens zur Finanzierung von Lagerbeständen gebunden und das übrige Kapital produktiver ist. Eine Beschreibung dieses Systems aus der Perspektive einer Führungskraft aus der Finanzabteilung gibt Shawn Tully, »Raiding a Company's Hidden Cash«, *Fortune* 130, 22. August 1994, S. 82–89.
11. Die Autoren der MIT-Studie beschreiben auch das »schlanke Marketing«, das in Japan praktiziert wird und das im Gegensatz zur schlanken Produktion offenbar erheblich weniger effizient ist als amerikanische Methoden.
12. Dazu siehe Lazonick (1990), S. 288ff.
13. Womack, Jones und Roos (1991), S. 52f.
14. Ebenda, S. 99.
15. Ebenda, S. 129.
16. Harry Katz, *Shifting Gears. Changing Labor Relations in the US Automobile Industry,* Cambridge 1985, S. 89.
17. Ebenda, S. 175.
18. Womack, Jones und Roos (1991), S. 83.
19. Ebenda, S. 99f.
20. Die Unterstützer der Mazda-Keiretsu bestanden bei der Reoganisation in den frühen siebziger Jahren auf der Einführung der schlanken Produktion, wie Toyota sie praktizierte. Mazda führte die Methode ein und verzeichnete erhebliche Produktivitätssteigerungen.
21. Womack, Jones und Roos (1991), S. 84–88.
22. Die Daten für Europa sind nicht nach Ländern aufgeschlüsselt, und es ist zu erwarten, daß sich die Methode der schlanken Produktion in verschiedenen europäischen Ländern mit höchst unterschiedlichem Erfolg einführen ließe.
23. Möglicherweise wird es in manchen Ländern in dem Maße zunehmend Widerstand gegen die schlanke Produktion geben, wie sich die Methode über

den Fertigungssektor ausbreitet. Die Unternehmen, die als erste die Methode einführen, zumal wenn es sich um ausländische Tochterbetriebe handelt, können sich oft den optimalen Standort für ihre Werke aussuchen, das heißt Gebiete, wo es traditionell keine militante Gewerkschaft gibt oder wo Arbeitslosigkeit die Arbeiter besonders gefügig macht. Das erklärt die anfänglich so gute Rezeption der Methode. Wenn sich die Methode jedoch in ältere Industriegebiete ausdehnt, trifft sie möglicherweise auf erheblich heftigeren Widerstand.

24. Die Daten stammen aus Womack, Jones und Roos (1991), Abb. 4.3, S. 85.
25. Ebenda, S. 261 ff.
26. Ebenda, S. 144 ff.

Kapitel 23: Adler sind keine Herdentiere – oder doch?

1. Alexis de Tocqueville, *Über die Demokratie in Amerika,* München 1976, S. 585.
2. Nach Ansicht von Tocqueville gab es noch zwei weitere Faktoren, die den Individualismus in den Vereinigten Staaten mäßigten: Erstens die Existenz freier politischer Vereinigungen, die den Bürgern Partizipationsmöglichkeiten bei öffentlichen Angelegenheiten eröffneten; und zweitens das Prinzip des »wohlverstandenen Eigennutzes«, das die Menschen zu der Überzeugung brachte, daß die Kooperation mit ihren Mitmenschen in ihrem eigenen aufgeklärten Eigeninteresse stehe.
3. Tocqueville (1976), S. 595 f.
4. Vgl. die Erörterung der Argumente Tocquevilles in *Der alte Staat und die Revolution* in Kapitel 15.
5. Alfred A. Chandler, *The Visible Hand. The Managerial Revolution in American Business,* Cambridge 1977, S. 51.
6. Ebenda, S. 43, S. 58, S. 72. Es gab auch einige wenige Plantagen mit an die tausend Sklaven.
7. Siehe besonders Robert W. Fogel, *Railroads and Economic Growth,* Baltimore 1964.
8. Chandler (1977), S. 79, S. 188.
9. Insgesamt standen zu dieser Zeit 39492 Männer unter Waffen. Ebenda, S. 204 f.
10. Ebenda, S. 205; Alan S. Milward und S. B. Saul, *The Development of the Economies of Continental Europe 1780–1870,* London 1977, S. 378 ff.
11. F. M. Scherer und David Ross, *Industrial Market Structure and Economic Performance,* Boston 1990³, S. 155.
12. Chandler (1977), S. 210.

13. William H. Whyte, *Herr und Opfer der Organisation,* Düsseldorf 1958; und David Riesman mit Reuel Denny und Nathan Glazer, *Die einsame Masse. Eine Untersuchung der Wandlungen des amerikanischen Charakters,* Berlin 1956.
14. Siehe Stewart Macaulay, »Non-Contractual Relations in Business. A Preliminary Study«, in: *American Sociological Review* 28 (1963), S. 55–69.
15. Seymour Martin Lipset, *Continental Divide. The Values and Institutions of the United States and Canada,* New York und London 1990, S.3–10.
16. So Lipset (1990).

Kapitel 24: Echte Konformisten

1. Als Ursachen für die amerikanische Neigung zur Bildung von Vereinigungen wurden verschiedene Faktoren angeführt. So habe beispielsweise die Frontier-Situation die frühen Siedler gezwungen, sich gegenseitig zu unterstützen. Eindeutig wird auch die kommunale Selbstverwaltung durch den Charakter des amerikanischen Föderalismus befördert.
2. Ausführlicher dazu siehe Leo Strauss, *The Political Philosophy of Thomas Hobbes. Its Basis and Genesis,* Chicago 1952. Vgl. ferner meine eigene Auseinandersetzung mit dieser Frage in: *Das Ende der Geschichte. Wo stehen wir?* München 1992, Kapitel 14, S. 217–227.
3. Aristoteles, *Politik,* I 2, 1253 a 1–39, Hg. N. Tsouyopoulos und E. Grassi, Reinbek bei Hamburg 1968.
4. Dazu siehe Mary Ann Glendon, *Rights Talk. The Impoverishment of Political Discourse,* New York 1991, S. 67ff.
5. John Locke, *Zwei Abhandlungen über die Regierung,* Hg. Walter Euchner, Frankfurt/Main 1977, S. 231–247.
6. Zu diesem Thema siehe Louis Dumont, »A Modified View of Our Origins. The Christian Beginnings of Modern Individualism«, in: *Religion* 12 (1982), S. 1–27. Ferner Robert N. Bellah et al., »Responses to Louis Dumont's ›A Modified View of Our Origins ...‹«, ebenda, S. 83–91.
7. Dies traf vor allem auf dem Höhepunkt der kulturellen buddhistischen Invasion Chinas im 6. Jahrhundert zu. Siehe W. J. F. Jenner, *The Tyranny of History. The Roots of China's Crisis,* London 1992, S. 113f.
8. Siehe Joseph M. Kitagawa, *Religion in Japanese History,* New York 1966, S. 100–130.
9. Siehe u. a. Seymour Martin Lipset und Jeff Hayes, »Individualism. A Double-Edged Sword«, in: *The Responsive Community* 4 (1993–94), S. 69–81.
10. David Martin, *Tongues of Fire. The Explosion of Protestantism in Latin America,* Oxford 1990, S. 14.

11. Dies ist die bekannte These von Roger Finke und Rodney Stark, »How the Upstart Sects Won America: 1776–1850«, in: *Journal for the Scientific Study of Religion* 28 (1989) S. 27–44.
12. Martin (1990), S. 20.
13. Seymour Martin Lipset, »Religion and Politics in America, Past and Present«, in: Ders., *Revolution and Counterrevolution,* New York 1968, S. 309–312.
14. Ebenda, S. 314.
15. Thomas F. O'Dea, *The Mormons,* Chicago 1957, S. 143 und S. 150. Dem mormonischen Geschichtsschreiber Leonard J. Arrington zufolge bezogen sich 88 der 112 Offenbarungen, die Joseph Smith zuteil wurden, auf wirtschaftliche Sachverhalte. Strenggenommen enthält die mormonische Lehre viele Aspekte, die sich mit dem Wohlstand und der Förderung wirtschaftlicher Gleichheit befassen – wie bei Max Webers frühen Puritanern.
16. Die durchschnittliche Kinderzahl mormonischer Familien liegt mit 4,61 doppelt so hoch wie der amerikanische Durchschnitt. Der Anteil der außerehelichen Geburten durch minderjährige Mütter in Utah beträgt weniger als ein Drittel des nationalen Durchschnitts – 48 je 1000 Lebendgeborene im Vergleich zu 155. Darwin L. Thomas, »Family in the Mormon Experience«, in: *Families and Religions. Conflict and Change in Modern Society,* Hg. William V. Antonio und Joan Aldous, Beverly Hills 1983, S. 276, und *Utah in Demographic Perspective. Regional and National Contrasts,* Hg. H. M. Bahr, Provo/Utah (Family and Demographic Research Institute) 1981, S. 72.
17. Tatsächlich gehen allerdings nur die Hälfte der jungen männlichen Mormonen und ein noch kleinerer Anteil der Frauen in die Missionsarbeit.
18. Zitiert in Richard Rapaport, »Mormon Conquest«, *Forbes* 7. Dezember 1992, S. 78.
19. »Building on Financial Success«, in: *The Arizona Republic* 13. Juli 1991.
20. Malise Ruthven, »The Mormon's Progress«, *Wilson Quarterly* 15 (1991), S. 23–47.
21. Bryce Nelson, »The Mormon Way«, in: *Geo* 4, Mai 1982, S. 79f.
22. Albert L. Fisher, »Mormon Welfare Programs. Past and Present«, in: *The Social Science Journal* 15 (1978), S. 75–99. Beim Fastenopfer, das sich letztlich als nicht praktikabel erwies, mußten die Kirchenmitglieder ihr gesamtes Einkommen der Kirche stiften, die nach eigenem Ermessen dann einen Teil davon wieder an den Spender zurückzahlte. Dies stellt in der mormonischen Gemeinschaft noch immer so etwas wie ein ideales Ziel dar.
23. Tucker Carlson, »Holy Dolers. The Secular Lessons of Mormon Charity«, in: *Policy Review* Nr. 59, Winter 1992, S. 25–31.
24. Ruthven (1991), S. 36f.
25. Die Tatsache, daß die Mormonen sehr großen Unternehmergeist entwickelt

haben, bedeutet nicht, daß sie immer erfolgreich sind. Das Textverarbeitungsprogramm WordPerfect wurde von den Privateigentümern teilweise deshalb an Novell verkauft, weil sie nicht in der Lage gewesen waren, in ihrem Unternehmen ein modernes Finanzsystem auf die Beine zu stellen. Für diesen Teil der Transaktion konnte Noorda zunächst in Salt Lage City keine Bank finden, die ihm einen Kredit geben wollte, als er versuchte, Novell auf seine Seite zu ziehen. Dahinter stand die mormonische Praxis, Schulden nach Möglichkeit zu vermeiden. Siehe Rapaport (1992), S. 80.

26. Gary Poole, »Never Play Poker With This Man«, in: *UnixWorld* 10, August 1993, S. 46–54.
27. Zur wirtschaftlichen Talfahrt Utahs in den achtziger Jahren siehe Greg Critser, »On the Road. Salt Lake City, Utah«, in: *Inc,* Januar 1986, S. 23f. Zur neueren technologischen Entwicklung siehe Sally B. Donnelly, »Mixing Business with Faith«, in: *Time* 29. Juli 1991, S. 22ff., und Rapaport (1992), S. 76–91.
28. Diese Praxis hat sich in den letzten Jahren sehr stark verändert, da die mormonischen Missionen in der Dritten Welt zugenommen haben.
29. Die Mormonen rechnen damit, daß es im Jahr 2000 mehr spanisch- als englischsprachige Mitglieder ihrer Kirche geben wird. Zu den großen nichteuropäischen Mormonengemeinschaften zählen auch Gemeinden in Polynesien, auf den Philippinen und in Afrika. Die Mormonen in Utah zählen nur eine Million von weltweit insgesamt neun Millionen Mormonen.
30. »Individuelle Mobilität – sozial oder geographisch – wird von Sektengruppierungen unterstützt, die jene Art von sozialer Interaktion und Persönlichkeitsbildung bieten, die gewöhnlich in der Familie erfahren wird. Gleichzeitig verlangen die Sekten eine Bekehrung, durch die die Brücken zwischen den früheren Lebensabschnitten des Bekehrten und den neuen Loyalitäten zerstört werden. Zwar haben Autorität und sozialer Zusammenhalt in den Sekten große Bedeutung, doch besteht letztlich ihre Wirkung darin, daß sie den Individualismus zu Lasten der Gruppenloyalität verstärken.« (Barbara Hargrove, »The Church, the Family, and the Modernization Process«, in: Antonio und Aldous 1983, S. 25.)

Kapitel 25: Schwarze und Asiaten in Amerika

1. Mehrere Autoren haben darauf hingewiesen, daß Irland das einzige europäische Land ist, das im Mittelalter keine große Universität gegründet hat. Siehe hierzu Nathan Glazer und Daniel Patrick Moynihan, *Beyond the Melting Pot. The Negroes, Puerto Ricans, Jews, Italians, and Irish of New York City,* Cambridge 1970[2], S. 232.

2. Ebenda, S. 197.
3. Der Anteil der Selbständigen unter den Immigranten in den Vereinigten Staaten liegt bei 7,2 Prozent, verglichen mit 7,0 Prozent unter der einheimischen Bevölkerung. Unter den seit 1980 eingewanderten Personen beträgt der Anteil 8,4 Prozent. Michael Fix und Jeffrey S. Passel, *Immigration and Immigrants. Setting the Record Straight,* Washington/DC 1994, S. 53.
4. Dies umfaßt nicht nur die Geschäftsinhaber, sondern auch die in den ethnischen Firmen Beschäftigten. Ivan H. Light, *Ethnic Enterprise in America. Business and Welfare Among Chinese, Japanese, and Blacks,* Berkeley 1972, S. 7 und S. 10.
5. Pyong Gap Min und Charles Jaret, »Ethnic Business Success. The Case of Korean Small Business in Atlanta«, in: *Sociology and Social Research* 69 (1985), S. 412–435.
6. Eui-Hang Shin und Shin-Kap Han, »Korean Immigrant Small Business in Chicago. An Analysis of the Resource Mobilization Processes«, in: *Amerasia* 16 (1990), S. 39–60. Ähnliche Daten finden sich auch bei Ivan Light und Edna Bonacich, *Immigrant Entrepreneurs. Koreans in Los Angeles 1965–1982,* Berkeley 1988, S. 1.
7. Light (1972), S. 3.
8. Siehe beispielsweise Robert H. Kinzer und Edward Sagarin, *The Negro in American Business,* New York 1950; E. Franklin Frazier, *Black Bourgeoisie,* New York 1962; James Q. Wilson, *Negro Politics. The Search for Leadership,* Glencoe/Illinois 1960; Nathan Glazer und Daniel P. Moynihan, *Beyond the Melting Pot,* Cambridge 1970, S. 24–44.
9. Zu den Spannungen zwischen Schwarzen und Asiaten siehe Light und Bonacich (1988), S. 318ff.
10. Zu dieser Diskussion siehe Nathan Glazer, »Blacks and Ethnic Groups. The Difference, and the Political Difference It Makes«, in: *Social Problems* 18 (1971), S. 444–461.
11. Kinzer und Sagarin (1950), S. 144f.
12. John Sibley Butler, *Entrepreneurship and Self-Help Among Black Americans. A Reconsideration of Race and Economics,* Albany/New York 1991, S. 147.
13. Butler (1992) versucht, den Hinweis auf die schwach ausgeprägte Tradition des afroamerikanischen Unternehmertums zu erschüttern, indem er die empirischen Grundlagen in Zweifel zieht. Es habe, so Butler, in der schwarzen Bevölkerungsminderheit schon immer eine starke, aber unterschätzte unternehmerische Tradition gegeben. Es ist zwar richtig, daß dieser Tradition nicht die gebührende Aufmerksamkeit gewidmet wurde. Die Einzelfälle erfolgreicher Unternehmertätigkeit von Schwarzen jedoch, die Butler anführt, bleiben anekdotisch und können die umfassenderen statistischen Da-

ten nicht wegerklären, die auf die Schwäche der schwarzen Unternehmerschicht im Vergleich zu anderen Minderheitengruppen hindeuten.

14. Eine breitangelegte Kritik der »umweltbezogenen Erklärungsfaktoren« findet sich bei Thomas Sowell, *Race and Culture,* New York 1994.
15. Über die Rolle von »Fremden« in der kapitalistischen Entwicklung vgl. Werner Sombart, *Der moderne Kapitalismus,* Bd. I/2, München und Leipzig 1916[5], S. 883–895; Everett E. Hagen, *On the Theory of Social Change. How Economic Growth Begins,* Homewood/Illinois 1962; Edna Bonacich, »A Theory of Middleman Minorities«, in: *American Sociological Review* 38 (1972), S. 583–594, sowie Jonathan H. Turner und Edna Bonacich, »Toward a Composite Theory of Middleman Minorities«, in: *Ethnicity* 7 (1980), S. 144–158.
16. Light (1972), S. 7.
17. Kenneth L. Wilson und Alejandro Portes, »Immigrant Enclaves. An Analysis of the Labor Market Experiences of Cubans in Miami«, in: *American Journal of Sociology* 86 (1980), S. 295–319, und Kenneth L. Wilson und W. A. Martin, »Ethnic Enclaves. A Comparison of the Cuban and Black Economies in Miami«, in: *American Journal of Sociology* 88 (1982), S. 138–159.
18. Light (1972), S. 15–18.
19. Ebenda, S. 19.
20. Ebenda, S. 55ff.
21. Zu den Kreditvereinen siehe Light (1972), S. 19–44; ferner William Peterson, »Chinese Americans and Japanese Americans«, in: *Essays and Data on American Ethnic Groups,* Hg. Thomas Sowell, Washington 1978, S. 80f.
22. Light (1972), S. 27–30.
23. Victor Nee und Herbert Y. Wong, »Asian American Socioeconomic Achievement. The Strength of the Family Bond«, in: *Sociological Perspectives* 28 (1985), S. 281–306.
24. Peterson in Sowell (1978), S. 79.
25. Die Chinesen und Japaner bezogen während der Wirtschaftskrise in sehr viel geringerem Ausmaß Sozialleistungen als die Schwarzen und Weißen. Eine bundesstaatliche Wohlfahrtsinstitution, die die von der kriegsbedingten Umsiedlung betroffenen japanischen Familien unterstützen wollte, fand selbst unter diesen Umständen nur sehr wenige Empfänger. Siehe dazu Peterson, in Sowell (1978), S. 79f.
26. Ebenda, S. 93.
27. Light (1972), S. 30–44.
28. Siehe Butler (1992), S. 124ff., und Light (1972), S. 47–58.
29. Eine frühe Darstellung der Bürgervereinigungen in der afroamerikanischen Bevölkerungsgruppe findet sich bei James Q. Wilson, *Negro Politics. The Search for Leadership,* New York 1960, S. 295–315.

30. Siehe den Hinweis auf die Arbeit von Carol Stack in: Andrew J. Cherlin, *Marriage, Divorce, Remarriage,* Cambridge 1981, S. 108. Im Gegensatz zu den Kreditvereinen fungieren diese Gruppen eher als Konsumvereine, weil die Finanzmittel nicht für produktive Investitionen in Unternehmen eingesetzt werden, sondern zur Befriedigung alltäglicher Konsumbedürfnisse (die bei armen Menschen Vorrang haben). Die moralische Großzügigkeit solcher Organisationen kann also die widersinnige Wirkung haben, daß die Ersparnisse verschleudert werden und es somit schwieriger wird, jene einfache Kapitalakkumulation zu erreichen, die für die Gründung von Kleinunternehmen erforderlich ist.
31. Die Frage, warum die von Schwarzen organisierten kriminellen Vereinigungen nicht für produktive Zwecke umgewandelt werden können, wird in einer Reihe von Büchern behandelt, die Glazer rezensiert hat; siehe Nathan Glazer, »The Street Gangs and Ethnic Enterprise«, in: *Public Interest* 28 (1972), S. 82–89. Ein Teil der Antwort könnte lauten, daß die Banden selbst als kriminelle Vereinigungen nicht sonderlich effektiv sind. Anders als andere ethnische kriminelle Gruppen (wie die chinesischen Tongs oder die italienische Mafia) fördern die schwarzen Banden kein starkes kriminelles Ehrgefühl und sind von internem Mißtrauen zerrissen. In den von Glazer rezensierten Büchern finden sich eindrucksvolle Beispiele für die Bemühungen der schwarzen Unterschicht um Selbstorganisation.
32. Kessler-Harris und Yans-McLaughlin, in Sowell (1978), S. 122f.
33. Thomas Sowell, *Ethnic America. A History,* New York 1981, S. 35f.
34. Glazer und Moynihan (1970), S. 192ff.; ferner Kessler-Harris und Yans-McLaughlin in Sowell (1978), S. 121.

Kapitel 26: Die Mitte verschwindet

1. Ein kleines Beispiel aus dem Bereich der Netzwerktechnologie findet sich in dem Artikel »High-Tech Edge Gives US Firms Global Lead in Computer Networks«, in: *Wall Street Journal* 9. September 1994, S. A1 und 10.
2. Siehe Dennis Encarnation, *Rivals Beyond Trade. America Versus Japan in Global Competition,* Ithaca/NY 1992, S. 190–197; ferner DeAnne Julius, *Global Companies and Public Policy. The Growing Challenge of Foreign Direct Investment,* London 1990.
3. Siehe Jagdish Bhagwati und Milind Rao, »Foreign Students Spur US Brain Gain«, in: *Wall Street Journal* 31. August 1994, S. A12.
4. Robert D. Putnam, »Bowling Alone«, in: *Journal of Democracy* 6 (1995), S. 65–78.
5. Ebenda, S. 69f.

6. Die AARP, deren Mitgliedschaft 1993 auf 33 Millionen angewachsen war, ist die größte Privatorganisation der Welt nach der römisch-katholischen Kirche. Siehe Putnam (1995), S. 71.
7. Ebenda, S. 73.
8. Ende der achtziger Jahre und in den frühen neunziger Jahren stagnierten die Zuwachsraten bei den Zahlen der Straftaten mit Gewaltanwendung in bestimmten städtischen Bezirken oder waren sogar rückläufig. Diese Tatsache wurde von einigen Experten als Beweis dafür angeführt, daß das Problem nicht so ernst sei, wie die amerikanische Öffentlichkeit glaube. Diese Trends beeinflussen jedoch nicht die Größenordnung der Kriminalität in den Vereinigten Staaten im Vergleich mit anderen Industrieländern.
9. Ein Bericht über die Reaktion findet sich in der *New York Times* vom 28. Mai 1993, S. B7.
10. Diese Kritik wird naturgemäß eher von der Linken vorgetragen. Einige linksgerichtete Experten weisen darauf hin, daß das Problem durch die spezifische Politik während der Präsidentschaften von Reagan und Bush verschärft worden sei. Ein Beispiel für diese Argumentationslinie findet sich in Barry Schwartz, *The Costs of Living. How Market Freedom Erodes the Best Things of Life,* New York 1994.
11. Mitte des 19. Jahrhunderts lebte die große Mehrheit der Amerikaner noch auf Farmen. Gegen Ende des Jahrhunderts lebte die Mehrheit in Städten und war in irgendeiner Weise von der Industrie abhängig. Das Bildungsniveau, die ethnische und religiöse Zusammensetzung und sogar der Kleidungsstil hatten sich grundlegend verändert. Obwohl allgemein der Eindruck vorherrscht, daß sich die Geschwindigkeit solcher Wandlungsprozesse im 20. Jahrhundert ständig erhöht habe, sind die Veränderungen, die in unserem Jahrhundert stattfanden, viel weniger dramatisch.
12. Mary Ann Glendon, *Rights Talk. The Impoverishment of Political Discourse,* New York 1991.
13. Ebenda, S. 13.
14. Ebenda, S. 76–89.
15. Ebenda, S. 48–61.
16. Ähnlich argumentiert Putnam (1995), S. 75.
17. Außerhalb der Vereinigten Staaten läßt sich ähnliches für Lateinamerika sagen. Allen verfügbaren empirischen Daten zufolge scheint es jedoch, daß die nordamerikanischen protestantischen Fundamentalisten die soziale Basis für die fehlende demokratisch-kapitalistische Mitte schaffen – wie sie es, von Max Weber beschrieben, schon im 16. und 17. Jahrhundert in Europa taten. Die Politik linker Regierungen kann über Nacht in ihr Gegenteil verkehrt werden, was in bestimmten Fällen auch bereits geschah. Die allmähliche, aber umfassende Konversion Lateinamerikas zum Protestantis-

mus jedoch wird voraussichtlich einen langfristigen sozialen Wandel bewirken, der viel tiefgreifender sein wird als die Veränderungen, die durch eine politische Revolution bewirkt werden können.

18. William H. McNeill, »Fundamentalism and the World of the 1990s«, in: *Fundamentalism and Society. Reclaiming the Sciences, the Family, and Education,* Hg. Martin E. Marty und R. Scott Appleby, Chicago 1993, S. 568.
19. Für manche Situationen mag das zutreffen, zum Beispiel im Krieg.

Kapitel 27: Spätentwickler

1. Bis in die sechziger Jahre hinein bestand unter Sinologen und anderen Ostasien-Experten Einmütigkeit darüber, daß der chinesische Konfuzianismus ein gewaltiges Hindernis für den Kapitalismus und die ökonomische Modernisierung darstelle. Die möglicherweise berühmteste Arbeit, in der dieses Argument vorgetragen wird, ist Max Webers Aufsatz *Konfuzianismus und Taoismus* im Rahmen seiner Untersuchung über *Die Wirtschaftsethik der Weltreligionen,* die 1915–1919 im Jafféschen Archiv für Sozialwissenschaft erschien. Weber schreibt, daß der Konfuzianismus zwar wie der Protestantismus ein »rationales« ethisches System sei; seine Rationalität ergebe sich aber nicht aus der wahrhaft endlosen Aufgabe, die gegebene Welt ethisch und rational zu unterwerfen und zu beherrschen, wie dies der Protestantismus versuche, sondern aus der Anpassung an die Welt, das heißt der Bewahrung der Tradition. Mit anderen Worten: Eine konfuzianische Gesellschaft könne weder innovativ sein noch sich genügend umstellen, um die enormen sozialen Veränderungen herbeizuführen, die eine kapitalistische Industrialisierung erfordere.
In den letzten dreißig Jahren hat sich die Einschätzung der ökonomischen Wirkungen des Konfuzianismus grundlegend verändert. Weber schrieb seine Analyse am Beginn einer Periode des Niedergangs, als wechselnde Kriegsherrn sich bekämpften. Vor diesem Hintergrund erscheint es verständlich, daß er die wirtschaftlichen Perspektiven Chinas pessimistisch beurteilte. Doch siebzig Jahre später weist die Wirtschaft der Volksrepublik China die weltweit höchsten Wachstumsraten auf, und praktisch alle anderen Gesellschaften mit chinesischer Kultur außerhalb der Volksrepublik China haben bereits seit zwei Generationen ein extrem schnelles Wirtschaftswachstum erreicht. Heute nimmt man allgemein an, daß der Konfuzianismus in irgendeiner Weise die Wurzel des ostasiatischen »Wirtschaftswunders« darstelle. Eine Fülle von Büchern handelt von der »konfuzianischen Herausforderung« des Westens. Heute betonen Experten, wenn sie die verschiedenen Aspekte des Konfuzianismus analysie-

ren – wie zum Beispiel den hohen Stellenwert der Bildung oder der sogenannten konfuzianischen »Arbeitsethik« –, daß diese Faktoren für die ökonomische Dynamik entscheidend gewesen seien. Und viele Beobachter sagen, daß die chinesische Familie eine Quelle der Stärke Chinas darstelle, während Weber sie noch als zentrales Hindernis für den ökonomischen Fortschritt einschätzte.

Zur Auseinandersetzung mit Webers Thesen siehe Mark Elvin, »Why China Failed to Create an Endogenous Industrial Capitalism. A Critique of Max Weber's Explanation«, in: *Theory and Society* 13 (1984), S. 379–391; Gary G. Hamilton und Cheng-shu Kao, »Max Weber and the Analysis of East Asian Industrialization«, in: *International Sociology* 2 (1987), S. 289–300. Die kulturellen Rahmenbedingungen der chinesischen Entwicklung diskutiert Joseph Needham, *Science and Civilization in China,* vor allem in Band 1, *Introductory Orientations,* Cambridge 1954. Vgl. ferner Mark Elvin, *The Pattern of the Chinese Past. A Social and Economic Interpretation,* Stanford/Kal. 1973; Michael R. Godley, *The Mandarin Capitalists from Nanyang. Overseas Chinese Enterprise in the Modernization of China,* Cambridge 1981, insbesondere S. 37f., und Marie-Claire Bergère, »On the Historical Origins of Chinese Underdevelopment«, in: *Theory and Society* 13 (1984), S. 327–337.

2. Beispiele dafür sind Roderick M. McFarquhar, »The Post-Confucian Challenge«, in: *Economist* (1980), S. 67–72; Roy Hofheinz Jr. und Kent E. Calder, *The Eastasia Edge,* New York 1982; Peter L. Berger und Michael Hsin-Huang Hsiao, *In Search of an East Asian Development Model,* New Brunswick/New Jersey, 1988; Michael H. Bond und Geert Hofstede, »The Cash Value of Confucian Values«, in: *Human Systems Management* 8 (1989), S. 195–200; dies., »The Confucius Connection. From Cultural Roots to Economic Growth«, *Organizational Dynamics* (1988) S. 5–21. Eine positive Bewertung der Rolle der Familie im chinesischen Wirtschaftsleben gibt Joel Kotkin, *Tribes. How Race, Religion, and Identity Determine Success in the New Global Economy,* New York 1993, S. 188.
3. Skeptisch über die Bedeutung kultureller Erklärungsfaktoren, vor allem in bezug auf Japan, äußert sich Winston Davis in seinem Beitrag in dem Band *Understanding Political Development,* Hg. Samuel P. Huntington und Myron Weiner, Boston 1987.
4. Siehe Richard Caves, »International Differences in Industrial Organization«, in: *Handbook of Industrial Organization,* Hg. Richard Schmalensee und Robert D. Willig, Amsterdam 1989, S. 1233. Ich danke Henry Rowen für den entsprechenden Hinweis.
5. Frederick M. Scherer und David Ross, *Industrial Market Structure and Economic Performance,* Boston 1990[3], S. 102.

6. Ebenda, S. 109.
7. Hinzu kommt, daß große Unternehmen tendenziell geringere Kapitalkosten aufwenden müssen, weil sie für die Investoren ein geringeres Risiko darstellen. Siehe ebenda, S. 126–130.
8. Diese Zahlen ergeben sich aus der Beschäftigungsstatistik in Tabelle 1 in Kapitel 14.
9. Quellenangabe siehe Fußnote 9 in Kapitel 3.
10. In hochentwickelten Volkswirtschaften wie in den Vereinigten Staaten wird dieser Erklärungsansatz durch gewisse Anomalien kompliziert. So sind beispielsweise amerikanische Unternehmen in vielen Sektoren tatsächlich größer, als man auf der Grundlage der optimalen Betriebsgrößen erwarten würde. Siehe hierzu Tabelle 4.6 in Scherer und Ross 1990, S. 140, die darauf hinweisen, daß der durchschnittliche Marktanteil der drei größten Unternehmen den Marktanteil übersteigt, der sich durch die Berücksichtigung der mindestoptimalen Betriebsgrößen ergibt, die für Zigaretten, Webstoffe, Farben, Schuhe, Stahl, Akkumulatoren und andere Produkte gelten.
    Die von Scherer und Ross angebotene Erklärung für diese Anomalie lautet, daß die Marktstruktur durch die historischen Möglichkeiten determiniert werde. Das heißt: Eine Industriebranche, die zu einem gegebenen Zeitpunkt mit gleich großen Unternehmen in das Wirtschaftsgeschehen eintritt, wird voraussichtlich im Laufe der Zeit allein aufgrund der unterschiedlichen Möglichkeiten auch sehr unterschiedliche Firmengrößen hervorbringen. Als Erklärung, um darzulegen, warum die Wirtschaftskonzentration in verschiedenen Gesellschaften so stark variiert, reicht dies offensichtlich nicht aus. Siehe Scherer und Ross (1990), S. 141–146.
11. Caves (in dem von Schmalensee und Willig herausgegebenen Band, S. 1234) stellen fest, daß ähnliche Industriezweige in unterschiedlichen Ländern eine ähnliche wirtschaftliche Konzentration aufweisen. Sie implizieren damit, daß die Wirtschaftsstrukturen homogener werden, wenn die Länder auf der technologischen Entwicklungsleiter aufsteigen. Dies trifft zweifellos zu, doch das Hauptargument des vorliegenden Buches lautet, daß unterschiedliche Gesellschaften auch in unterschiedlichen Sektoren ihre besten Leistungen erbringen, was nicht von ihrem Entwicklungsniveau abhängt, sondern von der Fähigkeit einer Gesellschaft, Großorganisationen hervorzubringen.
12. Dieser Aspekt wird auch von S. Gordon Redding vorgetragen, in: *The Spirit of Chinese Capitalism,* Berlin 1990, S. 4.
13. »The Pac Rim 150«, in: *Fortune* 122, Herbst 1990, S. 102–106.
14. Die Thesen von der Spätentwicklung wurde von vielen Wissenschaftlern vertreten, darunter Alexander Gerschenkron, *Economic Backwardness in Historical Perspective,* Cambridge 1962; Ronald Dore, »Industrial Rela-

tions in Japan and Elsewhere«, in: *Japan. A Comparative View,* Hg. Albert M. Craig, Princeton 1979, S. 325–335; Chalmers Johnson, *MITI and the Japanese Miracle,* Stanford 1982, S. 19.

15. Es trifft zu, daß Japan über verhältnismäßig gut entwickelte Börsenmärkte verfügt. Die Tokioter Börse wurde 1878 gegründet, während des Krieges für kurze Zeit geschlossen und 1949 unter der amerikanischen Besatzung wiedereröffnet. Siehe *Tokyo Stock Exchange 1994 Fact Book,* S. 89.
16. Die Börse Taiwans wurde 1961 gegründet. Sie wuchs sehr langsam; 1980 wurden erst 102 Unternehmen an der Börse notiert. Ching-ing Hou Liang und Michael Skully, »Financial Institutions and Markets in Taiwan«, in: *Financial Institutions and Markets in the Far East. A Study of China, Hong Kong, Japan, South Korea, and Taiwan,* Hg. Michael T. Skully, New York 1982, S. 191f.
17. Sang-Woo Nam und Yung-Chul Park, »Financial Institutions and Markets in South Korea«, in: Skully (1982), S. 160f.
18. Michael T. Skully, »Financial Institutions and Markets in Hong Kong«, ebenda, S. 63.
19. Montagu-Pollack, »Stocks. Hong Kong, Indonesia, Japan, Malaysia, the Philippines, Singapore, South Korea, Taiwan, Thailand«, in: *Asian Business* 28 (1992), S. 56–65. Dies war natürlich nach dem Börsenkrach von Tokio 1989–1991, bei dem der Gesamtwert des Börsenmarktes um ungefähr 60 Prozent zurückging.
20. Nam und Park, in: Skully (1982), S. 160.
21. Dies ist unter anderem aufgrund der Tatsache zu vermuten, daß das Ausmaß der Überkreuzbeteiligungen in den sechziger Jahren erst stark anstieg, nachdem die japanische Regierung ausländischem Druck nachgegeben und die Bestimmungen über Direktinvestitionen von Ausländern gelockert hatte. Mit anderen Worten: Überkreuzbeteiligungen waren eine Verteidigungstaktik, um Übernahmen durch *Ausländer* zu verhindern. Für die Keiretsu waren sie nicht notwendig, um ihre Integrität als Netzwerk-Organisationen zu erhalten und Größenvorteile zu erwirtschaften.
22. Siehe Scherer und Ross (1990), S. 146–151.
23. Die meisten südkoreanischen Banken wurden zwischen 1980 und 1983 entstaatlicht. Siehe Robert Wade, »East Asian Financial Systems as a Challenge to Economics. Lessons From Taiwan«, in: *California Management Review* 27 (1985), S. 106–127.
24. Ebenda, S. 121.

Kapitel 28: Rückkehr zu den Größenvorteilen

1 Die Softwareproduktion erfolgt allerdings nicht annähernd so systematisch wie die Produktion in anderen Technikbereichen. Siehe hierzu W. Wayt Gibbs, »Software's Chronic Crisis«, in: *Scientific American* 271, September 1994, S. 86–95.

Kapitel 29: Viele Wunder

1. Siehe dazu Kapitel 3 über die Arbeitsethik im allgemeinen und Kapitel XVII über die japanische Arbeitsethik im besonderen. Vgl. ferner Winston L. King, »A Christian and a Japanese-Buddhist Work-Ethic Compared«, in: *Religion* 11 (1981), S. 207–226.
2. Japanische Kommentatoren schwanken zwischen dem Argument, japanische Kultur und Institutionen seien vollkommen einzigartig und nicht exportierbar, und der Behauptung, sie seien ein potentielles Modell für andere Teile Asiens. Eine ablehnende westliche Darstellung der Literatur über die japanische Einzigartigkeit (oder *nihonjinron*) findet sich bei Peter N. Dale, *The Myth of Japanese Uniqueness,* New York 1986.

Kapitel 30: Sackgasse Gesellschaftspolitik

1. Siehe *Das Ende der Geschichte. Wo stehen wir?* München 1992.
2. Zusätzlich ist festzuhalten, daß praktisch alle zentralen Gedanken des vorliegenden Buches zur Bedeutung der Kultur für das wirtschaftliche Verhalten bereits in meinem vorigen Werk antizipiert wurden. Siehe *Das Ende der Geschichte,* Kapitel 20 und 21; vgl. ferner meinen Aufsatz »The End of History?«, in: *The National Interest* Nr. 16 (Sommer 1989), S. 3–18, wo ich mich mit Webers Argumentation und der Wirkung der Kultur auseinandersetze.
3. Dieses Argument trägt David Gellner vor in: »Max Weber. Capitalism and the Religion of India«, *Sociology* 16 (1982), S. 526–543.
4. Joseph Needham, *Science and Civilization in China,* Band 1, Cambridge 1958.
5. So Ernest Gellner, in: *Plough, Sword, and Book. The Structure of Human History,* Chicago 1988, S. 39–69. Siehe auch Robert K. Merton, »Science, Religion, and Technology in Seventeenth Century England«, in: *Osiris* 4 (1938), S. 360–632.
6. Dies ist im wesentlichen das zentrale Problem der Politik, wenn sie als »ra-

tionale Wahl« verstanden wird. Siehe Steven Kelman, »›Public Choice‹ and Public Spirit«, in: *The Public Interest* Nr. 87 (1987), S. 80–94.

7. Daß das Familienleben tatsächlich auch in dieser Weise aufgefaßt werden kann, ist das Thema des Buches von Gary S. Becker, *A Treatise on the Family,* Cambridge/Massachusetts 1981.
8. John J. Mearsheimer, »Back to the Future. Instability in Europe After the Cold War«, in: *International Security* 15 (Sommer 1990) S. 5–56.
9. Siehe Robert Kaplan, »The Anarchy«, *Atlantic* 273 (Februar 1994), S. 44–81; Hans Magnus Enzensberger, *Aussichten auf den Bürgerkrieg,* Frankfurt/Main 1993.
10. Siehe beispielsweise Lee's Interview mit Fareed Zakaria in: *Foreign Affairs* 73 (1994), S. 109–127.

Kapitel 31: Die Spiritualisierung des Wirtschaftslebens

1. Die Korrelation zwischen Demokratie und Entwicklung wurde von Seymour Martin Lipset erforscht, siehe »Some Requisites of Democracy. Economic Development and Political Legitimacy«, in: *American Political Science Review* 53 (1959), S. 69–105. Larry Diamond findet in seinem Überblick über die Literatur zu dem Thema Lipsets Argumentation in wesentlichen Punkten bestätigt, siehe »Economic Development and Democracy Reconsidered«, in: *American Behavioral Scientist* 15, März – Juni 1992, S. 450–499.
2. Zusammenfassend dazu siehe mein Buch *Das Ende der Geschichte. Wo stehen wir?* München 1992, S. 17ff.
3. Dies wird beschrieben in *Das Ende der Geschichte,* Teil 3.
4. Adam Smith, *Theorie der ethischen Gefühle,* Leipzig 1926.
5. Albert O. Hirschman, *Leidenschaften und Interessen. Politische Begründung des Kapitalismus vor seinem Sieg,* Frankfurt/Main 1980.

Bibliographie

Bücher

Abegglen, James C. (1958): *The Japanese Factory. Aspects of Its Social Organization.* Glencoe.

Ders. und George Stalk Jr. (1985): *Kaisha. The Japanese Corporation.* New York.

Agulhon, Maurice (1977): *Le Cercle dans la France bourgeoise. 1810–1848. Étude d'une mutation de sociabilité.* Paris.

Ders. und Maryvonne Bodiguel (1981): *Les associations au village.* Le Paradou.

Amsden, Alice H. (1989): *Asia's Next Giant. South Korea and Late Industrialization.* New York/Oxford.

Arrow, Kenneth J. (1974): *The Limits of Organization.* New York.

Ashton, T. S. (1948): *The Industrial Revolution, 1760–1830.* London.

Asselain, Jean-Charles (1984): *Histoire économique de la France du XVIII*[e] *siècle à nos jours.* Paris.

Bagnasco, Arnoldo (1977): *Tre Italie. La problematica diffusa.* Bologna.

Ders. und R. Pini (1975): *Sviluppo economico e transformazioni sociopolitiche dei sistemi territoriali a economia diffusa.* Quaderni di Fondazione Giangiacomo Feltrinelli. Mailand.

Bahr, H. M., Hg. (1981): *Utah in Demographic Perspective. Regional and National Contrasts.* Provo.

Baker, Hugh (1979): *Chinese Family and Kinship.* New York.

Banfield, Edward C. (1958): *The Moral Basis of a Backward Society.* Glencoe.

Bautista, R. M. und E. M. Perina, Hg. (1982): *Essays in Development Economics in Honor of Harry T. Oshima.* Manila.

Becker, Gary S. (1981): *A Treatise on the Family.* Cambridge/MA.

Ders. (1975^2): *Human Capital. A Theoretical and Empirical Analysis.* New York.

Ders. (1993^2): *Der ökonomische Ansatz zur Erklärung menschlichen Verhaltens.* Tübingen.

Bellah, Robert N. (1965): *Religion and Progress in Modern Asia.* Glencoe.

Ders. (1957): *Tokugawa Religion.* Boston.

Beniger, James R. (1986): *The Control Revolution. Technological and Economic Origins of the Information Society.* Cambridge.

Berger, Brigitte, Hg. (1991): *The Culture of Entrepreneurship.* San Francisco.
Berger, Peter L. (1990): *The Capitalist Spirit. Toward a Religious Ethic of Wealth Creation.* San Francisco.
Ders. und Hsin-Huang Michael Hsiao (1988): *In Search of an East Asian Development Model.* New Brunswick.
Bergeron, Louis (1978): *Les Capitalistes en France (1780–1914).* Paris.
Berle, Adolph A. (1959): *Power without Property. A New Development in American Political Economy.* New York.
Ders. und Gardner C. Means (1932): *The Modern Corporation and Private Property.* New York.
Blauner, Robert (1973): *Alienation and Freedom.* Chicago.
Blim, Michael L. (1990): *Made in Italy. Small-Scale Industrialization and Its Consequences.* New York.
Braun, Hans-Joachim (1990): *The German Economy in the Twentieth Century.* London/New York.
Buruma, Ian (1994): *The Wages of Guilt. Memories of War in Germany and Japan.* New York.
Butler, John Sibley (1991): *Entrepreneurship and Self-Help Among Black Americans. A Reconsideration of Race and Economics.* Albany.
Buxbaum, David, Hg. (1978): *Chinese Family Law and Social Change in Historical and Comparative Perspective.* Seattle.
Calhoun, Craig, Hg. (1990): *Comparative Social Research. Business Institutions.* Greenwich.
Campbell, Joan (1989): *Joy in Work. The National Debate, 1800–1945.* Princeton.
Casey, Bernard (1991): *Recent Developments in West Germany's Apprenticeship Training System.* London.
Caves, Richard und Masu Uekusa (1976): *Industrial Organization in Japan.* Washington.
Center for Strategic and International Studies (1991): *Integrating Commercial and Military Technologies for National Strength. An Agenda for Change.* Bericht des CSIS-Lenkungsausschusses für Sicherheit und Technologie. Washington.
Chan, Wellington K. K. (1977): *Merchants, Mandarins, and Modern Enterprise in Late Ch'ing China.* Cambridge.
Chandler, Alfred D. (1990): *Scale and Scope. The Dynamics of Industrial Capitalism.* Cambridge/MA.
Ders. (1977): *The Visible Hand. The Managerial Revolution in American Business.* Cambridge/MA.
Chao, Paul (1983): *Chinese Kinship.* London.
Cherlin, Andrew J. (1981): *Marriage, Divorce, Remarriage.* Cambridge/MA.

Cherrington, David J. (1980): *The Work Ethic. Working Values and Values that Work.* New York.
Clegg, Stewart R. und S. Gordon Redding (1990): *Capitalism in Contrasting Cultures.* Berlin.
Clifford, Mark L. (1994): *Troubled Tiger. Businessmen, Bureaucrats, and Generals in South Korea.* Armonk.
Conroy, Hilary und Harry Wray, Hg. (1983): *Japan Examined. Perspectives on Modern Japanese History.* Honolulu.
Craig, Albert M., Hg. (1979): *Japan. A Comparative View.* Princeton.
Crozier, Michel (1963): *Le phénomène bureaucratique.* Paris.
D'Antonio, William V. und Joan Aldous, Hg. (1983): *Families and Religions. Conflict and Change in Modern Society.* Beverly Hills.
Dahrendorf, Ralf (1965): *Gesellschaft und Demokratie in Deutschland.* München.
Dale, Peter N. (1986): *The Myth of Japanese Uniqueness.* New York.
Davidow, William H. und Michael S. Malone (1993): *Das Virtuelle Unternehmen. Der Kunde als Co-Produzent.* Frankfurt/Main und New York.
Dore, Ronald P. (1973): *British Factory, Japanese Factory.* London.
Dunlop, John et al. (1975): *Industrialism Reconsidered. Some Perspectives on a Study over Two Decades of the Problems of Labor.* Princeton.
Durkheim, Emile (1977): *Über die Teilung der sozialen Arbeit.* Frankfurt/Main.
Dyer, W. Gibb (1986): *Cultural Change in Family Firms. Anticipating and Managing Business and Family Transitions.* San Francisco.
Eisenstadt, S. N., Hg. (1968): *The Protestant Ethic and Modernization. A Comparative View.* New York.
Elvin, Mark (1973): *The Pattern of the Chinese Past. A Social and Economic Interpretation.* Stanford.
Encarnation, Dennis (1992): *Rivals Beyond Trade. American v. Japan on Global Competition.* Ithaca.
Enzensberger, Hans Magnus (1993): *Aussichten auf den Bürgerkrieg.* Frankfurt/Main.
Etzioni, Amitai (1988): *The Moral Dimension. Toward a New Economics.* New York.
Fallows, James (1994): *Looking at the Sun. The Rise of the New East Asian Economic and Political System.* New York.
Ders. (1989): *More Like Us. Making America Great Again.* Boston.
Feuerwerker, Albert (1958): *China's Early Industrialization.* Cambridge/MA.
Ders. (1969): *The Chinese Economy ca. 1870–1911.* Ann Arbor.
Fix, Michael und Jeffrey S. Passel (1994): *Immigration and Immigrants.* Washington.
Fogel, Robert W. (1964): *Railroads and Economic Growth.* Baltimore.

Forster, Robert und Joseph N. Moody (1976): *Enterprise and Entrepreneurs in Nineteenth and Twentieth Century France.* Baltimore.

Fox, Alan (1974): *Beyond Contract. Work, Power, and Trust Relationships.* London.

Frazier, E. Franklin (1962): *Black Bourgeoisie.* New York.

Freedman, Maurice (1966): *Chinese Lineage and Society. Fujian and Guangdong.* London.

Ders., Hg. (1970): *Family and Kinship in Chinese Society.* Stanford.

Ders. (1979): *The Study of Chinese Society.* Stanford.

Fridenson, Patrick und André Straus (1987): *Le Capitalisme français 19e–20e siècles. Blocages et dynamismes d'une croissance.* Paris.

Friedland, Roger und A. F. Robertson (1990): *Beyond the Marketplace. Rethinking Economy and Society.* New York.

Friedman, David (1988): *The Misunderstood Miracle.* Ithaca.

Fua, Giorgio und Caro Zacchia (1983): *Industrializzazione senza fratture.* Bologna.

Fukuyama, Francis (1992): *Das Ende der Geschichte. Wo stehen wir?* München.

Furnham, Adrian (1990): *The Protestant Work Ethic. The Psychology of Work-Related Beliefs and Behaviors.* London.

Galenson, Walter, Hg. (1979): *Economic Growth and Structural Change in Taiwan.* Ithaca.

Ders. und Seymour Martin Lipset, Hg. (1960): *Labor and Trade Unionism.* New York.

Gansler, Jacques (1991): *Affording Defense.* Cambridge.

Geertz, Clifford (1973): *The Interpretation of Cultures.* New York.

Gellner, Ernest (1994): *Conditions of Liberty. Civil Society and Its Rivals.* London.

Ders. (1988): *Plough, Sword, and Book. The Structure of Human History.* Chicago.

Gerlach, Michael L. (1992): *Alliance Capitalism. The Social Organization of Japanese Business.* Berkeley.

Gerschenkron, Alexander (1962): *Economic Backwardness in Historical Perspective.* Cambridge/MA.

Glendon, Mary Ann (1991): *Rights Talk. The Impoverishment of Political Discourse.* New York.

Godley, Michael R. (1981): *The Mandarin Capitalists from Nanyang. Overseas Chinese Enterprise in the Modernization of China 1893–1911.* Cambridge.

Goffee, Robert und Richard Scase, Hg. (1987): *Entrepreneurship in Europe. The Social Processes.* London.

Goode, William (1963): *World Revolution and Family Patterns.* Glencoe.
Gordon, Michael, Hg. (1973): *American Family in Social-Historical Perspective.* New York.
Green, Donald und Shapiro, Ian (1994): *Pathologies of Rational Choice Theory. A Critique of Applications in Political Science.* New Haven.
Green, Robert W. (1973): *Protestantism, Capitalism, and Social Science. The Weber Thesis Controversy.* Lexington.
Grochla, E. und E. Gaugler, Hg. (1990): *Handbook of German Business Management.* Stuttgart.
Gross, C. (1980): *The Guild Merchant.* Oxford.
Hadley, Eleanor (1970): *Antitrust in Japan.* Princeton.
Hagen, Everett E. (1962): *On the Theory of Social Change. How Economic Growth Begins.* Homewood.
Hanssen, Johannes (1909): *History of the German People After the Close of the Middle Ages.* New York.
Hardin, Russell (1982): *Collective Action.* Baltimore.
Harrison, Lawrence E. (1992): *Who Prospers? How Cultural Values Shape Economic and Political Success.* New York.
Hashimoto, Masanori (1990): *The Japanese Labor Market in a Comparative Perspective with the U.S.: A Transaction-Cost Interpretation.* Kalamazoo.
Herrigel, Eugen (1948): *Zen in der Kunst des Bogenschießens.* Konstanz.
Hirschman, Albert O. (1980): *Leidenschaften und Interessen. Politische Begründung des Kapitalismus vor seinem Sieg.* Frankfurt/Main.
Hirschmeier, Johannes (1964): *The Origins of Entrepreneurship in Meiji Japan.* Cambridge/MA.
Hirszowicz, Maria (1982): *Industrial Sociology. An Introduction.* New York.
Hoffmann, Stanley (1974): *Decline or Renewal? France since the 1930s.* New York.
Ders., Charles Kindleberger et al. (1963): *In Search of France.* Cambridge/MA.
Hofheinz, Roy Jr. und Kent E. Calder (1982): *The Eastasia Edge.* New York.
Hounshell, David A. (1984): *From the American System to Mass Production 1800–1932.* Baltimore.
Hsu, Francis L. K. (1975): *Iemoto. The Heart of Japan.* New York.
Ders., Hg. (1971): *Kinship and Culture.* Chicago.
Ders. (1971): *Under the Ancestors' Shadow. Kinship, Personality, and Social Mobility in China.* Stanford.
Huber, Peter (1994): *Orwell's Revenge. The 1984 Palimpsest.* New York.
Ders., Michael Kellog et al. (1994): *The Geodesic Network II. 1993 Report on Competition in the Telephone Industry.* Washington.

Huntington, Samuel P. (1991): *The Third Wave. Democratization in the Late Twentieth Century.* Oklahoma City.

Ders. und Myron Weiner, Hg. (1987): *Understanding Political Development.* Boston.

Hutcheon, Robin (1990): *First Sea Lord. The Life and Work of Sir Y. K. Pao.* Hongkong.

Jacobs, Jane (1961): *The Death and Life of Great American Cities.* New York.

Jacobs, Norman (1958): *The Origins of Modern Capitalism in Eastern Asia.* Hongkong.

Jamieson, Ian (1980): *Capitalism and Culture. A Comparative Analysis of British and American Manufacturing Organizations.* London.

Janelli, Roger L. (1993): *Making Capitalism. The Social and Cultural Construction of a South Korean Conglomerate.* Stanford.

Jenner, W. J. F. (1993): *Chinas langer Weg in die Krise. Die Tyrannei der Geschichte.* Stuttgart.

Johnson, Chalmers (1982): *MITI and the Japanese Miracle.* Stanford.

Ders., Laura D'Andrea Tyson et al. (1989): *The Politics of Productivity.* Cambridge/MA.

Jones, Leroy P. und I. Sakong (1980): *Government, Business, and Entrepreneurship in Economic Development. The Korean Case.* Cambridge/MA.

Julius, DeAnne (1990): *Global Companies and Public Policy. The Growing Challenge of Foreign Direct Investment.* London.

Katz, Harry (1985): *Shifting Gears. Changing Labor Relations in the US Automobile Industry.* Cambridge/MA.

Keeble, David und E. Wever, Hg. (1982): *New Firms and Regional Development in Europe.* London.

Kerr, Clark, John Dunlop et al. (1960): *Der Mensch in der industriellen Gesellschaft.* Frankfurt/Main.

Kertzer, David I., Hg. (1984): *Family Life in Central Italy, 1880–1910. Sharecropping, Wage Labor, and Coresidence.* New Brunswick.

Ders. und Richard P. Saller (1991): *The Familiy in Italy from Antiquity to the Present.* New Haven.

Kim, Choong Soon (1992): *The Culture of Korean Industry. An Ethnography of Poongsan Corporation.* Tucson.

Kinzer, Robert H. und Edward Sagarin (1950): *The Negro in American Business. The Conflict Between Separation and Integration.* New York.

Kitagawa, Joseph M. (1966): *Religion in Japanese History.* New York.

Klitgaard, Robert E. (1990): *Tropical Gangsters.* New York.

Kotkin, Joel (1993): *Tribes. How Race, Religion, and Identity Determine Success in the New Global Economy.* New York.

Kumon, Shumpei und Henry Rosovsky, Hg. (1992): *The Political Economy of Japan.* Bd. 3. *Cultural and Social Dynamics.* Stanford.
Kwon, Jene K. (1989): *Korean Economic Development.* Westport.
Laslett, Peter N. und Richard Wall, Hg. (1972): *Household and Family in Past Time.* Cambridge/MA.
Lau, Lawrence J. (1986): *Models of Development. A Comparative Study of Economic Growth in South Korea and Taiwan.* San Francisco.
Lazonick, William (1990): *Competitive Advantage on the Shop Floor.* Cambridge/MA.
Lee, W. R. und Eve Rosenhaft (1990): *The State and Social Change in Germany, 1880–1980.* New York.
Levine, Solomon B. (1958): *Industrial Relations in Postwar Japan.* Urbana.
Levy, Marion J. (1949): *The Family Revolution in Modern China.* Cambridge/MA.
Ders. (1949): *The Rise of the Modern Chinese Business Class.* New York.
Light, Ivan H. (1972): *Ethnic Enterprise in America.* Berkeley.
Ders. und Edna Bonacich (1988): *Immigrant Entrepreneurs. Koreans in Los Angeles, 1965–1982.* Berkeley.
Lindblom, Charles (1977): *Politics and Markets. The World's Political-Economic Systems.* New York.
Lipset, Seymour Martin (1990): *Continental Divide. The Values and Institutions of the United States and Canada.* New York.
Ders. (1968): *Revolution and Counterrevolution.* New York.
Locke, John (1977): *Zwei Abhandlungen über die Regierung.* Hg. Walter Euchner. Frankfurt/Main.
Lockwood, William W. (1954): *The Economic Development of Japan. Growth and Structural Change, 1868–1938.* Princeton.
Martin, David (1990): *Tongues of Fire. The Explosion of Protestantism in Latin America.* Oxford.
Marty, Martin E. und R. Scott Appleby, Hg. (1994): *Accounting for Fundamentalisms. The Dynamic Character of Movements.* Chicago.
Dies., Hg. (1993): *Fundamentalisms and Society. Reclaiming the Sciences, the Familiy, and Education.* Chicago.
Mason, Edward S. (1980): *The Economic and Social Modernization of the Republic of Korea.* Cambridge/MA.
Mason, Mark (1992): *American Multinationals and Japan. The Political Economy of Japanese Capital Controls, 1899–1980.* Cambridge/MA.
Mathias, Peter und M. M. Postan, Hg. (1978): *The Cambridge Economic History of Europe.* Bd. VII. *The Industrial Economies. Capital, Labour, and Enterprise.* Teil I. *Britain, France, Germany, and Scandinavia.* London.

Maurice, Marc, François Sellier et al. (1986): *The Social Foundations of Industrial Power. A Comparison of France and Germany.* Cambridge/MA.

Mayo, Elton (1933): *The Human Problems of an Industrial Civilization.* New York.

Ders. (o.J.): *Probleme industrieller Arbeitsbedingungen.* Frankfurt/Main.

McNamara, Dennis L. (1990): *The Colonial Origins of Korean Enterprise, 1910–1945.* Cambridge.

Mead, Margaret und Rhoda Metraux (1954): *Themes in French Culture. A Preface to a Study of French Community.* Stanford.

Miller, Michael B. (1981): *The Bon Marché. Bourgeois Culture and the Department Store, 1869–1920.* Princeton.

Milward, Alan S. und S. B. Saul (1977): *The Development of the Economies of Continental Europe 1780–1870.* London.

Miyanaga, Kuniko (1991): *The Creative Edge. Emerging Individualism in Japan.* New Brunswick.

Moore, Barrington Jr. (1969): *Soziale Ursprünge von Demokratie und Diktatur.* Frankfurt/Main.

Morishima, Michio (1982): *Why has Japan »Succeeded«? Western Technology and the Japanese Ethos.* Cambridge.

Moynihan, Daniel P. und Nathan Glazer (1963): *Beyond the Melting Pot. The Negroes, Puerto Ricans, Italians, and Irish of New York City.* Cambridge/MA.

Muller, Jerry Z. (1992): *Adam Smith in His Time and Ours. Designing the Decent Society.* New York.

Myrdal, Gunnar (1973): *Asiatisches Drama. Eine Untersuchung über die Armut der Nationen.* Frankfurt/Main.

Nakane, Chic (1970): *Japanese Society.* Berkeley.

Ders. (1967): *Kinship and Economic Organization in Rural Japan.* London.

Nee, Victor und David Stark, Hg. (1989): *Remaking the Economic Institutions of Socialism. China and Eastern Europe.* Stanford.

Needham, Joseph (1954): *Science and Civilization in China.* Bd. I. *Introductory Orientations.* Cambridge.

Nevins, Allan und Frank E. Hill (1962): *Ford. Decline and Rebirth 1933–1962.* New York.

Dies. (1954): *Ford. Expansion and Challenge 1915–1933.* New York.

Dies. (1954): *Ford. The Times, the Man, the Company.* New York.

Nichols, James und Colin Wright, Hg. (1990): *From Political Economy to Economics … and Back?* San Francisco.

Nivison, David S. und Arthur F. Wright, Hg. (1959): *Confucianism in Action.* Stanford.

Noam, Eli (1992): *Telecommunications in Europe.* New York und Oxford.
North, Douglass C. und Robert P. Thomas (1973): *The Rise of the Western World. A New Economic History.* Cambridge.
Novak, Michael (1993): *The Catholic Ethic and the Spirit of Capitalism.* New York.
O'Brian, Patrick und Caglar Keyder (1978): *Economic Growth in Britain and France 1780–1914. Two Paths to the Twentieth Century.* London.
O'Dea, Thomas F. (1957): *The Mormons.* Chicago.
Okochi, Akio und Shigeaki Yasuoka, Hg. (1984): *Family Business in the Era of Industrial Growth.* Tokio.
Olson, Mancur (1991): *Aufstieg und Niedergang von Nationen.* Tübingen.
Ders. (1968): *Die Logik des kollektiven Handelns. Kollektivgüter und die Theorie der Gruppen.* Tübingen.
Parish, William L., Hg (1985): *Chinese Rural Development. The Great Transformation.* Armonk.
Pelikan, Jaroslav J., Joseph Kitagawa et al. (1985): *Comparative Work Ethics. Christian, Buddhist, Islamic.* Washington.
Piore, Michael J. und Suzanne Berger (1980): *Dualism and Discontinuity in Industrial Societies.* Cambridge.
Piore, Michael J. und Charles F. Sabel (1985): *Das Ende der Massenproduktion. Studie über die Requalifizierung der Arbeit und die Rückkehr der Ökonomie in die Gesellschaft.* Berlin.
Porter, Bruce (1993): *War and the Rise of the Nation-State.* New York.
Postan, M. M., E. E. Rich und Edward Miller, Hg. (1963): *Cambridge Economic History of Europe.* Bd. 3. Cambridge.
Potter, Jack M. (1968): *Capitalism and the Chinese Peasant.* Berkeley.
Preston, Richard (1991): *American Steel.* New York.
Prestowitz, Clyde V. Jr. (1988): *Trading Places. How We Allowed Japan to Take the Lead.* New York.
Putnam, Robert D. (1993): *Making Democracy Work. Civic Traditions in Modern Italy.* Princeton.
Pye, Lucian W. (1985): *Asian Power and Politics. The Cultural Dimensions of Authority.* Cambridge/MA.
Rauch, Jonathan (1994): *Demosclerosis. The Silent Killer of American Government.* New York.
Redding, S. Gordon (1990): *The Spirit of Chinese Capitalism.* Berlin.
Rhoads, Steven E. (1985): *The Economist's View of the World. Government, Markets, and Public Policy.* Cambridge.
Rich, E. E. und C. H. Wilson, Hg. (1977): *The Cambridge Economic History of Europe.* Bd. V. *The Economic Organization of Early Modern Europe.* Cambridge.

Riesman, David, Nathan Glazer et al. (1956): *Die einsame Masse. Eine Untersuchung der Wandlungen des amerikanischen Charakters.* Berlin.

Robertson, H. H. (1933): *Aspects of the Rise of Economic Individualism.* Cambridge.

Rose, Michael (1985): *Re-working the Work Ethic. Economic Values and Socio-Cultural Politics.* New York.

Rosenberg, Nathan und L. E. Birdzell (1986): *How the West Grew Rich.* New York.

Rozman, Gilbert, Hg. (1991): *The East Asian Region. Confucian Heritage and Its Modern Adaptation.* Princeton.

Sabel, Charles (1986): *Arbeit und Politik. Das Ende der Massenproduktion.* Wien.

Ders. und Michael J. Piore (1984): *The Second Industrial Divide.* New York.

Saith, Ashwani, Hg. (1987): *The Re-Emergence of the Chinese Peasantry. Aspects of Rural Decollectivation.* London.

Salaff, Janet W. (1981): *Working Daughters of Hong Kong. Filial Piety of Power in the Family?* Cambridge.

Samuelsson, Kurt (1961): *Religion and Economic Action.* Stockholm.

Sandler, Todd (1992): *Collective Action. Theory and Application.* Ann Arbor.

Scherer, Frederick M. und David Ross (1990[3]): *Industrial Market Structure and Economic Performance.* Boston.

Schmalensee, Richard und Robert D. Willig, Hg. (1989): *Handbook of Industrial Organization.* Amsterdam.

Schumpeter, Joseph A. (1912): *Theorie der wirtschaftlichen Entwicklung.* Leipzig.

Schwartz, Barry (1994): *The Costs of Living. How Market Freedom Erodes the Best Things of Life.* New York.

Shane, Scott (1994): *Dismantling Utopia. How Information Ended the Soviet Union.* Chicago.

Silin, Robert H. (1976): *Leadership and Values. The Organization of Large Scale Taiwanese Enterprises.* Cambridge/MA.

Skocpol, Theda, Peter B. Evans et al. (1985): *Bringing the State Back In.* Cambridge.

Skully, Michael T., Hg. (1982): *Financial Institutions and Markets in the Far East. A Study of China, Hong Kong, Japan, South Korea.* New York.

Smelser, Neil J. und Richard Swedberg, Hg. (1994): *The Handbook of Economic Sociology.* Princeton.

Smith, Adam (1974): *Der Wohlstand der Nationen. Eine Untersuchung seiner Natur und seiner Ursachen.* München.

Ders. (1926): *Theorie der ethischen Gefühle.* Leipzig.

Smith, Warren W. (1959): *Confucianism in Modern Japan.* Tokio.

Sombart, Werner (1916[5]): *Der moderne Kapitalismus.* 2 Bde. München und Leipzig.
Song, Byong-Nak (1990): *Rise of the Korean Economy.* Hongkong.
Sorge, Arndt und Malcolm Warner (1986): *Comparative Factory Organization. An Anglo-German Comparison on Manufacturing, Management, and Manpower.* Aldershot.
Soskice, David (1992): *Reconciling Markets and Institutions. The German Apprenticeship System.* Wissenschaftszentrum Berlin und Oxford University, Institute of Economics and Statistics.
Sowell, Thomas (1978): *Essays and Data on American Ethnic Groups.* Washington.
Ders. (1981): *Ethnic America. A History.* New York.
Ders. (1994): *Race and Culture. A World View.* New York.
Steers, Richard, Y. Shin et al. (1989): *The Chaebol. Korea's New Industrial Might.* New York.
Stern, Fritz (1963): *Kulturpessimismus als politische Gefahr. Eine Analyse nationaler Ideologie in Deutschland.* Bern, Stuttgart, Wien.
Stoll, David (1990): *Is Latin America Turning Protestant? The Politics of Evangelical Growth.* Berkeley.
Strauss, Leo (1952): *The Political Philosophy of Thomas Hobbes. Its Basis and Genesis.* Chicago.
Tawney, R. H. (1946): *Religion und der Aufstieg des Frühkapitalismus.* Bern.
Taylor, A. J. P. (1967): *Bismarck. The Man and Statesman.* New York.
Taylor, Frederick Winslow (1977): *Die Grundsätze wissenschaftlicher Betriebsführung.* Weinheim und Basel.
Thurow, Lester (1993): *Kopf an Kopf. Wer siegt im Wirtschaftskrieg zwischen Japan, Europa und den USA?* Düsseldorf.
Tocqueville, Alexis de (1976): *Über die Demokratie in Amerika.* München.
Ders. (o. J.): *Der alte Staat und die Revolution.* Hg. J. P. Mayer. Bremen.
Toffler, Alvin und Heidi Toffler (1994): *Überleben im 21. Jahrhundert.* Stuttgart.
Troeltsch, Ernst (1912): *Die Soziallehren der christlichen Kirchen und Gruppen.* Gesammelte Schriften. Tübingen.
Tu, Wei-Ming (1984). *Confucian Ethics Today.* Singapur.
Tyson, Laura D'Andrea (1993): *Who's Bashing Whom? Trade Conflicts in High-Technology Industries.* Washington.
US Bureau of the Census (1991): *Changes in American Family Life.* P-23, Nr. 163. Washington.
Dass. (1991): *Family Disruption and Economic Hardship. The Short-Run Picture for Children.* P-70, Nr. 23. Washington.
Dass. (1991): *Poverty in the United States.* P-60, Nr. 163. Washington.
Dass. (1991): *Studies in Marriage and the Family.* P-23, Nr. 162. Washington.

van Wolferen, Karel (1989): *The Enigma of Japanese Power. People and Politics in a Stateless Nation.* London.
Vogel, Ezra F. und George C. Lodge, Hg. (1987): *Ideology and National Competitiveness.* Boston.
Weber, Max (1988): *Gesammelte Aufsätze zur Religionssoziologie I.* Tübingen.
Weber, Max (1956): *Soziologie. Weltgeschichtliche Analysen. Politik.* Hg. Johannes Winckelmann. Stuttgart.
Ders. (1964): *Wirtschaft und Gesellschaft.* Hg. Johannes Winckelmann. Köln und Berlin.
Weltbank (1993): *The East Asian Economic Miracle.* Oxford.
Whyte, William H. (1958): *Herr und Opfer der Organisation.* Düsseldorf.
Wiener, Martin J. (1981): *English Culture and the Decline of the Industrial Spirit, 1850–1980.* Cambridge.
Willems, Emilio (1967): *Followers of the New Faith. Culture, Change, and the Rise of Protestantism in Brazil and Chile.* Nashville.
Williamson, Oliver E. (1970): *Corporate Control and Business Behavior.* Englewood Cliffs.
Ders. (1993): *The Nature of the Firm. Origins, Evolution, and Development.* Oxford.
Wilson, James Q. (1960): *Negro Politics. The Search for Leadership.* Glencoe.
Ders. (1994): *Das moralische Empfinden.* Hamburg.
Winter, J. Alan (1971): *A Culture of Poverty, or a Poverty of Culture?* Grand Rapids.
Wolf, Margery (1968): *The House of Lim.* New York.
Womack, James P., Daniel T. Jones et al. (1992): *Die zweite Revolution in der Autoindustrie.* Frankfurt.
Yamamoto, Shichihei (1992): *The Spirit of Japanese Capitalism and Selected Essays.* Lanham.
Yanagi, Soetsu (1989): *The Unknown Craftsman. A Japanese Insight into Beauty.* Tokio und New York.
Yang, C. K. (1961): *Religion in Chinese Society. A Study of Contemporary Social Functions of Religion and Some of Their Historical Factors.* Berkeley.

Zeitschriften

Abe, Yoshio (1974): »The Basis of Japanese Culture and Confucianism (2)«, in: *Asian Culture Quarterly* 2, 21–28.
Alchian, A. A. und H. Demsetz (1972): »Production, Information Costs, and Economic Organization«, in: *American Economic Review* 62.

Arrow, Kenneth J. (1982): in: »Risk Perception in Psychology and Economics«, in: *Economic Inquiry,* 1–9.

Bachnik, Jane M. (1983): »Recruitment Strategies for Household Succession. Rethinking Japanese Household Organization«, in: *Man* 18, 160–182.

Bauer, Michel und Elie Cohen (1985): »Le politique, l'administratif, et l'exercise du pouvoir industriel«, in: *Sociologie du Travail* 27, 324–327.

Becker, Gary S. (1993): »Nobel Lecture: The Economic Way of Looking at Behavior«, in: *Journal of Political Economy* 101, 385–409.

Bellah, Robert N. (1982): »Responses to Louis Dumont's ›A Modified View of Our Origins. The Christian Beginnings of Modern Individualism‹«, in: *Religion 12, 83–91.*

Bendix, Reinhard (1967): »The Protestant Ethic – Revisited«, in: *Comparative Studies in Society and History* 9, 266–273.

Bergère, Marie-Claire (1984): »On the Historical Origins of Chinese Underdevelopment«, in: *Theory and Society* 13, 327–337.

Bocking, Brian (1980): »Neo-Confucian Spirituality and the Samurai Ethic«, in: *Religion* 10, 1–15.

Bonacich, Edna (1972): »A Theory of Middleman Minorities«, in: *American Sociological Review* 38, 583–594.

Bond, Michael und Geert Hofstede (1989): »The Cash Value of Confucian Values«, in: *Human Systems Management* 8, 195–200.

Brown, Donna (1989): »Race for the Corporate Throne«, in: *Management Review* 78, 22–29.

Carlson, Tucker (1992): »Holy Dolers. The Secular Lessons of Mormon Charity«, in: *Policy Review* 59, 25–31.

Casey, Bernard (1986): »The Dual Apprenticeship System and the Recruitment and Retention of Young Persons in West Germany«, in: *British Journal of Industrial Relations* 24, 63–81.

Chan, Wellington K. K. (1982): »The Organizational Structure of the Traditional Chinese Firm and Its Modern Reform«, in: *Business History Review* 56, 218–235.

Chang, Chan Sup (1988): »Chaebol. The South Korea Conglomerates«, in: *Business Horizons* 31, 51–57.

Chang, Kyung-sup (1993): »The Peasant Family in the Transition from Maoist to Lewisian Rural Industrialization«, in: *Journal of Development Studies* 29, 220–244.

Coase, Ronald H. (1937): »The Nature of the Firm«, in: *Economica* 6, 386–405.

Cohen, Daniel (1990): »The Fall of the House of Wang«, in: *Business Month* 135, 22–31.

Coleman, James S. (1988): »Social Capital in the Creation of Human Capital«, in: *American Journal of Sociology* Supplement 94, S95-S120.

Congleton, Roger D. (1991): »The Economic Role of a Work Ethic«, in: *Journal of Economic Behavior and Organization* 15, 365–385.
Critser, Greg (1986): »On the Road. Salt Lake City, Utah«, in: *Inc.* (Januar).
Cropsey, Joseph (1955): »What is Welfare Economics?« in: *Ethics* 65.
Crouzet, François (1972): »Encore la croissance française au XIXe siècle«, in: *Revue du nord* 54, 271–288.
Cumings, Bruce (1984): »The Origins and Development of the Northeast Asian Political Economy. Industrial Sectors, Product Cycles, and Political Consequences«, in: *International Organization* 38, 1–40.
Cutts, Robert L. (1992): »Capitalism in Japan. Cartels and Keiretsu«, in: *Harvard Business Review* 70, 48–55.
Davis, Winston (1983): »Japanese Religious Affiliations. Motives and Obligations«, in: *Sociological Analysis* 44, 131–146.
De Vos, Susan und Yean-Ju Lee (1993): »Change in Extended Family Living Among Elderly People in South Korea«, in: *Economic Development and Cultural Change,* 377–393.
Diamond, Larry (1992): »Economic Development and Democracy Reconsidered«, in: *American Behavioral Scientist* 15, 450–499.
Dore Ronald P. (1983): »Goodwill and the Spirit of Market Capitalism«, in: *British Journal of Sociology* 34, 459–482.
Drucker, Peter F. (1993): »The End of Japan, Inc.?«, in: *Foreign Affairs* 72, 10–15.
Du Toit, Andre (1983): »No Chosen People«, in: *American Historical Review* 88.
Dumont, Louis (1982): »A Modified View of Our Origins. The Christian Beginnings of Modern Individualism«, in: *Religion* 12, 1–27.
Eckstein, Harry (1990): »Political Culture and Political Change«, in: *American Political Science Review* 84, 253–259.
Elvin, Mark (1984): »Why China Failed to Create an Endogenous Industrial Capitalism. A Critique of Max Weber's Explanation«, in: *Theory and Society* 13, 379–391.
Etzioni, Amitai (1990): »A New Kind of Socioeconomics (vs Neoclassical Economics)«, in: *Challenge* 33, 31f.
Feuerwerker, Albert (1984): »The State and the Economy in Late Imperial China«, in: *Theory and Society* 13, 297–326.
Fisher, Albert L. (1978): »Mormon Welfare Programs«, in: *Social Science Journal* 25, 75–99.
Form, W. H. (1973): »Auto Workers and Their Machines. A Study of Work, Factory, and Job Satisfaction in Four Countries«, in: *Social Forces* 52, 1–15.
Fricke, Thomas und Arland Thornton (1987): »Social Change and the Family.

Comparative Perspectives from the West, China, and South Asia«, in: *Sociological Forum* 2, 746–779.
Fukuyama, Francis (1993): »Great Planes«, in: *New Republic,* 10–11.
Ders. (1993): »Immigrants and Family Values«, in: *Commentary* 95, 26–32.
Ders. (1989): »The End of History?«, in: *National Interest,* 3–18.
Ders. (1995): »The Primacy of Culture«, in: *Journal of Democracy* 6, 7–14.
Fullerton, Kemper (1928): »Calvinism and Capitalism«, in: *Harvard Theological Review* 21, 163–191.
Furnham, Adrian (1982): »The Protestant Work Ethic and Attitudes Towards Unemployment«, in: *Journal of Occupational Psychology* 55, 277–285.
Ders. (1984): »The Protestant Work Ethic. A Review of the Psychological Literature«, in: *European Journal of Social Psychology* 14, 87–104.
Ganley, Gladys D. (1991): »Power to the People via Personal Electronic Media«, in: *Washington Quarterly,* 5–22.
Gellner, David (1982): »Max Weber. Capitalism and the Religion of India«, in: *Sociology* 16, 526–543.
Gibbs, W. Wayt (1994): »Software's Chronic Crisis«, in: *Scientific American* 271, 86–95.
Glazer, Nathan (1971): »Black and Ethnic Groups. The Difference and the Political Difference It Makes«, in: *Social Problems* 18, 444–461.
Ders. (1972): »The Street Gangs and Ethnic Enterprise«, in: *Public Interest,* 82–89.
Goodwin, Leonard (1972): »Welfare Mothers and the Work Ethic«, in: *Monthly Labor Review* 95, 35–37.
Gouldner, Alvin W. (1960): »The Norm of Reciprocity: A Preliminary Statement«, in: *American Sociological Review* 25, 161–178.
Granovetter, Mark (1985): »Economic Action and Social Structure. The Problem of Embeddedness«, in: *American Journal of Sociology* 91, 481–510.
Hamilton, Gary G. und Nicole W. Biggart (1988): »Market, Culture, and Authority. A Comparative Analysis of Management and Organization in the Far East«, in: *American Journal of Sociology* 94, S52-S94.
Ders. und Cheng-Shu Kao (1987): »Max Weber and the Analysis of East Asian Industrialization«, in: *International Sociology* 2, 289–300.
Dies. (1990): »The Institutional Foundations of Chinese Business. The Family Firm in Taiwan«, in: *Comparative Social Research* 12, 135–151.
Hareven, Tamara K. (1987): »Reflections on Family Research in the People's Republic of China«, in: *Social Research* 54, 663–689.
Dies. (1991): »The History of the Family and the Complexity of Social Change«, in: *American Historical Review* 96, 95–122.
Heller, Robert (1991): »How the Chinese Manage to Keep it all in the Family«, in: *Management Today,* 31–34.

Hexham, Irving (1980): »Dutch Calvinism and the Development of Afrikaner Nationalism«, in: *African Affairs* 79, 197–202.

Hickson, Charles und Earl E. Thompson (1991): »A New Theory of Guilds and European Economic Development«, in: *Explorations in Economic History* 28, 127–168.

Hofstede, Geert und Michael H. Bond (1988): »The Confucius Connection. From Cultural Roots to Economic Growth«, *Organizational Dynamics,* 5–21.

Horie, Yasuzo (1961): »Business Pioneers in Modern Japan«, in: *Kyoto University Economic Review* 30, 1–16.

Ders. (1962): »Confucian Concept of State in Tokugawa Japan«, in: *Kyoto University Economic Review* 32, 26–38.

Howard, Ann und James A. Wilson (1982): »Leadership in a Declining Work Ethic«, in: *California Management Review* 24, 33–46.

Huntington, Samuel P. (1993): »The Clash of Civilizations?« in: *Foreign Affairs* 72, 22–49.

Imai, Ken'ichi (1986): »The Corporate Network in Japan«, in: *Japanese Economic Studies* 16, 3–37.

Jacoby, Sanford (1979): »The Origins of Internal Labor Markets in Japan«, in: *Industrial Relations* 18, 184–196.

Jamieson, Ian (1978): »Some Observations on Socio-Cultural Explanations of Economic Behaviour«, in: *Sociological Review* 26, 777–805.

Janelli, Roger L. und Dawn-hee Yim Janelli (1978): »Lineage Organization and Social Differentiation in Korea«, in: *Man* 13, 272–289.

Johnson, Chalmers (1990): »Keiretsu. An Outsider's View«, in: *Economic Insights* 1, 15–17.

Ders. (1990): »The People Who Invented the Mechanical Nightingale«, in: *Daedalus* 119, 71–90.

Ders. und E. B. Keehn (1994): »A Disaster in the Making. Rational Choice and Asian Studies«, in: *National Interest* 36, 14–22.

Kao, John (1993): »The Worldwide Web of Chinese Business«, in: *Harvard Business Review* 71, 24–34.

Kaplan, Robert (1994): »The Anarchy«, in: *Atlantic* 273, 44–81.

Katz, Harry und Charles Sabel (1984): »Industrial Relations and Industrial Adjustment in the Car Industry«, in: *Industrial Relations* 24.

Kelman, Steven (1987): »›Public Choice‹ and Public Spirit«, in: *Public Interest,* 80–94.

Kenny, Charles C. (1992): »Fall of the House of Wang«, in: *Computerworld* 26, 67f.

Kim, Eun Mee (1988): »From Dominance to Symbiosis: State and Chaebol in Korea, in: *Pacific Focus* 3.

Kim, Kwang Chung und Shin Kim (1989): »Kinship Group and Patrimonial Executives in a Developing Nation. A Case Study of Korea«, in: *Journal of Developing Areas* 24, 27–45.

Kim, Myung-hye (1993): »Transformation of Family Ideology in Upper-Middle-Class Families in Urban South Korea«, in: *Ethnology* 32, 69–85.

King, Winston L. (1981): »A Christian and a Japanese-Buddhist Work-Ethic Compared«, in: *Religion* 11, 207–226.

Kitaoji, Hironobu (1971): »The Structure of the Japanese Family«, in: *American Anthropologist* 73, 1036–1057.

Krugman, Paul (1994): »The Myth of Asia's Miracle«, in: *Foreign Affairs* 73, 28–44.

Kumagai, Fumie (1986): »Modernization and the Family in Japan«, in: *Journal of Family History* 11, 371–382.

Landes, David S. (1949): »French Entrepreneurship and Industrial Growth in the Nineteenth Century«, in: *Journal of Economic History* 9, 45–61.

Ders. (1963): »New-Model Entrepreneurship in France and Problems of Historical Explanation«, in: *Explorations in Entrepreneurial History* Second Series 1.

Lebra, Takie Sugiyama (1989): »Adoption Among the Hereditary Elite of Japan. Status Preservation Through Mobility«, in: *Ethnology,* 28, 185–218.

Lee, Sang M. und S. Yoo (1987): »The K-Type Management. A Driving Force behind Korean Prosperity«, in: *Management International Review* 27, 68–77.

Lee, Shu-Ching (1953): »China's Traditional Family, Its Characteristics and Disintegration«, in: *American Sociological Review* 18, 272–280.

Lincoln, James R., Jon Olson et al. (1978): »Cultural Effects on Organizational Structure. The Case of Japanese Firms in the United States«, in: *American Sociological Review* 43, 829–847.

Ders., Michael Gerlach et al. (1992): »Keiretsu Networks in the Japanese Economy. A Dyad Analysis of Intercorporate Ties«, in: *American Sociological Review* 57, 561–585.

Lipset, Seymour Martin (1993): »Culture and Economic Behavior. A Commentary«, in: *Journal of Labor Economics* 11, S330-S347.

Ders. und Jeff Hayes (1993): »Individualism. A Double-Edged Sword«, in: *Responsive Community* 4, 69–81.

Ders. (1992): »Pacific Divide. American Exceptionalism – Japanese Uniqueness«, in: *Power Shifts and Value Changes in the Post Cold War World,* Berichte des Joint Symposium of the International Sociological Association's Research Committees. Comparative Sociology und Sociology of Organizations. Japan, Kibi International University, Institute of International

Relations of Sophia University und Social Science Research Institute of International Christian University.

Ders. (1959): »Some Social Requisites of Democracy. Economic Development and Political Legitimacy«, in: *American Political Science Review* 53, 69–105.

Ders. (1992): »The Work Ethic, Then and Now«, in: *Journal of Labor Research* 13, 45–54.

Macauly, Stewart (1963): »Non-Contractual Relations in Business. A Preliminary Study«, in: *American Sociological Review* 28, 55–69.

Mahler, Vincent A. und Claudio Katz (1988): »Social Benefits in Advanced Capitalist Countries«, in: *Comparative Politics* 21, 38–59.

McFarquhar, Roderick (1980): »The Post-Confucian Challenge«, in: *Economist,* 67–72.

McMullen, I. J. (1987): »Rulers or Fathers? A Casuistical Problem in Early Modern Japanese Thought«, in: *Past and Present* 116, 56–97.

McNamara, Dennis L. (1988): »Entrepreneurship in Colonial Korea. Kim Yonsu«, in: *Modern Asian Studies* 22, 165–177.

Mearsheimer, John J. (1990): »Back to the Future. Instability in Europe after the Cold War«, in: *International Security* 15, 5–56.

Merton, Robert K. (1938): »Science, Religion, and Technology in Seventeenth Century England«, in: *Osiris* 4, 360–632.

Min, Pyong Gap und Charles Jaret (1985): »Ethnic Business Success. The Case of Korean Small Business in Atlanta«, in: *Sociology and Social Research* 69, 412–435.

Montagu, Pollack (1992): »Stocks. Hong Kong, Indonesia, Japan, Malaysia, Philippines, Singapore, South Korea, Taiwan, Thailand«, in: *Asian Business* 28, 56–65.

Moore, R. A. (1970): »Adoption and Samurai Mobility in Tokugawa Japan«, in: *Journal of Asian Studies* 29, 617–632.

Morgan, S. Philip und Kiyoshi Hiroshima (1983): »The Persistence of Extended Family Residence in Japan. Anachronism or Alternative Strategy?«, in: *American Sociological Review* 48, 269–281.

Morioka, Kiyomi (1990): »Demographic Family Changes in Contemporary Japan«, in: *International Social Science Journal* 126, 511–522.

Morishima, Michio (1987): »Confucius and Capitalism«, in: *UNESCO Courier,* 34–37.

Myers, Ramon H. (1984): »The Economic Transformation of the Republic of China on Taiwan«, in: *China Quarterly* 99, 500–528.

Nakamura, James I. und Matao Miyamoto (1982): »Social Structure and Population Change. A Comparative Study of Tokugawa Japan and Ch'ing China«, in: *Economic Development and Cultural Change* 30, 229–269.

Nee, Victor (1986): »The Peasant Household Economy and Decollectivization in China«, in: *Journal of Asian & African Studies* 21, 185–203.
Ders. und Herbert Y. Wong (1985): »Asian American Socioeconomic Achievement. The Strength of the Family Bond«, in: *Sociological Perspectives* 28, 281–306.
Ders. und Su Sijin (1990): »Institutional Change and Economic Growth in China. The View From the Villages«, in: *Journal of Asian Studies* 49, 3–25.
Ders. und Frank W. Young (1991): »Peasant Entrepreneurs in China's ›Second Economy‹. An Institutional Analysis«, in: *Economic Development and Cultural Change,* 293–310.
Negandhi, A. R. und B. D. Estafen (1965): »A Research Model to Determine the Applicability of American Management Know-How in Differing Culture«, in: *Academy of Management Journal* 8, 309–318.
Nelson, Bryce (1982): »The Mormon Way«, in: *Geo* 4, 79f.
Niehoff, Justin D. (1987): »The Villager as Industrialist. Ideologies of Household Manufacturing in Rural Taiwan«, in: *Modern China* 13, 278–309.
Orru, Marco, Gary Hamilton et al. (1989): »Patterns of Inter-Firm Control in Japanese Business«, in: *Organization Studies* 10, 549–574.
Poole, Gary A. (1993): »›Never Play Poker With This Man‹«, in: *UnixWorld* 10, 46–54.
Putnam, Robert D. (1995): »Bowling Alone. America's Declining Social Capital«, in: *Journal of Democracy* 6, 65–78.
Ders. (1993): »The Prosperous Community«, in: *American Prospect,* 35–42.
Rhoads, Steven E. (1985): »Do Economists Overemphasize Monetary Benefits?«, in: *Public Administration Review,* 815–820.
Riha, Thomas (1985): »German Political Economy. History of an Alternative Economics«, in: *International Journal of Social Economics* 12.
Roberts, Bryan R. (1968): »Protestant Groups and Coping with Urban Life in Guatemala«, in: *American Journal of Sociology* 6, 753–767.
Rosen, Bernard (1964): »The Achievement Syndrome and Economic Growth in Brazil«, in: *Social Forces* 42.
Ruthven, Malise (1991): »The Mormon's Progress«, in: *Wilson Quarterly* 15, 23–47.
Sabel, Charles und Jonathan Zeitlin (1985): »Historical Alternatives to Mass Production. Politics, Markets, and Technology in Nineteenth Century«, in: *Past and Present* 108, 133–176.
Sakai, Kuniyasu (1990): »The Feudal World of Japanese Manufacturing«, in: *Harvard Business Review* 68, 38–47.
Sangren, P. Steven (1984): »Traditional Chinese Corporations. Beyond Kinship«, in: *Journal of Asian Studies* 43, 391–415.

Schmidt, Vivien (1988): »Industrial Management under the Socialists in France. Decentralized Dirigisme at the National and Local Levels«, in: *Comparative Politics* 21, 53–72.

Scranton, Philip (1992): »Understanding the Strategies and Dynamics of Long-lived Family Firms«, in: *Business and Economic History* 21, 219–227.

Sen, Amartya K. (1973): »Behavior and the Concept of Preference«, in: *Economics* 40, 214–259.

Ders. (1977): »Rational Fools. A Critique of the Behavioral Foundations of Economic Theory«, in: *Philosophy and Public Affairs* 6, 317–344.

Sexton, James (1978): »Protestantism and Modernization in Two Guatemalan Towns«, in: *American Ethnologist* 5, 280–302.

Shima, Mutsuhiko (1990): »The Quest of Social Recognition. A Restrospective View on the Development of Korean Lineage Organization«, in: *Harvard Journal of Asiatic Studies* 19, 30–78.

Shimokawa, Koichi (1985): »Japan's Keiretsu System. The Case of the Automobile Industry«, in: *Japanese Economic Studies* 13, 3–31.

Shin, Eui-Hang und Shin-Kap Han (1990): »Korean Immigrant Small Business in Chicago. An Analysis of the Resource Mobilization Processes«, in: *Amerasia* 16, 39–60.

Shiroyama, Saburo (1991): »A Tribute to Honda Soichiro«, in: *Japan Echo*, 82–85.

Sorenson, Clark (1984): »Farm Labor and Family Cycle in Traditional Korea and Japan«, in: *Journal of Anthropological Research* 40, 306–323.

Stark, Rodney und Roger Finke (1989): »How the Upstart Sects Won America. 1776–1850«, in: *Journal for Scientific Study of Religion* 28, 27–44.

Steinberg, David (1988): »Sociopolitical Factors and Korea's Future Economic Policies«, in: *World Development* 16, 19–34.

Stigler, George und Gary S. Becker (1977): »De Gustibus Non est Disputandum«, in: *American Economic Review* 67, 76–90.

Stokes, Randall G. (1975): »The Afrikaner Industrial Entrepreneur and Afrikaner Nationalism«, in: *Economic Development and Cultural Change* 22, 557–559.

Tang, Thomas Li-ping und J. Y. Tzeng (1991): »Demographic Correlates of the Protestant Work Ethic«, in: *Journal of Psychology* 126, 163–170.

Tsui, Ming (1989): »Changes in the Chinese Urban Family Structure«, in: *Journal of Marriage and the Family* 51, 737–747.

Tully, Shawn (1994): »Raiding a Company's Hidden Cash«, in: *Fortune* 130, 82–89.

Turner, Jonathan H. und Edna Bonacich (1980): »Toward a Composite Theory of Middleman Minorities«, in: *Ethnicity* 7, 144–158.

Turner, Paul (1979): »Religious Conversions and Community Development«, in: *Journal for the Scientific Study of Religion* 18, 252–260.

Turpin, Dominique (1992): »The Strategic Persistence of the Japanese Firm«, in: *Journal of Business Strategy,* 49–52.

Umeaso, Tadao, Harumi Befu et al. (1984): »Japanese Civilization in the Modern World. Life and Society«, in: *Senri Ethnological Studies* 16, 51–58.

Wade, Robert (1985): »East Asian Financial Systems as a Challenge to Economics. Lessons from Taiwan«, in: *California Management Review* 27, 106–127.

Walraven, B. C. A. (1989): »Symbolic Expressions of Family Cohesion in Korean Tradition«, in: *Korea Journal* 29, 4–11.

Watson, James L. (1975): »Agnates and Outsiders. Adoption in a Chinese Lineage«, in: *Man* 10, 293–306.

Ders. (1982): »Chinese Kinship Reconsidered. Anthropological Perspectives on Historical Research«, in: *China Quarterly* 92, 589–627.

Whitley, Richard D. (1990): »Eastern Asian Enterprise Structures and the Comparative Analysis of Forms of Business Organization«, in: *Organization Studies,* 47–74.

Ders. (1991): »The Social Construction of Business Systems in East Asia«, in: *Organization Studies,* 47–74.

Whyte, Martin King (1992): »Rural Economic Reforms and Chinese Family Patterns«, in: *China Quarterly* 130, 316–322.

Wildavsky, Aaron (1987): »Choosing Preferences by Constructing Institutions. A Cultural Theory of Preference Formation«, in: *American Political Science review* 81, 3–21.

Ders. und Karl Drake (1990): »Theories of Risk Perception. Who Fears What and Why?«, in: *Daedalus* 119, 41–60.

Willems, Emilio (1955): »Protestantism as a Factor of Culture Change in Brazil«, in: *Economic Development and Cultural Change* 3, 321–333.

Williamson, Oliver E. (1981): »The Economics of Organization. The Transaction Cost Approach«, in: *American Journal of Sociology* 87, 548–577.

Ders. (1981): »The Modern Corporation. Origins, Evolution, Attributes«, in: *Journal of Economic Literature* 19, 153–156.

Ders. (1971): »The Vertical Integration of Production. Market Failure Considerations«, in: *American Economic Review* 61, 112–123.

Wilson, James Q. (1992): »The Family-Values Debate«, in: *Commentary* 95, 24–31.

Wilson, Kenneth L. und W. A. Martin (1982): »Ethnic Enclaves. A Comparison of the Cuban and Black Economies in Miami«, in: *American Journal of Sociology* 88, 138–159.

Ders. und Alejandro Portes (1980): »Immigrant Enclaves. An Analysis of the

Labor Market Experiences of Cubans in Miami«, in: *American Journal of Sociology* 86, 295–319.
Wong, Siu-lun (1985): »The Chinese Family Firm. A Model«, in: *British Journal of Sociology* 36, 58–72.
Yoshimori, Masaru (1992): »Sources of Japanese Competitiveness. Part I«, in: *Management Japan* 25, 18–23.
Yoshinari, Maruyama (1992): »The Big Six Horizontal Keiretsu«, in: *Japan Quarterly* 39, 186–199.
Yoshitomi, Masaru (1990): »Keiretsu. An Insider's Guide to Japan's Conglomerates«, in: *Economic Insights* 1, 15–17.
Zhangling, Wei (1986): »The Family and Family Research in Contemporary China«, in: *International Social Science Journal* 126, 493–509.

Register